Ruhe · Bartels

Praxishandbuch für die Mitarbeitervertretung
Katholische Kirche

sehr schlecht
redigiert

Ruhe · Bartels

Praxishandbuch für die Mitarbeitervertretung
Katholische Kirche

Praxishandbuch mit CD-ROM

2. Auflage

Luchterhand

Bibliografische Information Der Deutschen Bibliothek
Die Deutsche Bibliothek verzeichnet diese Publikation in der Deutschen Nationalbibliografie;
detaillierte bibliografische Daten sind im Internet über **http://dnb.ddb.de** abrufbar

ISBN 978-3-472-06950-8

www.wolterskluwer.de
www.luchterhand-fachverlag.de

Satz: Typoscript, München
Umschlag: Martina Busch, Grafikdesign, Fürstenfeldbruck
Druck, Verarbeitung: Wilco, NL

∞ Gedruckt auf säurefreiem, alterungsbeständigem und chlorfreiem Papier.

Vorwort zur zweiten Auflage

1971 wurde die erste Rahmenordnung für eine Mitarbeitervertretungsordnung verabschiedet. Erstmals wurde Mitarbeiterinnen und Mitarbeitern das Recht auf Mitwirkung und Mitbestimmung eingeräumt. Sehr spät hatte die Kirche damit auf gesetzliche Regelungen für die Betriebsverfassung bzw. im öffentlichen Dienst reagiert.

Trotz mehrfacher Novellierungen in den Folgejahrzehnten trugen Mitarbeitervertretungen (und Dienstgeber) an den Folgen dieser Verzögerung. Vorfindbar war oft wenig ausgeprägtes Selbstbewusstsein. Mitbestimmung wurde nur zaghaft verlangt, vorhandene rechtliche Regelungen wurden nicht oder nur unzureichend ausgeschöpft.

Patriachale Haltungen standen selbstverständlichen Formen der Kooperation im Wege.

Trotz fast vierzig Jahren Rahmenordnung sind viele Mitarbeitervertretungen und Dienstgeber erst am Anfang einer funktionierenden Dienstgemeinschaft. Die zarten Pflänzchen erwachenden Selbst- und Miteinanderbewusstseins drohen derweil unter die Räder der andauernden ökonomischen Krise des Non-Profit-Sektors zu geraten.

Dennoch: in den letzten Jahren verändern sich Denk- und Handlungsmuster. Eine neue Generation von Mitarbeitervertreterinnen bzw. -vertretern und weniger traditionell verhaftete Dienstgebervertreter entdecken die Chancen der früher eher als Kampfbegriff benutzten »Dienstgemeinschaft«.

Sie bleiben nicht allein an hehren Formulierungen kleben, sondern arbeiten praxisorientiert mit Rechten und Pflichten, um eine neue Qualität des Miteinanders zu suchen.

Sie wissen: Gelungene Mitwirkungsarbeit dient immer dem Einrichtungsziel, sichert Qualität.

Mitarbeitervertretungen haben begonnen, offensiv mit den Möglichkeiten der MAVO umzugehen. Sie bleiben nicht bei der Klage über ausbleibende Mitwirkungsrechte stehen, sondern lesen, fragen, verstehen, loten aus, machen sich sachkundig, fordern, klagen ein.

Das vorliegende Handbuch will diese Haltung stützen. Es ist aus der Praxis entstanden: Die Autoren haben unzählige Mitarbeitervertretungen und Dienstgeber beraten, vielfältige Klagen und Erfolge in Seminaren gehört, mit Dienstgebervertretern und Mitarbeiter/innen alter und neuer Schule zu tun gehabt. Daraus ist die Idee entstanden, eine etwas andere Publikation zu machen: Juristisch exakt, aber nicht in alle Verästelungen gehend, praxisorientiert und nicht formalistisch, ernsthaft und dennoch manchmal augenzwinkernd.

Das **Handbuch** setzt einen deutlichen Schwerpunkt: die Arbeitspraxis. Es ersetzt nicht den juristischen Kommentar, sondern ergänzt ihn handlungsorientiert. Wir bekennen uns dabei zu notwendiger Offenheit und hoffen, dass Mitarbeitervertretungen nicht allein ablesen, sondern in ihrer Praxis weiterdenken.

Seit der ersten Auflage in 2001 hat es im Wesentlichen drei Runden von Novellierungen des Textes der Rahmen-MAVO gegeben: Die Umsetzung der Verbesserung der Rechte Teilzeitbeschäftigter und behinderter Menschen (2003), die Neuregelung der Bestimmungen zum Rechtsschutz für Mitbestimmungsrechte durch die Kirchliche Arbeitsgerichtsordnung – KAGO – (2005) sowie eine Ergänzung der Rechte von Mitarbeitervertretungen und Diözesanen Arbeitsgemeinschaften im Hinblick auf die Mitwirkung bei Vergütungsregelungen und Wahlen zu den Arbeitsrechtlichen Kommissionen und den kirchlichen Gerichten und Schlichtungsstellen (2007).

Das Handbuch folgt der Rahmenordnung und orientiert sich an der Paragrafenfolge.

Die Bedeutung jedes *Paragrafen* wird erklärt, die Begriffe definiert, weitere mögliche *Rechtsquellen* angegeben. Diözesane Abweichungen von der Rahmenordnung werden zusammenfassend dargestellt.[1] Die Orientierung an den Paragrafen macht an wenigen Stellen Wiederholungen notwendig. Wir wollten den Leserinnen und Lesern häufiges Blättern ersparen.

Auf die juristische Darstellung folgen *Handlungsanregungen, Musterschreiben, Verlaufsdiagramme* oder *Checklisten. Praxiskapitel* geben Anregungen für und Beispiele von Mitarbeitervertretungen.

Diese Praxiskapitel sollen anregend sein: Sie sind subjektiver und zugespitzter als die eher nüchternen rechtlichen Darstellungen.

Abgerundet werden die Abschnitte mit kurzen Tipps, Zitaten und Gags (*»Das Letzte«*). Sparsame *Literaturhinweise schließen* ab.

 Die **zweite Auflage** des Handbuchs wurde gründlich überarbeitet. Alle Texte wurden durchgesehen, der Entwicklung angepasst, ergänzt oder korrigiert. Die Novellen seit 2001 wurden berücksichtigt, in ihren Auswirkungen für die Praxis einer Mitarbeitervertretung überprüft und erläutert.

Die **CD-ROM** beinhaltet Mustertexte für Dienstvereinbarungen, Beteiligungsverfahren und Dienstverträge. Die Texte sind veränderbar und individuell der jeweiligen Praxis anpassbar. Formblätter zur Durchführung des Wahlverfahrens ergänzen die Sammlung. Dokumentiert bis Redaktionsschluss sind zudem alle Entscheidungen der Kirchlichen Arbeitsgerichte.

---

1 Im Einzelfall ist die Lektüre der jeweiligen diözesanen Ordnung notwendig. Die Fundstellen sind im Buch angegeben. Zu beachten ist, dass im Bistum Trier durch Veränderungen der Rahmenordnung die Bezifferung der Paragrafen geändert wurde. Die inhaltliche Folge ist gleich geblieben.

Die vorliegende Publikation profitiert von den Erfahrungen und vielfältigen Anregungen, die insbesondere **Mitarbeitervertreterinnen und Vertreter aus der Diözese Hildesheim** gegeben haben. Ihnen soll an dieser Stelle ausdrücklich gedankt sein.

Sie profitierte auch von der Arbeit der Geschäftsstelle der Diözesanen Arbeitsgemeinschaft der Mitarbeitervertretungen im Bistum Hildesheim, der Personalabteilung im Bischöflichen Generalvikariat und der langjährigen Fortbildungsarbeit der Akademie des Bistums in Goslar.

Hans Georg Ruhe
Wolfgang Bartels

Um die Arbeitsmaterialien (*Entscheidungen und Rechtsquellen*) auf der beiliegenden CD-ROM nutzen zu können, benötigen Sie zunächst den Acrobat Reader. Sollten Sie nicht die aktuelle Version einsetzen, so können Sie diese Software unter www.adobe.de kostenlos herunterladen.

Die auf der CD-ROM weiter enthaltenen Vorlagen (*Dienstverträge, Dienstvereinbarungen und Formblätter zum Wahlverfahren*) können nach dem Abspeichern mit jedem Standardtextprogramm, das RTF-Dateien verarbeiten kann (wie z.B. MS Word, WordPad und OpenOffice), geöffnet und bearbeitet werden.

Inhalt

Seite

Vorwort   V

Inhaltsverzeichnis   IX

Präambel   1
   Der Geist   8

§ 1 **Geltungsbereich** 11
§ 1a **Bildung von Mitarbeitervertretungen** 11
§ 1b **Gemeinsame Mitarbeitervertretung** 12
   Am Anfang war das Wort – vom Umgang mit Ordnungen,
   Gesetzen, Handbüchern und Kommentaren 15

§ 2 **Dienstgeber** 27
   Dienstgebervertreter und Leitung – Versuch einer kleinen Typo-
   logie 29

§ 3 **Mitarbeiterinnen und Mitarbeiter** 43
   Mitarbeiterblicke auf die Mitarbeitervertretung – zwischen Ret-
   tungsanker und Sündenbock 48

§ 4 **Mitarbeiterversammlung** 55
   Mitarbeiterversammlungen zwischen Kaffeeklatsch und Stunk-
   sitzungen 57

§ 5 **Mitarbeitervertretung** 61
   Mitarbeitervertretungen – Versuch einer weiteren kleinen Typo-
   logie 65
   Zehn klassische Fehler von Mitarbeitervertretungen 74

§ 6 **Voraussetzung für die Bildung der Mitarbeitervertretung –**
   Zusammensetzung der Mitarbeitervertretung 76
   Allein gegen die Dienstgeber? Mitarbeitervertretungsarbeit in
   kleinen Einrichtungen 80

§ 7 **Aktives Wahlrecht** 86
   Tue Gutes und rede drüber 89

Inhalt

Seite

§ 8   **Passives Wahlrecht** 91
         Sich zur Wahl stellen – Kandidatensuche 92

§ 9   **Vorbereitung der Wahl** 98
         Welche Motive haben Mitarbeiter und Mitarbeiterinnen, sich der Wahl bzw. Wahlvorbereitung zu verweigern? 101

§ 10   **Dienstgeber – Vorbereitungen zur Bildung einer Mitarbeitervertretung** 105
         Verkehrte Welt? Warum Dienstgeber manchmal großes Interesse an einer Mitarbeitervertretung haben 107

§ 11   **Durchführung der Wahl** 112
         Würdigen und Wahrnehmen – Kleiner Knigge für Ende und Anfang von Mitarbeitervertretung 115

§ 11a   **Vereinfachtes Wahlverfahren: Voraussetzungen** 118
§ 11b   **Vereinfachtes Wahlverfahren: Vorbereitung der Wahl** 118
§ 11c   **Vereinfachtes Wahlverfahren: Durchführung der Wahl** 118

§ 12   **Anfechtung der Wahl** 121
         Alles klar? Nix klar! (Innere) Anfechtungen der Wahl 123

§ 13   **Amtszeit der Mitarbeitervertretung** 127
§ 13a   **Weiterführung der Geschäfte** 128
§ 13b   **Ersatzmitglied, Verhinderung des ordentlichen Mitglieds und ruhende Mitgliedschaft** 128
§ 13c   **Erlöschen der Mitgliedschaft** 128
§ 13d   **Übergangsmandat** 128
§ 13e   **Restmandat** 129
         Die Neuen sind da – Mitarbeitervertretungen nach der Wahl   133

§ 14   **Tätigkeit der Mitarbeitervertretung** 145
         Arbeit muss organisiert werden 155
         Vorsitz: Ein schweres Amt? 167
         Vorsitzende als Repräsentanten 171

§ 15   **Rechtsstellung der Mitarbeitervertretung** 179
         Nicht jammern, nicht betteln: Klären! 184

§ 16   **Schulung der Mitarbeitervertretung und des Wahlausschusses** 191
         Wissen ist Macht – Schulung und Qualifizierung 195

§ 17   Kosten der Mitarbeitervertretung 201
       Das Werkzeug – Arbeitsmittel einer Mitarbeitervertretung 205

§ 18   Schutz der Mitglieder der Mitarbeitervertretung 214
       Sicher-Sein – Schutz für Mitarbeitervertretungen in Extrem-
       situationen 217

§ 19   Kündigungsschutz 228
       Angst 234

§ 20   Schweigepflicht 238
       . . . Schweigen Gold? – Verschwiegenheit heißt nicht schweigen 242
       Vier Jahre: Schweigen? – Transparenz jenseits der Schweige-
       pflicht 246

§ 21   Einberufung der Mitarbeiterversammlung 250
       33 und mehr Vorschläge, Mitarbeiterversammlungen anders zu
       gestalten 252

§ 22   Aufgaben und Verfahren der Mitarbeiterversammlung 259
§ 22a Sonderregelungen für gemeinsame Mitarbeitervertretungen
       nach § 1 b 259
       Formale Regeln der Versammlungs- und Sitzungsleitung 262
       Versammlungen und Sitzungen leiten – jenseits der formalen
       Regeln 266

§ 23   Sondervertretung 268
       Einzelinteressen gegen Gesamtinteressen – wer braucht Son-
       derrechte? 270

§ 24   Gesamtmitarbeitervertretung und erweiterte
       Gesamtmitarbeitervertretung 273
       Teile und herrsche? Die Chancen und Gefahren einer Gesamt-
       mitarbeitervertretung 276

§ 25   Arbeitsgemeinschaften der Mitarbeitervertretungen 279
       Hilfen und Selbsthilfen – wer kann Mitarbeitervertretungen
       unterstützen? 288

§ 26   Allgemeine Aufgaben der Mitarbeitervertretungen 295
       Jenseits des Alibis – Anregungen für frauen- und familien-
       freundliche Arbeitsbedingungen 301

Inhalt

Seite

§ 27   **Information** 308
§ 27a **Information in wirtschaftlichen Angelegenheiten** 308
      Information – das Diagramm 316

§ 28   **Formen der Beteiligung, Dienstvereinbarung** 317
§ 28a **Aufgaben und Beteiligung der Mitarbeitervertretung zum Schutz schwerbehinderter Menschen** 317
      Warum zur Taube schielen, wenn der Spatz aus der Hand fliegt?
      Basis-Check: Ungenutzte Rechte der Mitarbeitervertretungen 322

§ 29   **Anhörung und Mitberatung** 328
      Anhörung und Mitberatung – das Diagramm 343

§ 30   **Anhörung und Mitberatung bei ordentlicher Kündigung** 345
§ 30a **Anhörung und Mitberatung bei Massenentlassungen** 346
      Anhörung und Mitberatung bei ordentlicher Kündigung – das Diagramm 359
      Krise Kündigung 359

§ 31   **Anhörung und Mitberatung bei außerordentlicher Kündigung** 367
      Anhörung und Mitberatung bei außerordentlicher Kündigung – das Diagramm 372

§ 32   **Vorschlagsrecht** 374
      Vorschlagsrecht – das Diagramm 383

§ 33   **Zustimmung** 384
      Zustimmung – das Diagramm 390

§ 34   **Zustimmung bei Einstellung und Anstellung** 391

§ 35   **Zustimmung bei sonstigen persönlichen Angelegenheiten** . . . 397

§ 36   **Zustimmung bei Angelegenheiten der Dienststelle** 409

§ 37   **Antragsrecht** 424
      Antragsrecht – das Diagramm 431

§ 38   **Dienstvereinbarungen** 432

§ 39   **Gemeinsame Sitzungen und Gespräche** 444
      Die kleinen Tricks im Gespräch – Machtsicherung durch Kommunikation 446

Seite

§ 40 **Bildung der Einigungsstelle – Aufgaben** 458

§ 41 **Zusammensetzung – Besetzung** 464
Wenn Vernunft nicht weiterführt – Grundsätze und Anregungen für Konflikte 465

§ 42 **Rechtsstellung der Mitglieder** 475
Recht haben heißt nicht Recht bekommen 476

§ 43 **Berufungsvoraussetzungen** 480

§ 44 **Berufung der Mitglieder** 482

§ 45 **Zuständigkeit** 484

§ 46 **Verfahren** 487
Verfahren – das Diagramm 492

§ 47 **Einigungsspruch** 494

§ 48 **Wahl und Anzahl der Sprecherinnen und Sprecher der Jugendlichen und der Auszubildenden** 496

§ 49 **Versammlung der Jugendlichen und Auszubildenden** 498

§ 50 **Amtszeit der Sprecherinnen und Sprecher der Jugendlichen und Auszubildenden** 500

§ 51 **Mitwirkung der Sprecherinnen und Sprecher der Jugendlichen und Auszubildenden** 500
Jugendinteressen organisieren 502

§ 52 **Mitwirkung der Vertrauensperson der schwerbehinderten Mitarbeiterinnen und Mitarbeiter** 507
Behinderte Menschen im Amtszeitleben – worauf eine Mitarbeitervertretung achten sollte 509

§ 53 **Rechte des Vertrauensmannes der Zivildienstleistenden** 515

§ 54 **(Geltung der Ordnung für Schulen und Hochschulen)** 517
Allgemeine Schulverwirrung oder: Permanentes Sonderrecht 518

§ 55 **(Schlussbestimmungen: Anderweitige Regelungen oder Vereinbarung)** 521

§ 56 **(Schlussbestimmungen: Inkrafttreten)** 523
Das Entscheidene am Ende – Sackgasse und Entwicklung 523

Inhalt

Seite

Aus der juristischen Fachsprache 527

Geschäftsstellen und Rechtsberatungsstellen der Diözesanen Arbeitsgemeinschaften der Mitarbeitervertretungen 530

Verwandte Literatur 533

Präambel

Grundlage und Ausgangspunkt für den kirchlichen Dienst ist die Sendung der Kirche. Diese Sendung umfasst die Verkündigung des Evangeliums, den Gottesdienst und die sakramentale Verbindung der Menschen mit Jesus Christus sowie den aus dem Glauben erwachsenden Dienst am Nächsten. Daraus ergibt sich als Eigenart des kirchlichen Dienstes seine religiöse Dimension.

Als Maßstab für ihre Tätigkeit ist sie Dienstgebern und Mitarbeiterinnen und Mitarbeitern vorgegeben, die als Dienstgemeinschaft den Auftrag der Einrichtung erfüllen und so an der Sendung der Kirche mitwirken.

Weil die Mitarbeiterinnen und Mitarbeiter den Dienst in der Kirche mitgestalten und mitverantworten und an seiner religiösen Grundlage und Zielsetzung teilhaben, sollen sie auch aktiv an der Gestaltung und Entscheidung über die sie betreffenden Angelegenheiten mitwirken unter Beachtung der Verfasstheit der Kirche, ihres Auftrages und der kirchlichen Dienstverfassung. Dies erfordert von Dienstgebern und Mitarbeiterinnen und Mitarbeitern die Bereitschaft zu gemeinsam getragener Verantwortung und vertrauensvoller Zusammenarbeit.

Deshalb wird aufgrund des Rechtes der katholischen Kirche, ihre Angelegenheiten selbst zu regeln, unter Bezugnahme auf die Grundordnung des kirchlichen Dienstes im Rahmen kirchlicher Arbeitsverhältnisse vom 22. September 1993 die folgende Ordnung für Mitarbeitervertretungen erlassen.

Präambel

Die Mitarbeitervertretungsordnung beginnt mit einer sogenannten Präambel, zu deutsch »Vorspruch«. Wie bei wichtigen Gesetzen üblich, meist Verfassungen oder völkerrechtlichen Verträgen, werden hier vor den eigentlichen Gesetzestext Zielsetzungen oder Programmsätze gesetzt, denen im allgemeinen aber keine unmittelbare Rechtswirkung zukommt. Sie haben nur die Funktion, dass man sie zur Auslegung einzelner Regelungen des Gesetzes heranziehen kann.

Sendungsauftrag

Die MAVO geht davon aus, dass alle Mitarbeiter im kirchlichen Dienst, also auch die »Laienmitarbeiter« (Mitarbeiter ohne besondere kirchliche Weihe) an der Erfüllung des allgemeinen Auftrags der Kirche beteiligt sind. Alle Dienste, die in kirchlichen Einrichtungen ausgeübt werden, sollen sich unter die drei Grunddienste der Verkündigung, den Gottesdienst und den Dienst am Nächsten einordnen lassen. Das lässt sich für die Kernbereiche

1

des kirchlichen Dienstes (z. B. alle an der Feier des Gottesdienstes Beteiligten) noch leicht herleiten. Für Mitarbeiter/innen in Verwaltungsdiensten ist dieser Bezug schon schwerer herzustellen. Dennoch soll es sich auch hier um Hilfsdienste handeln, die sich prinzipiell den drei großen Aufgaben der Kirche zuordnen lassen.

Dienstgemeinschaft

Die MAVO geht – wie auch die arbeitsrechtlichen Normsammlungen (AVR/KAVO, KODA-Regelungen) – vom Vorliegen einer sogenannten Dienstgemeinschaft zwischen »Arbeitgebern« und »Beschäftigten« aus. Dieser Begriff bekommt bereits auf der Ebene des Beschäftigungsverhältnisses der einzelnen Mitarbeiterin/des einzelnen Mitarbeiters seine Bedeutung. Eine besondere Dienstgemeinschaft zwischen Leitung und MAV ist deshalb weder erforderlich, noch von der Präambel gefordert.

Inhaltlich kann man den Begriff auf verschiedenen Ebenen definieren. Ein weniger theologisch/religiöser, sondern pragmatischer Ansatz ist, dass der Gegensatz von Kapital und Arbeit im kirchlichen Dienst nicht besteht. Die unternehmerischen Ziele sind danach den individuellen Zielen der Beschäftigten gleichgerichtet. Unterstützt würde diese These prinzipiell durch den Verzicht von kirchlichen Einrichtungen, ihr Unternehmensziel auf Gewinnerzielung oder -maximierung auszurichten. Kirchliche Einrichtungen verfolgen in der Regel gemeinnützige Ziele und dürfen insoweit schon aus rechtlichen Gründen keine Gewinne erzielen. Das wäre aber zu kurz gedacht. Denn auch die Sicherung des Bestandes einer kirchlichen Einrichtung kann oder muss sogar zu Entscheidungen führen, die mit den individuellen Interessen der Beschäftigten häufig nicht deckungsgleich sind. Es kann also auch innerhalb der Dienstgemeinschaft das Entstehen von Konflikten mit deutlichen Interessenunterschieden nicht geleugnet werden. Auf dieser Grundlage kann und muss vor dem Hintergrund dieses hehren Zieles aber eine besondere Unternehmenskultur, die den Menschen – auch als Mitarbeiter/in – in den Mittelpunkt der Lösungen stellt, gefordert werden.

Damit korrespondiert, dass die Präambel ein ausdrückliches und zur Auslegung von einzelnen Regelungen der Ordnung auch geeignetes Postulat der Mitverantwortung und Mitgestaltung aufstellt.

Vertrauensvolle Zusammenarbeit

»Die vertrauensvolle Zusammenarbeit« ist praktisch die Übersetzung des Begriffes der »Dienstgemeinschaft« in die Ebene der betrieblichen Mitbestimmung. Sie unterstellt, dass eine grundsätzliche Übereinstimmung zwischen Leitung und MAV hinsichtlich der globalen Ziele der Arbeit der Einrichtung besteht. Dabei handelt es sich allerdings um einen Begriff, der im Betriebsverfassungsgesetz (§ 2 Abs. 1 BetrVerfG) in ähnlicher Form verwendet wird.

Kirchenprivileg

Die Präambel weist auf das Recht der katholischen Kirche hin, ihre Angelegenheiten selbst zu regeln. Dieses Recht ist im Grundgesetz für die Bundesrepublik Deutschland verankert und eine Besonderheit in der deutschen Verfassung.

Rechtsquellen:

Grundgesetz

Art. 140 [Geltung von Artikeln der Weimarer Reichs-Verfassung]

Die Bestimmungen der Artikel 136, 137, 138, 139 und 141 der deutschen Verfassung vom 11. August 1919 sind Bestandteil dieses Grundgesetzes.

Die genannten Regelungen der Weimarer Verfassung haben folgenden Wortlaut:

Weimarer Reichsverfassung

Art. 136

(1) Die bürgerlichen und staatsbürgerlichen Rechte und Pflichten werden durch die Ausübung der Religionsfreiheit weder bedingt noch beschränkt.

(2) Der Genuss bürgerlicher und staatsbürgerlicher Rechte sowie die Zulassung zu öffentlichen Ämtern sind unabhängig von dem religiösen Bekenntnis.

(3) Niemand ist verpflichtet, seine religiöse Überzeugung zu offenbaren. Die Behörden haben nur soweit das Recht, nach der Zugehörigkeit zu einer Religionsgemeinschaft zu fragen, als davon Rechte und Pflichten abhängen oder eine gesetzlich angeordnete statistische Erhebung dies erfordert.

(4) Niemand darf zu einer kirchlichen Handlung oder Feierlichkeit oder zur Teilnahme an religiösen Übungen oder zur Benutzung einer religiösen Eidesform gezwungen werden.

Art. 137

(1) Es besteht keine Staatskirche.

(2) Die Freiheit der Vereinigung zu Religionsgesellschaften wird gewährleistet. Der Zusammenschluss von Religionsgesellschaften innerhalb des Reichsgebiets unterliegt keinen Beschränkungen.

(3) Jede Religionsgesellschaft ordnet und verwaltet ihre Angelegenheiten selbständig innerhalb der Schranken des für alle geltenden Gesetzes. Sie verleiht ihre Ämter ohne Mitwirkung des Staates oder der bürgerlichen Gemeinde.

(4) Religionsgesellschaften erwerben die Rechtsfähigkeit nach den allgemeinen Vorschriften des bürgerlichen Rechts.

(5) Die Religionsgesellschaften bleiben Körperschaften des öffentlichen Rechts, soweit sie solche bisher waren. Anderen Religionsgesellschaften sind auf ihren Antrag gleiche Rechte zu gewähren, wenn sie durch ihre Verfassung und die Zahl ihrer Mitglieder die Gewähr der Dauer bieten. Schließen sich mehrere derartige öffentlich-rechtliche Religionsgesellschaften zu einem Verbande zusammen, so ist auch dieser Verband eine öffentlich-rechtliche Körperschaft.

(6) Die Religionsgesellschaften, welche Körperschaft des öffentlichen Rechtes sind, sind berechtigt, auf Grund der bürgerlichen Steuerlisten nach Maßgabe der landesrechtlichen Bestimmungen Steuern zu erheben.

(7) Den Religionsgesellschaften werden die Vereinigungen gleichgestellt, die sich die gemeinschaftliche Pflege einer Weltanschauung zur Aufgabe machen.

(8) Soweit die Durchführung dieser Bestimmungen eine weitere Regelung erfordert, liegt diese der Landesgesetzgebung ob.

Art. 138

(1) Die auf Gesetz, Vertrag oder besonderen Rechtstiteln beruhenden Staatsleistungen an die Religionsgesellschaften werden durch die Landesgesetzgebung abgelöst. Die Grundsätze hierfür stellt das Reich auf.

(2) Das Eigentum und andere Rechte der Religionsgesellschaften und religiösen Vereine an ihren für Kultus-, Unterrichts- und Wohltätigkeitszwecke bestimmten Anstalten, Stiftungen und sonstigen Vermögen werden gewährleistet.

Art. 139

Der Sonntag und die staatlich anerkannten Feiertage bleiben als Tage der Arbeitsruhe und der seelischen Erhebung gesetzlich geschützt.

Art. 141

Soweit das Bedürfnis nach Gottesdienst und Seelsorge im Heer, in Krankenhäusern, Strafanstalten oder sonstigen öffentlichen Anstalten besteht, sind die Religionsgesellschaften zur Vornahme religiöser Handlungen zuzulassen, wobei jeder Zwang fernzuhalten ist.

Die für das kirchliche Selbstverständnis wesentliche Regelung enthält Art. 137 Abs. 3. Aus der dort beschriebenen Selbstverwaltungsgarantie ergibt sich nach der Grundsatzentscheidung des Bundesverfassungsgerichts aus dem Jahre 1985[2], dass

> die katholische Kirche von ihren Mitarbeitern besondere, über die sonstigen arbeitsrechtlichen Normen hinausgehende Verhaltenspflichten verlangen kann,

> sie diese Pflichten in Form eines (kirchlichen) Gesetzes regeln muss und sie sich zu ihrer wirtschaftlichen Betätigung aller betrieblich möglichen Organisationsformen bedienen kann.

Codex iuris canonici

Das kirchliche Gesetzbuch (Codex iuris canonici) enthält nur eine, für die Praxis wenig bedeutende Regelung bezüglich der (nichtgeweihten), also »Laienmitarbeiter«. Denn der Codex geht als (weltkirchliche) Normensammlung davon aus, dass die Mehrheit der in der Kirche Tätigen Priester, Ordensleute, Diakone oder ehrenamtlich tätige Personen sind. Der Vollständigkeit halber aber hier der Wortlaut:

Codex des canonischen Rechts von 1983
Canon 231

§ 1

Laien, die auf Dauer oder auf Zeit für einen besonderen Dienst der Kirche bestellt werden, sind verpflichtet, die zur gebührenden Erfüllung ihrer Aufgabe erforderliche Bildung sich anzueignen und diese Aufgabe gewissenhaft, eifrig und sorgfältig zu erfüllen.

§ 2

Unbeschadet der Vorschrift des can. 230, § 1 haben sie das Recht auf eine angemessene Vergütung, die ihrer Stellung entspricht und mit der sie auch unter Beachtung des weltlichen Rechts, für die eigenen Erfordernisse und für die ihrer Familie in geziemender Weise sorgen können, ebenso steht ihnen das Recht zu, dass für ihre soziale Vorsorge und Sicherheit sowie ihre Gesundheitsfürsorge gebührend vorgesehen wird.

---

2 BVerfG, Beschluss vom 4. 6. 1985 – 2 BvR 1703/83

Grundordnung des kirchlichen Dienstes im Rahmen kirchlicher Arbeitsverhältnisse

Durch das oben zitierte Urteil des Bundesverfassungsgerichts war die Kirche gezwungen, das Kirchenprivileg durch gesetzliche Regelungen auszufüllen. Daraus entstand die Grundordnung des kirchlichen Dienstes im Rahmen kirchlicher Arbeitsverhältnisse vom 7. 1. 94, die sich umfassend mit den Besonderheiten für die Arbeitsverhältnisse kirchlicher Rechtsträger auseinandersetzt.

Dort heißt es unter anderem zur Frage der inhaltlichen Regelungen für Arbeitsverhältnisse:

Art. 7 Beteiligung der Mitarbeiterinnen und Mitarbeiter an der Gestaltung ihrer Arbeitsbedingungen

(1) Das Verhandlungsgleichgewicht ihrer abhängig beschäftigten Mitarbeiterinnen und Mitarbeiter bei Abschluss und Gestaltung der Arbeitsverträge sichert die katholische Kirche durch das ihr verfassungsmäßig gewährleistete Recht, ein eigenes Arbeitsrecht-Regelungsverfahren zu schaffen. Rechtsnormen für den Inhalt der Arbeitsverhältnisse kommen zustande durch Beschlüsse von Kommissionen, die mit Vertretern der Dienstgeber und Vertretern der Mitarbeiter paritätisch besetzt sind. Die Beschlüsse dieser Kommissionen bedürfen der bischöflichen Inkraftsetzung für das jeweilige Bistum. Das Nähere, insbesondere die jeweiligen Zuständigkeiten, regeln die KODA-Ordnungen. Die Kommissionen sind an diese Grundordnung gebunden.

(2) Wegen der Einheit des kirchlichen Dienstes und der Dienstgemeinschaft als Strukturprinzip des kirchlichen Arbeitsrechts schließen kirchliche Dienstgeber keine Tarifverträge mit Gewerkschaften ab. Streik und Aussperrung scheiden ebenfalls aus.

Und zum Mitbestimmungsrecht (betriebliche, keine Unternehmensmitbestimmung):

Art. 8 Mitarbeitervertretungsrecht als kirchliche Betriebsverfassung

Zur Sicherung ihrer Selbstbestimmung in der Arbeitsorganisation kirchlicher Einrichtungen wählen die Mitarbeiterinnen und Mitarbeiter nach Maßgabe kirchengesetzlicher Regelung Mitarbeitervertretungen, die an Entscheidungen des Dienstgebers beteiligt werden. Das Nähere regelt die jeweils geltende Mitarbeitervertretungsordnung (MAVO). Die Gremien der Mitarbeitervertretungsordnung sind an diese Grundordnung gebunden.

Der Vorbehalt für die Ausfüllung dieser gesetzlichen Grundlage durch die Mitarbeitervertretungsordnung wurde seinerzeit bei Verabschiedung des

Betriebsverfassungsgesetzes durch eine Intervention des damaligen Vorsitzenden der Deutschen Bischofskonferenz gegenüber dem Bundeskanzler gemacht. Das Schreiben von Kardinal Frings hatte folgenden Wortlaut:

Köln, den 28. Juli 1951

Brief an Adenauer

Sehr geehrter Herr Bundeskanzler,

Am 18. Mai des Jahres hat auf Ihre Einladung in Bonn eine Beratung stattgefunden über den Entwurf des Betriebsverfassungsgesetzes. An dieser Beratung haben Vertreter der zuständigen Ministerien und Beauftragte der katholischen und der evangelischen Kirche teilgenommen.

Inzwischen ist die Angelegenheit in einem Kreis von Sachverständigen der Kirchenprovinzen eingehend geprüft worden. Auf Grund der Beratungen stelle ich hiermit als Vorsitzender der Fuldaer Bischofskonferenzen den Antrag, in dem Regierungsentwurf des Gesetzes in § 106 hinter Abs. I folgenden Absatz hinzuzufügen:

»Das Gesetz findet ferner keine Anwendung auf die Beteiligung und Mitbestimmung der Arbeitnehmer der Religionsgesellschaften und ihrer Einrichtungen, die kirchlichen, gemeinnützigen oder mildtätigen Zwecken dienen, unbeschadet ihrer Rechtsform.«

Eine solche Änderung hat die natürliche Konsequenz, dass in § 98 des Gesetzentwurfes das »konfessionellen« gestrichen wird.

Zur Begründung folgendes:

Der Art. 140 GG hat den Artikel 137 Abs. 3 der Weimarer Verfassung übernommen. Nach diesem Artikel ist den Religionsgesellschaften innerhalb der Schranken des für alle geltenden Gesetzes eine weitgehende und grundsätzliche Autonomie zugestanden.

Die Kirche muss auf dem uneingeschränkten Recht, den kirchlichen Dienst in freier, ihren Wesensgesetzen entsprechender Selbstverantwortung regeln zu können, unbedingt bestehen. Das geplante Betriebsverfassungsgesetz ist aber in seiner Struktur im wesentlichen abgestellt auf die Regelung der Arbeitsverhältnisse in wirtschaftlichen Betrieben. Wenn schon nach § 106 des Entwurfes die Betriebe des Bundes, der Länder, der Gemeinden und sonstiger Körperschaften des öffentlichen Rechtes ausgenommen sind und für diese eine Sonderregelung getroffen werden soll, dann müssen die Religionsgesellschaften erst recht aus dem Gesetz ausgenommen werden sowohl aus den dargelegten grundsätzlichen Erwägungen, als auch, weil sie sich noch mehr als die genannten Einrichtungen von wirtschaftlichen Betrieben unterscheiden. Die Dienstleistungen in der Kirche und in kirchlichen Einrichtungen sind in vieler Hinsicht anders geartet wie solche in Wirtschaftsbetrieben.

Auch wenn für die Betriebe des Bundes, der Länder usw. eine gesetzliche Regelung getroffen werden sollte, müssen die Kirchen und ihre Einrichtungen ausgenommen werden. Wie der Staat für sich das Recht in Anspruch nimmt, eine seiner Wesensart entsprechende Regelung zu treffen, so verlangt die Kirche die Anerkennung ihres Eigenrechtes, diese Frage ihrem Wesen entsprechend lösen zu können.

Die zuständigen kirchlichen Stellen werden prüfen, wo und in welcher Form aus eigenem kirchlichen Recht entsprechende Einrichtungen geschaffen werden können. Kirchlicherseits wird jedoch zunächst das Vorliegen des Sondergesetzes für die Betriebe des Bundes und der Länder abgewartet werden, da dieses Gesetz auch wertvolle Gesichtspunkte für die kirchliche Regelung enthalten wird.

Die kath. Kirche bejaht die sozialpolitische Tendenz, die dem Gesetzentwurf über das Betriebsverfassungsgesetz zu Grunde liegt. Sie befürchtet aber von einer Anwendung auch nur von Teilen dieses Gesetzes auf den kirchlichen Dienst eine Einwirkung kirchenfremder Gesichtspunkte in die Sphäre, die der Kirche um ihres besonderen Auftrags willen vorbehalten bleiben muss.

Ich betone, dass die vorstehenden Erwägungen in eben demselben Maße wie für die Arbeitsverhältnisse des öffentlichen kirchlichen Dienstes auch für den Dienst in den gemeinnützigen und mildtätigen Einrichtungen der Kirche Geltung haben.

Wir bitten die Bundesregierung diesen Gesichtspunkten bei der Behandlung des Entwurfes für ein Betriebsverfassungsgesetz Rechnung zu tragen.

gez. Jos. Card. Frings, Erzbischof von Köln

Der Geist

Generationen von Dienstgebervertretern und Mitarbeiterschaften haben von der Annahme gelebt, kirchlicher Dienst sei etwas Besonderes, sei zu unterscheiden von normalem Erwerbsstreben, von verwaltenden Tätigkeiten des Staates. Arbeit sei Dienst, Arbeitnehmer seien Dienstnehmer, Arbeitgeber seien Dienstgeber. Nicht im Unternehmen, nicht in der Behörde sondern in einer »Dienstgemeinschaft« seien alle tätig. Nicht Interessensgegensätze wie Kapital und Arbeit, sondern der gemeinsame Einsatz für die Sendung der Kirche – das sei grundlegender Geist der Kooperation. Diese Vorstellungen wurden unterschiedslos angewandt auf Chefärzte, Generalvikare, kirchliche Handbuchschreiber, Pfarrsekretärinnen, Friedhofsgärtner oder Köchinnen im Altenpflegeheim.

Unterschiedslos unterstellte man die Bindung an eine Idee, die bei allen von gleicher Nähe – nämlich zum Evangelium, zu den Sakramenten, zum Gottesdienst – sein müsste.

Aus Idee Ideologie

Diese Vorstellung wurde von den Kirchenleitungen solange gepredigt und von manchen Mitarbeitern nachgeplappert, bis aus der Idee Ideologie wurde. Stattdessen wäre es besser gewesen, den Begriff inhaltlich und praktisch zu durchdringen und sich klar zu werden, dass hier ein Denkansatz vorlag,, der seiner Zeit voraus war. Erst viel später sprach man von „Unternehmenskultur" und „corporate identity"

Allerdings als andere mit ihren Vokabeln über »Dienstgemeinschaft« nachdachten, verkam der kirchliche Ansatz vielerorts schon wieder zu einem Machtinstrumentarium von Leitenden und einem Anpassungsgestus von Geleiteten.

Diese Erfahrungen – Dienstgemeinschaft auf den Lippen aber gängige Herrschaftsinstrumente nutzend –, haben viele Mitarbeiter und Mitarbeiterinnen Frustration geprägt und skeptisch gemacht.

In der inhaltsleeren, d. h. nichtgelebten, Ideologie ist die Begründung zu suchen, warum bis auf den heutigen Tag viele in der Kirche Arbeitende so unversöhnt mit ihrer Leitung hadern und dabei – dies muss selbstkritisch bemerkt werden – manchen offenen Blick für neue Entwicklungen verloren haben, die es auch (oder gerade?) in der Kirche gibt.

Der Geist weht.

Pflicht zur Einigung

Der Geist der Präambel stellt die Gemeinsamkeit aller im kirchlichen Dienst Arbeitenden in den Mittelpunkt.

Allen wird auferlegt, gemeinsam Verantwortung zu tragen und vertrauensvoll zusammenzuarbeiten.

Diese Generalklausel, die leider so schwer vor Kirchlichen Arbeitsgerichten einzuklagen ist, steht vor und über allem. Sie besagt nicht mehr und nicht weniger – und das wird in vielen Formulierungen der MAVO immer wieder deutlich – dass es im kirchlichen Dienst eine Pflicht zur Kooperation gibt, die auch eine Pflicht zur Einigkeit und Einigung einschließt.

Die Nestoren des Arbeitsrechtes (z. B. Prof. Richardi) verweisen darauf; dass der Einigungsgedanke selbstverständlich voraussetzt, ergebnisoffen in Verhandlungen zwischen Dienstgeber und Mitarbeitervertretung zu gehen. Könnte der kirchliche Gesetzgeber ein solches Verhalten anordnen, so wäre die Grundvoraussetzung für das Gelingen der Dienstgemeinschaft gegeben. Wenn man »Dienstgemeinschaft« ernst nimmt und dies tun die Autoren, dann ist das ein hohes Gut, ein hohes Ziel. Die Praxis wird sich diesem Ziel nur nähern. Zu erreichen ist es nicht.

Einige Fragen sollen helfen, das Verhältnis der eigenen Einrichtung zur Idee »Dienstgemeinschaft« zu klären.

Dienstgemeinschaft auf dem Prüfstein

- **Welchen Stellenwert hat die Mitarbeitervertretungsordnung in Ihrer Einrichtung. Rangiert sie auf gleicher Ebene wie Arbeitsverträge, Gesetze oder kirchliche Ordnungen?**
- **Kennt der Leitende die Mitarbeitervertretungsordnung? Orientiert sich der Leitende an den Buchstaben der Ordnung oder am Geist?**
- **Verhandelt die Mitarbeitervertretung mit dem vom Dienstgeber Bestellten ergebnisoffen oder geht es lediglich darum, formal Vorschriften abzuarbeiten?**
- **Wird die Mitarbeitervertretung über alle Angelegenheiten informiert, die die Dienstgemeinschaft betreffen (und welche Angelegenheiten betreffen die Dienstgemeinschaft nach Meinung des Dienstgebers nicht)?**
- **Wird im Streitfall die Anrufung der Einigungsstelle gesucht oder werden Regelungen einfach umgesetzt?**
- **Werden Urteile bzw. Beschlüsse der Gerichte oder Einigungsstellen unverzüglich umgesetzt?**
- **Wie viel Achtung bringen Mitarbeiterschaft und Leitende der Mitarbeitervertretung entgegen?**
- **Achtet die Mitarbeitervertretung die Aufgaben der Leitung?**

Die Präambel benennt in Worten, die für viele unverständlich bleiben, den Geist der Dienstgemeinschaft. Die Paragrafen der Mitarbeitervertretungsordnung sollen diesen Geist dadurch mit Leben füllen, dass alle offensiv mit Rechten und Pflichten umgehen.

Die MAVO ist ein Gesetz. Daran kommt keiner vorbei, der im kirchlichen Dienst tätig ist.

Das Letzte ...

Auf den Hinweis eines Dienstgebervertreters, dass das Verhalten der Mitarbeiter nicht geschwisterlich sei, entgegnete ein Vertreter:
»Wir sind doch keine Geschwister, sondern eine Dienstgemeinschaft.«

W. Wingert

§ 1 Geltungsbereich

(1) Diese Mitarbeitervertretungsordnung gilt für die Dienststellen, Einrichtungen und sonstigen selbständig geführten Stellen – nachfolgend als Einrichtung(en) bezeichnet

1. der Diözese,
2. der Kirchengemeinden und Kirchenstiftungen,
3. der Verbände der Kirchengemeinden,
4. der Diözesancaritasverbände und deren Gliederungen, soweit sie öffentliche juristische Personen des kanonischen Rechts sind,
5. der sonstigen öffentlichen juristischen Personen des kanonischen Rechts.

(2) Diese Mitarbeitervertretungsordnung ist auch anzuwenden im Bereich der sonstigen kirchlichen Rechtsträger und ihrer Einrichtungen sowie des Verbandes der Diözesen Deutschlands, des Deutschen Caritasverbandes und der anderen mehrdiözesanen* und überdiözesanen** Rechtsträger, unbeschadet ihrer Rechtsform. Die vorgenannten Rechtsträger und ihre Einrichtungen sind gehalten, die Mitarbeitervertretungsordnung für ihren Bereich rechtsverbindlich zu übernehmen.

(3) In den Fällen des Abs. 2 ist in allen Einrichtungen eines mehrdiözesanen oder überdiözesanen Rechtsträgers die Mitarbeitervertretungsordnung der Diözese anzuwenden, in der sich der Sitz der Hauptniederlassung (Hauptsitz) befindet. Abweichend von Satz 1 kann auf Antrag eines mehrdiözesan oder überdiözesan tätigen Rechtsträgers der Diözesanbischof des Hauptsitzes im Einvernehmen mit den anderen Diözesanbischöfen, in deren Diözese der Rechtsträger tätig ist, bestimmen, dass in den Einrichtungen des Rechtsträgers die Mitarbeitervertretungsordnung der Diözese angewandt wird, in der die jeweilige Einrichtung ihren Sitz hat, oder eine Mitarbeitervertretungsordnung eigens für den Rechtsträger erlassen.

§ 1 a*** Bildung von Mitarbeitervertretungen

(1) In den Einrichtungen der in § 1 genannten kirchlichen Rechtsträger sind Mitarbeitervertretungen nach Maßgabe der folgenden Vorschriften zu bilden.

(2) Unbeschadet des Abs. 1 kann der Rechtsträger regeln, was als Einrichtung gilt. Der Mitarbeitervertretung ist zuvor Gelegenheit zur Stellungnahme zu geben. Die Regelung bedarf der Genehmigung des Ordinarius.

---

* Das sind solche, die in mehreren, nicht jedoch in allen Diözesen im Gebiet der Deutschen Bischofskonferenz Einrichtungen unterhalten.
** Das sind solche, die im gesamten Konferenzgebiet Einrichtungen unterhalten.
*** Im Bistum Trier: § 2, dort verschieben sich alle weiteren Paragrafen durch die Buchstabenzusätze jeweils nach hinten.

§ 1 b Gemeinsame Mitarbeitervertretung

(1) Die Mitarbeitervertretungen und Dienstgeber mehrerer Einrichtungen verschiedener Rechtsträger können durch eine gemeinsame Dienstvereinbarung die Bildung einer gemeinsamen Mitarbeitervertretung vereinbaren, soweit dies der wirksamen und zweckmäßigen Interessenvertretung der Mitarbeiterinnen und Mitarbeiter dient. Dienstgeber und Mitarbeitervertretungen können nach vorheriger Stellungnahme der betroffenen Mitarbeiterinnen und Mitarbeiter Einrichtungen einbeziehen, in denen Mitarbeitervertretungen nicht gebildet sind. Die auf Grundlage dieser Dienstvereinbarung gewählte Mitarbeitervertretung tritt an die Stelle der bisher bestehenden Mitarbeitervertretungen. Sind in keiner der Einrichtungen Mitarbeitervertretungen gebildet, so können die Rechtsträger nach vorheriger Stellungnahme der betroffenen Mitarbeiterinnen und Mitarbeiter die Bildung einer gemeinsamen Mitarbeitervertretung vereinbaren, soweit die Gesamtheit der Einrichtungen die Voraussetzungen des § 6 Abs. 1 erfüllt.

(2) Die Dienstvereinbarung nach Abs. 1 Satz 1 und die Regelung nach Abs. 1 Satz 4 bedürfen der Genehmigung durch den Ordinarius. Sie sind, soweit sie keine andere Regelung treffen, für die folgende Wahl und die Amtszeit der aus ihr hervorgehenden Mitarbeitervertretung wirksam. Für die gemeinsamen Mitarbeitervertretungen gelten die Vorschriften dieser Ordnung nach Maßgabe des § 22 a.

Einrichtung

Die MAVO legt fest, dass für jede Einrichtung eine Mitarbeitervertretung zu bilden ist.

Eine Einrichtung ist im Regelfall jeder selbständig geführte »Betrieb«, also eine organisatorische Einheit. Ein Rechtsträger kann mehrere Einrichtungen haben. Mehrere unselbständige Einheiten können andererseits aber auch als eine Einrichtung definiert werden. Der Dienstgeber hat nach § 1 a Abs. 2 ein weitgehendes Ermessen, was er als Einrichtung bezeichnen will.

Als eigene Einrichtung kann zum Beispiel definiert werden:

- die in der Trägerschaft einer Kirchengemeinde befindliche Kindertagesstätte oder das Altenheim,
- eine Beratungsstelle der Caritas,
- eine (ausgegliederte) Abteilung des Bischöflichen Ordinariats/des Generalvikariats.

In allen Fällen, in denen der Dienstgeber hier etwas ändert, also aus mehreren Einrichtungen eine macht oder aus einer mehrere kleine, greift er in den Status von Mitarbeitervertretungen ein. Große MAV'en verlieren bei Zersplitterung ihre Zuständigkeit, kleine bei einer Zusammenlegung ihre Existenz. Daher hat der Dienstgeber der Mitarbeitervertretung vorher Gelegenheit zur Stellungnahme zu geben. Die Beteiligung der MAV ist als Recht auf Anhörung und Mitberatung ausgestaltet. Sie taucht daher noch einmal im Katalog der Rechte nach § 29 Abs. 1 (dort Ziffer 20) auf.

Kirchlicher Rechtsträger

Wer kirchlicher Rechtsträger sein kann, richtet sich nach den Vorschriften der Vermögensverwaltungsgesetze. Namentlich sind dies die in § 1 Abs. 1 Zif. 1–5 genannten »juristischen Personen«. Hinzu kommen nach Abs. 2 die »sonstigen Rechtsträger«, also juristische Personen des weltlichen (im Gegensatz zum kanonischen = kirchlichen) Rechts. Das sind alle kirchlichen Rechtsträger, die sich der Organisationsformen des sonstigen privaten Rechts bedienen (Vereine, GmbH, gGmbH, BGB-Gesellschaft etc.).

Um festzustellen, wer als Rechtsträger im Arbeitsverhältnis auftritt, hat man sich an der Angabe in den jeweiligen Arbeitsverträgen zu orientieren.

Die MAVO unterscheidet zwischen Rechtsträgern, die die MAVO als bischöfliches Gesetz anwenden *müssen* (alle im Abs. 1 genannten) und solchen, die (nur) gehalten sind, die MAVO für ihren Bereich zu übernehmen, nämlich die sonstigen Rechtsträger nach Abs. 2.

Da aber das Kirchenprivileg nur für kirchliche Einrichtungen gilt, die die Grundordnung zum kirchlichen Dienst *(siehe unter Präambel)* übernommen haben, müssen auch diese Rechtsträger im Ergebnis die Mitarbeitervertretungsordnung übernehmen, wenn sie ihren kirchlichen Status nicht verlieren wollen. Denn die Grundordnung zum kirchlichen Dienst schreibt die Mitarbeitervertretungsordnung als verbindliche Regelung der Mitbestimmung in kirchlichen Einrichtungen vor. Diese Rechtsträger haben auch nicht die Möglichkeit, die MAVO zwar grundsätzlich zu übernehmen, aber in einzelnen Punkten Abweichungen von der diözesanen Fassung vorzunehmen. (so aber gelegentlich geschehen z. B. hinsichtlich der Information in wirtschaftlichen Angelegenheiten nach § 27 a) Denn die MAVO ist ein bischöfliches Gesetz.

Über- und mehrdiözesane Rechtsträger

Dabei handelt es sich nach der Definition in den Fußnoten um Rechtsträger, deren Einrichtungen nicht ausschließlich im Gebiet eines Bistums liegen.

In der Bundesrepublik Deutschland bestehen insgesamt 27 Bistümer, die jeweils Kirchenprovinzen (Erzbistümern) zugeordnet sind. Wenn Einrichtungen eines Rechtsträgers in allen Bistümern bestehen, spricht man von überdiözesanen, wenn die Einrichtungen nur in einigen Bistümern liegen, von mehrdiözesanen Rechtsträgern.

Wenn dies der Fall ist (z. B. bei Ordensgemeinschaften oder bundesweit tätigen Verbänden) ist die MAVO der Hauptniederlassung anzuwenden. Im Einvernehmen mit den betroffenen Bischöfen kann aber auch die MAVO der Diözese, in der die Einrichtung liegt oder eine eigene MAVO des Rechtsträgers, der die zuständigen Bischöfe zustimmen müssen, angewandt werden.

Neuregelung in § 1 b Gemeinsame Mitarbeitervertretung

Mit der Neufassung der Rahmen-MAVO in 2005 ist eine zusätzliche Möglichkeit der Bildung von Mitarbeitervertretungen einführt worden. Überall dort, wo wegen der geringen Größe einer Einrichtung (unter fünf Mitarbeiter/innen) eine eigene Wahl nicht möglich ist oder wo aus anderen Gründen die Bildung einer eigenen MAV nicht sinnvoll oder gewünscht ist, kann eine sogenannte „gemeinsame Mitarbeitervertretung" gebildet werden. Der Unterschied zu der besonderen Möglichkeit nach § 1 a Abs. 2 S. 1 (Dienstgeber bestimmt, was als Einrichtung gilt), besteht darin, dass § 1 b immer nur Anwendung findet, wenn eine MAV im Verhältnis zu **mehreren** Rechtsträgern gebildet werden soll.

Drei mögliche Fallvarianten

Also zum Beispiel:

▸ *Mitarbeitervertretungen von drei Kindertagesstätten in Trägerschaft verschiedener Pfarrgemeinden wollen eine gemeinsame MAV bilden (Satz 1) oder*

Mitarbeitervertretungen von zwei Kindertagesstätten in der Trägerschaft verschiedener Pfarrgemeinden wollen die Mitarbeiter/innen einer dritten Kindertagesstätte, die in der Trägerschaft einer anderen Pfarrgemeinde steht und deren Mitarbeiterinnen selbst keine MAV gewählt haben oder aufgrund ihrer geringen Mitarbeiterzahl wählen können, mitvertreten (Satz 2) oder

Mitarbeiter/innen aus drei Kindertagesstätten verschiedener Pfarrgemeinden, die sämtlich allein keine MAV wählen können oder wollen, schließen sich zur Wahl einer gemeinsamen Mitarbeitervertretung zusammen (Satz 4).

Genehmigung

Für eine Regelung nach Satz 1 (mehrere MAVen zusammen mit mehreren Rechtsträgern als Gegenüber) und Satz 4 (Wahl nur einer MAV für mehrere Einrichtungen mit mehreren Dienstgebern) müssen vom Generalvikar („Ordinarius") genehmigt werden, da sie freiwillige Abweichungen von dem Grundsatz der Wahl jeweils einer MAV für eine Einrichtung darstellen.

Nicht genehmigungspflichtig ist die Variante nach Satz 2, weil dort ohne Anwendung des § 1 b überhaupt keine MAV gebildet werden könnte.

Nicht ohne die betroffenen Dienstgeber

Eine „gemeinsame Mitarbeitervertretung" ist aber nur möglich, wenn alle betroffenen Dienstgeber einverstanden sind und dieses Einverständnis auch in Form ihrer Unterschrift unter eine entsprechende Dienstvereinbarung zum Ausdruck bringen. Da der Abschluss von Dienstvereinbarungen grundsätzlich nie erzwungen oder durch eine Entscheidung von Einigungsstellen oder Gerichte ersetzt werden kann, hat der Initiator (MAV oder Dienstgeber) in der Regel vor Bildung einer „gemeinsamen Mitarbeitervertretung" einiges an Informations- und Überzeugungsarbeit zu leisten. Die Fallgruppe 2 und 3 zeigt aber, worum es dem Gesetzgeber mit der Einführung des § 1 b ging: Die weißen Flecken auf der MAV-Landschaft sollen verschwinden, jede/r Mitarbeiter/in soll eine für sie/ihn zuständige MAV vorfinden. Und das soll gerade dort gelten, wo aufgrund der Verstreutheit von kirchlichen Mitarbeiterschaften auf kleine und kleinste Rechtsträger die Mindestvoraussetzungen der Bildung einer MAV nicht gegeben sind.

Initiative der Diözesanen Arbeitsgemeinschaften notwendig

Die Möglichkeiten nach § 1 b haben sich in der Praxis noch wenig herumgesprochen. Sinnvoll wären entsprechende Initiativen der Diözesanen Arbeitsgemeinschaften der Mitarbeitervertretungen zu Beginn des jeweiligen Wahlzeitraums. Denn im wesentlichen sind es die DiAGen, die die nicht MAV-fähigen Einrichtungen ermitteln, Kontakte zu erfahrenen MAV-Vertretern herstellen und den Abschluss von Dienstvereinbarungen fördern können.

Am Anfang war das Wort –
vom Umgang mit Ordnungen, Gesetzen, Handbüchern und Kommentaren

Fangen wir an

Kaum ein Mitarbeitervertreter ist Jurist, kaum eine Mitarbeitervertreterin in der Praxis erprobte Personalsachbearbeiterin. Dennoch müssen alle, die sich für Mitwirkungsrechte engagieren, nahezu täglich so tun, als seien sie genau das: Fachleute für Arbeits- und Personalrecht, Profis für Kooperation und umsichtig Agierende für die sogenannte Dienstgemeinschaft.

Am Anfang allen Bemühens um Mitarbeitervertretung stehen Worte, Sätze, Paragrafen, Bücher – und viel Stöhnen, manchmal Schweiß und Verdruss. Fangen wir also auch damit an.

An einem *Beispiel* werden wir darstellen, wie Mitarbeitervertretungen mit Gesetzen, Ordnungen, Handbüchern oder Kommentaren umgehen können.

Keine Angst vor Juristischem

Juristerei ist für Laien eine oft trockene und undurchschaubare Angelegenheit. Das, was von außen verwirrend erscheint, unterliegt aber, dringt man in die Materie tiefer ein, einer Systematik, die sich auch einem Laien erschließen kann. Versteht er die Grundzüge dieser Systematik, fällt es ihm erheblich leichter, mit Gesetzen, Ausführungsbestimmungen oder Kommentaren umzugehen.

Wichtig ist nicht, zu wissen, was wörtlich in der Mitarbeitervertretungsordnung oder in Gesetzen steht. Wichtig ist vielmehr zu wissen, wie Texte bezogen auf einen konkreten Fall erschlossen werden können.

In diesem Kapitel sollen der Mitarbeitervertretung Basisanregungen für den Umgang mit juristischem Handwerkszeug gegeben werden:

- Wie kläre ich den Sachverhalt?
- Wie erschließe ich mir die Mitarbeitervertretungsordnung, die Arbeitsgesetze?
- Welche weiteren Hilfsmittel stehen mir zur Verfügung?

Auch Juristinnen und Juristen beherrschen die Mitarbeitervertretungsordnung und deren Kommentare nicht wörtlich. Ihr Fachwissen beruht auf der Fähigkeit, Texte zielgerichtet und schnell zu erschließen. Das ist lernbar und setzt kein Studium voraus.

Die Entscheidungen im *Bildungshaus Z* dienen im Folgenden als Grundlage, Vorgehensweisen und Handwerkszeug für Mitarbeitervertretungen zu erschließen.

▸ **Beispiel**

Der Direktor des Bildungshauses Z. berichtet in der Mitarbeiterversammlung: Das Kuratorium hat beschlossen, die Küche zu schließen und die Verpflegung der Seminargäste einem Unternehmen zu übertragen. Die Mittags- und Abendmahlzeiten werde in notwendiger Anzahl angeliefert, das Frühstück wird weiter im Haus zubereitet werden.

Die drei Küchenmitarbeiterinnen werden nicht entlassen, sondern im Haus umgesetzt. Die Maßnahmen sollen, so der Direktor, zum nächsten Ersten wirksam werden. Ein rechtsgültiger Vertrag mit dem Unternehmen wurde von ihm bereits abgeschlossen.

Die Schritte

■ **Exakt darstellen**

Die Ausgangslage ist so objektiv wie möglich dargestellt. Im Alltag einer Mitarbeitervertretung ist es hilfreich, jeden (strittigen) Sachverhalt möglichst exakt zu fixieren und dabei alle verfügbaren Fakten zu nennen. Das kann schriftlich oder aber im Alltag gesprächsweise geschehen. Die maßgeblichen bekannten Fakten werden festgehalten. Die Mitarbeitervertretung hat zu prüfen, ob der Fall ausreichend dargestellt bzw. beschrieben wurde.

Mitarbeitervertretungen müssen oft (nach)recherchieren. Sie können sich nicht nur auf das »Hörensagen« beziehen, sondern müssen erforderliche Unterlagen einsehen, Dienstgeber befragen, Mitarbeiterin oder Mitarbeiter um die Darstellung des Sachverhaltes bitten und erforderlichenfalls Arbeitsverträge einsehen.

■ **Fakten klären**

Jeder Fakt gibt Auskunft – welche?

Wenn von *drei Küchenmitarbeiterinnen* die Rede ist, müsste die MAV daraus ableiten können, welche Vergütungsgruppe diese Kolleginnen haben, wie lange sie schon im Haus tätig sind, usw.

Jeder Fakt ist definiert bzw. impliziert weitere notwendige Informationen. Wenn vom *Direktor* oder *Kuratorium* die Rede ist, so muss klar sein bzw. geklärt werden, welche Verantwortung sie haben. Ist das Kuratorium Dienstgeber und der Direktor Dienstgebervertreter im Sinne des § 2 Abs. 2 MAVO?

■ **Rechtssätze**

Unter welche Gesetze, welche Rechtssätze fällt der Sacherhalt? Juristen nennen das »Subsumption«.

Sind Rechtsquellen erkennbar, die angewandt werden müssen?

Dazu wertet die MAV die Fakten. Auch eine ungeübte MAV wird schnell zu dem Urteil kommen, dass die MAV in diesem Fall zu beteiligen *ist*. Es geht um *Umsetzungen* im Hause und *Veränderungen* von Arbeitsverfahren. Schwieriger wird die Bewertung des Falles durch den rechtsgültig geschlossenen Vertrag mit einem Dritten (dem Unternehmen). Hier greifen z. B. Bestimmungen des BGB-Vertragsrechtes. Dies kann erste Hinweise auf die weitere Behandlung des Falles geben. Unter Umständen müssen in der Fallanalyse Rechtsquellen angewendet werden, die eine andere Gewichtung als das kircheninterne MAVO-Recht haben.

Leitfragen

■ **Ist die Mitarbeitervertretung zuständig? Welchen Status haben die beteiligten Dienstnehmer/innen? Sind sie Mitarbeiter/innen im Sinne der Ordnung?**

- **Wer vertritt die Dienstgeberinteressen? Ist der Verhandlungspartner zuständig? Ist er berechtigt, den Fall im Kontakt mit der Mitarbeitervertretung abschließend zu bearbeiten?**
- **Durch welche Paragrafen der MAVO wird der Fall erfasst? – Gibt es lediglich eine Zuständigkeit über die Generalklauseln oder finden sich definitive Erwähnungen, die auf den vorliegenden Fall anwendbar sind?**
- **Greift weiteres Recht (z. B. Arbeitsgesetze oder individuelle Regelungen im Arbeitsvertrag) in den Fall ein? Welche Auswirkungen hat das auf die Handlungsmöglichkeiten der MAV?**
- **Welches formal-rechtliche Verfahren sieht die MAVO vor? Gibt es dazu Alternativen?**
- **Sind bislang alle formal-rechtlichen Schritte durch die beteiligten Parteien eingehalten worden?**
- **Welche Verhaltens- bzw. Lösungsmöglichkeiten sieht die MAVO vor? Wie ist dies rechtlich begründbar? Wie müssen die taktisch-strategischen Schritte aussehen? Gibt es Handlungsalternativen?**

▸ **Zum Beispiel**

- *Das Kuratorium hat beschlossen ...*
  Hätte die Mitarbeitervertretung schon im Vorfeld, also vor Beschlussfassung beteiligt werden müssen? Wenn ja, was folgt aus dieser Nichtbeteiligung?
- *Der Direktor teilt mit ...*
  Hat der Direktor Rechte der Mitarbeitervertretung verletzt? Wenn ja, welche?
- *Auf der Mitarbeiterversammlung ...*
  Ist es korrekt, den Sachverhalt den Mitarbeitern zu unterbreiten, ohne vorher die Mitarbeitervertretung informiert zu haben?
- *Die Küche wird geschlossen ...*
  Welche Bedeutung hat dies real? Werden Arbeitsverfahren grundlegend verändert?
- *Drei Küchenmitarbeiterinnen werden umgesetzt ...*
  Wie wirkt sich die Umsetzung auf die Arbeitsverträge der Kolleginnen aus? Sind Änderungskündigungen vorgesehen oder diese evtl. schon ausgesprochen? Wurde mit den drei Mitarbeiterinnen gesprochen? Haben sie evtl. schon ihr Einverständnis erklärt? Welche Konsequenz hat die Fristsetzung?
- *Ein rechtsgültiger Vertrag ...*
  Wie wirkt sich diese Setzung durch den Dienstgeber aus? Sind der MAV jetzt die Hände gebunden? Welche Möglichkeiten der Gegenwehr bestehen? Wie sind die Aussichten zu bewerten? Welche Rechtsgüter müssen gegeneinander abgewogen werden?

Gut gestellte Fragen sind halbe Antworten

Die Mitarbeitervertretung untersucht den Sachverhalt anhand der gestellten Leitfragen und identifiziert damit auch die Rechtssätze bzw. -quellen. Im *vorliegenden* Fall ist erkennbar, dass insbesondere folgende Rechtsquellen zu Rate gezogen werden müssten:

1. die Mitarbeitervertretungsordnung,
2. der Arbeitsvertrag,
3. das in der Diözese gültige KODA-Recht bzw. die AVR; (evtl.) das BGB.

Antworten führen zu konkreten Verhaltensschritten

Grundsätzlich gilt: Jedes Handeln einer Mitarbeitervertretung soll rechtlich begründet und hergeleitet sein. Mitarbeiter oder Mitarbeiterinnen »aus dem hohlen Bauch« zu vertreten, ohne eine entsprechende Grundlage für diese Vertretung zu kennen oder benennen zu können, führt meistens in die Irre. Man liefert sich unnötig den Argumenten der Dienstgeberseite aus und wird als Gesprächspartner/in nicht mehr ernst genommen.

Orientierungsfragen für weitere Schritte

- **Welche Schritte muss/kann die MAV gehen?**
- **In welcher Reihenfolge sind diese bei Beachtung welcher Formalien zu gehen?**
- **Was kann die MAV nach der Mitarbeitervertretungsordnung maximal, was minimal erreichen?**

Die Gestaltungsfaktoren im Arbeitsrecht haben unterschiedliches Gewicht und unterliegen einer Hierarchie. Das Recht der einen Stufe leitet sich in der Regel ab aus dem übergeordneten Recht der anderen Stufe. Dies ist bei vielen Fragen, die eine Mitarbeitervertretung behandelt, zu berücksichtigen. Zwar ergibt sich aus der Überordnung einer Rechtsquelle nicht unbedingt deren Vorrang, dennoch kann sie ein erster Hinweis auf Bedeutung oder Gewicht sein.

Die Stufen des Arbeitsrechtes

1. Überstaatliches Recht (z. B. Europäisches Recht)
2. Grundgesetz
3. Gesetze (Bundes- oder Ländergesetze, kirchliche Gesetze – Grundordnung oder Mitarbeitervertretungsordnung)
4. KODA-Beschlüsse bzw. die AVR des Deutschen Caritasverbandes (bzw. Tarifverträge)
5. Betriebsvereinbarungen
6. Arbeitsvertrag
7. Direktionsrecht (Weisungsrecht) des Dienstgebers

Hinzu tritt als weitere Rechtsquelle die sogenannte »*betriebliche Übung*«, eine Form von Gewohnheitsrecht, das dadurch entsteht, dass über vertragliche Pflichten hinaus freiwillig eine längere Zeitdauer Leistungen erbracht werden, die die Pflichten oder Rechte aus dem Arbeitsverhältnis stillschweigend erweitern und dann auch einklagbarmachen.

Im Arbeitsrecht haben sich die Rechtsquellen durch umfangreiches *Richterrecht* vervollkommnet. Im Laufe der Jahrzehnte wurden durch Gesetze nicht geregelte Tatbestände per Gerichtsentscheide normiert, die oft durch höchstrichterliche Sprüche bestätigt wurden. »Richterrecht« heißt nicht, dass dies »Gesetze« sind, die ohne die Legislative entstanden sind; vielmehr haben Gerichte im Wege der Rechtsfortbildung den Anwendungsbereich von Gesetzen kommentiert und präzisiert. Durch eine Vielzahl gleichartiger Urteile hat dieses Richterrecht quasi Gesetzeskraft erhalten.

Erst langsam bildet sich ein eigenes „Richterrecht" der Kirchen heraus. Die Rechtsprechung der kirchlichen Arbeitsgerichte steht noch am Anfang, wird sich aber im Laufe der nächsten Jahre so weiter entwickeln, dass die Entscheidungen jeweils mit in den Blick zu nehmen sind. In den vorliegenden Kommentierungen der MAVO findet man vereinzelt schon Hinweise auf Entscheidungen. Seit der Bildung von Kirchlichen Arbeitsgerichten findet auch eine systematische Sammlung der Rechtsprechung der Entscheidungen im vollen Wortlaut statt. Die bisher ergangenen Urteile sind auf der CD-ROM beigefügt. Wer einen aktuellen Überblick sucht, kann sich den auf der Internetseite des Verbandes der Diözesen Deutschlands (http://www.dbk.de/wirueberuns/arbeitsstellen/arbeitsgerichtshof/home/index.html) machen.

Bei den oben dargestellten Stufen ist zu berücksichtigen, dass die Mitarbeitervertretungsordnung ein kirchliches Gesetz ist und deshalb zur Stufe 3 gehört. Klar ist, dass auch die Kirchen den staatlichen Gesetzen unterfallen, d. h. arbeitsrechtlich gibt es kein Sonderrecht der Kirche. (Es gehört zu den weit verbreiteten Irrtümern in der Mitarbeitervertretungsarbeit, dass die Kirche sozusagen einen rechtsfreien Raum vorfände, den sie nach eigenem Gutdünken füllen könne.) Eigene Gestaltungsräume ergeben sich nur aus dem Selbstbestimmungsrecht (Art. 140 GG i. V. m. Art. 137 Abs. 3 WRV). Dies findet seinen Niederschlag zum Beispiel in der von den Bischöfen erlassenen Grundordnung.

▶ **Beispiel**

Im Fall des Bildungshauses Z. dürfte anhand der arbeitsrechtlichen Stufenleiter deutlich werden, dass hier die Mitarbeitervertretungsordnung u. U. konkurriert mit dem BGB (Stufe 3), dass hier Rechte aus dem Arbeitsvertrag berührt werden (Stufe 6) und dass der Dienstgeber offensichtlich gewillt war oder ist, von seinem Direktionsrecht (Stufe 7)

Gebrauch zu machen. Ob darüber hinaus die Frage der »betrieblichen Übung« tangiert ist, kann bei der knappen Fallbeschreibung nicht beurteilt werden. Würden z. B. eingeräumte Rechte der Küchenmitarbeiterinnen (etwa kostenlose Einnahme einer Mahlzeit während der Arbeitszeit) berührt, so müsste auch dies in die Überlegungen einbezogen werden. Dass darüber hinaus die entsprechenden KODA-Beschlüsse bzw. die AVR zu beachten sind, bedarf keiner näheren Erläuterung.

Gesetze

Wie gesagt, die Mitarbeitervertretungsordnung ist ein kirchliches Gesetz. Es bindet, wie jedes staatliche Gesetz, alle in gleicher Weise.

Unzweifelhaft muss die Mitarbeitervertretung im *Bildungshaus Z* die Mitarbeitervertretungsordnung zu Rate ziehen, um den Fall zu bearbeiten bzw. zu lösen.

Folgende Arbeitsschritte sind notwendig:

- **Die Mitarbeitervertretung prüft, was das korrekte Vorgehen des Dienstgebers bzw. seines Vertreters nach der MAVO gewesen wäre.**
  Juristen nennen dies den Normalfall.
- **Die MAV überprüft die einzelnen Fakten.**
  Welche Rechte hat der Direktor nach der MAVO, welche das Kuratorium? Wer ist Dienstgeber, wer ist Dienstgebervertreter, und sind z. B. die betroffenen Küchenmitarbeiterinnen überhaupt Mitarbeiterinnen im Sinne der MAVO (siehe § 3 der MAVO)? Erst wenn diese Ausgangslage geklärt ist, kann die Mitarbeitervertretung übergehen zu
- **Welche Abweichungen vom »Normalfall« sind zu konstatieren?**
  Durch welches Fehlverhalten der Dienstgeberseite wird der Fall zum »Problemfall«?
- **Die Mitarbeitervertretung überprüft, in welchem Paragrafen der Mitarbeitervertretungsordnung Aussagen zum vorliegenden Fall getroffen sein könnten.**

Folgende Zugangsmöglichkeiten bestehen:

- Ein Blick ins Inhaltsverzeichnis kann erste Aufschlüsse geben, dürfte aber nicht entscheidend weiterführen.
- Maßgeblich für konkrete Fälle in der MAV-Arbeit ist in der Regel der Abschnitt V »Zusammenarbeit zwischen Dienstgeber und Mitarbeitervertretung«. Nach Blick in die Paragrafenüberschriften dieses Abschnittes wird deutlich, dass einige Paragrafen nicht weiter geprüft werden müssen, da sie nicht zutreffen können (z. B. die §§ 30, 31, 34).
- Nach diesen »Ausschlussverfahren« bleiben einzelne Paragrafen übrig, die ggf. gelesen werden müssen. Dies gilt insbesondere für die §§ 29 (»Anhörung und Mitberatung«), 32 (»Vorschlagsrecht«), 35 (»Zustim-

mung bei sonstigen persönlichen Angelegenheiten«) und ggf. 37 (»Antragsrecht«). Auch 36 (»Zustimmung bei Angelegenheiten der Dienststelle«) könnte zutreffen.

Die Generalklauseln der Mitarbeitervertretungsordnung, die die Beteiligungsrechte der MAV allgemein beschreiben (§§ 26-28) bedürfen der Berücksichtigung, da hieraus für nahezu alle Fälle ein zumindest »schwaches« Beteiligungsrecht abzuleiten ist.

Die Arbeit mit der MAVO bedarf also zuerst der Suche nach den Paragrafen, die auf den Fall gegebenenfalls anzuwenden sind.

Die MAVO (als Gesetzestext veröffentlicht)[3] verfügt über kein eigenes Stichwortverzeichnis. Die Kommentare zur MAVO haben ein sehr ausführliches Stichwortverzeichnis, mit dem zutreffende Paragrafen gefunden werden können.

Paragrafen gliedern sich normalerweise durch vier Elemente:

1. Die Überschrift, die die Hauptinhalte zusammenfasst.
2. Absätze, die den Inhalt des Paragrafen gliedern.
3. Sätze, die die Abschnitte weiter untergliedern.

Wenn Gesetze »richtig« gebaut sind – wir unterstellen hier den Normalfall – so sind sie hierarchisch gegliedert. D. h. der Abschnitt unterfällt der Überschrift, der Satz unterfällt dem Abschnitt und regelt dessen Bestimmungen weiter aus.

Wenn die Mitarbeitervertretung des *Bildungshauses Z* zu dem Schluss gekommen ist, dass es sich bei der Maßnahme um eine »Einschränkung ... von Einrichtungen oder wesentlichen Teilen von ihnen« handeln sollte, so findet sie maßgebliche Bestimmungen dazu in § 29.

In der Überschrift wird deutlich, dass es sich hierbei um den Sachverhalt der Anhörung und Mitberatung handelt. Wenn die MAVO dies bejaht, ergibt sich aus dem ersten Absatz, dass sie ungenügend einbezogen worden ist. Dies wird durch den zweiten Absatz noch einmal untermauert. Im dritten Absatz schildert das Gesetz den Normalfall der Beteiligung »Anhörung und Mitberatung«. Die Mitarbeitervertretung kann nun diesen Normalfall darstellen und feststellen, in welcher Art der Dienstgeber abgewichen ist und dadurch das Normale zum Problem gemacht wird. Daraus lassen sich ggf. Forderungen ableiten, die wiederum in der MAVO benannt sind (z. B. Absatz 4 oder 5 von § 29 oder das Verfahren zur Schlichtung). Paragrafen richtig zu lesen bedeutet auch, die Einschränkungen in den Paragrafen zu lesen.

---

3 Ein Fundstellennachweis für alle diözesanen Mitarbeitervertretungsordnungen findet man in Bleistein/Thiel, Rz. 5 der Präambel (S. 7 in der 5. Aufl.)

Würde im Bildungshaus Z. lediglich die Kaffeemaschine stillgelegt und statt dessen Automatenkaffee angeboten, so handelte es sich hierbei nach § 29, Abs. 1, Zif. 18 sicherlich um eine Einschränkung in den Tätigkeiten der Einrichtung. Aber genauso unzweifelhaft dürfte sein, dass es sich hierbei nicht um die Einschränkung von »wesentlichen Teilen« der Einrichtung handelt. Es ist eine Marginalie, die nicht der beschriebenen Beteiligung unterliegt. Ein anderes Beispiel: Im normalen Sprachgebrauch wird immer von Mitarbeitern und Mitarbeiterinnen geredet. Dies tut auch die Mitarbeitervertretungsordnung, nimmt aber gleich am Anfang des Gesetzes eine wesentliche Einschränkung vor. In § 3 werden die Mitarbeiter definiert, die Mitarbeiter im Sinne der Mitarbeitervertretungsordnung sind. Andere in den Einrichtungen Tätige sind eben keine Mitarbeiter im Sinne dieser Ordnung und unterfallen auch nicht dem Mitwirkungsrecht der MAVO.

Daraus ist ableitbar: Nicht nur einzelne Paragrafen sind hierarchisierend aufgebaut, auch die Gesetzestexte im ganzen beinhalten hierarchische Ordnungen. In der Regel werden am Anfang die allgemeinen Vorschriften geregelt, um Gültigkeiten, z. B. für verschiedene Gruppen u.ä. (vgl. § 1 MAVO), festzulegen.

Mit dieser Faustregel im Hinterkopf sollten Gesetzestexte studiert werden: **Paragrafen gründlich lesen und insbesondere den Worten Aufmerksamkeit schenken, die Einschränkungen oder Erweiterungen signalisieren.**

Das ausführlich geschilderte Umgehen mit Paragrafen in der Mitarbeitervertretungsordnung ist genauso anzuwenden auf andere Gesetze. Hier tritt allerdings ein weiteres Hilfsmittel hinzu: Die meisten Gesetzespublikationen verfügen über ein ausführliches Sachverzeichnis oder Stichwortverzeichnis am Ende des Bandes. Meistens werden Überbegriffe gebildet, die fett gedruckt sind, und darunter Unterüberschriften benannt, die zu speziellen Fragestellungen führen. Wenn in einem Buch mehrere Gesetzestexte veröffentlicht sind, so bezieht sich das Sachverzeichnis oft auf alle Gesetze. Dies hat Vorteile und Nachteile für die Suchpraxis. Der Vorteil: Die MAV erhält einen Überblick, welche Gesetzestexte für den vorliegenden Fall überhaupt in Frage kommen könnten; der Nachteil: Da die Zahl der in einem Buch publizierten Gesetze meistens sehr hoch ist, kann das Sachverzeichnis nicht entsprechend ausführlich sein.

Es ist anzunehmen, dass mit Zunahme der Publikationen auf CD-ROM und im Internet die Zugriffsmöglichkeiten zu den einzelnen arbeitsrechtlichen Bestimmungen für Laien immer einfacher werden. Auch diejenigen, die das kirchliche Arbeitsrecht publizieren, werden sich diesen Zugriffsmöglichkeiten in den kommenden Jahren nicht mehr verschließen können.

Kommentare

Neben anderen Kommentaren und Kommentierungen hat sich der »Bleistein/Thiel« als maßgeblich herausgebildet.. Erst ist mittlerweile unverzichtbares Handwerkszeug jeder Mitarbeitervertretung.Kommentare orientieren sich in ihrem Aufbau an den Paragrafen des Gesetzeswerkes, das sie kommentieren. Darüber hinaus verfügen sie über ein ausführliches Stichwortverzeichnis, das nach einem ähnlichen Muster entwickelt wurde wie die Sachverzeichnisse von Gesetzespublikationen. Bleistein und Thiel verzichten auf die Praxis, Paragrafen mit vorrangiger Bedeutung fett zu drucken und erschweren dadurch ein wenig die Orientierung.

Im Kommentar selbst werden zuerst der Paragraf dargestellt und dann anhand von Randnummern Sachverhalte diskutiert, die den jeweiligen Paragrafen weiter ausfüllen. Für den § 29 MAVO z. B. bedeutet dies, dass nicht nur alle § 19 geschilderten »Angelegenheiten« kommentiert werden, sondern darüber hinaus auch Randthemen, die damit im Zusammenhang stehen.

Die Orientierung wird für lesende Mitarbeitervertretungen dadurch erleichtert, dass wichtige Stichworte innerhalb dieser Bemerkungen nochmals fett gesetzt sind. Durch Querlesen ist man relativ schnell in der Lage, die Kommentierung zu finden, die zur Lösung eines konkreten Falles benötigt wird.

Kommentare zur MAVO verweisen immer wieder auf die Rechtsprechung und hier insbesondere auf solche Urteile, die im Zusammenhang mit Betriebsrats- oder Personalratsstreitigkeiten stehen. Daraus werden immer dann Schlüsse gezogen, wenn auf eigene kirchliche Rechtsprechung nicht zurückgegriffen werden kann. Kirchliche Rechtsprechung ist gegenwärtig in der Entwicklung befindlich. Es lohnt sich für alle Mitarbeitervertreter, sich gelegentlich einen aktuellen Überblick über den Rechtsstand zu verschaffen (siehe http://www.dbk.de/wirueberuns/arbeitsstellen/arbeitsgerichtshof/home/index.html).

Kommentare haben natürlich keine Gesetzeskraft und können auch nicht den Stellenwert des Richterrechtes einnehmen. Letztendlich sind Kommentierungen immer Auslegungen der Kommentatoren. Seriöse Kommentare aber sind wichtige Quellen bei Streitigkeiten zwischen Dienstgeber und Mitarbeitervertretungen, um Rechtssicherheit zu erlangen. Sie haben sozusagen Schiedsrichter- und Erklärungsfunktionen, ohne aber für die beteiligten Parteien letztendlich bindend zu sein.

Handbücher

Handbücher wollen wesentliche Bereiche eines Rechtsgebietes für den Laien und den Professionellen lesbar aufbereiten. Sie orientieren sich nicht nur an einzelnen Gesetzen, sondern an Gesetzeskomplexen, und versuchen, diese z. B. kapitelweise abzuhandeln bzw. zu beschreiben.

Gute Handbücher verfügen über ein sehr entfaltetes Inhaltsverzeichnis und Stichwortverzeichnis. Anhand dieser beiden Mittel kann sich eine MAV einen ersten Überblick über ein Rechtsteilgebiet verschaffen und wahrnehmen, welche Fragen in einem Fall zu prüfen sind. Handbücher ersparen meistens nicht das Studium von Gesetzen und deren Kommentare, verschaffen aber in dem Sinne Handlungssicherheit, dass das jeweilige Teilgebiet auf seine Bedeutungszusammenhänge hin »abgeklopft« werden kann.

Die Kommentare in Handbüchern sind die Kommentare des Autors oder der Autorin und unterliegen ähnlichen Einschränkungen wie Gesetzeskommentare. Renommierte Handbücher sind auch in Rechtsstreitigkeiten zitierfähig, d. h. die Ansichten der Autoren dürften in einem Schlichtungsverfahren Bedeutung haben.

Manche Handbücher haben auch eine Funktion, die weit über das Juristische hinausgeht. Sie setzen sich mit Durchsetzungsstrategien auseinander und führen in Taktikfragen der Betriebsrats- bzw. Mitarbeitervertretungsarbeit ein.

Urteile

Die meisten Urteile von Arbeitsgerichten werden in Zeitschriften oder von Fachdiensten veröffentlicht. Auch über CD-ROM gibt es mittlerweile Zugriffsmöglichkeiten auf diese Rechtsquellen. In der Regel dürfte eine Mitarbeitervertretung mit der Sichtung von arbeitsgerichtlichen Urteilen weit überfordert sein. Dazu braucht man Fachleute, und selbst einzelne Jurist/innen benötigen die Unterstützung entsprechender Fachverlage oder Fachautoren.

Urteile werden meistens so veröffentlicht, dass zuerst ein Leitsatz vorangestellt wird (in der Regel verfasst vom betreffenden Gericht), der dann ausführlich erläutert bzw. kommentiert wird. Diese Leitsätze geben erste Hinweise auf die Materie und auch darauf, ob im vorliegenden Fall ein solches Urteil Bedeutung haben kann. Eine Mitarbeitervertretung, die auf entsprechende Urteilslagen zurückgreifen möchte, sollte sich der Mitarbeit eines Juristen/einer Juristin (z. B. eines juristischen Geschäftsführers/einer juristischen Geschäftsführerin in der Diözesanen Arbeitsgemeinschaft der Mitarbeitervertretungen) versichern und mit ihm oder ihr gemeinsam durch den Dschungel deutscher Arbeitsgerichtsrechtsprechung streifen.

Juristinnen und Juristen

Die meisten Fälle, denen Mitarbeitervertretungen im Alltag begegnen, können bei entsprechendem Engagement selbst gelöst werden. Mitarbeitervertretungen sollten Ehrgeiz entwickeln und sich nicht von Fachleuten abhängig machen. Allerdings stößt man auch an Grenzen. Deshalb macht es Sinn, dass in den Diözesen und Diözesanen Arbeitsgemeinschaften Rechtskundige für die unterstützende Beratung von Mitarbeitervertretungen zur Verfügung stehen. Manchmal kann die MAV u. U. auch Rat auf Dienstgeberseite einholen. Rechtsdirektoren und Personalchefs sind meistens kooperativ und mitarbeiterfreundlich.

In seltenen Fällen kann sich die Mitarbeitervertretung auch Rechtsbeistand bei einem Anwalt, der nicht im kirchlichen Bereich tätig ist, holen. Die MAVO sieht ausdrücklich vor, dass die MAV über die »notwendigen Mittel«, die ihr zur Verfügung stehen müssen, selber verfügt. Dies schließt in eng umgrenzten Fällen auch das honorarpflichtige Engagement eines Rechtsanwaltes ein. Hier ist eine sorgfältige Prüfung der Notwendigkeit unerlässlich.

Zuletzt

Juristerei ist keine Geheimwissenschaft – auch nicht für Laien. Wer sich Quellen systematisch erschließt, wird schon nach kurzer Zeit Einblick in die Struktur von Gesetzestexten erhalten und mit ihnen produktiv arbeiten können. Manche Mitarbeitervertretungen erkennen den Reiz, der in gut geschriebenen Gesetzen liegt. Es ist ein wenig wie Schachspielen: die Regeln müssen beherrscht, Denkvorgänge systematisiert (was ist zu analysieren, was auszuschließen?) und Kombinationen folgerichtig gemacht werden.

Der Rest ist Inspiration und Kreativität zur Findung einer Lösung.

Und wie würden Sie im Fall des Bildungshauses Z vorgehen?

Das Letzte ...

Zwei Juristen drei Meinungen: Dieser beliebte Spott verdeckt zu schnell, dass die dritte Säule der Gewaltenteilung eine demokratische Errungenschaft ist. Demokratie heißt aber nicht Expertokratie. Auch Juristen machen zunächst nur Interpretationsangebote. Damit arbeiten müssen die Mitarbeitervertretungen. Sie tragen die Verantwortung für Ihre Position.

§ 2 Dienstgeber

(1) Dienstgeber im Sinne dieser Ordnung ist der Rechtsträger der Einrichtung.

(2) Für den Dienstgeber handelt dessen vertretungsberechtigtes Organ oder die von ihm bestellte Leitung. Der Dienstgeber kann eine Mitarbeiterin oder einen Mitarbeiter in leitender Stellung schriftlich beauftragten, ihn zu vertreten.

Dienstgeber

Der Begriff „Dienstgeber" ist im Wortsinne eigentlich nicht zutreffend. Denn Dienste »geben«, also leisten, muss die Mitarbeiterin, der Mitarbeiter. Der »Dienstgeber« ist eigentlich derjenige, der die Dienste entgegennimmt. Dennoch: Der ebenfalls unzutreffend bezeichnete Arbeitgeber heißt im kirchlichen Dienst Dienstgeber.

Der Begriff des Dienstgebers, so wie ihn die MAVO gebraucht, ist aber nur ein theoretischer, denn er wird gleichgesetzt mit dem Rechtsträger der Einrichtung. Das ist aber keine natürliche Person, sondern beschreibt nur die Funktion. Insofern kann sie auch nicht selbst handeln, sondern tut dies durch ihre Organe oder Leitungspersonen.

Also: Dienstgeber im Sinne der MAVO ist bei Mitarbeiter/innen im pastoralen Dienst zum Beispiel der »Bischöfliche Stuhl oder die Diözese« als Körperschaft des öffentlichen Rechts, bei Mitarbeiter/innen einer Sozialstation der Caritasverband X-Stadt als eingetragener, gemeinnütziger Verein, also nur rein rechtliches Gebilde.

Vertretungsberechtigtes Organ

Weil ein Rechtsträger – wie wir gesehen haben – selbst nicht handeln kann, legen Rechtsvorschriften fest, wer die Vertretung wahrzunehmen hat. Das richtet sich bei den Einrichtungen im Sinne von § 1 Abs. 1 MAVO nach den kirchenrechtlichen Regelungen. So vertritt nach dem »Codex iuris canonici« der Generalvikar (lat. vicarius generalis = allgemeiner Vertreter) den Bischof in allen Funktionen der Verwaltung einer Diözese. Der Kirchenvorstand ist nach dem Vermögensverwaltungsgesetz das vertretungsberechtigte Organ und handelt in allen wirtschaftlichen Angelegenheiten für die Pfarrgemeinde.

In den »sonstigen Einrichtungen« ist die Frage, wer nach allgemeinen staatlichen Vorschriften, dem Bürgerlichen Gesetzbuch (BGB), dem Handelsgesetzbuch (HGB) oder z. B. dem GmbH-Gesetz zu klären. So handelt für eine Stiftung der Verwaltungsrat oder das Kuratorium, für eine GmbH der Geschäftsführer, für einen Verein der Vorstand.

Auch hier gilt: Ein Blick in den Arbeitsvertrag gibt auch über die Frage der Organvertretung einen schnellen Aufschluss, weil sich dort entsprechende, genaue Angaben bei der Nennung der Vertragsparteien finden.

Zum Beispiel die Formulierung: Die katholische Kirchengemeinde St. Josef, vertreten durch den Kirchenvorstand, dieser vertreten durch den Vorsitzenden Herrn Pfarrer Müller ...

Bestellte Leitung

Während sich die Frage nach dem vertretungsberechtigten Organ aus rechtlichen Vorschriften ableiten lässt, ohne dass die handelnden Personen darauf Einfluss hätten, ist die Frage, wer bestellte Leitung ist, von einer Personal-Entscheidung des vertretungsberechtigten Organs abhängig. In diesem Sinne kann Leitung auch nicht nur die Person, die die gesamte Leitungsverantwortung für eine Einrichtung ausübt, sondern im Einzelfall unter Umständen auch ein kaufmännischer Leiter oder ein Personalchef, der nur einen Teil der Gesamtverantwortung hat. In der Praxis kleinerer, nicht sehr spezialisierter Einrichtungen wird allerdings die Leitungsperson mit dem Begriff »Dienstgeber« gleichgesetzt werden.

Was meint die MAVO mit dem »Dienstgeber«

Die MAVO kümmert sich in den einzelnen Paragrafen, in denen neben der MAV immer wieder »Der Dienstgeber« genannt wird, nicht mehr um die Differenzierung in

■ Rechtsträger
■ juristische Vertretung
■ Leiter oder
■ Personalchef.

Wenn sie von »dem Dienstgeber« spricht, meint sie den nach der Organisation in der Einrichtung jeweils zuständigen Ansprechpartner. Eine Grenze für die Delegation von Dienstgeberpflichten oder -rechten kennt die MAVO aber dennoch: Mindestens eine leitende Mitarbeiterin/ein leitender Mitarbeiter muss es sein, auf den Dienstgeber-Befugnisse übertragen werden können. Geschieht dies, so soll die MAV darum bemüht sein, dass dieses in einem formellen Akt – wie in § 29 Abs. 1 Zif. 18 aufgeführt– geschieht. Denn die MAV braucht einen festen Ansprechpartner.

Man kann ansonsten Mitwirkungsrechte auch dadurch ins Leere laufen lassen, dass man Zuständigkeiten nicht klärt oder nicht einhält. Wo das geschieht, muss die MAV zuerst immer an den Rechtsträger, also die oberste Ebene herantreten und für eine Klärung sorgen.

Dienstgebervertreter und Leitung – Versuch einer kleinen Typologie

Das unmittelbare Gegenüber einer Mitarbeitervertretung ist der Dienstgeber. »Dienstgeber« (s. o.) ist ein Abstraktum.

Für den Dienstgeber handeln die Personen, die zur Leitung bestellt sind. Leitung im Sinne der Ordnung meint hier die »Chefs« oder »Chefinnen«. Auch sie sind nicht zwangsläufig Partner der Mitarbeitervertretung. Der Dienstgeber entscheidet durch sein vertretungsberechtigtes Organ, welcher Mitarbeiter in leitender Stellung beauftragt ist, der MAV gegenüberzutreten. Dies kann der Personalchef, die Leiterin einer Einrichtung, ggf. auch der Finanzchef sein.

Ständig wechselnde Partner, deren Entscheidungskompetenzen unklar sind, sollte eine Mitarbeitervertretung nicht akzeptieren. Sie verheddert sich zu schnell im Gestrüpp der Kompetenzen und sitzt im schlimmsten Fall einem inszenierten Verwirrspiel des Dienstgebers auf, der Verunsicherung streuen will und Mitwirkungsrechte schwächt.

Für die Mitarbeitervertretung ist wichtig, dass tatsächlich eine (schriftliche) Beauftragung vorliegt. Die Mitarbeitervertretung muss sicher sein können, dass die handelnde und verhandelnde Person im Auftrag des Dienstgebers spricht und dass getroffene Vereinbarungen, abgewickelte Verfahren oder geschlossene Dienstvereinbarungen in dem Sinne rechtsgültig sind, dass in ihnen auch der Wille des Dienstgebers zum Ausdruck kommt.

Den Dienstgebervertreter identifizieren

- **Überprüfen Sie, wer in Ihrer Institution als leitender Mitarbeiter beauftragt wurde, den Dienstgeber zu vertreten.**
- **Fragen Sie beim vertretungsberechtigten Organ nach, ob eine solche Beauftragung vorliegt.**
- **In welchen Fällen darf Ihr Gegenüber den Dienstgeber nicht vertreten?**
- **Wer spricht in jedem Fall das letzte Wort?**

Unterschiedliche Interessen von Mitarbeiterschaft und Dienstgebervertreter

Dienstgebervertreter und Mitarbeitervertretungen haben gemeinsame und unterschiedliche Interessen. Sie ähneln sich in den Aufgaben, die sie für die Dienstgemeinschaft wahrzunehmen haben, unterscheiden sich deutlich in den Schwerpunktsetzungen. Die Mitarbeitervertretung hat zuerst auf die Interessen der Mitarbeiterschaft zu achten, ist ein Organ des kollektiven Arbeitsrechtes, während der Dienstgebervertreter die Interessen der Einrichtung, die er repräsentiert oder der er vorsteht, schützen und entwickeln muss.

§ 2 Dienstgeber

Die Schnittmenge der unterschiedlichen Ansätze besteht darin, dass Einrichtungen sich nicht entwickeln können, wenn nicht gleichzeitig eine angemessene Personalentwicklung bzw. Personalförderung und Personalmitwirkung im Blick bleibt.

Die Systeme funktionieren am besten, in denen ein gesunder Ausgleich, eine sich permanent neu herstellende Balance zwischen Einrichtungszielen und Mitarbeiterinteressen gelingen.

Auf der sachlichen Ebene muss der Dienstgebervertreter unterschiedliche Aufgaben und Zielvorgaben bewältigen.

Der Rechtsträger der Einrichtung gibt dem Dienstgebervertreter konkrete Vorgaben, die innerhalb eines bestimmten Zeitraums zu bewältigen sind.

Die Bettenzahl eines Krankenhauses ist innerhalb von zwei Jahren zu reduzieren. Dies soll möglichst sozialverträglich geschehen.

Dem Dienstgebervertreter bzw. Leitenden stehen bestimmte Finanzmittel zur Verfügung, für deren ordnungsgemäße Verwaltung und Einsatz er die (alleinige) Verantwortung trägt. Er befindet sich in einem permanenten Entscheidungsprozess darüber, wie diese Ressourcen einzusetzen sind.

Aufgrund von Gesetzesänderungen stehen einem Bildungshaus EUR 100.000,– weniger an Zuschüssen zur Verfügung. Sollen Stellen reduziert werden, der Service verschlechtert oder Teilnehmergebühren erhöht werden?

Die Letztverantwortung für das Output hat der Leitende. Er muss Sorge tragen für eine angemessene Kunden-, Klienten- oder Patientenorientierung.

Die Öffnungszeiten einer Beratungsstelle sollen verlängert werden, um einen möglichst guten Service für Berufstätige anzubieten. Dies bedeutet familienunfreundlichere Arbeitszeiten.

Der Leitende hat übergeordnete Ziele und Gesichtspunkte zu berücksichtigen. Viele kirchliche Einrichtungen befinden sich in einem Verbund (z. B. dem des Diözesancaritasverbandes). Hier sind (hoffentlich) Leitbilder und Leitlinien formuliert worden, die weit über die Interessen und Aufgabenstellung einer einzelnen Einrichtung hinausgehen.

In einer Diözese wird beschlossen, für weltkirchliche Aufgaben 10% des Haushaltes zur Verfügung zu stellen. Diese bedeutsame Beschlusslage konkurriert mit den immer knapper werdenden finanziellen Mitteln der Diözese und der Sorge um bestehende Arbeitsplätze.

Leiten heißt, sich einem komplizierten Geflecht oft gegenläufiger Aufgaben zu stellen

Leitende befinden sich häufig in einem sehr komplizierten Geflecht unterschiedlicher Anforderungen und Aufgabenstellungen. Die Mitarbeiterorientierung, die ihnen abverlangt wird, ist für sie nur ein Kriterium unter vielen. Ihr Blickwinkel muss weiter sein, während die Mitarbeitervertretung eher verpflichtet ist zu focussieren.

Aus dieser Konkurrenz kann produktive Spannung entstehen, die sich auflöst in einem vertretbaren Kompromiss zwischen Mitarbeiterinteressen und Aufgabenorientierung. Der leitende Mitarbeiter ist in der Pflicht, diesen Kompromiss, diese Balance zu entwickeln und herzustellen.

Manches Missverständnis in Kooperationen entsteht auch dadurch, dass Mitarbeitervertretungen keinen Blick für übergeordnete Zwänge entwickelt haben und Entscheidungen, die gegen Mitarbeiterinteressen gerichtet werden mussten, nicht nachvollzogen oder persönlich genommen haben.

Sache und Person

Vielen Menschen gelingt es nicht, sachliche Entscheidungen, die sie als gegen sich gerichtet erleben, von der Person des Handelnden zu trennen. Menschen sind keine Maschinen, nicht ausschließlich Funktionäre.

Viele Dienstgebervertreter reagieren bei Auseinandersetzungen mit Mitarbeitervertretungen persönlich, verletzend. Sie überschreiten Grenzen, weil sie den gesetzten Aufgaben nicht gewachsen sind, weil sie die Parteilichkeit der Mitarbeitervertretung nicht akzeptieren wollen. Sie erwarten Unterordnung der Mitarbeitervertretungen, positionieren das »Unternehmensziel« haushoch und glauben an die berechtigte Durchsetzung ihrer Interessen.

Auch Mitarbeitervertretungen erleben Sachentscheidungen von Dienstgebervertretern häufig als persönlich zu nehmende Attacken.

Gute Mitarbeitervertretungsarbeit bemüht sich immer um die Trennung von Sache und Person, auch in dem Bewusstsein, dass dies eigentlich nicht möglich ist.

Wenn Mitarbeitervertretungen bereit sind, diese Rationalität anzuerkennen, fällt es leichter, Entscheidungen zu prüfen, zu akzeptieren oder produktiv zu kritisieren.

Unterschiedliche Temperamente und Begabungen

Der Reiz von Kooperation ist die Unterschiedlichkeit der Begabungen und Temperamente. Manches, was sich scheinbar widerspricht, ergänzt sich oft. Deshalb ziehen sich Unterschiede an.

Menschen können extrovertiert oder introvertiert, kreativ oder praxisorientiert, analytisch oder emotional, strukturiert oder flexibel sein. Niemand lebt nur eine Eigenschaft, aber die meisten Menschen rücken ein Persönlichkeits- oder Charaktermerkmal in der Vordergrund. Das leben sie besonders aus.

Acht Merkmale zur Orientierung

Viele Merkmale treten in unterschiedlichen Lebensphasen, Positionen und Zeiten mit variierenden Wirkungen hervor.

Ob sie gelebt oder vermieden werden können, hängt immer vom Gegenüber ab – also auch von der Mitarbeitervertretung.

Extrovertierte Menschen sind spontan, gehen schneller auf andere Menschen zu und lieben diese Begegnung. Sie entwickeln ihre Ideen und Gedanken oft in den Situationen, tun dies ungeschützt. Sie arbeiten häufig an verschiedenen Projekten, führen das Wort und zeigen sich als Leitung.

Introvertierte Menschen denken oft lange und gründlich nach. Sie analysieren Situationen, wirken zögerlich. Sie haben wenig Bedürfnis nach regelmäßigen Kontakten und Austausch. Sie konzentrieren sich auf ihre Aufgabe, entwickeln meistens zielgerichtet, treten aber nicht in den Vordergrund.

Praktiker mögen klare Aufgabenstellungen, die schnell umzusetzen sind. Sie arbeiten gern mit ausgereiften Ideen, scheuen weder Routinearbeiten noch Orientierung an bestimmten Plänen und Vorgaben. Sie achten auf Kleinigkeiten und sind sich für den täglichen Kram nicht zu schade.

Kreative Menschen lieben große Probleme, vielschichtige Ideen. Sie suchen permanent nach neuen Ansätzen in der Arbeit oder kreieren diese. Sie wirken manchmal so, als ob sie über das Ziel hinausschössen und haben die Kleinigkeiten, die Besorgnisse des Alltags weniger im Blick. Sie lieben die Lebendigkeit.

Analytiker versuchen, sich ein objektives Bild von der Situation zu machen, um sich dann entscheiden zu können. Sie lieben klare Vorgaben und erwarten in Gesprächen Fakten, deren Bewertung zu einer notwendigen Entscheidung führt. Analytiker sind meistens aufgabenbezogen und durch Sachargumente zu erreichen.

Emotionale Menschen entscheiden aus dem Bauch heraus. Sie verzichten weitgehend auf die durchstrukturierte Bewertung von Fakten, sondern haben ein feines Gespür für die Arbeits- und Lebenszusammenhänge von Menschen, Kunden oder Klienten. Sie entwickeln ihre Ziele häufig auf der Grundlage von Überzeugungen oder getroffenen Wertentscheidungen. Im Mittelpunkt ihres Denkens stehen meistens die Menschen und weniger eine abstrakte Aufgabe.

Strukturierte Menschen lieben klare Abläufe, Ordnungen und Verhältnisse. Sie versuchen in ihrer Arbeit Pläne zu entwickeln, sie einzuhalten und andere verbindlich einzubinden. Sie gehen kalkuliert mit ihren Terminen und ihrer Zeit um, mögen keine unklaren Verhältnisse und haben eigene Positionen, die sie selten in Frage stellen.

Flexible Menschen sind in der Lage, innerhalb geringer Zeitspannen Entscheidungen zu revidieren. Sie reagieren spontan auf Veränderungen. Ihre Zeitpläne sind Orientierungsmuster. Sie tolerieren Abweichungen von Vorgaben, wenn sie der Zielerreichung dienen. Der tägliche Kleinkram ist von geringerem Interesse. Auf persönliche oder sachliche Impulse reagieren sie schnell.

Abgrenzung oder Ergänzung?

In der Beobachtung von Leitungsverhalten werden die unterschiedlichen Charaktere oft gegenüber gesetzt. Ist ein Mensch

- extrovertiert oder eher introvertiert,
- eher praktisch oder kreativ,
- eher analytisch oder emotional,
- eher strukturiert oder flexibel?

Kein Extrovertierter kann, wenn sein Leitungsverhalten gelingen soll, auf Introvertiertheit verzichten. Kreativität geht dann fehl, wenn ein Minimalsinn fürs Praktische fehlt. Ein analytischer Verstand führt in die irrende Kälte, wenn Emotionen nicht möglich sind. Ein nur Strukturierender verhält sich wie ein Beamter alten Stils und bleibt unbeweglich.

Dienstgebertypen

Im Folgenden soll der Versuch gemacht werden, dreizehn Dienstgebertypen zu beschreiben. Dass dies in diesem Rahmen und angesichts hochentwickelter Forschungen über Leitungsstile eher vereinfachend und scherenschnittartig erfolgen kann, dürfte verständlich sein.

Es geht nicht darum, Schubladen zu öffnen, in die man den eigenen Dienstgebervertreter hineinstopfen kann, sondern um die Wahrnehmung von Reaktionsweisen und Reaktionsmustern. Die dargestellten Kategorien sollen Hilfen im Erkennen sein, nicht aber Schablonen, die handelnden Menschen ohne kritische Prüfung übergestülpt werden dürfen.

Wir wollen *Typen* präsentieren, nicht immer ganz ernst gemeint, aber immer hart an der Wirklichkeit entlang.

Damit wird das Spektrum möglicher Leitungsverhalten eingekreist und Anregungen für Verhaltensorientierungen gegeben.

Vielleicht erkennen Sie Ihren eigenen Dienstgebervertreter wieder – oder Anteile von ihm.

Der Papi

Papi hat als Chef seiner Einrichtung ein patriarchalisches Verhältnis zu allen Vorgängen und Personen. Er leitet eine große Familie, verabscheut Streit und wenn er, sollte es notwendig sein, über die Ungezogenheiten seiner Familienmitglieder schimpfen muss, quält und belastet es ihn.

Er ist Hüter und zugewandter Beschützer seiner Mitarbeiter – insbesondere seiner Mitarbeiterinnen. Er lässt sich gern bewundern und schmückt sich mit den Erfolgen seiner Kinder. Eine Mami duldet er meistens nicht neben sich und wenn doch, ist sie ihm klar nachgeordnet. Für Papi ist immer klar, wer der wichtigste ist. Er bekommt den Platz, das größte Stück Kuchen, die meiste Anerkennung.

Mitarbeitervertretungen vermittelt Papi, dass sie oft ungezogen sind. Er hört manchmal wohlwollend, manchmal widerwillig deren Wünsche an und reagiert gereizt, wenn Forderungen an ihn gerichtet werden. Papi macht alles selbst und Mitwirkungsrechte sind unnützes, familienstörendes Beiwerk. Wo kommen wir denn hin, wenn die Söhne und Töchter sagen, wo es lang geht?

■ **So könnten Mitarbeitervertretungen reagieren: Freundlich gegenübertreten, aufgeschlossen sein, sich auch längere Ausführungen anhören, das Ziel im Blick behalten, manchmal an sein Verständnis für Gesamtzusammenhänge appellieren und auf die Notwendigkeit eines guten Betriebsklimas hinweisen. Nicht nur fordern, sondern auch Hilfe- und Unterstützung anbieten.**

Die Mami   *Macho*

Den Typus der Mami gibt es im kirchlichen Dienst als Chefin selten. Wieviele leitende Dienstgebervertreterinnen kennen Sie? Und nicht jede ist eine Mami.

Mami ist selten dynamisch, sondern eher darauf bedacht, ihre Familie zusammenzuhalten, sie nicht zu stark anwachsen zu lassen. Bei ihr muss alles im Lot sein, sie scheut Streit und Auseinandersetzung und möchte lieber besänftigend wirken.

Mit Mitarbeitern gehen Chefinnen, die Mamitypen leben, fürsorglich um. Sie kümmern sich nicht nur um deren berufliches Wohlergehen, sondern auch um private Sorgen. Manchmal tragen Mamis diese Fürsorge allerdings mehr auf den Lippen, als dass sie diese in die Tat umsetzten. Mamis wirken oft schwach in der Durchsetzung ihrer hohen zwischenmenschlichen Ansprüche.

Werden Mamis mit Forderungen von Mitarbeitervertretungen konfrontiert, so reagieren sie hilflos, manchmal beleidigt oder gekränkt. Eigentlich wissen sie mit den Rechten einer Mitarbeitervertretung nicht umzugehen. Sie halten aber ihre schützenden Hände auch über das Mitwirkungsorgan. Wenn man sie fragen würde, welche Funktionen eine Mitarbeitervertretung hat, würden sie die Frage wahrscheinlich nicht verstehen.

■ **Loben, Unterstützung anbieten, Verständnis für die Situation äußern, auf die Bedeutung einer funktionierenden Mitarbeitervertretung für das Betriebsklima hinweisen, zwischenmenschliche Aktivitäten mitinitiieren, durchschaubar bleiben.**

Der Fürst

Fürsten sind junge Papis, die dem Familienalltag entwichen sind und meinen, dass ihre Institution ein Reich ist, nur auf ein Wort zu hören hat: Das ihre! Das Wort des Chefs, der sich als Fürst versteht, ist Gesetz. Er redet heute so, morgen so, erinnert sich zuweilen nicht an Versprechungen und verlangt Unterordnung. Zuweilen tut er milde, überrascht mit Großzügigkeiten und zeigt so, dass eines seiner Führungsprinzipien »Peitsche und Zuckerbrot« ist. Mitarbeiter sind Untergebene, die seinem Wort zu folgen haben und dem Fürsten nebst Unterfürsten das Leben angenehm halten. Die wirklich wichtigen Dinge ereignen sich in seinem Büro und nicht an den Arbeitsplätzen der Mitarbeiter!

Alles orientiert sich auf die Zentrale und die Zentrale hat wenig Verständnis für Peripherien. Gerade in kirchlichen Einrichtungen finden sich viele Fürsten – insbesondere in den Ordinariaten und Verwaltungen.

Für Mitarbeitervertretungen sind Fürsten Dienstgebervertreter, die am schwierigsten zu händeln sind. Der Fürst sieht in Mitarbeitervertretungen die in Personen manifestierte permanente Revolte. Er argwöhnt dauernd Sabotageakte, hört täglich das Sägen am Thron und wünscht sich nichts sehnlicher als den reinen Absolutismus. Der Fürst benutzt Mitarbeitervertretungen manchmal als Abfalleimer für seine Emotionen und als Sündenbock für alles, was in seinem Reich fehlgeschlagen ist.

■ **Nicht zu fordernd auftreten, aber das Ziel im Auge behalten. Versuchen, die eigenen Ziele zu Zielen des Fürsten zu machen, konsequent freundlich sein. Nur dann drohen, wenn unbedingt notwendig, ggf. schlichtungsorientiert verhalten, dies aber mit entsprechend langem Vorlauf ankündigen. Agieren mit korrekten Kenntnissen der Mitarbeitervertretungsordnung.**

Der Manager

Der Manager ist eigentlich ein »Mänätscha«, der Manager spielt. Er ist im kirchlichen Dienst eine Leitungspersönlichkeit, die in den letzten Jahren immer häufiger anzutreffen ist. Manager vergleichen die Einrichtungen, denen sie vorstehen, gern mit Industriekonzernen oder Dienstleistungsunternehmen. Bei ihnen ist der Klient zum Kunden geworden und soziale Arbeit ein Produkt. Er hantiert mit Organigrammen, spricht oft vom Budgetieren, ohne es wirklich durchzusetzen und nennt Kontrolle »Controlling«.

Mitarbeiter und Mitarbeiterinnen des Managers bekommen klare Anweisungen, die nicht selten unsinnig sind. Er traktiert sie mit Vokabularen veralteter Managementliteratur, pflegt einen schulterklopfenden Umgangsstil und rennt mit aufgekrempelten weißen Hemdsärmeln durch die Verwaltung. Manchmal schreitet er.

Jedes Jahr nimmt der Manager an teuren Weiterbildungsseminaren teil und vergisst darüber, dass auch Sekretärinnen und Pfleger Weiterbildung und Pflege bedürfen.

Der Manager beginnt zum Neoklassiker zu werden. Er tritt der Mitarbeitervertretung loyal gegenüber, vereinbart Routinen und vermittelt auf dem ersten Eindruck den Willen, kooperativ zusammenzuarbeiten und die Mitarbeitervertretungsordnung zu achten. Er entlarvt sich selbst. Spätestens dann, wenn es nicht nach seinem Willen läuft, kippt er aus der Rolle und setzt sich über die die Rechte der Mitarbeitervertretung hinweg. Dann hantiert er mit Worten wie »HR«, »quality« oder/und »corporate identity«, will einschüchtern und seine Macht festigen.

- **Mitarbeitervertretungsordnung transparent machen, insbesondere verweisen auf die Generalklauseln der Information, kurze knappe Schreiben und Vorlagen machen, Fristen beachten und ihre Einhaltung einfordern, Fehler freundlich aber bestimmt benennen und auf Korrekturen drängen.**

Der Kumpel

Der Kumpel ist ein zeitweise nachdenklicher Papi. Er hat erkannt, dass die alten patriarchalischen Strukturen nicht mehr greifen und durch neue Umgangsformen ersetzt werden müssen. Er begreift seine Einrichtung mehr als Club oder als Verein, in dem es lustig zugeht, aber in dem auch hart gearbeitet werden muss.

Mitarbeiter und Mitarbeiterinnen bietet er schnell das »Du« an und versäumt nicht, dabei einen weiteren Stapel unerledigter Arbeiten auf den Schreibtisch zu häufen. Er legt gern die Füße auf den Schreibtisch und macht auf locker. Er ist für die Kollegenschaft in allen Lebenslagen da – sagt er. Wenn man ihn abends anruft, ist er nicht erreichbar. Um einen Bürotermin zu ergattern, braucht es drei Wochen Vorlauf.

Was für eine Leitungspersönlichkeit der Kumpel ist, weiß eigentlich niemand. Man mag ihn nicht kritisieren. Er ist sehr nett.

Mit Mitarbeitervertretungen pflegt der Kumpel einen legeren Umgangsstil. Seine Zusagen kommen verlässlich und müssen selten erkämpft werden. Nur mit der Durchsetzung hapert es. Er bittet dann augenzwinkernd um Verständnis, verlängert Fristen und setzt unbewusst darauf, dass auch die Mitarbeitervertretung die Angelegenheit vergisst. Ein Kumpel würde nie auf die Idee kommen, die Mitarbeitervertretung unter Druck zu setzen. Er weist mit weinenden Augen darauf hin, dass er nicht anders kann wie er kann, weil ja auch der Dienstgeber, die Klienten, die Kommune ...

■ **Nicht zu formalistisch argumentieren, nicht alle Absprachen brieflich fixieren, sondern sich auch mal auf mündliche Zusagen verlassen. Immer wieder auf die Bedeutung der Mitarbeitervertretungsordnung für ein gesundes Betriebsklima hinweisen. Auf Verstöße durch den Dienstgeber nicht streng, sondern verbindlich reagieren, Vergewisserung schaffen über gemeinsamen Handlungsvorrat.**

Der Zitterer

Wenn der Chef Zitterer ist, sieht er seine Institution ständig bedroht: vom Träger, der sie schließen könnte, vom Staat, der die Mittel entziehen könnte, von den Mitarbeitern, die nicht engagiert genug arbeiten, von seinem Stellvertreter, der nach seinem Stuhl trachtet. Da der Zitterer wenig entscheidungsfreudig ist, wirkt die von ihm geführte Einrichtung verwaschen und unprofiliert.

Den Mitarbeitern tritt der Zitterer eher als graues Männchen gegenüber, unklar in den Aussagen, immer ein »Wenn« und immer ein »Aber« auf den Lippen. Seine Verlässlichkeit ist gering und er schwächelt vor sich hin. Niemand weiß, wie sein nächster Schritt tatsächlich aussieht und was am Ende eines Beratungsprozesses entschieden wird. Zitterer stehen manchmal so wacklig auf den Beinen, dass ein kleiner Windstoß von unerwarteter Seite genügt, um sie auszupusten.

Mitarbeitervertretungen gegenüber tritt der Zitterer als Zauderer auf, bittet um Verständnis, sagt mal »Ja«, mal »Nein«. Er achtet genau darauf, dass die Mitarbeitervertretung ihn nicht bedroht, wirbt ständig um Verständnis für seine so prekäre Situation. Der Zitterer sieht durch die Mitarbeitervertretung sein labiles System unter Druck gesetzt.

■ **Regelmäßige Kontakte, soweit möglich, Forderungen in kleine Teilschritte aufteilen, Sicherheit vermitteln, sich ansprechbar halten, Loyalität versichern.**

Der Delegator

Der Delegator ist eine besondere Art von Manager. Eigentlich verabscheut er den Typus des Manager, weiß aber, dass kirchliche Einrichtungen heutzutage modern geführt werden und dass die Zeit des Zentralismus auf ewig vorbei ist. Er verteilt alle möglichen Aufgaben in die Einrichtung hinein und erwartet zu bestimmten Terminen Bericht oder Vollzug. Diese Verteilung erscheint seelenlos, routiniert und manchmal sinnlos. Mitarbeiter und Mitarbeiterinnen gegenüber tritt der Delegator selbstbewusst auf. Er wirkt unnahbar und manchmal arrogant. Der Delegator hat etwas von einer Maschine, die nicht genau weiß, warum der Motor läuft. Die Maschine ist sich aber sicher, dass sie laufen muss. Mitarbeitervertretungen gegenüber verhält sich der Delegator meistens korrekt, achtet aber peinlichst darauf, dass Mitarbeitervertretungen auch nur genau die Rechte bekommen, die ihr nach der Mitarbeitervertretungsordnung zustehen. Er reagiert kleinlich, wenn die Mitarbeitervertretung Fehler macht und z. B. Fristen verstreichen lässt. Nur dann kann man mit ihm reden, wenn die MAVO dies vorschreibt.

■ **Frühzeitiges Klären, wer Ansprechpartner in welcher Angelegenheit ist, wer verbindliche Entscheidungen treffen kann. Regelmäßige Gespräche vereinbaren, Verfahrensabläufe klären, Routinen erarbeiten, Betonung des Organcharakters der Mitarbeitervertretung.**

Der Sanftmütige

Der Sanftmütige ist ein Bruder der Mami. In seiner Einrichtung arbeiten nur Menschen guten Willens, die immer und überall für die Klienten oder für die Kollegen da sind. Er weiß darum, dass nicht alles, was sich seine Einrichtung vorgenommen hat, zu verwirklichen ist. Das aber, was erreicht werden soll, muss auf möglichst humane Weise erreicht werden.

Der Sanftmütige ist immer für seine Mitarbeiter und Mitarbeiterinnen da und vergisst darüber manches andere, manchmal sogar die Weiterentwicklung der Einrichtung. Auch mitten in der Nacht kann man ihn mit persönlichen Problemen behelligen. Fehler seiner Untergebenen schmerzen ihn mehr als diejenigen, die diese Fehler begangen haben. Er leidet an der Unzulänglichkeit der Welt und weiß um die schicksalhafte Verkettung ungünstiger Umstände. Verantwortlich ist für den Sanftmütigen immer der Umstand und nicht der Mensch. Sanftmütige haben hohen Respekt für Mitarbeitervertretungen und freuen sich, wenn es zu einem gemeinsamen Gespräch kommt. Wichtige Entscheidungen würden sie am liebsten hoch hinaus delegieren – vielleicht zum lieben Gott? Sie leiden an Selbstzweifeln.

Eigentlich sind Sanftmütige die besten Dienstgebervertreter, die man sich denken kann. Sie mögen einfach keine Konflikte.

■ **Forderungen und Wünsche deutlich beschreiben, aber verbindlich im Ton bleiben, keine zu engen Arbeitsbündnisse eingehen, regelmäßige Gespräche, schriftliche Fixierung und Protokollierung, ab und zu gemeinsam mit dem vertretungsberechtigten Organ der Einrichtung reden.**

Der Chaot

Wenn Leitende Chaoten sind, ist die Einrichtung ein großer Sandkasten, in dem permanent Burgen aufgebaut und eingerissen werden. Der Chaot sieht seine Einrichtung als Haufen, der auf all seine Wünsche und Forderungen reagiert. Wenn dieser Haufen nicht reagiert, nimmt der Chaot auch nicht übel. Er weiß um seine Chaosanteile und schätzt sie manchmal als Kreativität, dann wieder als pure Produktivität, seltener jedoch als das, was sie häufig sind: reiner Aktionismus.

Mitarbeitern gegenüber ist der Chaot unberechenbar. Manchmal fordert er alles, manchmal fordert er nichts. In bestimmten Phasen tritt er als großzügiger Gönner, dann wieder als knallharter Forderer auf. Der Chaot begegnet den Mitarbeitenden gelegentlich als Witzblattfigur mit Kaffeeflecken auf dem Bauch oder Hemd aus der Hose. Selten wissen seine Mitarbeiter und Mitarbeiterinnen, was in seinem Kopf vorgeht, wie seine nächsten Schritte sind. Sie agieren auf der Tagesebene und haben schon lange darauf verzichtet, in größeren Zusammenhängen ihre Arbeit zu tun.

Mitarbeitervertretungen gegenüber ist der Chaot im Grundsatz freundlich eingestellt, hält sich aber selten an Absprachen. Er beschreibt sich als verlässlich. Mitarbeitervertretungen hindern ihn in seiner Arbeit. Auch das stört ihn nicht. Er betrachtet sie eben als weiteren Chaosfaktor neben vielen anderen. Unheimlich werden dem Chaoten Mitarbeitervertretungen erst dann, wenn sie zu geordnet, zielstrebig oder direkt werden. Dann meidet er nach Möglichkeit den Kontakt.

■ **Verantwortungsdelegationen aushandeln, Verbindlichkeiten herstellen, konkret sein, fragen, wer für den Chaoten entscheiden darf, Frühwarnsysteme installieren (z. B. Sekretärinnen informieren oder Informationen weitergeben), flexibel reagieren, Vereinbarungen schriftlich machen und gegenzeichnen lassen.**

Der Verschlagene

Der Verschlagene wittert permanenten Verrat in seiner Einrichtung, sieht überall Intrige und Sabotage und hält Arbeiten im kirchlichen Dienst für eine große Schlacht, die geplant und gesteuert werden muss. Er versucht, seine Einrichtung unter Kontrolle zu halten, platziert an allen ihm möglichen und unmöglichen Stellen Informanten und versucht so, das formelle und informelle Informationssystem der Einrichtung für sich zu nutzen. Mit-

arbeitern gegenüber tut er meistens ausgesprochen höflich. Wer ihn kennen gelernt hat, weiß, dass diese Wirklichkeit Fassade ist und schnell in beißenden Spott oder Zynismus umschlagen kann. Der Verschlagene setzt seine Höflichkeit als Mittel ein. Alles Menschliche ist ihm fremd, da es ihn an seiner Zielerreichung hindert.

Oberflächlich verhält sich der Verschlagene Mitarbeitervertretungen gegenüber korrekt. Seine Schreiben sind formvollendet, die Antworten klar. Die Mitarbeitervertretung wird aber nie den Verdacht los, dass auch sie in sein Spiel eingebunden ist, dass er hinter ihrem Rücken anders agiert. Der Verschlagene spielt auch Mitarbeitervertreter gegeneinander aus. Er bevorzugt Tür- und Angelgespräche. Damen hält der Verschlagene grundsätzlich die Tür auf und lässt ihnen den Vortritt.

■ **Hohe Konzentration auf Schriftlichkeit, strenge Einhaltung von Verschwiegenheit, Rückzug aus der Gerüchteküche, Transparenz im Verhalten, eher überkorrektes Vorgehen.**

Der Ober-MAVler

Der Ober-MAVler ist vor langer Zeit selber mal in der Mitarbeitervertretung gewesen und hat sich dort durch großes Engagement hervorgetan. Aufgrund seiner Qualifikation ist er zum Leitenden befördert worden. All das, was er als Mitarbeitervertreter nicht umsetzen konnte, versucht er nun als Leitender zu verwirklichen. Er lässt sich in seinem Engagement ungern stören, auch nicht von der Mitarbeitervertretung. Mitarbeitern und Mitarbeiterinnen gegenüber tritt der Ober-MAVler zunächst als Partner gegenüber. Er betont die gemeinsame Vergangenheit, tut so, als wenn er um alle Sorgen wüsste, zuckt dennoch oft bedauernd die Schultern und hält kluge Referate über Einrichtungsziele, Leitbilder, Budgetierungen und Finanzpläne. Er unterstreicht seine Gesamtverantwortung. Einzelne interessieren ihn zunehmend weniger.

Der Mitarbeitervertretung gegenüber gibt er den Besserwisser. Er vergleicht ihre Tätigkeit mit seiner aktiven Zeit und erzählt gern, wie er es gemacht hat. Er fordert permanent mehr Aktivität für die Einrichtung und versucht, die Aufgaben der MAV umzudeuten in eine Stützungsaktion für den Chef. Dienstgemeinschaft ist für ihn ein anderer Begriff für Unterordnung. Im Herzen spürt der Ober-MAVler noch die solidarische Zeit. Im Kopf hat er mehr zynische Verachtung als Verständnis für eine Neuinterpretation der MAV-Arbeit.

■ **Geduldiges Anhören, Ermutigung zum Mitteilen eigener Erfahrungen, korrektes Einhalten formaler Vorschriften, Selbstvergewisserung bei Einschüchterungsversuchen, deutliche Abgrenzung.**

Der Coole

Der Coole ist Fortentwicklung des „Mänätschas" über den Delegator in die Gegenwart. Der Coole kommt oft von außerhalb und hat nicht den Stallgeruch des kirchlichen Dienstes. Er hat im Öffentlichen Dienst oder in der Wirtschaft Erfahrungen gesammelt, hat für die alten kirchlichen Strukturen eher Verachtung und versucht, Arbeitsprinzipien der anderen Sektoren umzusetzen.

Seinen Mitarbeiterinnen und Mitarbeitern gegenüber ist er stets freundlich, verbindlich und korrekt. Man bekommt schnell einen Gesprächstermin. Er hat sein Büro perfekt organisiert bemüht sich um Kontakt mit allen Mitarbeitenden und Abteilungen. Er hat klare Arbeitsstrukturen und Verantwortlichkeiten eingeführt.

Aufgefallen ist der Coole dadurch, dass er ungerührt Entlassungen veranlasst hat, sich aber gleichzeitig darum sorgte, dass die Entlassenen angemessene Abfindungen erhielten. Außerdem sorgte er für neue Arbeitsplätze.

Der Coole kennt die Mitarbeitervertretungsordnung meistens besser als die Mitarbeitervertretung und hat kein Problem damit, sie in die Tat umzusetzen. Er beteiligt die Mitarbeitervertretung im gesetzten Rahmen. Macht er einen Fehler, entschuldigt er sich sofort. Der Coole handelt pragmatisch. Wenn es zur Erreichung des Einrichtungsziels sinnvoll erscheint, erweitert er die Rechte der Mitarbeitervertretung. Er erwartet von der Mitarbeitervertretung das Einbringen von Sachverstand und reagiert kurz angebunden auf Moralin. Für ihn muss sich alles in Zahlen, Fakten und Ergebnissen ausdrücken.

■ **Knappe Vorlagen, gute Begründungszusammenhänge, Erweiterung des Spielraumes durch entwickelte Argumentation, flexible Zeitplanung und Feedback über erfolgte Maßnahmen.**

Der Fromme

Der Fromme ist als Leiter ein eigenartiger Mensch. Er kennt sich in den kirchlichen Strukturen sehr genau aus und denkt in alten Hierarchiemustern. Für nichts ist Geld und Zeit da. Immer muss er die Zukunft sichern. Für ihn sind alle Schaffende im Weinberg des Herrn.

Mitarbeiter und Mitarbeiterinnen gegenüber tritt er stets freundlich und äußerlich gelassen auf. Er erkundigt sich nach der Familie und dem Hund, grüßt nach dem Sonntagsgottesdienst und wartet darauf, dass man sich spätestens sechs Monate nach Neueinstellung im Pfarrgemeinderat engagiert. Eine Welt ohne Kirche und Gottesdienst ist für ihn nicht denkbar, und dennoch wird man nie das Gefühl los, dass er oberflächlich ist. Er betet sich an die Macht.

Mitarbeitervertretungen gegenüber verhält sich der Fromme wohlwollend, verschließt sich aber Forderungen oft mit Hinweisen, dass dafür kein Geld da sei, dass man die Zeit besser verwenden könne, dass er schon Lösungen finden würde. Der Fromme lässt sich ungern zu Erklärungen verpflichten und immer gibt es bei den gemeinsamen Sitzungen Kaffee und Kuchen.

Sein inhaltliches Profil ist unscharf. Scharf wird seine Stimme dann, wenn er sich bedroht fühlt. Der Fromme ist im kirchlichen Dienst ein Auslaufmodell.

■ **Geduld, Geduld, Geduld, auf Einhaltung der MAVO bestehen und nicht in Zynismus verfallen.**

In Wahrheit aber gibt es nur diesen Dienstgebertypus: den **Gemischten** ...

Es mag aufgefallen sein, dass in dieser Typologie nahezu nur die männliche Sprachform verwandt wird. Dies ist der natürliche Reflex auf die tatsächlichen Machtverhältnisse. Die meisten Dienstgebervertreter und Leitenden im kirchlichen Dienst sind Männer.

Ein Herz für Leiter

Es gehört zu den vornehmen Pflichten von Mitarbeitervertretungen, ihre Dienstgebervertreter wohlwollend zu kritisieren, zu begleiten und zu loben. Solcherart Fürsorge pflegt das Arbeitsklima und ermutigt zur Kooperation. Leiten kann ein einsamer Job sein!

Das Letzte ...

»Manche Dienstgeber nehmen unmittelbar an der Unfehlbarkeit des Heiligen Vaters teil.«

H.-G. Papenheim

§ 3 Mitarbeiterinnen und Mitarbeiter

(1) Mitarbeiterinnen und Mitarbeiter im Sinne dieser Ordnung sind alle Personen, die bei einem Dienstgeber (§ 2) aufgrund eines Beschäftigungsverhältnisses, aufgrund ihrer Ordenszugehörigkeit, aufgrund eines Gestellungsvertrages oder zu ihrer Ausbildung tätig sind. Mitarbeiterinnen oder Mitarbeiter, die dem Dienstgeber zur Arbeitsleistung überlassen werden im Sinne des Arbeitnehmerüberlassungsgesetzes, sind keine Mitarbeiterinnen und Mitarbeiter im Sinne dieser Ordnung.

(2) Als Mitarbeiterinnen und Mitarbeiter gelten nicht:

1. die Mitglieder eines Organs, das zur gesetzlichen Vertretung berufen ist,
2. Leiterinnen und Leiter von Einrichtungen im Sinne des § 1,
3. Mitarbeiterinnen und Mitarbeiter, die zur selbständigen Entscheidung über Einstellungen, Anstellungen oder Kündigungen befugt sind,
4. sonstige Mitarbeiterinnen und Mitarbeiter in leitender Stellung,
5. Geistliche einschließlich Ordensgeistliche im Bereich des § 1 Abs. 1 Nrn. 2 und 3,
6. Personen, deren Beschäftigung oder Ausbildung überwiegend ihrer Heilung, Wiedereingewöhnung, beruflichen und sozialen Rehabilitation oder Erziehung dient.

Die Entscheidung des Dienstgebers zu den Nrn. 3 und 4 bedarf der Beteiligung der Mitarbeitervertretung gem. § 29 Abs. 1 Nr. 18. Die Entscheidung bedarf bei den in § 1 Abs. 1 genannten Rechtsträgern der Genehmigung des Ordinarius. Die Entscheidung ist der Mitarbeitervertretung schriftlich mitzuteilen.

(3) Die besondere Stellung der Geistlichen gegenüber dem Diözesanbischof und die der Ordensleute gegenüber den Ordensoberen werden durch diese Ordnung nicht berührt. Eine Mitwirkung in den persönlichen Angelegenheiten findet nicht statt.

Mitarbeiterinnen und Mitarbeiter

Die Mitarbeitervertretungsordnung zieht für die Definition des Mitarbeiterbegriffs einen sehr weiten Rahmen. Alle Personen, die aufgrund eines Beschäftigungsverhältnisses, ihrer Ordenszugehörigkeit, eines Gestellungsvertrages oder zu ihrer Ausbildung beschäftigt sind, gelten zunächst einmal als Mitarbeiter. Dazu gehören neben den in einem üblichen Arbeitsverhältnis stehende insbesondere auch

- Beamte und ihnen Gleichgestellte
- Geistliche und Ordensangehörige, wenn sie wie ein Arbeitnehmer in den betrieblichen Ablauf eingegliedert sind
- ABM-Kräfte
- und Auszubildende.

Arbeitnehmerüberlassung

Auch nach Änderung des Arbeitnehmerüberlassungsgesetzes, das ursprünglich eine Befristung für die Dauer der Überlassung von zuletzt 24 Monaten vorsah, hat der MAVO-Gesetzgeber daran festgehalten, dass Leiharbeitnehmer keine Mitarbeiter im Sinne der MAVO sein sollen.

Dieser Sachverhalt hat in kirchlichen Einrichtungen immer größere Bedeutung gewonnen. Denn viele Dienstgeber haben die Arbeitnehmerüberlassung zur Umgehung der Vergütungsregelungen der Arbeitsrechtlichen Kommissionen der Kirche (AVR-Caritas und Arbeitsrechtsregelungen der KODAen und Regional-KODAen) eingesetzt. Hintergrund ist, dass sich die Arbeitsrechtlichen Kommissionen am Tarifrecht des Öffentlichen Dienstes orientieren und damit vor der Tarifreform durch TVöD und TVL insbesondere schlecht oder gar nicht ausgebildeten Mitarbeiter/innen den sogenannten Ortszuschlag zahlen mussten. Dieser war im Verhältnis zur Grundvergütung so hoch, dass er zu einem deutlichen Lohnunterschied zu Anbietern außerhalb von Kirche und Öffentlichem Dienst führte. Um hier Geld zu sparen, hat man daher bei den Service- und Anlerntätigkeiten zunehmend auf private Entleiher zurückgegriffen und eigene Mitarbeiter nicht mehr eingestellt. In vielen Bereichen haben kirchliche Rechtsträger auch eigene Service-Unternehmen gegründet (in Trägerschaft von kirchlichen Rechtsträgern, aber ausdrücklich nicht unter Inanspruchnahme des Kirchenprivilegs, indem die Grundordnung zum kirchlichen Dienst nicht für verbindlich erklärt wurde)[4] und sich quasi selbst die billigeren Arbeitskräfte ausgeliehen.

Nach dem Willen der katholischen Bischöfe soll damit durch die Reform des kirchlichen Arbeitsrechts im Anschluss an TVöD und TVL Schluss sein. Das Arbeitsvertragsrecht der katholischen Kirche soll die angelernten Tätigkeiten in Zukunft so bezahlen, wie es den inzwischen entstandenen Marktgegebenheiten entspricht, so dass Arbeitnehmerüberlassung dann eigentlich ein „Auslaufmodell" sein müsste. Sollte sich die Entwicklung so bestätigen, wäre die Schlechterstellung der Mitarbeitervertretungen gegenüber den Betriebsräten im Betriebsverfassungsgesetz (dort bestehen bei Arbeitnehmerüberlassung auch Rechte der Betriebsräte) vielleicht noch akzeptabel.

Zivildienstleistende

Wer Zivildienst leistet, ist nicht beim Dienstgeber beschäftigt, sondern wird der Einrichtung durch das Bundesamt für Zivildienst zur Verfügung gestellt. Insofern ist dies auch eine besondere Form der Arbeitnehmerüberlassung. Zivildienstleistende sind also ebenfalls keine Mitarbeiter im Sinne der MAVO.

---

4 Siehe Erläuterungen zu § 1

Ein-Euro-Jobs

Personen, die als sogenannte „Ein-Euro-Jobber" in der Einrichtung sind, werden ebenfalls nicht vom Mitarbeiterbegriff erfasst.[5] Der Kirchliche Arbeitsgerichtshof hat dazu festgestellt, dass bei der Besetzung so genannter Arbeitsgelegenheiten gemäß § 16 Abs. 3 Satz 2 SGB II (Ein-Euro-Job) es sich nicht um eine Einstellung von Mitarbeiterinnen und Mitarbeitern i. S. des § 34 Abs. 1 MAVO handele. Die Stellenbesetzung mit solchen Arbeitskräften unterfalle daher nicht der Mitbestimmung der Mitarbeitervertretung bei Einstellungen. Bei dem Einsatz von Ein-Euro-Kräften wird Gelegenheit für „im öffentlichen Interesse liegende, zusätzliche Arbeiten" gewährt (§ 16 Abs. 3 Satz 2 SGB II). Damit sei das kein Arbeitsverhältnis, sondern eine rein sozialrechtliche Maßnahme.

Praktikanten

Bei Praktikanten ist zu unterscheiden, ob das Praktikum im Rahmen einer Berufsausbildung als dessen notwendiger Bestandteil erbracht werden muss (vergütungspflichtig) oder das Praktikum lediglich zur Vorbereitung einer Berufs- oder Ausbildungsentscheidung oder als sonstiges soziales Praktikum (nur Taschengeld oder Aufwendungsersatz) geleistet wird. Im ersteren Fall handelt es sich im weitesten Sinne im Mitarbeiter/innen, im letztgenannten Fall dagegen nicht.

Aus Gründen einer möglichen Interessenkollision nimmt die MAVO darüber hinaus alle Beschäftigten, die Direktionsrechte selbstständig ausüben, vom Mitarbeiterbegriff aus.

- Mitglieder der gesetzlichen Vertretung des Rechtsträgers (z. B. Vorstands oder Kuratoriumsmitglieder)
- Leiter von Einrichtungen, also Personen, die der gesamten Organisationseinheit vorstehen, für die eine MAV gebildet wird
- Mitarbeiter, die selbstständig Einstellungen und Kündigungen vornehmen können (also z. B. Verwaltungs- und Personalleiter)
- sonstige Mitarbeiter in leitender Stellung,
- Geistliche und Ordensgeistliche, aber nur soweit sie im Bereich der Kirchengemeinden oder Gemeindeverbände tätig sind
- und Personen, die zu ihrer Heilung, Wiedereingewöhnung, Rehabilitation oder Erziehung beschäftigt werden.

Mitarbeiter in leitender Stellung

Problematisch ist in diesem Zusammenhang der Begriff des »Mitarbeiters in leitender Stellung.« Leitende Mitarbeiterin oder leitender Mitarbeiter ist

---

5 Urteil des Kirchlichen Arbeitsgerichtshofs vom 30. 11. 2006 AZ. M 01/06 (auf beiliegender CD-ROM)

jede/jeder, die/der nach der Organisation der Einrichtung Direktions- oder Weisungsrechte für den Dienstgeber ausüben darf. Das bedeutet: Diese Personen können Anordnungen zur Art und Weise der Ausübung des Dienstes in verbindlicher Form machen. Wer ihren Weisungen nicht folgt, erfüllt den Tatbestand der Arbeitsverweigerung. Damit ist also nicht gemeint: Die oder der Vorgesetzte, der selbst nur Weisungen weitergibt, überwacht oder kontrolliert, sondern eine Person, die eigenständig den Willen des Dienstgebers für eine Mehrheit von Mitarbeiter/innen in konkrete Anweisungen umsetzt. Im Einzelfall kommt das in Frage für:

- die Leitung einer Kindertagesstätte
- die Pflegedienstleitung im Altenheim oder im Krankenhaus
- Mitarbeiter/innen mit Letztverantwortung bei der Dienst- und Arbeitszeitplanung
- Stations-, Wohnbereichs- oder Abteilungsleitungen mit eigenständigen Einsatzkompetenzen für das Personal

Eine Grenzziehung zwischen Mitarbeiter/innen mit Vorgesetzten-Funktion und »leitenden Mitarbeitern« ist nicht einfach. Der Rechtsträger kann geneigt sein, Mitarbeiter/innen durch eine Erklärung zu »leitenden« zu machen und sie so »auf seine Seite ziehen«.

Ernennung

Die Mitarbeitervertretungsordnung sieht dafür aber ein besonderes Verfahren vor. Danach hat der Dienstgeber die Mitarbeitervertretung im Rahmen der Anhörung und Mitberatung zu beteiligen, wenn er jemanden zum »leitenden Mitarbeiter« ernennen will.

Gleichzeitig ist die Genehmigung des Bischofs bzw. Generalvikars einzuholen, wenn die Einrichtungen der unmittelbaren Gesetzgebungsgewalt des Bischofs unterliegt. Dieser Ernennungsvorgang ist für die Mitarbeitervertretung ein wichtiges äußeres Signal: Sollte sie also aus Rechtsgründen mit der Klärung der Frage, ob »leitend« oder nicht, beschäftigt sein, kann sie sich zunächst einmal an dieser Formalie orientieren:

- Wurde die Mitarbeiterin/der Mitarbeiter unter Beteiligung der MAV (§ 29 Abs. Zif. 18) entsprechend bezeichnet und ggf. die Zustimmung des Ordinarius eingeholt?
- Gibt es eine frühere Übereinkunft, die schon bei der Wahl der MAV eine entsprechende Einordnung vorgesehen hat?

»Freie« Mitarbeiter

Selbstverständlich sind auch solche Personen vom Mitarbeiterbegriff auszunehmen, die aufgrund eines besonderen Werk- oder Dienstvertrages tätig werden, also im allgemeinen als »freie Mitarbeiter« bezeichnet werden.

Diese Gruppe ist besonders in den Bereichen von Beratungsdiensten häufiger anzutreffen. Zieht man die Rechtsprechung zur Definition eines abhängigen Beschäftigungsverhältnisses heran und prüft, ob es sich tatsächlich um eine freiberufliche Tätigkeit handelt, so wird man auf erhebliche Zweifel stoßen.

Beschäftigte werden z. B. weitgehend wie echte Arbeitskräfte eingesetzt: Sie unterliegen hinsichtlich Ort und Zeit der Erbringung ihrer Leistung klaren Anweisungen des Trägers, sämtliche Arbeitsmittel werden in der Regel vom Träger bereitgestellt. Allenfalls wird die inhaltliche Kontrolle ihrer Arbeit zurückhaltend und eher ergebnisorientiert ausgeübt. Die kirchlichen Einrichtungen sind sich dieser Problematik bewusst, sind aber oft aus Kostengründen nicht bereit, die Situation zu verändern.

Formell gesehen ist der »freie Mitarbeiter« natürlich kein Mitarbeiter im Sinne der Mitarbeitervertretungsordnung.

Ehrenamtliche

Das gleiche gilt für die ehrenamtliche Tätigkeit, die besonders auf der Ebene der Pfarrgemeinden anzutreffen ist. Ehrenamtlichkeit bewegt sich manchmal in der Grauzone zur »geringfügigen Beschäftigung«, wenn damit eine Aufwandsentschädigung verbunden ist. Wichtigstes Abgrenzungskriterium ist dann nicht unbedingt die Höhe der finanziellen Zuwendung, sondern die Frage, ob eine Arbeitspflicht besteht oder der/die Beschäftigte freiwillig und weisungsfrei eine nicht als berufsmäßig einzustufende Leistung erbringt.

Die Definition des Mitarbeiterbegriffs ist nicht nur eine akademische Übung. Sie hat auch im Hinblick auf die MAVO wichtige rechtliche Auswirkungen.

Bedeutung der Definition

Nur für Mitarbeiter im Sinne der Mitarbeitervertretungsordnung ist die Mitarbeitervertretung zuständig. Nur sie dürfen sich mit Anregungen und Beschwerden an die MAV wenden (§ 26 Abs. 3 Zif. 2 MAVO), nur für ihre Belange hat sich die MAV einzusetzen und nur Mitarbeiter im Sinne der MAVO können sich im Kündigungsschutzverfahren auf eine Verletzung der §§ 30, 31 der Mitarbeitervertretungsordnung (Anhörung und Mitberatung bei Kündigungen) berufen, was im Erfolgsfalle zu einer Unwirksamkeit der Kündigung führt.

Eine weitere, wichtige Auswirkung ist außerdem, dass sich die Größe der Mitarbeitervertretung nach der Anzahl der (wahlberechtigten) Mitarbeiterinnen und Mitarbeiter richtet.

Mitarbeiterblicke auf die Mitarbeitervertretung – zwischen Rettungsanker und Sündenbock

Nicht Rettungsanker, noch Sündenbock

Weder das eine noch das andere: Mitarbeitervertretungen sind nicht Rettungsanker noch Sündenbock. Dennoch werden sie von den Mitarbeitern und Mitarbeiterinnen für vieles in Pflicht und Verantwortung genommen.

Es ist zu verführerisch, ein hervorgehobenes Gremium am Arbeitsplatz für die eigenen Phantasien und Wünsche zu (miss)brauchen.

Menschen brauchen offensichtlich »Projektionsflächen« – im Guten wie im Schlechten. Sie schaffen sich diese um so mehr, je weniger die Einrichtung, in der sie arbeiten, entwickelt ist, das Miteinander unbefriedigend verläuft und die Zusammenarbeit weder sach- noch arbeitsfeldorientiert ist.

Gestörte Organisation

Abgewertete Mitarbeitervertretungen sind immer ein Symptom für die gestörte Organisation, das Versagen von Leitung und für unaufgelöste Probleme in der Kooperation.

Dabei ist es eigentlich sehr einfach: Die ersten Paragrafen der Mitarbeitervertretungsordnung beschreiben ziemlich genau, wofür die MAV zuständig ist, wo sie zu bilden und wer Ansprechpartner der MAV ist. Definiert wird, wer Mitarbeiter oder Mitarbeiter im Sinne der Ordnung ist und so sollte eigentlich alles klar sein, wenn im § 5 formuliert wird, dass die Mitarbeitervertretung ein Organ ist, »das die ihm nach dieser Ordnung zustehenden Aufgaben und Verantwortungen wahrnimmt«: Nicht mehr und nicht weniger.

Nicht jeder Mitarbeiter ist Mitarbeiter

Wer ist eigentlich ein Mitarbeiter? Umgangssprachlich lässt sich diese Frage schnell beantworten, juristisch aber muss definiert werden, was definierbar ist – siehe oben. Der § 3 tut dies und er macht, auch in den §§ 7 und 8 deutlich, dass es Mitarbeiter mit unterschiedlichen Rechten und Pflichten gibt. Ein leitender Mitarbeiter ist noch lange nicht Mitarbeiter im Sinne der Ordnung; ein Mitarbeiter im Sinne der Ordnung, der gerade sein Arbeitsverhältnis begonnen hat, ist dennoch jemand mit minderen Rechten. Ein jugendlicher Mitarbeiter darf nicht zur MAV wählen, wohl aber einen Jugendvertreter mitbestimmen. Der ZDLer wird nicht mitvertreten. Wer zu selbständigen Entscheidungen in Personalangelegenheiten befugt ist, darf zwar wählen, da ihm als Mitarbeiter auch ein Vertretungsanspruch zusteht. Er darf aber nicht gewählt werden. Wer Vorsitzender der MAV werden will, dem schreibt die Ordnung vor, er solle gefälligst katholisch sein.

Verzicht auf kleinliche Abgrenzung

Die Mitarbeitervertretungsordnung differenziert die Mitarbeiterschaft und die meisten Differenzierungen machen Sinn.

Der Mitarbeitervertretung ist zu empfehlen, diese Differenzierungen zu beachten, ohne kleinlich zu werden. Sie kann durchaus die Rechte von ZDLern mitbedenken, sich auf Seiten des Kaplans stellen, der in der Gemeinde tätig ist, oder dafür Sorge tragen, dass ehrenamtlich Tätige angemessen versichert werden. Letztendlich sind dies alles »Angelegenheiten, welche die Dienstgemeinschaft betreffen.« (§ 27 MAVO) Und auf Wunsch findet sogar eine Aussprache statt!

Die MAVO spiegelt mit ihren Regeln die Differenzierung der gesamten Mitarbeiterschaft, in der unterschiedliche Rechte und Pflichten repräsentiert sind. Abgesehen davon: Menschen sind immer unterschiedlich. Das ist banal und wird auch in die Arbeit eingebracht.

Aufgrund dieser Verschiedenheit blicken Mitarbeiter und Mitarbeiterinnen unterschiedlich auf das repräsentierende Gremium.

Kommt eine Blickweise innerhalb der Einrichtung besonders zur Geltung, so kann man daraus Rückschlüsse auf die Kultur der Institution ziehen. Einige dieser »Mitarbeiterblicke« auf die Mitarbeitervertretung sollen im Folgenden beschrieben werden.

Mitarbeiterblicke auf die Mitarbeitervertretung

Nachdem die Dienstgebervertreter typologisiert wurden und bevor die Mitarbeitervertretungstypen beschrieben werden, sollen hier Mitarbeiterblicke auf die Mitarbeitervertretung vorgestellt werden.

Welche Blicke auf die Vertretung werden erfahren und wie kann darauf reagiert werden?

Rettungsanker

Mitarbeitervertretungen, die als Rettungsanker gesehen werden, bekommen meistens unendlich Aufgaben delegiert, die sie alle lösen sollen. In arbeitsrechtlichen Fragen müssen sie beraten, den Arbeitsplatz sichern, den Streit mit Vorgesetzten schlichten, das Haushaltsdefizit sanieren.

Hohe Ansprüche begleiten die Arbeit und jede gewonnene Auseinandersetzung ist ein Hinweis darauf, dass die MAV sehr viele Möglichkeiten zu haben scheint, Schicksale und Verhältnisse zu retten. Manche Mitarbeiter und Mitarbeiterinnen neigen dazu, solche Mitarbeitervertretungen für omnipotent zu halten. Sie »vergessen« ihre eigenen Möglichkeiten, sich zu engagieren, für die eigene Sache einzutreten. Sie scheren sich nicht um die Bestimmungen der MAVO, die der Mitarbeitervertretung (enge) Grenzen setzt.

■ So könnten Mitarbeitervertretungen reagieren: Sachlich bleiben, sich in der Regel nur für Aufgaben und Pflichten, die sich aus der MAVO ergeben, einspannen lassen, deutlich auf die begrenzten Felder und die begrenzte eigene Zeit verweisen, aufzeigen – zum Beispiel auf Mitarbeiterversammlungen –, dass erst das Engagement aller im Kleinen wie Großen zum Ziel führt.

Heulstation

Mitarbeiter und Mitarbeiterinnen nutzen die Mitarbeitervertretung, um sich über alle Ungerechtigkeiten, die ihnen tatsächlich oder scheinbar widerfahren sind, auszuweinen. Statt sich mit den Kollegen auseinander zu setzen oder die Durchsetzung ihrer individuellen Rechte selbst voranzutreiben, rennen sie zur nächsten Mitarbeitervertreterin, um sich zu beschweren, zu beklagen oder das eigene so schwere Schicksal zu betrauern. Was die MAV vorschlägt oder welche Hilfsangebote sie macht, ist solchen Mitarbeitern meistens egal. Sie haben sich zum Opfer erklärt und jede mögliche Änderung dieser Position würde ihnen die Identität nehmen. Mitarbeitervertretungen, die die Rolle der Heulstation annehmen, wirken eher wie Seelsorger und weniger wie Organe des Arbeitsrechtes.

■ Die MAV muss sich abgrenzen, deutlich machen, dass man nicht für alles, was im Leben und in der Einrichtung passiert, verantwortlich ist. Offen sprechen, Kolleginnen und Kollegen mit der eigenen Wehleidigkeit, Feigheit oder Passivität konfrontieren, auf vorgebrachte Enttäuschungen sehr konkret reagieren und versuchen, kleine Teilschritte zur Korrektur tatsächlicher oder vermeintlicher Fehlentwicklungen zu machen.

Chefersatz

Manche Zeitgenossen können die Welt nur verstehen, wenn sie eine ausschließlich hierarchische Ordnung in sie hineininterpretieren. Jede hervorgehobene Position wird gleich mit Überordnung assoziiert. Jeder, der ein eigenes Amt inne hat, muss so etwas ähnliches wie ein Chef sein – mit allen Machtmöglichkeiten und Gnädigkeiten, die diese Position signalisiert.

Chefersatz-Mitarbeitervertretungen werden weniger als Interessenvertretung und mehr als Zufluchtstätte oder Klagemauer gesehen. Von solchen MAVs werden klare Handlungsanweisungen (»Wie soll ich denn vorgehen?«) erwartet.

■ Immer versuchen, nicht übergeordnet zu erscheinen, immer betonen, dass man keine Leitungsaufgaben hat, deutlich machen, wo die Unterschiede zwischen Mitwirkung und Verantwortungsentscheidung liegen, die Gleichrangigkeit der Mitarbeitenden betonen.

Sündenbock

Alles, was in der Einrichtung schief läuft, wird der Mitarbeitervertretung in die Schuhe geschoben. Fehler in der Urlaubsplanung hängen mit mangelndem Engagement der MAV zusammen! Der Betriebsausflug war unmöglich organisiert! Dass der Chef übelgelaunt ist, hat was mit den störrischen Kollegen in der Mitarbeitervertretung zu tun!

MAVen, die Sündenbock-Funktion übertragen bekommen, werden entweder überschätzt oder planmäßig unterschätzt. Man hält sie für mächtig und kann an ihnen all das abreagieren, was an anderen Mächtigen – den wirklich Mächtigen der Institution – nicht abzuarbeiten ist. Oder: Man macht sie zu Punching-balls, an den man gefahrlos sein Mütchen kühlen kann – manchmal ermutigt von schrägen Chefs, die an solchen Verhaltensweisen Wohlgefallen haben.

Sündenbock-Mitarbeitervertretungen sind in einer komplizierten Situation: Sie können machen was sie wollen. Sie machen es falsch.

■ **Scharf konfrontieren, sich abgrenzen gegen Ansprüche und Vorwürfe, die Arbeit transparent machen und die Auseinandersetzung suchen – bei gleichzeitigem Verständnis für die Kollegen. Statt vorwurfsvoll, sachlich-freundlich bleiben, Kooperationsangebote versuchen und in Entscheidungen einbinden durch Vorinformation, Nachfrage und gemeinsame Beratung.**

Schlappschwanz

Egal, was Sie tun, Sie tun immer zu wenig und wenn Sie genug getan haben, haben Sie garantiert das Falsche getan.

Mitarbeitervertretungen, die die Schlappschwanzrolle tragen, werden meistens ironisch betrachtet und höhnisch kommentiert. Jede Bemühung wird mit wegwerfender Geste bedacht und den Mitarbeitervertretern wird das Gefühl vermittelt, sie seien überflüssig, unfähig. Die wahren Mitarbeitervertreter sind nicht gewählt worden oder waren sich zu schade zu kandidieren.

»Schlappschwänze« laufen permanent in Fallen, die die lieben Kollegen stellen. Sie setzen sich für Rechte ein, die andere – privat gekungelt– schon längst erkämpft haben. Während die MAVs noch kollektiv denken, haben die Besserwisser schon individuell gehandelt.

Solche Kollegen und Kolleginnen finden Mitarbeitervertretungen nur gut, wenn für sie persönlich etwas durchgesetzt wurde. Aber Achtung: Auch da wird natürlich meistens zu wenig erreicht. Also doch Schlappschwänze!

- **Schlappschwänze dürfen nicht den Fehlern verfallen, noch mehr zu arbeiten und über ihre Grenzen zu gehen, sie müssen transparent bleiben, andere konfrontieren mit den geäußerten Vorwürfen, den Konflikt suchen und – wenn nichts mehr geht – den Rücktritt anbieten mit der Aufforderung, die anderen sollten es jetzt versuchen. Sie sollten sich nicht irritieren lassen, sondern sich gegenseitig der eigenen Stärke versichern.**

Underdog

Die Rolle des Underdog ist eine der gefährlichsten. Sie ähnelt der der »Schlappschwänze«, korrespondiert aber auch mit der Selbsteinschätzung einer MAV. Wenn die Mitarbeitervertretung das Selbstbild pflegt, keine Rechte zu haben, zu wenig beachtet zu sein, vom Dienstgebervertreter nicht Ernst genommen zu werden, dann hat dies oft die Funktion einer sich selbst erfüllenden Prophezeiung. Die MAV verhält sich auch tatsächlich so, dass sie nicht mehr wahrgenommen wird. Ihre Bedeutung tendiert gegen Null und die Beratungs- und Entscheidungszentren der Institution liegen außerhalb ihrer Mitwirkungsmöglichkeiten. Die MAV wird nicht mehr wahrgenommen. Bestenfalls wird ihr die Rolle der formal Beteiligten zugebilligt.

- **Mitarbeitervertretungen, die zu Underdogs geworden sind, sollten sich Hilfe von außen holen, Unterstützung zum Beispiel durch die zuständige Diözesane Arbeitsgemeinschaft, gemeinsame Teilnahme an einem Teamtraining, Entwicklung eines Zielkataloges in kleinen Schritten. Sie sollte zunächst auf große Auftritte verzichten und stattdessen in einzelnen, ausgewählten Feldern der Mitwirkungsarbeit wieder Kompetenz erarbeiten und reklamieren.**

Nützjadochnix

Der »Nützjadochnix« stammt nicht aus dem sagenhaften gallischen Dorf, sondern ist auf guter katholischer Erde in Deutschland gewachsen. Die eigene Institution erscheint so übermächtig, dass auch der Mitarbeitervertretung keine Möglichkeiten eingeräumt werden, Mitwirkungsrechte durchzusetzen. Schon im Vorfeld wird empfohlen, auf Mitwirkungsrechte zu verzichten und abgewunken, wenn der Dienstgeber beteiligen (»Der meint das nicht ernst!«) will. Resignierte Mitarbeiter und Mitarbeiterinnen wählen sich eine MAV und geben ihr den (geheimen) Auftrag auf den Weg, zu resignieren. Die Einrichtung sei ein unbeweglicher Tanker und jeder müsse sehen, wie er durchkommt.

Mitarbeitende, die den Nützjadochnix-Stempel aufdrücken, haben früher oft Ideen für ihre Arbeitsstelle oder ihren Arbeitsplatz gehabt, waren hochmotiviert. Jetzt legen sie einen depressiven Teppich in die Institution, können auch kleine Fortschritte nicht sehen und haben verlernt, in vernetzten Zusammenhängen zu denken.

■ **Betroffene Mitarbeitervertretungen brauchen Selbstvertrauen, klare Ziele und müssen diese nach außen verkünden.** Sie sollten Ergebnisse mitteilen, auf Veränderungen aufmerksam machen, gegebenenfalls den Dienstgebervertreter miteinbeziehen und auf die schlechte Stimmung aufmerksam machen, für öffentliche Erfolgserlebnisse sorgen, sich gezielt um die zentralen Figuren der Depression kümmern.

Lebenshelfer

Lebenshelfer sind die konstruktiven Bewältiger der Heulstation. Mitarbeitervertretungen werden nicht allein genutzt zum Ausheulen, sondern man weiß um deren Effektivität. Dort sitzen Kolleginnen und Kollegen, die wirklich weiterhelfen: bei Streitigkeiten mit der Kollegin, in Rentenfragen, bei der Verschiebung der individuellen Arbeitszeit, als Springer. Lebenshelfer sind die Krisenbewältiger der Institution. Lebenshelfer werden immer und immer wieder angefragt. Ohne sie können viele nicht leben. Sie sind der bequeme Weg zur Information. Wer gute Lebenshelfer hat, muss sich nicht selbst bemühen.

Mitarbeitervertretungen mit diesen Qualitäten genießen hohes Ansehen, werden gern beteiligt. Man kann sich die Einrichtung ohne MAV nicht vorstellen. Gleichzeitig wirken sie entsolidarisierend und in ihrer Fürsorge auch entmündigend. Mitarbeiter, die alle Sorgen woanders abladen können, brauchen sich wenig Gedanken darüber machen, wie sie selbst ihre Probleme meistern oder andere Kollegen – ohne Mandat – um Unterstützung bitten können. Lebenshilfe gehört nicht zu den ersten Aufgaben einer Mitarbeitervertretung. MAV-Arbeit ist in umfassendem Sinne eine politische Arbeit, eine kollektive Hilfsleistung.

■ **Abgrenzen lernen, Informationen vorhalten, an wen die Kolleginnen und Kollegen sich wenden können, Sprechstunden mit Beratern von außerhalb einrichten, Besprechungszeiten begrenzen, deutlich auf die eigene Aufgabe und Beauftragung aufmerksam machen, differenzieren zwischen MAV-Arbeit und kollegialer Hilfe oder freundschaftlichem Dienst.**

Partner

Werden Mitarbeitervertretungen als Partner der Mitarbeiterschaft erkannt und gesehen, so haben sie eine hohe Entwicklungsstufe ihrer Arbeit erreicht. Die Mitarbeitenden wissen, was sie von der MAV zu erwarten haben, welche Möglichkeiten die MAV hat und welche nicht. Nicht alle Wünsche und Forderungen werden auf die MAV projiziert.

Die Mitarbeiterschaft weiß um die Begrenzungen der Mitwirkung. Sie weiß auch, dass die MAV ohne Unterstützung durch die Mitarbeiterschaft nicht wirken kann.

53

Manchmal wird diese MAV allerdings auch nur als eine Möglichkeit im scheinbaren Supermarkt der Interessensrealisierung gesehen. Es wird jeweils geprüft, ob für ein spezielles Anliegen die MAV geeignet ist oder ob man sich lieber auf seine individuelle Kraft verlässt– ohne Unterstützung des Kollektivs.

■ **Am Besten: nicht viel anders machen, aber immer wieder darauf hinweisen, dass Solidarität Kraft bedeutet und Individualisierungen die Gefahr der Selbstschwächung beinhalten kann. Deutlich machen: Es gibt nur eine Repräsentanz der Mitarbeiterschaft.**

Repräsentant

Das ist die Stufe der MAV-Vollendung – wenn es sie überhaupt gibt. Wer zu Ende gelernt hat, steht nur an der untersten Stufe einer neuen Entwicklung. Wer ausruht, verliert schneller als er später wieder gewinnen kann.

Wer die Mitarbeitervertretung als Repräsentanz der Mitarbeiter sieht und ihr gleichzeitig Partnerqualitäten einräumt, gibt einen hohen Vertrauensvorschuss. Die MAV ist nicht nur rechtlich sondern auch faktisch und im Bewusstsein die Vertretung aller Mitarbeiter und Mitarbeiterinnen geworden.

■ **Dran bleiben: Gewonnenes muss gesichert werden.**

Diagnose

Wie bei allen Typologien gilt auch hier: Typen von Mitarbeitervertretungen kommen selten rein typisch vor. Auch die Mitarbeiterblicke auf die MAV sind nicht einäugig, sondern differenzieren. Allerdings bilden sich vielfach gleichgerichtete Blicke, manchmal unterschieden nach »Fraktionen«. Die Entschlüsselung dieser Blicke mit allen Nebenblicken ist ein gutes Diagnoseinstrument. Sie gibt Aufschluss über die Beurteilung der Mitarbeitervertretungsarbeit und die Kultur der kirchlichen Institution.

Das Letzte …

Es gehört zur Dynamik hierarchischer Organisationen, dass querlaufende Strukturelemente – dazugehören Mitarbeitervertretungen – häufig nicht die inhaltlichen und formalen Anerkennungen bekommen, die ihnen zusteht. Mitarbeitervertretungen müssen nicht selten die Erfahrung machen, das erkämpfte Erfolge (zum Beispiel eine Höhergruppierung) nicht ihr, sondern dem Dienstgebervertreter gedankt werden – auch dann, wenn sie gerade diesem abgetrotzt werden mussten. Viele Mitarbeitende in hierarchischen Institutionen können »Wohltaten« nur annehmen, wenn sie von einem hierarchisch Hochstehenden gewährt wurden. Alles andere wäre zu kränkend und würde auf sinnfällige Weise die ersehnte (und tatsächlich geschuldete) Fürsorge lädieren.

§ 4 Mitarbeiterversammlung

Die Mitarbeiterversammlung ist die Versammlung aller Mitarbeiterinnen und Mitarbeiter. Kann nach den dienstlichen Verhältnissen eine gemeinsame Versammlung aller Mitarbeiterinnen und Mitarbeiter nicht stattfinden, so sind Teilversammlungen zulässig.

Mitarbeiterversammlung

Eine Definition des Begriffes Mitarbeiterversammlung ist durch den Text der MAVO bereits vorgegeben. Die Mitarbeiterversammlung ist nicht öffentlich. Teilnahmeberechtigt sind alle in der Einrichtung Beschäftigten. Dabei kommt es nicht auf das Wahlrecht (passiv oder aktiv) an, so dass z. B. auch Jugendliche und Auszubildende, Zivildienstleistende, ehrenamtlich Tätige und Aushilfskräfte im Sinne von § 8 Abs. 1 Nr. 2 SGB IV ein Teilnahmerecht haben. Das gleiche gilt für Mitarbeiter/innen, die zum Zeitpunkt der Versammlung beurlaubt sind. Nicht teilnahmeberechtigt sind der Dienstgeber, die Leitung oder leitende Mitarbeiter/innen, sowie die Leiharbeitnehmer[6] Das folgt aus der Definition von § 3, wonach diese Personen »keine Mitarbeiter/innen im Sinne der MAVO« sind.

Das Teilnahmerecht ist aber keine Teilnahmeverpflichtung. Wer nicht an der Mitarbeiterversammlung teilnehmen möchte, bleibt dienstverpflichtet, muss in der Zeit also an seinem Arbeitsplatz weiterarbeiten.

Eine Mitarbeiterversammlung im Sinne der MAVO ist nur in den Einrichtungen möglich, in denen auch eine MAV besteht oder in der zumindest die Voraussetzungen für die Bildung einer MAV bestehen. Im letzteren Fall hat die Mitarbeiterversammlung den einzigen Zweck, einen Wahlausschuss zu bilden.

Die Sitzungsleitung liegt bei der oder dem Vorsitzenden der MAV. Damit bestimmt die MAV auch darüber, ob, betriebsfremden Personen zu einzelnen Tagesordnungspunkten die Teilnahme an einer Mitarbeiterversammlung als Gast erlaubt wird. Das betrifft Referenten, Fachleute für betriebliche Angelegenheiten und auch Repräsentanten von Gewerkschaften oder Berufsverbänden.

Zu beachten ist dabei aber, dass der Dienstgeber weiterhin das Hausrecht ausübt. Er hat deshalb auch die Möglichkeit, Einspruch gegen die Zulassung von Gästen zu erheben, wenn dadurch der Betriebsfriede gestört wird.' Im Einzelfall kann es aber gerade erforderlich und sinnvoll sein, dass Personen, die im Arbeits- oder Tarifrecht über besondere Kenntnisse verfügen, der Mit-

---

6 Vgl. Bleistein/Thiel Rz. 11 zu § 4

arbeiterversammlung als Referenten zur Verfügung stehen. Im Einzelfall ist dies selbstbewusst mit dem Dienstgeber zu klären.

Gegenstand der Mitarbeiterversammlung können alle Sachverhalte sein, die die Einrichtung betreffen und im weitesten Sinne in den Zuständigkeitsbereich einer Mitarbeitervertretung gehören. Zu diesen Themen kann die Mitarbeiterversammlung zwar auch Beschlüsse fassen, eine Umsetzung ist aber nur dann möglich, wenn eine MAV auch tatsächlich besteht.

Einladung

Eine Mitarbeiterversammlung kommt nur zustande

1. auf Einladung des Dienstgebers, wenn in der Einrichtung noch keine MAV besteht, die Voraussetzung für deren Bildung aber vorliegen
2. oder auf Einladung der MAV.

Dies ist der Regelfall, auf den unter den §§ 21, 22 und 22 a näher eingegangen wird.

Dienstversammlungen

Die Versammlung eines Teils der Mitarbeiterschaft nach Dienst- oder Berufsbereichen ist *keine* Mitarbeiterversammlung im Sinne der MAVO. Es kann sich in diesem Fall nur um Dienstversammlungen/Besprechungen handeln, für die die MAV nicht zuständig ist. Dementsprechend ist die Teilnahme an solchen Dienstversammlungen/Besprechungen im Unterschied zur Mitarbeiterversammlung auch verpflichtend.

Teilversammlungen

Gelegentlich ist es aber durchaus sinnvoll, nur Teile der Mitarbeiterschaft über bestimmte Vorgänge zu informieren oder besondere Problembereiche anzusprechen. Die MAVO lässt es aber generell nicht zu, Mitarbeitergruppen oder einzelne teilnahmeberechtigte Mitarbeiter/innen von der Teilnahme an einer Mitarbeiterversammlung auszuschließen. Andererseits gilt bei einer Dienstversammlung natürlich nicht die Beschränkung der Teilnahme auf »Mitarbeiter/innen im Sinne der MAVO«, so dass dort auch leitende Mitarbeiter/innen, Leitungen und Dienstgebervertreter ein uneingeschränktes Teilnahmerecht haben. Das schließt in vielen Fällen die durch den § 4 gewollte, vertrauliche Atmosphäre einer Mitarbeiterversammlung aus. Eine MAV hat dann nur die Möglichkeit durch die Vorgabe der Thematik bei der Einladung schon deutlich zu machen, dass ganz spezielle Dienstbereiche oder Mitarbeiter/innen- Gruppen angesprochen werden sollen. Sie darf die anderen teilnahmewilligen Mitarbeiter/innen aber nicht von der Teilnahme ausschließen.

Teilversammlungen in Einrichtungen mit Schichtdienst

Einzige Ausnahme bilden Einrichtungen, in denen ein kontinuierlicher Betrieb aufrecht zu erhalten ist und die deshalb gehindert sind, alle Mitarbeiter/innen gleichzeitig zur Teilnahme an der Mitarbeiterversammlung vom Dienst freizustellen. Das ist namentlich in solchen Einrichtungen der Fall, in denen nach einem Schichtplan gearbeitet werden muss, die Fortführung des Betriebes also zu gewährleisten ist.

Solche – zulässigen –Teilversammlungen haben nach derselben Tagesordnung und in engem zeitlichen Zusammenhang (in der Regel am gleichen Tag) stattzufinden. Rechtlich gelten sie als *eine Versammlung,* so dass zum Beispiel Abstimmungsergebnisse zusammenzurechnen und als ein einheitlicher Beschluss zu werten sind.

Kosten

Die Kosten der Mitarbeiterversammlung trägt der Dienstgeber. Das betrifft zunächst natürlich die Bereitstellung eines geeigneten Raums, etwaige Referentenkosten sowie die Bewirtung. Da die Mitarbeiterversammlung in der Regel während der Dienstzeit stattzufinden hat, trägt der Dienstgeber die Kosten für die Freistellung der teilnehmenden Mitarbeiter/innen. Freistellung bedeutet aber nur: Wer in der betreffenden Zeit Dienst hat, kann sich die Zeit als Arbeitszeit anrechnen. Wer dienstfrei ist, Urlaub hat oder sich im Sonder- bzw. Erziehungsurlaub befindet, darf zwar teilnehmen, bringt aber ein »Freizeitopfer«.

Bei den Fahrtkosten differenziert die MAVO danach, ob

1. die Mitarbeiterversammlung auf Antrag des Dienstgebers stattfindet oder
2. nicht mehr als 2 Mitarbeiterversammlungen im betreffenden Jahr stattgefunden haben.

Sind diese Voraussetzungen gegeben, erstattet der Dienstgeber den teilnehmenden Mitarbeiter/innen die Fahrtkosten. Ansonsten ist er dazu nicht verpflichtet.

Mitarbeiterversammlungen zwischen Kaffeeklatsch und Stunksitzungen

Mitarbeitervertretungen sind für vier Jahre gewählt worden und üben in dieser Zeit ihr Mandat aus. Einmal im Jahr müssen sie eine Mitarbeiterversammlung einberufen und dort den »Tätigkeitsbericht« (§ 21 Abs. 2 MAVO) erstatten. Die Mitarbeitervertretungsordnung kennt sonst keine weiteren konkreten Vorschriften, wie die MAV ihre Arbeit an die Kolleginnen und Kollegen rückkoppeln muss.

Die Mitarbeiterversammlung

Auf der jährlich stattfindenden Mitarbeiterversammlung erstattet die Mitarbeitervertretung den Tätigkeitsbericht.

Tätigkeitsberichte müssen offen, klar und verständlich sein – ohne dass die Schweigepflicht gebrochen wird. Die Mitarbeitervertretung sollte sich nicht scheuen, auch Misslungenes darzustellen und die Gründe dafür zu benennen. Gerade in der Kirche heißt Mitwirkung oft Misslingen gutgemeinter Ansätze. Das Gelungene wird gewürdigt, damit erkennbar wird, dass sich das Engagement für die Dienstgemeinschaft lohnt und der Einsatz für die Interessen von Mitarbeiterinnen und Mitarbeitern nicht immer vergebens ist. Dieser Tätigkeitsbericht sollte den Mitarbeitern schriftlich vorliegen.

Solidaritätsformen

Mitarbeiterversammlungen sind der Ort, an dem sich der kollektive Wille der Mitarbeiterschaft Ausdruck verschaffen kann.

Kirchliche Mitarbeiter und Mitarbeiterinnen sind aufgrund eigener Sozialisation, Institutionskulturen und ideologischer Vorbehalte oft ungeübt in angemessenen Solidaritätsformen. Sie engagieren sich nicht oder selten in Gewerkschaften, haben keine Streikerfahrungen und fühlen sich oft weniger von Arbeitslosigkeit bedroht als Kolleginnen und Kollegen außerhalb des sozialkirchlichen Sektors.

Mitarbeitervertretungen wissen ein Lied davon zu singen, wie schwer es ist, in kirchlichen Einrichtungen Meinungsbilder zu erstellen, Unterstützungspotential zu sammeln und das Auseinanderdriften desperater Mitarbeitergruppen zu verhindern.

Mitarbeiterversammlungen sind der einzige Orte kollektiver Artikulation, der kirchengesetzlich für die Mitarbeiterschaft vorgesehen ist.

Hier fließen Stimmungen zusammen, werden Meinungen gebildet, abgeschwächt oder verstärkt. Hier können Mitarbeitervertretungen erfahren, wie ihre Arbeit tatsächlich eingeschätzt wird.

Mitarbeiterversammlungen könnten Batterien zur Aufladung von Engagementenergie sein.

Arten der Mitarbeiterversammlung – zum Abgewöhnen:

Die Kaffeerunde

Ohnehin treffen sich alle regelmäßig zum Kaffeetrinken. Während der Pause kann die ein oder andere Information weitergegeben und beifälliges Nicken zugesteuert werden.

Die Behörde

Jede Regel wird akribisch eingehalten, keine Energie außerhalb der Tagesordnung geduldet, Redezeiten streng begrenzt. Am Ende haben alle einen verspannten Nacken.

Das Sechstagerennen

Der ganz große Laden kommt zusammen. Es summt und sirrt auf den Rängen. Vorn werden Reden gehalten, Selbstdarstellungen zelebriert und hinten tauscht man neuesten Einrichtungstratsch oder die Lottozahlen aus. Hauptsache, eine Stunde nicht arbeiten.

Die Pflichtsitzung

Man schleppt sich hin, ackert die jedes Jahr gleiche Tagesordnung durch und Bewegung kommt nur auf, wenn einer unter »Verschiedenes« eine nicht ganz so abgestandene Idee vorträgt.

Die Konzelebration

Mitarbeitervertretungen und Dienstgeber bestätigen sich fortwährend, wie bedeutend man ist und wie gut alle zusammen gearbeitet haben. Das geht so lange, bis auch der Letzte im Saal verstanden hat: Heiße Luft.

Die Stunksitzung

Alle kommen zusammen, um mal so richtig den Frust los zu werden, abzulästern über blöde Vorgesetzte oder unfähige Dienstgeber. Am Ende versichert man sich: Es wird nicht besser werden.

Selten hört man von wirklich gelungenen Mitarbeiterversammlungen, auf denen Meinungen gebildet und gemacht werden.

Mitarbeitervertretungen tun gut daran, Mitarbeiterversammlungen sorgfältig vorzubereiten und sich angemessene Formen der Durchführung zu überlegen.

■ **Merke: Organisiere eine Mitarbeiterversammlung so, dass Du als Teilnehmender gern hingehen würdest.**

Wo kommen wir denn hin, wenn wir uns bei der Mitwirkungsarbeit langweilen?

Mitarbeiterversammlungstest

■ **Finden bei Ihnen die MAVO-vorgeschriebenen Mitarbeiterversammlungen statt?**

- Ist Ihre Mitarbeiterversammlung eine kalendarische Pflichtveranstaltung?
- Wie hoch ist die prozentuale Beteiligung der Mitarbeiterschaft?
- Freuen Sie sich auf die Mitarbeiterversammlung?
- Haben Sie das Gefühl, dass die MAV das inhaltliche und organisatorische Heft in der Hand hält?
- Langweilen sich die Mitarbeiter und Mitarbeiterinnen häufig?
- Sind Sie Vorsteher oder Gastgeber?
- Sind Sie in der Lage, Ihren Chef hinauszukomplementieren?

Die Mitarbeiterversammlung ist die Versammlung der Mitarbeiter und Mitarbeiterinnen – so einfach lautet die Definition der MAVO.

Aber Vorsicht: Geschickte Dienstgebervertreter nutzen jedes Veranstaltungsvakuum für sich. Sie präsentieren Pläne und Bilanzen, lancieren Gerüchte und Überlegungen, klopfen Stimmungen ab und instrumentalisieren die Mitarbeiterversammlung als Führungsinstrument.

In den Beiträgen dieses Buches zu den Paragrafen 21ff der MAVO werden konkrete und erprobte Anregungen gegeben, wie Mitarbeiterversammlungen informativ, unterhaltsam und lebendig gestaltet werden können.

Das Letzte ...

Juristen sind oft Alltagspoeten, allerdings mit einem Hang zu Skurrilem. Sie jonglieren tatsächlich oder scheinbar souverän mit Formulierungen, die der DaDa-Sprache entstammen könnten und für den Außenstehenden bestenfalls als Kode erscheinen. In welch anderen Zusammenhängen können wir uns laben an Sätzen wie »Die Mitarbeiterversammmlung ist die Versammlung aller Mitarbeiterinnen und Mitarbeiter.« Und dennoch machen solche Definitionen Sinn (damit wird zum Beispiel deutlich, dass der Dienstgebervertreter kein Mitarbeiter ist, also nicht zur Mitarbeiterversammlung gehört, also unter Umständen draußen vor der Tür bleiben muss, es sei denn, die Ordnung ... Sie wissen schon, wie es weitergeht).

Praktiker sollten sich also nicht leichtfertig belustigen, wenn sperrige juristische Sätze oder scheinbar Selbstverständliches in der Ordnung auftauchen.

§ 5 Mitarbeitervertretung

Die Mitarbeitervertretung ist das von den wahlberechtigten Mitarbeiterinnen und Mitarbeitern gewählte Organ, das die ihm nach dieser Ordnung zustehenden Aufgaben und Verantwortungen wahrnimmt.

Mitarbeitervertretung

Der Begriff »Mitarbeitervertretung« versteht sich eigentlich von selbst. Die MAV ist die betriebliche Interessenvertretung der Mitarbeiter in kirchlichen Einrichtungen. Alle »kirchlichen Betriebe«, ganz gleich ob in der katholischen oder evangelischen Kirche benutzen diesen Begriff anstelle der sonst üblichen Begriffe »Personalrat« (Betriebe der öffentlichen Arbeitgeber) oder »Betriebsrat« (alle sonstigen Betriebe).

Festgelegt ist der Begriff in der Grundordnung zum kirchlichen Dienst, dort Art. 8, in der es unter anderem heißt:

Grundordnung

»Zur Sicherung ihrer Selbstbestimmung in der Arbeitsorganisation kirchlicher Einrichtungen wählen die Mitarbeiterinnen und Mitarbeiter nach Maßgabe kirchengesetzlicher Regelung Mitarbeitervertretungen, die an Entscheidungen des Dienstgebers beteiligt werden.«

Keine Unternehmensmitbestimmung

Damit sind schon einige grundsätzliche Festlegungen für den Umfang der Zuständigkeit einer Mitarbeitervertretung getroffen. Es geht um die Selbstbestimmung in der Arbeitsorganisation, also nicht um wirtschaftliche (unternehmerische) Mitbestimmung, so dass eine MAV auch keinen unmittelbaren Einfluss auf Bereiche der unternehmerischen Planung, der Personalplanung, der Erwirtschaftung von Gewinnen oder ähnliche Bereiche nehmen kann. Die MAV steht damit aber kaum schlechter dar als Personal- oder Betriebsräte, denen solche Möglichkeiten auch weitgehend entzogen sind.

Was der MAV bleibt ist – abstrakt ausgedrückt – die Mitwirkung bei der Art und Weise, *wie* die durch die Leitung festgelegten unternehmerischen Ziele erreicht werden können.

Veränderungen durch Kompetenzen im Entgeltbereich

In der Zeit leerer kirchlicher Kassen hat sich diese klare Grenzziehung etwas verwischt. Der Dienstgeber braucht die MAV gelegentlich als Verbündete im Ringen um Abweichungen vom Tarifrecht der Kirchen (Unter- und

Regionalkommissionen) und beim Abschluss von Dienstvereinbarungen zu Veränderungen von Einmalzahlungen (Anlage 1 Abschnitt III a AVR-Caritas).

Im neuen Tarifrecht sind Mitarbeitervertretungen zuständig für Entgeltregelungen bei Verkürzung oder Verlängerung der Vergütungsstufen und bei Verteilung von leistungsorientierten Vergütungsanteilen. Das führt zwar insgesamt noch nicht zu einer Mitbestimmung im Bereich unternehmerischer Belange, zeigt aber eine Entwicklung auf, die den Mitarbeitervertretungen partiell neue Verantwortlichkeiten zuweist.

Vorrang von Individualregelungen

Auch im Verhältnis zu den vertretenen Mitarbeiter/innen ist die Kompetenz der MAV eingeschränkt. Nur Fragen der »Arbeitsorganisation« fallen in den Zuständigkeitsbereich der MAV. Vereinbarungen, die einzelne Mitarbeiter/innen auf der Ebene des Arbeitsvertrages mit dem Dienstgeber treffen, sind rechtlich – ungeachtet der Beteiligung der MAV – zunächst einmal wirksam. Das heißt zum Beispiel:

- Mitarbeiter/innen, die ohne die erforderliche Beteiligung der MAV eingestellt worden sind, können sich auf die Wirksamkeit des abgeschlossenen Arbeitsvertrages berufen. Der Dienstgeber kann aber unter Umständen seiner Beschäftigungspflicht nicht nachkommen, wenn die MAV sich sperrt.
- Die individuelle Festlegung der Arbeitszeit im Vertrag ist arbeitsrechtlich wirksam. Der Dienstgeber kann Arbeitszeitveränderungen aber nur mit Zustimmung der MAV in betriebliche Realität umsetzen.
- Ein Verzicht auf den »Tariflohn« durch eine Mitarbeiterin/einen Mitarbeiter kann wirksam mit dem Dienstgeber vereinbart werden. Der Dienstgeber wird aber dazu nicht die erforderliche Zustimmung zur Eingruppierung durch die MAV bekommen.[7]

Gewähltes Organ

Dass eine Mitarbeitervertretung nur durch Wahlen zustande kommen kann, klingt lapidar. Wie das Wahlverfahren abzulaufen hat, wird durch die MAVO vorgegeben. In der Praxis kommt es allerdings nicht selten vor, dass von einer »Wahl« in diesem Sinne nicht die Rede sein kann. Oft wird in kleinen oder kleinsten Einrichtungen die/der Mitarbeitervertreter/in von der Leitung »bestellt« oder im Kreise der Mitarbeiter/innen schlicht beauftragt. Zugegeben, bei 5 oder 6 Wahlberechtigten erscheint manchem die förmliche Wahl als übertriebener Formalismus. Man wird aber daran denken müssen, dass sich das Einvernehmen bei der Bestellung ändern kann durch

---

7 Vgl. dazu Urteil des Kirchlichen Arbeitsgerichtshofs vom 30.11.2006 M02/06 für den Fall der Verweigerung der Zustimmung zu einer Eingruppierung, die kein kirchliches Arbeitsvertragsrecht zum Inhalt hat (auf beiliegender CD-ROM).

einen Wechsel der handelnden Personen oder durch Konflikte, die von außen in die Einrichtung getragen werden. In einem solchen Fall wird es dann mit ziemlicher Wahrscheinlichkeit auch Fragen nach einem ordnungsgemäßen Zustandekommen der Mitarbeitervertretung geben. Dann stehen Mitarbeiter/innen, die auf die Hilfe der MAV vertraut haben oder die MAV selbst ohne den nach der MAVO vorgesehenen Schutz da. Also: Nur durch eine ordnungsgemäße Wahl kommt eine MAV zustande.

Die Mitarbeitervertretung ist ein Organ der Einrichtung. Das soll heißen: Sie nimmt ihre Aufgaben unabhängig von ihrer individuellen Zusammensetzung wahr. Es handeln nicht Herr X oder Frau Y, sondern die MAV in ihrer jeweiligen Zusammensetzung, wobei die Mitglieder – besonders größerer MAVen – häufig auch Entscheidungen vertreten müssen, denen sie selbst nicht zugestimmt haben. Die MAV hat auch keine persönlichen oder sogar privaten Interessen ihrer Mitglieder zu vertreten, sondern das von ihr selbst bewertete Gesamtinteresse der Mitarbeiterschaft. Das kann im Einzelfall durchaus zu Interessenkonflikten führen. So zum Beispiel, wenn die MAV

- bei der Kündigung eines Kollegen angehört wird, der aus der Kirche ausgetreten ist,
- eine betrieblich erforderliche Arbeitszeitänderung Mitarbeiterinnen im Hinblick auf familiäre Verpflichtungen hart treffen würde,
- oder ein Mitarbeitervertreter selbst von einer notwendigen betrieblichen Maßnahme betroffen ist.

Haftung

Weil die MAV als Organ handelt, scheidet eine persönliche Haftung für Fehler und Versäumnisse der einzelnen Mitarbeitervertreter grundsätzlich aus. So kann die Mitarbeitervertretung nicht wirksam selbst Verträge schließen, Bestellungen aufgeben oder rechtliche Verpflichtungen eingehen. Dazu fehlt ihr juristisch ausgedrückt – die Rechtsfähigkeit. Jedes Handeln der MAV im Rechtsverkehr kann, weil sie ein Organ (der Einrichtung) ist, nur den Rechtsträger berechtigen und verpflichten.

Praktisch bedeutet das: Die MAV handelt als Teil der Einrichtung. Überschreitet sie ihre Kompetenzen oder liegt eine entsprechende Bevollmächtigung durch die Leitung nicht vor, können die verantwortlichen Mitglieder der MAV vom Rechtsträger in Regress genommen werden, müssten dann also persönlich für die rechtlichen Konsequenzen eintreten. Die Haftung folgt in diesem Fall den vom Bundesarbeitsgericht aufgestellten allgemeinen Kriterien für die Arbeitnehmerhaftung, also

- kein Regress bei leichter Fahrlässigkeit,
- Haftungsteilung bei einfacher Fahrlässigkeit,
- voller Regress bei grober Fahrlässigkeit und Vorsatz.

Neben dem Rechtsträger und dritten Personen könnte sich das Haftungsproblem auch gegenüber Mitarbeiter/innen ergeben. Besonders heikel ist in diesem Zusammenhang die Frage, ob die MAV oder ein einzelnes Mitglied für unzutreffende Rechtsauskünfte an Mitarbeiter/innen zur Verantwortung gezogen werden kann. Grundsätzlich gilt natürlich auch hier: Hat die MAV im Rahmen ihrer Kompetenzen nach pflichtgemäßem Ermessen gehandelt, träfe eine etwaige Haftung (MAV als Organ der Einrichtung) den Rechtsträger der Einrichtung.

Um dem Problem näher zu kommen, wäre zu fragen, in welchem Zusammenhang die Haftungsfrage relevant werden könnte. Keine Bedeutung hat sie sicherlich bei allen Beteiligungstatbeständen im Rahmen der §§ 29 bis 38 MAVO, weil die MAV hierbei »nur« an Entscheidungen des Dienstgebers beteiligt ist, die dieser letztlich selbst rechtlich zu verantworten hat.

Allerdings gibt § 26 Abs. 3 Zif. 2 der MAVO der MAV die Möglichkeit, »Anregungen und Beschwerden von Mitarbeiter/innen« entgegenzunehmen und *falls sie berechtigt erscheinen* vorzutragen und auf ihre Erledigung hinzuwirken.

▸ **Beispiele**

Die Mitarbeiterin Fleißig arbeitet seit 1 Jahr in der Einrichtung. Vorher war sie 3 Jahre in gleicher Tätigkeit bei der Diakonie (evangelische Kirche) beschäftigt. Die MAV hat bei der Zuordnung der Mitarbeiterin auf die maßgebliche Erfahrungsstufe die Anrechnung der Vordienstzeit übersehen. Als die Mitarbeiterin sich jetzt mit der Frage, ob sie eine Korrektur der Vergütung beanspruchen könne, an die MAV wendet, bekommt sie nach Überprüfung wieder eine falsche Auskunft.

Der Mitarbeiter Schwierig hat nach Anhörung der MAV eine fristlose Kündigung bekommen. Er fragt danach, was er unternehmen könne. Die MAV teilt ihm mit, dass er binnen eines Monats (richtig: binnen 3 Wochen) das Arbeitsgericht anrufen könne.

Die Mitarbeiterin Meyer will unter Rentenabstrichen vorzeitig in Ruhestand gehen. Sie erkundigt sich bei der MAV über die Auswirkungen auf die grundsätzlichen Möglichkeiten und die Rentenansprüche. Die MAV gibt eine falsche Auskunft.

In allen diesen Fällen entsteht den betroffenen Mitarbeiter/innen ein Schaden durch eine Falschberatung.

Im Fall der Frau Fleißig haftet das Mitglied der MAV nicht, weil ihm nur (leichte) Fahrlässigkeit unterstellt werden kann.

Im Fall des Herrn Schwierig und der Frau Meyer hat die MAV eine Auskunft gegeben, die eigentlich nicht mehr ihren Zuständigkeitsbereich betrifft. In der

Praxis lässt sich das aber nicht immer ganz ausschließen. Hier hätte die MAV deutlich darauf hinweisen müssen, dass sie keine arbeitsrechtliche Beratung geben kann. Im Ergebnis würde eine Haftung wohl aber ausscheiden, weil die Mitarbeiter auf die Auskunft nicht vertrauen durften und ihre Schadenersatzansprüche an einem erheblichen Mitverschulden scheitern dürften.

Absicherungen

Die Mitarbeitervertretung sollte sich angewöhnen, bei jedem Auftreten im allgemeinen Rechtsverkehr (Bestellungen, Einkäufe etc.) den Bezug zur Einrichtung herzustellen, also das Briefpapier der Einrichtung mit dem Zusatz »Mitarbeitervertretung« zu benutzen *und* dies mit dem Leiter der Einrichtung abzusprechen. Alternativ kann sie natürlich auch die Leitung auffordern, solche Rechtsgeschäfte für die Mitarbeitervertretung abzuschließen, ohne dass dies nach außen deutlich wird.

Bei Beratungen von Mitarbeiter/innen sollte die MAV immer deutlich machen, dass sie Rechtsberatungen nicht geben kann und die Mitarbeiter/innen an niedergelassene Rechtsanwälte oder spezielle Beratungsstellen verweisen. Sie sollte sich über die internen Berater der Mitarbeitervertretungen (siehe unter § 25 MAVO) informieren, aber dennoch ihre Äußerungen nur als unverbindliche Hinweise bezeichnen und auf keinen Fall schriftliche Stellungnahmen gegenüber Mitarbeiter/innen abgeben.

**Mitarbeitervertretungen –
Versuch einer weiteren kleinen Typologie**

Im fünften Paragraf wird die Mitarbeitervertretung sozusagen begründet. Zuerst erscheinen die Sätze formalistisch und wirken inhaltsleer. Analysiert man diesen Paragrafen, erschließt sich seine Bedeutung so:

Nur die Mitarbeitervertretung ist das gewählte Organ. Andere Strukturen, die häufig sogar vom Dienstgebervertreter ersonnen werden, vertreten die Mitarbeiter eben nicht. Sie bestehen bestenfalls von Chefs Gnaden.

▸ **Beispiel**

In einem Bildungshaus kam der Leiter auf die zunächst nicht unvernünftig erscheinende Idee, eine Art Wirtschaftsausschuss einzurichten, der zu allen wesentlichen Fragen der Einrichtung gehört werden sollte. Dem Leiter lag an einer gleichberechtigten Vertretung aller Arbeitsbereiche und so saß neben der Pädagogin ein Vertreter der Haustechnik, eine Köchin, eine Raumpflegerin und die Buchhalterin. Selbst die Zivildienstleistenden durften einen Vertreter vorschlagen.

Die Mitarbeitervertretung wehrte sich, als der Ausschuss neue Arbeitszeiten für die Hausmeisterei festlegen wollte.

Erfundene Strukturen oder durch Traditionen entstandene können nicht die Rechte einer MAV beschneiden, die ihre Kompetenz durch ein kirchliches Gesetz erhält.

Organcharakter

Die Mitarbeitervertretung ist ein Organ – nämlich das der Mitarbeiter und Mitarbeiterinnen. Sie ist kein x-beliebiger Zusammenschluss, kein Club oder Verein, sondern gleichberechtigtes Gegenüber für den Dienstgeber, der ebenfalls durch sein »vertretungsberechtigtes Organ« (§ 2 Abs.) repräsentiert wird. Die MAV – und dies steckt auch in der Definition – handelt immer als Ganzes: Entscheidungen kann sie in der Regel nicht delegieren.

▸ **Beispiel**

»Herr Müller, können Sie mir nicht mal eben die Zustimmung zur Einstellung geben?« fragte der Personalreferent als er mit dem MAV-Vorsitzenden gemeinsam vor dem Kaffeeautomaten stand.

Es gibt keine Obermitarbeitervertreter – dazu später mehr in diesem Buch.

Begrenzte Kompetenz

Die Mitarbeitervertretung nimmt die Aufgaben und Verantwortungen »nach dieser Ordnung« war. Hier werden Kompetenzen deutlich zugeschrieben, aber auch begrenzt. Mitarbeitervertretungen sind nicht für alle Fragen einer Einrichtung das handelnde Gegenüber. Ihre Tätigkeit hat Grenzen und diese zeigt die MAVO auf.

▸ **Beispiel**

Die MAV wollte die Beteiligung an der vom Vorstand eingesetzten Sparkommission erzwingen, da es dort auch um reduzierte Stellenpläne und mögliche Kündigungen gehen werde. Der Dienstgeber teilte lapidar mit, die Kommission werde ihr lediglich Vorschläge machen, die Grundlagen für weitere Entscheidungen sein könnten.

Gerade bei Sachverhalten, die nach der MAVO keine Beteiligung erfordern, sind Mitarbeitervertretungen außen vor. Pech gehabt – und kreativ suchen, wie man dennoch an die notwendigen Informationen kommen kann.

Neue Strukturen

In vielen Qualitätssicherungsprozessen bilden sich Beratungs- und Entscheidungsstrukturen heraus, die zum Teil quer zum Mitwirkungsrecht laufen. Entscheidungen werden delegiert, Hierarchien abgeflacht und das Gegenüber wird infolge dieser grundsätzlich positiven Entwicklungen für Mitarbeitervertretungen unscharf.

▶ **Beispiel**

Der Leiter des Altenpflegeheimes hat im Zuge der Einführung von Quali-
tätssicherungszirkeln angeordnet, dass alle Fragen von Haus- und Heim-
ordnungen unmittelbar von den Mitarbeitern und Mitarbeiterinnen zu
entscheiden seien und nicht mehr seiner positiven Sanktion bedürften.
Die Mitarbeitervertretung monierte die Verletzung ihrer Mitwirkungs-
rechte.

Mittelfristig wird der kirchliche Gesetzgeber auf die Veränderungen von
Arbeitsorganisation und Entscheidungsdelegation so reagieren müssen, dass
die MAVO nicht zum formalisierten Hemmschuh verkommt.

Rettungsanker

Rettungsanker einer jeden Mitarbeitervertretung ist der § 27 MAVO. Nahezu
jede Angelegenheit einer kirchlichen Einrichtung bedarf zumindest der
Information. Mit dieser Generalklausel können schwache Rechte realisiert
und Kooperationsbereitschaft mindestens angemahnt werden kann.

Mitarbeitervertreter und Mitarbeitervertreterinnen sind keine
Naturtalente der Gremienarbeit

Niemand wird geboren, um Gremien- und Gruppenarbeit zu machen.
Nahezu niemand macht eine Berufsausbildung, um sich in Mitwirkungsrechten zu spezialisieren. Es gehört zu den Schwächen der MAVO, dass
sich zum Beispiel potenzielle Interessenten und Kandidaten nicht auf ihre
mögliche Aufgabe vorbereiten können. Warum bieten Dienstgeber nicht
jeder Mitarbeiterin und jedem Mitarbeiter an, sich pro Jahr an zwei Tagen in
»Mitsprache und Kooperation« – das würde weit über die MAVO hinausgehen – weiterzubilden?

Mitarbeitervertretungen müssen sich finden. Da kommen Menschen aus
unterschiedlichen Abteilungen zusammen, die sich nicht oder nur oberflächlich kennen. Da findet man sich gerade mit seiner »Lieblingskollegin«
als Gewählte wieder, mit der man schon seit drei Monaten kein Wort mehr
gewechselt hatte. Und der Kollege mit dem ekligen Mundgeruch und seiner
permanenten Tendenz zur Anbaggerei ist auch gewählt worden: keine
Chance, ihn vor die Tür zu setzen. Er ist gleichberechtigt und wird künftig
mindestens einmal in der Woche mit dem freundlichsten Lächeln »Hallo,
Süße!« in der Tür erscheinen.

Mitarbeitervertretungen sind Zweckgemeinschaften mit vorgegebenen Aufgabenstellungen. Finden müssen sie sich in Arbeitsstrukturen, eigenen Ritu-
alen und Verhaltensstilen.

Wie alle Gruppen und Teams, wachsen auch Mitarbeitervertretungen erst langsam zusammen. Dabei durchlaufen sie in der Regel vier Phasen.

Orientierung

■ **Wer sind wir, was wollen wir?**

Mitarbeitervertretungen kommen nach der Wahl zusammen. Sie haben meistens ein »Wir-Gefühl«, das eher oberflächlich bestimmt ist – zum Beispiel durch die Freude einer gewonnenen Wahl. Meistens hat man keine oder nur ungenaue Kenntnisse der Mitarbeitervertretungsordnung, trifft unter Umständen auf Kolleginnen und Kollegen, die schon länger dabei sind. Aber auch sie müssen sich neu orientieren, da eine neue, andere MAV zustande gekommen ist.

In dieser Phase geht man meistens optimistisch, freundlich und vorsichtig miteinander um. Konflikte gibt es fast nie. Alle halten sich zurück, das gemeinsame Ziel steht im Mittelpunkt (ohne, dass es schon konkret definiert wäre).

■ **In dieser Phase muss eine eigene Identität entwickelt werden. Der Boden für die kommende Arbeit wird vorbereitet, in dem möglichst viel Wohlwollen allen gegenüber eingebracht wird.**
Die Arbeit fängt an. Die Mitarbeitervertretung erlebt sich als Gruppe.

Konflikte

■ **Wir sind die Mitarbeitervertretung, aber was will ich?**

Wenn sich die erste Euphorie gelegt hat, die ersten gemeinsamen Erfahrungen gemacht wurden und die MAV ein Gespür dafür entwickelt hat, in welche Richtung der Weg führt, versucht jeder – der eine stärker, die andere schwächer – einen Platz zu finden. Es tauchen offen und heimlich gestellte Fragen nach der spezifischen Aufgabe, der eigenen Stärke und vor allen Dingen nach den Aufgaben und Stärke der anderen auf.

Hahnenkämpfe beginnen, erste Ellenbogen werden eingesetzt.

Jede Gruppe durchlebt und braucht eine Phase der Konflikte. Erst im Konflikt kann sich die MAV weiterentwickeln. Man weiß, was man positiv und negativ voneinander zu halten hat, wie verlässlich oder unzuverlässig der einzelne ist.

■ **Dem konstruktiven Streit innerhalb der MAV sollte man nicht ausweichen. Geht die Gruppe gelassen damit um, stärkt sie sich für die wichtigen Auseinandersetzungen mit dem Dienstgeber.**
Die Kolleginnen und Kollegen, die schon länger dabei sind, können hier moderierend sorgen, dass die MAV gut in die dritte Phase ihrer Arbeit kommt.

Organisieren

■ Was wollen wir tun und wer tut es?

Ist die zweite Phase der Auseinandersetzung und Profilierung vorbei, fängt die MAV an, auf dem Hintergrund der gesammelten Erfahrungen und persönlichen Erlebnisse, die Arbeit zu organisieren. Arbeitsroutinen werden entwickelt, Arbeitsabläufe und Informationsverfahren festgelegt. Man weiß mittlerweile, was man voneinander zu halten hat und überfordert sich nicht. Ziele werden konkret definiert.

■ Mitarbeitervertretungen, die in dieser dritten Phase angelangt sind, sollten auf ein gutes Verhältnis von sachlicher Arbeit und persönlicher Begegnung achten. Wer Mitwirkungsarbeit wie ein Bürokrat betreibt, aber keinen Blick hat für Gefühle, für die Freuden und Sorgen des täglichen Arbeitsalltags, der scheitert schnell und verkommt in Lustlosigkeit.

Weiterentwicklung

■ Wir sind gut. Wie können wir besser werden?

Das ist die letzte Phase der Weiterentwicklung mit dem Versuch der nie gelingenden Vollendung. Die Mitarbeitervertretung hat sich gefunden, der einzelne seinen Platz, die Arbeit ist auf die richtigen Schienen gesetzt, im günstigen Fall hat sich ein gutes Arbeitsverhältnis zum Dienstgeber herausgebildet: Jetzt besteht die Gefahr der Stagnation. Man ist zufrieden mit dem Erreichten, fängt an, sich auf ersten Erfolgen auszuruhen.

■ Auch in der Mitwirkungsarbeit gilt: Stillstand ist Rückschritt. Gerade dann, wenn die Basis der Zufriedenheit geschaffen wurde, gibt es viele Möglichkeiten der Verbesserung und Weiterentwicklung. Jetzt sind die Kräfte gesammelt und man sollte sie nicht leichtfertig vertändeln. Hier sind die kritischen Kolleginnen und Kollegen wichtig, diejenigen, die mit dem status quo nie zufrieden sind. Sie bringen die Impulse für Weiterentwicklungen.

Die vier Phasen wurden knapp und eher idealtypisch beschrieben. Sie entwickeln sich in kleinen Teams anders als in großen. Manche Gruppen durchlaufen sie sehr schnell, andere brauchen Zeit. Viele Mitarbeitervertretungen werden feststellen, dass sich die Phasen wiederholen, manchmal quer zueinander verlaufen.

Oft weiß man nicht, an welcher Stelle des Prozesses die Mitarbeitervertretung steht.

Verwirrung ist meistens ein Zeichen für Krise und fehlende Zielorientierung. Dann macht es Sinn, innezuhalten, Bilanz zu ziehen, ein Selbstbild der Mitarbeitervertretung zu entwerfen und anhand der vier Phasenfragen zu prüfen, wie der Stand der Kooperation ist.

Keine Mitarbeitervertretung ist wie die andere

Viele unterschiedliche Menschen kommen in einer Mitarbeitervertretung zusammen, prägen das Klima und den Stil des Miteinander. Im Laufe der Zeit, im Durchleben der genannten Phasen bilden sich eigene Mitarbeitervertretungsgesichter heraus – Gruppen mit speziellen Vorlieben und Macken, mit absonderlichen Verhaltensweisen oder Riten.

Wie bei den Dienstgebern soll auch für die Mitarbeitervertretungen eine – manchmal ironisierende – Typologie versucht werden. Vielleicht erkennt sich die MAV wieder, entdeckt Schwachstellen der Gruppen und Stärken der Arbeit.

Natürlich: **Die** Mitarbeitervertretung gibt es nicht. Mitarbeitervertretungen sind unterschiedlich typisch zu unterschiedlichen Zeiten. Jede MAV hat Abweichler, Außenseiter, Menschen mit eigenem Profil.

Mitarbeitervertretungen wandeln sich, wachsen. Das ist gut. Oder sie verkümmern – das ist nicht gut.

Die Aktionisten

Sie stürzen sich in die Arbeit und sehen überall Aufgaben, die bewältigt werden müssen. Jeder Missstand wird angegangen, für alles gibt es eine Idee, einen Vorschlag. In eigenen Veranstaltungen – von der Mitarbeiterversammlung bis zum Betriebsausflug – werden hochfliegende Taten verkündet.

↑ (Stärken) Aktionisten sind meistens hochmotiviert, haben Lust auf Bewegung und Entwicklung. Sie sind bereit, sich selbst zu engagieren.

↓ (Schwächen) Aktionisten sind häufig wie Strohfeuer. Sie sehen Aufgaben und stürzen sich drauf. Wenn sie aber nicht schnell zum Ziel kommen, erlischt das Temperament und man sucht sich Aufgaben, die einen neuen Kick versprechen. Vieles bleibt unerledigt liegen.

■ **Aktionisten sollten Zeit in die eigene Bilanzierungs- und Planungsarbeit stecken. Sie sollten eine Rangfolge der wichtigen und weniger wichtigen Aufgaben erstellen, klare Verantwortlichkeiten in der Mitarbeitervertretung festlegen und die Erledigungen einem Zeitplan unterwerfen.**

Die Schlappen

Niemand weiß eigentlich so genau, warum »Die Schlappen« sich in die Mitarbeitervertretung haben wählen lassen. Meistens hat sich niemand anders gefunden. Oft ist das Betriebsklima langweilig und einlullend, so dass auch die MAV keinen großen Aktionsradius hat. Man weiß nicht um die eigenen Rechte, will sie auch nicht kennen. Es würde eventuell Arbeit bedeuten.

⬆ Die Schlappen sehen die Welt unaufgeregt. Es gibt größere Probleme als nicht eingehaltene Mitwirkungsrechte. Oft repräsentieren sie die Kultur der ganzen Einrichtung und sind so ein hervorragendes Diagnoseinstrument für die positive und negative Spannung in der Organisation.

⬇ Die Schlappen sorgen nicht für Weiterentwicklung. Es sind meistens keine Partner, auf die man sich verlassen kann. Sie sind bequem und machen vieles mit der linken Hand.

■ **Die Mitarbeitervertretung sollte nach der eigenen Motivation fragen. Hat sie wirklich Lust zu den Aufgaben? Welche Bedeutung hat das fehlende Engagement für die Einrichtung und für die Mitarbeiterschaft? Gäbe es Kolleginnen oder Kollegen, die den Job besser machen (möchten)?**

Die Blender

Sie sind stolz darauf, in die Mitarbeitervertretung gewählt worden zu sein und betrachten dies als Beförderung bzw. Bestätigung ihrer arbeitsvertraglich geschuldeten Arbeit. Sie verkünden Pläne, teilen ausführlichst ihre Erfahrungen mit dem Dienstgeber mit, kritisieren ihn in Abwesenheit deutlich oder setzen ihn herab: »Er hat keine Leitungskompetenz.« Kommt es zu kritischen Situationen und wird die Arbeit überprüfbar, stellt man fest, dass die Blender eingeknickt sind, dass sie die Köpfe in Dienstgebergesprächen senken. Sie tragen ihre schicken Kostüme und Anzüge zur Schau, wenn der Vorstand kommt.

⬆ Blender sind oft gute äußere Repräsentanten der Mitarbeiterschaft. Sie vermitteln nach außen das Bild der Gleichberechtigung und stärken nach innen das Selbstwertgefühl der Mitarbeiterschaft.

⬇ Blender schwächen mittelfristig die Mitarbeiterschaft. Sie versprechen vieles und halten wenig. Sie vermitteln so Frustration und das Gefühl: »Wir haben so wenig Rechte. Wir können ja doch nichts machen!«

■ **Wenn Mitarbeitervertretungen in der Lage sind, sich selbst als Blender zu diagnostizieren, sollten sie versuchen, ehrlich Bilanz zu ziehen. Ihre Repräsentationsstärke sollten sie beibehalten, sich aber mehr der Durchsetzung kleinerer Schritte und Aufgaben widmen. Sie sollte sich an der eigenen Eitelkeit packen: Am besten blendet man mit wirklichen Erfolgen.**

Die Verkrampfer

Sobald sie eine Aufgabe sehen, fangen sie an, den passenden Gesetzestext zu suchen und nach ihren Rechten zu forschen. Sie reklamieren diese und bestehen auf Einhaltung. Sie sind nicht flexibel, reagieren auf Großzügigkeiten des Dienstgebers eher empfindlich und können Krummes nie gerade sein lassen. Sie registrieren jeden Verstoß und empfinden selten Freude an ihrem Engagement. Sie sind schnell kränkbar. Jede Wahlperiode führt zu zwei Falten auf der Stirn.

↑ Verkrampfer haben meistens ein feines Gespür für Probleme und Konflikte. Sie wirken selbstbewusst in der Vertretung der MAVO.

↓ Verkrampfer verfügen über wenig Handwerkszeug, Probleme und Konflikte zu entkrampfen bzw. zu lösen. Sie arbeiten wie mit Scheuklap-
pen und nehmen Realitäten nur eingeschränkt wahr.

■ **Entspannen! Wichtiges muss von Unwichtigem unterschieden werden.
Es hilft, Fremdmeinungen einzuholen und diese mit dem eigenen Bild
zu kontrastieren. Und – ganz wichtig: dafür sorgen, dass die Arbeit
(wieder) Spaß macht.**

Die Formalisierer

*Formalisierer kennen sich aus in ihren Rechten und wissen um die Verfah-
renswege. Sie beherrschen Mitarbeiterversammlungen aus dem ff, können
zwischen Reden zur Sache und Rede zur Geschäftsordnung perfekt unterscheiden und versäumen nie, Sitzungen mit der Formel: »Hiermit eröffne
ich …« zu beginnen.*

↑ Formalisierer machen aus der Not (wenig Rechte in der MAV) eine
Tugend (viele formal gehbare Wege). Damit kann man Dienstgebern,
die die MAVO nicht beherrschen, das Leben schwer machen.

↓ Damit kompliziert man auch die eigene Arbeit. Formalismen werden
wichtiger als Inhalte. Viele Veranstaltungen und Begegnungen wirken
korrekt – aber blutleer.

■ **Formalisierer sollten sich häufiger die Frage stellen, ob die Arbeit wirklich besser wird, wenn man Gesetzestexte bis auf den letzten Punkt
durch-dekliniert. Sie sollten lernen zu unterscheiden, wann Formalismen hilfreich sind (zum Beispiel bei störrischen Dienstgebern) und
wann sie bürokratisch wirken (z. B. in Kontakt untereinander)**

Die Legalisten

*Legalisten sind inhaltliche Formalisierer. Sie versuchen, Gesetzestexte zu
durchdringen und Wort für Wort umzusetzen. Sie halten sich an die Vorgaben, überschreiten aber nie die Grenzen. Mit Kommentaren und Rückversi-
cherungen klären sie unbestimmte Rechtsbegriffe. Sie fühlen sich nur für
das zuständig, was die MAVO ausdrücklich regelt (Sie weigern sich zum
Beispiel, Interessen von Zivildienstleistenden zu vertreten, da Zivis nicht
Mitarbeiter im Sinne der Ordnung sind).*

↑ Legalisten kennen sich gut in der MAVO aus und versuchen die Rechte,
konsequent durchzusetzen. Sie tun dies oft energisch und mit gutem
Erfolg.

↓ Diese Erfolge verpuffen leicht, da die Legalisten mit Formalisierern in
einen Topf geworfen werden: zu unbeweglich. Oft werden sie nicht
verstanden (»Warum kümmern die sich denn nicht um unseren netten
Zivi, der so ausgebeutet wird?«).

■ Legalisten brauchen zum einen Bestätigung ihrer Arbeit und zum anderen die (Selbst)ermutigung, über den Tellerrand hinauszuschauen. Gesetze und Ordnungen bestehen nicht nur aus Paragrafen, sondern haben einen »Geist« Das kann bedeuten, sich auch für Mitarbeitende einzusetzen, die nicht der Ordnung unterfallen.

Die Kleinmütigen

Die Kleinmütigen kapitulieren schon früh vor der Fülle der Aufgaben. Nicht, weil sie schlapp wären, sondern weil sie sich von den großen Ansprüchen überfordert oder bedroht fühlen. Die Kleinmütigen erleben sich als unterprivilegiert. Andere könnten ihrer Meinung nach die Aufgaben viel besser bewältigen. Sie wirken zaghaft im Umgang mit dem Dienstgebervertreter, resignieren und frustrieren sich gegenseitig.

↑ Kleinmütige sind eigentlich Mitarbeitervertreter und Vertreterinnen mit gutem Willen zum Engagement. Sie sehen Fehlentwicklungen und Arbeitsansätze.

↓ Kleinmütige kennen die Wege der Selbstaufrichtung nicht. Sie verfügen selten über Strategien zur Durchsetzung. Sie differenzieren ihre Arbeit kaum.

■ **Kleinmütigen muss Mut zugesprochen werden. Sie brauchen meistens keine Nachhilfe in Gesetzeskunde, wohl aber Hilfen zur Gesprächsführung und Versammlungsleitung. Teamtraining oder regelmäßige Schulungen stützen das Selbstvertrauen.**

Die Karrieristen

Karrieristen benutzen die Mitarbeitervertretung als Sprungbrett für die persönliche Entwicklung am Arbeitsplatz. Sie versprechen sich Aufmerksamkeit und wollen mit einer effizienten Mitwirkungsarbeit zum Ausdruck bringen, dass sie eigentlich zu Höherem berufen sind. Eine Unterabteilung dieser Spezies sind Mitarbeitervertreter, die nur in die MAV gehen, um den eigenen Arbeitsplatz zu sichern.

↑ Karrieristen arbeiten meistens engagiert. Sie wollen auffallen. Dies können sie dadurch, dass sie sachgerecht Arbeit und Erfolge vorweisen.

↓ Karrieristen denken zuerst an sich. Sie ordnen die Aufgaben ihren persönlichen Zielen unter. Sie sind meistens schlechte Teamarbeiter und fixieren sich auf Wahlen.

■ **Was tun? Karrieristen sollten sich selbst darüber Klarheit verschaffen, was sie aus welcher Motivation heraus tun. Es ist nicht verwerflich, auch aus Eigennutz zu handeln – vorausgesetzt, dieser geht eine sinnvolle Verbindung mit dem Gemeinnutz ein. So kann eine produktive Motivation entstehen.**

Die Ideenträger

Ideenträger stellen die entwickelte Form der Mitarbeitervertretungsarbeit dar. Sie achten auf die Verwirklichung der MAVO und denken gleichzeitig für die gesamte Einrichtung. Sie sind in der Lage, auch aus Dienstgeberperspektive ein Problem zu betrachten und suchen nach den besten Lösungen für alle. Sie bieten dem Dienstgeber ihre Ideen an, nutzen ausgiebig das Vorschlagsrecht. Sie sind eine hochmotivierte Gruppe.

↑ Ideenträger sind Partner des Dienstgebers, auf deren Rat man hört. Sie verlangen das Unmögliche, bleiben aber in der Regel Realisten. Sie kennen ihre Einrichtung.

↓ Ideenträger laufen manchmal Gefahr, sich Illusionen über den tatsächlichen Einfluss zu machen. Sie wähnen sich dann als Teil der Leitung. Andere laufen Gefahr, Aktionisten zu werden.

■ **Ideenträger sollten sich von Zeit zu Zeit Rechenschaft geben über ihre Erfolge und Misserfolge. Sie sollten nicht zu viele Ideen gleichzeitig verfolgen und sich vor Augen halten, dass sie nicht Teil der Leitung sondern Gegenüber sind.**

Mitarbeitervertretungen müssen sich entwickeln. Aus einer fast zufälligen Ansammlung von Menschen muss eine Gruppe, ein Team mit eigenem Gesicht werden. So bilden sich Typen heraus.

Mitarbeitervertretungen sollten sich in jeder Periode eine Auszeit nehmen. Sie sollten Arbeit und Arbeitsstil bilanzieren. So stellen sie fest, welche Arbeitsphasen erreicht wurden und welcher Typ die MAV ist, welches Gesicht sie nach innen und außen hat.

Zehn klassische Fehler von Mitarbeitervertretungen

Mitarbeitervertretungen machen Fehler. Manche Fehler werden besonders gern und besonders häufig gemacht.

Die Darstellung der zehn »klassischen Fehler« sollen die kritische Bilanz der eigenen Arbeit anregen.

■ **Keine Prioritäten gesetzt**
Was ist das Vorrangige der Arbeit?
■ **Zuviel vornehmen**
Wurden Ziele und Teilziele festgelegt?
■ **Keine Informationen im Vorgriff vorbereitet**
Werden Sitzungen vorbereitet, die Argumente des Dienstgebers vorausgeahnt?
■ **Keine Transparenz herstellen**
Wissen die Kolleginnen und Kollegen, was täglich getan wird?

■ **Auf halbem Wege stehenbleiben**
Werden Konflikte mit dem Dienstgeber häufig abgebrochen?

■ **Formalistisch sein**
Stehen Formalismen im Vordergrund – ohne Rücksicht darauf, ob man inhaltlich weitergekommen ist?

■ **Nur misstrauisch sein**
Schon mal Verständnis für den Dienstgebervertreter gehabt?

■ **Sich überrumpeln lassen**
Sind Tür- und Angelgespräche die Regel?

■ **Starten wie ein Adler, landen wie ein Huhn**
Nimmt die MAV ständig den Mund zu voll?

■ **Sich nicht der eigenen Angst stellen**
Wie kann der Chef der MAV Angst machen?

Eine weitere differenzierende Analyse ist mit dem »Basis-Check: Ungenutzte Rechte der Mitarbeitervertretung« (*S. 322 ff.*) möglich.

Das Letzte ...

Wie oft wird gejammert über die minderen Rechte im Vergleich zum Betriebsverfassungsgesetz oder Personalvertretungsgesetze. Sicher zu Recht. – Problematischer aber ist, dass viele Mitarbeitervertretungen, die Rechte, die sie haben, aus Unwissenheit, Feigheit oder mangelndem Engagement nicht wahrnehmen.

§ 6 Voraussetzung für die Bildung der Mitarbeitervertretung – Zusammensetzung der Mitarbeitervertretung

(1) Die Bildung einer Mitarbeitervertretung setzt voraus, dass in der Einrichtung in der Regel mindestens fünf wahlberechtigte Mitarbeiterinnen und Mitarbeiter (§ 7) beschäftigt werden, von denen mindestens drei wählbar sind (§ 8).

(2) Die Mitarbeitervertretung besteht aus

1 Mitglied	bei	5 – 15 wahlberechtigten Mitarbeiterinnen und Mitarbeitern,
3 Mitgliedern	bei	16 – 50 wahlberechtigten Mitarbeiterinnen und Mitarbeitern,
5 Mitgliedern	bei	51 – 100 wahlberechtigten Mitarbeiterinnen und Mitarbeitern,
7 Mitgliedern	bei	101 – 200 wahlberechtigten Mitarbeiterinnen und Mitarbeitern,
9 Mitgliedern	bei	201 – 300 wahlberechtigten Mitarbeiterinnen und Mitarbeitern,
11 Mitgliedern	bei	301 – 600 wahlberechtigten Mitarbeiterinnen und Mitarbeitern,
13 Mitgliedern	bei	601 –1000 wahlberechtigten Mitarbeiterinnen und Mitarbeitern,
15 Mitgliedern	bei	1001 und mehr wahlberechtigten Mitarbeiterinnen und Mitarbeitern.

(3) Für die Wahl einer Mitarbeitervertretung in einer Einrichtung mit einer oder mehreren nicht selbständig geführten Stellen kann der Dienstgeber eine Regelung treffen, die eine Vertretung auch der Mitarbeiterinnen und Mitarbeiter der nicht selbständig geführten Stellen in Abweichung von § 11 Abs. 6 durch einen Vertreter gewährleistet, und zwar nach der Maßgabe der jeweiligen Zahl der wahlberechtigten Mitarbeiterinnen und Mitarbeiter in den Einrichtungen. Eine solche Regelung bedarf der Zustimmung der Mitarbeitervertretung.

(4) Der Mitarbeitervertretung sollen jeweils Vertreter der Dienstbereiche und Gruppen angehören. Die Geschlechter sollen in der Mitarbeitervertretung entsprechend ihrem zahlenmäßigen Verhältnis in der Einrichtung vertreten sein

(5) Maßgebend für die Zahl der Mitglieder ist der Tag, bis zu dem Wahlvorschläge eingereicht werden können (§ 9 Abs. 5 Satz 1).

Diözesane Abweichungen

Fulda: *Abs. 1 S. 2 zusätzlich: Bei der Feststellung der Zahl der wahlberechtigten Mitarbeiterinnen und Mitarbeiter sind teilzeitbeschäftigte Mitarbeiterinnen und Mitarbeiter mit einer wöchentlichen Arbeitszeit von nicht mehr als 10 Stunden mit 0,25, nicht mehr als 20 Stunden mit 0,5 und nicht mehr als 30 Stunden mit 0,75 zu berücksichtigen.*[8]

Rottenburg-Stuttgart: *1 Mitglied bei 5–10 Wahlberechtigten*
3 Mitglieder bei 11–50 Wahlberechtigten

Bildung

Die Schwelle für die Bildung einer Mitarbeitervertretung ist von der MAVO gleich hoch angelegt wie in den sonstigen Mitbestimmungsgesetzen. Fünf wahlberechtigte Mitarbeiter/innen müssen in der Einrichtung beschäftigt sein, drei davon müssen das »passive Wahlrecht« haben, also wählbar sein. Das entspricht der Regelung im § 12 BPersVG (Bundespersonalvertretungsgesetz), den Personalvertretungsgesetzen der Länder und dem § 1 BetrVG (Betriebsverfassungsgesetz).

Die Anzahl der Mitarbeitervertreter/innen beträgt immer eine ungerade Zahl. Das ist nicht nur Willkür oder Zufall, sondern soll der MAV das Zustandekommen von (mehrheitlichen) Beschlüssen erleichtern.

Es ist zunächst Aufgabe des Dienstgebers, die Feststellung der Anzahl der Mitarbeiter/innen zu treffen. (§ 9 Abs. 4 S. 1 MAVO) Verbindlich ist diese Festlegung allerdings dann noch nicht, denn die Letztentscheidung fällt dem Wahlausschuss oder in »kleinen Einrichtungen« (siehe §§ 11 a–11c MAVO) der/dem Wahlleiter/in zu.

Kleinsteinrichtungen

Im kirchlichen Dienst gibt es allerdings eine große Grauzone nicht MAV-fähiger Kleinsteinrichtungen. Dabei handelt es sich häufig um Pfarrverwaltungen, die Verwaltungen kleinerer Verbände oder Beratungsstellen oder solche Einrichtungen, die zum großen Teil auf ehrenamtliche Mitarbeit zurückgreifen und nur wenige Personen in einem echten Dienst- oder Arbeitsverhältnis beschäftigen.

Die Gründe für diese Strukturen liegen darin, dass nach dem Vermögensverwaltungsgesetz der Kirchen die Pfarrgemeinden (staats-)rechtlich selbständig sind und in vielen Bereichen des sozial-caritativen Dienstes auf der Ebene von ebenfalls rechtlich selbständigen Verbänden und Vereinen gearbeitet wird. Die Öffentlichkeit begreift kirchliche Einrichtungen dagegen

---

8 Siehe dazu auch Entscheidung des Kirchlichen Arbeitsgerichts Fulda vom 2. 3. 2006 Az. 01/06 (auf beiliegender CD-ROM).

eher als »unselbständige Teile eines Konzerns«. In der Praxis kommt diese Bewertung der Realität auch sehr nahe, da es zwischen Kirchengemeinden, Vereinen und Verbänden einerseits und der kirchlichen (Zentral-)Verwaltung, also dem Bistum, enge Verflechtungen gibt. In allen Angelegenheiten seelsorgerischer, aber auch rechtlicher und speziell arbeitsrechtlicher Fragen besteht die Pflicht oder zumindest die Praxis der Einschaltung der bischöflichen Behörde. (Beispiel: Kirchenoberliche Genehmigung von Arbeitsverträgen, Genehmigungsvorbehalte in der MAVO)

Im Ergebnis führt dies jedenfalls dazu, dass viele Bereiche des kirchlichen Dienstes ohne betriebliche Mitbestimmung bleiben, weil die Voraussetzungen zur Wahl einer MAV nicht gegeben sind.

Das bleibt nicht ohne rechtliche Auswirkungen. Mitarbeitervertretung ist kein Selbstzweck und erschöpft sich auch nicht in einer besseren Strukturierung von Entscheidungen einer Dienststelle. Wo eine MAV nicht gebildet werden kann,

- sind Mitarbeiter/innen gezwungen, sich in allen Angelegenheiten der betrieblichen Organisation (§ 29), in persönlichen (§§ 34, 35) und in sozialen Angelegenheiten (§ 36) unmittelbar und persönlich mit dem Dienstgeber auseinanderzusetzen,
- haben Mitarbeiter/innen nicht die Möglichkeit, sich mit Problemen an eine eigene Interessenvertretung zu wenden.

Auch unabhängig von der MAVO ist der arbeitsrechtliche Status solcher Mitarbeiter/innen schlechter, weil in solchen Einrichtungen das staatliche Kündigungsschutzgesetz keine Anwendung findet. (Mindest-Beschäftigten-Zahl: fünf Vollarbeitsplätze bis 2003, ab 2004 sogar 10 Vollarbeitsplätze)

Die MAVO bietet aber durchaus Möglichkeiten, diese nachteiligen Konsequenzen zu vermeiden. Wie schon unter § 1 *(siehe S. 11)* dargestellt, hat der Dienstgeber das Recht, den Umfang der Einrichtung selbst zu definieren. Er kann also – wie in einigen Bistümern geschehen – Mitarbeiter/innen durch entsprechende Organisation und dementsprechend gestaltete Anstellungsverträge organisatorisch einer höheren Ebene zuordnen und so die Mindestanzahl von Beschäftigten erreichen. Auf der Pfarrebene kann dies zum Beispiel dadurch geschehen, dass als Einrichtung im Sinne der MAVO alle Verwaltungen eines Dekanates definiert werden, bei Verbänden können solche Strukturen durch Zuordnung der Mitarbeiter/innen auf den Diözesanverband oder einen regionalen Verband erreicht werden.

Gemeinsame Mitarbeitervertretungen nach § 1 b

Einen weiteren Ausweg bildet die Möglichkeit, gemeinsam mit anderen Mitarbeiter/innen mit Zustimmung aller betroffenen Dienstgeber eine gemeinsame Mitarbeitervertretung nach § 1 b zu bilden oder sich durch eine größere Einrichtung mitvertreten zu lassen.

Maßgebliche Anzahl der Mitarbeiter/innen

Fast jeder Betrieb unterliegt ständigen Schwankungen bei der Anzahl seiner Mitarbeiter/innen. Die Größe der **Mitarbeitervertretung** ändert sich während ihrer 4-jährigen Amtszeit dadurch nicht, es sei denn, die Anzahl der Mitarbeiter/innen würde sich mindestens verdoppeln oder halbieren (Siehe § 13 Abs. 3 Zif. 2). Das würde nicht zu einer automatischen Erhöhung oder Verringerung der Mitglieder der Mitarbeitervertretung, sondern zu einer Neuwahl führen. Ansonsten bleibt die Zahl der Mitglieder so, wie sie am Stichtag, also dem letzten Tag der Abgabe von Vorschlägen zur Wahl (§ 9 Abs. 5 S. 1) durch den Wahlausschuss festgestellt worden ist.

Das trifft auch für den Fall zu, dass sich bei der Wahl nicht so viele Kandidaten gefunden haben, wie als Mitarbeitervertreter zu wählen sind. Wenn also in einer Einrichtung mit 40 wahlberechtigten Mitarbeiter/innen sich nur 2 Kandidat/innen zur Verfügung gestellt haben, findet eine Wahl statt. Jeder Kandidat, der mindestens eine Stimme erhalten hat (das könnte auch seine eigene sein) ist gewähltes Mitglied der MAV. Diese Einrichtung hat dann für die gesamte Amtszeit der MAV nur zwei Mitarbeitervertreter.

Vorentscheidungen des Dienstgebers

Die Mitarbeitervertretung soll die Vertretung *aller* Mitarbeiter/innen sein und insoweit auch unterschiedliche Dienstbereiche und Teile der Einrichtung repräsentieren. In der Regel kann man das Erreichen dieser Vorgabe der Wahlentscheidung der Mitarbeiter/innen überlassen. So enthält Abs. 4 auch nur eine Empfehlung, deren Umsetzung den Wähler/innen überlassen bleibt.

Frauenquote oder Männerquote

Auf der gleichen Ebene einer -nicht verbindlichen- Vorgabe der MAVO liegt der Wunsch, dass die Geschlechter in möglichst im gleichen Zahlenverhältnis wie in der Mitarbeiterschaft vertreten sein sollen. In sozial-karitativen Einrichtungen wird sich in der Praxis meistens eher eine Unterrepräsentanz der Männer ergeben, weil diese in der Minderheit sind und tendenziell eher die Leitungsaufgaben wahrnehmen, so dass sie für die Wählbarkeit in die MAV ausscheiden.

Verbindliche Regelungen kann der Dienstgeber nach Abs. 3 aber dort treffen, wo zu einer Einrichtung auch unselbständige Betriebsteile (also: keine eigene Leitung, ggf. auch keine eigene Verwaltung) gehören. Es ist erforderlich, dass in einem solchen Fall die Berücksichtigung besonderer Interessen dieser Mitarbeiter/innen durch die MAV gewährleistet wird, die sich meistens gegenüber den Mitarbeiter/innen in der »Zentrale« in der Minderheit befinden. Der Dienstgeber wird dazu im Regelfall eine ausdrückliche schriftliche Vorgabe machen oder dem Wahlausschuss in sonstiger Form Hinweise für die Durchführung des Wahlverfahrens geben. Dabei hat er zu berücksichtigen, dass

■ die Anzahl der für solche Teile der Einrichtung »reservierten« Plätze dem Verhältnis der dort beschäftigten Mitarbeiter/innen zur Gesamtzahl der Belegschaft entspricht und
■ keine Einflussnahme auf die persönliche Wahlentscheidung erfolgt.

Die Regelung unterliegt in jedem Fall der Zustimmung der (alten) Mitarbeitervertretung.

Allein gegen die Dienstgeber?
Mitarbeitervertretungsarbeit in kleinen Einrichtungen

Die kleinste Mitarbeitervertretung besteht aus einem Mitglied. Voraussetzung zur Bildung dieser Ein-Personen-MAV ist eine Einrichtung, in der 5 bis 15 wahlberechtigte Mitarbeiter und Mitarbeiterinnen tätig sind.

Diese kleinste Mitarbeitervertretung hat keine besonderen Rechte und auch keine besonderen Pflichten. Für sie gilt uneingeschränkt die Mitarbeitervertretungsordnung. Es existieren viele solcher Mini-MAVen: Oft »Einfrau«-Mitarbeitervertretungen. Sie kommen meistens in Einrichtungen mit hohem Frauenbeschäftigungsanteil – zum Beispiel in Kindertagesstätten oder Sozialstationen – zustande.

Die Probleme

Mitarbeitervertreterinnen bzw. Mitarbeitervertreter in kleinsten Einrichtungen wirken allein. Sie kennen nicht die Rückkoppelung mit anderen MAV-Kollegen. Sie müssen Rechte und Pflichten wahrnehmen, ohne diese im entsprechenden Gremium diskutieren zu können.

Kleine Einrichtungen haben häufig ausgeprägte informelle Strukturen. Manches wird auf dem »kleinen Dienstweg« oder beim Kaffeetrinken nach dem Motto »Das kläre ich mit der Chefin«. geregelt. Bei fehlenden Hierarchien oder bei verschlankten Strukturen gibt es viele Möglichkeiten direkter Kontakte zwischen Leitung, Dienstgebervertreter und Mitarbeiterschaft. Vermittlungsdienste sind oft nicht erforderlich oder werden als nicht erforderlich eingeschätzt.

Hinzu tritt, dass solche Einrichtungen oft von schwachen Vorgesetzten geführt werden. Kirchenvorstände oder andere Verantwortliche ohne erarbeitete Leitungskompetenz nehmen Führung wahr und behalten sich insbesondere in personellen Fragen das Letztentscheidungsrecht vor.

Beispiel Kindertagesstätten

Sie werden häufig fachprofessionell geführt (je nach örtlicher Bedingung wahlberechtigt oder wählbar), sind in allen personellen Fragen aber abhängig vom Kirchenvorstand bzw. Pfarrer – in der Regel also Dienstgebervertreter mit gutem Willen aber geringer Leitungskompetenz. Die Folge solcher Strukturen ist, dass die Leiterin (»Sie hat ja sowieso nichts zu sagen . . .«) mehr als Kollegin und weniger als Vorgesetzte wahrgenommen wird und Leitungsentscheidungen falsch eingeordnet werden. Die Bilder und die daran geknüpften Kompetenzerwartungen fangen an zu verschwimmen. Irritationen entstehen.

Gleichwohl bleibt die arbeitsrechtliche Situation bestehen: Es gibt einen Dienstgeber, es gibt Dienstgebervertreter, leitende Mitarbeiter, Mitarbeiterinnen und die Einfrau-MAV.

Die Mitarbeitervertreterin hat in solchen Zusammenhängen oft Mühe, die richtige Balance zwischen informeller Kooperation und formellem Wahrnehmen von Rechten zu halten. Manche Vorschrift der Mitarbeitervertretungsordnung erscheint plötzlich absurd.

Zeiträume, die vorgegeben werden, behindern die kollegiale Kooperation, und schon manche Mitarbeitervertreterin hat den Stempel der »bürokratischen Umstandsfrau« erhalten, weil sie auf der Wahrnehmung ihrer MAV-Rechte bestand.

Unklare informelle Strukturen tragen dazu bei, dass „Zwischen-Tür-und-Angel-Entscheidungen" Raum greifen, gleichzeitig aber die Verantwortung für solche Entscheidungen nicht übernommen wird. Stattdessen werden Entscheidungsverantwortung und -vertretung nach außen delegiert, da die »eigentlich Verantwortlichen« jenseits der Einrichtung wirken – zum Beispiel im Kirchenvorstand.

Mitarbeiterinnen und Mitarbeiter haben in solchen Strukturen eine erhöhte Tendenz, die MAV nicht ernst zu nehmen: Sie könnten ja selbst für ihre Rechte eintreten und bräuchten nicht den Umweg über die Mitarbeitervertretung. Ein weiteres tritt hinzu: Es entstehen Funktionsspannungen. Signifikant ist, dass in kleinen Einrichtungen oft solche Kollegen oder Kolleginnen MAVler geworden sind, die relativ hoch in der Einrichtungshierarchie stehen (z. B. stellvertretende Leiterinnen oder Gruppenleiterinnen). Sie haben aufgrund ihrer Funktionen ein besonderes Arbeits- und Vertrauensverhältnis zum Dienstgebervertreter, sollen aber gleichzeitig Rechte für Mitarbeiter und Mitarbeiterinnen wahrnehmen, sich also faktisch auf die »andere Seite« stellen.

Daraus entstehen Konfliktlagen, die unübersichtlich sein können.

Wie reagieren?

Kolleginnen und Kollegen kleinster Einrichtungen, die eine Mitarbeitervertretung wählen, sollten sich vorher genau überlegen, warum sie eine Mitarbeitervertretung installieren.

Wenn man bislang mit den informellen Strukturen zufrieden war und den Eindruck hatte, die wichtigen auch personellen Entscheidungsprozesse wurden z. B. im Team gefällt, so sind manche geneigt, ganz auf eine Mitarbeitervertretung zu verzichten.

Veränderte Strukturen führen bei ihrer Installation immer in die Krise. Sie ordnen (neu), sie verteilen Kompetenzen, sie schreiben zu und nehmen weg. Die Folge können Unsicherheit (*»Das haben wir hier nie so gemacht . . .«*), Kränkung (*»Wir sind doch bislang auch ohne Mitarbeitervertretung ausgekommen . . .«*) oder Konflikt sein (*»Was die sich wohl einbildet . . .«*).

Die Mitarbeiterschaft einer kleinen Einrichtung tut gut daran, vor der Wahl zu überlegen, was sie von der MAV erwartet und was nicht. Gerade weil die Zahl der Mitarbeiter und Mitarbeiterinnen so gering ist, haben alle die Chance, offen zu reden und diese Veränderung zu thematisieren.

In dieser Phase der Vorbereitung – also vor einer Wahl – sollten die Erwartungen thematisiert werden und die Vorgesetzte angemessen in die Diskussion einbezogen werden. Auch Leitende müssen auf veränderte Kommunikationsstrukturen reagieren, und es ist kontraproduktiv, wenn im Vorfeld Unmut oder Unverständnis entsteht.

Bei der Wahl ist zu beachten, dass der Kollege bzw. die Kollegin eine nicht zu hohe Nähe zur Einrichtungsleitung oder zum Dienstgeber haben darf. Distanz ist notwendig und erleichtert die Arbeit. Sie kann die geschilderte Irritation verhindern.

Verdeutlichen und klären

Der gewählte Mitarbeitervertreter bzw. die Mitarbeitervertreterin sollte von Beginn an deutlich machen – selbst wenn es schwer fällt oder bürokratisch erscheint –, dass die MAV auf formalen Entscheidungswegen besteht. Gegenüber dem Dienstgeber soll die MAV ihre Rechte ausdrücklich wahrnehmen und sich nicht durch herrschende informelle Strukturen beeindrucken lassen.

Nur die MAV wird ernst genommen, die sich selbst ernst nimmt.

Wer überzeugt von seiner Aufgabe ist, kann aus möglicher Verunsicherung Sicherheit werden lassen.

Wer allerdings Abstriche von seinen Rechten macht oder machen lässt (»Um des lieben Friedens willen … «), wird am Ende auch die wesentlichen und zentralen Mitwirkungsaufgaben nicht wahrnehmen können: weil die MAV nicht mehr ernst genommen wird.

Mitarbeitervertretungsarbeit muss selbstbewusst getan werden. Erst aus diesem Selbstbewusstsein heraus ist es möglich, formale Vorschriften so zu handhaben, dass die Arbeit nicht verkrampft oder bürokratisiert wirkt.

Mitarbeitervertretungsarbeit darf nicht zum formalen Prinzip verkommen, sondern muss inhaltlich gefüllt sein.

Notwendigkeit der Kooperation

Mitarbeitervertreterinnen und -vertreter, die allein arbeiten müssen, sind nicht eingebunden, haben keinen solidarischen Rückhalt.. Deshalb ist es wichtig, Hilfsstrukturen zu schaffen, die dieses Dilemma aufheben.

Diözesane Arbeitsgemeinschaften oder Bildungshäuser tun gut daran, spezielle Schulungen für kleinste Mitarbeitervertretungen anzubieten oder regelmäßige Arbeitstagungen zu installieren, damit solidarisches Arbeiten auch erfahren wird.

Die Regionalisierung von Arbeit trägt dazu bei, dass sich Mitarbeitervertretungen in kleinsten Einrichtungen gegenseitig unterstützen und ermutigen. Denkbar ist die Installierung eines »Ombudsman« (d. h. beauftragter Sachwalter bzw. Sachwalterin) für kleinste Mitarbeitervertretungen.

Eine Überlegung am Rande: Vielleicht kann das MAV-Amt in kleinsten Einrichtungen im Rahmen der Ordnung rotieren. Gerade hier besteht die Chance, dass alle gleich gut über anstehende Sachverhalte informiert sind: Transparenz ist besser herzustellen als in großen Einrichtungen. Wenn das Amt vierjährlich »reihum« geht, erhalten alle, die Interesse an einer solchen Funktion haben, Kompetenzen, und die amtierende Mitarbeitervertreterin oder der -vertreter sind umgeben von »Ehemaligen«, die die Problemlagen kennen und stützend wirken.

Checkliste für (kleine) Mitarbeitervertretungen

- **Bin ich von meiner eigenen Arbeit überzeugt oder habe ich Zweifel? Fühle ich mich überflüssig? Was tue ich gegebenenfalls gegen dieses Gefühl?**

- **Nimmt mich der Dienstgeber als Mitarbeitervertretung wahr, und habe ich den Mut, ihm gegenüber als Mitarbeitervertreter/in aufzutreten? Habe ich die Kernpunkte der Mitarbeitervertretungsordnung im Kopf, handle ich mit ihnen und nach ihnen?**

■ Nutze ich Spielräume, die Verfahren möglichst unkompliziert durchzuführen? Wenn ich auf Formalismen bestehe: Welche inhaltlichen Gründe habe ich dafür, und tue ich dies reflektiert? Verstehen meine Kolleginnen und Kollegen die Gründe meines Handelns und Verhaltens?

■ Wenn ich in Ausnahmefällen von den Vorschriften abweiche, tue ich dies reflektiert? Sind meine Kolleginnen und Kolleginnen darüber informiert? Wie sorge ich dafür, dass aus dem Einzelfall keine Regel wird?

■ Welche formellen Kontakte zum Dienstgeber und zur Einrichtungsleitung sind geschaffen worden? Befinden sich diese in Deckung mit der MAVO?

■ Informiere ich die Mitarbeiter und Mitarbeiterinnen regelmäßig über die Arbeit? Ist den Anwesenden klar, aus welcher Funktion heraus ich dies tue?

■ Gestalte ich regelmäßig Mitarbeiterversammlungen, auf denen ausschließlich über Mitwirkungsangelegenheiten gesprochen wird (oder sind die Mitarbeiterversammlungen zum Kaffeeklatsch bzw. zum Informationsforum der Leitung verkommen)?

■ Sind die Kolleginnen und Kollegen von der Notwendigkeit meiner Arbeit überzeugt oder haben sie Zweifel?

■ Sind die Leiterin und der Dienstgeber von der Notwendigkeit meiner Arbeit überzeugt oder haben sie Zweifel?

■ Lasse ich mich einbinden in andere Strukturen (Arbeitsgruppen, Gespräch mit anderen Mitarbeitervertretungen, Seminare)?

Selbstachtung

Kleine Einrichtungen entwickeln informelle Strukturen, in denen Mitarbeitervertreter und Mitarbeitervertreterinnen manchmal das Stigma des Außenseiters erhalten. Sie werden ausgegrenzt – nicht weil sie unfähig wären, sondern weil sie eine Sonderrolle übernehmen müssen, die ihnen eigentlich nicht zugestanden wird. Oft ist dies in Einrichtungen zu beobachten, die trotz ihrer geringen Größe eine unangemessene Hierarchie mit autoritärer Prägung haben.

Wenn Mitwirkungsarbeit zum Tümpel wird, in den engagierte Kollegen und Kolleginnen nach Bedarf getunkt werden sollen, wird sie absurd. Dann gilt es, Konsequenzen zu ziehen. Kolleginnen und Kollegen, die gewählt haben, die Gewählte aber nicht unterstützen wollen, verdienen es schlichtweg nicht, dass ihre Rechte über die MAV abgesichert werden. Sie müssen dann auch die Konsequenz für ihr Verhalten tragen.

Mitwirkungsarbeit funktioniert nur in gegenseitiger Solidarität. Mitarbeitervertretungen in kleinen Einrichtungen benötigen diese besonders.

Das Letzte ...

Mitarbeiter und Mitarbeiterinnen müssen darauf dringen, dass die Mitarbeitervertretung die tatsächliche Zusammensetzung der Mitarbeiterschaft widerspiegelt: Arbeitsbereiche, Gehaltsstruktur, Alter, Geschlecht, Arbeitszeit. Wo dies nicht gelingt – weil z. B. die Wähler anders entschieden haben – sollte bei der Aufgabenverteilung in der MAV festgelegt werden, wer sich z. B. um bestimmte Abteilungen kümmert, wer die Rechte der Frauen besonders im Blick behält oder Ansprechpartner für Teilzeitbeschäftigte sein kann.

§ 7 Aktives Wahlrecht

(1) Wahlberechtigt sind alle Mitarbeiterinnen und Mitarbeiter, die am Wahltag das 18. Lebensjahr vollendet haben und seit mindestens sechs Monaten ohne Unterbrechung in einer Einrichtung desselben Dienstgebers tätig sind.

(2) Wer zu einer Einrichtung abgeordnet ist, wird nach Ablauf von drei Monaten in ihr wahlberechtigt, im gleichen Zeitpunkt erlischt das Wahlrecht bei der früheren Einrichtung.

Satz 1 gilt nicht, wenn feststeht, dass die Mitarbeiterin oder der Mitarbeiter binnen weiterer sechs Monate in die frühere Einrichtung zurückkehren wird.

(3) Mitarbeiterinnen und Mitarbeiter in einem Ausbildungsverhältnis sind nur bei der Einrichtung wahlberechtigt, von der sie eingestellt sind.

(4) Nicht wahlberechtigt sind Mitarbeiterinnen und Mitarbeiter,

1. für die zur Besorgung aller ihrer Angelegenheiten ein Betreuer nicht nur vorübergehend bestellt ist
2. die am Wahltage für mindestens noch sechs Monate unter Wegfall der Bezüge beurlaubt sind,
3. die sich am Wahltag in der Freistellungsphase eines nach dem Blockmodell vereinbarten Altersteilzeitarbeitsverhältnisses befinden.

Aktives Wahlrecht

»Aktives Wahlrecht« umschreibt die Berechtigung, sich an der Wahl einer Mitarbeitervertretung beteiligen und seine Stimme abgeben zu dürfen. Im Prinzip sind die Voraussetzungen einfach: Man muss geschäftsfähig im Sinne des BGB sein (18. Lebensjahr vollendet) und in einer einigermaßen dauerhaften Verbindung zu der Einrichtung stehen, also die übliche Probezeit von 6 Monaten überstanden haben.

Auf den Beschäftigungsumfang (Anzahl der Wochenarbeitsstunden) und die Zugehörigkeit zu einer christlichen Kirche kommt es nicht mehr an. Wer noch keine 18 Jahre alt ist, wählt unter den Voraussetzungen des § 48 zur Vertretung der Jugendlichen und Auszubildenden.

Vergleich mit staatlichem Recht

Das Betriebsverfassungsgesetz und die Personalvertretungsgesetze verlangen eine bestimmte »Betriebszugehörigkeit« als Voraussetzung für das aktive Wahlrecht nicht. Es handelt sich um eine kirchliche Spezialität, die auch bei den Einrichtungen der evangelischen Kirche (dort nach MVG allerdings nur 3 Monate Betriebszugehörigkeit) so geregelt ist. Davon ausgenommen sind neue Einrichtungen (siehe § 10 Abs. 3).

Abordnung

Unter Abordnung versteht man die *vorübergehende Zuweisung* eines Arbeitsplatzes in einer anderen Einrichtung desselben Dienstgebers. Wer zu einer anderen Einrichtung abgeordnet wurde, wird dort nach Ablauf von 3 Monaten wahlberechtigt, gleichzeitig erlischt das Wahlrecht bei der früheren Einrichtung.

Es kommt aber auch vor, dass Mitarbeiter/innen nur mit einem Teil ihrer Gesamttätigkeit zu einem anderen Dienstgeber abgeordnet werden, indem ihnen z. B. für einige Wochenstunden Aufgaben übertragen werden, die in die Zuständigkeit einer anderen Einrichtung gehören. Entscheidend für die Veränderung des Wahlrechtes ist in solchen Fällen, ob die Mitarbeiter/in auch in den Betriebsablauf der anderen Einrichtung eingegliedert ist. Ob sie also von einem Vorgesetzten dieser Einrichtung Weisungen entgegennehmen muss, sich auch nach Arbeitszeiten zu richten hat, die nur für diese Einrichtung gelten etc. Ist dies der Fall, so hat die betreffende Mitarbeiterin/ der betreffende Mitarbeiter ein doppeltes Wahlrecht, er nimmt also sowohl an der MAV-Wahl in seiner Stamm-Einrichtung, als auch an der Wahl in der Einrichtung teil, zu der er abgeordnet ist.

Rückkehrer sind vom Verlust des Wahlrechtes ausgenommen. Wenn also bereits bei der Abordnung die Rückkehr innerhalb von höchstens 9 Monaten vorgesehen ist, verändert sich das Wahlrecht überhaupt nicht.

Versetzung

Bei einer Versetzung, die man definiert als *dauerhafte Zuweisung* eines Arbeitsplatzes in einer anderen Einrichtung desselben Dienstgebers,ist die Sache einfacher. Die Mitarbeiterin/der Mitarbeiter verliert unmittelbar durch die Versetzung sein Wahlrecht in der Stamm-Einrichtung und erwirbt nach 6 Monaten Betriebszugehörigkeit sein neues, dann ausschließliches Wahlrecht in der Einrichtung, zu der er versetzt wurde.

Beurlaubung

Unter »Beurlaubung« versteht die MAVO nicht irgendeine Form des üblichen Erholungsurlaubes, sondern ausschließlich den Sonderurlaub (»unter Wegfall der Bezüge«). Nach den üblichen kollektiv-rechtlichen Regelungen der Kirchen kann Sonderurlaub bei Vorliegen eines wichtigen Grundes gewährt werden (z. B.: Betreuung von minderjährigen Kindern, pflegebedürftigen Angehörigen, Berufliche Qualifikation und ähnliches). Der häufigste Fall des Sonderurlaubs ist der im Bundeserziehungsgeldgesetz geregelte Erziehungsurlaub.

Für das aktive Wahlrecht gilt: Kommt die Mitarbeiterin/der Mitarbeiter innerhalb der nächsten 6 Monate nach dem Wahltag aus dem Sonderurlaub zurück, kann sie/er an der Wahl teilnehmen.

Für den umgekehrten Fall – die Mitarbeiterin/der Mitarbeiter geht demnächst in einen Sonderurlaub – enthält die MAVO keine besondere Regelung. Es berührt das Wahlrecht einer Mitarbeiterin/eines Mitarbeiters deshalb nicht, ob sie/er unmittelbar nach dem Wahltag in einen Sonderurlaub geht.

Kündigung

Auch die Kündigung eines Arbeitsverhältnisses wirkt sich nicht auf das Wahlrecht aus. Es ist ausreichend, wenn die Mitarbeiterin/der Mitarbeiter am Wahltag noch in einem bestehenden (obwohl schon gekündigten) Arbeitsverhältnis steht.

Befristung

Die früher bestehende Einschränkung des Wahlrechts für befristet Beschäftigte ist erfreulicherweise entfallen. Auch Mitarbeiter/innen mit einem befristeten Dienstvertrag werden nach 6 Monaten Betriebszugehörigkeit wahlberechtigt (entscheidend ist der Tag der Wahl) und können ihr Wahlrecht bis zum letzten Tag des Bestehens ihres Dienstverhältnisses ausüben.

Teilzeitbeschäftigung

Bei Teilzeitbeschäftigten: Es spielt keine Rolle mehr, wieviel Wochenarbeitsstunden die/der Teilzeitbeschäftigte tätig ist. Alle sind wahlberechtigt.

Geringfügig Beschäftigte

Das gilt auch für die sogenannten geringfügig Beschäftigten im Sinne von § 8 Abs. 1 Nr. 1 SGB IV, also die sogenannten 400-Euro-Kräfte, die im Sinne des Teilzeit- und Befristungsgesetzes wie jeder andere Teilzeitbeschäftigte gegenüber Vollzeit-Mitarbeiter/innen nicht benachteiligt werden dürfen.

Aushilfskräfte

Die einzige Gruppe, die vom aktiven Wahlrecht generell ausgenommen ist, ist die der Aushilfskräfte, also der Mitarbeiterinnen im Sinne von § 8 Abs. 1 Nr. 2 SGB IV. Das sind Mitarbeiter/innen, die aufgrund vertraglicher Vereinbarung nur für höchstens 50 Tage pro Kalenderjahr beschäftigt werden. Dabei handelt es sich meistens um Mitarbeiter/innen, die dem allgemeinen Arbeitsmarkt nicht zur Verfügung stehen, also Rentner, Schüler und Studenten. Für diese Gruppe scheidet das Wahlrecht nach Absatz 1 aus, da sie die

Betriebszugehörigkeit von mindestens 6 Monaten aufgrund der rechtlichen Vorgaben für ihre Beschäftigung logischerweise nicht erreichen können.

Ein-Euro-Jobber

Wie schon bei der Definition des Mitarbeiterbegriffs unter § 3 dargestellt, kommt ein Wahlrecht für Ein-Euro-Kräfte bereits deswegen nicht in Betracht, weil nur „Mitarbeiterinnen und Mitarbeiter" wahlberechtigt sein können.

Tue Gutes und rede drüber

Wahlbeteiligung ist auch ein Diagnoseinstrument

Wenn zur Mitarbeitervertretung gewählt wird, ist die Wahlbeteiligung – sollte man meinen – hoch.

Das Gegenteil ist oft der Fall. Nicht selten beträgt die Wahlbeteiligung fünfzig Prozent und weniger.

Wahlbeteiligungen sind ein verlässlicher Gradmesser, wie wichtig Mitwirkungsarbeit in der kirchlichen Einrichtung genommen wird. Sie spiegeln die Ernsthaftigkeit der Arbeit wider, zeugen von vorhandener oder fehlender Resonanz in der Mitarbeiterschaft und zeigen die Sorgfalt, mit der auf die Wahl zur Mitarbeitervertretung vorbereitet wurde.

Basis jeder erfolgreichen MAV-Arbeit ist die Kontinuität. Wer vier Jahre lang nicht gearbeitet hat, sich nicht um Rückkoppelung an die Mitarbeiterschaft gekümmert hat und nicht über Erfolge und Misserfolge informierte, der darf sich nicht über schwache Präsenz an den Urnen wundern. Wie Rückkoppelung hergestellt und Transparenz gesichert werden kann, wird an anderer Stelle dieser Publikation dargestellt.

Hier sollen ein paar Anregungen gegeben werden, wie im unmittelbar zeitlichen Vorfeld der Wahl Kolleginnen und Kollegen mobilisiert werden können, das aktive Wahlrecht wahrzunehmen.

Öffentlichkeitsarbeit

- **Laden Sie zeitig vor der Wahl zu einer Mitarbeiterversammlung ein.** Informieren Sie über Ablauf und Formalien der Wahl. Werben Sie potentielle Kandidaten und Kandidatinnen, indem Sie über Ihre Arbeit berichten.
- **Wenn es sinnvoll ist: Laden Sie gemeinsam mit dem Leiter zu einer Versammlung ein.** Sie dokumentieren so, dass beide Seiten diesen Ausdruck der Dienstgemeinschaft wollen.

- **Kaffee und Kuchen anbieten.**
Informieren Sie über Erfolg und Misserfolg Ihrer Arbeit.
- **Entwerfen Sie Wahlplakate.**
Hängen Sie diese in den Sozialräumen Ihrer Einrichtung auf.
- **Schreiben Sie allen Mitarbeitern und Mitarbeiterinnen einen Brief.**
Informieren Sie über die bevorstehende Wahl. Tun Sie das möglichst persönlich – durch handschriftliche Anrede und Unterschrift, durch eine Bemerkung.
- **Werben Sie bei möglichst vielen um ihre Kandidaturen.**
Selbst wenn Sie sich Körbe einfangen: Jemand, der nach reiflicher Überlegung eine Kandidatur ablehnt, wird sich in der Regel zumindest an der Wahl beteiligen.
- **Konstruieren Sie einen »Wahlkarren«.**
Der Teewagen (zum Beispiel) wird entsprechend »geschmückt« und in den Vorwochen von Abteilung zu Abteilung, von Station zu Station gezogen.
- **Machen Sie auf die Möglichkeiten der Briefwahl aufmerksam.**
Verteilen Sie entsprechende Unterlagen großzügig.
- **Informieren Sie die lokale Presse.**
Dies macht Sinn bei großen Einrichtungen oder bei einer konzertierten Wahlaktion mehrerer kirchlicher Einrichtungen einer Stadt.
- **Gestalten Sie den Wahlraum so, dass die Kolleginnen und Kollegen gern kommen.**
»Tasse Kaffee oder Plätzchen gefällig?«
- **Machen Sie am Wahltag ein wenig Show.**
Sie können mit einer großen Glocke den Wahltag einläuten. Sie machen eine telefonische Rundrufaktion und erinnern an die Wahl. Sie ziehen in der Mittagszeit mit Plakaten durch die Einrichtung und fragen: »Heute schon gewählt?« Sie hängen solche Plakate an die Eingangstüren, neben die Getränkeautomaten, in die Pförtnerloge.
- **Wenn MAV-Mitglieder nicht mehr kandidieren, sollten diese schon vor der Wahl öffentlich verabschiedet werden.**
Damit wird deutlich: Wir brauchen neue Kandidatinnen und Kandidaten.
- **Die beste Idee ist Ihre eigene. Welche ist es?**
Zwei Aktionen sind besser als eine! Menschen brauchen mehrere Impulse, bevor sie wahrnehmen und handeln.

Das Letzte ...

»Wir haben das, was ich eine Analphabeten-Demokratie nenne. Die meisten Menschen begnügen sich damit, ein Kreuzchen auf den Stimmzettel zu machen. Genau das ist das Verhalten von Analphabeten.«

R. Jungk

§ 8 Passives Wahlrecht

1. Wählbar sind die wahlberechtigten Mitarbeiterinnen und Mitarbeiter, die am Wahltag seit mindestens einem Jahr ohne Unterbrechung im kirchlichen Dienst stehen, davon mindestens seit sechs Monaten in einer Einrichtung desselben Dienstgebers tätig sind.
2. Nicht wählbar sind Mitarbeiterinnen und Mitarbeiter,

die zur selbständigen Entscheidung in anderen als den in § 3 Abs. 2 Nr. 3 genannten Personalangelegenheiten befugt sind.

Passives Wahlrecht

»Passives Wahlrecht« bedeutet: Man kann zur Mitarbeitervertreterin oder zum Mitarbeitervertreter gewählt werden. Passiv wahlberechtigt ist grundsätzlich nur diejenige/derjenige, die/der auch das aktive Wahlrecht besitzt. Darüber hinaus muss die Mitarbeiterin/der Mitarbeiter seit mindestens einem Jahr im kirchlichen Dienst und davon die letzten 6 Monate in der Einrichtung tätig sein, zu der er gewählt werden will (Ausnahme: § 10 Abs. 3/Neue Einrichtung).

Weggefallen sind die Voraussetzungen, dass die Kandidatur an einen bestimmten Beschäftigungsumfang gebunden war (früher mindestens 50% von Vollbeschäftigung) oder dass die Kandidatin/der Kandidat einer christlichen Kirche angehört. Auch Personen, die sich zu nichtchristlichen Konfessionen bekennen oder überhaupt keiner Religionsgemeinschaft angehören, können Mitarbeitervertreter werden. Die oder der Vorsitzende der MAV **soll** allerdings katholisch sein (siehe § 14 Abs. 1 S. 2).

Vergleich mit dem staatlichen Recht

Das kirchliche Recht folgt bei der Festlegung der Dauer der Zugehörigkeit zur Einrichtung dem Personalvertretungsrecht, das ebenfalls (§ 14 BPersVG) eine 6-monatige Betriebs- und eine 1-jährige Dienstzugehörigkeit verlangt. Das MVG (evangelische Kirche) und das Betriebsverfassungsgesetz verlangen nur eine 6-monatige Betriebszugehörigkeit (§ 10 MVG und § 8 BetrVG).

Leiter/innen von Einrichtungen

Wie sich schon aus § 3, der Definition des Mitarbeiterbegriffes ergibt, gelten Leiter/innen von Einrichtungen noch nicht einmal als Mitarbeiter/innen im Sinne der MAVO. Deshalb erübrigt sich die Frage nach dem aktiven und passiven Wahlrecht eigentlich. In der Praxis wird der Begriff der Leiterin/des Leiters aber häufig untechnisch und nicht im Sinne der MAVO benutzt. Bei kleinen Organisationseinheiten, die nicht Einrichtung im Sinne der MAVO sind, wie z. B. einer Beratungsstelle des Caritasverbandes oder des Bistums spricht man auch dann von einer Leiterin/einem Leiter, wenn diese oder dieser nur koordinierende Aufgaben hat ohne im arbeitsrechtlichen Sinne Leitung zu sein. Als Faustregel gilt:

■ Wer verantwortlich Arbeitsverträge als Leiter/in abschließen oder auflösen darf (also die letzte Entscheidung hat), darf weder wählen noch gewählt werden.

■ Wer eine Einrichtung leitet, für die eigens eine MAV gebildet ist, also »Chef/in« und das notwendige „Gegenüber einer MAV" ist, darf weder wählen noch gewählt werden.

■ Wer eine Einrichtung leitet, die nicht selbständig ist, also z. B. die Beratungsstelle des Bistums oder den Pfarrkindergarten oder das Altenheim eines Caritasverbandes, kann zum leitenden Mitarbeiter/Mitarbeiterin erklärt werden (förmliches Verfahren unter Beteiligung der MAV nach § 29 Abs. 1 Zif. 18) und verliert dadurch sein aktives und passives Wahlrecht. Ist er nicht zum leitenden Mitarbeiter erklärt, übt allerdings eine leitende, das heißt nach die Einrichtung nach Außen repräsentierende Funktion aus, kann er zwar wählen, ist aber in der Regel vom passiven Wahlrecht ausgeschlossen, weil er wegen seiner Tätigkeit mit der MAV-Arbeit in Interessenkonflikte käme. Wer zum Beispiel Anordnungen zur Arbeitszeit geben muss, kann zwar ohne Probleme für die MAV wählen (aktives Wahlrecht), bekommt aber Probleme, wenn sie/er auch noch Mitglied der MAV wäre. Deshalb schließt Absatz 2 Zif. 2 solche Mitarbeiter/innen zumindest vom passiven Wahlrecht aus.

Sich zur Wahl stellen – Kandidatensuche

Mitarbeitervertretungen müssen in einem ständigen Kontakt zu den Mitarbeitern und Mitarbeiterinnen stehen. In Wahlzeiten wird dies auf mehreren Ebenen wichtig: Mann oder Frau wollen wiedergewählt werden, Wähler sollen aktiviert, für die Mitwirkungsanliegen geworben werden und Kandidatinnen und Kandidaten wollen gefunden werden. Wie leicht oder wie schwer dies fällt, kann wichtige Hinweise geben über

■ das Miteinander in der Dienstgemeinschaft,
■ die Verbundenheit mit der MAV,
■ die Bewertung der Arbeit,
■ das Ansehen der bisherigen Mitarbeitervertretung.

Faustregel: Je schwerer die Kandidatenkür ist, desto gestörter ist die Kultur des Miteinanders.

Kandidatensuche während der gesamten Wahlperiode

Mitarbeitervertretungen dürfen nie außer Acht lassen, dass sie ein zeitlich begrenztes Amt übernommen haben. Selbst wenn sie wiedergewählt werden wollen, brauchen sie begleitende Kolleginnen und Kollegen, die in Zukunft bereit sein werden, MAV-Arbeit zu gestalten.

Transparenz

Transparenz ist notwendig, damit Mitwirkungsarbeit verstehbar wird oder bleibt. Auch während der Amtsperiode sollten Mitarbeitende um Meinung und Anregung gefragt werden. So kann Interesse an der MAV-Arbeit geweckt werden.

Kritische Begleitung

Gerade kritischen Kolleginnen ud Kollegen sollte das Tor zur Mitarbeitervertretung weit aufgemacht werden, nicht als abgrenzende Kränkung *(»Dann kandidier' doch, wenn Dir unsere Arbeit nicht passt!«)*, sondern wohlwollend *(»Ich merke, dass du mit unserer Arbeit nicht einverstanden bist. Mach' doch bitte Vorschläge. Stell' Dich zur Wahl. Wir brauchen Leute, die sich engagieren. «)*

Wenn Mitarbeitervertretungen versuchen, kritische Kolleginnen und Kollegen auszugrenzen, werden sie statt Beruhigung Unruhe ernten. Mitwirkungsarbeit muss integrierend, solidarisierend wirken.

Eingebundene Kolleginnen und Kollegen können ihre Energie zur Energie der MAV machen – vorausgesetzt, diese ist dafür offen.

Lust

Menschen, die bereit sind zu kandidieren, haben sich vorher gefragt: Was habe ich davon? Mitarbeitervertretungen, die ihre Aufgabe ausschließlich als »Arbeit« darstellen, permanent das Schwere, Konfliktbeladene, Kränkende in den Mittelpunkt rücken, werden es schwer haben, neue Kandidaten für die Wahl zu finden.

Besser ist es, die Lustanteile, das Vergnügen der Begegnung und den Kooperationsspaß zu betonen.

Mitarbeitervertretungen sollten sich nicht ständig die Wunden lecken, sondern – um im Bilde zu bleiben – vorbeugend pflegen.

Menschen engagieren sich, wenn das Engagement (auch) Spaß, Zufriedenheit, Erfüllung und Kommunikation verheißt.

Es geht nicht darum, schwierige Arbeit schönzureden, sondern um Haltung: Laß ich mich ärgern und habe ich Lust darauf, das Quälende zu verändern?

Profile

Mitarbeitervertretungen müssen sich profilieren. Die Basis dafür sind die Profile der Mitwirkenden.

Repräsentieren sie in ihrer Gesamtheit die Mitarbeiterschaft, die Arbeit der Institution, die vertretenden Berufe, die Altersstruktur?

Im folgenden sollen einige Kriterien vorgestellt werden, um Kandidatenlisten angemessen zu besetzen.

Diese Stichworte sind Hinweise. Alles Planen ist begrenzt, denn der Souverän sind die Wähler und Wählerinnen. Sie entscheiden durch ihre Stimme, wer sie vertreten soll.

Institutionsprofil

- **Sind Männer und Frauen in ähnlichen Anteilen auf der Wahlliste vertreten wie in der Einrichtung?**
- **Stimmt das Altersverhältnis?**
  Sind alle beruflichen Qualifikationen vertreten?
- **Werden durch die Kandidaten alle Arbeitsbereiche des Hauses annähernd abgedeckt?**
- **Sind alle Hierarchieebenen, soweit sie wählbar sind, vertreten?**
- **Stimmt die Mischung der Länge der Betriebszugehörigkeit – oder sind nur neue, nur alte Kolleginnen und Kollegen auf der Liste?**
- **Sind die unterschiedlichen religiösen Gruppen angemessen repräsentiert? In einer kirchlichen Einrichtung ist dies besonders wichtig, um die integrierenden Kräfte zu nutzen.**

Erfahrungsprofil

- **Stimmt die Mischung von Mitwirkungserfahrenen und Unerfahrenen? Empfehlung: ein Drittel neue Kandidaten, ein Drittel solcher, die eine Periode dabei sind, ein Drittel mit höherem MAV-Alter.**
- **Kandidieren Kolleginnen und Kollegen, die in der Lage wären, Ämter (zum Beispiel den Vorsitz) zu übernehmen?**
- **Sind Kandidaten dabei, die arbeitsrechtliches (Grund)wissen haben? In größeren Einrichtungen kann es ein Glücksfall sein, wenn ein Jurist in der MAV mitwirkt.**

Persönliches Profil

■ Kandidaten und Kandidatinnen müssen in der Lage sein, Zeit in die Mitarbeitervertretung zu investieren. Sie müssen den Kopf »frei haben« für diese Aufgabe.

■ Sie müssen sich abgrenzen können und bereit sein, Konflikte einzugehen und auszuhalten.

■ Kandidatinnen und Kandidaten sollten die Bereitschaft mitbringen, sich für ihre Aufgabe schulen zu lassen, also auch ein paar Tage Arbeitsplatz und Heim verlassen können.

■ Sie sollten für sich eine individuelle Erklärung finden, warum sie kandidieren.

(»Ich habe mich über die schlappe MAV der letzten Periode geärgert.« –
»Die Entscheidung zur Zeiterfassung hat mir nicht gefallen.« – »Es ist ungerecht, wie in unserem Haus höhergruppiert wird.«)

Kandidaten finden

Wenn die Wahl näher rückt, wächst für die meisten Mitarbeitervertretungen der Druck, den Wahlzettel zu füllen. Schnell stellt man fest, dass gute Vorsätze und Anregungen (s. o.) nicht eingehalten wurden oder werden konnten.

Auch wenn es nicht zu den originären Aufgaben einer Mitarbeitervertretung gehört, sollte sie sich dennoch dafür verantwortlich fühlen, dass eine ausreichende Zahl von Kandidatinnen und Kandidaten bei der Wahl zur Verfügung steht.

Vor dem Wahlzeitraum

Noch vor dem Wahlzeitraum und der Installierung des Wahlausschusses muss durch Öffentlichkeitsarbeit auf die Möglichkeit der Kandidatur aufmerksam gemacht werden.

In einer MAV-Sitzung werden mögliche Kandidaturen erörtert. Natürlich ist diejenige MAV, die komplett wiedergewählt werden will, befangen. Wie sie mit ihrer Befangenheit umgeht, ist eine Frage des demokratischen Selbstverständnisses.

Wenn die MAV informell nicht aktiv werden will, so fällt die Suche nach Kandidaten dem neutralen Wahlausschuss zu.

Mitarbeiterversammlung

Auf einer Mitarbeiterversammlung ist ausdrücklich auf die anstehende Wahl hinzuweisen. Namen von Kandidatinnen und Kandidaten können genannt, Kriterien für die Besetzung der Wahlliste verdeutlicht werden.

Gespräche

Potentielle Kandidatinnen und Kandidaten sollten nicht zwischen Tür und Angel angesprochen, sondern in einem angekündigten Gespräch gebeten werden, sich der Wahl zu stellen. Es macht keinen Sinn, Druck auszuüben, mit Moralin zu spritzen oder mit Unterwerfungsgestus »Bitte-bitte« machen. Engagement für MAV-Arbeit geschieht immer dann am wirkungsvollsten, wenn sie aus Überzeugung getan wird.

Der Aufwand, der für die MAV-Arbeit geleistet werden muss, soll deutlich benannt werden: Art, zeitlicher Umfang, notwendige Schulung. Hingewiesen werden sollte auch auf die Schutzbestimmungen der Mitarbeitervertretungsordnung. Kolleginnen und Kollegen dürfen nicht »überredet« werden; man sollte auf »Gewissensappelle« verzichten und ihnen für die Entscheidung Zeit lassen.

Wenn sich jemand bewusst gegen die Kandidatur entscheidet, so ist das ohne Umschweife und Nachkarten zu akzeptieren. Mancher, der aus guten Gründen ablehnt, bleibt trotzdem Unterstützer, Freundin oder Förderer und vielleicht Kandidat/in bei der nächsten Wahl.

Der Dienstgeber als Förderer

Der Dienstgeber und sein Vertreter hat mit der Wahl wenig und nur am Rande zu tun. Es ist eine Angelegenheit der Mitarbeiterschaft. Wenn sich die »andere Seite« zu sehr engagiert, kann auch in der Dienstgemeinschaft der Eindruck entstehen, hier solle auf unangemessene Weise Einfluss genommen werden.

Dennoch kann es Gesten geben, die deutlich machen, dass der Dienstgeber unparteiisch die Wahl unterstützt:

- **Er fordert in einem Brief zur Wahlbeteiligung auf.**
- **Er empfängt die Mitarbeitervertretung zu einem Abschlussgespräch.**
- **Er ist großzügig bei Entscheidungen über die Wahlvorbereitung (Gespräche, Öffentlichkeitsarbeit, Freistellungen).**
- **Er trägt mit Sorge für einen reibungslosen Wahlvorgang (Zeiten, Räume, sachliche oder personelle Hilfen).**

Ideale Kandidaten kann man nicht backen

Mitarbeitervertretungen oder Wahlausschüsse, die sich beizeiten um geeignete Kandidatinnen und Kandidaten bemühen, werden immer wieder die Erfahrungen machen, dass ein Tableau idealer Kandidaten und Kandidatinnen nur schwer erreichbar ist. Zu viele Unwägbarkeiten, Vorbehalte, schlechte Erfahrungen, individuelle Abneigungen oder Lustlosigkeiten stehen dem entgegen.

So wie Wähler und Wählerinnen müssen auch potentielle MAV-Vertreter und Vertreterinnen umworben werden.

Über die Zusammensetzung entscheidet dann allein die Mitarbeiterschaft.

Das Letzte ...

Drohen Sie Ihren Kritikern nie mit der Kandidatur (»Stell' dich doch selbst zur Wahl. Du wirst schon sehen!«). Sie entwerten Ihre eigene Arbeit.

§ 9 Vorbereitung der Wahl

(1) Spätestens acht Wochen vor Ablauf der Amtszeit der Mitarbeitervertretung bestimmt die Mitarbeitervertretung den Wahltag. Er soll spätestens zwei Wochen vor Ablauf der Amtszeit der Mitarbeitervertretung liegen.

(2) Die Mitarbeitervertretung bestellt spätestens acht Wochen vor Ablauf ihrer Amtszeit die Mitglieder des Wahlausschusses. Er besteht aus drei oder fünf Mitgliedern, die, wenn sie Mitarbeiterinnen oder Mitarbeiter sind, wahlberechtigt sein müssen. Der Wahlausschuss wählt seine Vorsitzende oder seinen Vorsitzenden.

(3) Scheidet ein Mitglied des Wahlausschusses aus, so hat die Mitarbeitervertretung unverzüglich ein neues Mitglied zu bestellen. Kandidiert ein Mitglied des Wahlausschusses für die Mitarbeitervertretung, so scheidet es aus dem Wahlausschuss aus.

(4) Der Dienstgeber stellt dem Wahlausschuss zur Aufstellung des Wählerverzeichnisses spätestens sieben Wochen vor Ablauf der Amtszeit eine Liste aller Mitarbeiterinnen und Mitarbeiter mit den erforderlichen Angaben zur Verfügung. Der Wahlausschuss stellt die Liste der wahlberechtigten Mitarbeiterinnen und Mitarbeiter auf und legt sie mindestens vier Wochen vor der Wahl für die Dauer von einer Woche zur Einsicht aus. Die oder der Vorsitzende des Wahlausschusses gibt bekannt, an welchem Ort, für welche Dauer und von welchem Tage an die Listen zur Einsicht ausliegen. Jede Mitarbeiterin und jeder Mitarbeiter kann während der Auslegungsfrist gegen die Eintragung oder Nichteintragung einer Mitarbeiterin oder eines Mitarbeiters Einspruch einlegen. Der Wahlausschuss entscheidet über den Einspruch.

(5) Der Wahlausschuss hat sodann die wahlberechtigten Mitarbeiterinnen und Mitarbeiter aufzufordern, schriftliche Wahlvorschläge, die jeweils von mindestens drei wahlberechtigten Mitarbeiterinnen und Mitarbeitern unterzeichnet sein müssen, bis zu einem von ihm festzusetzenden Termin einzureichen. Der Wahlvorschlag muss die Erklärung der Kandidatin oder des Kandidaten enthalten, dass sie oder er der Benennung zustimmt. Der Wahlausschuss hat in ausreichender Zahl Formulare für Wahlvorschläge auszulegen.

(6) Die Kandidatenliste soll mindestens doppelt soviel Wahlbewerberinnen und Wahlbewerber enthalten wie Mitglieder nach § 6 Abs. 2 zu wählen sind.

(7) Der Wahlausschuss prüft die Wählbarkeit und lässt sich von der Wahlbewerberin oder dem Wahlbewerber bestätigen, dass kein Ausschlussgrund im Sinne des § 8 vorliegt.

(8) Spätestens eine Woche vor der Wahl sind die Namen der zur Wahl vorgeschlagenen und vom Wahlausschuss für wählbar erklärten Mitarbeiterinnen und Mitarbeiter in alphabetischer Reihenfolge durch Aushang bekanntzugeben. Danach ist die Kandidatur unwiderruflich.

Diözesane Abweichungen

Freiburg und Rottenburg-Stuttgart: Das Ordinariat setzt jeweils 3 Monate vor Beginn des einheitlichen Wahlzeitraumes einen gemeinsamen Wahltermin für alle Einrichtungen fest.

Wahl

Die Wahl zur Mitarbeitervertretung kann in zwei verschiedenen Verfahren stattfinden. Entweder im »Vereinfachten Wahlverfahren« (nur für kleine Einrichtungen), das unter den §§ 11 a bis 11 c im einzelnen dargestellt wird oder im ordentlichen Wahlverfahren, das der Regelung des § 9 zugrunde liegt.

Wahlausschuss

Zuständig für (fast) alle Wahlhandlungen ist der Wahlausschuss. Dieser wird von der (alten und noch amtierenden) Mitarbeitervertretung durch mehrheitlichen Beschluss in das Amt gewählt. Gleichzeitig legt die MAV den Wahltermin fest. Das Verfahren könnte dabei mit einem Formblatt eingeleitet werden.[9]

Der Wahlausschuss kann aus 3 oder 5 Mitgliedern bestehen. Bei der Entscheidung sollte sich die MAV an den vorhandenen Kapazitäten der Einrichtung orientieren. Es wäre unklug, einen großen Wahlausschuss zu bestellen, wenn das dazu führt, dass nicht mehr genug Kandidaten für die MAV-Wahl vorhanden sind. Denn die Mitglieder des Wahlausschusses dürfen nicht zur Wahl der Mitarbeitervertretung kandidieren.

Mitglieder des Wahlausschusses können entweder Mitarbeiter (dann aber nur die aktiv wahlberechtigten) der Einrichtung sein oder auch andere Personen, die für oder bei der Einrichtung beschäftigt sind. So kommen beispielsweise auch ehrenamtlich Tätige und notfalls auch Leitungspersonen in Betracht. Diese brauchen für das Amt nicht das aktive Wahlrecht.

Der Wahlausschuss hat gegenüber den Wählerinnen und Wählern zunächst die Pflicht, über die Einzelheiten des anstehenden Wahlverfahrens zu informieren. Das geschieht üblicherweise durch eine entsprechende Wahlausschreibung, die öffentlich auszuhängen ist.

---

9 Alle Formulare finden sich auch auf der beigefügten CD-ROM zur Bearbeitung durch den Wahlausschuss bzw. den/die Wahlleiter/in.

Aufgabe des Dienstgebers

Eine wichtige unterstützende Funktion hat im Wahlverfahren auch der Dienstgeber oder der für diesen handelnde Leiter. Er muss dem Wahlausschuss zunächst alle Unterlagen und Informationen liefern, die für die Durchführung des Verfahrens benötigt werden. Das betrifft namentlich die Vorlage einer Liste aller Mitarbeiterinnen und Mitarbeiter. Der Wahlausschuss und (unterstützend) auch die MAV sollten darauf achten, dass der Dienstgeber bei der Erstellung dieser Liste noch keine Vorentscheidungen zum (aktiven oder passiven) Wahlrecht trifft. Es besteht die Gefahr, dass der Dienstgeber »geringfügig Beschäftigte«, Elternzeitler/innen, Mitarbeiter/innen in Abordnungsverhältnissen, befristet Tätige oder von ihm als »leitend« beurteilte Mitarbeiter/innen „vergisst".

Wählerliste

Die Entscheidung über das aktive und passive Wahlrecht darf nicht der Dienstgeber bei Erstellung der Wählerliste treffen, sondern sie steht allein dem Wahlausschuss bei der Erstellung der Wählerliste zu, indem er jeden Einzelfall besonders beurteilt. Dem Dienstgeber steht gegen die Entscheidung des Wahlausschusses nur die Wahlanfechtung zu.

Die Wählerliste hat der Wahlausschuss auszulegen. Über Einsprüche muss er entscheiden.

Kandidatur

Eine ganz wichtige, praktische Aufgabe für den Wahlausschuss besteht in der Werbung für die Kandidatur von Mitarbeiterinnen und Mitarbeitern. Ein Zeitplan für den Wahlausschuss kann so[10] aussehen:

Zeitplan für die MAV-Wahl im Ordentlichen Verfahren[11]

Die meisten Diözesanen Arbeitsgemeinschaften bieten Wahlmappen an, die die erforderlichen Formblätter und Unterstützungen enthalten. Die Adressen der Diözesanen Arbeitsgemeinschaften befinden sich auf *S. 530 ff.* (im internet unter: www.bag-mav.de).

---

10 Alle Formblätter zum Wahlverfahren sind ebenfalls auf der beigefügten CD-ROM vorhanden.
11 Auch der Zeitplan befindet sich auf beiliegender CD-ROM.

Welche Motive haben Mitarbeiter und Mitarbeiterinnen, sich der Wahl bzw. Wahlvorbereitung zu verweigern?

In vielen Einrichtungen ist das Phänomen zu beobachten, dass Mitarbeitende tatsächlich oder scheinbar keinen Wert auf eine Mitarbeitervertretung legen, ja sich manchmal sogar regelrecht weigern, das entsprechende Wahlverfahren zu initiieren.

Reflex auf Dienstgeberverhalten

Arbeitsverhältnisse sind komplizierte Verhältnisse. Sie spiegeln Personen und Gruppen, machen Beziehungen deutlich. Vieles Vorhandene ist dabei nicht auf den ersten Blick erkennbar. Unter der Oberfläche, in informellen Kontakten oder unausgefochtenen Konflikten manifestiert sich, was wer von wem hält, befürchtet, erbittet. Organisationsberater wissen ein Lied zu singen über Institutionen, die außen »hui« und innen »pfui« sind.

Mitarbeiter, die keine Mitarbeitervertretung wollen, handeln oft unbewusst im vorauseilenden Gehorsam. Sie kennen oder erahnen die Wünsche des Leiters, verhalten sich konform und verstoßen nicht gegen das unausgesprochene Gesetz der Institution: Keine Mitwirkung! Sie fürchten Konflikte, Liebesentzug oder ausbleibende Anerkennung. Sie sind eindeutig fixiert auf die Leitung und würden nie gegen deren Ideen, Vorstellungen und Haltungen verstoßen. In solchen Einrichtungen entwickelt sich, nach außen positiv kaschiert, eine Art Korpsgeist.

»Wir gehören zusammen, der Chef wird es schon richten. Er sorgt für uns: Einer für alle und alle für einen.«

Eine Mitarbeitervertretung würde nur störend wirken.

Vater-Syndrom

In der »Typologie der Dienstgeber« war schon die Rede vom sogenannten Papi. Wenn die Leitung das Selbstbild einer immer und alle versorgenden Institution hat, verträgt sich dies nicht mit der entwickelten Mitwirkungsstruktur. Die Familie kennt schließlich auch keine Mitbestimmung im rechtlichen Sinn. Solche Situationen werden entwickelt bzw. erkauft durch individuelle Fürsorge, durch emotionale Zuwendung und durch freiwillig gewährte Leistungen, die jederzeit wieder entzogen werden können.

Mitarbeiter und Mitarbeiterinnen in solchen Institutionen streben oft deshalb keine Mitarbeitervertretung an, weil sie das Bild vom sorgenden Vater verinnerlicht haben. Zwar reiben sie sich immer auch an ihm – wie in Familien – aber letztendlich sind sie fest überzeugt, dass die patriarchale Struktur die ihnen angemessene ist und Mitwirkung nur störend wirken würde.

Innere Kündigung

In manchen Einrichtungen weigern sich Mitarbeitende, eine Mitarbeitervertretung zu installieren, weil sie sich nicht mehr mit dem Einrichtungsziel identifizieren. Sie machen ihren Job unauffällig und höchstens so effizient, dass sie nicht gerügt werden können. Alles andere interessiert sie nicht, würde sie zu nahe wieder an eine Identifikation heranführen. Sie haben mehrheitlich innerlich gekündigt.

Einrichtungen, in den sich innere Kündigungen häufen, sind sterbende Einrichtungen. Zwar können sie lange funktionieren, aber sie werden die Kraft für Innovation oder Marktanpassung nicht mehr aufbringen. Die Mitarbeitenden machen »Dienst nach Vorschrift« und entziehen so Energie.

Angst

Ein (hoffentlich) selteneres Phänomen, sich der Bildung einer Mitarbeitervertretung zu verweigern, ist Angst vor der Leitung. Man fürchtet Sanktionen, wenn Rechte eingeklagt werden sollen, die eigentlich selbstverständlich zustehen. Diese Angst wird manchmal öffentlich, meistens aber nur informell zugegeben.

In solchen Einrichtungen herrscht ein autoritäres Klima, das auf Einschüchterung und nicht auf Kooperation setzt. Man darf sich nicht täuschen lassen: über dem Tisch wird freundlich-glatt gesprochen und unter dem Tisch vor das Schienbein getreten.

Angst in Arbeitsverhältnissen ist der »Gau«, der größte anzunehmende Störfall. Angst bindet Energie, Innovationskraft und Lebensfreude. Die Einrichtungen können sich glücklich schätzen, in denen einzelne Mitarbeiter oder Mitarbeitergruppen gegen diese Gefühlslagen angehen und Mitarbeiterinnen und Mitarbeiter vor ängstigenden Leitern schützen.

Fehlendes Zutrauen

Manchmal fehlt schlicht das Zutrauen, die Arbeit einer Mitarbeitervertretung gut oder angemessen tun zu können. Wenn niemand da ist, der durch Anregungen oder Beispiel ermuntert, verbleiben alle in der sich nichts zutrauenden Passivität. Vielleicht herrscht auch ein Klima, das eher entmutigt und verheißt: »Wer sich hier vorwagt, wird bloßgestellt.«

Die meisten Mitarbeiterinnen und Mitarbeiter haben nicht gelernt, sich in öffentliche Positionen zu begeben und dort ihren Mann oder ihre Frau zu stehen. Sie kennen ihre verborgenen Potentiale nicht und werden selten ermutigt, sich auszuprobieren.

Das hat auch mit fehlenden Personalentwicklungskonzepten innerhalb einer Institution zu tun. Die Signale sind meistens: Tue Deine Arbeit, um alles andere kümmern sich andere. Du wirst nicht für das Mitdenken bezahlt.

Was tun?

Was können einzelne Mitarbeiter und Mitarbeiterinnen tun, um eine MAV zu installieren, wenn in ihrer Einrichtung

- keine Mitarbeitervertretung existiert,
- die Mehrheit der Kolleginnen und Kollegen eine MAV nicht will,
- der Dienstgeber lediglich das formal Notwendige unternimmt, um eine MAV zu installieren?

Gründe klären

Zunächst ist zu eruieren, welche Versuche bislang gegangen worden sind und warum diese Initiativen scheiterten. Liegt es an Gründen, die in der Organisation liegen. Verweigert der Dienstgeber eine entsprechende Struktur? Gibt es Ängste? Sind Wissensdefizite zu beobachten? Kennen die Kolleginnen und Kollegen überhaupt ihre Rechte?

Überzeugungsarbeit ist mit diesen Grundsätzen zu leisten:

1. Die MAVO schützt die Rechte der Mitarbeiterschaft.
2. Die MAVO schützt die Engagierten.
3. Die MAVO gestaltet Arbeitsplätze und Einrichtungen mit.
4. Die MAVO ist ein kirchliches Gesetz, also von der Kirchenleitung gewollt.

■ Mitarbeitervertreter anderer Einrichtungen einladen

Die Leitung wird gebeten, zu einer Mitarbeiterversammlung einzuladen. Zu diesem Treffen werden Mitarbeitervertreter benachbarter oder befreundeter kirchlicher Institutionen eingeladen. Die Gäste berichten von ihren Erfahrungen.

■ Diözesane Arbeitsgemeinschaft (DiAG) einladen

Auf einer Mitarbeiterversammlug sprechen Vertreter der DiAG und werben für das Anliegen. Sie müssen das konkret tun mit Bezug auf die vermuteten Gründe, warum in der Einrichtung bislang keine MAV installiert wurde. Die DiAG kann auch Paten anbieten – erfahrene Kolleginnen oder Kollegen, die neu gewählte MAVs auf Zeit begleiten.

■ Beispiele

Sollen keine Gäste eingeladen werden, können sich Engagierte selbst kundig machen, Informationsmaterial anbieten und auf der Mitarbeiterversammlung möglichst konkret – z. B. demonstriert an einzelnen Entscheidungsabläufen der eigenen Institution – die MAVO-Rechte präsentieren.

■ **Betriebsgruppe**

Alle Kolleginnen und Kollegen, die die Mitarbeitervertretung wünschen, schließen sich in einer »Betriebsgruppe« zusammen und treffen sich informell. Gemeinsam wird überlegt, wie für die MAV geworben werden kann. Die Gruppe nimmt zu Vorgängen in der Einrichtung Stellung und stellt sich als »Vor-MAV« dar.

■ **Auf Probe**

Die MAV auf Probe ist in der Mitarbeitervertretungsordnung nicht vorgesehen. Gleichwohl ist »Probe« ein Werbeargument zur Schwellensenkung: Wir versuchen es für eine Periode und sammeln Erfahrungen.

■ **Dienstgeber als Partner**

Wenn es möglich und angemessen ist, kann versucht werden, den Dienstgeber als Partner zu gewinnen. Er wird gebeten, ausdrücklich und immer wieder zur Wahl der MAV einzuladen, die Bedeutung eines solchen Mitwirkungsgremiums herauszustreichen und seinen Kooperationswillen deutlich zu machen.

Mitwirkungsstrukturen kann man nicht erzwingen. Eine Mitarbeitervertretung muss gewollt sein. Der folgende § 10 ist zuerst eine Vorschrift, die sich an den Dienstgeber wendet und ihn für die Schaffung funktionierender Strukturen in die Pflicht nimmt. Diese sinnvolle Regelung hat Krückenfunktion. Mitarbeitervertretungen müssen von den Mitarbeitern und Mitarbeiterinnen durchgesetzt werden.

Wenn der Hund nicht jagen will, soll man ihn nicht tragen ...

Das Letzte ...

Gemäß § 16 Abs. 2 erhalten Mitglieder des Wahlausschusses Arbeitsbefreiung auch für Schulungsmaßnahmen.

Oft sind es aber die kleinen und großen Probleme, die erst im Alltag der Wahlvorbereitungen auffallen und Schwierigkeiten bereiten.

Die Diözesane Arbeitsgemeinschaft kann einen »Wahlservice« einrichten, eine »hotline«. Während des einheitlichen Wahlzeitraumes sitzen erfahrene Kollegen und Kolleginnen am Telefon und beraten Wahlausschussmitglieder. Wichtig ist hier Kontinuität und Erreichbarkeit: Am besten zwei Vormittage in der Woche und immer dieselbe Telefonnummer!

§ 10 Dienstgeber – Vorbereitungen zur Bildung einer Mitarbeitervertretung

(1) Wenn in einer Einrichtung die Voraussetzungen für die Bildung einer Mitarbeitervertretung vorliegen, hat der Dienstgeber spätestens nach drei Monaten zu einer Mitarbeiterversammlung einzuladen. Er leitet sie und kann sich hierbei vertreten lassen. Die Mitarbeiterversammlung wählt den Wahlausschuss, der auch den Wahltag bestimmt. Im Falle des Ausscheidens eines Mitglieds bestellt der Wahlausschuss unverzüglich ein neues Mitglied.

(1a) Absatz 1 gilt auch,

1. wenn die Mitarbeitervertretung ihrer Verpflichtung gem. § 9 Abs. 1 und 2 nicht nachkommt,
2. im Falle des § 12 Abs. 5 Satz 2,
3. im Falle des § 13 Abs. 2 Satz 3,
4. in den Fällen des § 13 a nach Ablauf des Zeitraumes, in dem die Mitarbeitervertretung die Geschäfte fortgeführt hat,
5. nach Feststellung der Nichtigkeit der Wahl der Mitarbeitervertretung durch Urteil des Kirchlichen Arbeitsgerichts in anderen als den in § 12 genannten Fällen, wenn ein ordnungsgemäßer Wahlausschuss nicht mehr besteht.

(2) Kommt die Bildung eines Wahlausschusses nicht zustande, so hat auf Antrag mindestens eines Zehntels der wahlberechtigten Mitarbeiterinnen und Mitarbeiter und nach Ablauf eines Jahres der Dienstgeber erneut eine Mitarbeiterversammlung zur Bildung eines Wahlausschusses einzuberufen.

(3) In neuen Einrichtungen entfallen für die erste Wahl die in den §§ 7 Abs. 1 und 8 Abs. 1 festgelegten Zeiten.

Ohne MAV

In § 10 ist der besondere Ausnahmefall geregelt, dass eine Mitarbeitervertretung in einer Einrichtung nicht existiert und deshalb kein Gremium besteht, das eine Initiative zur Neuwahl ergreifen kann.

Verantwortung beim Dienstgeber

In diesem Fall geht die Verantwortung auf den Dienstgeber und die für ihn handelnde Leitung über. Hierin ist die MAVO arbeitnehmerfreundlicher als zum Beispiel das Betriebsverfassungsgesetz, das dem Arbeitgeber (natürlich) keine Verantwortung zur Errichtung eines Betriebsrates auferlegt.

Der Fall des § 10 kann im einzelnen auftreten, wenn

- die ausscheidende MAV ihrer Pflicht zur Bestellung eines Wahlausschusses nicht nachkommt (Zif. 1),
- nach erfolgreich angefochtener Wahl eine MAV nicht existiert (Zif. 2),
- die MAV zurückgetreten ist (Zif. 3),
- die Amtszeit der MAV ohne Einleitung einer Neuwahl abgelaufen ist,
- in der Einrichtung noch keine MAV gewählt wurde,
- oder es sich um eine neue Einrichtung handelt.

Fristen

Im letzten Fall gelten *(siehe Abs. 3)* selbstverständlich auch die nach § 7 und 8 vorgesehenen Fristen der Betriebszugehörigkeit, da sonst eine Wahl erst nach frühestens einem Jahr möglich wäre.

Wenn eine MAV zur Festlegung des Wahltages und zur Bestellung des Wahlausschusses nicht vorhanden ist, soll der Dienstgeber durch Durchführung einer Wahlversammlung die Initiative ergreifen. Die Aufgabe des Dienstgebers erschöpft sich aber bereits darin, dass er einlädt und die Veranstaltung leitet. Diese hat den einzigen Zweck, einen Wahlausschuss zu bestellen, der dann alles weitere veranlasst.

Der Dienstgeber muss innerhalb von 3 Monaten nach Vorliegen der Voraussetzungen zur Bildung einer MAV (siehe § 6) einladen. Tut er dies und die Versammlung kommt nicht zur Bildung eines Wahlausschusses, hat er zunächst seine Pflicht erfüllt.

Erst nach Ablauf eines Jahres muss er wieder einladen, aber nur unter der Voraussetzung, dass dies von einem Zehntel der wahlberechtigten Mitarbeiter/innen verlangt wird.

Nicht zulässig ist eine allgemeine Mitarbeiterbefragung mit dem Tenor, ob man denn überhaupt eine MAV braucht. Aber andererseits muss der Dienstgeber auch nicht immer wieder auf eigene Initiative versuchen, eine MAV-Wahl zu einzuleiten.

Vergleich mit staatlichem Recht

Auch in diesem Punkt folgt das kirchliche Mitbestimmungsrecht (auch bei der evangelischen Kirche; siehe dort § 7 MVG) dem Personalvertretungsrecht des Bundes (vgl. § 21 BPersVG) und der Länder. Dort besteht für den Dienststellenleiter ebenfalls die Pflicht zur Einberufung einer Personalversammlung, falls ein Personalrat nicht mehr oder noch nicht besteht.

Das ist ein deutlicher und kaum zu unterschätzender Vorteil gegenüber dem Betriebsverfassungsrecht, wo »Betriebsräte zu bilden sind«, aber keine besonderen Rechtsfolgen ausgelöst werden, wenn dies nicht geschieht. Das

Gegenteil ist viel wahrscheinlicher: In kleinen und mittleren Betrieben, bei denen keine in einer Gewerkschaft organisierten Mitarbeiter/innen beschäftigt sind, wird jeder einen großen Bogen um dieses Thema machen und Initiativen zur Gründung eines Betriebsrates werden nicht selten mit deutlichen persönlichen Sanktionen bis hin zur Kündigung des Arbeitsverhältnisses (natürlich offiziell aus anderen Gründen) quittiert.

Neue Einrichtungen

Wo eine Einrichtung neu gegründet wird, gelten die Fristen für die Betriebszugehörigkeit nicht. Eine Neugründung kann zustande kommen

- durch eine Aufspaltung einer (großen) Einrichtung in mehrere kleinere,
- den umgekehrten Fall einer Zusammenlegung von Einrichtungen
- oder eine wirkliche Neugründung.

Verkehrte Welt?
Warum Dienstgeber manchmal großes Interesse an einer Mitarbeitervertretung haben

---

Der § 10 verpflichtet den Dienstgeber, in seiner Einrichtung Sorge dafür zu tragen, dass eine Mitarbeitervertretung installiert wird. Darin wird deutlich, dass der kirchliche Gesetzgeber dem Gedanken der Dienstgemeinschaft große Bedeutung beimisst. Auch die Chefs sind in der Pflicht, wenn funktionierende Mitwirkungsstrukturen (noch) nicht existent sind.

Die MAVO belässt es nicht bei der Vorschrift einer einmaligen Initiative, sondern bindet Leitungen: Spätestens nach einem Jahr muss ein neuer Versuch unternommen werden. Aus dieser gesetzlich vorgeschriebenen Hartnäckigkeit ist abzuleiten, dass Dienstgebervertreter für den Gedanken der Mitwirkung werben müssen. Sie dürfen sich nicht nur auf das Formale beschränken, sondern müssen Verständnis wecken und das ihnen Mögliche tun, damit Dienstgemeinschaft funktioniert.

Die Intentionen des kirchlichen Arbeitsrechtes fordern diese Strukturen geradezu. In ihnen konstituiert sich der Grundgedanke einer funktionierenden Kooperation. Dienstgeber, die das nicht sehen wollen und sich mit klammheimlicher Freude über das fehlende Engagement der Mitarbeiterschaft verweigern, verstoßen faktisch gegen kirchliches Recht.

Welches Interesse können *Dienstgeber* haben, in ihrer Einrichtung Sorge für funktionierende Mitwirkungsstrukturen zu tragen?

Kanalisierung von Konflikten

Wo Menschen zusammen kommen, da entsteht Wärme – durch Kontakt oder durch Reibung. Je heißer es wird, desto weniger sind sie in der Lage, ihren eigentlichen Aufgaben nachzukommen. Etwas Wärme ist notwendig und beflügelt die Kooperation. Zuviel Wärme verlangsamt, hemmt und verbrennt funktionierende Arbeiten und Arbeitsstrukturen.

Je kleiner eine Einrichtung ist, desto eher können Konflikte informell, im Gesicht-zu-Gesicht-Kontakt, bearbeitet werden. Entfaltete Hierarchien sind nicht notwendig, Mitwirkungsstrukturen sind überschaubar und Transparenz ist auf einfache Art zu schaffen.

Größere Einrichtungen hingegen brauchen Strukturen, geregelte und verbindlich vereinbarte Abläufe, Beteiligungsformen, die einsehbar und einklagbar sind.

Zu diesen Strukturen gehören Betriebsräte, Personalräte und Mitarbeitervertretungen. Hier werden Entscheidungen nicht nur individualisiert, sondern allgemeinverbindlich. Viele Einzelfallregelungen werden ersetzt durch kollektive Pflichten und Rechte. Die Mitarbeitervertretung streitet sich für größere Mitarbeitergruppen, tritt als Anwalt oder Sachwalter auf. Konflikte werden auf eine »höhere Ebene« delegiert und alle davon Betroffenen profitieren von Einigungen, Dienstvereinbarungen oder Informationsabgleichen. So wird Streitpotential aus der Einrichtung genommen, die Auseinandersetzungen kanalisiert und Befriedung im Arbeitsalltag geschaffen.

Kanalisierung von Konflikten gelingt nur, wenn Transparenz hergestellt wird und wenn aus Betroffenen Beteiligte werden. Natürlich bleiben Konfliktfelder erhalten, die weiterhin auf den unterschiedlichen Ebenen, unbeeinflusst vom Instrumentarium der Mitarbeitervertretungsordnung, wirksam sind. Insgesamt aber vermindert sich das Streitpotential.

Dienstgeber sollten ein vitales Interesse daran haben, Konflikte im Arbeitsalltag zu entschärfen und sie in Regulierungen münden zu lassen. Streit raubt Energie – allen Beteiligten. Dienstgeber, die gewöhnt sind, in Zusammenhängen zu denken, werden mit innerer Überzeugung und aus Eigennutz dafür sorgen, dass in ihrer Einrichtung eine funktionierende Mitarbeitervertretung arbeitet.

Instrument der Konfliktregelung

Mitarbeitervertretungen sind, das wurde im vorigen Absatz angedeutet, notwendig um Konflikte zu kanalisieren. Sie sind selbst Instrumente, die benutzt werden können – von den Mitarbeitern und vom Dienstgeber.

Mitarbeitervertretungen sollen bei manchen Dienstgebern Schiedsrichter-funktionen übernehmen, die schlechten Nachrichten für die Einrichtung überbringen oder werden gar zum Sündenbock für all das gemacht, was schief läuft. Statt dass Mitarbeitervertretungen Gegenmacht ausüben, Part-ner im Streit sind, Korrektor der anderen Seite, werden sie eingebunden und vernutzt.

Wunsch nach Ordnung

Je größer eine Einrichtung ist, desto geordneter und nachvollziehbarer müssen die Arbeitsabläufe sein. Routinen sind notwendig, Standards erforderlich. Um schnell handeln zu können, bedarf man Ansprechperso-nen, Rückmeldungen über getroffene Entscheidungen und Anbindung an das vorhandene Arbeitspotential und die Arbeitenden.

Dienstgeber haben auch ein Interesse daran, dass Mitarbeitende mit ihren Sorgen und Nöten eine Anlaufstelle haben. Sie wissen, bewusst oder unbe-wusst, dass sie als Vorgesetzte diese Anlaufstelle nicht sind. Konfliktregelun-gen brauchen kleine Regelkreise. Energie – sprich: Ärger – kann schon dadurch verpuffen, dass Mitarbeitende sich untereinander austauschen, aussprechen und nach internen Lösungswegen suchen.

Strukturen trennen Lösbares von Unlösbarem. Sie filtern und lassen im Ide-alfall nur das nach »oben« steigen, was untereinander, im Tagesgeschäft nicht integriert werden konnte.

Mitarbeitervertretungen funktionieren manchmal wie Beschwerdeabteilun-gen. In ihnen wird entschieden, was zur Lösung auf andere Ebenen geho-ben wird, was untereinander geklärt oder nicht klärbar ist.

Sie nützen der Einrichtung, laufen aber auch Gefahr, sich von ihrer eigentli-chen Aufgabe zu entfernen.

Informationsverteilung

Kluge Dienstgebervertreter wissen um die informellen und internen Kom-munikationsstrukturen, an denen sie nur partiell beteiligt sind, die sie nur partiell nutzen können.

Dienstgebervertreter, die Verständnis für solche Kommunikationsbeschrän-kungen entwickelt haben, nutzen die Mitarbeitervertretungen, um über »Eingänge« in alle Informationskanäle zu verfügen. Sie dosieren ihre Infor-mationen angemessen, bitten um Weitergabe, informieren vertraulich (manchmal in der bewussten Akzeptanz, dass diese Vertraulichkeit nicht eingehalten wird). Sie verkünden Erfolgsmeldungen, bereiten Hiobsbot-schaften vor. Ihnen ist bewusst, dass die Annahme solcher Informationen eher gewährleistet ist, wenn sie durch die Mitarbeitervertreterinnen oder

-vertreter überbracht werden. Dieses »Spiel« funktioniert häufiger unbewusst als dass es durch Leitende bewusst gesteuert würde.

Sprachrohr

Eine negative Spielart der geschilderten Informationsverteilung ist die Benutzung der Mitarbeitervertretung als Sprachrohr des Dienstgebers. Leitende nutzen die Mitarbeitervertretung, um getroffene Entscheidungen mitzuteilen, ohne selbst in Erscheinung treten zu müssen. Sie versuchen, die Mitarbeitervertretung diszipliniert einzubinden, verpflichtet auf die neutrale Darstellung des Geäußerten.

Dienstgeber entziehen sich dadurch der Konfrontation und nehmen Schärfen aus der Auseinandersetzung. Möglicher Ärger in der Mitarbeiterschaft wird nicht dem Verursacher gegenüber geäußert, sondern – wenn überhaupt – dem Überbringer (Früher wurden die Boten für ihre schlechten Nachrichten erschlagen, ein ritueller Akt. Man versuchte, dadurch das Geschehene ungeschehen zu machen).

Dienstgeber, die sich so verhalten, tragen Konflikte, Ärger und Frustration in der Mitarbeiterschaft. Unruhe wird geschürt und Irritationen werden geschaffen. Das (unbewusste) Ziel, durch die Strategie des »Sprachrohrs« Auseinandersetzungen zu vermeiden, wird meistens nicht erreicht. Die Konflikte schaukeln sich auf.

Multiplikation von Informationen

Natürlich ist es legitim, wenn ein Dienstgeber die Mitarbeitervertretung nutzt, um Informationen zu multiplizieren. Dies gehört zu den allgemeinen Aufgaben, die insbesondere im § 26 MAVO beschrieben werden.

Es fällt in die Verantwortung der Mitarbeitervertretung zu prüfen, welche Informationen des Dienstgebers weitergegeben werden, wie sie diese filtert und welche sie zurückweist mit dem Bemerken, der Dienstgeber möge selbst der Mitarbeiterschaft vortragen.

Mitarbeitervertretungen sollten nicht den schmeichelnden Versuchen erliegen, als Öffentlichkeitssprecher des Dienstgebers oder seines Vertreters zu fungieren.

Maßstab ist der Auftrag, der sich aus der MAVO ableitet und nicht die Direktionsinteressen der Leitenden.

Repräsentieren

Kluge Dienstgeber legen auch deshalb Wert auf eine funktionierende Mitarbeitervertretung, weil sie Teil der Selbstdarstellung sein kann: *»Seht her, in* *meiner Einrichtung ist alles in Ordnung. Ich führe sie gut und habe ein vortreffliches Verhältnis zu den Kolleginnen und Kollegen. Meine Mitarbeitervertretung wird Ihnen dies gern bestätigen.«*

Auch so können Mitarbeitervertretungen benutzt werden. Gegen Umarmungskonzepte hilft nur eine kluge Distanz zur eigenen Leistung und Misstrauen gegenüber den Selbstdarstellungskünsten der Leitung.

Allerdings: Kluge Mitarbeitervertretungen knüpfen an solche Konzepte an und arbeiten mit der Eitelkeit des Leiters. Sie machen ihm deutlich, das eine funktionierende und qualitativ gute Mitwirkungsarbeit auch seinem Ansehen zugute kommt.

Fazit

Natürlich müssen Dienstgeberinteressen zu verfolgen. Arbeitsverhältnisse haben eine eigene Dynamik und Chefs wollen diese Dynamik zur Erreichung des Einrichtungsziels nutzen. Mitarbeiter und Mitarbeiterinnen sollten – nicht misstrauisch, sondern aufmerksam – Motive studieren, wenn Dienstgeber sich über die Maßen für eine Mitarbeitervertretung einsetzen.

Das Letzte ...

Versäumt der Dienstgeber seine Pflicht und beruft die Mitarbeiterversammlung nicht ein, kann jeder Mitarbeiter ihn auf das Versäumnis aufmerksam machen, gegebenenfalls den Vorgesetzten um Tätigwerden bitten, die aufsichtsführende kirchliche Behörde (das Ordinariat oder Generalvikariat) informieren oder das Kirchliche Arbeitsgericht anrufen.

§ 11 Durchführung der Wahl

(1) Die Wahl der Mitarbeitervertretung erfolgt unmittelbar und geheim. Für die Durchführung der Wahl ist der Wahlausschuss verantwortlich.

(2) Die Wahl erfolgt durch Abgabe eines Stimmzettels. Der Stimmzettel enthält in alphabetischer Reihenfolge die Namen aller zur Wahl stehenden Mitarbeiterinnen und Mitarbeiter (§ 9 Abs. 8 Satz 1). Die Abgabe der Stimme erfolgt durch Ankreuzen eines oder mehrerer Namen. Es können so viele Namen angekreuzt werden, wie Mitglieder zu wählen sind. Der Wahlzettel ist in Anwesenheit von mindestens zwei Mitgliedern des Wahlausschusses in die bereitgestellte Urne zu werfen. Die Stimmabgabe ist in der Liste der wahlberechtigten Mitarbeiterinnen und Mitarbeiter zu vermerken.

(3) Bemerkungen auf dem Wahlzettel und das Ankreuzen von Namen von mehr Personen, als zu wählen sind, machen den Stimmzettel ungültig.

(4) Im Falle der Verhinderung ist eine vorzeitige Stimmabgabe durch Briefwahl möglich. Der Stimmzettel ist in dem für die Wahl vorgesehenen Umschlag und zusammen mit dem persönlich unterzeichneten Wahlschein in einem weiteren verschlossenen Umschlag mit der Aufschrift »Briefwahl« und der Angabe des Absenders dem Wahlausschuss zuzuleiten. Diesen Umschlag hat der Wahlausschuss bis zum Wahltag aufzubewahren und am Wahltag die Stimmabgabe in der Liste der wahlberechtigten Mitarbeiterinnen und Mitarbeiter zu vermerken, den Umschlag zu öffnen und den für die Wahl bestimmten Umschlag in die Urne zu werfen. Die Briefwahl ist nur bis zum Abschluss der Wahl am Wahltag möglich.

(5) Nach Ablauf der festgesetzten Wahlzeit stellt der Wahlausschuss öffentlich fest, wieviel Stimmen auf die einzelnen Gewählten entfallen sind und ermittelt ihre Reihenfolge nach der Stimmenzahl. Das Ergebnis ist in einem Protokoll festzuhalten, das vom Wahlausschuss zu unterzeichnen ist.

(6) Als Mitglieder der Mitarbeitervertretung sind diejenigen gewählt, die die meisten Stimmen erhalten haben. Alle in der nach der Stimmenzahl entsprechenden Reihenfolge den gewählten Mitgliedern folgenden Mitarbeiterinnen und Mitarbeitern sind Ersatzmitglieder. Bei gleicher Stimmenzahl entscheidet das Los.

(7) Das Ergebnis der Wahl wird vom Wahlausschuss am Ende der Wahlhandlung bekanntgegeben. Der Wahlausschuss stellt fest, ob jede oder jeder Gewählte die Wahl annimmt. Bei Nichtannahme gilt an ihrer oder seiner Stelle die Mitarbeiterin oder der Mitarbeiter mit der nächstfolgen-

den Stimmenzahl als gewählt. Mitglieder und Ersatzmitglieder der Mitarbeitervertretung werden durch Aushang bekanntgegeben.

(8) Die gesamten Wahlunterlagen sind für die Dauer der Amtszeit der gewählten Mitarbeitervertretung aufzubewahren. Die Kosten der Wahl trägt der Dienstgeber.

Wahlverfahren

§ 11 beschreibt den Ablauf des eigentlichen (ordentlichen) Wahlverfahrens in den einzelnen Schritten. Für alle Phasen des Verfahrens ist der Wahlausschuss zuständig.

Unmittelbar

Die Wahl ist »unmittelbar«, bedeutet: Es bedarf keiner Umsetzung des Wählerwillens durch irgendwelche Repräsentanten, zum Beispiel durch Wahlmänner, -frauen oder einer Vertretung bei der Stimmabgabe.

Geheim

Geheim hat die Wahl stattzufinden. Der Wahlausschuss hat dafür zu sorgen, dass der Inhalt der Stimmabgabe nicht bekannt wird.

Stimmzettel

Alle Kandidatinnen und Kandidaten, für die der Wahlausschuss das passive Wahlrecht festgestellt hat, sind in alphabetischer Reihenfolge auf dem Stimmzettel zu verzeichnen. Der Stimmzettel sollte auch einen Hinweis darauf enthalten, wie viel Namen angekreuzt werden dürfen. Das sind maximal so viele, wie Mitglieder der MAV zu wählen sind. Dabei dürfen die Wähler/innen auch weniger Namen ankreuzen als der Anzahl der Mitglieder der MAV entspricht, ohne dass der Stimmzettel dadurch ungültig wird. Zur Ungültigkeit führt das Ankreuzen von mehr Namen als der Anzahl der zu wählenden Mitglieder der MAV entspricht und jede Form von Bemerkungen auf dem Stimmzettel.

Der Wahlausschuss tut deshalb in der Regel gut daran, wenn er vor der eigentlichen Stimmenauszählung zunächst nur die Gültigkeit der Stimmen prüft.

Briefwahl

Um auch die Ausübung des Wahlrechtes für Mitarbeiter/innen sicherzustellen, die am Wahltage nicht in der Einrichtung sind, kennt die MAVO die Möglichkeit der Briefwahl. Das Verfahren läuft ähnlich ab wie bei einer politischen Wahl. Im Falle der Verhinderung füllt die Mitarbeiterin/der Mitarbeiter ihren/seinen Stimmzettel schon vor dem Wahltag aus, steckt ihn in einen neutralen Umschlag und diesen Umschlag wiederum in einen solchen, aus dem seine Personalien ersichtlich sind, so dass der Wahlausschuss die Stimmabgabe durch Briefwahl in der Wählerliste vermerken kann, um eine doppelte Stimmabgabe zu verhindern. Am Wahltag wird dann nur der Wahlzettel in die bereitgestellte Urne geworfen, so dass sich bei der Stimmenauszählung ein Rückschluss auf die Wahlentscheidung des Briefwählers nicht mehr treffen lässt.

Feststellung des Wahlergebnisses

Nach der Entscheidung über die Gültigkeit der abgegebenen Stimmen, einem Abgleich mit der Wählerliste und der Auszählung der Stimmen hat der Wahlausschuss das Ergebnis in der Form festzulegen, dass er eine Rangfolge nach der Anzahl der erhaltenen Stimmen aufstellt. Wichtig ist dabei insbesondere die nicht in die MAV gewählten Kandidaten schon vor dem Abschluss des Wahlverfahrens insbesondere bei Stimmengleichheit durch ein Losverfahren in eine Rangfolge zu bringen, denn im Falle des Nachrückens muss ohne weitere Entscheidung auf die Unterlagen aus dem Wahlverfahren zurückgegriffen werden können.

Information

Schließlich sollte der Wahlausschuss auch daran denken, alle vom Ausgang des Wahlergebnisses betroffenen Personen unverzüglich zu informieren. Das trifft zunächst natürlich für die in die MAV gewählten Kandidaten zu, die ihre Wahl nach guter demokratischer Tradition noch förmlich annehmen müssen.

Darüber hinaus ist aber auch die Bekanntgabe an den Dienstgeber/die Leitung und an die Diözesane Arbeitsgemeinschaft der Mitarbeitervertretungen wichtig und erforderlich.

Wahlmappen

Zur Durchführung des Wahlverfahrens existieren in den einzelnen Bistümern häufig Arbeitsunterlagen, die zur Unterstützung von den Wahlausschüssen angefordert werden können.

Eine Auswahl von Mustern zur Durchführung der Wahl im ordentlichen Wahlverfahren sind auf der beigefügten CD-ROM vorhanden.

Würdigen und Wahrnehmen –
Kleiner Knigge für Ende und Anfang von Mitarbeitervertretung

In den Kleinigkeiten wird die Kultur einer Einrichtung deutlich: Wer kocht wem den Kaffee, wer versteckt sich morgens hinter der Zeitung und abends hinter dringlichen Terminen? Gibt es eine Feierkultur oder wird jeder runde Geburtstag mit den ewig gleichen Nelken bedacht? Wird den Gästen ein Stuhl angeboten oder thronen die Kolleginnen hinter ihren verbarrikadierenden Schreibtischen. Reagieren wir huldvoll auf Klienten oder sind wir freundlich und entgegenkommend? Wie reden wir miteinander? Wie reden wir voneinander?

Menschen, die sich für Mitarbeiter und Mitarbeiterinnen engagieren, haben mindestens vier Jahre mehr getan als die Arbeit, die sie dem Dienstgeber vertraglich schuldeten. Sie haben sich bemüht, sind oft enttäuscht und manchmal unglücklich nach Hause gegangen. Mehr als andere identifizieren sie sich. Ihnen liegt Mitarbeiterschaft und meistens auch die Einrichtung am Herzen.

Diese vier, acht oder zwölf Jahre wollen stilvoll zu Ende gebracht werden. Da reicht nicht der flüchtige Händedruck vom Dienstgebervertreter oder die abgenudelte Dankesrede auf der letzten Mitarbeiterversammlung der Periode.

Die einzelnen sollen im Blick bleiben. Sie wollen merken, dass ihre Leistung gemeint und das »Danke« mehr als Pflichtübung ist.

Einige Anregungen zur Entwicklung einer Dankkultur

- **Stellvertretend für alle Mitarbeiter und Mitarbeiterinnen verabschiedet der Vorsitzende des Wahlausschusses auf einer eigens einberufenen Versammlung die ausscheidenden MAV-Mitglieder.**
  Er widmet sich besonders denjenigen, die nicht mehr kandidieren werden.
- **Der Chef lädt zu Kaffee und Kuchen ein.**
  Ein ehrliches Gespräch über die auslaufende Kooperation, das Höhen und Tiefen berücksichtigt, wird angestrebt.
- **Die Mitarbeiterschaft veranstaltet für die ausscheidende MAV eine Fete. Auf dem Höhepunkt des Festes werden die Ausscheidenden einzeln bedankt.**
- **Während einer Mitarbeiterversammlung wird ein kleiner Ausschuss gebildet. Seine Aufgabe ist es, jeden Vertreter und jede Vertreterin individuell zu verabschieden. Briefe werden verfasst, ein kleines Geschenk ausgesucht.**
- **Vertreter der Mitarbeiterschaft gehen in die Abteilung, auf die Station, und bedanken sich dort – für alle anderen sichtbar – bei der ausscheidenden Kollegin oder dem Kollegen.**

115

- Der Chef erklärt den Tag vor der Wahl zum Mitarbeitervertretungstag und schenkt den Ausscheidenden einen freien oder einen halben freien Tag.
- Die erste Sitzung der neuen Mitarbeitervertretung beginnt damit, dass die Ausgeschiedenen noch einmal eingeladen werden.
- Dieses Angebot mag derjenige vielleicht nicht annehmen, der gern wiedergewählt werden wollte. Trotzdem sollte er (besonders herzlich) bedacht werden. Die Geste zählt.

Nicht auf teure Geschenke kommt es an, sondern auf die Mitteilung: *Wir haben wahrgenommen, dass Du Dich für uns engagiert hast. Auch wenn wir nicht mit allem einverstanden waren und uns Streit heimsuchte, wissen wir doch um Dein Bemühen und würdigen es.*

Die Neuen

„Verabschieden" ist das Eine, „willkommen geheißen werden" das Andere.

Neue Mitglieder einer Mitarbeitervertretung treffen oft auf alte Hasen, die die Rituale kennen, Spielregeln verinnerlicht haben und (manchmal) des wiederholten Neuanfangs mit „greenhorns" müde sind.

Neue sind immer eine Chance. Sie stellen Gewohntes infrage, lockern Festgefahrenes auf und bringen Dynamik in manche Langeweile hinein. Neuen muss signalisiert werden: *Ihr seid willkommen. Haltet nicht mit euren Ideen hinterm Berg und lasst euch nicht von den alten Hasen abschrecken.*

So kann man anfangen

- Da in der ersten Sitzung sofort zum Vorsitz gewählt werden muss, empfiehlt es sich, vorher informell zusammenzukommen. So lernt man sich ohne Formalitäten kennen.
- Arbeit wird in der ersten Sitzung noch nicht verteilt.
- Eine ausführliche Vorstellungsrunde wird gemacht.
- Ein Pate wird für die ersten Wochen angeboten. Er oder sie ist Ansprechpartner für alle Fragen des MAV-Alltags.
- Neuen muss Freiraum gegeben werden, sich selbst zu präsentieren. Die stellvertretende Vorsitzende könnte zum Beispiel eine neugewählte Kollegin sein. Das signalisiert: Wir nehmen Euch mit Eurer Erfahrung am Arbeitsplatz und Eurer Unerfahrenheit in MAV-Fragen ernst.
- Sobald sich die Mitarbeitervertretung konstituiert hat, bittet sie den Einrichtungsleiter und das Organ des Dienstgebers um einen Vorstellungsbesuch. Der muss nicht lang sein und sollte möglichst nicht mit Tagesaktuellem belastet werden.
- Mancher Neuling hat sich verwundert und erfreut die Augen gerieben, als ihm zur Begrüßung nicht nur die MAVO sondern auch eine Rose geschenkt wurde ...

Mitarbeitervertretungsarbeit ist oft schwere und belastende Arbeit. Deshalb sollten Mitarbeitervertreter und Vertreterinnen sich das Leben erleichtern und einander würdigen und wahrnehmen.

Das Letzte ...

Vergelt's Gott – Selten ist Dankbarkeit so oft delegiert worden wie im Christentum.

M. Immerkehr

Vereinfachtes Wahlverfahren

§ 11 a Voraussetzungen

(1) In Einrichtungen mit bis zu 20 wahlberechtigten Mitarbeiterinnen und Mitarbeitern ist die Mitarbeitervertretung anstelle des Verfahrens nach den §§ 9 bis 11 im vereinfachten Wahlverfahren zu wählen.

(2) Absatz 1 findet keine Anwendung, wenn die Mitarbeiterversammlung mit der Mehrheit der Anwesenden, mindestens jedoch einem Drittel der wahlberechtigten Mitarbeiterinnen und Mitarbeiter spätestens 8 Wochen vor Beginn des einheitlichen Wahlzeitraums die Durchführung der Wahl nach den §§ 9 bis 11 beschließt.

§ 11 b Vorbereitung der Wahl

(1) Spätestens drei Wochen vor Ablauf ihrer Amtszeit lädt die Mitarbeitervertretung die Wahlberechtigten durch Aushang oder in sonst geeigneter Weise, die den wahlberechtigten Mitarbeiterinnen und Mitarbeitern die Möglichkeit der Kenntnisnahme gibt, zur Wahlversammlung ein und legt gleichzeitig die Liste der wahlberechtigten Mitarbeiterinnen und Mitarbeiter aus.

(2) Ist in einer Einrichtung eine Mitarbeitervertretung nicht vorhanden, so handelt der Dienstgeber gemäß Abs. 1.

§ 11 c Durchführung der Wahl

(1) Die Wahlversammlung wird von einer Wahlleiterin oder einem Wahlleiter geleitet die oder der mit einfacher Stimmenmehrheit gewählt wird. Im Bedarfsfall kann die Wahlversammlung zur Unterstützung der Wahlleiterin oder des Wahlleiters Wahlhelfer bestimmen.

(2) Mitarbeitervertreterinnen und Mitarbeitervertreter und Ersatzmitglieder werden in einem gemeinsamen Wahlgang gewählt. Jede wahlberechtigte Mitarbeiterin und jeder wahlberechtigte Mitarbeiter kann Kandidatinnen und Kandidaten zur Wahl vorschlagen.

(3) Die Wahl erfolgt durch Abgabe des Stimmzettels. Auf dem Stimmzettel sind von der Wahlleiterin oder dem Wahlleiter die Kandidatinnen und Kandidaten in alphabetischer Reihenfolge unter Angabe von Name und Vorname aufzuführen. Die Wahlleiterin oder der Wahlleiter trifft Vorkehrungen, dass die Wählerinnen und Wähler ihre Stimme geheim abgeben können. Unverzüglich nach Beendigung der Wahlhandlung zählt sie oder er öffentlich die Stimmen aus und gibt das Ergebnis bekannt.

(4) § 9 Abs. 7, § 11 Abs. 2 Sätze 3, 4 und 6, § 11 Abs. 6 bis 8 und § 12 gelten entsprechend; an die Stelle des Wahlausschusses tritt die Wahlleiterin oder der Wahlleiter.

Diözesane Abweichungen

Bistum Mainz: *Vereinfachtes Wahlverfahren bei bis zu 15 Mitarbeiter/innen*

(Erz-) Bistümer Aachen, Essen, Freiburg, Köln, Münster und Paderborn: *Vereinfachtes Wahlverfahren bei bis zu 30 Mitarbeiter/innen*

(Erz-) Bistümer Berlin, Fulda und Osnabrück: *Vereinfachtes Wahlverfahren bei bis zu 50 Mitarbeiter/innen*

zu § 11 c Erzbistum Köln: *Wahlleiter/in wird von der MAV bestellt.*

Für kleine Einrichtungen

Wenn das vereinfachte Wahlverfahren nicht mit der vorletzten großen Novelle zur MAVO eingeführt worden wäre, müsste man es erfinden. Das etwas schwerfällige, im § 11 dargestellte ordentliche Wahlverfahren war insbesondere wegen seiner langen Fristen ein großes Hemmnis bei der Neuerrichtung von Mitarbeitervertretungen in kleinen Einrichtungen.

Hinzu kam ein eher organisatorisches Problem. Wenn das ordentliche Wahlverfahren die Bestellung eines mindestens 3-köpfigen Wahlausschusses vorschreibt, waren damit die personellen Ressourcen einer kleinen Einrichtung bereits erschöpft oder schon überschritten. Denn 3 Mitarbeiter/innen im Wahlausschuss und mindestens 2 Kandidat(en)/innen waren schon 5 Personen, die bereit sein mussten, sich freiwillig für die Belange einer Mitarbeitervertretung einzusetzen. Damit waren kleine und kleinste Einrichtungen oft schon überfordert.

Schwelle unterschiedlich

In vielen Bistümern wird von der Zahl 20 als Definition einer „kleinen Einrichtung" abgewichen. (Siehe oben). Es hat sich eine Tendenz gebildet, die Grenze höher anzusetzen, als es die Rahmenordnung vorgibt.

Auch ordentliches Verfahren ist möglich

Aber auch die „kleinen Einrichtungen" im Sinne dieser Vorschrift können im ordentlichen Wahlverfahren wählen. Acht Wochen vor Beginn des »einheitlichen Wahlzeitraums« (nähere Erklärung unter § 13) können sie sich mit einem Minderheitsvotum von 1/3 der Wahlberechtigten gegen das vereinfachte Wahlverfahren entscheiden.

Grund für eine solche Entscheidung könnte zum Beispiel sein, dass für eine vernünftige Durchführung der Wahl die Abstimmung durch Briefwahl notwendig ist. Das geht allerdings nur im ordentlichen Verfahren. Briefwahl ist im vereinfachten Verfahren nicht möglich. Nur wer am Wahltag bei der Wahlversammlung auch tatsächlich persönlich anwesend ist, kann wählen.

Handelnde sind im vereinfachten Wahlverfahren zunächst die Mitarbeitervertretung, die den Wahltag festlegt, zur Wahlversammlung einlädt und die Liste der Wahlberechtigten öffentlich macht. Damit ist die Aufgabe der MAV erfüllt. Besteht zum Zeitpunkt der Wahl keine Mitarbeitervertretung, hat der Dienstgeber diese Vorbereitungshandlungen durchzuführen.

Wahlleiter/in statt Wahlausschuss

Im vereinfachten Wahlverfahren ist anstelle des Wahlausschusses eine Wahlleiterin oder ein Wahlleiter aus der Mitte der Wahlversammlung zu wählen. Diese Person ist für die gesamte Durchführung zuständig. Sie hat zunächst zu klären, ob Einsprüche gegen die Wählerliste erhoben werden und über diese dann unmittelbar zu entscheiden. Dann nimmt sie die Wahlvorschläge entgegen, stellt die Stimmzettel aus, verteilt sie und stellt dann das Wahlergebnis fest.

Auch für das vereinfachte Wahlverfahren kann man in den meisten Bistümern auf aktuelle Arbeitshilfen der DiAGs zurückgreifen.[12]

---

12 Mustertexte sind auf der beigefügten CD-ROM abrufbar.

§ 12 Anfechtung der Wahl

(1) Jede wahlberechtigte Mitarbeiterin und jeder wahlberechtigte Mitarbeiter oder der Dienstgeber hat das Recht, die Wahl wegen eines Verstoßes gegen die §§ 6 bis 11 c innerhalb einer Frist von einer Woche nach Bekanntgabe des Wahlergebnisses schriftlich anzufechten. Die Anfechtungserklärung ist dem Wahlausschuss zuzuleiten.

(2) Unzulässige oder unbegründete Anfechtungen weist der Wahlausschuss zurück. Stellt er fest, dass die Anfechtung begründet ist und dadurch das Wahlergebnis beeinflusst sein kann, so erklärt er die Wahl für ungültig; in diesem Falle ist die Wahl unverzüglich zu wiederholen. Im Falle einer sonstigen begründeten Wahlanfechtung berichtigt er den durch den Verstoß verursachten Fehler.

(3) Gegen die Entscheidung des Wahlausschusses ist die Klage beim Kirchlichen Arbeitsgericht innerhalb von zwei Wochen nach Bekanntgabe der Entscheidung zulässig.

(4) Eine für ungültig erklärte Wahl lässt die Wirksamkeit der zwischenzeitlich durch die Mitarbeitervertretung getroffenen Entscheidungen unberührt.

(5) Die Wiederholung einer erfolgreich angefochtenen Wahl obliegt dem Wahlausschuss. Besteht kein ordnungsgemäß besetzter Wahlausschuss (§ 9 Abs. 2 Satz 2) mehr, so findet § 10 Anwendung.

Anfechtungsberechtigte

Anfechtungen der Wahl sind ärgerlich, aber in größeren Einrichtungen wohl kaum immer ganz auszuschließen. Der Kreis derjenigen, die die Wahl anfechten können, ist groß: Jede/jeder Wahlberechtigte kann das tun, und zwar ohne Rücksicht darauf, ob er durch einen Fehler im Wahlverfahren selbst tatsächlich belastet wird oder nicht.

Das gleiche Recht hat der Dienstgeber. Für ihn wird namentlich von Bedeutung sein, ob der Wahlausschuss Fehler bei der Erstellung der Wählerliste gemacht hat, die ihn wirtschaftlich belasten. Wenn beispielsweise Mitarbeiter/innen in die Wählerliste aufgenommen wurden, die nach Auffassung des Dienstgebers nicht wahlberechtigt sind und damit die Anzahl der zu wählenden Mitarbeitervertreter/innen erhöht wurde, wäre das ein klassischer Grund für eine solche Anfechtung.

Anfechtungsfrist

Die Erklärung zur Anfechtung muss den Wahlausschuss binnen einer Woche erreichen. Als Faustregel zur Errechnung der Wochenfrist gilt: Die Frist läuft an dem gleichen Wochentag ab, an dem die Wahlentscheidung bekannt gemacht wurde, was im Regelfall durch Aushang am »Schwarzen Brett« geschieht. Ein beispielsweise freitags veröffentlichtes Wahlergebnis kann bis zum Freitag der darauffolgenden Woche, bis zum Ende der betriebsüblichen Arbeitszeit angefochten werden.

Schriftform

Die MAVO verlangt aus Gründen der Beweissicherung die Schriftform.

Sind die vorgenannten drei Punkte erfüllt, also

1. Anfechtung durch einen/eine Wahlberechtigte/n oder den Dienstgeber
2. in schriftlicher Form
3. binnen einer Woche nach Bekanntgabe des Wahlergebnisses,

gilt die Wahlanfechtung zunächst einmal als zulässig.

Begründete Anfechtung

Um mit einer Anfechtung erfolgreich zu sein, muss sie aber nicht nur zulässig, sondern auch begründet sein. Das ist der Fall

- wenn der Wahlausschuss gegen Vorschriften zum aktiven Wahlrecht oder zur Wählbarkeit verstoßen hat,
- der Wahlausschuss wesentliche Wahlvorschriften verletzt hat. (Besetzung des Ausschusses, Formalien der Bestellung zum Kandidaten, Fehler bei der Gestaltung des Stimmzettels oder dem Modus der Stimmabgabe) *und* durch diesen Verstoß das Wahlergebnis beeinflusst sein kann.

An dieser letzten Voraussetzung scheitern sehr viele Wahlanfechtungen. Sie hat aber eine sehr wichtige Filterfunktion. Denn kleinere Verstöße gegen Wahlvorschriften lassen sich in jedem Wahlverfahren finden. Es wäre aber unwirtschaftlich und ginge nur ums Prinzip, wenn man eine MAV-Wahl bei Feststellung jedes nur fahrlässig verursachten Verstoßes wiederholen müsste, ohne dass das Wahlergebnis selbst beeinflusst würde Deshalb muss mindestens die Möglichkeit eines anderen Wahlausganges bestehen, damit eine Wahlanfechtung zum Erfolg führt.

▸ **Beispiel**

In einer Einrichtung rügen mehrere „geringfügig" Beschäftigte" (sogenannte 400-Euro-Kräfte) mit Recht, dass ihr Wahlrecht verletzt worden sei. Sie wurden auf der Wählerliste nicht aufgeführt, weil der Dienstgeber sie nicht für wahlberechtigt hielt und der Wahlausschuss die Unvollständigkeit der Mitarbeiterliste nicht bemerkt hat. Hat es bei der MAV-Wahl aber nur eine Kandidatin gegeben, wäre die Wahlanfechtung zwar zulässig, letztlich aber unbegründet, weil auch bei Stimmabgabe durch die übergangenen Mitarbeiterinnen genau die gleiche Kandidatin zur Mitarbeitervertreterin gewählt worden wäre, wenn auch mit abweichender Stimmenzahl.

Wahlausschuss entscheidet

Für die Entscheidung über eine Wahlanfechtung ist der Wahlausschuss zuständig. Das Verfahren entspricht dem Widerspruchsverfahren im Verwaltungsrecht: Hält der Wahlausschuss die Anfechtung für begründet, erklärt er die Wahl für ungültig, ansonsten weist er die Anfechtung zurück. In diesem Fall kann sich der Anfechtende nur noch an das Kirchliche Arbeitsgericht – Einigungsstelle wenden.

MAV als Antragsgegner

Vor dem Kirchlichen Arbeitsgericht ist dann allerdings die neue Mitarbeitervertretung und nicht der Wahlausschuss Antragsgegner. (§ 10 Kirchliche Arbeitsgerichtsordnung/KAGO[13]) Denn durch eine für die oder den Anfechtende/n positive Entscheidung wird die neue MAV in der Form belastet, dass sie ihr Amt verliert und Neuwahlen stattfinden müssen.

Alles klar? Nix klar!
(Innere) Anfechtungen der Wahl

In manchen kirchlichen Einrichtungen ist ein langer Weg gegangen worden, bevor es zur Installation einer Mitarbeitervertretung kam. Oft sind es Pioniere gewesen, die mit milder Subversion oder offener Feldschlacht dafür sorgten, dass die Mitwirkungsrechte wahrgenommen und angenommen wurden. In den letzten Jahren ist die Dichte der Mitarbeitervertretung in kirchlichen Einrichtungen immer größer geworden. Gegenwärtig schätzt man, dass etwa 80% aller katholischen Einrichtungen eine MAV haben. Das zeigt in der Tendenz deutlich, dass es auch in kirchlichen Mitarbeiterkreisen einen Bewusstseinswandel gegeben hat.

Aber man täusche sich nicht. Auch wenn formal ein Mitwirkungsgremium besteht, heißt dies noch lange nicht, dass es sich tatsächlich *durchgesetzt* hat. Manche Wahl ist nur formal, Ergebnis und Folgen werden nicht zur Kenntnis genommen. Gegenüber dem alten Zustand hat sich nichts oder wenig verändert. Ein Grund für diese Ignoranz kann die »innere Wahlanfechtung« sein.

Wahlanfechtung

Im § 12 der MAVO sind die Gründe für die rechtlich begründete Anfechtung dargestellt.

---

13 Text auf der beigefügten CD-ROM.

Vermeintlich oder tatsächlich fehlerhaft verlaufene Wahlen sind immer ein schlechter Start und wirken oft noch lange nach. Misstrauen kann sich festsetzen, Vertretungsberechtigungen werden angezweifelt, Rückhalt verweigert.

▸ **Beispiel**

Die Anfechtung der Wahl im Kinderheim B. führte dazu, dass die langjährige Vorsitzende Hanne F. bei der Wahlwiederholung nicht gewählt wurde. Es gewann die Anfechterin.

Treten solche oder ähnliche Konfliktfälle auf, wird sich die Mitarbeitervertretung zuerst um Schadensbegrenzung bemühen: Gespräche müssen offensiv gesucht, Transparenz über das Wahlverfahren und die Anfechtung hergestellt, Mitarbeiter und Mitarbeiterinnen informiert werden. Der Boden für die Akzeptanz der Arbeit muss (unter Umständen mühsam) bereitet werden.

Die »innere Anfechtung« der Wahl

Die Anfechtungen, von denen hier die Rede sein soll, sind nicht justiziabel. Sie fänden kein Gremium, dass sich mit ihnen rechtlich auseinandersetzen würde und zu ihren Eigentümlichkeiten gehört, dass sie öffentlich selten verhandelt werden. Anfechtungen solcher Art sind »Tabu-« oder »Nörgelthemen«, sie sind Gesprächsstoff mit der Lieblingskollegin oder kreisen im Kopf der einzelnen Mitarbeiterin.

Innere Anfechtung meint, dass zwar das Wahlergebnis äußerlich respektiert, die Arbeit der Mitarbeitervertretung aber ignoriert, dauerkritisiert oder konterkariert wird.

Ignorieren

■ Die Mitarbeiter/in erscheint nicht zu Mitarbeiterversammlungen,
■ die Mitarbeitervertretung wird nie angesprochen, um Rat oder Unterstützung gefragt.
■ Es findet keine Beteiligung an von der MAV initiierten Aktionen statt,
■ Die Mitarbeiter/in ist nie oder selten bereit, Aufgaben zu übernehmen, wenn die MAV darum bittet.

Dauerkritisieren

■ Keine Mitarbeiterversammlung ohne Streit, der meistens grundsätzlich wird (»*Die haben ja keine Ahnung.*« – »*Noch nie seid Ihr in der Lage gewesen ...*«),
■ alle Zusammenkünfte von Kolleginnen und Kollegen werden genutzt, um der tatsächlichen oder vermeintlichen Unmut Luft zu machen,
■ gegenüber dem Dienstgebervertreter wird abfällig über die MAV-Arbeit gesprochen,

■ es besteht ein gespanntes kollegiales Verhältnis zu einzelnen Mitarbeitervertreter/innen.

Konterkarieren

■ Engagement wird nicht der MAV zur Verfügung gestellt, sondern in anderen Zusammenhängen gelebt (»*Du, ich kenne da einen guten Arbeitsrechtler, den kannst Du mal privat anrufen* . . .«),

■ Aktionen der MAV werden getoppt (»*Der Stammtisch letzten Monat war ganz nett. Heute abend lade ich Euch alle in meinen neuen Partykeller ein.*")

■ Wahlen werden boykottiert (»*Das haben wir doch vier Jahre erlebt: MAV-Arbeit bringt nichts* . . .«),

■ Im Kontakt mit Vorgesetzten spielt man sich als eigentlicher Interessensverwalter der Mitarbeiter/innen auf (das tun gerne solche Kolleginnen und Kollegen, die im unteren Leitungsbereich tätig sind).

Gründe

Innere Anfechtungen sind wie eine Krankheit, die sich langsam von einem zur anderen schleicht. Der Herd ist oft nicht auszumachen, es gibt wenig Abwehrmittel. Anfechtungen dieser Art werden selten öffentlich verhandelt, selten konkretisiert. Die Handlungsmöglichkeiten einer amtierenden Mitarbeitervertretung sind gering. Sie erleben in der Mitarbeiterschaft Lähmung, ohne zu wissen, woher diese rührt.

Innere Anfechtungen sind eine projizierte Form der inneren Kündigung.

Die innere Kündigung wendet sich gegen den Dienstgeber und dessen Engagement, die innere Anfechtung hingegen gegen die Mitarbeitervertretung und deren Beteiligungsinteressen. Die negative Energie wird quasi gebündelt und auf die MAV bzw. deren Arbeit gerichtet.

So werden Unzufriedenheiten mit der eigenen Arbeitssituation ausagiert, persönliche Defizite oder Enttäuschungen kaschiert, fehlende Anerkennung ausgeglichen, erwartete Besserstellungen reklamiert.

Innere Anfechtungen müssen als Symptom verstanden werden.

Mitarbeiter werden in ihrer Unzufriedenheit deutlicher, die Institution in ihrer Fehlerhaftigkeit wahrnehmbarer. Eine von Mitarbeitern und Mitarbeiterinnen nicht angenommene MAV verdeutlicht die beschädigte oder gescheiterte Balance innerhalb der Einrichtung. Wie bei einer gestörten Waage stimmt das Grundverhältnis nicht.

Was tun?

Einige Anregungen, die angesichts der geschilderten Problematik aber nur begrenzt wirksam sein können:

- **Eruieren Sie, wer insbesondere unzufrieden mit der MAV ist.**
- **Suchen Sie das Gespräch und bemühen Sie sich um Einbindung in Entscheidungsprozesse.**
- **Stellen Sie Transparenz her und vertreten Sie die Mitwirkungsrechte offensiv.**
- **(Je nach Situation) Suchen Sie das Gespräch mit dem Dienstgeber. Stellen Sie gemeinsam Überlegungen an, ob es Fehlentwicklungen grundsätzlicher Art in der Institution gibt.**
- **Werten Sie den »Unruheherd« auf bei gleichzeitiger Betonung der Grenzen.**
- **Bleiben Sie möglichst sachlich und schärfen Sie Ihren Blick für die Ursachen.**

Die innere Anfechtung kann Ausdruck fehlender Organisationsentwicklung sein. Im Sinne der Dienstgemeinschaft sind deshalb solche Symptome besonders zu beachten.

Manchmal hilft nur Hilfe von außen (und besonderer Langmut).

Das Letzte ...

Werden Wählerrechte verletzt, sollte man die Anfechtung nicht scheuen. Zur Besonderheit des kirchlichen Dienstes gehört, dass es noch immer Dienstgebervertreter gibt, die das kirchliche Recht des Dritten Weges nicht ernst nehmen. Sie stützen Wahlen nicht und boykottieren sie dadurch, dass sie z. B. Wählerlisten nicht oder nur unzureichend zur Verfügung stellen.

Auch die Dickköpfigsten werden kooperativ, wenn sie durch die Kosten einer neuen Wahl »abgestraft« werden.

§ 13 Amtszeit der Mitarbeitervertretung

(1) Die regelmäßigen Wahlen zur Mitarbeitervertretung finden alle vier Jahre in der Zeit vom 1. März bis 30. Juni (einheitlicher Wahlzeitraum) statt.

(2) Die Amtszeit beginnt mit dem Tag der Wahl oder, wenn zu diesem Zeitpunkt noch eine Mitarbeitervertretung besteht, mit Ablauf der Amtszeit dieser Mitarbeitervertretung. Sie beträgt 4 Jahre. Sie endet jedoch vorbehaltlich der Regelung in Abs. 5 spätestens am 30. Juni des Jahres, in dem nach Absatz 1 die regelmäßigen Mitarbeitervertretungswahlen stattfinden.

(3) Außerhalb des einheitlichen Wahlzeitraumes findet eine Neuwahl statt, wenn

1. an dem Tage, an dem die Hälfte der Amtszeit seit Amtsbeginn abgelaufen ist, die Zahl der wahlberechtigten Mitarbeiterinnen und Mitarbeiter um die Hälfte, mindestens aber um 50, gestiegen oder gesunken ist,
2. die Gesamtzahl der Mitglieder der Mitarbeitervertretung auch nach Eintreten sämtlicher Ersatzmitglieder um mehr als die Hälfte der ursprünglich vorhandenen Mitgliederzahl gesunken ist,
3. die Mitarbeitervertretung mit der Mehrheit ihrer Mitglieder ihren Rücktritt beschlossen hat,
4. die Wahl der Mitarbeitervertretung mit Erfolg angefochten worden ist,
5. die Mitarbeiterversammlung der Mitarbeitervertretung gemäß § 22 Abs. 2 das Misstrauen ausgesprochen hat,
6. die Mitarbeitervertretung im Falle grober Vernachlässigung oder Verletzung der Befugnisse und Verpflichtungen als Mitarbeitervertretung durch Urteil des Kirchlichen Arbeitsgerichts aufgelöst ist.

(4) Außerhalb des einheitlichen Wahlzeitraumes ist die Mitarbeitervertretung zu wählen, wenn in einer Einrichtung keine Mitarbeitervertretung besteht und die Voraussetzungen für die Bildung der Mitarbeitervertretung (§ 10) vorliegen.

(5) Hat außerhalb des einheitlichen Wahlzeitraumes eine Wahl stattgefunden, so ist die Mitarbeitervertretung in dem auf die Wahl folgenden nächsten einheitlichen Wahlzeitraum neu zu wählen. Hat die Amtszeit der Mitarbeitervertretung zu Beginn des nächsten einheitlichen Wahlzeitraumes noch nicht ein Jahr betragen, so ist die Mitarbeitervertretung in dem übernächsten einheitlichen Wahlzeitraum neu zu wählen.

§ 13 a Weiterführung der Geschäfte

Ist bei Ablauf der Amtszeit (§ 13 Abs. 2) noch keine neue Mitarbeitervertretung gewählt, führt die Mitarbeitervertretung die Geschäfte bis zur Übernahme durch die neugewählte Mitarbeitervertretung fort, längstens für die Dauer von sechs Monaten vom Tag der Beendigung der Amtszeit an gerechnet. Dies gilt auch in den Fällen des § 13 Abs. 3 Nr. 1 bis 3.

§ 13 b Ersatzmitglied, Verhinderung des ordentlichen Mitglieds und ruhende Mitgliedschaft

(1) Scheidet ein Mitglied der Mitarbeitervertretung während der Amtszeit vorzeitig aus, so tritt an seine Stelle das nächstberechtigte Ersatzmitglied (§ 11 Abs. 6 Satz 2).

(2) Im Falle einer zeitweiligen Verhinderung eines Mitglieds tritt für die Dauer der Verhinderung das nächstberechtigte Ersatzmitglied ein. Die Mitarbeitervertretung entscheidet darüber, ob eine zeitweilige Verhinderung vorliegt.

(3) Die Mitgliedschaft in der Mitarbeitervertretung ruht, solange dem Mitglied die Ausübung seines Dienstes untersagt ist. Für die Dauer des Ruhens tritt das nächstberechtigte Ersatzmitglied ein.

§ 13 c Erlöschen der Mitgliedschaft

Die Mitgliedschaft in der Mitarbeitervertretung erlischt durch

1. Ablauf der Amtszeit der Mitarbeitervertretung,
2. Beschluss der Einigungsstelle bei Verlust der Wählbarkeit,
3. Niederlegung des Amtes,
4. Ausscheiden aus der Einrichtung,
5. Urteil des Kirchlichen Arbeitsgerichts im Falle grober Vernachlässigung oder Verletzung der Befugnisse und Pflichten als Mitarbeitervertreterin oder Mitarbeitervertreter.

§ 13 d Übergangsmandat

(1) Wird eine Einrichtung gespalten, so bleibt deren Mitarbeitervertretung im Amt und führt die Geschäfte für die ihr bislang zugeordneten Teile einer Einrichtung weiter, soweit sie die Voraussetzungen des § 6 Abs. 1 erfüllen und nicht in eine Einrichtung eingegliedert werden, in der eine Mitarbeitervertretung besteht (Übergangsmandat). Die Mitarbeitervertretung hat insbesondere unverzüglich Wahlausschüsse zu bestellen. Das Übergangsmandat endet, sobald in den Teilen einer Einrichtung eine neue Mitarbeitervertretung gewählt und das Wahlergebnis bekannt gegeben ist, spätestens jedoch sechs Monate nach Wirksamwerden der Spal-

tung. Durch Dienstvereinbarung kann das Übergangsmandat um bis zu weitere sechs Monate verlängert werden.

(2) Werden Einrichtungen oder Teile von Einrichtungen zu einer Einrichtung zusammengelegt, so nimmt die Mitarbeitervertretung der nach der Zahl der wahlberechtigten Mitarbeiterinnen und Mitarbeiter größten Einrichtung oder des größten Teils einer Einrichtung das Übergangsmandat wahr. Absatz 1 gilt entsprechend.

(3) Die Absätze 1 und 2 gelten auch, wenn die Spaltung oder Zusammenlegung von Einrichtungen und Teilen von Einrichtungen im Zusammenhang mit einer Betriebsveräußerung oder einer Umwandlung nach dem Umwandlungsgesetz erfolgt.

(4) Führt eine Spaltung, Zusammenlegung oder Übertragung dazu, dass eine ehemals nicht in den Geltungsbereich nach § 1 fallende Einrichtung oder ein Teil einer Einrichtung nunmehr in den Geltungsbereich dieser Ordnung fällt, so gelten Abs. 1 und 2 entsprechend. Die nicht nach dieser Ordnung gebildete Arbeitnehmervertretung handelt dann als Mitarbeitervertretung. Bestehende Vereinbarungen zwischen dem Dienstgeber und der nicht nach dieser Ordnung gebildeten Arbeitnehmervertretung erlöschen und zuvor eingeleitete Beteiligungsverfahren enden.

§ 13 e Restmandat

Geht eine Einrichtung durch Stilllegung, Spaltung oder Zusammenlegung unter, so bleibt deren Mitarbeitervertretung so lange im Amt, wie dies zur Wahrnehmung der damit im Zusammenhang stehenden Beteiligungsrechte erforderlich ist.

Diözesane Abweichungen

(Erz-) Bistümer Aachen, Essen, Köln, Münster, Osnabrück und Paderborn:

Wahlzeitraum vom 1. März bis 30. Juni

Bistum Mainz: *Innerhalb des Wahlzeitraums einheitliche Wahlwoche*

Beginn der Amtszeit

Es gilt der Grundsatz, dass es gleichzeitig nicht zwei Mitarbeitervertretungen geben darf. Also: Nur dort, wo eine »alte« Mitarbeitervertretung am Wahltag nicht oder nicht mehr besteht, beginnt die Amtszeit von 4 Jahren sofort, also mit dem Tag der Wahl.

Besteht eine MAV noch, so kann durch die Wahl nicht in deren bestehende Rechte eingegriffen werden, der Beginn der Amtszeit liegt deshalb erst am Tage nach dem Auslaufen der Amtszeit der »alten« Mitarbeitervertretung.

Ende der Amtszeit

Das regelmäßige Ende der Amtszeit liegt genau 4 Jahre nach ihrem Beginn, falls innerhalb des sogenannten »einheitlichen Wahlzeitraums« gewählt wurde.

Einheitlicher Wahlzeitraum

Der einheitliche Wahlzeitraum (eWZR) wird von der Verwaltung der Diözese jeweils im kirchlichen Amtsblatt festgelegt oder ist bereits – wie im obigen Mustertext – in der MAVO vorgegeben. Sinn des eWZR ist es, die Durchführung der Wahlen zur Mitarbeitervertretung im gesamten Bistum zu koordinieren und den Beteiligten durch die parallele Durchführung der Wahlen bessere Unterstützungsmöglichkeiten geben zu können. Da Wahlen zur Mitarbeitervertretung jederzeit bei Vorliegen der Voraussetzungen nach § 6 stattfinden können bzw. sogar müssen, Mitarbeitervertretungen gelegentlich auch zurücktreten, geraten immer wieder Einrichtungen aus dem 4-Jahres-Rhythmus heraus. Durch die Festlegung des eWZR soll langfristig wieder eine Koordinierung der Wahltermine erreicht werden.

Dafür nimmt die MAVO auch einen Eingriff in die Dauer der Amtszeit einer Mitarbeitervertretung in Kauf:

- Ist die MAV zum Beginn des eWZR schon länger als 1 Jahr im Amt, muss neu gewählt werden.
  Die Amtszeit beträgt demnach in diesem Fall nur zwischen 1 und 4 Jahren.

- Ist die MAV zum Beginn des eWZR noch kein Jahr im Amt, verlängert sich ihre Amtszeit um eine volle Wahlperiode.

Die Amtszeit beträgt demnach zwischen 4 und 5 Jahren.

Nicht rechtzeitig gewählt

Das Ende der Amtszeit kann sich auch dadurch verändern, dass die MAV die Neuwahl nicht rechtzeitig veranlasst hat. Dann darf sie nach § 13 a weiter als »geschäftsführende MAV« im Amt bleiben, und zwar maximal 6 Monate über das reguläre Ende ihrer Amtszeit hinaus.

Sonstige Verkürzung der Amtszeit

Absatz 3 nennt 6 weitere Fälle, in denen die Amtszeit der MAV sich verändert, namentlich verkürzt:

1. Bei wesentlichen Schwankungen der Anzahl der Wahlberechtigten, also letztlich des Personalbestandes der Einrichtung, allerdings mit den Einschränkungen, dass

- die Hälfte der Amtszeit abgelaufen sein muss und
- die Anzahl der Wahlberechtigten sich mindestens verdoppelt oder halbiert haben muss.

2. Für den Fall, dass die ursprüngliche (nicht unbedingt die gesetzlich vorgesehene) Größe der Mitarbeitervertretung um mehr als die Hälfte zurückgegangen ist. Das kann entsprechend § 13 c Zif. 2–5 passieren durch Amtsniederlegungen einzelner MAV-Mitglieder, durch Ausscheiden aus dem Dienst oder Feststellung des Verlustes der Wählbarkeit oder Amtsenthebung durch die Schlichtungsstelle wegen Vernachlässigung von Pflichten.

   In der Praxis kommt der Fall allerdings nicht so häufig vor, weil meistens noch eine Anzahl (bei der Wahl unterlegener) Ersatzmitglieder zur Verfügung steht, die zunächst den Anspruch auf das Nachrücken in die MAV haben.

3. Bei Rücktritt der Mitarbeitervertretung, der durch Mehrheitsbeschluss, also durchaus auch gegen den Willen einzelner Mitglieder der MAV erklärt werden kann.

4. Bei (erfolgreicher) Wahlanfechtung, wobei logischerweise erst das Amt angetreten sein muss, also zwischen Bekanntgabe des Wahlergebnisses und Anfechtung bereits die Konstituierung der neuen MAV stattgefunden haben muss.

5. Bei Misstrauensvotum durch die einfache Mehrheit der wahlberechtigten *(nicht nur der anwesenden)* Mitarbeiter/innen in einer Mitarbeiterversammlung.

6. Bei grober Vernachlässigung oder Verletzung von Pflichten (Feststellung durch das Kirchliche Arbeitsgericht).

In den Fällen 1–3 darf die MAV die Amtsgeschäfte bis zur Neuwahl noch kommissarisch weiterführen, bei den Fällen zu 4–6, die alle mit einem Makel für die MAV verbunden sind, darf sie das nicht. In den letztgenannten Fällen besteht mit der Entscheidung des Kirchlichen Arbeitsgerichts bzw. dem Misstrauensvotum deshalb ein MAV-loser Zustand.

Die Ersatzmitglieder

Jede Kandidatin oder jeder Kandidat bei der MAV-Wahl wird, falls er die notwendige Stimmzahl zur Wahl in die MAV nicht erfüllt, automatisch ein Ersatzmitglied und hat damit die Möglichkeit, bei Ausfall eines ordentlichen Mitgliedes in die MAV nachzurücken.

Das Nachrücken geschieht als gesetzliche Folge des Ausscheidens eines MAV-Mitglieds. Das wird meistens durch Amtsniederlegung oder Ausscheiden aus dem Dienstverhältnis und einen diesen Sachverhalt offiziell feststellenden Beschluss der Mitarbeitervertretung passieren

Zeitweilige Verhinderung

Der zweite, problematischere Fall ist der einer – zumindest zeitweiligen –Verhinderung des ordentlichen Mitgliedes einer MAV. Die MAV stellt zwar die Verhinderung offiziell durch Beschluss fest, hat aber keinen Einfluss auf die Frage, ob und wer in die MAV nachrückt. Das ergibt sich dann automatisch aus der Liste der Ersatzmitglieder in der Reihenfolge der erzielten Stimmen.

Es ist deshalb wichtig, dass die Reihenfolge schon durch den Wahlausschuss eindeutig festgelegt ist, im Falle der Stimmengleichheit bei Feststellung des Wahlergebnisses also schon vorsorglich durch Losentscheid die Rangfolge der Nachrücker bis hin zum letzten Kandidaten, der evtl. nur eine Stimme erhalten hat, geklärt ist.

Welche zeitliche Dauer einer Verhinderung mindestens vorliegen muss, lässt die MAVO offen. Der Zeitraum dürfte oberhalb eines Jahresurlaubs, mindestens aber bei einer Langzeiterkrankung (also über den Zeitraum der Lohnfortzahlung hinaus) liegen, also etwa ab 5 oder 6 Wochen anzunehmen sein.

Da die MAV die zeitweilige Verhinderung durch Beschluss feststellen muss, bleibt ihr immer noch ein kleiner Spielraum. Das ist auch wichtig, weil – unabhängig von der Dauer des Ausfalls eines MAV-Mitgliedes – zu klären ist, ob im jeweiligen Zeitraum eine Komplettierung der MAV nötig erscheint. Soweit keine mitbestimmungspflichtigen Entscheidungen des Dienstgebers anstehen, kann vorübergehend vielleicht darauf verzichtet werden. Wenn jedoch Beschlüsse der MAV gefordert sind, sollte die MAV zügig entscheiden.

Kein Informationsgefälle aufkommen lassen

Ist in einer Einrichtung schon absehbar, dass demnächst Mitglieder aus der MAV ausscheiden werden, sollte die MAV darauf achten, dass das nächste Ersatzmitglied sich entsprechend auf eine Übernahme des Amtes vorbereiten kann. Am leichtesten ist das möglich, wenn es von Zeit zu Zeit schon einmal für kurze Zeit in die MAV nachrücken kann.

MAV-Status erst durch Nachrücken

Ansonsten ist zu beachten, dass Ersatzmitglieder keinerlei Rechte nach der MAV haben. Ihr Kündigungsschutz erlischt mit Ablauf des Kandidatenschutzes, also 6 Monate nach dem Wahltag. Sie haben kein Anwesenheits- oder Informationsrecht gegenüber der gewählten MAV. Und sie haben schließlich – was das Nachrücken in der laufenden Amtsperiode immer problematisch macht keinen Anspruch auf Teilnahme an Schulungsveranstaltungen, müssen also ggf. mit dem Nachrücken »bei Null anfangen.«

Mehrfaches Nachrücken

Treten mehrere Fälle für ein Nachrücken auf und wird dabei annähernd die gesamte Liste der Ersatzmitglieder ausgenutzt, sollte sich die amtierende MAV beizeiten überlegen, ob nicht evtl. ein Rücktritt der MAV in Betracht kommt. Denn letztlich werden durch häufiges Nachrücken natürlich diejenigen zu Mitarbeitervertreter/innen, die »die Wahl verloren« hatten, also nach dem Votum der Mitarbeiterschaft eigentlich nicht in der MAV sein sollten.

Die Neuen sind da – Mitarbeitervertretungen nach der Wahl

▸ **Beispiel**

Die Amtszeit war vorüber. Zur Mitarbeitervertretung wurde gewählt. Vier der fünf alten Mitglieder stellten sich zur Wahl, drei davon wurden gewählt. Eine Kollegin und ein Kollege waren die »Neuen«.

Unsicherheiten bei den »Alten«

Können wir so weitermachen wie bisher?

Werde ich Vorsitzender bleiben?

Wie viel Erfahrung haben die Neuen?

Wie viel Arbeit werden sie uns machen?

Halten sie in dem so eingefahrenen Alltagsgeschäft auf?

Muss ich jetzt den Klugen machen und die Kollegen arbeitsrechtlich an die Hand nehmen?

Unsicherheit bei den »Neuen«

Werden wir von den Mitarbeitern als Ansprechpartner/in akzeptiert?

Welchen Blick wird der Dienstgeber werfen: den anerkennenden, den missgünstigen oder den spöttischen?

Wo erhalte ich erste Informationen über meine Rechte?

Werden die Alten mich in meiner neuen Funktion begleiten?

Muss ich erst einmal Protokoll schreiben und Kaffee kochen?

Darf ich meine Ideen einbringen?

Wie viel Arbeit kommt auf mich zu?

Solche und ähnliche Fragen kennt jeder aus den ersten Tagen als Mitarbeitervertreterin oder Mitarbeitervertreter.

Und „alte Hasen" kennen solche Fragen auch.

Wahlen sind unausbleibliche Schnittstellen im Geschäft einer Mitarbeitervertretung. Sie beenden funktionierende Arbeitsprozesse abrupt. Kollegen, die man so gern dabei gehabt hätte, wurden nicht wiedergewählt. Unbekannte, unvertraute Gesichter tauchen auf.

In dieser Phase entstehen Unsicherheiten, die durch eine sorgfältige Planung und umsichtige Einführung der »Neuen« abgefangen werden können. Zeiten nach der Wahl sind Umbruchzeiten: Unsicherheiten können positiv für notwendige Neuorientierungen genutzt werden. Neue Aufgaben- und Arbeitsverteilungen führen zu Imageveränderung und mehr Dynamik.

Die Situation

Schon eine Woche nach der Wahl soll die erste Zusammenkunft einer Mitarbeitervertretung stattfinden. Dann muss gewählt werden. Man hat kaum Zeit, einander näher kennen zu lernen.

Die konstituierende Sitzung

Erfahrungsgemäß werden in der konstituierenden Sitzung lediglich die rechtlich notwendigen Schritte gegangen. Dies ergibt sich aus dem pragmatischen Umstand, dass diese Sitzung sehr schnell nach der Wahl stattfinden muss. Steht wenig Zeit zur Verfügung, sollte man eine kurze Vorstellungsrunde machen und sich auf einen neuen, längeren Termin, der der Arbeitsplanung dient, verständigen. Das Ergebnis der konstituierenden Sitzung (die Funktionsbesetzung) muss den Mitarbeiterinnen und Mitarbeitern sowie dem Dienstgeber in kurzer Form bekannt gemacht werden – verbunden mit dem Hinweis, dass zu einem späteren Zeitpunkt weitere Informationen folgen bzw. Gesprächsverabredungen beabsichtigt sind.

Der Vorsitz

Schon bei der Wahl der oder des Vorsitzenden sind erste Grundüberlegungen fällig. Man wird sich für eine Kollegin oder einen Kollegen entscheiden, die oder der Erfahrung hat. Das erleichtert den Übergang in die neue Periode. Gleichwohl sind mit einem solchen pragmatischen Schritt auch Gefahren verbunden: Wird der oder die alte Vorsitzende wiedergewählt, so bedeutet dies unter Umständen, dass alte, manchmal festgefahrene Arbeitsmuster wiederholt werden und neue Kolleginnen und Kollegen wenig Möglichkeiten haben, das Miteinander zu bestimmen.

Zwar hat nach der Mitarbeitervertretungsordnung der Vorsitzende keine Sonderrechte, aber der Vorsitzende leitet die Sitzungen und koordiniert in der Regel die Arbeitsabläufe. Er oder sie hat faktisch eine starke Position. Auch in Mitarbeitervertretungen hat sich die »Jobrotation« bewährt. Der alte Vorsitzende, wenn er als Mitarbeitervertreter wiedergewählt worden ist, verzichtet auf das Amt und reiht sich wieder in die MAV ein mit der Bereitschaft, die neue Vorsitzende in den ersten Monaten bei ihrer Arbeit zu unterstützen und zu begleiten. Dies kann auch für andere Ämter gelten.

Geplante Wechsel von Aufgaben führen in der Regel zur Erhöhung des Kompetenz-Potentials einer MAV.

Vorstellung und Kennenlernen

In der ersten Phase der Zusammenarbeit kommen auf Vorsitzende wichtige koordinierende Aufgaben zu. In einem möglichst zwanglosen Ambiente muss das Kennenlernen fortgesetzt werden. Ein ausführliches Vorstellen gehört dazu.

Welche Erwartungen und Wünsche werden mit der neuen Aufgabe verbunden? Haben die neuen (und alten) Mitglieder der MAV sich selbst schon »Arbeitsaufträge« gegeben: Wofür wollen sie sich besonders einsetzen? Die Vorsitzende oder der Vorsitzende können erfragen, welche ersten Informationen notwendig sind und ob mit der Wahl Schwierigkeiten im Dienstbereich verbunden waren.

Im Mittelpunkt sollte das Bemühen stehen, miteinander ins Gespräch zu kommen und Erwartungshaltungen abzuklären.

Schwebende Verfahren

Oft übernimmt die neue von der alten Mitarbeitervertretung schwebende Verfahren. Gesprächsfäden mit dem Dienstgeber müssen wieder aufgenommen, arbeitsrechtliche Verfahren weiter betrieben, MAV-Initiativen fortentwickelt werden. So ausführlich wie nötig und so knapp wie möglich sollten die alten Mitglieder über diese Verfahren informieren.

Die Mitarbeitervertretung legt fest, wer den Fortgang betreibt. Zweckmäßig kann es sein, die Neuen sofort einzubeziehen, d. h. konkret: Ein altes und ein neues Mitglied kümmern sich gemeinsam.

Akten

Informiert wird über die Akten der Mitarbeitervertretung und die Arbeitsmittel, die zur Verfügung stehen. Je informierter sich die Neuen fühlen, desto eher erlangen sie Sicherheit auf dem ungewohnten Arbeitsfeld.

Dass den Neuen spätestens hier ein Text der MAVO, möglichst mit Kommentar, ausgehändigt wird, versteht sich von selbst.

Dienstgebergespräch

Nach der ersten Arbeitssitzung sollte mit dem Dienstgeber und seinem Vertreter ein Gespräch vereinbart werden.

Die neue MAV stellt sich vor und knüpft Kontakte. Um die Arbeitsatmosphäre von möglichen Streitpunkten zu entlasten, ist es sinnvoll, ein solches Vorstellungsgespräch nicht mit konkreten Anliegen zu belasten. Bestenfalls wird auf geplante Vorhaben und Arbeitsprojekte verwiesen werden mit dem Hinweis, dass die Mitarbeitervertretung zu gegebener Zeit um ein erneutes Gespräch bitten werde.

Kontakt zu anderen Mitarbeitervertretungen

Sehr schnell muss die gewählte Mitarbeitervertretung sich bei der zuständigen Diözesanen Arbeitsgemeinschaft melden und die notwendigen Informationen (Namen der Gewählten und Funktionen) übersenden.

Eine Information an die anderen Mitarbeitervertretungen kirchlicher Einrichtungen (nicht unbedingt nur der katholischen) in der Stadt oder der Umgebung bereitet den Boden für künftige Kooperationen.

Wahlauswertung

Die Wahl muss gewertet werden. Wie hoch war die Wahlbeteiligung? War die Information über die zur Verfügung stehenden Kandidaten ausreichend? Gab es Schwierigkeiten, Misshelligkeiten? Ist ausreichend inhaltlich informiert worden? Was könnte besser gemacht werden?

Über diesen Gesprächspunkt wird ein Kurzprotokoll erstellt, das dem nächsten Wahlausschuss zur Wahlvorbereitung dient.

Die Mitarbeitervertretung kann darüber hinaus den alten Wahlausschuss bitten, seine Erfahrungen ebenfalls schriftlich zu fixieren.

Ehemalige Mitglieder der MAV

Wenn man wiedergewählt werden wollte, aber ausscheiden musste, so ist dies für die Betroffenen immer auch eine Kränkung. Gerade deswegen ist die neue MAV gehalten, alte Mitglieder einfühlsam zu verabschieden. Dies ist nicht allein eine Frage des Anstandes, sondern auch eine Frage des solidarischen Miteinanders. Ehemalige Vertreter und Vertreterinnen sind u. U. künftige (wenn sie bei der nächsten Wahl gewählt werden sollten). Sie haben oft sehr viel Sachkompetenz erarbeitet, die der neugewählten MAV zur Verfügung stehen kann. Ein gekränkter ehemaliger Mitarbeitervertreter wird sich einer weiteren Kooperation verweigern.

Im Kapitel »Würdigen und Wahrnehmen« finden sich Anregungen, wie mit ausgeschiedenen Mitgliedern angemessen umgegangen werden kann.

Paten für Neue

Neuen MAV-Mitgliedern können »Arbeitspartner/innen« zur Seite gestellt werden. Diese Aufgabe übernehmen die wiedergewählten MAV-Mitglieder oder ausgeschiedene MAV-Mitglieder.

Sie führen in die Arbeit ein, informieren über rechtlich und sachlich Notwendiges, weisen auf Informationsquellen hin, beraten hinsichtlich der Fortbildungsangebote und erarbeiten (vielleicht) gemeinsam die wichtigsten Abschnitte der MAVO.

Fragen können unvoreingenommen gestellt und beantwortet werden. Patenschaften haben den Vorteil, dass die regulären Sitzungen mit möglichst wenig »Nachhilfearbeit« belastet werden.

Aufgabenverteilung

Möglichst bald nach der erfolgten Wahl muss sich die Mitarbeitervertretung einen Überblick darüber schaffen, welche Aufgaben zu bewältigen sind. Gerade größere Mitarbeitervertretungen tun gut daran, für diese Aufgaben Arbeitsteilungen vorzunehmen. Die Aufgabenteilung kann nach unterschiedlichen Kategorien und Kriterien erfolgen:

1. nach Funktionen,
2. nach lokaler Präsenz der Mitarbeitervertreter/innen (ein Mitarbeitervertreter ist z. B. für eine Station, für mehrere Stationen oder einen Gebäudeteil zuständig),
3. nach Fach- oder Feldkompetenz einzelner Mitglieder.

Neugewählte Mitarbeitervertretungen laufen Gefahr, dass die alten Hasen die Felder unter sich aufteilen und die neuen als »Auszubildende« betrachten. Bei der Aufgabenverteilung ist es hilfreich, neuen Mitgliedern klar umrissene (wenn auch anfangs kleinere) Tätigkeiten zuzuordnen. Es ermöglicht Orientierung und exemplarisches Einarbeiten. Die Handlungssicherheit wird erhöht.

Außenkontakte

Frühzeitig muss eine MAV festlegen, wie die Außenkontakte realisiert und die Neuen beteiligt werden.

Außenkontakte heißt z. B. Teilnahme an Mitgliederversammlungen, Beteiligung an Regionaltagungen oder Arbeitstreffen der jeweiligen Diözesanen Arbeitsgemeinschaft.

Neue Mitarbeitervertreter werden sich verständlicherweise zuerst auf die eigene Einrichtung beziehen wollen. Das Denken über diesen Rahmen hinaus muss aber bald einsetzen, damit das Verständnis für die Vernetzung wächst.

Arbeitsplanung

Mitarbeitervertretungsarbeit erscheint häufig unkoordiniert und ungeplant. Arbeitsprojekte verschwinden irgendwann in der Versenkung, weil sie zu lange betrieben wurden und zu wenig Ergebnisse gezeigt haben. Die neue Mitarbeitervertretung sollte frühzeitig festlegen, welche konkreten Arbeitsvorhaben angegangen werden und wie die realistische Zeitplanung auszusehen hat. Das ermöglicht Kontrolle der Effizienz und Überprüfung eigener Erfolge oder Misserfolge.

Planung in diesem Sinne heißt:

- **Festlegung der Aufgaben und des Zieles**
- **Festlegung der Verantwortlichkeit (Wer macht es?)**
- **Festlegung des Zeitrahmens**
- **Festlegung der Kontrolle (Wie erfolgreich waren wir?)**

Eine Mitarbeitervertretung, die sich schon zu Beginn der Zusammenarbeit an klare Arbeitsmaximen hält, wird auf Dauer erfolgreicher sein als diejenige, die eher zufällig oder nur auf Anforderung des Dienstgebers reagiert.

Freistellung

Thematisiert werden muss die Bedeutung der Freistellung und nach Wegen der Durchsetzung gesucht werden *(siehe S. 186 ff.)*.

Sicherheiten schaffen

Neue Mitarbeitervertreter/innen wissen oft nicht, welche Rechte ihnen zustehen, wie Arbeitskontakte hergestellt werden müssen, wie die Rahmenbedingungen ihrer Arbeit sind.

Zu Beginn der neuen Periode müssen diese Ausgangsbedingungen gemeinsam geklärt werden. Dabei ist die Unterstützung durch die erfahreneren Kollegen/Kolleginnen notwendig.

Vorgesetzteninformation

Im Rahmen der Mitarbeitervertretungsarbeit fehlen die MAV-Mitglieder an ihren Arbeitsplätzen. Darüber sind die jeweiligen Dienstvorgesetzten frühzeitig zu informieren. Das Fernbleiben vom Arbeitsplatz muss für Vorgesetzte und Mitarbeitende möglichst kalkulierbar sein. Je klarer die Vereinbarungen sind, desto eher ist das Arbeitsumfeld bereit, sich auf die daraus entstehenden zusätzlichen Belastungen einzustellen. Der Vorgesetzte kann entsprechende Zeiten in der Arbeitsablaufplanung berücksichtigen. Dass darüber hinaus unvorhergesehene Termine entstehen, soll von Anfang an deutlich gemacht werden.

Information des Dienstgebers

Der Dienstgeber muss über die zeitlichen Konsequenzen, die aus der MAV-Arbeit resultieren, ebenfalls informiert werden. Dies trägt zu vertrauensvoller Zusammenarbeit bei, erhöht die Transparenz und sichert u. U. Konflikte mit dem unmittelbaren Dienstvorgesetzten ab.

Information der Mitarbeiterschaft

Nach der Wahl sollte die Mitarbeiterschaft über Personen, Arbeit und Arbeitsvorhaben der neuen Mitarbeitervertretung informiert werden. Je nach Größe der Einrichtung kann dies schriftlich, in einem persönlichen Vorstellungsgespräch oder bei einer Mitarbeiterversammlung geschehen. Die neuen Mitglieder der MAV müssen bestrebt sein, sich als Interessenvertreter möglichst bei allen Mitarbeiterinnen und Mitarbeitern bekannt zu machen.

In großen Einrichtungen sind Rundgänge in einzelnen Abteilungen oder Stationen empfehlenswert. Darüber hinaus können Fotowände u.ä. zur Verankerung der neuen Mitarbeitervertretung im Bewusstsein der Mitarbeiterschaft beitragen.

Fortbildung

Viele Bildungshäuser und Diözesane Arbeitsgemeinschaften bieten unmittelbar nach einem einheitlichen Wahlzeitraum Einführungen in die Mitarbeitervertretungsordnung ein. Neue Mitarbeitervertreterinnen und Mitarbeitervertreter sind gut beraten, diese Angebote anzunehmen und so ihre Handlungssicherheit schnell zu erhöhen. Gleichzeitig können erste Kontakte zu Mitarbeitervertretungen außerhalb der eigenen Einrichtung entstehen.

Neue Mitarbeitervertretungen müssen sich auf neue Wege begeben und gleichzeitig alte Pfade weiterführen. Wenn die ersten Schritte reflektiert und zielgerichtet gegangen werden, so wird sich eine gute Basis für die weitere Kooperation entwickeln. Nicht alte Erbhöfe werden das Miteinander bestimmen, sondern neue Impulse sollen die Arbeit beflügeln: Erfahrungskompetenz mischt sich mit neuem Engagement!

Vorsitzende sind in dieser ersten Phase besonders gefragt. Ihre Umsicht und die Fähigkeit, Neue in die Arbeit einzubinden, trägt maßgeblich zum Gelingen der Amtsperiode bei.

Übergangs- und Rest-Mandat einer Mitarbeitervertretung

In den vergangenen Jahren haben kirchliche Einrichtungen immer häufiger von betriebsverändernden Entscheidungen Gebrauch gemacht. Es fanden und finden immer noch Betriebsaufspaltungen, Zusammenlegungen (Fusionen mit anderen Rechtsträgern) oder Übertragungen der Einrichtungen an einen neuen Rechtsträger (Betriebsübergänge im Sinne von § 613 a des Bürgerlichen Gesetzbuches BGB) statt. Solche Betriebsänderungen schaffen einen neuen Rahmen für den Umfang einer Einrichtung. Die Mitarbeitervertretungsordnung musste für diese Fälle daher neue Regelungen zur Verfügung stellen, was mit der Einfügung der §§ 13 d (Übergangsmandat) und 13 c (Restmandat) geschehen ist.

Übergangsmandat

Absatz 1 behandelt den Fall einer **Aufspaltung** der Einrichtung. Diese liegt vor, wenn aufgrund einer unternehmerischen Entscheidung, einzelne Aufgaben einer Einrichtung aus der Gesamtstruktur des Betriebes herausgenommen und eigenständig bzw. im Rahmen einer anderen Einrichtung weitergeführt werden. Der häufigste Fall dürfte der sogenannte Teilbetriebsübergang sein. Der Dienstgeber entscheidet hierbei, bisher im Rahmen der existierenden Einrichtung durchgeführte Aufgaben, durch eine andere, selbständig organisierte Einrichtung im Sinne von § 1 Abs. 1 MAVO weiterzuführen.

Soweit damit kein Wechsel des Rechtsträgers verbunden ist (wenn also lediglich Aufgaben der bisherigen Einrichtung durch die neue „Teil-Einrichtung" örtlich oder organisatorisch neu verteilt werden), der Rechtsträger also derselbe bleibt, nimmt die bisherige MAV im Rahmen eines Übergangsmandates die Rechte und Pflichten für den abgespaltenen Teil solange weiter wahr, bis dort eine eigene MAV gebildet ist. Voraussetzung für diese Rechtsfolge ist aber, dass für den abgespaltenen Teil die bisher angewandte MAVO und nicht etwa weltliches Mitbestimmungsrecht gilt. Denn das Recht auf Anwendung der MAVO haben nur Einrichtungen der katholischen Kirche, die auch die Grundordnung zum Kirchlichen Dienst[14] aner-

---

14 Text der Grundordnung auf der CD-ROM.

kennen. Nur für solche „Teil-Einrichtungen" kann die MAV ein Mandat, und sei es auch nur ein Übergangsmandat wahrnehmen.

Beendet wird das Übergangsmandat durch die von der MAV durch unverzügliche Benennung eines Wahlausschusses einzuleitende Neuwahl der MAV für die abgespaltene Teil-Einrichtung.

Um eine **Zusammenlegung oder Fusion** von Einrichtungen oder Einrichtungsteilen handelt es sich, wenn bisher selbständige Einrichtungen unter eine einheitliche Leitungs- und Organisationsstruktur gestellt werden. Auch hier ist nicht zwangsläufig der Zusammenschluss von verschiedenen Rechtsträgern erforderlich. Es würde auch ausreichen, dass MAV-fähige (siehe § 1 a MAVO) Teile eines kirchlichen „Betriebes" organisatorisch zusammengefasst werden, so dass eine einheitliche Einrichtung im Sinne der MAV entsteht. Häufiger ist jedoch der Fall des Zusammenschlusses auch rechtlich selbständiger Rechtsträger. Für diese Fälle steht der MAV das Übergangsmandat zu, die die meisten wahlberechtigten Mitarbeiter/innen zu vertreten hat. Im Zweifel ist zur Feststellung die Wählerliste aus dem Wahlverfahren heranzuziehen.

Auch hier gilt wieder die Einschränkung: Es muss sich bei den zusammengeführten Einrichtungen oder Einrichtungs-Teilen durchweg um solche handeln, die das Recht zur Anwendung der MAVO der katholischen Kirche besitzen, also auf der Basis der Grundordnung zum kirchlichen Dienst errichtet sind.

Auch hier endet das Übergangsmandat durch das unverzüglich, also bei der ersten sich bietenden Gelegenheit eingeleitete neue Wahlverfahren zur Bildung einer gemeinsamen, einheitlichen Mitarbeitervertretung.

Absatz 3 des § 13 d stellt klar, dass ein sogenanntes Übergangsmandat auch für den Fall ausgelöst wird, dass mit der Aufspaltung oder Fusion gleichzeitig ein **Betriebsübergang oder Teilbetriebsübergang** verbunden sein sollte.

Das wäre immer dann der Fall, wenn nicht nur der bisherige Dienstgeber selbst mit eigenen Einrichtungen und Beibehaltung seiner eigenen Trägerschaft aufspaltet oder zusammenführt, sondern neue Rechtsträger ins Spiel kommen.

Beispiele für **Aufspaltung mit Betriebsübergang**: Der Dienstgeber gliedert bestimmte Einrichtungsteile (Küche, Reinigungsdienst, Wäscherei, Apotheke, Labor) aus seiner Einrichtung aus und lässt diese durch einen anderen Rechtsträger (Privater Betreiber, Kirchliches Service-Unternehmen oder eigens gegründetes Unternehmen, an dem der Dienstgeber beteiligt ist) weiterführen.

Beispiele für **Fusion mit Betriebsübergang**: Der Dienstgeber veräußert die Einrichtung oder überträgt sie einem neuen Rechtsträger, der sie in seinen

Betrieb eingliedert oder zusammen mit anderen bisher selbständigen Einrichtungen unter einem Dach weiterführt. (Mehrere kirchliche Rechtsträger fusionieren als neue gGmbH oder oben genannte (Küche etc.) Teilbereiche einer Einrichtung werden abgetrennt und im Rahmen einer neuen gemeinsamen Einrichtung weitergeführt.

Typisch und rechtlich erforderlich ist für diesen Fälle, also die gleichzeitige Durchführung von Betriebsübergängen, dass der Dienstgeber nach den Vorgaben des § 613 a BGB vorgeht. Dieser hat folgenden Wortlaut:

§ 613 a Rechte und Pflichten bei Betriebsübergang

(1) Geht ein Betrieb oder Betriebsteil durch Rechtsgeschäft auf einen anderen Inhaber über, so tritt dieser in die Rechte und Pflichten aus den im Zeitpunkt des Übergangs bestehenden Arbeitsverhältnissen ein. Sind diese Rechte und Pflichten durch Rechtsnormen eines Tarifvertrags oder durch eine Betriebsvereinbarung geregelt, so werden sie Inhalt des Arbeitsverhältnisses zwischen dem neuen Inhaber und dem Arbeitnehmer und dürfen nicht vor Ablauf eines Jahres nach dem Zeitpunkt des Übergangs zum Nachteil des Arbeitnehmers geändert werden. Satz 2 gilt nicht, wenn die Rechte und Pflichten bei dem neuen Inhaber durch Rechtsnormen eines anderen Tarifvertrags oder durch eine andere Betriebsvereinbarung geregelt werden. Vor Ablauf der Frist nach Satz 2 können die Rechte und Pflichten geändert werden, wenn der Tarifvertrag oder die Betriebsvereinbarung nicht mehr gilt oder bei fehlender beiderseitiger Tarifgebundenheit im Geltungsbereich eines anderen Tarifvertrags dessen Anwendung zwischen dem neuen Inhaber und dem Arbeitnehmer vereinbart wird.

(2) Der bisherige Arbeitgeber haftet neben dem neuen Inhaber für Verpflichtungen nach Absatz 1, soweit sie vor dem Zeitpunkt des Übergangs entstanden sind und vor Ablauf von einem Jahr nach diesem Zeitpunkt fällig werden, als Gesamtschuldner. Werden solche Verpflichtungen nach dem Zeitpunkt des Übergangs fällig, so haftet der bisherige Arbeitgeber für sie jedoch nur in dem Umfang, der dem im Zeitpunkt des Übergangs abgelaufenen Teil ihres Bemessungszeitraums entspricht.

(3) Absatz 2 gilt nicht, wenn eine juristische Person oder eine Personenhandelsgesellschaft durch Umwandlung erlischt.

(4) Die Kündigung des Arbeitsverhältnisses eines Arbeitnehmers durch den bisherigen Arbeitgeber oder durch den neuen Inhaber wegen des Übergangs eines Betriebs oder eines Betriebsteils ist unwirksam. Das Recht zur Kündigung des Arbeitsverhältnisses aus anderen Gründen bleibt unberührt.

(5) Der bisherige Arbeitgeber oder der neue Inhaber hat die von einem Übergang betroffenen Arbeitnehmer vor dem Übergang in Textform zu unterrichten über:

1. den Zeitpunkt oder den geplanten Zeitpunkt des Übergangs,
2. den Grund für den Übergang,
3. die rechtlichen, wirtschaftlichen und sozialen Folgen des Übergangs für die Arbeitnehmer und
4. die hinsichtlich der Arbeitnehmer in Aussicht genommenen Maßnahmen.

(6) Der Arbeitnehmer kann dem Übergang des Arbeitsverhältnisses innerhalb eines Monats nach Zugang der Unterrichtung nach Absatz 5 schriftlich widersprechen. Der Widerspruch kann gegenüber dem bisherigen Arbeitgeber oder dem neuen Inhaber erklärt werden.

Wenn mit Fusion oder Aufspaltung Betriebsübergänge verbunden sind, ist genau zu prüfen, ob die neu gebildeten Einheiten überhaupt in den Anwendungsbereich der MAVO fallen. Die MAV kann nur ein Übergangsmandat haben, wenn die MAVO weitergilt.

▸ **Beispiel:**

Wenn der Küchenbetrieb eines Krankenhauses abgespalten und an einen privaten Betreiber übertragen wird, gilt für die Mitarbeiter der Küche im Zweifel das Betriebsverfassungsgesetz. Die MAV hat aber kein Mandat zur Anwendung dieses Gesetzes. Zuständig wäre der evtl. beim privaten Betreiber gebildete Betriebsrat.

oder:

Wenn das Labor eines Krankenhauses an eine kirchliche Betriebsgesellschaft übertragen wird, die die Grundordnung nicht anerkennt und dementsprechend keine eigene MAV gebildet hat oder bilden kann, kommt auch ein Übergangsmandat der MAV des Krankenhauses nicht in Betracht, weil auch insoweit kein kirchliches Mitbestimmungsrecht gilt.

Wiedereingliederung in den kirchlichen Bereich nach Abs. 4

Sollte eine bislang aus dem kirchlichen Bereich ausgegliederte Einrichtung oder ein Einrichtungsteil von der Anwendung nicht-kirchlichen Mitbestimmungsrechtes in den Geltungsbereich der MAVO zurückkehren, ist der MAVO-Gesetzgeber großzügig. Für diesen Fall gilt sofort die MAVO und die nach weltlichem Recht gewählte Interessenvertretung (Betriebs- oder Personalrat) bekommt das Übergangsmandat sofort übertragen, allerdings auch in diesem Fall mit der Maßgabe, unverzüglich für die Durchführung des ordentlichen Wahlverfahrens nach der MAVO zu sorgen.

Restmandat

Alternativ zu den Fallgruppen des § 13 d –wie oben dargestellt- gibt § 13 e der MAV ein Restmandat, wenn die bisherige Einrichtung durch Stilllegung, Spaltung oder Zusammenlegung **untergeht**. Im Unterschied zu den Fällen des Übergangsmandates, wo sich zwar die Identität der bisherigen Mitarbeiterschaft verändert, die Einrichtung aber unter neuen Rahmenbedingungen weitergeführt wird, ist endet hier die Aufgabenstellung für die MAV. Konsequenz ist, dass ein Restmandat nur auf die Zeitspanne beschränkt ist, die erforderlich ist, um Rechte aus der „Abwicklung" der Einrichtung wahrzunehmen. Andere Rechte kann es naturgemäß bei dem nach § 13 e unterstellten „Untergang" einer Einrichtung allerdings auch nicht mehr geben.

▸ **Beispiel für die Anwendung:**

Bei Schließung einer Einrichtung Aufgaben im Zusammenhang mit der Anpassung oder Ergänzung von Dienstvereinbarungen nach § 38 Abs. 1 Ziffer 13 (Sozialplan).

Im Falle einer Fusion oder Aufspaltung mit gleichzeitigem Betriebsübergang auf einen Rechtsträger, der nicht die MAVO anwendet oder anwenden darf, die Wahrnehmung von Rechten der Mitarbeiterschaft aus der Zeit vor dem Betriebsübergang.

Das Letzte ...

Ich hab hier bloß ein Amt und keine Meinung.

F. Schiller (Wallensteins Tod)

§ 14 Tätigkeit der Mitarbeitervertretung

(1) Die Mitarbeitervertretung wählt bei ihrem ersten Zusammentreten, das innerhalb einer Woche nach der Wahl stattfinden soll und von der oder dem Vorsitzenden des Wahlausschusses einzuberufen ist, mit einfacher Mehrheit aus den Mitgliedern ihre Vorsitzende oder ihren Vorsitzenden. Die oder der Vorsitzende soll katholisch sein. Außerdem sollen eine stellvertretende Vorsitzende oder ein stellvertretender Vorsitzender und eine Schriftführerin oder ein Schriftführer gewählt werden. Die oder der Vorsitzende der Mitarbeitervertretung oder im Falle ihrer oder seiner Verhinderung deren Stellvertreterin oder Stellvertreter vertritt die Mitarbeitervertretung im Rahmen der von ihr gefassten Beschlüsse. Zur Entgegennahme von Erklärungen sind die oder der Vorsitzende, deren Stellvertreterin oder Stellvertreter oder ein von der Mitarbeitervertretung zu benennendes Mitglied berechtigt.

(2) Die Mitarbeitervertretung kann ihrer oder ihrem Vorsitzenden mit Zweidrittelmehrheit der Mitglieder das Vertrauen entziehen. In diesem Fall hat eine Neuwahl der oder des Vorsitzenden stattzufinden.

(3) Die oder der Vorsitzende oder bei Verhinderung deren Stellvertreterin oder Stellvertreter beruft die Mitarbeitervertretung unter Angabe der Tagesordnung zu den Sitzungen ein und leitet sie. Sie oder er hat die Mitarbeitervertretung einzuberufen, wenn die Mehrheit der Mitglieder es verlangt.

(4) Die Sitzungen der Mitarbeitervertretung sind nicht öffentlich. Sie finden in der Regel während der Arbeitszeit in der Einrichtung statt. Bei Anberaumung und Dauer der Sitzung ist auf die dienstlichen Erfordernisse Rücksicht zu nehmen.

(5) Die Mitarbeitervertretung ist beschlussfähig, wenn mehr als die Hälfte ihrer Mitglieder anwesend ist. Die Mitarbeitervertretung beschließt mit Stimmenmehrheit der anwesenden Mitglieder. Bei Stimmengleichheit gilt ein Antrag als abgelehnt.

(6) Über die Sitzung der Mitarbeitervertretung ist eine Niederschrift zu fertigen, die die Namen der An- und Abwesenden, die Tagesordnung, den Wortlaut der Beschlüsse und das jeweilige Stimmenverhältnis enthalten muss. Die Niederschrift ist von der oder dem Vorsitzenden zu unterzeichnen. Soweit die Leiterin oder der Leiter der Dienststelle oder deren Beauftragte oder Beauftragter an der Sitzung teilgenommen haben, ist ihnen der entsprechende Teil der Niederschrift abschriftlich zuzuleiten.

(7) Der Dienstgeber hat dafür Sorge zu tragen, dass die Unterlagen der Mitarbeitervertretung in der Einrichtung verwahrt werden können.

(8) Die Mitarbeitervertretung kann sich eine Geschäftsordnung geben.

(9) Die Mitarbeitervertretung kann in ihrer Geschäftsordnung bestimmen, dass Beschlüsse im Umlaufverfahren gefasst werden können, sofern dabei Einstimmigkeit erzielt wird. Beschlüsse nach Satz 1 sind spätestens in der Niederschrift der nächsten Sitzung im Wortlaut festzuhalten.

(10) Die Mitarbeitervertretung kann aus ihrer Mitte Ausschüsse bilden, denen mindestens drei Mitglieder der Mitarbeitervertretung angehören müssen. Den Ausschüssen können Aufgaben zur selbständigen Erledigung übertragen werden; dies gilt nicht für die Beteiligung bei Kündigungen sowie für den Abschluss und die Kündigung von Dienstvereinbarungen. Die Übertragung von Aufgaben zur selbständigen Erledigung erfordert eine Dreiviertelmehrheit der Mitglieder. Die Mitarbeitervertretung kann die Übertragung von Aufgaben zur selbständigen Erledigung durch Beschluss mit Stimmenmehrheit ihrer Mitglieder widerrufen. Die Übertragung und der Widerruf sind dem Dienstgeber schriftlich anzuzeigen.

Diözesane Abweichungen

(Erz-) Bistümer Augsburg Bamberg Eichstätt, Fulda (mit Befreiungsmöglichkeit), München und Freising, Passau, Regensburg und Würzburg: *Die oder der Vorsitzende muss katholisch sein.*

zu Abs. 4 im Bistum Fulda: *Der Dienstgeber ist über Zeit und Ort der Sitzung zu informieren.*

zu Abs. 9 im Erzbistum Freiburg: *in eilbedürftigen Angelegenheiten telefonische Absprache möglich.*

Die konstituierende Sitzung

Bevor die Mitarbeitervertretung sich nicht konstituiert hat, ist sie nicht handlungsfähig. Sie kann keine Beschlüsse fassen und nicht mit dem Dienstgeber verhandeln. Die oder der Vorsitzende des Wahlausschusses lädt zur ersten, konstituierenden Sitzung alle gewählten Mitarbeitervertreter unter Angabe der Tagesordnung ein. Diese Tagesordnung enthält keine Sachthemen, die der MAV nicht vorgegeben werden können, sondern nur die Durchführung der Wahlen zum Vorsitz, dem stellvertretenden Vorsitz und zum Schriftführer. Es steht der MAV natürlich frei, noch weitere Funktionen zu besetzen oder Ausschüsse zu bestellen. Vorgeschrieben ist zunächst nur die Wahl der oder des Vorsitzenden, soweit es sich um eine mehrköpfige MAV handelt.

Schon eine Woche nach der Wahl soll die erste Zusammenkunft einer Mitarbeitervertretung stattfinden. Dazu hat der Vorsitzende des Wahlausschusses einzuberufen. Dieser Vorsitzende bleibt nur so lange in der konstituierenden Sitzung, bis der Vorsitzende der Mitarbeitervertretung gewählt wurde und die Leitung übernimmt. Der Wahlausschussvorsitzende ist damit entlassen.

Die Funktionsträger der MAV werden mit einfacher Mehrheit gewählt. §14 MAVO sieht die Wahl des Vorsitzenden zwingend vor, stellvertretender Vorsitzender und ein Schriftführer »sollen« gewählt werden. Die MAVO macht keine weiteren Vorschriften zur ersten Sitzung der Mitarbeitervertretung.

Schon bei der Wahl der oder des Vorsitzenden sind erste Grundüberlegungen fällig. Gemeinhin wird man sich für einen Kollegen/Kollegin entscheiden, der Erfahrung als Mitarbeitervertreter hat. Das erleichtert den Übergang in die neue Periode. Gleichwohl sind mit einem solchen pragmatischen Schritt auch Gefahren verbunden: Wird der alte Vorsitzende wiedergewählt, so kann dies bedeuten, dass alte, manchmal festgefahrene Arbeitsmuster wiederholt werden und neue Kolleginnen und Kollegen wenig Möglichkeiten haben, das Miteinander zu bestimmen. Zwar hat nach der Mitarbeitervertretungsordnung der Vorsitzende keine Sonderrechte – die Mitarbeitervertretung handelt immer als Ganze –, aber der Vorsitzende leitet die Sitzungen und koordiniert in der Regel Arbeitsanfälle und Arbeitsabläufe. Er oder sie hat faktisch eine starke Position.

Auch in Mitarbeitervertretungen hat sich die »Jobrotation« bewährt. Der alte Vorsitzende, wenn er als Mitarbeitervertreter wiedergewählt worden ist, verzichtet auf das Amt und reiht sich wieder in die MAV ein mit der Bereitschaft, die/den neue/n Vorsitzenden in den ersten Monaten bei ihrer Arbeit zu unterstützen und zu begleiten. Dies kann auch für andere Ämter gelten.

Geplante Wechsel von Aufgaben führen in der Regel zur Erhöhung des Kompetenz-Potentiales einer MAV.

Katholische/r Vorsitzende/r

Die Rahmenordnung stellt das Postulat auf, dass die oder der Vorsitzende katholisch sein soll. Als Repräsentant der Mitarbeiter/innen soll sich in der Person der oder des Vorsitzenden auch ein Stück des Selbstverständnisses einer Einrichtung widerspiegeln. Das scheint eine Frage der Glaubwürdigkeit zu sein. Das ist aber auch ein wenig kurz gedacht. Die Kirchlichkeit, die Glaubwürdigkeit des Auftrages der in der Einrichtung Arbeitenden kann sich nicht allein an einer eher äußerlichen Tatsache wie der Religionszugehörigkeit des Vorsitzenden der MAV festmachen. Wenn die Grundordnung zum kirchlichen Dienst zulässt, dass grundsätzlich jede/r für den Dienst in einer kirchlichen Einrichtung geeignet ist, wenn er die Ziele der Einrichtung mitträgt, erscheint eine solche Reglementierung diskriminierend und überflüssig.

Die Rahmenordnung versteht diese Vorgabe aber nach ihrer Formulierung auch nur als einen Appell bei der Wahl. Wenn die Mitglieder der MAV eine/einen Kollegin/gen für geeignet halten, obwohl er kein Katholik ist, bleibt die Wahl gültig und wirksam. Problematisch bleibt diese Frage nur in den Bistümern, in denen statt der Sollvorschrift die Wahl einer oder eines katholischen Vorsitzenden vorgeschrieben ist (siehe oben unter diözesane Abweichungen). Diese Mitarbeitervertretungsordnungen riskieren eine Situation, in der die Besetzung des Vorsitzes nicht möglich ist. Damit werden die Kompetenzen der MAV im Prinzip nicht beschnitten, die Zusammenarbeit zwischen MAV und Dienstgeber wird aber wesentlich erschwert.

Stellvertretung und Schriftführung

Die Wahl einer/eines Vorsitzenden ist verbindlich. Eine Stellvertreterin/ein Stellvertreter und ein/e Schriftführer/in soll gewählt werden. Ob das bereits für eine 3-er-MAV sinnvoll ist, sei dahingestellt. Für größere Mitarbeitervertretungen ist diese Wahl sinnvoll und notwendig. Denn bei Ausfall der oder des Vorsitzenden muss in einer größeren MAV ein fester Ansprechpartner für die Leitung da sein. Sonst besteht die Gefahr, dass Informationen oder Anfragen nicht bei der MAV ankommen, sondern zwischen Chefzimmer und irgendeinem Arbeitsplatz in der Einrichtung verloren gehen. Die Aufgaben der Repräsentation steigen im Übrigen mit der Größe der Einrichtung. Da ist es besser, frühzeitig festgelegt zu haben, wer die oder den Vorsitzenden im Verhinderungsfalle vertritt.

Für das Amt der Schriftführerin/des Schriftführers gilt Entsprechendes. Sie oder er sind insbesondere für die Führung der Akten der MAV verantwortlich. In diesem Zusammenhang haben sie dafür zu sorgen, dass insbesondere Protokolle der Sitzungen der MAV, der Mitarbeiterversammlung und der gemeinsamen Gespräche mit dem Dienstgeber angefertigt werden. Die Aufgaben der Schriftführerin/des Schriftführers können zwar auch delegiert werden. Im allgemeinen ist die Schriftführung aber kein besonders beliebtes Amt, so dass man selbst tun muss, was man getan haben will. Umso mehr empfiehlt sich eine förmliche Aufgabenverteilung.

Mit oder ohne Geschäftsordnung

Die Mitarbeitervertretung kann sich eine Geschäftsordnung geben. (Abs. 8) Tut sie es nicht, gelten als Formalien für die Arbeit der MAV die Regelungen in Abs. 1 bis 6 unmittelbar. Die Geschäftsordnung darf davon nicht abweichen, kann und wird aber die Regeln der Zusammenarbeit detaillierter nachzeichnen. Die MAV muss selbst entscheiden, ob sie eine Geschäftsordnung braucht oder das nur unnötiger Ballast bei der Arbeit ist.

Geschäftsordnung[15]

Geschäftsordnung

Der Mitarbeitervertretung des ....

§ 1 Geltungsdauer

Diese Geschäftsordnung gilt für die Dauer der jeweils laufenden Amtszeit der Mitarbeitervertretung. Sie kann nur durch mehrheitlichen Beschluss geändert oder aufgehoben werden.

§ 2 Vorbereitung der Sitzungen

1. Sitzungen der Mitarbeitervertretung finden mindestens 12 mal im Jahr oder/und auf Antrag eines Mitgliedes der Mitarbeitervertretung statt. Für die im voraus geplanten, festgelegten Sitzungen bedarf es keiner besonderen Einladung.
2. Jedes Mitglied ist berechtigt, Anträge zur Tagesordnung der Sitzungen einzureichen. Die Vorsitzende/der Vorsitzende stellt die Tagesordnung auf und gibt sie den Mitgliedern spätestens am Vortage der Sitzung schriftlich bekannt.
3. Können Vorstandsmitglieder an der Sitzung nicht teilnehmen, so haben sie dieses unverzüglich der oder dem Vorsitzenden mitzuteilen.
4. Neben den Sprechern der Jugendlichen und Auszubildenden und den Vertrauensleuten der Schwerbehinderten und Zivildienstleistenden können auch Sachverständige oder
5. sachkundige Personen auf Beschluss der MAV an der Sitzung teilnehmen. Aus der Einladung muss dann hervorgehen, zu welchem Tagesordnungspunkten diese Gäste geladen werden. Die Einladung muss den Gästen rechtzeitig zugehen.

§ 3 Sitzungen

1. Die Sitzungen werden von der/von dem Vorsitzenden und im Falle ihrer/seiner Verhinderung von der/dem stellvertretenden Vorsitzenden geleitet.
2. Nach Eröffnung der Sitzung stellt die Sitzungsleitung die ordnungsgemäße Ladung und die Anwesenheit der Teilnahmeberechtigten fest. Die Beschlussfähigkeit ist zu prüfen. Vor der endgültigen Festlegung der Tagesordnung ist über Anträge auf Änderung oder Ergänzung der Beratungsgegenstände abzustimmen. Soweit Tagesordnungspunkte, die auf Antrag eines MAV-Mitgliedes in die Tagesordnung aufgenommen wurden, abgesetzt werden sollen, ist dies zu begründen.

---

15 Muster ist auch mit der beigefügten CD-ROM abrufbar.

3. Der Beratung von Tagesordnungspunkten soll eine Sachdarstellung vorausgehen.
4. Falls in einer Sitzung erforderlich, erteilt der Vorsitzende in der Reihenfolge der Wortmeldungen den Teilnahmeberechtigten das Wort. Mit einer Änderung der Reihenfolge der Worterteilungen müssen die Betroffenen einverstanden sein. Geschäftsordnungsanträge können außerhalb der Rednerliste gestellt werden. Die Abstimmung darüber muss erfolgen, nachdem je ein Vorstandsmitglied für und gegen den Antrag sprechen konnte.

§ 4 Beschlussfassung

1. Bei der Beschlussfassung dürfen nur die stimmberechtigten Mitglieder der MAV und die Sprecher/Vertrauensleute mit Stimmrecht anwesend sein.
2. Alle Abstimmungen werden in der Regel durch Handzeichen durchgeführt. Auf Antrag einer/eines stimmberechtigten Teilnehmerin/Teilnehmers muss geheim abgestimmt werden.
3. Beschlüsse sind nur zulässig über Beratungsgegenstände der Tagesordnung, Anträge auf zusätzliche Aufnahme in die Tagesordnung sowie Geschäftsordnungsanträge.
4. Es kann beschlossen werden, einen Tagesordnungspunkt abzusetzen oder zum Beratungsgegenstand der nächsten oder einer späteren Sitzung zu machen. Soweit nicht anders beschlossen, sind nicht abschließend behandelte Tagesordnungspunkte vorrangig für die nächste Sitzung in die Tagesordnung zu übernehmen.
5. Beschlüsse können nur in einer MAV-Sitzung aufgehoben oder abgeändert werden.

§ 5 Sitzungsniederschrift

1. Die Niederschrift hat den äußeren Ablauf der Sitzung, die Namen der Anwesenden, Tagesordnung, einen Wechsel im Vorsitz, das Ausscheiden von Sitzungsteilnehmern/innen, die Form der Abstimmung usw. zu enthalten.
2. In der Niederschrift ist der Beschluss im Wortlaut und das Abstimmungsergebnis festzuhalten.
3. Beschlüsse sind als solche besonders kenntlich zu machen. Soweit sie einen Arbeitsauftrag an ein MAV-Mitglied enthalten, ist dieses namentlich im Protokoll zu nennen.
4. Unerledigte Arbeitsaufträge sind solange als Fußnote in den Protokollen zu erwähnen, bis der Vorgang abgeschlossen ist.
5. Die Niederschrift wird vom Vorsitzenden und dem Schriftführer unterzeichnet.

§ 6 In-Kraft-Treten und Laufzeit

Die Geschäftsordnung tritt mit Wirkung vom ....
in Kraft und gilt für die Dauer der Amtszeit der Mitarbeitervertretung.

Ort, Datum   Unterschrift der Mitglieder der MAV

Misstrauensvotum

Die MAV kann den Vorsitz im Laufe ihrer Amtzeit ändern. Eine Änderung kann nur über den freiwilligen Rücktritt der oder des Vorsitzenden oder durch ein Misstrauensvotum erreicht werden. Dafür ist nicht schon eine einfache Mehrheit, sondern eine Zweidrittelmehrheit erforderlich. In der Praxis bedeutet das:

- bei einer Dreier-MAV müssen sich die beiden übrigen Mitglieder einig sein,
- bei einer Fünfer-MAV gilt das Gleiche, denn mindestens 2/3 sind in dieser Konstellation 4 Mitglieder der MAV, also alle außer der oder dem Vorsitzenden,
- erst ab einer Siebener-MAV ist kein einstimmiges Votum der übrigen Mitglieder der MAV mehr erforderlich. Eine oder einer könnte noch für die oder den Vorsitzende/n stimmen, denn mindestens 2/3 von 7 wären 5 Mitglieder.

Ein Misstrauensantrag mag in großen Mitarbeitervertretungen noch weitgehend schadlos an der MAV vorbeigehen. In kleinen Einrichtungen ist die Zusammenarbeit anschließend meistens erheblich gestört.

Sitzungen

Im normalen Tagesgeschäft wird die Mitarbeitervertretung gut beraten sein, Termine für ihre Sitzungen langfristig und jeweils am gleichen Wochentag, zur gleichen Tageszeit zu planen und festzulegen. Dass sie dabei Rücksicht auf dienstliche Erfordernisse nehmen muss, ist für die meisten eine Selbstverständlichkeit. Allerdings muss diese Rücksichtnahme auch Grenzen haben. Dass dienstliche Belange durch die Abwesenheit der MAV-Vertreter vom Arbeitsplatz immer betroffen sind, ist eine Binsenwahrheit und kann nicht dazu führen, solche Sitzungen zu unterlassen.

Wenn die MAVO davon ausgeht, dass die Sitzungen in der Regel während der Dienstzeit stattfinden, so nimmt sie diesen betrieblichen Nachteil ausdrücklich in Kauf. Sie schützt die Mitglieder der MAV, indem sie den Dienstgeber verpflichtet, die Tätigkeit der MAV »nur« durch Freistellung von der Arbeit ermöglichen.

Einladungen

Bei den Einladungen zu MAV-Sitzungen sollte auf Förmlichkeiten weitgehend verzichtet werden. Eine gute inhaltliche Vorbereitung ist wichtiger als eine ausdifferenzierte, schriftliche Tagesordnung, mit der man sich selbst Zeitnot verursacht. Notwendig ist aber, dass jedes Mitglied der MAV zuverlässig über Ort und Zeit der Sitzung informiert ist und weiß, welche Themen behandelt werden sollen. Ob das im voraus für einen längeren Zeitraum mit telefonischer Erinnerung und mündlicher Übermittlung der Themen der Sitzung geschieht oder durch Umlauf einer schriftlichen Einladung mit Tagesordnung, muss jede MAV nach den betrieblichen Gegebenheiten selbst entscheiden.

Besonders bei kurzfristig notwendigen Terminen – z.B. Beteiligung bei fristlosen Kündigungen – ist ein sehr förmliches Verfahren oft schon aus Zeitgründen nicht möglich.

Beschlüsse

Die Mitarbeitervertretung legt ihr Handeln grundsätzlich durch Beschlüsse fest. Nur die Ein-Frau- oder Ein-Mann-MAV kann darauf verzichten. Alle anderen (mehrköpfigen) Mitarbeitervertretungen müssten im Prinzip zu jeder Entscheidung einen Beschluss fassen. Dabei kann es zum Beispiel gehen um:

- alle Entscheidungen, die die MAV im Zusammenhang mit der Neuwahl zu treffen hat
- Nachrücken von Ersatzmitgliedern
- Rücktritt der MAV
- Wahl von Funktionen innerhalb der MAV
- Anberaumung von Sitzungen, Genehmigung von Protokollen
- Festlegung von Freistellungen
- Teilnahme an Schulungen
- Anschaffung von Ausrüstung für die Arbeit der MAV
- Alle Beteiligungsverfahren im Rahmen der §§ 26 bis 38
- Die Anrufung der Einigungsstelle oder des Kirchlichen Arbeitsgerichts.

Die Mitarbeitervertretung muss selbst entscheiden, wo sie auf besondere Förmlichkeiten verzichten kann und wann eine ausdrückliche Abstimmung und Protokollierung erforderlich ist. Im Sinne der Rechtssicherheit wäre eine kurze schriftliche Fixierung aber immer zu empfehlen.

Soweit die MAV beschlussfähig ist, also wenn mindestens die Hälfte ihrer Mitglieder anwesend sind, bedürfen Beschlüsse, die die allgemeine Arbeit der MAV betreffen, nur der einfachen Mehrheit *der anwesenden Mitglieder der MAV.*

Daraus folgt im Umkehrschluss: Wer nicht an einer Sitzung teilnimmt oder teilnehmen kann, kann sein Stimmrecht nicht wahrnehmen.

So kann es im Einzelfall zu einer Patt-Situation kommen: Nach der MAVO hat die MAV immer eine ungerade Anzahl von Mitgliedern. Ist die MAV nicht vollständig, können die gleiche Anzahl von Teilnehmern für und gegen einen gestellten Antrag sein. In diesem Fall gilt der Antrag als abgelehnt.

Dasselbe Problem ergibt sich im Übrigen bei Stimmenthaltungen. Stimmenthaltungen sind »Nicht-Zustimmungen«. Deshalb sind sie rechnerisch wie Nein-Stimmen zu bewerten.

▸ **Beispiel**

Es wird der Antrag gestellt, das Kirchliche Arbeitsgericht wegen der Verweigerung einer Freistellung für eine Schulungsmaßnahme anzurufen. Von den 7 Mitgliedern der MAV sind 4 anwesend. Das ist mehr als die Hälfte, damit ist die MAV beschlussfähig. Von den 4 Anwesenden stimmen zwei für den Antrag einer gegen ihn und das 4. Mitglied enthält sich der Stimme.

Das bedeutet: Für den Antrag ist keine Mehrheit vorhanden, weil zwei der Anwesenden für den Antrag und zwei nicht für den Antrag gestimmt haben. Der Antrag ist damit abgelehnt, weil Stimmengleichheit (siehe Abs. 5 S. 3) vorliegt und diese nach der MAVO als Ablehnung gilt.

Umlaufverfahren

Statt Beschlüsse in einer gemeinsamen Sitzung zu fassen, kann die MAV *durch ihre Geschäftsordnung* auch die Möglichkeit des Umlaufverfahrens eröffnen. Unsere oben abgedruckte Muster-Geschäftsordnung sieht dies nicht vor.

Das Umlaufverfahren ist allerdings für große Einrichtungen durchaus in Erwägung zu ziehen, wenn es um die Beteiligungsrechte nach §§ 34 und 35 geht. Bei diesen Beteiligungsrechten hat die MAV weitgehend die Funktion einer Rechtskontrolle. Da das Umlaufverfahren nur bei Einstimmigkeit möglich ist, kann sich die MAV ohne Bedenken auf diese Weise von Routineangelegenheiten entlasten.

Protokolle

Jede MAV-Sitzung ist zu protokollieren. Hier ist neben der oder dem Vorsitzenden besonders die Funktion der Schriftführung angesprochen. Eine Arbeitserleichterung ist es, wenn die oder der Schriftführer einen eigens von der MAV angelegten Vordruck verwendet, in den nur noch die konkreten Daten eingetragen werden müssen.

▶ **Beispiel (Mindestinhalt)**

Mitarbeitervertretung des ....   *Musterstadt, den*

....

Protokoll der Sitzung der Mitarbeitervertretung vom 1.4.XX
Ort: MAV-Büro
Beginn: 10.00 Uhr
Anwesende: 1. *Meier, Peter*
    2. *Müller, Sabine bis 12.00 Uhr einschl. TOP 3*
    3. *Specht, Ulli entschuldigt*
    4. *Schmidt, Dieter*
    5. *Bauer, Werner ab 11.00 Uhr ab TOP2*
Tagesordnung:

TOP 1 Neue Hausordnung

TOP 2 Zustimmung zur Arbeitszeitänderung Reinigungskräfte

TOP 3 Mitarbeiterversammlung

TOP 4 Verschiedenes
Beschlüsse: zu TOP 2

Zur Änderung des Arbeitszeitbeginns von 7.00 Uhr auf 6.30 Uhr erklärt die MAV ihre Zustimmung.

Ja-Stimmen: 3   Nein-Stimmen: 1   Enthaltungen: 1
zu TOP 3

Die diesjährige Mitarbeiterversammlung soll in Form von zwei Teilver-sammlungen am 2.5. und zwar in der Zeit von 10.00 Uhr bis 14.00 Uhr und von 18.00 Uhr bis 20.00 Uhr stattfinden.
Einstimmig
Unterschrift der Vorsitzenden

Verwahrung der Unterlagen

Mit Akten und sonstigen Unterlagen, die sich im Laufe der Zeit bei der Mitarbeitervertretung ansammeln, ist sensibel umzugehen. Absatz 7 verpflichtet den Dienstgeber dazu, einen Rahmen für die Verwahrung zu schaffen. Das heißt nicht, dass der Dienstgeber auf die Unterlagen nach Ablauf der jeweiligen Amtszeit einer MAV Zugriff nehmen könnte. Die Verwahrung ist Sache der jeweils gewählten MAV, der Dienstgeber stellt nur den Rahmen für eine vertrauliche Behandlung und Aufbewahrung zur Verfügung, indem er (siehe auch § 17) die äußeren Bedingungen schafft.

Ausschüsse der MAV

Wo Einrichtungen so groß sind, dass die Anzahl der Mitarbeitervertreter im zweistelligen Bereich liegt, sollte über die Bildung von Ausschüssen für bestimmte Aufgaben nachgedacht werden. Ausschüsse im Sinne von Abs. 10 bestehen mindestens aus 3 Mitgliedern der MAV und können aufgrund einer Beauftragung durch die gesamte MAV Angelegenheiten selbständig und abschließend für die MAV erledigen. Sie sind also quasi eine »MAV in der MAV«. Dementsprechend hat die MAVO Sicherheiten eingebaut:

Für Kündigungen und Dienstvereinbarungen sind Ausschüsse nicht zuständig. Die Beauftragung bedarf einer Dreiviertelmehrheit der MAV, der Widerruf der Beauftragung kann mit einfacher Mehrheit erfolgen, jede Veränderung von Status und Rechten des Ausschusses ist dem Dienstgeber anzuzeigen.

Sonstige Arbeitsgruppen

Nicht zu verwechseln mit Ausschüssen im Sinne von Abs. 10 sind die »Festausschüsse« »Sicherheitsausschüsse« oder andere **Arbeitsgruppen** der MAV. Die Ordnung sieht sie nicht ausdrücklich vor, ihre Bildung ist in größeren MAVen aber durchaus sinnvoll. Da diese Arbeitsgruppen keine eigenen Kompetenzen haben, sondern nur der gesamten Mitarbeitervertretung zuarbeiten, bestehen keine besonderen Formvorschriften. Sie unterstützen die Arbeit der Mitarbeitervertretung durch Vorbereitung, Koordination oder Durchführung von Beschlüssen, ohne selbst eine eigene Beschlusskompetenz zu besitzen.

Arbeit muss organisiert werden

Mitarbeitervertretungen werden für drei oder vier Jahre gewählt, erhalten gute Wünsche und, wenn sie Glück haben, den Text der Mitarbeitervertretungsordnung.

Mitarbeitervertreter und Mitarbeitervertreterinnen haben nach der Wahl große Pläne, viele Ideen und, wenn sie Glück haben, erfahrene Kollegen, die dies alles auf Normalmaß zurückschrauben.

Wie aber geht man (und frau) mit dem Wust der Aufgaben, Selbstanforderungen und Fremdanforderungen der täglichen Praxis um?

MAV-Arbeit bewegt sich zwischen Solidarität und Frustration. In diesem Spannungsfeld werden viele Fehler gemacht.

- Mitarbeitervertretungen verschaffen sich nur unzureichend einen Überblick über tatsächliche Rechte und Pflichten.
- Sie setzen keine Prioritäten.
- Sie verzichten auf Rückkoppelung zu Kolleginnen und Kollegen.
- Sie entwickeln nur geringwertige Formen der Solidarisierung im Kleinen.
- Sie laden Arbeit und Aufgaben auf nur wenige Schultern und errichten damit zwangsläufig ein gefährliches Kompetenz- und Entscheidungsgefälle.

Hier sollen einige praktische Anregungen gegeben werden, damit diese Hauptfehler möglichst vermieden werden.

Überprüfung der eigenen Situation

- Wie anerkannt in Kompetenz und Einfluss ist die Mitarbeitervertretung?
- Wie wird sie gesehen vom Dienstgeber, Dienstgebervertreter, leitenden Mitarbeitern und Mitarbeiterinnen?
- Welche Arbeitstraditionen vergangener Mitarbeitervertretungen gab es bisher (haben sie sich z. B. nur um den Betriebsausflug gekümmert)?
- Wie ist die Zusammensetzung der Mitarbeitervertretung (alte Häsinnen und junge Hüpfer)?
- Handelt es sich um eine kleine oder um eine große MAV?
- Gibt es freigestellte Kolleginnen und Kollegen in der Mitarbeitervertretung?

Grundhaltungen

Mitarbeitervertretungen sollten sich von diesen Grundhaltungen leiten lassen:

- **Das Kompetenzgefälle innerhalb einer MAV darf nicht zu groß werden.**

»Obermitarbeitervertreter« müssen vermieden werden.

- **Mitarbeitervertretungen sollten sich im Streitfall als Gegenmacht zum Dienstgeber verstehen.**

Die zentrale Aufgabe des Dienstgebers ist, das »Einrichtungsziel« zu verwirklichen.

Zentrale Aufgabe einer Mitarbeitervertretung ist hingegen die Vertretung der Interessen der Mitarbeitenden. Aus dieser Gegenüberstellung muss sich im besten Sinne ein Miteinander, eben die Dienstgemeinschaft, entwickeln. Macht und Gegenmacht können zu gemeinsam optimierten Fähigkeiten und Fertigkeiten führen.

- **Mitarbeitervertretungen müssen ein Interesse an angemessener Repräsentanz haben.**

Sie vertreten dem Dienstgeber gegenüber die Interessen der Mitarbeiter und Mitarbeiterinnen.

■ **Mitarbeitervertretungen müssen Interesse an ständiger Präsenz haben.**

Sie müssen gegenwärtig und erreichbar sein. Mitarbeitervertretungen haben immer zu tun mit Präsenz und Absenz: Nicht jede Gegenwärtigkeit heißt »gute Mitarbeitervertretungsarbeit«. Die Qualität der jeweiligen Präsenz muss untersucht werden.

■ **Arbeitsprinzip muss die erkennbare Kontinuität sein.**

Diese Kontinuität muss sich sowohl nach innen (in Richtung Mitarbeiterseite) als auch nach außen (in Richtung Dienstgeberseite) deutlich zeigen. Kontinuität wird geschaffen durch Kompetenz, Verlässlichkeit und den Willen zur Ernstnahme eigener Arbeit.

■ **Mitarbeitervertretungen müssen die eigene Selbstsicherheit erhöhen.**

Selbstsicherheit erhöht sich durch Erfolge und Rückkoppelung dieser Erfolge an die Mitarbeiterschaft.

■ **Mitarbeitervertretungsarbeit ist nur dann erfolgreich, wenn sie Spaß macht.**

Wer nur unter seiner Aufgabe leidet, sollte sich schnell aus der Arbeit verabschieden. Es geht nicht um den rosaroten Blick, sondern um die realistische Wahrnehmung des Machbaren und die Realisierung des Möglichen.

■ **Mitarbeitervertretungen müssen bestrebt sein, alle Fähigkeiten ihrer Mitglieder zum Tragen zu bringen.**

Erst in der Entwicklung dieser Fähigkeiten liegt die Chance einer solidarisierenden Arbeit, die nicht in Frustration endet.

Arbeitsplanung einer MAV

Das Engagement vieler Mitarbeitervertretungen leidet darunter, dass sie ungeplant ist. Mitarbeitervertretungen arbeiten leider oft **defensiv,** d. h. sie warten darauf, dass Dienstgeber sie beteiligen.

Die Mitarbeitervertretungsordnung hingegen sieht, wenn auch mit schwachen Rechten, ein **offensives** Arbeiten von Mitarbeitervertretungen vor. Die Mitarbeiterinnen und Mitarbeiter, in ihrer Repräsentanz die Mitarbeitervertretung, sind aufgefordert, aktiv an den Zielen der Einrichtung mitzuwirken. Dies ist nur möglich, wenn die MAV-Arbeit geplant wird.

Nach ihrer Wahl tut eine Mitarbeitervertretung gut daran, sich in einer ausführlichen Sitzung darüber klar zu werden, welche kurz-, mittel- und langfristigen Aufgaben angegangen werden sollen.

Das geschieht sinnvoll in vier Schritten:

1. **Festlegung der Aufgaben und Ziele**
2. **Festlegung der Verantwortlichkeit**
3. **Festlegung des Zeitrahmens**
4. **Festlegung der Kontrolle**

Selbstkontrolle

Aufgabenfestlegung ohne entsprechende Kontrolle führt ins Leere. Aufgaben, die nicht erfüllt werden, sollten auch dadurch zum Abschluss gebracht werden, dass ihre Nichterfüllung festgestellt wird. Viele Mitarbeitervertretungen blockieren sich jahrelang dadurch, dass sie Zielen hinterherhecheln, die sie nicht erreichen können (sei es, weil die rechtlichen Möglichkeiten fehlen, sei es, weil die fachliche oder persönliche Kompetenz nicht ausreicht).

Ressourcen

Planung der Aufgaben setzt voraus, sich über die eigenen personellen Ressourcen (Zeit, Fachkompetenz, Durchsetzungsfähigkeit innerhalb einer Einrichtung) klar zu werden.

Eine Mitarbeitervertretung, die sich in ihren Rechten und Möglichkeiten überschätzt, wird von der Solidarisierung schnell zur Frustration kommen. Nur das sollte kurz-, mittel- oder langfristig geplant werden, was auch realistischer Einschätzung zu einem Erfolg führen kann.

Aufgaben können

■ **funktional**

(»*Das macht der Vorsitzende!*«),

■ **kompetenzorientiert**

(»*Du kennst Dich am besten mit Arbeitsplänen aus.*«),

■ **erfahrungsorientiert**

(»*Martin, Du hast doch schon öfter mit dem Datenschutzbeauftragten Kontakt gehabt.*«) verteilt werden. Insbesondere Vorsitzende müssen ein Interesse an einer gelungenen Aufgabenverteilung haben. Aufgaben sollen so verteilt werden, dass die vorhandene Kompetenz einer MAV möglichst optimal ausgeschöpft wird. Ein zu großes Gefälle der Sachkompetenz führt zu Frustration auf beiden Seiten: die Kompetenteren fühlen sich in der Vielfalt ihrer Aufgaben allein gelassen, die anderen fühlen sich in ihrer Hilflosigkeit allein gelassen. Manchmal ist es langfristig sinnvoller, auch weniger »geschickten« Kollegen/innen schwierige Aufgaben zu übertragen, als dies immer wieder besser qualifizierten zuzumuten.

Erreichbarkeit

Die Mitarbeitervertretung sollte schnell erreichbar sein. Anrufbeantworter, »Pieper«, Handy oder feste Präsenzzeiten am Arbeitsplatz sind dafür Hilfsmittel.

Ansprechpartner/in

Die Mitarbeitervertretung macht in geeigneter Weise bekannt, wer zu welcher Zeit, unter welcher Telefonnummer, in welchem Büro erreichbar ist. Größere Mitarbeitervertretungen können dabei bestimmte Arbeitsschwerpunkte einzelnen Kolleginnen oder Kollegen zuordnen und darauf deutlich hinweisen. (Beispiel: A ist für die Fragen der Arbeitszeit zuständig, B für Besoldungsfragen, C für Veranstaltungen).

Sprechzeiten

Die Mitarbeitervertretung sollte Sprechzeiten festsetzen, zu denen sie erreichbar ist. Das erleichtert die Kommunikation.

Briefkasten

Ein zentraler Briefkasten für Rückmeldungen und Anliegen macht deutlich, dass die Mitarbeitervertretung bereit ist, sich jederzeit ansprechen zu lassen.

Die Mitarbeitervertretung muss selbstverständlich auf Briefe schnell reagieren (durch Telefonanruf, schriftliche Mitteilung oder persönlichen Besuch am Arbeitsplatz).

Kontakte am Arbeitsplatz

Das ist wichtig: Man sollte nicht immer darauf warten, dass sich Mitarbeiter oder Mitarbeiterinnen melden, sondern auf sie zugehen. In regelmäßigen Abständen sollte die MAV an den Arbeitsplätzen erscheinen, um Kontakt zu halten: Man spricht mit den Kolleginnen und Kollegen über Probleme, überbringt die Einladung zur nächsten Mitarbeiterversammlung oder fragt nach Wünschen zum Betriebsausflug.

Dienstgeberkontakt

Zentrale Vorschrift der Mitarbeitervertretungsordnung ist die vertrauensvolle Zusammenarbeit in der Dienstgemeinschaft. Mitarbeitervertretungen sollten sich bemühen, regelmäßig mit dem Dienstgebervertreter/in Kontakt zu halten auch dann, wenn es keine Punkte gibt, die zu »regeln« sind.

Eine MAV kann immer wieder vertrauensbildende Maßnahmen einleiten:

■ Stimmungen der Mitarbeiterschaft werden dargestellt,
■ Positionen zu anstehenden Konfliktpunkten dargestellt,
■ Arbeitsplanungen der Mitarbeitervertretungen vorgestellt,
■ Verstöße gegen die MAVO (auch kleine) werden angemerkt.

Gleichzeitig muss mit dem Dienstgebervertreter ein bestimmtes Arbeitsprocedere verabredet werden:

■ Wie beteiligt der Dienstgeber die Mitarbeitervertretung?
■ Wie erfolgen die Informationen (schriftlich, mündlich)?
■ Wie sind die Kommunikationswege (z. B. verhindern, dass nur der Vorsitzende eingebunden wird)?
■ Welche Wünsche hat der Dienstgeber an Rückäußerungen?
■ Wie ist bei notwendigen Anschaffungen vorzugehen (z. B. Literatur für die MAV-Arbeit)?
■ In welchem Abstand finden gemeinsame Sitzungen statt? Regelmäßige Gespräche zwischen Dienstgebern und Mitarbeitervertretungen haben sich bewährt. Der zeitliche Abstand ist abhängig von der Größe der Einrichtung.
■ Wie sollen Schulungsteilnahmen angemeldet werden?
■ Wie wird die Beteiligung des Dienstgebers bei Mitarbeiterversammlungen gehandhabt?

Die MAV-Sitzungen

Die MAV kann Beschlüsse rechtswirksam nur in ordnungsgemäß einberufenen Sitzungen oder im einstimmigen Umlaufverfahren fassen. Bei fehlender Einstimmigkeit sind Beschlüsse durch Telefonrundruf, Rundschreiben oder Ausschüsse unzulässig.

Sitzungsvorbereitung

MAV-Sitzungen müssen vorbereitet werden: Dienstgeberanfragen, Anträge oder Informationen sind zu sammeln, zu sichten und der Mitarbeitervertretung vorzulegen. Anfragen aus der Mitarbeiterschaft müssen eingeführt, eigene Fragestellungen dargestellt werden oder der/die Vorsitzende hat eine Tagesordnung zu erstellen, die der Mitarbeitervertretung zugeleitet wird.

Einberufung der Sitzungen

Die oder der Vorsitzende beruft die Mitarbeitervertretung ein. Die Häufigkeit der Sitzungen hängt vom Arbeitsanfall ab. Eine Sitzung ist auch dann einzuberufen, wenn die Mehrheit der MAV-Mitglieder dies verlangt.

Es hat sich als günstig erwiesen, wenn die Sitzungen zu einem festgelegten Zeitpunkt an einem bestimmten Tag kontinuierlich stattfinden (z. B. jeden

Montag 10-12 Uhr oder jeden 1. Dienstag im Monat von 14-17 Uhr). Von einem solchen Termin sollte nur dann abgewichen werden, wenn nach Meinung der Mitarbeitervertretung kein Handlungs- oder Gesprächsbedarf besteht oder wenn eine außerordentliche Sitzung zusätzlich einberufen werden muss, weil z. B. eine Frist im Zustimmungs- oder Anhörungsverfahren eingehalten werden muss. Bei Anberaumung und Dauer der Sitzungen ist auf die dienstlichen Erfordernisse Rücksicht zu nehmen; die Sitzungen finden aber in der Regel während der Arbeitszeit in der Einrichtung statt. In größeren Einrichtungen kann es sinnvoll sein, wenn die Mitarbeitervertretung an wechselnden Orten (z. B. in unterschiedlichen Häusern, auf unterschiedlichen Stationen) tagt, um z. B. der Mitarbeiterschaft gegenüber präsent zu sein.

Ort und Zeitpunkt der Sitzungen sind dem Dienstgeber bekannt zu geben.

Einladung

Die Einberufung der MAV-Sitzung erfolgt durch Einladung unter Angabe der Tagesordnung in der Regel schriftlich.

Ob Einladungen auch persönlich, durch Aushang in einem Mitarbeitervertretungszimmer oder durch Eintrag in ein Protokollbuch erfolgen können, muss geklärt werden.

Ist eine genaue Kenntnis z. B. einzelner Schriftstücke notwendig, empfiehlt es sich, diese in Kopien nach Möglichkeit den beteiligten Kolleginnen und Kollegen vorher zuzuleiten.

Fristen sind für die Einladung nicht vorgesehen. Die Einladung mit der Tagesordnung muss den Sitzungsteilnehmern jedoch so früh zugehen, dass sie sich auf die Sitzung vorbereiten können.

Festlegung der Tagesordnung

Die Tagesordnung ist von der Vorsitzenden oder vom Vorsitzenden festzulegen.

Vorher sollte geklärt werden (z. B. durch Rundruf oder Rundgespräch), was die zentralen Fragen der jeweiligen Sitzung sind.

Wichtige Punkte der Tagesordnung sind Anträge des Dienstgebers, die innerhalb bestimmter Fristen (meist eine Woche) behandelt werden müssen.

Die Tagesordnung muss so konkret formuliert sein, dass sich die Teilnehmer der Sitzung auf die einzelnen Punkte vorbereiten können. D. h. Tagesordnungspunkte wie »TOP3: Einstellungen« genügen nicht.

Aus der Tagesordnung muss z. B. erkennbar sein, wer für welche Stelle als was eingestellt werden soll. Das könnte so aussehen:

»TOP3 Einstellungen/Eingruppierungen
Frau Magda Müller als Krankenschwester auf der HNO-Station.«

Die Tagesordnung muss grundsätzlich alle Punkte ausweisen, die behandelt werden sollen. Um kurzfristig unvorhergesehene Punkte erörtern zu können, ist es praktikabel, einen »TOP Verschiedenes« auf die Tagesordnung zu nehmen. Es erhöht die Arbeitsdisziplin, für einzelne Tagesordnungspunkte Zeitvorschläge zu machen.

Wer ist zur Mitarbeitervertretungssitzung einzuladen?

Zu der Sitzung sind alle MAV-Mitglieder einzuladen. Wenn ein MAV-Mitglied länger (s. o.) verhindert ist, ist auch das Ersatzmitglied zur Sitzung einzuladen. Außerdem sind u. U. die Vertrauensfrau oder der Vertrauensmann der Schwerbehinderten und der Jugendsprecher zur Sitzung einzuladen.

Der Dienstgeber ist nicht zu den MAV-Sitzungen einzuladen. Falls die MAV im Rahmen einer MAV-Sitzung ein Gespräch mit dem Dienstgeber führen will, ist die Anwesenheit des Dienstgebers auf die zu besprechenden Punkte begrenzt. Bei der Beratung und Beschlussfassung der MAV darf der Dienstgeber nicht anwesend sein.

Inhaltliche Vorbereitung

Damit die MAV-Sitzung zügig und effektiv durchgeführt werden kann, müssen die einzelnen Tagesordnungspunkte inhaltlich vorbereitet werden. Das ist zunächst die Aufgabe des oder der Vorsitzenden, die aber auch auf andere Mitglieder delegiert werden kann.

Zur inhaltlichen Vorbereitung gehört:

- **die Feststellung des Sachverhalts und der Fakten,**
- **die Überprüfung, ob die Informationen seitens des Dienstgebers ausreichend sind,**
- **die Einholung von Auskünften, z. B. der Berufsgenossenschaft,**
- **die rechtliche Prüfung, soweit Rechtsfragen tangiert sind (z. B. bei der Eingruppierung).**

Eine gut vorgedachte Tagesordnung erleichtert den Sitzungsablauf.

Feststellung der Anwesenheit und der Beschlussfähigkeit

Zu Beginn der Sitzung ist von der Person, die die Sitzung leitet, die Zahl der anwesenden Mitglieder festzustellen. Beschlussfähigkeit ist gegeben, wenn mehr als die Hälfte der MAV-Mitglieder anwesend ist.

Änderungen der Tagesordnung

Die Änderung der Tagesordnung in der Sitzung ist rechtlich nur begrenzt möglich.

Nach der Rechtsprechung des Bundesarbeitsgerichts zum Betriebsverfassungsgesetz ist eine Änderung der Tagesordnung nur durch einstimmigen Beschluss zulässig, wenn alle Mitglieder anwesend sind (BAG, Urteil vom 28. 4. 1988, BAGE 58, S. 221 = AP Nr. 2 zu 29 BetrVG 1972).

Unter dem Tagesordnungspunkt »Verschiedenes« können Beschlüsse nur dann wirksam gefasst werden, wenn alle Mitglieder anwesend sind und kein Mitglied der Beschlussfassung widerspricht (BAG, Beschluss vom 28. 10. 1992, BB 1993, S. 580).

Abhandeln der Tagesordnung

Als zweiter Tagesordnungspunkt ist in der Regel die Genehmigung des Protokolls der vorhergehenden Sitzung vorgesehen. Der Gesprächsleiter hat darauf zu achten, dass es nicht erneut zu einer inhaltlichen Diskussion kommt (Lieblingsfehler: Es folgt eine inhaltliche Diskussion).

In einem allgemeinen Tagesordnungspunkt »Berichte/Aktuelle Informationen« sollte über die Durchführung von Beschlüssen der vorhergehenden Sitzung und die Erledigung bestimmter Aufgaben berichtet werden.

Bei der Behandlung der einzelnen Tagesordnungspunkte ist darauf zu achten, dass Beschlüsse konkret formuliert sein müssen. Festzuhalten ist:

- **Wer ist für die Durchführung der Beschlüsse verantwortlich?**
- **Was soll konkret getan werden?**
- **Bis wann hat dies zu erfolgen?**

Abstimmungen sind über Anträge des Dienstgebers oder einzelner Mitglieder herbeizuführen. Liegen zur selben Sache mehrere Anträge vor, erfolgt die Abstimmung zuerst über den weitest gehenden Antrag.

Die Sitzungsleitung hat auf den vorgegebenen Zeitrahmen zu achten und dafür zu sorgen, dass jeder Tagesordnungspunkt mit einem Beschluss bzw. mit einer deutlichen Verfahrens- oder Aufgabenfestlegung endet.

Diese deutliche Aufgabenfestlegung bezieht sich auf die Person, Zeit und Berichtspflicht an die MAV.

Musterschreiben für die Einladung zu einer MAV Sitzung

Adressaten der Einladung

- Alle MAV-Mitglieder,
- Ersatzmitglieder, falls MAV-Mitglieder verhindert sind,

- Vertrauensfrau oder Vertrauensmann der Schwerbehinderten,
- Jugendsprecher,
- Information über Zeit und Ort der Sitzung an den Dienstgeber.

▶ **Beispiel**

Liebe Kolleginnen und Kollegen,

zur nächsten MAV-Sitzung am 3. Mai von 14.00 bis 17.00 Uhr im MAV-Zimmer lade ich Sie ein.

Tagesordnung

TOP 1

Feststellung der Anwesenden und der Beschlussfähigkeit

TOP 2

Genehmigung des Protokolls der Sitzung vom 19. 4. 1994

TOP 3 (15 Minuten)

Aufgabenerledigung

Beschwerde über Ausstattung Sozialraum Geburtstagsfeier des Kuratoriumsvorsitzenden

TOP 4 (15)

Zustimmung zur Einstellung/Eingruppierung

Magda Müller als Krankenschwester auf der HNO-Station Fritz Bauer als zweiter Hausmeister für die Gebäude D und E

TOP 5 (30)

Höhergruppierung/Bewährungsaufstieg

Krankenpflegehelferin Susanne Huber von Kr 4 nach Kr 5 Krankenpfleger Max Huber von Kr 7 nach Kr 8

TOP 6 (30)

Antrag des Dienstgebers auf Einführung eines Rauchverbots im Sozialraum

TOP 7 (15)

Einführung einer neuen Telefonanlage

Antrag des Dienstgebers auf Zustimmung der MAV

TOP 8 (45)

Beschwerden von Mitarbeitern

Heilgymnastin Monika Sauer wegen falscher Eingruppierung

Die Mitarbeiterinnen im Labor beklagen die Nichteinhaltung der Gesundheitsschutzbestimmungen

TOP 9 Verschiedenes

Falls Sie an der Sitzung nicht teilnehmen können, bitte ich um umgehende Mitteilung,

Mit freundlichen Grüßen

Martha Muster

MAV-Vorsitzende

Leitung

§ 14 MAVO sieht vor, dass der oder die Vorsitzende die Sitzung formell leitet. Die Gesprächsleitung selbst kann delegiert werden.

Der Gesprächsleiter sollte sich möglichst nicht an der Diskussion beteiligen, sondern nur darauf bedacht sein, die Tagesordnung sachgerecht umzusetzen. Dazu gehört Eröffnung und Schließung der Sitzung, Leitung der Verhandlung, Worterteilung und -entziehung, Feststellung der Beschlussfähigkeit, Durchführung der Abstimmung. Das ist allerdings in kleineren MAVen in der Regel nicht durchzuhalten.

Rückschau

Jede Sitzung sollte mit einer kurzen Rückschau auf die Aufgaben beginnen, die während der letzten Sitzung verteilt worden waren:

- **Sind die Aufgaben erledigt worden?**
- **Was ist das Ergebnis, ergibt sich eine Konsequenz für die Weiterarbeit?**
- **Wenn eine Aufgabe nicht erledigt wurde, worin liegt der Grund?**

Der Sitzungsleiter muss darauf achten, dass eine inhaltliche Diskussion zu diesem Zeitpunkt vermieden wird. Die Überprüfung erledigter oder unerledigter Aufgaben hat hier lediglich die Funktion, den Arbeitsstand festzuhalten bzw. an die Erledigungsdisziplin zu appellieren. Ergibt sich zwingend längerer Diskussionsbedarf, so ist dafür ein eigener Tagesordnungspunkt anzusetzen.

Beschlüsse

Verantwortlichkeiten sind bei der Beschlussfassung festzulegen.

- **Wer ist für die Durchführung der Beschlüsse verantwortlich?**
- **Was soll konkret getan werden?**
- **Bis wann hat dies zu erfolgen?**

Verteilung von Verantwortlichkeit heißt nicht, dass diesem MAV-Mitglied die gesamte Arbeit übertragen wird. Der Benannte hat lediglich Sorge dafür zu tragen, dass die Arbeit auch realisiert wird.

Protokoll

Es ist notwendig, von den Sitzungen Protokolle zu führen. Unterschiedliche Möglichkeiten bieten sich an:

■ Wortprotokoll (nahezu immer überflüssig),
■ ausführliches Protokoll,
■ Ergebnisprotokoll (nur die Beschlussfassungen).

Auch über die Art der Abfassung ist je nach Größe der Einrichtung zu entscheiden:

■ Erhält jedes MAV-Mitglied eine Kopie? Oder:
■ Wird ein Protokollbuch geführt, das für die Mitarbeitervertretung ausliegt und eingesehen werden kann?

Jedes Protokoll sollte im Kern so verfasst werden, dass MAV-Mitglieder, die nicht an der Sitzung teilgenommen haben, die Ergebnisse nachvollziehen können.

Nachbereitung einer Sitzung

Wenn während einer MAV-Sitzung Aufgaben verteilt wurden, ist es hilfreich, wenn der/die Vorsitzende zwischen den Sitzungen in Kontakt mit seinen Kollegen/innen überprüft, wie der Erledigungsstand ist. Dies hat mahnende, aber auch unterstützende Funktion.

Er oder sie unterrichtet den Dienstgeber über die Ergebnisse, die für diesen wichtig sind. Bei vielen Beteiligungsformen hat das schriftlich zu geschehen. Konstruktiv wirken kann es, wenn der Vorsitzende die schriftliche Stellungnahme persönlich überbringt. Offene Fragen oder strittige Punkte können dabei angemerkt oder unterstrichen werden.

Zur Nachbereitung einer MAV-Sitzung gehört u. U. auch, nicht teilgenommene Kolleginnen und Kollegen in einem persönlichen Gespräch über Problemlagen zu informieren, um ihnen so den Wiedereinstieg bei der nächsten Sitzung zu erleichtern.

Wenn ein Thema nicht unter die Schweigepflicht der MAV fällt, ist es stützend, zwischen den Sitzungen mit Mitarbeiterinnen und Mitarbeitern Gespräche zu führen, um Meinungen zu anstehenden Fragen einzuholen bzw. Kommentierungen zu sammeln. So wird Basisanbindung geschaffen und die MAV läuft nicht Gefahr, sich von der Mitarbeiterschaft abzukoppeln.

Ort der Sitzung

In großen Einrichtungen ist es empfehlenswert, dass die Mitarbeitervertretungen an wechselnden Orten (z. B. in unterschiedlichen Häusern, auf unterschiedlichen Stationen) tagen, um auch auf diese Art der Mitarbeiterschaft gegenüber präsent zu sein.

Vorsitz: Ein schweres Amt?

Das Amt der oder des Vorsitzenden der Mitarbeitervertretung verlangt besondere Fähigkeiten und Kenntnisse verschiedenster Art.

Die Rahmenordnung für eine Mitarbeitervertretungsordnung macht nur wenig Aussagen über die Rechte einzelner Ämter.

Eine Ausnahme wird für das Amt der Vorsitzenden gemacht.

Beim Studium der einschlägigen Paragrafen und Kommentare wird schnell deutlich, dass die Vorsitzenden nur im Rahmen der MAV-Beschlüsse agieren können. Wenn man es genau nimmt, sind die Vorsitzenden eher Sprecher oder Sprecherinnen. Für alle Schritte, die sie unternehmen, brauchen sie Ermächtigungen durch die Kolleginnen und Kollegen. Eigenmächtig dürfen keine Erklärungen abgegeben werden. Geschieht dies dennoch, ist die MAV an solche Aussagen nicht gebunden.

Die Vorsitzfunktion hat also deutlich moderierenden und organisierenden Charakter.

Aufgaben

Vorsitzende vertreten die Mitarbeitervertretung im Rahmen der Beschlüsse und sind ebenso wie die Stellvertretung oder ein eigens benanntes Mitglied zur Entgegennahme von Erklärungen – z. B. vom Dienstgeber – berechtigt: nicht mehr, aber auch nicht weniger.

Erklärung meint in diesem Zusammenhang u. a. alle Formen der Beteiligung, bei denen die Initiative vom Dienstgeber ausgeht.

Vorsitzende haben die Pflicht, unter Angabe der Tagesordnung die Sitzungen der Mitarbeitervertretung einzuberufen.

Vorsitzende haben eine Art »Notarsfunktion«: Mit der Unterschrift unter die Sitzungsprotokolle wird die Richtigkeit bestätigt.

Auch bei der Freistellung stehen den Vorsitzenden keine Sonderrechte zu. Die Arbeitspraxis zeigt gleichwohl, dass ein Großteil der Mitarbeitervertretungsarbeit durch sie geleistet wird und dass deshalb der Bedarf an der notwendigen Freistellung für dieses Amt in der Regel höher sein dürfte. Wenn darüber hinaus die Einrichtung so groß ist, dass eine kontingentierte Freistellung möglich ist, wird in der Regel der oder die Vorsitzende zuerst von diesem Recht profitieren.

Die Gefahren, die damit verbunden sind, werden an anderer Stelle noch diskutiert werden: Je mehr Zeit jemand hat, Mitarbeitervertretungsarbeit zu leisten, desto größer wird der Informationsvorsprung werden, desto eher besteht die Gefahr, dass es Mitarbeitervertreter und Mitarbeitervertreterinnen erster und zweiter Ordnung gibt.

Vorsitzende berufen die Mitarbeiterversammlung ein und leiten sie. Sie erstatten den Tätigkeitsbericht und werden ihn gemeinsam mit ihren Kolleginnen und Kollegen vertreten oder verteidigen. Beschlüsse der Mitarbeiterversammlung werden vom Vorsitzenden unterzeichnet und dadurch in ihrer Rechtskraft bestätigt.

Der Spagat

Das macht die Schwierigkeit dieses Amtes in der Mitarbeitervertretung aus: Man ist Erster unter Gleichen, hat keine Sonderrechte, gerät aber immer wieder in Positionen, die faktisch Sonderrechte verleihen oder dazu verleiten, sich solche Sonderrechte zu nehmen, insbesondere im Kontakt mit dem Dienstgeber. Auch in der Repräsentanz allen Mitarbeiterinnen und Mitarbeitern gegenüber wird dieser Spagat spürbar. Es bedarf klarer Strategien, deutlicher Transparenz und eines geklärten Selbstverständnisses über die eigenen Aufgaben und die Aufgaben der Mitarbeitervertretung, um diese schwierige Aufgabe zu bewältigen.

Persönliche Qualifikationen

Vorsitzende von Mitarbeitervertretungen sind Repräsentanten der Einrichtungen, sie stehen für die Dienstgemeinschaft – ähnlich wie der Dienstgebervertreter. Damit diese Repräsentanz deutlich wird und in ihrer selbständigen Funktion wahrgenommen wird, bedarf es persönlicher Qualifikationen.

Selbstbewusstsein

Vorsitzende müssen sich Klarheit darüber verschaffen, welche Funktion das Amt hat, und müssen sich mit dem Amt identifizieren, d. h. selbstbewusst annehmen und wahrnehmen, dass sie für die Mitarbeitenden und deren Interessen einstehen. Sie müssen ein Gefühl für Partnerschaft entwickeln und versuchen, dies auch gegen Widerstände zu leben oder umzusetzen.

Fähigkeit zum Rollenwechsel

Dienstgeber stellen keine Vorsitzenden ein, sondern Verwaltungsmitarbeiter, Bildungsreferentinnen oder Küster. Der Arbeitsplatz ist dem Direktionsrecht unterworfen. Es besteht eine deutliche Abhängigkeit vom Vorgesetzten. Wird nun dieser Küster, die Bildungsreferentin oder der Verwaltungsmitarbeiter Vorsitzender der Mitarbeitervertretung, so ist er oder sie plötzlich gleichberechtigter Partner bzw. Partnerin. Die innere Haltung muss sich ändern. Die

Amtsinhaber und -inhaberinnen müssen zum Rollenwechsel fähig sein. Diese Fähigkeit zum Rollenwechsel setzt eine Klärung der eigenen Interessen, Wünsche, Anforderungen voraus.

Rechtliches

Vorsitzende sollten gute Kenntnisse des Beteiligungsrechtes haben, die über Basiskenntnisse hinausreichen. Als diejenigen, die Erklärungen des Dienstgebers entgegennehmen, sind sie häufiger als andere in argumentative Auseinandersetzungen verwickelt. Das muss juristisch unterfüttert sein.

Vertraut mit den Zielen

Als Repräsentant der Dienstgemeinschaft bedarf es guter Kenntnisse der Einrichtung, in der das Amt des Vorsitzes wahrgenommen wird. Das Konzept, das Leitbild oder »die Ideologie« müssen geläufig sein. Dies aus zwei Gründen:

1. Entscheidungen des Dienstgebers bzw. des Dienstgebervertreters müssen oft in größeren Zusammenhängen und hinsichtlich der Zielorientierung gewichtet werden.
2. Interessen von Mitarbeitern müssen aufgehoben sein in konzeptionellen Fragen, müssen sich von hieraus begründen lassen oder aber,wenn sie im Widerstreit dazu stehen,argumentativ offensiv dagegen vertreten werden.

Außenkontakte

Vorsitzende nehmen meistens Außenkontakte wahr: zu anderen Mitarbeitervertretungen, zur Diözesanen Arbeitsgemeinschaft der Mitarbeitervertretungen, zu Schlichtungsstellen, übergeordneten Personalchefs usw.

Es ist notwendig und hilfreich, die entsprechenden Strukturen zu kennen und Kenntnisse über die Person zu haben, die mögliche Kontaktpartner vertritt. Mitwirkungsarbeit wird auch außerhalb der eigenen Einrichtung wahrgenommen werden, um Unterstützung zu erlangen oder das Gesamt des kirchlichen Dienstes zu stärken.

Arbeitsorganisation

Weil mit dem Vorsitz moderierende und nicht vorgesetzte Funktionen Verbunden sind, bedarf es guter Fähigkeit der Arbeitsorganisation. Arbeitsorganisation, die gelingt, ist nicht allein Technik, sondern immer auch Inhalt. Je mehr Kolleginnen und Kollegen an der Mitwirkungsarbeit beteiligt werden, desto bedeutender wird die MAV-Arbeit und desto stärker ist das Gewicht in der jeweiligen Einrichtung.

Selbstkritik

Zur Souveränität der Leitung gehört auch, sich anfragen zu lassen. Wer meint, mit dem Vorsitz der Mitarbeitervertretung päpstliche Rechte erlangt zu haben, ist fehl am Platze. Auch lange Erfahrung schützt nicht vor Irrtum, und gerade sind es die unerfahrenen Kolleginnen und Kollegen, die neue Aspekte und Impulse in die Mitwirkungsarbeit einbringen können. Dies souverän aufzugreifen und bereit zu sein, den eigenen Arbeitsstil angemessen zu ändern, erleichtert die Mitwirkungsarbeit, führt zu Innovation und macht deutlich: Wir sind ein Team.

Spiegel der Mitarbeiterschaft

Vorsitzende repräsentieren die Mitarbeiterschaft. Dies wurde mehrfach unterstrichen. Deshalb sollte in der Person die Mitarbeiterschaft gespiegelt sein: Wenn zu 90% in einer Einrichtung Frauen arbeiten, so ist es geradezu kontraproduktiv, wenn der Vorsitzende ein Mann ist. Sind in der Einrichtung überwiegend Verwaltungskräfte tätig, so sollte vermieden werden, dass z. B. eine Referentin Vorsitzende ist.

Im Idealfall spiegeln Vorsitzende in ihren Personen und Funktionen den oder die »durchschnittliche Mitarbeiter/in« wider. Natürlich ist dies nicht immer herzustellen, und oft verweigern gerade diejenigen Kollegen die Kandidatur, die am ehesten für diesen Durchschnitt stehen könnten. Wenn dies der Fall ist, so ist die minimale Voraussetzung für potentielle Vorsitzende das Wissen um alle Tätigkeiten der jeweiligen Einrichtung– unabhängig davon, dass möglichst alle Arbeitsfelder in der MAV repräsentiert sein sollten.

Zu hohe Anforderungen?

Manchem Leser oder mancher Leserin wird bei dem Katalog der Anforderungen der Mut verloren gegangen sein, in absehbarer Zeit für den Vorsitz zu kandidieren. Oder sie fragen sich: Bin ich überhaupt als Vorsitzender auf dem richtigen Platz?

Die formulierten Anforderungen sind Messlatten, mit denen Sie Ihre Arbeit und Ihr Engagement prüfen können. Nicht jede Anforderung muss erfüllt werden.

Die besten Vorsitzenden sind in der Regel die, die den Sprung ins kalte und manchmal überfordernde Wasser gewagt, die Niederungen des Versagens kennengelernt haben und dann mit ihren Aufgaben gewachsen sind.

Vorsitzende als Repräsentanten

Vorsitzende von Mitarbeitervertretungen leiten nicht nur Gremien und Mitarbeiterversammlungen, sie repräsentieren mit ihrem Amt und aus ihrer Person heraus die Mitarbeiterschaft, die Einrichtung und die Idee der Einrichtung, in der sie tätig sind. *Innere Angelegenheiten!*

Die Präambel der Rahmenordnung spricht davon, dass die Mitarbeiterinnen und Mitarbeiter den Dienst in der Kirche mitgestalten und mitverantworten. Sie »haben Teil«, »wirken mit« und tragen »gemeinsam ... Verantwortung«. Die Präambel unterscheidet in den grundsätzlichen Fragen nicht zwischen Dienstgebern und Mitarbeitern bzw. deren Vertretern und Vertreterinnen. Natürlich haben Dienstgebervertreter andere Funktionen zu erfüllen als die ihnen untergebenen Mitarbeiter. Wenn dieselben Mitarbeiter aber in MAV-Funktionen gewählt wurden, so stehen sie in dieser Funktionalität auf einer Stufe mit dem Dienstgebervertreter und haben im Rahmen der kirchlichen Ordnungen und Gesetze »teilhabend« am Gesamt mitzuwirken. Aus weisungsverpflichteten Mitarbeitern sind gleichberechtigte Partner geworden. Dies mag banal sein. Dennoch wird jede Mitarbeitervertretung, überprüft sie Praxis und Selbstbild, konstatieren müssen, dass diese Partnerschaft oft erreicht wird, dass man sich eher abhängig fühlt (oder ist) und mehr das Bild des Bittstellers denn des Verhandlungspartners verinnerlicht hat.

Mitarbeitervertretungen und insbesondere ihre jeweiligen Vorsitzenden stehen für die Einrichtungen, in denen sie tätig sind. Sie repräsentieren diese auf differenzierte Weise in Bezug auf unterschiedliche Gruppen und Ideen. Nehmen Mitarbeitervertretungen, insbesondere Vorsitzende, diese Repräsentanz als ihre Aufgabe an, so wächst daraus Zutrauen, Selbstbewusstsein und in der Folge entwickelte Partnerschaften.

Felder repräsentativer Aufgaben

Im Folgenden sollen die verschiedenen Felder repäsentativer Aufgaben skizziert werden. Repräsentanz in diesem Sinne bedeutet übrigens nicht gute Manieren oder kirchengewandtes Auftreten, sondern die Annahme und öffentliche »Darstellung« der Funktion des oder der Vorsitzenden und der damit verknüpften Rollen.

Rollen meint in diesem Sinne Verhaltenserwartungen, die von außen an den Vorsitzenden herangetragen werden und die dieser per Amt oder Selbstzuschreibung erfüllen kann und erfüllen will.

Repräsentanz oder repräsentatives Verhalten heißt im Kern, dass der einzelne sich für die ihm zugeschriebene Funktion typisch verhält und die von ihm vertretenen Gruppen in ihrer jeweiligen Besonderheit repräsentiert. Der Vorsitzende als Repräsentat der Mitarbeitervertretung muss in Auftreten und

Erscheinung, in der Vertretung seiner Wirkungsfelder so zu Werke gehen, dass der ihm gegebene Auftrag und die dahinter wirkende Idee (»Dienstgemeinschaft«) deutlich wird.

Die Vorsitzenden werden oft irritiert. Sie bemühen sich um eine angemessene Repräsentanz ihrer Aufgabe. Von den Rollenerwartungen der Mitarbeiterschaft oder des Dienstgebers wird aber etwas anderes signalisiert: »Ordne Dich unter; mach keinen Krach; Du erreichst ja doch nichts!«

Die Annahme und Ausgestaltung der Repräsentanz hat hier Signalfunktion: Ich bekenne mich zur Partnerschaft. Ich fordere sie ein und entziehe mich den tradierten Vorstellungen der Unterordnung, des Gehorsams oder Kleinmuts.

Vorsitzende repräsentieren die Mitarbeitervertretung

Durch das Wahlverfahren zur Mitarbeitervertretung und die Arbeit der Mitarbeitervertretung ist erkennbar, dass Vorsitzende die »Ersten unter Gleichen« sind. In ihrer Person verdeutlicht sich das Gesamt der Mitarbeiterschaft und deren mitwirkungspolitischer Wille. Das Amt will ausgefüllt sein, denn sachliche Funktionen sind meistens nur über die ausgestaltenden Personen begreifbar. Eine schwache Mitarbeitervertretung wird sich einen schwachen Vorsitzenden wählen, das kämpferische Gremium sucht den streitfähigen Repräsentanten. In der Person des Vorsitzenden wird dem Dienstgeber und seinem Vertreter deutlich, worauf er sich einzurichten hat.

Jede Mitarbeiterschaft erhält die Mitarbeitervertretung, die sie verdient. Und jede Mitarbeitervertretung erhält den Vorsitzenden, den sie sich zutraut und dem Dienstgeber zutrauen will.

Vorsitzende repräsentieren die Mitarbeiterschaft nach innen

Vorsitzende sind natürlich Teil der Mitarbeiterschaft, aber sie werden auch durch ihre Funktion zum Gegenüber. In ihnen will sich die Mitarbeiterschaft spiegeln und eine Idee erkennen, wie es zu einem guten Miteinander in der Dienstgemeinschaft kommen kann. Je nach Art der Repräsentanz, zeigen Vorsitzende der Mitarbeiterschaft, welches Verständnis die Mitarbeiterschaft selbst vom Umgang mit dem Dienstgebervertreter haben. Vorsitzende sind oft Modell für gewünschte oder sich anbahnende Veränderungen.

Vorsitzende repräsentieren Teile der Mitarbeiterschaft

Vorsitzende entstammen bestimmten Arbeitsbereichen. Sie haben Aufgaben zu erfüllen, die in ihrem Arbeitsvertrag festgelegt sind, und werden mit diesen Aufgaben identifiziert. Quer dazu läuft das Amt des MAV-Vorsitzenden. Hier sind klare Unterscheidungen notwendig. Wenn der Vorsitzende (z. B.

als Referatsleiter) in der normalen Tätigkeit Vorgesetzter ist, so ist er in der MAV-Funktion Kollege, der nicht nur seinen Arbeitsbereich vertritt, sondern für das Gesamt der Mitarbeiterschaft stehen muss. Gleichwohl kommt es immer wieder zu Irritationen, werden Interessensgebundenheiten unterstellt und subjektive Beweggründe als Motor des Handelns ausgemacht. Nur die klare Unterscheidung von Arbeitsplatz und Funktion, die Transparenz über die unterschiedlichen Repräsentanzen, hilft, diese Klippen halbwegs unbeschadet zu umgehen.

Vorsitzende repräsentieren die Mitarbeiterschaft nach außen

Natürlich sind es die Dienstgebervertreter, die die Außenvertretung wahrnehmen und für die jeweiligen Institutionen stehen. Daraus wächst manchmal das Missverständnis, dass sich Arbeit über Sachprogramme, Projekte und abstrakte Arbeitsbereiche darstellen ließe und darauf verzichtet wird, eine Repräsentanz derjenigen zu leisten, die das jeweils Dargestellte mit ihrer Arbeitskraft ausfüllen. Vorsitzende von Mitarbeitervertretungen werden als Repräsentanten der Mitarbeiterschaft tunlichst darauf dringen, dass sie – z. B. bei offiziellen Anlässen – als Vertreter der Mitarbeiterschaft wahrgenommen werden. Sie sollten durch ihr Auftreten kenntlich machen, dass es in der Einrichtung nicht allein um hierarchisch geordnete Funktionsfelder geht, sondern um eine Dienstgemeinschaft, an der alle zielorientiert arbeiten.

Deutlich wird dies z. B. durch kleine öffentliche Reden, Stellungnahmen zu Vorgängen, die der Öffentlichkeit bedürfen und für diese bestimmt sind, durch Kontaktpflege nach außen.

Vorsitzende sind Repräsentanten der Einrichtung

Die Präambel macht es deutlich. Das erste Ziel kirchlicher Einrichtungen in der Arbeit ist das Zusammenwirken als Dienstgemeinschaft. Alle sind für die Erreichung der Einrichtungsidee verantwortlich und sollen sich in den ihnen zugewiesenen Aufgabenfeldern um die Optimierung der Arbeiten bemühen. Die konkrete Umsetzung von Zielen wird durch die Mitarbeitenden geleistet. In diesem Handeln verwirklichen sich erst Einrichtungsziele.

Vorsitzende repräsentieren als Vertreter oder Vertreterin der Mitarbeiterschaft die Operationalisierung der Ziele und damit die Verwirklichung der Einrichtungsidee.

Kirchliche Einrichtungen handeln nicht mit Sachen, sondern mit den in ihnen tätigen Personen.

Vorsitzende repräsentieren die Idee der Dienstgemeinschaft

Viele Mitarbeitervertretungen und deren Vorsitzende agieren so, als seien sie eng und ausschließlich nur für arbeitsrechtliche Fragen zu ständig.

Geist und Inhalt der MAVO hingegen signalisieren anderes: Mitarbeitervertretungen engagieren sich für das Ganze, ihre Vorsitzenden repräsentieren das mit Person und Funktion.

Die Idee der Dienstgemeinschaft ist auf dem Weg – seit Jahren schon, manchmal schneller manchmal langsamer. Aber sie kommt voran und wird immer weniger begriffen als Instrument zur Verhinderung weiter gehender Rechte.

Stattdessen erkennen Engagierte das Potenzial: Gestaltung einer Kultur des Miteinanders, Beteiligung satt Formalismus, Pflege von „corporate identity".

Zu idealisiert gedacht? Mag sein, wenn man an die manchmal klägliche Praxis denkt und trotzdem ist es so: Dienstgemeinschaft ist ein Auftrag an alle und ist Teilhabe weit über Arbeitsrechtliches hinaus.

Mitarbeitervertretungen haben den Auftrag, daran zu erinnern – nicht quengelig, aber nachdrücklich. Vorsitzende müssen mit ihrer Funktion deutlich machen, dass die Idee „Dienstgemeinschaft" angenommen worden ist und offensiv gestaltet wird. Wer dies tut, hat schon manchen Dienstgebervertreter in Verlegenheit gebracht, weil er nicht zagend schwache Rechte beklagte, sondern auf Verwirklichungen pochte.

Vorsitzende sollten sich darüber klar werden: Sie sind wichtiger Träger, Repräsentant dieser Idee und damit eine Seite der komplexen Medaille „Einrichtung".

Wenn die Funktion aktiv und selbstbewusst angenommen wird, geschieht Repräsentanz. Die freilich wird manchmal gebrochen durch die täglichen Unzulänglichkeiten und die zu kurzen Schritte auf dem Dritten Weg.

Brechungen

- **Die Repräsentanz wird gebrochen durch Realitäten.**

Machtbewusste Dienstgeber verhindern Außendarstellungen, drängen Vorsitzende zurück, versuchen die Aufgabenbereiche zu reduzieren, zu verniedlichen oder auszublenden.

- **Wir haben weit häufiger Männer als Frauen in frauendominierten Einrichtungen als Vorsitzende.**

Das Prinzip der Repräsentanz wird hier auf augenscheinliche und manchmal peinliche Weise gebrochen.

■ **Häufig finden wir, dass die Minderheit der Studierten die Mehrheit von Verwaltungsleuten, Küchenmitarbeitern oder technischen Angestellten repräsentiert.**

Hierfür mag es Gründe geben. Diese Entwicklung zu sehen bedeutet, an Veränderungen zu denken. Wie können Mitarbeiter, die sich das Amt des Vorsitzenden zwar wünschen, aber nicht zutrauen, so gestärkt werden (durch Begleitung, Fortbildung und Beratung), dass sie als Repräsentanten der Mitarbeiterschaft in dieses Amt hineinwachsen können? Zu oft finden wir Mitarbeitervertretungen und deren Vorsitzende, die in ihrem Aktionsradius erstarrt sind, da nach immer gleichen Rollen und Funktionsmustern gewählt wurde *(»Mach' Du doch die Schriftführerin, Du arbeitest ja ohnehin im Sekretariat«).*

■ **In manchen Einrichtungen engagieren sich die Aktiven, um über Mitarbeitervertretung und Vorsitz ihre Fachideen zu verwirklichen.**

Sie sind sozusagen die Creme der Mitwirkungswilligen und laufen Gefahr, sich zu weit von den Kolleginnen und Kollegen zu entfernen, die sich in den ihnen zugewiesenen Arbeitsfeldern passiv oder opportunistisch verhalten.

■ **Auch eine Mitarbeitervertretung kann der Gefahr erliegen, sich hinter einem starken, aktiven Vorsitzenden zu verstecken, der dann ein System repräsentiert, das schwach ist.**

Clevere Dienstgebervertreter vermögen dies zu nutzen: Sie isolieren den Vorsitzenden, machen ihn zum persönlichen Partner mit dem Ziel bzw. der Gefahr der Abkoppelung von der Mitarbeitervertretung bzw. der Mitarbeiterschaft. Exklusivbündnisse führen meistens in die Krise.

■ **Die Angepassten repräsentieren die Unzufriedenen.**

In krisengeschüttelten Einrichtungen finden wir immer häufiger das Phänomen, dass sich die ehemals Aktiven in Unzufriedenheit zurückziehen und sich von der Idee der Einrichtung bzw. der Dienstgemeinschaft verabschiedet haben. In solchen Situationen werden Angepasste zu Mitarbeitervertretern bzw. Mitarbeitervertretungsvorsitzenden gewählt. Sie nutzen das entstandene Vakuum für ihre eigenen Ziele, für die eigene Absicherung oder für ihr Geltungsbedürfnis. Sie repräsentieren nicht Stimmungen und Strömungen, sondern repräsentieren sich. Diese Form fehlgeleiteter Repräsentanz ist gefährlich für die Mitarbeiterschaft und die Einrichtung. Das Konfliktpotential erhöht sich in allen Bereichen.

Repräsentanz wird durch fehlende Akzeptanz gestört

Jede Mitarbeitervertretung und jeder Vorsitzende einer Mitarbeitervertretung bedarf eines Mindestmaßes der Akzeptanz, sonst endet die Amtsausübung meistens in Frustration, Enttäuschung oder Demütigung.

Fehlende Akzeptanz des Vorsitzendenamtes ist nicht nur bekannte Haltung der Dienstgeberseite, sondern auch bei Mitarbeitern erkennbar.

Mitarbeiter und Mitarbeiterinnen neigen dazu, Informationen, Anerkennung oder Zugewandheit von Vorgesetzten entgegenzunehmen. Sie wiederholen ein altes Kindheitsmuster: Nur das, was von Eltern kommt, ist gut. Manche Vorsitzende von Mitarbeitervertretungen sollten deswegen auch nicht zu enttäuscht sein, wenn Verbesserungen, die sie in Einrichtungen erreichten, nicht ihnen, sondern den Dienstgebervertretern zugeschrieben werden. Der Wunsch, sich durch einen »Vater« beglücken zu lassen, ist für viele, gerade im kirchlichen Dienst, oft übermächtig.

Fehlende Akzeptanz wächst auch aus der Haltung vieler Vorgesetzter. Sie empfinden einen partnerschaftlich agierenden Vorsitzenden als Bedrohung für ihre eigene Funktion. Indem sie das Vorsitzendenamt abwerten, wollen sie ihr eigenes Amt aufzuwerten. Unabhängig davon, dass dies kleinlich und kurzdenkend ist: Es führt oft zu Demütigungen von Vorsitzenden und verführt zu eigener Abwertung.

Darüber hinaus fühlen Vorstände von Einrichtungen sich oft durch MAV-Vorsitzende eher belästigt, weil ihr eigenes hierarchisches Bild sich nicht mit einem partnerschaftlich agierenden Vorsitzenden verträgt. Sie erwarten den sich unterwerfenden, mindestens aber unauffällig agierenden Vorsitzenden. Das Bild einer hierarchisch geordneten Institution, das ideologisch (»römisch«) überhöht ist, soll nicht ins Wanken geraten.

Kirchliche und andere Öffentlichkeit nimmt das Instrumentarium der Mitwirkung oft nicht zur Kenntnis. Für viele Katholiken ist Mitbestimmung und Mitwirkung immer noch fragwürdig und mancher wundert sich, von den verfügbaren Instrumentarien der Mitarbeitervertretungsordnung zu hören.

Die Selbstbilder der Kirche vertragen sich oft nicht mit Partnerschaft. Der hierarchisch orientierte Außenblick vermag nicht wahrzunehmen, dass das Konzept der Dienstgemeinschaft einen visionären Kern enthält. Daraus resultiert manche belächelnde Missachtung der Versuche, Mitwirkungsrechte in der Kirche durchzusetzen.

Überhaupt: Kirchliche Traditionen reichen weit zurück und werden noch weit nach vorn wirken. Damit haben Mitarbeitervertretungen zu tun. Dass Menschen das tragende Kapital kirchlicher Entwicklungen sind, hat sich in vielen Köpfen als Erkenntnis nicht wirklich durchgesetzt. Bis in die heutigen Tage hinein wähnen kirchliche Institutionen sich besonders sozial im Umgang mit ihren Mitarbeitern. Sie weigern sich, zur Kenntnis zu nehmen, dass in manchen Profit-Unternehmen die Entwicklung des Konzeptes »Dienstgemeinschaft« sehr viel weiter fortgeschritten ist. Es trägt dort nur andere Namen, andere Verantwortlichkeiten und wird gespeist von anderen Visionen. Es scheint, als habe Kirche auch auf diesem Feld Meinungsführerschaft abgegeben. Das, was sie verspricht – Kontinuität, Treue und Solidarität – wird außerhalb manchmal besser eingelöst.

Manche Dienstgeber verweigern den Vorsitzenden und ihren Mitarbeitervertretungen die Repräsentanz, weil sie in Kategorien des 19. Jahrhunderts denken. Und sie merken es nicht einmal.

Was tun?

Repräsentanz muss angenommen und wahrgenommen werden. Vorsitzende, die sich verstecken, verstecken die Mitarbeiterschaft. In Verstecken erblindet man und verharrt in falscher Wahrnehmung.

■ **Repräsentanz muss wahrgenommen werden.**

Das kann man tun: Bei offiziellen Anlässen in der ersten Reihe sitzen, zur Verabschiedung von Mitarbeitern eine kleine Rede für die Mitarbeitervertretung halten, nach Betriebsausflügen den Organisatoren danken, in Hausinformationen auf die eigene Funktion hinweisen, sich bei allen angemessenen Angelegenheiten als Vorsitzender vorstellen.

■ **Felder müssen besetzt werden. Machen Sie den Platzhirsch!**

Laden Sie den Chef, nicht nur den benannten Dienstgebervertreter, regelmäßig zu Gesprächen ein. Reklamieren Sie alle Rechte, auch die schwachen, für sich. Verweisen Sie darauf, wenn Sie nicht beteiligt wurden. Beteiligen Sie sich an den inhaltlichen Weiterentwicklungen ihrer Einrichtung durch eigene Vorschläge. Nutzen Sie jede Gelegenheit, um Mitarbeiterinteressen zu benennen und schriftlich festzuhalten. Machen Sie sich auch außerhalb der Einrichtung als MAV-Vorsitzende oder Vorsitzender Ihrer Einrichtung bekannt.

■ **Suchen Sie Nischen der Repräsentanz oder bauen Sie solche auf.**

Entwickeln Sie eigene Aktionsformen: Sprechstunden, regelmäßige Besuche am Arbeitsplatz, Gespräche mit den Mitarbeitern einer Abteilung. Publizieren Sie die Arbeit der Mitarbeitervertretung. Suchen Sie Kontakt zu Betriebsräten und Personalräten in Ihrem Ort oder Stadtteil. Laden Sie diese in Ihrer Funktion als MAV-Vorsitzender ein.

■ **Offensive gewinnen.**

Gehen Sie offensiv auf Vorgesetzte zu, insbesondere dann, wenn diese (z. B. als Kirchenvorstandsmitglieder) nicht hauptamtlich in Ihrer Einrichtung tätig sind. Machen Sie sich als Vorsitzende oder Vorsitzender bekannt, benennen Sie Ihren Verantwortungsbereich und informieren Sie in regelmäßigen Abständen gerade diejenigen, die von Ihrer Arbeit berührt sind über das, was Sie vorhaben, was Sie getan haben oder was Sie tun werden.

■ **Markieren Sie Verstöße gegen die Mitarbeitervertretungsordnung.**

Nicht jeder Verstoß gegen die Mitarbeitervertretungsordnung soll und kann vor der Einigungsstelle oder dem Arbeitsgericht beklagt: Markieren Sie die Verstöße wenigstens intern. Teilen Sie dem Dienstgeber (möglichst schriftlich) mit, wie Sie seinen Verstoß bemerkt haben, und bitten Sie ihn um künftig sorgfältige Beachtung der Mitarbeitervertretungsordnung. Solche Hinweise sind wie Warnschilder: Sie schützen vor einem größeren Unfall.

■ **Bauen Sie sich zielgerichtet als Ideenträger auf.**

Mitarbeitervertretungsvorsitzende werden oft als mäkelig erlebt, weil sie die scheinbar kleinkarierten Rechte für Mitarbeiterinnen und Mitarbeiter einfordern. Machen Sie deutlich, dass Sie in größeren Zusammenhängen denken. Stellen Sie heraus, welche Bedeutung arbeitsrechtliche Vorschriften für die gesamte Idee der Einrichtung haben und: Werden Sie selbst Ideenträger. Machen Sie öffentlich, wie Sie über die Weiterentwicklung Ihrer Einrichtung denken. Gehen Sie in die Offensive, statt als Bremser zu erscheinen.

■ **Gehen Sie souverän mit Ihrem Dienstgebervertreter vor der Mitarbeiterschaft um.**

Üben Sie vorher den Umgang, überlegen Sie, wie Ihr Dienstgeber auf Sie zutritt (herablassend, freundlich, vorlaut). Überlegen Sie sich Reaktionsformen, die partnerschaftlich wirken; üben Sie den Widerspruch, der nicht in den Konflikt führt. Machen Sie auf Mitarbeiterversammlungen deutlich, dass Sie der »Hausherr« sind und der Dienstgebervertreter der Gast. Gäste sind ausgesprochen freundlich zu behandeln, genießen aber keine größeren Rechte als der Hausherr.

■ **Achten Sie auf Äußeres.**

Treten Sie z. B. in einer Vorstandssitzung auf, können Sie durch die Art Ihrer Kleidung deutlich machen, dass Sie Partner sind. Ändern Sie gegebenenfalls die Sitzposition, wenn Sie mit Ihrem Chef reden, verhindern Sie möglichst Gespräche an dessen Schreibtisch. Wenn Sie über ein eigenes Büro als Mitarbeitervertretung verfügen, laden Sie den Dienstgebervertreter hierhin ein (er muss sich in Bewegung setzen).

Schlussbemerkung

Trauen Sie sich, nehmen Sie mutig Ihre Aufgaben wahr und machen Sie sich bewusst: Vorsitzende sind Repräsentanten einer zukunftsweisenden Idee – der *verwirklichten* Dienstgemeinschaft.

Das Letzte ...

MAVs müssen über ihre Arbeit reden – regelmäßig. Das dient nicht der Selbstdarstellung allein, sondern aktiviert Kolleginnen und Kollegen zur Auseinandersetzung. In größeren Einrichtungen sollte ein regelmäßig erscheinendes Informationsblatt publiziert werden. Vielleicht geht das ja sogar in Kooperation mit dem Dienstgeber: eine Betriebszeitung oder der Newsletter.

§ 15 Rechtsstellung der Mitarbeitervertretung

(1) Die Mitglieder der Mitarbeitervertretung führen ihr Amt unentgeltlich als Ehrenamt.

(2) Die Mitglieder der Mitarbeitervertretung sind zur ordnungsgemäßen Durchführung ihrer Aufgaben im notwendigen Umfang von der dienstlichen Tätigkeit freizustellen. Die Freistellung beinhaltet den Anspruch auf Reduzierung der übertragenen Aufgaben.

(3) Auf Antrag der Mitarbeitervertretung sind von ihrer dienstlichen Tätigkeit jeweils für die Hälfte der durchschnittlichen regelmäßigen Arbeitszeit einer oder eines Vollbeschäftigten freizustellen in Einrichtungen mit – im Zeitpunkt der Wahl – mehr als

- 300 wahlberechtigten Mitarbeiterinnen und Mitarbeitern zwei Mitarbeitervertreterinnen oder Mitarbeitervertreter,
- 600 wahlberechtigten Mitarbeiterinnen und Mitarbeitern drei Mitarbeitervertreterinnen oder Mitarbeitervertreter,
- 1000 wahlberechtigten Mitarbeiterinnen und Mitarbeitern vier Mitarbeitervertreterinnen oder Mitarbeitervertreter.

Dienstgeber und Mitarbeitervertretung können sich für die Dauer der Amtszeit dahingehend einigen, dass das Freistellungskontingent auf mehr oder weniger Mitarbeitervertreterinnen oder Mitarbeitervertreter verteilt werden kann.

(4) Zum Ausgleich für die Tätigkeit als Mitglied der Mitarbeitervertretung, die aus einrichtungsbedingten Gründen außerhalb der Arbeitszeit durchzuführen ist, hat das Mitglied der Mitarbeitervertretung Anspruch auf entsprechende Arbeitsbefreiung unter Fortzahlung des Arbeitsentgelts. Kann ein Mitglied der Mitarbeitervertretung die Lage seiner Arbeitszeit ganz oder teilweise selbst bestimmen, hat es die Tätigkeit als Mitglied der Mitarbeitervertretung außerhalb seiner Arbeitszeit dem Dienstgeber zuvor mitzuteilen. Gibt dieser nach Mitteilung keine Möglichkeit zur Tätigkeit innerhalb der Arbeitszeit, liegt ein einrichtungsbedingter Grund vor. Einrichtungsbedingte Gründe liegen auch vor, wenn die Tätigkeit als Mitglied der Mitarbeitervertretung wegen der unterschiedlichen Arbeitszeiten der Mitglieder der Mitarbeitervertretung nicht innerhalb der persönlichen Arbeitszeit erfolgen kann. Die Arbeitsbefreiung soll vor Ablauf der nächsten sechs Kalendermonate gewährt werden. Ist dies aus einrichtungsbedingten Gründen nicht möglich, kann der Dienstgeber die aufgewendete Zeit wie Mehrarbeit vergüten.

(5) Kommt es in den Fällen nach den Absätzen 2 und 4 nicht zu einer Einigung, entscheidet auf Antrag der Mitarbeitervertretung die Einigungsstelle.

Diözesane Abweichungen

Erzbistum Freiburg: zu Abs. 2: *Die Freistellung eines Mitarbeiters soll – auch zusammen mit anderen diözesanen Freistellungen nach anderen diözesanen arbeitsrechtlichen Vorschriften – insgesamt höchstens die Hälfte des Beschäftigungsumfanges eines Vollbeschäftigten betragen.*

Bistum Fulda: *Der Anspruch auf Arbeitsbefreiung hat zur Voraussetzung, dass im Einzelfall keine gleichermaßen notwendigen oder dringlicheren betrieblichen Interessen entgegenstehen.*

Ehrenamt

Der Begriff »Ehrenamt« wird häufig missverstanden. MAV-Insider geben ihm oft eine sehr negativen Anstrich, was nicht ganz richtig ist. »Ehrenamtliche Tätigkeit« ist in Beziehung zu setzen zur »dienstlichen Tätigkeit«, zur Arbeitspflicht. Richtig ist zwar, dass das Ehrenamt auch immer eine unentgeltliche Tätigkeit darstellt, was durchaus ein Problem sein kann.

Andererseits gibt die Freiheit, die das Ehrenamt bietet, der Mitarbeitervertretung erst die Möglichkeit zu einer einigermaßen unabhängigen Wahrnehmung von Interessen der Mitarbeiterschaft. Im positiven Sinne bedeutet die Ausgestaltung als Ehrenamt insbesondere:

1. Der Dienstgeber kann sein arbeitsrechtliches Weisungs- oder Direktionsrecht nicht in Bezug auf die MAV-Tätigkeit geltend machen. Er kann also keine Anweisungen zur Art, zur Dauer und erst recht nicht zum Inhalt dessen geben, was Mitarbeitervertreter/innen im Rahmen ihrer MAV-Aufgaben tun.
2. Die Mitarbeitervertretung regelt den Inhalt ihrer Tätigkeit durch eigene Beschlüsse, ist in ihrem Handeln nur an die allgemeinen Dienstpflichten und natürlich an die Mitarbeitervertretungsordnung gebunden.

MAV-Arbeit ist kein Dienst

Das bedeutet in der Konsequenz unter anderem, dass

■ MAV-Schulung keine dienstliche Fortbildung ist, also nicht auf anderweitige Fortbildungskontingente angerechnet werden kann,

■ Reisen, die im Rahmen der MAV-Tätigkeit wahrgenommen werden, keine Dienstreisen sind. Für die arbeitsrechtliche Bewertung ihrer Dauer und für die Erstattung der damit verursachten Aufwendungen sind nicht unmittelbar die Reisekostenordnungen, sondern sind die entsprechenden Vorschriften der MAVO (hier §§ 15 und 17) heranzuziehen.

■ Mitarbeitervertreter/innen im Rahmen ihrer ehrenamtlichen Tätigkeit eines besonderen Unfallversicherungsschutzes (§ 18 Abs. 3 MAVO) bedürfen, weil der übliche dienstliche Versicherungsschutz für die ehrenamtliche Tätigkeit nicht greift.

Freistellung

Wäre die MAV-Tätigkeit nur ein Ehrenamt, das natürlich unentgeltlich und dann auch außerhalb der persönlichen Dienstzeit ausgeführt werden muss, gäbe es wahrscheinlich nur einige Idealisten und in den meisten Einrichtungen keine Mitarbeitervertretungen. Um die Mitglieder der MAV vor Nachteilen durch ihr Ehrenamt zu schützen, werden sie »im notwendigen Umfang« von ihrer dienstlichen Tätigkeit freigestellt. Sie haben also das Recht, sich um Angelegenheiten der Mitarbeitervertretung im Rahmen ihrer Dienstzeit zu kümmern, ohne die dafür aufgewendete Zeit nacharbeiten zu müssen und ohne entsprechende Zeitabzüge bei der Arbeitszeitberechnung in Kauf nehmen zu müssen.

Sicherlich kommt dieses Verfahren in der Praxis auch einer besonderen Form von Entgeltlichkeit der MAV-Arbeit relativ nahe. Denn für die einzelne Mitarbeiterin oder den einzelnen Mitarbeiter ist es gleichgültig, ob an einem Tag, an dem beispielsweise eine MAV-Sitzung stattfindet, der übliche Lohn durch Lohnfortzahlung im Rahmen der Freistellung durch die nach dem Dienstvertrag geschuldete Tätigkeit verdient worden ist. Gerade weil Mitarbeiter/innen in dieser Hinsicht nicht unterscheiden, stellt sich fälschlicherweise häufig die Frage nach Berücksichtigung zusätzlicher, außerhalb ihrer Arbeitszeit liegender Zeiten für MAV-Tätigkeit.

MAV-Zeiten als Freizeitopfer?

Die Einrichtungsleitung hat naturgemäß Interesse an einer uneingeschränkten Ausübung der dienstlichen Aufgaben, die nicht durch MAV-Tätigkeiten unterbrochen wird. Das hieße, man müsste als MAV grundsätzlich auf den Bereich außerhalb der individuellen Arbeitszeit ausweichen. Eigentlich ist dies aber nur für zwei Gruppen von Mitarbeiter/innen der Regelfall, nämlich für Teilzeitbeschäftigte und Mitarbeiterinnen und Mitarbeitern, die nach einem festen Dienst- oder Schichtplan arbeiten müssen.

Für Teilzeitbeschäftigte liegt das Problem auf der Hand: Tätigkeit für die Mitarbeitervertretung soll während der Dienstzeit stattfinden. Da die Mehrzahl der Mitglieder einer MAV aber vollbeschäftigt ist und natürlich auf dienstliche Belange Rücksicht nimmt, fällt die Anberaumung gemeinsamer Sitzungen und Termine meistens in die für Vollbeschäftigte weniger stark belastete Zeit, in der die Teilzeitbeschäftigten dann aber nicht mehr im Dienst sind.

Der Dienstgeber kann logischerweise nur dann Freistellung gewähren, wenn auch eine Arbeitspflicht besteht. Ähnliches gilt häufig bei Schichtarbeitnehmern. Für Einrichtungen, die nach einem Schichtplan arbeiten, ist es typisch, dass laufende Arbeitsprozesse übergeben werden müssen, ein Teil der Mitarbeiterinnen und Mitarbeiter also nur in den Übergabezeiten gemeinsam in der Einrichtung sind und andere sich regelmäßig in Freizeit befinden. Unter diesen Voraussetzungen ist eine Gestaltung von Mitarbeitervertretungsarbeit, die alle zu ihrem Recht auf Freistellung kommen lässt im Einzelfall kaum zu verwirklichen.

MAV-Tätigkeit aus einrichtungsbedingten Gründen außerhalb der Arbeitszeit

Eine Korrektur bietet die Regelung in Abs. 4. Wenn die Sitzungen, Dienstgebergespräche und andere Termine aus „einrichtungsbedingten Gründen!" außerhalb der individuellen Arbeitszeit einer Mitarbeitervertreterin oder eines Mitarbeitervertreters stattfinden, kann auf Antrag Freizeitausgleich gegeben werden. Das heißt also: Die Freistellung wird in diesem Fall nachgeholt. Der Dienstgeber hat bei der Gewährung von Freizeitausgleich in solchen Fällen kein Ermessen (»... ist zu erteilen«), muss also bei Beantragung bei Vorliegen der Anspruchsvoraussetzungen dem Antrag nachkommen.

Die Rechtslage hat sich gegenüber der früheren Regelung des § 15, der diese Rechtsfolge nur bei sogenannten „regelmäßigen Terminen" vorsah, deutlich verbessert. Um einer der Gefahr des Missbrauchs vorzubeugen, obliegt es dem Mitarbeitervertreter den „einrichtungsbezogenen Grund" für die „Mehrarbeit" im Rahmen der MAV-Tätigkeit nachzuweisen. Mitarbeiter/innen mit der Möglichkeit eigenständiger Arbeitszeitgestaltung müssen dem Dienstgeber vorher Anzeige erstatten.

Haben die MAV-Mitglieder ohnehin verschiedene Arbeitszeiten, die sich nicht überschneiden, so dass immer Einzelne außerhalb der ihrer individuellen Arbeitszeit aktiv werden müssen, wird der „einrichtungsbedingte Grund" für diese unterstellt.

Der notwendige Umfang

Die MAVO macht für den Umfang der Freistellung keine konkreten Vorgaben.

Der sogenannte »notwendige Umfang« ist ein unbestimmter Rechtsbegriff, der leider nicht mit verbindlichen Zahlen und Daten zu füllen ist. Das ist für viele Mitarbeitervertretungen, die gerne genau wüssten, wie viele Stunden sie sich pro Woche der Mitarbeitervertretung widmen dürfen, zwar unbefriedigend, hat aber auch positive Seiten.

Das Maß der Freistellung ist durch »die ordnungsgemäße Durchführung ihrer Aufgaben« zu bestimmen. Wichtig ist, dass die Entscheidung über die Notwendigkeit natürlich zunächst bei der Mitarbeitervertretung liegt. Das Ehrenamt gibt ihr bei dieser Entscheidung einen großen Spielraum, mit dem sie verantwortungsvoll, aber ohne Kontrolle des Dienstgebers umzugehen hat.

Die »allgemeinen Aufgaben« der MAV sind durch § 26, die »besonderen« nicht ausdrücklich, aber im wesentlichen durch die übrigen Regelungen im Abschnitt V der MAVO vorgegeben. Was das konkret an zeitlichen Anforderungen bedeutet, hängt von der jeweiligen betrieblichen Situation ab. In kleinen Einrichtungen mit einer oder einem Mitarbeitervertreter/in kann in Zeiten starker personeller und betriebsorganisatorischer Veränderungen ein ganz erheblicher Arbeitsaufwand entstehen, der vorübergehend einen ganzen Tag pro Woche beanspruchen kann. Neueinstellungen, Versetzungen oder (Änderungs-)Kündigungen oder gar Verhandlungen über einen Sozialplan verlangen unter Umständen einen erheblichen Zeitaufwand von der einen Kollegin oder dem Kollegen, ganz besonders natürlich dann, wenn sie oder er noch neu im Amt ist.

Andererseits kann in einer Einrichtung mit über 200 Mitarbeiter/innen und einer MAV von 9 Mitgliedern in ruhigen Zeiten so wenig an Anforderungen an die MAV entstehen, dass jedes Mitglied der MAV noch nicht einmal eine Stunde pro Woche benötigt. Routineangelegenheiten kann der Vorsitzende vorbereiten. Absprachen brauchen bei einer eingespielten MAV nicht viel Zeit.

Sicher, das sind extreme Beispiele. Sie zeigen aber, dass die Größe einer Einrichtung nicht der einzige Maßstab für den Umfang einer Freistellung sein kann.

Wie bedeutsam die MAVO eine ausreichende Freistellung der MAV einschätzt, kann man daraus entnehmen, dass § 15 ausdrücklich die Möglichkeit der Anrufung der Einigungsstelle für den Fall einer fehlenden Einigung vorsieht.

Pflichten der Mitarbeitervertreter

Mitarbeitervertreter müssen den Dienstgeber über den zeitlichen Umfang der Wahrnehmung von Aufgaben nach dem Mitarbeitervertretungsrecht informieren, sich insbesondere beim Dienstgeber oder dem unmittelbaren Vorgesetzten für MAV-Arbeit ab- und wieder zurückmelden. Dabei hat der Dienstgeber einen Anspruch auf Mitteilung von (sehr allgemein definiertem) Anlass und voraussichtlicher zeitlicher Abwesenheit vom Arbeitsplatz, nicht aber auf Informationen zu (konkretem) Inhalt der Aufgabenwahrnehmung oder gar Mitteilung von Ergebnissen und detailliertem Ablauf der Aktivitäten von Mitarbeitervertretern in Ausübung ihres Amtes.

Bei der kurzfristigen Wahrnehmung der Freistellung hat ein Mitarbeitervertreter grundsätzlich eine Abwägung zwischen den dienstlichen und betrieblichen Notwendigkeiten für ein Verbleiben am Arbeitsplatz und der konkreten Erforderlichkeit der Ausübung des MAV-Amtes anzustellen. Handelt es sich allerdings um in der Einrichtung bekannte oder bereits längerfristig geplante Termine, ist eine Abwägung nicht erforderlich. Der Mitarbeitervertreter kann dann nur in Notfallsituationen am Verlassen des Arbeitsplatzes gehindert sein.

Feste Freistellung

Die MAVO hat sich durch die vorletzte Novelle dem Standard des Betriebsverfassungsgesetzes bei der Festlegung der Einrichtungsgröße für eine feste Freistellung angepasst. Ab 300 wahlberechtigten Mitarbeiter/innen ist auf entsprechenden Antrag der MAV Freistellung in Höhe einer vollen Stelle zu gewähren. Die Besonderheit liegt darin, dass die MAVO die Freistellung in zwei halbe Stellen, also verteilt auf 2 Mitarbeitervertreter als Regelfall vorsieht.

Vorteil ist sicherlich, dass auf diese Weise nur ausnahmsweise bei Halbtagsbeschäftigten eine komplette Freistellung von allen dienstlichen Tätigkeiten möglich ist. Im Regelfall bleibt aber auch dem so freigestellten Mitarbeitervertreter der Kontakt zu seinem Arbeitsplatz erhalten. Der Gefahr, dass man zum reinen »Funktionär« wird, kann so begegnet werden.

Will die MAV dieser Regelfreistellung nicht folgen, ist sie für eine anderweitige Regelung auf ein Einvernehmen mit dem Dienstgeber angewiesen.

Streitigkeiten über den Inhalt der Freistellung

Können sich MAV und Dienstgeber über den Umfang der Freistellung nach Absatz 2 oder über eine anderweitige Verteilung der (festen) Freistellung nach Absatz 3 nicht einigen, liegt eine Regelungsstreitigkeit vor. In diesem Fall kann die MAV zur Klärung die Einigungsstelle anrufen (§ 45 Abs. 3 Ziffer 1).

Nicht jammern, nicht betteln: Klären!

Mit kargen Worten legt der § 15 MAVO die Latte hoch: Im notwendigen Umfang ist freizustellen.

Viele Mitarbeitervertretungen können sich nicht ordnungsgemäß verhalten, weil sie nicht in diesem notwendigen Umfang freigestellt werden. Das führt zu Tür-und-Angel-Entscheidungen, zur Vernachlässigung vieler Aufgaben, zur unangemessenen Tolerierung von Dienstgeberfehlverhalten.

Es endet vielfach in der Resignation: »Man kann ja doch nichts tun. Ich habe keine Zeit.«

In der Literatur ist es völlig unumstritten, dass Dienstgeber die personellen und sachlichen Mittel zur Verfügung stellen müssen. Die Entscheidung der

Kirchen für den Dritten Weg, in den Fünfziger Jahren getroffen und nunmehr fast unumkehrbar, war nicht durch Kosten, sondern grundsätzlich motiviert.

Vergleicht man den Aufwand, der im öffentlichen und privatwirtschaftlichen Sektor für den Zweiten Weg und die Mitbestimmung betrieben wird, mit den spärlichen Bemühungen insbesondere der katholischen Kirche, weiß man nicht, ob gelacht oder geweint werden sollte.

Diese Gefühlswallung trifft Dienstgeber wie Mitarbeiter/innen übrigens gleichermaßen: Dienstgeber unterlassen weiterhin vielfach die Qualifizierung der »kleinen und mittleren Chefs« in Sachen Arbeitsrecht. Sie sind verantwortlich für eine Fülle von Vorstößen.

Mitarbeiter und Mitarbeiterinnen verzichten auf die Organisation in Berufsverbänden und Gewerkschaften. Sie sind Trittbrettfahrer geworden und profitieren von den enormen finanziellen Aufwendungen anderer.

Die Situation nach der Mitarbeitervertretungsordnung

Der § 15 MAVO macht konkrete Vorschriften zur Kontingentierung.

Aus diesen Vorschriften ist nicht abzuleiten, dass damit alle Freistellungsansprüche einer MAV befriedigt sind. Diejenigen, die nicht unter das pauschalierte Kontingent (Einrichtungen ab 300 Mitarbeiter/innen) fallen, müssen ebenfalls im notwendigen Umfang freigestellt werden.

Die Kontingentregel trägt den Erfordernissen großer Einrichtungen Rechnung, in der eine Fülle von Mitwirkungsaufgaben anfallen und in denen der Dienstgeber Interesse an reibungsloser Kooperation und schneller Ansprechbarkeit hat.

Dienstgebervertreter

Der Dienstgebervertreter hat die Aufgabe, das Einrichtungsziel in den Mittelpunkt seiner Bemühungen zu stellen. Alles andere ist dem unterzuordnen. *In diesem Verständnis* scheinen Mitwirkungsaufgaben oft nur lästig. Sie erschweren den schnellen Ablauf, verlangen das Einbeziehen und wirken verlangsamend. Außerdem fehlen Mitarbeiter und Mitarbeiterinnen für bestimmte Zeiträume, die überbrückt werden müssen.

In kleinen Einrichtungen gibt es häufig genügend Möglichkeiten, solche Brücken zu bauen. In großen bedeutet Mitarbeitervertretungsarbeit höhere Personalkosten.

Ein psychologischer Faktor tritt hinzu: Ein Merkmal von Leitung ist Kontrolle. Mitarbeitervertretungsarbeit aber entzieht sich weitgehend inhaltlich wie zeitlich der Kontrolle. Es ist ein System, das der Leitung unmittelbar nicht zugänglich ist und es löst damit bei weniger souveränen Dienstgebern Bedrohungsphantasien aus.

Kolleginnen und Kollegen

Grundsätzlich wird Mitarbeitervertretungsarbeit von der Mitarbeiterschaft begrüßt. Sie wird als Stützungsinstrumentarium begriffen und als Sicherheitsnetz in unruhigen ökonomischen Zeiten. MAVen sind die erklärten und angenommenen Anwälte der Mitarbeiter und Mitarbeiterinnen.

Real aber bedeutet Mitarbeitervertretungsarbeit Einschränkungen. Arbeit wird verdichtet, weil »wieder einmal« eine Sitzung der MAV ist. Personalplanungen im Mikrobereich werden schwieriger, weil neben dem arbeitsfeldbedingtem Rhythmus ein zusätzlicher individuell bedingter Zeitrhythmus zu berücksichtigen ist.

Phantasien entstehen. Häufiges Fernbleiben vom Arbeitsplatz nährt den Verdacht, dass »die sich ein schönes Leben machen«.

Die theoretische Einsicht in die Notwendigkeit korrespondiert nicht mit den Notwendigkeiten der Praxis. Schon manche Wiederwahl ist an Kollegen und Kolleginnen gescheitert, die den Vertreter endlich wieder ganztätig am Arbeitsplatz sehen wollten.

Mitarbeitervertretungsarbeit ist auch mit Anerkennung von außen verbunden. Sie ermöglicht das Privileg, mit den hierarchischen Spitzen »an einem Tisch« zu sitzen. Das wirkt neidauslösend.

Die Mitarbeitervertretung

Auch innerhalb der Mitarbeitervertretung führen Freistellungskontingente und Freistellungen zu Problemen. Plötzlich mag es so scheinen, als gäbe es Kollegen und Kolleginnen erster und zweiter Ordnung. Die einen müssen immer darum kämpfen, zur Sitzung kommen zu können, müssen jede Aktivität den Vorgesetzten gegenüber begründen oder sich den Kollegen gegenüber rechtfertigen.

Diejenigen, die den Vorsitz führen oder weitere Freistellungen durch andere Funktionen innerhalb des Mitbestimmungssystems (Diözesane Arbeitsgemeinschaft oder Arbeitsrechtliche Kommissionen) haben hingegen haben feste Zeiten, brauchen sich nicht rechtfertigen und werden, da sie als Mitarbeitervertreter sehr viel präsenter sein können, im höheren Maße von der Kollegenschaft in ihren Aufgaben akzeptiert. Hinzu treten Informations- und Erfahrungsvorsprünge.

Konflikte mindern: Freistellungsstrategien

Nach einer Wahl sollte die Mitarbeitervertretung baldmöglichst feststellen, welche Freistellungen in welchem zeitlichen Umfang zustehen.

■ **Kommen Kontingente infrage (§ 15 Abs. 3)?**
■ **Können Freistellungen problemlos eingefordert werden?**
■ **Wo sind Konflikte zu erwarten?**
■ **Wer wird Konflikte auslösen (Rechtsträger, Dienstgebervertreter, unmittelbare Vorgesetzte, Kolleginnen oder Kollegen)?**

Die Mitarbeitervertretung sollte das Thema »Freistellung« nicht sofort offensiv angehen, sondern zunächst Erfahrungen sammeln und herausfinden, in welchem Umfang – neben den möglicherweise zur Verfügung stehenden Kontingenten – Freistellungen notwendig sind.

Im folgenden soll der Versuch gemacht werden, am Beispiel einer *mittelgroßen Einrichtung (5 MAV-Mitglieder/99 Wahlberechtigte zuzüglich weitere Mitarbeitende)* den zeitlichen Aufwand, den eine MAV betreiben muss, zu berechnen:

▶ **Beispiel**

Wöchentlich eine MAV-Sitzung: 2 Std./Woche je Mitglied.

Zweiwöchentliches Dienstgebervertretergespräch: 30 Minuten/Woche je Mitglied

Einzelarbeit zur Vor- bzw. Nachbereitung: 1 Stunde/Woche je Mitglied Gespräche mit Kolleginnen und Kollegen zur MAV-Arbeit: 1 Stunde/ Woche je Mitglied

Büroarbeit, Protokollstudium etc.: 30 Minuten/Woche je Mitglied Fortbildung (§ 16 MAVO): 5 Tage/Jahr

Aufgabenübernahmen außerhalb der Einrichtung: Teilnahme zum Beispiel an Treffen der Diözesanen Arbeitsgemeinschaft der MAVs inkl. Fahrtzeiten etc.: 2 Tage/Jahr je Mitglied

Bei einer normal belasteten Mitarbeitervertretung der genannten Größe ergibt dies *pro Mitglied eine wöchentliche Arbeitszeitbelastung von ca. 6 Stunden.* Darin sind örtliche Besonderheiten (z. B. Dienststelle an mehreren Orten), funktionale Aufgaben (Vorsitz in der MAV) und spezielle Engagements (Arbeitsgruppen auf Diözesanebene etc.) nicht eingerechnet.

Unterstellt man die Zeitbelastung als korrekt, so wird schnell deutlich, dass in einer solchen Einrichtung ein ganzer Arbeitsplatz zur Verfügung stehen muss – freilich zeitlich verteilt auf fünf Schultern.

Bei großen Einrichtungen mit kontingentierten Freistellungen dürfte sich die zeitliche Belastung der übrigen MAV-Mitglieder nur unwesentlich verringern. Je größer eine Einrichtung, desto umfangreicher ist der zu erbringende Zeitaufwand je MAV-Mitglied.

Konkret rechnen

In den ersten drei Monaten der Tätigkeit müssen alle MAV-Mitglieder so realistisch wie möglich über ihre Zeitbelastung Buch führen. Der oben dargestellte zeitliche Raster kann dafür Grundlage sein. Jedes MAV-Mitglied sollte ehrlich und soweit möglich für Außenstehende nachvollziehbar die Belastung individuell auflisten.

So erhält die MAV nach ca. drei Monaten einen ersten Überblick über die faktische Belastung.

Sie ist Grundlage für das Gespräch mit dem Dienstgeber über notwendige Freistellungen.

Dienstgeber überzeugen

Die MAV bittet den Dienstgeber um ein Gespräch über die Freistellungen der Mitarbeitervertretungen und präsentiert im Rahmen der Schweigepflicht die gesammelten Daten.

Dieses Gespräch sollte – abhängig vom Dienstgebertyp – möglichst ergebnisoffen vorbereitet werden. Die Mitarbeitervertretung versucht, eine einvernehmliche Lösung zu finden. Wenn dies nicht möglich ist, muss der Dienstgebervertreter mit einer schlichtungsfähigen Forderung konfrontiert werden.

Jeder einzelne Fall der Freistellung wird diskutiert:

■ *Kann sich Kollegin A. fünf Stunden wöchentlich von Kollegin D. vertreten lassen?*

■ *Existieren auf der Intensivstation noch genügend Zeitpuffer, dass Kollegin P wöchentlich ca. vier Stunden MAV-Arbeit leisten kann?*
Sollte Kollege R., der Vorsitzender geworden ist, gegebenenfalls zeitlich begrenzt in eine andere Abteilung versetzt werden, in der gerade eine halbe Planstelle unbesetzt ist?
Können die sieben Stunden von Kollege G. so ausgeglichen werden, dass er seinen Freistellungsanspruch blockt und in belegungsschwachen Zeiten entsprechend ausgleicht?

Wenn es keine Lösungen durch Vertretung, Blockung oder andere Wege des personellen Ausgleichs gibt, muss die MAV offensiv Aufgabenreduzierungen für die Mitglieder bzw. betroffenen Einrichtungen oder Abteilungen fordern.

Protokollieren

Die Ergebnisse des Gespräches werden in einer Protokollnotiz festgehalten, die der Dienstgeber gegenzeichnet. Je konkreter dies geschieht, desto verbindlicher wirkt die Regelung.

Festgelegt werden sollte in diesen Zusammenhang auch, wie die unmittelbaren Dienstvorgesetzten, die nächsten Kolleginnen und Kollegen über die gefundenen Regelungen informiert werden.

Vorgesetzte überzeugen

Jeder Mitarbeitervertreter und jede -vertreterin sollte über die eigenen zeitlichen Belastungen ein Gespräch mit den unmittelbar Vorgesetzten führen und auf Lösungen drängen. Gegebenenfalls wird auf das Gespräch mit dem Dienstgeber verwiesen. Vorgesetzte brauchen für die Arbeitsplanung zeitliche Verlässlichkeiten oder Vorgaben. Soweit dies möglich ist, sollten Mitarbeitervertretungen diese liefern und sich dadurch berechenbar machen.

Vereinbarte Verhaltensroutinen führen in der Regel dazu, dass Kritik bald verstummt.

Kollegen und Kolleginnen überzeugen

Unmittelbare Kolleginnen wissen oft nicht, wie umfangreich die MAV-Arbeit oft ist. Es kann hilfreich sein, die MAV-Arbeit zum Beispiel eines Monats anhand des eigenen Terminplaners zu demonstrieren, Inhalte und Arbeitsweise einer Schulung detailliert zu beschreiben oder über Konflikte in der MAV-Arbeit soweit zu berichten, dass nicht die Schweigepflicht verletzt wird.

Informierte Kolleginnen und Kollegen sind eher bereit, zeitweise Mehrbelastungen in Kauf zu nehmen.

Transparenz und Revision

Einmal gefundene Lösungen und Vereinbarungen müssen immer wieder überprüft werden. Stimmt die Beschreibung des Aufwandes noch? Funktionieren die gefundenen Lösungen? Sind die Kolleginnen weiterhin zufrieden oder hat sich Unruhe entwickelt? Kann der Dienstgeber noch mit den Absprachen leben oder hat sich Misstrauen entwickelt?

Mitarbeitervertretungen sollten sich nicht scheuen, Revisionen vorzunehmen – vor allen Dingen dann, wenn die Zeitbudgets zu groß geraten sind. Das fördert die Kooperation.

Auch Kolleginnen und Kollegen sollten mindestens einmal im Jahr – nicht nur während der Mitarbeiterversammlung – über die realen Belastungen informiert werden. Dabei geht es nicht um Klage, sondern um Transparenz als vertrauensbildende Maßnahme.

Mitarbeitervertretungsarbeit leidet häufig darunter, dass sie sich legitimieren muss: Kosten sollen begründet, Zeiten belegt, Schulungen erkämpft werden. Die MAVO ist so generell wie deutlich: Die Mitarbeitervertretung muss im »*notwendigen Umfang*« tätig sein können.

Je vertrauensvoller die Kooperation in der Einrichtung ist, je transparenter der geleistete Arbeitsaufwand, desto weniger Kraft muss in die Sicherung der Arbeitsbedingungen gesteckt werden.

Das Letzte ...

Mitarbeitervertretungsarbeit ist kein Geschenk, sondern eine der Dienstgemeinschaft geschuldete Pflicht.

§ 16 Schulung der Mitarbeitervertretung und des Wahlausschusses

(1) Den Mitgliedern der Mitarbeitervertretung ist auf Antrag der Mitarbeitervertretung während ihrer Amtszeit bis zu insgesamt drei Wochen Arbeitsbefreiung unter Fortzahlung der Bezüge für die Teilnahme an Schulungsveranstaltungen zu gewähren, wenn diese die für die Arbeit in der Mitarbeitervertretung erforderlichen Kenntnisse vermitteln, von der Diözese oder dem Diözesan-Caritasverband als geeignet anerkannt sind und dringende dienstliche oder betriebliche Erfordernisse einer Teilnahme nicht entgegenstellen. Bei Mitgliedschaft in mehreren Mitarbeitervertretungen kann der Anspruch nur einmal geltend gemacht werden.

(2) Die Mitglieder des Wahlausschusses erhalten für ihre Tätigkeit und für Schulungsmaßnahmen, die Kenntnisse für diese Tätigkeit vermitteln, Arbeitsbefreiung, soweit dies zur ordnungsgemäßen Durchführung der Aufgaben erforderlich ist. Abs. 1 Satz 2 gilt entsprechend.

Diözesane Abweichungen

Bistum Rottenburg-Stuttgart: *Der Anspruch nach Satz 1 erhöht sich für Dienstnehmer, die erstmals das Amt eines Mitarbeitervertreters übernehmen und auch nicht zuvor Jugendsprecher waren, auf vier Wochen.*

Bistum Fulda: *Den Mitgliedern der Mitarbeitervertretung ist auf Antrag der Mitarbeitervertretung während ihrer ersten Amtszeit bis zu insgesamt drei Wochen und in folgenden Amtszeiten zwei Wochen Arbeitsbefreiung unter Fortzahlung der Bezüge für die Teilnahme an Schulungsveranstaltungen zu gewähren.*

Individueller Anspruch

Wer als Mitarbeitervertreter effizient arbeiten will, muss sich Kenntnisse über das kirchliche Mitbestimmungsrecht, Grundzüge des Arbeitsrechtes und das kirchliche »Tarifrecht« verschaffen. Dazu stehen ihm insgesamt 15 Tage (bei üblicher 5-Tage-Woche) zur Verfügung. Diesen Anspruch hat jedes Mitglied der MAV persönlich und individuell. Aber: Geltend gemacht werden kann er nur auf Antrag der Mitarbeitervertretung.

Kollektives Antragsverfahren

Kollektives Antragsrecht heißt: Nicht der einzelne Kollege oder die Kollegin in der MAV entscheidet über die Teilnahme an einer Schulungsveranstaltung, sondern die Mitarbeitervertretung tut dies durch einen entsprechenden Beschluss.

Der Dienstgeber hat also nur auf Antrag der MAV für eine Schulungsveranstaltung Arbeitsbefreiung zu gewähren. Dieser Antrag könnte folgendermaßen aussehen[16]:

Antrag auf Freistellung

▸ **Beispiel:**

(Möglichst frühzeitig einreichen, etwa 4–8 Wochen vor Beginn)

An den Leiter/die Leiterin

der Einrichtung

Betr.:

Schulung für Mitarbeitervertreter/innen

Sehr geehrte(r) ....,

nach dem Beschluss der Mitarbeitervertretung vom ....
soll die Kollegin/der Kollege .... in der Zeit vom
.... bis .... an einer Schulungsmaß-
nahme im .... teilnehmen.

Die Veranstaltung ist nach § 16 MAVO als geeignet anerkannt.

Wir beantragen, die Mitarbeiterin/den Mitarbeiter für die Veranstaltung
nach § 16 MAVO von der Arbeitsleistung freizustellen und die Kosten
nach § 17 MAVO zu übernehmen.

Unterschrift der/des Vorsitzenden der Mitarbeitervertretung

Beschränkung des Anspruchs

Neben der Beschränkung auf das Schulungskontingent von 3 Wochen gibt es nach der MAVO aber auch noch die Einschränkung, dass

■ die Fortbildungsveranstaltungen von der Diözese oder dem Diözesan-Caritasverband anerkannt sein müssen und

■ für die Arbeit der MAV erforderliche Kenntnisse vermittelt werden.

Ein *Anspruch auf MAV-Fortbildung* besteht also immer nur für die in dem jeweiligen Bistum zugelassenen Seminare im Mitarbeitervertretungsrecht bzw. dem zu Zwecken der Mitbestimmung einschlägigen Arbeitsrecht. Die Katholische Kirche unterhält in fast allen Bistümern Bildungshäuser, die in ihren Programmen auf diese Genehmigung hinweisen. Will eine Mitarbeitervertretung das Angebot des Bildungsträgers eines anderen Bistums nutzen oder bei Gewerkschaften oder sonstigen Interessenverbänden (soweit dort zum MAV-relevanten Sachverhalten geschult wird) teilnehmen, ist eine unmittelbare Berufung auf § 16 nicht mehr möglich. Es ist dann eine Ermessensentscheidung des Dienstgebers gefordert.

---

16 Der Text liegt auf der beigefügten CD-ROM zur individuellen Bearbeitung bei.

Dabei kann es durchaus respektable Gründe geben, weshalb eine MAV diese Möglichkeit mit in ihre Planungen einbezieht: Nicht jedes Bistum kann ständig ein komplettes Bildungsangebot vorhalten. Manche Bistümer bieten gemeinsam Schulungen an. In einzelnen Diözesen gibt es keine kontinuierlichen Fortbildungsangebote. Dann wird die MAV sich auf dem »Markt« (siehe z.B Informationen der Zeitschrift für Mitarbeitervertretungen/ ZMV) umsehen müssen.

Eine weitere Voraussetzung für den Freistellungsanspruch ist, dass für die Arbeit der MAV erforderliche Kenntnisse vermittelt werden müssen. Dabei ist auf die konkrete betriebliche Situation abzustellen. Denn der Besuch von Veranstaltungen, die grundsätzlich erforderliche Kenntnisse vermitteln, kann im Einzelfall ausnahmsweise eine für die Arbeit <u>nicht</u> erforderliche Schulung sein, wenn

- die Mitarbeitervertreterin/der Mitarbeitervertreter in derselben Amtszeit bereits dasselbe Seminar (etwa »Grundlagen der MAVO« mit identischem Inhalt) besucht hat,
- eine Mitarbeitervertreterin/ein Mitarbeitervertreter demnächst aus dem Dienstverhältnis ausscheidet,
- Schulungsmaßnahmen sich an einen bestimmten Dienstbereich wenden, den es in der betreffenden Einrichtung nicht gibt,
- andere Spezifizierungen des Schulungsangebotes bestehen, die auf die Einrichtung nicht zutreffen.

Dagegen ist es unzulässig, eine beantragte Freistellung nach § 16 abzulehnen, weil zum Beispiel

- die Mitarbeitervertreterin/der Mitarbeitervertreter sich durch Fachliteratur selbst informieren könnte,
- weil andere Kollegen oder Kolleginnen das Seminar besuchen und dann die daheim Gebliebenen informieren könnten,
- die Einrichtung im Haushalt keine entsprechenden Mittel veranschlagt hat oder diese bereits erschöpft sind,
- bestimmte im Seminar behandelte Themen in der Einrichtung nicht anstehen.

Entgegenstehende dringende Erfordernisse

Der Dienstgeber kann die Freistellung im Übrigen nur dann verweigern, wenn *dringende dienstliche oder betriebliche Erfordernisse entgegenstehen.* Hinter diesem unbestimmten Rechtsbegriff verbirgt sich folgendes:

Es muss dem Dienstgeber auch bei Ausschöpfung aller zur Verfügung stehenden organisatorischen Maßnahmen unmöglich sein, einen geordneten Dienstbetrieb aufrecht zu erhalten, wenn er die beantragte Freistellung gewährt. Man kann dieser Definition entnehmen, dass dieser Sachverhalt verhältnismäßig selten vorliegt. Die MAV muss darauf achten, dass der Dienstgeber es sich auch in diesem Punkt nicht zu einfach macht, indem er betriebliche Probleme, die natürlich bei jeder Freistellung auftreten, oder die Notwendigkeit zur Kosteneinsparung als Vorwand zur Ablehnung eines Antrags benutzt. Ob dies der Fall ist, kann man als Antragsteller feststellen, indem man alternativ für verschiedene Seminare zu unterschiedlichen Zeitpunkten eine Freistellung beantragt, so dass bei entsprechender betrieblicher Situation auf ein Ersatzseminar ausgewichen werden kann.

Es kann natürlich andererseits betriebliche Situationen durch den kurzfristigen Ausfall von Kolleginnen oder Kollegen geben, bei denen der Dienstgeber mit seiner Verweigerung im Recht ist. Bei kleineren Einrichtungen wird dies auch dann der Fall sein, wenn alle Mitglieder der MAV gleichzeitig zu einer Schulung fahren wollen, ohne langfristig vorher einen Antrag gestellt zu haben.

Teilzeitbeschäftigte

Ein besonderes Problem stellt sich bei teilzeitbeschäftigten Mitarbeitervertreter/innen. Freistellung bedeutet – wie unter § 15 schon dargestellt – nur, dass die im betreffenden Zeitraum dienstplanmäßig oder betriebsüblich anstehende Arbeitszeit als geleistet gilt, obwohl die Mitarbeiterin/der Mitarbeiter sich Aufgaben der MAV widmet.

Das ist bei Schulungen für Vollzeitbeschäftigte relativ unproblematisch. Drei Tage Abwesenheit bedeuten, dass die Kollegin oder der Kollege bei 5-Tage-Woche mit $7,7 \times 3$ Stunden $= 23,1$ Stunden Anrechnung auf die Wochenarbeitszeit in die Einrichtung zurückkehrt. Sie/er würde damit für 3 Tage von der Arbeit freigestellt.

Handelt es sich um eine Teilzeitbeschäftigte/einen Teilzeitbeschäftigten mit beispielsweise 19,25 Stunden Wochenarbeitszeit bei Verteilung auf 5 Tage, wäre die Anrechnung zu halbieren. Die Kollegin, der Kollege war zwar auch drei Tage abwesend, für sie/ihn würden aber nur knapp 11,6 Stunden zu berücksichtigen sein. Dennoch ist das Ergebnis im Prinzip das gleiche: Drei Tage Freistellung, allerdings verbunden mit einem Freizeitopfer für die Stunden, die über die dienstplanmäßige Arbeit hinausgehen.[17]

Eine sehr deutliche Schieflage entsteht jedoch, wenn die Verteilung der Arbeitszeit bei Teilzeitbeschäftigten nicht gleichmäßig auf alle Wochentage erfolgt, sondern zum Beispiel nur von Mittwoch bis Freitag gearbeitet werden müsste, die Schulung aber von Montag bis Mittwoch stattfindet. Dann würde nur die Arbeitszeit am Mittwoch gutgerechnet. Montag und Dienstag, weil arbeitsfreie Tage, wären ein volles Freizeitopfer.

---

17 Vgl. Beschluss des VerwG.EKD II-0124/F40-01 vom 29. Oktober 2002.

Bei Teilzeitbeschäftigten auf einer ganztägigen Schulung liegt insoweit eine besondere Form der Benachteiligung vor, die für Betriebsräte inzwischen durch ein Urteil des Bundesarbeitsgerichts aufgelöst wurde. Die Richter haben festgestellt, dass sich der Freizeitausgleich bei einer ganztägigen Schulung grundsätzlich an der Arbeitszeit eines Vollbeschäftigten zu orientieren hat.[18] Ob dieses Urteil auf das Mitarbeitervertretungsrecht übertragbar ist, scheint zur Zeit noch umstritten. Alternativ kann man natürlich an die Kompromissbereitschaft des Dienstgebers appellieren, der ansonsten akzeptieren müsste, dass ein Teilzeitbeschäftigter eine ganztägige Schulung nach Ablauf seiner individuellen Arbeitszeit verlässt.

Zum Glück gibt es Dienstgeber, die hier nicht formal argumentieren, sondern in einem solchen Fall den Teilzeitbeschäftigten einen zusätzlichen Freizeitausgleich gewähren. Man sollte als Betroffener/Betroffene grundsätzlich einen entsprechenden Antrag stellen.

Wissen ist Macht – Schulung und Qualifizierung

Wer in eine Mitarbeitervertretung gewählt wurde, ist Fachmann für den eigenen Arbeitsplatz, Fachfrau für die Arbeitsbedingungen der Einrichtung, häufig lebenserfahren, manchmal kirchen(-politisch) erfahren. Wer in eine Mitarbeitervertretung gewählt wurde, ist selten Jurist, hält Gesetze oft für undurchdringbares Dickicht und Arbeitsrecht für erstickende Schlingpflanzen.

Wer kennt schon seinen eigenen Arbeitsvertrag, weiß, was er wirklich unterschrieben hat? Wer von den vielen kirchlichen Mitarbeitern und Mitarbeiterinnen ist in der Lage, MAVO von KODA, AK von KAVO, BGV von CIC oder Soll- von Kann-Vorschriften zu unterscheiden?

Kaum jemand, der für die Mitarbeitervertretung kandidierte, wusste wirklich, was da auf ihn zukam.

Mitarbeitervertreter, die ihr Amt neu antreten, sind auf eine gute Begleitung angewiesen. Sie sollen und wollen von Anfang an gleichberechtigte Kolleginnen und Kollegen sein.

Qualifizierung

Leider gibt es immer noch wenig arbeitsrechtliche Literatur, mit denen sich MAV-Mitglieder selbst weiterbilden können. Das meiste auf dem Markt, wirkt sperrig und demotivierend. Viele Autoren denken wohl zuerst an Fachkollegen, die Kommentaren, juristischen Reflektionen oder komplizierten dialektischen Gedankengängen folgen können.

---

18 BAG, Urteil vom 16.2.05, 7 AZR 330/04

Dass MAV-Mitglieder Menschen sind, die von solcher Literatur meistens nicht erreicht, schlimmstenfalls sogar entmutigt werden, ist so manchem Bewohner des wissenschaftlichen Elfenbeinturms noch nicht aufgegangen.

Auch deshalb sollen an dieser Stelle einige Anregungen gegeben werden, wie man praxisorientiert die eigene Qualifikation verbessern kann.

■ **Legen Sie sich ein eigenes Handexemplar der MAVO zu.**

Markieren Sie alles, was Sie verstanden haben und alles was Sie nicht verstehen. Kontrollieren Sie von Zeit zu Zeit, ob Sie Lern- oder Verständnisfortschritte gemacht haben.

Dieses Handexemplar sollte Sie zu jeder Sitzung und Schulung begleiten.

■ **Bitten Sie noch während der MAV-Sitzungen Ihre Kollegen und Kolleginnen um rechtliche Informationen.**

Die waren auch einmal unerfahren.

■ **Arbeiten Sie MAV-Sitzungen nach.**

Um welche Sachverhalte ging es? Welche Paragrafen wurden zitiert? Lesen Sie nach und überlegen Sie ehrlich, ob Sie den Inhalt wirklich verstanden haben. Scheuen Sie sich anschließend nicht, bei erfahrenen MAV-Mitgliedern Nachhilfe zu nehmen.

■ **Treffen Sie sich regelmäßig mit neuen MAV-Mitgliedern und tauschen Sie sich über Ihre Defizite aus.**

Entwickeln Sie Fragen zur MAVO: Gut gestellte Fragen sind halbe Antworten! Setzen Sie sich mit einem erfahrenen Kollegen oder einer Kollegin zusammen und versuchen Sie gemeinsam Ihre Fragen zu beantworten.

■ **Ziehen Sie Kommentare zu Rate.**

Vorsicht: Kommentare sind meistens geschrieben von Juristen für Juristen. Lassen Sie sich nicht entmutigen von der Fülle der Informationen, Verweise, Definitionen, Urteile. Wenn es Ihnen zuviel wird: Legen Sie das Buch wieder weg. Morgen ist auch noch ein Tag.

■ **Versuchen Sie, mit Handbüchern weiterzukommen.**

Handbücher wollen praxisorientiert Hilfen geben und sind zu vielen Fragen des Arbeitsrechtes publiziert worden.

■ **Konzentrieren Sie sich auf einen Sachverhalt.**

Haben Sie nicht den Ehrgeiz, am Anfang alles zu verstehen. Werden Sie darin Fachfrau oder -mann. So verhindern Sie, dass sie von der Fülle der Aufgaben und Probleme deprimiert werden.

■ **Verlassen Sie sich am Anfang auf die Erfahrenen.**

Statt in jedem Punkt mitzudiskutieren, versuchen Sie zuerst zu verstehen.

Schulung

Schulungen werden meistens innerhalb einer Diözese, in selteneren Fällen überdiözesan, angeboten.

Die regionale Orientierung macht Sinn. Man lernt Kolleginnen und Kollegen kennen, die in gleichen Arbeitsfeldern, benachbarten Einrichtungen oder in derselben Stadt tätig sind. Neben der sachlichen kann eine persönliche Beziehung treten.

Schulungen, die unter das Freistellungsgebot des § 16 MAVO fallen, müssen von der Diözese oder dem Diözesancaritasverband anerkannt sein. Viele Diözesanleitungen verlangen Einzelanerkennungen.

▸ **Beispiel**

In einigen Diözesen ist man schon vor Jahren dazu übergegangen, das Jahresschulungsangebot während einer Sitzung mit Dienstgebervertretern der Diözese und des Caritasverbandes zu besprechen und unmittelbar anzuerkennen. Ein solches Verfahren ist unkompliziert, fördert vertrauensvolle Zusammenarbeit und mindert den Verdacht, Dienstgeber wollten zensieren oder spionieren.

Die meisten Bildungsträger bieten mittlerweile differenzierte Fortbildungsangebote an. Zu den Basisangeboten sollten immer diese Seminartypen gehören:

■ Einführung in die Mitarbeitervertretungsordnung,
■ Einführung in das Arbeitsrecht,
■ Einführung in Gesprächs- und Versammlungsführung.

Diese Seminare werden von Anfängern zuerst besucht. Sie vermitteln Grundlagenwissen und helfen, sich im Wust der Themen und Paragrafen zurecht zu finden.

Aufbau- und Spezialseminare entwickeln dieses Grundwissen weiter.

Orientierung für Schulungsangebote

■ **Praxisorientiert**

Seminare müssen immer praxisorientiert angelegt sein. Die aktuellen Fragen der anwesenden Mitarbeitervertreter und -vertreterinnen müssen entweder Grundlage sein oder aber in entsprechenden Arbeitseinheiten beantwortet werden.

■ **Strategieorientiert**

Das beste arbeitsrechtliche Wissen nützt nichts, wenn Schulungen keine Anregungen dafür bieten, wie dieses Wissen in der Praxis angewandt werden kann.

■ **Erfahrungsorientiert**

Seminare müssen den Wissens- und Erfahrungsstand der Teilnehmer und Teilnehmerinnen berücksichtigen. Es nützt niemanden etwas – ja, eigentlich schadet es –, euphorisch voller guter Ideen und Pläne zurück in die MAV-Praxis zu kommen, um dort ernüchtert festzustellen, dass der Alltag vieles verunmöglicht, was am grünen Tisch ersonnen wurde.

■ **Beratungsorientiert**

Seminare für Mitarbeitervertretungen sind häufig Highlights der MAV-Arbeit. Gemeinsam schwelgt man in Plänen und verliert dabei schnell die Realität aus den Augen. Gute Bildungsarbeit für Mitarbeitervertretungen zeichnet sich dadurch aus, dass parallel eine kontinuierliche Beratungspraxis installiert wird.

Dies kann z. B. durch eine »hotline« zum Bildungsträger bzw. zur Diözesanen Arbeitsgemeinschaft geschehen oder indem Seminarreihen mit konstanten Teilnehmergruppen angeboten werden, die den Fortgang der Arbeitspraxis im Blick behalten.

■ **Projektorientiert**

Projektorientierung heißt, dass jeder Seminarteilnehmer an einem (nicht zu umfangreichen) Projekt aus der eigenen MAV-Arbeitspraxis arbeitet und während des Seminars Strategien plant. Mit dieser Planung fährt man zurück in die Einrichtung und beginnt die Arbeitsschritte.

Nach einiger Zeit kommt man (z. B. zu einem Tagesseminar) erneut zusammen, berichtet über Erfolg oder Misserfolg, revidiert die Planung und begibt sich zurück in die Einrichtung.

In einem weiteren Treffen – zum Beispiel nach 6 Monaten – werden die gewonnenen Erfahrungen ausgetauscht, Erfolge gefeiert und Misserfolge betrauert.

■ **Teamorientiert**

Einmal während einer MAV-Periode sollte die Mitarbeitervertretung gemeinsam – soweit dies die Bedingungen der Einrichtung zulassen – an einem Seminar teilnehmen oder ein Teamtraining absolvieren.

Vereinzelt entwickeln Bildungsträger für einzelne größere MAV maßgeschneiderte Weiterbildungen, die passgenau die Arbeit in der jeweiligen Einrichtung berücksichtigen.

■ **Arbeitsfeldorientiert**

Bildungsträger müssen immer auch Angebote für bestimmte Arbeitsfelder anbieten (z. B. Kindertagesstätten, Schulen, Krankenhäuser usw.). Hier können die jeweils spezifischen Themen und Fragestellungen behandelt werden.

■ **Funktionsorientiert**

Weiterbildungen – zum Beispiel für Vorsitzende – qualifizieren für spezifische Aufgaben.

■ **Spaßorientiert**

Wenn Sie sich permanent langweilen, ist am Seminarangebot etwas falsch.

■ **Erfahrungsspezifiziert**

Manche Seminare leiden darunter, dass Anfänger mit alten Hasen zusammen kommen. Vertiefungsseminare für Erfahrene differenzieren die potentielle Teilnehmerschaft.

■ **Übergreifend**

So notwendig es ist, Seminare für Mitarbeitervertretungen zu differenzieren und passgenaue Informationen anzubieten, so sinnvoll bleibt es, erfahrungs- und themenübergreifend Angebote zu gestalten. Der Alltag der MAV-Arbeit ist auch von unterschiedlichen Wissensständen geprägt. Das darf sich in Seminaren wiederholen.

Übergreifende Seminare bieten interessante Lernfelder: Unerfahrene Teilnehmer stellen unerwartete Fragen und befragen eingefahrene Routinen. Erfahrene Teilnehmer reduzieren Handlungseuphorie und binden die Ideen an die Praxis.

■ **In-house-Trainings**

Solche Angebote gibt es selten: Ein Trainerstab qualifiziert vor Ort die Mitarbeitervertretung, begleitet einige Sitzungen, reflektiert die Arbeitspraxis mit der gesamten MAV. Die Vorteile solcher Konzepte, die eine Form der Organisationsentwicklung darstellen, liegen auf der Hand: Sie sind kostengünstig, arbeitsfeldnah und effizient. Die Nachteile: Oft ist die Zeit zu knapp, man fixiert sich auf bekannte Routinen, hat zu wenig Abstand zur eigenen Einrichtung.

Königswege für die Schulung von Mitarbeitervertretungen gibt es nicht. Je nach Einrichtung, Erfahrung und Praxis müssen entsprechende Angebote aus den Seminarkatalogen ausgesucht werden.

Auf Dauer sinnvoll dürfte die Kombination unterschiedlicher Elemente sein: *Seminare außerhalb der eigenen Einrichtung* – um der Alltagsroutine zu entfliehen, Zeit für die Entwicklung neuer Gedanken zu haben, zu lernen und durch bzw. mit anderen Kolleginnen und Kollegen neue Blickwinkel kennenzulernen.

Teamtrainings/In-house-Trainings – um die eigene Arbeitskompetenz passgenau zu entwickeln.

Projektseminare – um greifbare Ergebnisse zu erarbeiten und Erfolge bei der Umsetzung zu erzielen.

Beratungshotlines– um Begleitung herzustellen, wenn es im Alltag hakt.

Mitarbeitervertretungen sollten ihr Kontingent an Schulungstagen ausschöpfen. Das sind sie den Kolleginnen und Kollegen, die sie gewählt haben, schuldig!

Das Letzte ...

Antwort einer Mitarbeitervertreterin auf die Frage »Was hindert Sie am meisten, an Schulungen teilzunehmen?«: »Tränen in den Augen meines Dienstgebers ...«

»MAV-Seminare sind wie gute Akkus: Die Motivation hält länger.«

P. Löwe

§ 17 Kosten der Mitarbeitervertretung

(1) Der Dienstgeber trägt die für die Wahrnehmung der Aufgaben der Mitarbeitervertretung notwendigen Kosten einschließlich der Reisekosten im Rahmen der für den Dienstgeber geltenden Reisekostenregelung. Zu den notwendigen Kosten gehören auch

– die Kosten für die Teilnahme an Schulungsveranstaltungen im Sinne des § 16,

– die Kosten, die durch die Beiziehung sachkundiger Personen entstehen, soweit diese zur ordnungsgemäßen Erfüllung der Aufgaben erforderlich ist und der Dienstgeber der Kostenübernahme vorher zugestimmt hat; die Zustimmung darf nicht missbräuchlich verweigert werden;

– die Kosten der Beauftragung eines Bevollmächtigten in Verfahren vor der Einigungsstelle, soweit der Vorsitzende der Einigungsstelle feststellt, dass die Bevollmächtigung zur Wahrung der Rechte des Bevollmächtigenden notwendig oder zweckmäßig erscheint;

– die Kosten zur Beauftragung eines Bevollmächtigten in Verfahren vor dem Kirchlichen Arbeitsgericht, soweit der Vorsitzende des Kirchlichen Arbeitsgerichts feststellt, dass die Bevollmächtigung zur Wahrung der Rechte des Bevollmächtigenden notwendig und zweckmäßig erscheint.

(2) Der Dienstgeber stellt unter Berücksichtigung der bei ihm vorhandenen Gegebenheiten die sachlichen und personellen Hilfen zur Verfügung.

(3) Abs. 1 und 2 gelten entsprechend für gemeinsame Mitarbeitervertretungen (§ 1 b) und erweiterte Gesamtmitarbeitervertretungen (§ 24 Abs. 2), mit der Maßgabe, dass die Kosten von den beteiligten Dienstgebern entsprechend dem Verhältnis der Zahl der Mitarbeiterinnen und Mitarbeiter im Zeitpunkt der Bildung getragen werden. Die beteiligten Dienstgeber haften als Gesamtschuldner.

Kosten der Mitarbeitervertretung

Diese Regelung ist eine Schlüsselvorschrift für die Arbeit einer Mitarbeitervertretung. Ohne eine angemessene finanzielle Basis ist eine Arbeit der MAV nicht möglich.

Welche Kosten die Arbeit einer MAV verursacht, liegt auf der Hand: Die Mitarbeitervertretung arbeitet als Teil der Einrichtung mit der üblichen Kostenfolge.

■ Es ist ein Arbeitsplatz einzurichten oder der dienstliche mitzubenutzen.

■ Es entstehen Papier-, Druck-, Porto-, Telefonkosten,

- Kosten für Fachbücher und Gesetzestexte,
- Kosten für die Freistellung von der Arbeit,
- ggf. Kosten für Gutachten und rechtliche Beratung/Unterstützung,
- Kosten für Schulungen, die Teilnahme an Informationsveranstaltungen
- und schließlich auch Reisekosten.

Diese hat der Dienstgeber grundsätzlich zu tragen. Das ist klar geregelt. Schwieriger ist die Frage nach der Notwendigkeit des Umfangs der Verpflichtung im Einzelfall zu klären.

- Hat der Dienstgeber also der MAV ein eigenes Büro einzurichten?
- Müssen oder dürfen die Mitarbeitervertreter einen PC benutzen, der ihnen dienstlich zur Verfügung steht oder haben sie Anspruch auf eine eigene Ausstattung?
- Gibt es eine Grenze für Porto- und Telefonkosten oder darf die MAV einen Internet-Anschluss benutzen?
- Gibt es verbindliche Regelungen für Schulungen und Reisekosten?

Spezialfall Schulungen

Zumindest die letzte Frage lässt sich einigermaßen zuverlässig beantworten. Anzahl und Umfang von Schulungen sind in § 16 MAVO geregelt. Die Kostenfolge ergibt sich dann über diese Vorschrift zwangsläufig. Was der Dienstgeber nach § 16 genehmigen muss, muss er nach § 17 auch bezahlen. Die MAV hat ein weitgehendes Ermessen, das sie bis zum vorgesehenen Kontingent von 15 Tagen ausschöpfen kann.

Reisekosten

Auch bei den Reisekosten gibt es hinsichtlich des Umfanges der Kostenerstattung wenig Spielräume. Zwar kann die Notwendigkeit der Reise eines Mitarbeitervertreters unterschiedlich beurteilt werden. Vernachlässigt man diese Frage zunächst, dann kann es zur Höhe der Kostenerstattung keinen ernsthaften Streit geben. Sie richtet sich nach der gleichen Ordnung, die der Dienstgeber auch für Dienstreisen anwendet.

Notwendigkeit

Der eigentliche Streitpunkt liegt meistens auf der Ebene der Notwendigkeit von Kosten. Eine allgemeine Definition kann man nicht geben. Die Notwendigkeit ist ein »unbestimmter Rechtsbegriff«, dessen Auslegung nur im konkreten Einzelfall möglich ist. Man wird auch in Kommentaren vergeblich nach einer eindeutigen Auslegung dieses Begriffes suchen.

Grundsätzlich mag der Dienstgeber eine andere Position einnehmen als die Mitarbeitervertretung. Wichtig ist aber, dass die MAV zunächst selbst festlegen muss, was für ihre Arbeit notwendig ist. Da die MAV-Tätigkeit ein

Ehrenamt ist, das sich der inhaltlichen Kontrolle des Dienstgebers entzieht, kann und soll der Dienstgeber nicht entscheiden, was die MAV für ihre Arbeit braucht.

Hier machen viele Mitarbeitervertretungen bereits Fehler. Bevor sie eine die Anschaffung von Literatur, den Besuch einer Veranstaltung, die Notwendigkeit einer Publikation in einen Zusammenhang mit einer bestimmten Arbeitsaufgabe, einem Konzept gestellt haben, fragen sie beim Dienstgeber nach der Übernahme der Kosten.

Richtig ist zwar, dass die MAV nicht selbst als Besteller, Käufer, Teilnehmer auftreten sollte, sondern dies immer als Teil der Einrichtung tun muss und sich insoweit mit dem Dienstgeber ins Benehmen setzen muss. Das kann aber nur im partnerschaftlichen Sinne, nicht in der Form eines Antrages geschehen. Der Dienstgeber hat die von der MAV für notwendig erachteten Kosten zu tragen wie er auch die Kosten einzelner Abteilungen der Einrichtung trägt. Dazu muss die MAV unter Anlegung eines vernünftigen und den allgemeinen Möglichkeiten der Einrichtung entsprechenden Maßstabes selbst entscheiden, was sie für ihre Arbeit benötigt. Das hat sie mit dem Dienstgeber selbstbewusst abzustimmen.

Standard der Einrichtung

Ein wichtiger Maßstab für die Frage, ob es ein eigener Arbeitsplatz sein muss, die MAV einen besonderen PC bekommt oder ein teures Rechtsgutachten eingeholt werden kann, ist der Begriff der »vorhandenen Gegebenheiten« in der Einrichtung. Grundsätzlich gilt zum Beispiel:

- Wo alle Arbeitsplätze mit Computern ausgerüstet sind, kann auch der MAV nicht zugemutet werden, mit einer Schreibmaschine zu arbeiten.
- Eine Einrichtung, die über eine eigene Fachbibliothek verfügt, kann auch umfassende Literatur für die MAV anschaffen.

Wo die Leitung viel Geld für betriebswirtschaftliche und rechtliche Gutachten ausgibt, kann auch der MAV nicht die Eigeninformation zugemutet werden.

Sachliche und personelle Hilfen

Bevor externe Kosten verursacht werden, kann der Dienstgeber aber auf die Verwendung eigener Möglichkeiten der Einrichtungen bestehen. Sachliche und personelle Hilfen sind Betriebsmittel, die der Dienstgeber ohnehin vorhält und eigenes „know how", auf das er die MAV zunächst verweisen kann.

Vor der Anschaffung eines neuen PC's steht deshalb die Benutzung eines vorhandenen freien Gerätes. Statt der Anschaffung eines eigenen Aktenschrankes, muss die MAV zunächst nicht benötigte Möbel benutzen. Statt eines EDV-Kurses kann der Dienstgeber auf einer Schulung durch eigene Fachangestellte bestehen.

Mitarbeitervertretungsarbeit muss auch ökomomischen Gesichtspunkten folgen. Das gilt aber nur insoweit, wie dies die nötige Unabhängigkeit der MAV nicht beeinträchtigt. Insbesondere bei personellen Hilfen ist die Grenze der Zumutbarkeit schnell überschritten.

Der Steuerberater oder Rechtsanwalt der Einrichtung dürfte kaum ein geeigneter Berater der MAV bei einer strittigen Auseinandersetzung mit dem Dienstgeber sein.

Budget als Lösung

In machen Einrichtungen versucht man, Streitigkeiten über Kosten der MAV aus dem Wege zu gehen, indem ein Budget für die Arbeit der MAV im Haushalt der Einrichtung festgesetzt wird. Diese Lösung klingt zunächst sehr verlockend. Für die Leitung werden die Kosten der MAV kalkulierbar, die MAV gewinnt eine größere Souveränität bei der Mittelverwendung.

Es gibt aber auch Nachteile: Kommt die MAV nicht mit den veranschlagten Mitteln aus, verlagert sich die Auseinandersetzung nur auf einen späteren Zeitpunkt. Denn der Anspruch nach § 17 lässt sich auch bei einer Budgetierung nicht inhaltlich beschränken. Und: Budgetierungen können sich nur Einrichtungen leisten, die über freie Mittel verfügen und auch in Kauf nehmen können, dass solche Haushaltsansätze nicht generell ausgeschöpft werden müssen, um auch im nächsten Haushaltsjahr wieder auf einen entsprechenden Kostenansatz hoffen zu können.

Budgetierungen machen also nur Sinn, wenn die Haushaltslage gut ist und ein verantwortungsvoller Umgang sichergestellt ist.

Besondere Fällen von Kostenübernahme durch den Dienstgeber

Die MAVO führt zusätzlich zu den Schulungskosten zur Rechtssicherheit einige weitere konkrete Anlässe auf, für die der Dienstgeber die Kosten übernehmen muss:

Beiziehung sachkundiger Personen, die die MAV bei der Ausübung ihrer Aufgaben unterstützen:

Entsprechend der Zuständigkeit der MAV nach den §§ 36-38 werden das in aller Regel Juristen oder betriebswirtschaftliche Berater, unter Umständen auch Fachleute für Arbeitssicherheit oder Gesundheitsschutz sein. Denn die möglichen Themen sind durch die „harten" Mitbestimmungsrechte der MAV vorgegeben. Der Dienstgeber hat bei einem entsprechenden Antrag der MAV zu prüfen, ob die Beiziehung notwendig erscheint und dann seine

Kostenzusage zu geben. Das Verfahren spielt sich intern ab. Nur wenn die MAV behaupten kann, dass eine missbräuchliche Verweigerung der Kostenübernahme gegeben ist, kann sie das auch durch Anrufung des Kirchlichen Arbeitsgerichts überprüfen lassen.

Beauftragung eines Bevollmächtigten im Verfahren vor der Einigungsstelle und vor dem Kirchlichen Arbeitsgericht

Bei der Beauftragung von Bevollmächtigten für Streitigkeiten vor der Einigungsstelle (Regelungsstreitigkeiten nach § 45 MAVO) oder dem Kirchlichen Arbeitsgericht (alle Rechtsstreitigkeiten zwischen Dienstgeber und MAV) liegt die Entscheidung über die Kostenübernahme unmittelbar bei dem oder der Vorsitzenden der Einigungsstelle oder des Gerichts. Denn in diesen Fällen findet ja bereits ein Konflikt zwischen Dienstgeber und MAV statt, der eine sachliche Entscheidung des Dienstgebers über die Kostenübernahme im Regelfall nicht zulassen dürfte. Da erscheint es zweckmäßig, dass das ohnehin mit diesem Konflikt befasste Gremium auch gleich eine für den Dienstgeber verbindliche Kostenentscheidung trifft.

Die MAV sollte den Antrag auf Übernahme dieser Kosten aber stets mit einer Sachverhaltsdarstellung verbinden. Wenn sich die MAV dazu fachlich in der Lage sieht, wäre es sinnvoll, den Antrag auf Kostenübernahme mit dem entsprechenden Antrag an die Einigungsstelle/ihrer Erwiderung auf den Antrag des Dienstgebers oder mit der Klage/Klageerwiderung an das Arbeitsgericht zu verbinden. Denn dann kann der/die Vorsitzende umgehend über Zweckmäßigkeit und Notwendigkeit entscheiden. Normalerweise kann die MAV mit einer positiven Entscheidung rechnen, wenn

- die Rechtslage schwierig ist,
- das persönliche Erscheinen von Mitgliedern der MAV entbehrlich ist und eine Anreise mit großem Aufwand verbunden wäre,
- oder auch der Dienstgeber die Unterstützung von Juristen/Rechtsanwälten in Anspruch nimmt.

Das Werkzeug – Arbeitsmittel einer Mitarbeitervertretung

Jede Mitarbeitervertretung braucht Arbeitsmittel, eine Art Werkzeugkasten. Es gibt keine zwingend vorgeschriebenen Grundausstattungen. Sie differieren je nach örtlicher Situation, Arbeitsfeld und vor allen Dingen nach Größe der Einrichtung.

Sind eigene Arbeitsräume in Krankenhäusern mit großen Mitarbeiterzahlen selbstverständlich, so müssen sich MAVen in kleinen und kleinsten Einrichtungen unter Umständen mit einem abschließbaren Schrank oder einem für Unbefugte nicht zugänglichen Abteil im Bürosystem des Dienstgebers begnügen.

Grundsatz

Der Dienstgeber hat keine Entscheidungsmacht darüber, welche Arbeitsmittel einer Mitarbeitervertretung zur Verfügung zu stellen sind. Dies entscheidet die Mitarbeitervertretung im Rahmen des § 17 MAVO selbst. Dort wird ausdrücklich verfügt, dass der Dienstgeber die Kosten, die bei der Wahrnehmung der Aufgaben der Mitarbeitervertretung entstehen, zu übernehmen hat – mit einer Einschränkung: Die Rede ist von den »notwendigen« Kosten. Gleichzeitig wird im zweiten Absatz ausgeführt, dass der Dienstgeber die sachlichen und personellen Hilfen »unter Berücksichtigung der bei ihm vorhandenen Gegebenheiten« zur Verfügung zu stellen hat.

Wenn es in der Einrichtung üblich ist, dass z. B. Protokolle auf Band diktiert und von Sekretärinnen zu Papier gebracht werden, so sind dies die »vorhandenen Gegebenheiten«, derer sich auch Mitarbeitervertretungen bedienen können. Es wäre in einem solchen Fall unzulässig, wenn man vom Schriftführer der Mitarbeitervertretung verlangen würde, Briefe oder Arbeitspapiere im »Vier-Finger-Suchsystem« zu produzieren.

Arbeitsmittel dienen dazu, die Organisation der Mitarbeitervertretungsarbeit effektiver zu machen.

Eine chaotische Organisation, schlampige Aktenführung oder unzureichende Ausstattung behindern die Arbeit, indem sie

- **Kooperation erschweren,**
- **Informationsdurchlässigkeiten behindern,**
- **Arbeitswege verlängern,**
- **unangemessene Informationsvorsprünge schaffen.**

Effektive Arbeitsorganisation ist die Basis für gelingende Mitarbeitervertretungsarbeit.

Arbeitsraum

Grundsätzlich gilt, dass jeder Mitarbeitervertretung ein eigener Büroraum zur Verfügung stehen sollte. Hier kann den Mitwirkungsrechten angepasste Büroarbeit geleistet werden. Der Raum ist gleichzeitig Besprechungsraum der Mitarbeitervertretung und Beratungszimmer für Mitarbeitende in der Einrichtung. Ein eigener Raum für Mitarbeitervertretungen ist in kleinen und kleinsten Einrichtungen nicht das »Notwendige«. Hier wird die Mitarbeitervertretung überlegen müssen, ob sie sich mit einem eigenen Arbeitsplatz, der zum Beispiel im Bürobereich der Einrichtung untergebracht ist, zufrieden geben kann und ob sie z. B. das Sitzungszimmer für eigene Zwecke im Rahmen festgelegter Zeiträume (hier sind je nach Verhältnis zum Dienstgeber konkrete Absprachen notwendig) nutzen will.

Mindestens ein eigener Schrank muss für Unterlagen und Akten zur Verfügung stehen, der nur den Mitarbeitervertreter/innen zugänglich und abschließbar ist. Das ergibt sich schon aus der Vorschrift der »Schweigepflicht« (§ 20 MAVO).

Möblierung

Eigene Räume wirken identitätsstiftend. Sie geben Auskunft über das Selbstverständnis einer Mitarbeitervertretung. Durch die Art der Möblierung und Ausstattung kann den Kolleginnen und Kollegen deutlich werden, wie willkommen sie sind, wie sehr sich die Mitarbeitervertretung für sie einsetzt, welche Schwerpunkte sie hat.

Der Raum sollte nicht wie ein Büro aussehen, sondern eher wie ein freundliches Konferenzzimmer, in dessen Mittelpunkt ein (runder) Tisch steht. Zur Ausstattung eines solchen Raumes (oder der Arbeitsecke) kann durchaus die Kaffeemaschine, ein wenig Geschirr und der Teller mit Gebäck gehören. Wenn sich dieser Service an den Standards der eigenen Einrichtung orientiert, so sind dies »notwendige Kosten« bzw. »sachliche Hilfen«.

Bürotechnik

Auch für den Einsatz und das Vorhandensein der Bürotechnik gilt es zu differenzieren. In kleinen Einrichtungen ist es ausreichend, wenn der Dienstgeber die Mitnutzung eines entsprechenden Arbeitsplatzes ermöglicht. Hier sollten feste Arbeitszeiten oder ein verbindlicher Arbeitsplan (z. B. vier Stunden pro Woche) vereinbart werden, um Irritationen von Vorgesetzten und zuarbeitenden Kolleginnen und Kollegen zu vermeiden.

In größeren Einrichtungen sind Telefon, E-mail-Adresse, Anrufbeantworter, Diktiergerät und ein PC selbstverständlich. Ein eigenes Faxgerät oder einen eigenen Kopierer wird man in der Regel nicht in Anspruch nehmen müssen, sondern stattdessen sich der beim Dienstgeber vorhandenen Geräte bedienen.

Verfügt die MAV über keinen eigenen PC und wird stattdessen die Mitnutzung eines anderen PCs ermöglicht, müssen die eigenen Dateien gesichert und vor dem Mitlesen durch Unbefugte geschützt werden können. Dies ist mit relativ einfachen Mitteln herzustellen.

Büromaterialien

Die notwendigen Büromaterialien, vom Papier über den Bleistift bis hin zu Aktenmappen, sind vom Dienstgeber zu bezahlen oder aus dem Fundus beizusteuern. Entscheidet sich die MAV für eine Publikation, die einen höheren Aufwand (z. B. an Papier) erfordert, so ist auch das vom Dienstgeber zu tragen – vorausgesetzt, die Publikation steht in einem angemessenen Verhältnis zu den Standards der Einrichtung und zu den Aufgaben der Mitarbeitervertretung. Im Extremfall kann dies übrigens auch eine Hochglanzbroschüre sein, wenn solche Publikationen zu den Standards der Einrichtung gehören. Mitarbeitervertretungen müssen sich nicht »billiger« darstellen als die Dienstgeber.

Schriftverkehr

Üblicher Schriftverkehr einer Mitarbeitervertretung sind

- Briefe,
- Protokolle,
- Aktennotizen.

Es gehört zur notwendigen und wichtigen Selbstdarstellung der Mitarbeitervertretungsarbeit, die tatsächliche Bedeutung durch eine angemessene Gestaltung des Korrespondenzmaterials zu unterstreichen. In größeren Einrichtungen ist es vertretbar, mit einem eigens gestalteten Briefkopf, der sich z. B. anlehnt an das offizielle Erscheinungsbild der Einrichtung, an die jeweilige Öffentlichkeit oder die Partner zu treten.

Kasse bzw. Finanzen

§ 17 der MAVO macht unzweideutig Aussagen über die »notwendigen Kosten«, die der Dienstgeber zu tragen hat. Daraus ist abzuleiten, dass die Mitarbeitervertretung für die eigene Arbeitsorganisation keine eigene Kasse benötigt. Sie bedient sich sozusagen der »Kasse« des Dienstgebers.

In manchen Einrichtungen werden – auch zur Sicherheit des Dienstgebers – Kostenrahmen im Zuge der Haushaltsplanungen festgelegt (s. o.). Wenn sich eine Mitarbeitervertretung auf ein solches Vorgehen eingelassen hat (was sie nicht zwingend muss), so kann sie im Rahmen der zur Verfügung gestellten Finanzmittel einen eigenen Haushaltsplan aufstellen.

Manche Mitarbeitervertretungen haben sogenannte »Freud- und Leidkassen« eingerichtet, um Geschenke und ähnliches zu finanzieren. Dies gehört im engeren Sinne nicht zu den Aufgaben der Mitarbeitervertretung. Damit es nicht zu Irritationen oder zu steuerlichen Problemen kommt, ist es empfehlenswert, dass solche Kassen außerhalb der Mitarbeitervertretung geführt werden.

Die laufenden Kosten wie Telefongebühren, Porto, gegebenenfalls Kosten des Büros, sollten über den Haushalt des Dienstgebers abgewickelt werden. Verbindliche jährliche Absprachen über die zur Verfügung stehenden Mittel einer Mitarbeitervertretung erleichtern die Kooperation. Aber: Sie entheben den Dienstgeber nicht von der Pflicht, weitere Kosten im Laufe eines Haushaltsjahres zu übernehmen, wenn dies gemäß MAVO »notwendig« ist.

Fachliteratur

Damit die Mitarbeitervertretung ihre Arbeit fachgerecht erfüllen kann, benötigt sie eigene, greifbare Literatur.

In jeder Einrichtung sollte dies die Basisausstattung sein: die Mitarbeitervertretungsordnung, der Kommentar zur MAVO (gegenwärtig »Bleistein/ Thiel«), dieses Praxishandbuch, eine Sammlung der Arbeitsgesetze, ein Handbuch zur Arbeits- und Sozialordnung, die geltenden Arbeitsvertragsordnungen bzw. Tarifwerke.

Je größer die Einrichtung ist, desto umfänglicher muss die Bibliothek einer Mitarbeitervertretung sein. Bei sehr kostspieligen Werken ist es nach gängiger Rechtsprechung zumutbar, wenn hier die Exemplare des Dienstgebers mitbenutzt werden, solange diese jederzeit frei zugänglich sind. Strittig ist, ob der Dienstgeber die Kosten für eine einschlägige Fachzeitschrift zu tragen hat. Unstrittig dürfte dies für eine solche Fachzeitschrift sein, die sich unmittelbar nur mit Mitarbeitervertretungsfragen beschäftigt (z. B. die ZMV).

Unabdingbare Literatur für die Handbibliothek der Mitarbeitervertretungen

1. **Mitarbeitervertretungsordnung** des jeweiligen Bistums in der geltenden Fassung. (Kirchliches Amtsblatt)
2. **Grundordnung des kirchlichen Dienstes im Rahmen kirchlicher Arbeitsverhältnisse,** Bonn 1993 (zu beziehen über das Sekrrtariat der Deutschen Bischofskonferenz, Kaiserstr. 163, 53123 Bonn) und auf der beigefügten CD
3. **Bleistein/Thiel: Kommentar zur Rahmenordnung für eine Mitarbeitervertretungsordnung (MAVO),** Neuwied 2006 (Luchterhand)
4. **Arbeitsgesetze;** neueste Ausgabe dtv-Taschenbuch, Nr. 5506 oder: Wichtige Arbeitsgesetze, Verlag Neue Wirtschaft-Briefe, Herne/Berlin
5. **ZMV – Die Mitarbeitervertretung** (zu beziehen über Ketteler Verlag GmbH, Schlosshof 1, 93440 Waldmünchen)
6. **Richtlinien für Arbeitsverträge in den Einrichtungen des Deutschen Caritasverbandes (AVR),** neueste Ausgabe (erscheint jährlich), Lambertus-Verlag, Freiburg
   (Für den AVR-Bereich)
7. **Abonnement des jeweiligen Kirchlichen Amtsblattes** (zu beziehen über die Generalvikariate oder Ordinariate).
   (Für den übrigen kirchlichen Bereich)

Mobilität

§ 17 der MAVO regelt ausdrücklich, dass der Dienstgeber im Rahmen der bei ihm geltenden Reisekostenregelung die Reisekosten trägt. Hier ist sowohl der Dienstgeber wie auch die MAV den Standards der Einrichtung unterworfen. Kein Dienstgeber wird von seiner Mitarbeitervertretung verlangen können, eine bestimmte Strecke ausschließlich mit dem Zug zu fahren, wenn er selbst diese permanent mit dem Pkw absolviert.

Ein eigener Dienstwagen steht der Mitarbeitervertretung nur in sehr seltenen Fällen zur Verfügung. Dies kann dann der Fall sein, wenn die Einrichtung sehr groß ist oder die Notwendigkeit besteht, Arbeit der Mitarbeitervertretung an wechselnden Orten zu leisten.

Personelle Hilfen

Damit ist z. B. gemeint, dass eine Sekretärin Protokolle abschreibt oder Schriftverkehr der Mitarbeitervertretung erledigt. Hierbei ist auf die Schweigepflicht zu achten. Es empfiehlt sich, entsprechende Vereinbarungen mit dem Dienstgeber zu treffen, dass diese Schweigepflicht auf die entsprechende Kollegin oder den Kollegen übergeht.

Zu den personellen Hilfen gehört es auch, dass der Hausmeister der Einrichtung einen Versammlungsraum entsprechend herrichtet oder die Hauswirtschaft Kaffee und Kuchen für die Mitarbeiterversammlung zubereitet. Mitarbeitervertretungen sollten selbstbewusst die personellen Hilfen in Anspruch nehmen, die die eigene Arbeit (wie ja auch die Arbeit des Dienstgebers) erleichtern.

Aktenführung

Im Rahmen der Mitwirkungsarbeit fallen bei Mitarbeitervertretungen in nicht unerheblichem Umfang Akten an. Materialien müssen aufbewahrt oder archiviert werden. Sie dienen als Nachweismittel oder Gedächtnisstütze. Sie sichern die Kontinuität der Arbeit gegenüber nachfolgenden Mitarbeitervertretungen und sind das Gedächtnis der Mitarbeitervertretungsarbeit.

Für Akten gelten folgende Prinzipien:

- **Akten müssen zugänglich sein für alle Mitarbeitervertreter/innen.**
- **Akten müssen verstehbar und nachvollziehbar sein – auch ohne die persönliche Erklärung.**
- **Das Prinzip der Vertraulichkeit bzw. die Auflage der Schweigepflicht muss gesichert sein.**
- **Die gesetzlichen Vorschriften sind einzuhalten.**

Auch Mitarbeitervertretungen dürfen keine verdeckten Personalakten führen und müssen sich an die (kirchlichen) Anordnungen zum Datenschutzgesetz[19] halten.

Aktenordnung

Zur geordneten Aktenführung einer Mitarbeitervertretung sollten diese Abteilungen gehören:

- **Liste der Mitarbeiter/innen,**
- **Aktueller Stellenplan der Einrichtung,**
- **Vollständig gesammelte Protokolle der MAV-Sitzungen,**
- **Protokolle von Gesprächen mit dem Dienstgeber.**

Darüber hinaus sollten über einzelne Vorgänge Akten angelegt werden, in denen

- **chronologisch Briefe, Antworten auf Briefe, Aktennotizen oder Vermerke gesammelt werden.**

Existieren viele solcher Vorgänge, so können sie nach Mitwirkungsrechten sortiert werden: ein Ordner nur für Informationen (§ 27 MAVO), ein weiterer nur für Anhörung und Mitberatung (§ 29), ein dritter für Kündigungen (§ 30 und andere) usw.

- **Adressenverzeichnis**

In diesem werden auch die privaten Anschriften und Telefonnummern aller Mitglieder der Mitarbeitervertretung gespeichert.

- **Terminbuch**

In einem Terminbuch werden Arbeitsabsprachen festgehalten und arbeitsrechtlich relevante Fristen (wie sie sich z. B. aus der Mitarbeitervertretungsordnung ergeben) notiert.

- **Musterbriefe und Formblätter**

Eine Extra-Abteilung sammelt Musterbriefe und Formblätter für bestimmte Vorgänge.[20]

- **Mustervorgänge**

Insbesondere für neue Mitarbeitervertreter und -vertreterinnen ist es informativ, »Mustervorgänge« zu einzelnen Mitwirkungsrechten einsehen zu können. Wenn diese vollständig (d. h. verstehbar und nachvollziehbar) sind, so bieten sie gute erste Orientierungsmöglichkeiten und sind eine geeignete Form der Einarbeitung.

---

19 Vgl. dazu die Kirchliche Anordnung zum Datenschutz auf der beigefügten CD-ROM.
20 Vorschläge dazu unter „Arbeitshilfen" auf der beigefügten CD-ROM.

■ Rechtliche Grundlagen

Eine weitere Abteilung sollte die rechtlichen Grundlagen, die für die Arbeit in der jeweiligen Einrichtung wichtig sind, versammeln. Dies sind nicht nur Arbeitsgesetze, die MAVO und deren Kommentare, sondern auch andere einschlägige Vorschriften (z. B. Hygieneverordnungen) oder getroffene Dienstvereinbarungen. Hier hinein gehören verbindlich vereinbarte Regeln, die in der Institution einzuhalten sind: Hausordnungen oder Dienstanweisungen des Dienstgebers, die für alle gelten.

■ Ausführungen zum Einrichtungsziel

Empfehlenswert ist es, grundsätzliche Ausführungen zum Einrichtungsziel (oft dargestellt in Festtagsreden, Grundsatzprogrammen oder sogenannten Leitbildern) zu sammeln.

Konsequent sein

Aktenführung bedarf der Konsequenz. Gute Aktenführung erleichtert die Arbeit, weil sich aus den Akten Handlungsanregungen und Anweisungen erschließen lassen. Sie sorgt für Transparenz in der Arbeit und sichert vergleichbare Informationsstände für alle Mitarbeitervertreterinnen und Vertreter. Gute Aktenführung beugt Insiderwissen und daraus resultierenden Informationsvorsprüngen vor.

Streit über das »Notwendige«

Über das Notwendige gibt es manchmal Streit. Die Verweigerung von Arbeitsmitteln kann der Versuch sein, den Einfluss der Mitarbeitervertretung zu beschränken. Es handelt sich dann um einen indirekten Rechtsbruch. Mitarbeitervertretungen sollten versuchen, diese Klippen durch kluges und transparentes Verhalten zu umschiffen.

Einige Anregungen

■ **Zu Beginn der Amtszeit mit dem Dienstgeber konkret über die Kosten sprechen, die jährlich im Rahmen der Mitarbeitervertretungsarbeit auf ihn zukommen. Dazu gehören auch die Reisekosten und die Kosten von Schulungen (vgl. § 16 MAVO).**

■ **Einvernehmen über den Kostenrahmen herstellen und klären, wie die Mittel abzurufen sind.**

■ **Weigert sich der Dienstgeber, bestimmte Kosten zu übernehmen, sollte man ihm vorschlagen, Auskünfte bei vergleichbaren Einrichtungen oder bei der Diözesanen Arbeitsgemeinschaft der Mitarbeitervertretungen einzuholen.**

■ **Ist auf dem Verhandlungswege keine Einigung möglich, kann man dem Dienstgeber vorschlagen, die Einigungsstelle anzurufen. Dies sollte ein-**

vernehmlich geschehen, muss aber gemäß § 41 Abs. 1 Satz 5 so eingeleitet werden, dass der Dienstgeber den Antrag der Mitarbeitervertretung auf Finanzierung ablehnt.

■ Ist über ein solches Vorgehen kein Einverständnis mit dem Dienstgeber
zu erzielen, bleibt nur der Konflikt: Die Mitarbeitervertretung entscheidet sich für ein Einigungsverfahren. Der Einigungsstellenspruch ist für
den Dienstgeber bindend – mit der Ausnahme, dass der Dienstgeber
»durch den Beschluss nur insoweit gebunden werden« kann, »als für die
Maßnahme finanzielle Deckung in seinen Haushalts-, Wirtschafts- und
Finanzierungsplänen ausgewiesen ist«. Das ist bei den relativ geringen
Summen, um die es im Regelfall geht, wohl immer der Fall.

Mitarbeitervertretungen sollten sparsam mit Arbeitsmitteln umgehen. Sie
sollten weder dem Dienstgeber noch der Mitarbeiterschaft gegenüber den
Eindruck erwecken, als würden sie Haushaltsmittel verschwenden.

Das Notwendige aber sollte selbstbewusst in Anspruch genommen werden.
Dienstgebervertreter täten gut daran, nicht über den Weg der Arbeitsmittel
die Auseinandersetzung mit der Mitarbeitervertretung zu suchen. Das wäre
kleinkariert und würde an scheinbar unbedeutender Stelle die Unfähigkeit
zur Kooperation deutlich machen.

Das Letzte ...

Achtung: Keine »schwarzen Kassen« anlegen. Mitarbeitervertretungen sollten nicht über eigene Gelder verfügen. Wenn dies dennoch der Fall ist, ist
der Dienstgeber *immer* davon in Kenntnis zu setzen.

§ 18 Schutz der Mitglieder der Mitarbeitervertretung

(1) Die Mitglieder der Mitarbeitervertretung dürfen in der Ausübung ihres Amtes nicht behindert und aufgrund ihrer Tätigkeit weder benachteiligt noch begünstigt werden.

(1a) Das Arbeitsentgelt von Mitgliedern der Mitarbeitervertretung darf einschließlich eines Zeitraums von einem Jahr nach Beendigung der Mitgliedschaft nicht geringer bemessen werden als das Arbeitsentgelt vergleichbarer Mitarbeiterinnen und Mitarbeiter mit einrichtungsüblicher Entwicklung.

(2) Mitglieder der Mitarbeitervertretung können gegen ihren Willen in eine andere Einrichtung nur versetzt oder abgeordnet werden, wenn dies auch unter Berücksichtigung dieser Mitgliedschaft aus wichtigen dienstlichen Gründen unvermeidbar ist und die Mitarbeitervertretung gemäß § 33 zugestimmt hat.

(3) Erleidet eine Mitarbeiterin oder ein Mitarbeiter, die oder der Anspruch auf Unfallfürsorge nach beamtenrechtlichen Grundsätzen hat, anlässlich der Wahrnehmung von Rechten oder in Erfüllung von Pflichten nach dieser Ordnung einen Unfall, der im Sinne der beamtenrechtlichen Unfallfürsorgevorschriften ein Dienstunfall wäre, so sind diese Vorschriften entsprechend anzuwenden.

(4) Beantragt eine in einem Berufsausbildungsverhältnis stehende Mitarbeiterin oder ein in einem Berufsausbildungsverhältnis stehender Mitarbeiter, die oder der Mitglied der Mitarbeitervertretung oder Sprecherin oder Sprecher der Jugendlichen und der Auszubildenden ist, spätestens einen Monat vor Beendigung des Ausbildungsverhältnisses für den Fall des erfolgreichen Abschlusses ihrer oder seiner Ausbildung schriftlich die Weiterbeschäftigung so bedarf die Ablehnung des Antrages durch den Dienstgeber der Zustimmung der Mitarbeitervertretung gemäß § 33, wenn der Dienstgeber gleichzeitig andere Auszubildende weiterbeschäftigt. Die Zustimmung kann nur verweigert werden, wenn der durch Tatsachen begründete Verdacht besteht, dass die Ablehnung der Weiterbeschäftigung wegen der Tätigkeit als Mitarbeitervertreterin oder Mitarbeitervertreter erfolgt. Verweigert die Mitarbeitervertretung die vom Dienstgeber beantragte Zustimmung, so kann dieser gemäß § 33 Abs. 4 die Einigungsstelle anrufen. In diesem Verfahren ist das Mitglied Beteiligter. In diesem Verfahren ist das Mitglied beizuladen.

Benachteiligungsschutz

Durch die Ausübung des Amtes der Mitarbeitervertreterin/des Mitarbeitervertreters sind Konflikte vorprogrammiert. Wer sich für Interessen der Mitarbeiterschaft einsetzt und dabei auf anders ausgerichtete Ziele der Einrichtungsleitung trifft, muss bereit sein, solche Auseinandersetzungen zu tragen. Leider ist es normal, dass Konflikte nicht auf der Sachebene bleiben, sondern leicht in die persönliche Ebene abgleiten können. Damit dadurch keine arbeitsrechtlichen Nachteile entstehen, genießen Mitarbeitervertreter/innen – wie auch Betriebs- und Personalräte – besonderen Schutz.

Nachteile durch MAV Arbeit

Der Schutz geht aber noch weiter. Wer durch die Ausübung seines Amtes an beruflichen Weiterbildungen nicht teilnehmen kann und deshalb in seiner beruflichen Entwicklung langsamer vorankommt, bestimmte Dienste (z. B. Wechselschicht) nicht im üblichen Umfang ausüben kann, hat gegen den Dienstgeber einen Anspruch auf Ausgleich der entstehenden Nachteile. Dieser wird bei finanziellen Nachteilen grundsätzlich so aussehen, dass der Mitarbeitervertreterin/der Mitarbeitervertreter so behandelt werden muss, als habe er im gewöhnlichen Umfang gearbeitet. Das betrifft allerdings nicht solche Zulagen und Lohnbestandteile, die nach ihrem Zweck ausschließlich einen tatsächlich entstandenen Mehraufwand oder eine besondere Belastung ausgleichen sollen. (z. B. Zeitzuschläge) Um diese Verpflichtung ganz klar zu machen, ist die Regelung in Absatz 1 a aus der früheren Kommentierung der MAVO inzwischen in den Gesetzestext übernommen worden.

Beim Ausgleich von Karrierenachteilen ist die Situation komplizierter. Es ist im Einzelfall sehr schwer festzustellen, wie sich die berufliche Entwicklung vollzogen hätte, wenn die zusätzliche Belastung durch das MAV-Amt nicht vorhanden gewesen wäre.

Freistellung von dienstlichen Aufgaben

Zum Schutz vor Benachteiligung gehört in diesem Zusammenhang auch die Entlastung von Arbeiten, die dem Arbeitsplatz vor der Übernahme des MAV-Amtes zugeordnet waren. Die Mitarbeitervertreterin/der Mitarbeitervertreter kann sich nicht damit begnügen, dass ihm die unter § 15 zustehende formelle Freistellung im Sinne der Erlaubnis zur Arbeit für die MAV gegeben wird. Ist mit dieser Freistellung nicht auch die ganz konkrete Entlastung von Pflichten verbunden, führt die MAV-Arbeit zwangsläufig zu einer Mehrbelastung und damit dann de facto auch zu einer Benachteiligung.

Umsetzung

Die Leitung kann Einfluss auf das Verhalten von Mitarbeitervertreter/innen nehmen, indem sie ihr Arbeitsumfeld verändert. In der schwächsten Form kann das passieren durch eine sogenannte Umsetzung, die Zuweisung eines anderen Arbeitsplatzes in derselben Einrichtung.

Dagegen gibt die MAVO keinen besonderen Schutz. Die Arbeitsplatzzuweisung ist – solange sie auf der Grundlage des individuellen Arbeitsvertrages geschieht – Kernbereich des Direktionsrechts des Dienstgebers.

Abordnung

Die nächste Stufe wäre eine Abordnung (Begriff aus dem öffentlichen Dienstrecht). Darunter versteht man die vorübergehende Zuweisung eines neuen Arbeitsplatzes in einer anderen Einrichtung desselben Dienstgebers. Der Begriff ist in den Arbeitsvertragsordnungen definiert.

Mit einer Abordnung würde die Kollegin/der Kollege aus dem bisherigen betrieblichen Umfeld herausgenommen. Es würde ein anderer Arbeitsplatz außerhalb der bisherigen Organisationseinheit zugewiesen. In der Regel wäre das mit der Zuständigkeit einer anderen Mitarbeitervertretung verbunden und (siehe § 7 Abs. 2) auch das Wahlrecht in der bisherigen Einrichtung ginge verloren.

Das wäre ein wesentlich stärkerer Eingriff. So könnte sich der Dienstgeber eines lästigen Mitarbeitervertreters zeitweise entledigen. Deshalb setzt auf dieser Stufe der Schutz des § 18 Abs. 2 ein.

Versetzung

Für die Versetzung, also die dauerhafte Zuweisung eines neuen Arbeitsplatzes in einer anderen Einrichtung desselben Dienstgebers gilt das Gleiche.

Es dient dem Schutz der Mitarbeitervertretung, dass beide Maßnahmen nur möglich sind, wenn entweder die Betroffene/der Betroffene selbst einverstanden ist (dann kommt es auf eine weitere Entscheidung der MAV nicht mehr an)

oder

wenn die Maßnahme aus wichtigen dienstlichen Gründen unvermeidbar ist, also eine dienstliche Vorgabe auf andere Art und Weise nicht erreicht werden kann, dieses völlig unabhängig vom Amt der Mitarbeitervertreterin/ des Mitarbeitervertreters ist

und

die Mitarbeitervertretung zustimmt.

In der zweiten Alternative würde die MAV prüfen müssen, ob die Benachteiligung nur subjektiv von der/dem Betroffenen erlebt wird oder objektiv besteht. Bei der Beschlussfassung wäre das betroffene Mitglied wegen eigener Betroffenheit ausgeschlossen. Gibt die MAV ihre Zustimmung nicht, so bleibt dem Dienstgeber nur der Gang zur Einigungsstelle. (§ 45 Abs. 2)

Auszubildende

Für Auszubildende in der MAV (also älter als 18 Jahre) oder in der Sprechergruppe der Jugendlichen und Auszubildenden (bei der Wahl jünger als 18 Jahre/mindestens 5 wahlberechtigte in der Einrichtung) gilt ein besonderer Schutz. Diese Kolleginnen oder Kollegen stehen in keinem Arbeits- oder Dienstverhältnis, sondern in einem Ausbildungsverhältnis, das üblicherweise mit der Prüfung endet. Eine mögliche Benachteiligung wegen der Amtsausübung wäre hier dem Dienstgeber schwerer nachzuweisen. Er könnte einfach auf den Abschluss eines Anstellungsvertrages verzichten. Ein entsprechender Anspruch besteht in aller Regel nicht, würde auch dem Grundsatz der Vertrags(-abschluss)-Freiheit widersprechen.

Die MAVO hilft hier so weiter, dass sie für den Fall der Einstellung irgendeines Auszubildenden immer dem Mitglied der MAV oder der Sprechergruppe (siehe § 43) einen Vorrang gibt, der nur mit Zustimmung der MAV durchbrochen werden kann. Auch hier hat die MAV die Aufgabe, Benachteiligungen *wegen des Amtes* zu prüfen.

Übergeht der Dienstgeber eine/n Auszubildende/n als Mitglied der MAV, obwohl er eine/n andere/n in ein Dienstverhältnis übernimmt und verweigert die MAV zu dieser Entscheidung, so muss der Dienstgeber das Kirchliche Arbeitsgericht anrufen. Da die/der Auszubildende mit der Entscheidung auch sein Amt in der MAV verlieren könnte, ist sie/er auch selbst Beteiligte/r in dem entsprechenden Verfahren.

Unfallfürsorge

Da MAV-Tätigkeit kein Dienst im eigentlichen Sinne, sondern die Ausübung eines Ehrenamtes ist,bedarf es der Klarstellung in Abs. 3. Denn ein Dienstunfall setzt voraus, dass das Ereignis durch oder anlässlich der dienstlichen Tätigkeit entstanden ist

Sicher-Sein –
Schutz für Mitarbeitervertretungen in Extremsituationen

Nur diejenigen können strategisch klug, der Praxis angemessen und menschlich gelassen Mitarbeitervertretungsarbeit machen, die keine oder wenig Angst haben, sich ihrer selbst sicher sind.

Nicht von ungefähr sieht die MAVO Schutzregeln vor. Mitglieder der Mitarbeitervertretung sind in der Tat gefährdet: durch kleinkarierte Vorgesetzte, überforderte Dienstgebervertreter oder unsolidarische Kolleginnen und Kollegen. Sicher, dies als Regelfall beschreiben zu wollen, wäre vermessen. Drohungen, Erpressungen oder erlittene Konsequenzen als Einzelfälle hingegen darzustellen, würde die Situation verniedlichen.

Konflikte verleiten immer dazu, alle Register der Auseinandersetzung zu ziehen und gerade durch Regelverletzungen sich Vorteile zu verschaffen. Auf dem Papier der MAVO sieht alles (relativ) einfach aus, ist die Mitarbeitervertretung (relativ) geschützt. Die Praxis zeigt oft anderes.

Subjektiv und objektiv

Mitarbeitervertretungen fühlen sich aus unterschiedlichen Gründen gefährdet. Manche Bedrohung, die faktisch nicht vorhanden ist, wird subjektiv erlebt und schränkt den Aktionsradius ein. Wer immer schon Schwierigkeiten mit Autoritäten hatte, wird auch mit Vorgesetzten häufig nicht angemessen umgehen können. Schnell fühlt man sich in die zweite Reihe gesetzt, zu Unrecht kritisiert oder um den Lohn engagierter Arbeit gebracht.

Wer Kritik schlecht aushalten kann, wird Kritik mehr als Bedrohung denn als Bereicherung erleben.

Wer Mitarbeitervertretungsarbeit nutzt, um sich über Kollegen und Kolleginnen zu erheben, wähnt sich im tiefen Fall, wenn die gewünschte Zuwendung in Abwendung umschlägt. Dann wird Subversives vermutet, wo doch nur gekränkte Eitelkeit im Spiel war.

Von diesen subjektiven Faktoren soll hier nur am Rande die Rede sein. Faktische Bedrohungen – zum Beispiel durch Dienstgeber – verschränken sich fast immer mit persönlich-subjektiven Reaktionen, mit Kränkungen, deren Ursache nicht im Dienstgeber-Verhältnis liegen.

Um so wichtiger ist es, geschärft wahrzunehmen, was bedroht und wogegen tatsächlich Schutz notwendig ist. Je sensibler kommunikative Situationen wahrgenommen werden, je unverstellter der Blick auf die eigenen Unzulänglichkeiten, desto besser funktionieren die eigenen »Warnlampen«, wenn sich eine wirkliche Gefährdung entwickelt.

Macht der Leitung

Angst hat eine nützliche Funktion. Sie warnt vor Gefährdungen, macht aufmerksam. Angst muss gehändelt werden: »Ich habe Angst . . .« und nicht »Die Angst hat mich!«

Dienstgebervertreter bzw. Vorgesetzte haben faktisch Macht. Bestimmt durch ihren Arbeitsvertrag stehen sie der Einrichtung vor, sind leitend zuständig für personelle und sachlich-orientierte Entscheidungen, haben das sogenannte Direktionsrecht.

Macht zu besitzen bzw. über sie zu verfügen, ist an sich nicht gefährlich, sondern nützlich für die Einrichtung, in der sie eingesetzt wird.

So notwendig kollektive Entscheidungen oder Teamentscheidungen sind, so notwendig sind auch Einzelentscheidungen durch Leitende, in der das Wollen der gesamten Einrichtung – in kirchlichen Einrichtungen: der Dienstgemeinschaft – zum Ausdruck kommt. Gute Leitungsentscheidungen verbinden kollektive Ziele mit dem kompensierenden Kompromiss, binden Einzelmeinungen in fachlicher wie persönlicher Hinsicht zusammen.

Entscheidungen und die darin zum Ausdruck kommende Macht verletzt notwendig Einzelinteressen und Einzelwünsche. Das wirkt bedrohlich. Macht beinhaltet immer die Möglichkeit zum Missbrauch, zur schnellen Regulierung von Konfliktlagen, die eigentlich auf andere (qualifizierte) Weise besser bereinigt worden wären. Entscheidungsträger müssen, wollen sie verantwortungsvoll machtvoll handeln, abwägen zwischen kollektiven Entscheidungen und individuellen Leitungsentscheidungen.

Je unqualifizierter ein Leitender ist, desto mehr individuelle Entscheidungen zieht er an sich. Er wird unberechenbar im Notwendigen und Nebensächlichen. Er wirkt bedrohlich und provoziert bei Mitarbeitenden Schutzinteressen.

Gefährdung der Einrichtung

Bedrohlich für Mitarbeitervertretungen ist es, wenn der Bestand einer Einrichtung oder Teile davon gefährdet sind. Handlungsräume werden enger und es wächst die Versuchung, die Mitwirkungsrechte den tatsächlichen oder scheinbar vorhandenen existentiellen Problemen unterzuordnen. Hauptsache, der Arbeitsplatz wird gerettet, alles andere scheint egal zu sein.

Viele Dienstgebervertreter nutzen Krisensituationen aus, um Mitwirkungsrechte auszuhebeln und Mitglieder von Mitarbeitervertretungen unmittelbar zu bedrohen. Mit Hinweis auf die eher schwachen Vorschriften des § 19 (Kündigungsschutz) versuchen sie Druck zu erzeugen und Zustimmungen für Maßnahmen zu erwirken, die sonst nicht durchsetzbar wären.

▸ **Beispiel**

In V stand die Sozialstation vor dem Aus. In harter Konkurrenz zu anderen Mitanbietern war deutlich geworden, dass durch früheres Missmanagement Wettbewerbsnachteile entstanden waren. Immer wieder versuchte der Geschäftsführer an der MAV vorbei Rationalisierungen durchzusetzen. Die MAV hielt stand und bestand auf ihren Rechten.

Als der Vorsitzenden wegen vermeintlicher Untreue – Trinkgelder waren von ihr gesammelt worden und für eine gemeinsame Feier der Kollegin-

nen vorgesehen – gekündigt wurde, unterstützte die MAV ihren Gang vor das Arbeitsgericht. Die Mitarbeitervertretung ließ sich auch nicht durch Hinweise auf eine mögliche Sanierung des Haushalts durch diese Kündigung abweisen.

In solchen Situationen »knicken« viele Mitarbeitervertretungen ein. Sie vermögen weder dem Druck durch den Dienstgeber, noch dem Druck durch einzelne Kolleginnen und Kollegen standzuhalten.

Fühlt man sich zusätzlich in der persönlichen Existenz bedroht, kippen die Mitwirkungsrechte.

Schwäche

Schwache Mitarbeitervertretungen oder sich selbst schwächende Mitarbeitervertretungen sind – das zeigen die meisten Erfahrungen – eher von Sanktionen, Kündigungen oder ähnlichem bedroht als die starken, selbstbewussten MAVs. Wer sich vor Zeiten unterwirft, macht seine eigene Schwäche deutlich.

Sanktionen gegen Mitglieder der Mitarbeitervertretung

Zuwendungsentzug

Jeder Mitarbeiter und jede Mitarbeiterin ist angewiesen auf die Zuwendung von Vorgesetzten oder Dienstnehmervertretern. Wir wollen von denjenigen, die die Gesamtarbeit nach außen hin zu vertreten und zu verantworten haben, bestätigt bekommen, dass der Teil der Arbeit, den wir beisteuern, gut oder zufriedenstellend getan wird. Positive Rückmeldung ist so wichtig wie die monatlichen Bezüge auf dem Gehaltskonto. Mitarbeitervertretungen dürfen sich über Lob freuen, müssen sich aber eine Grundskepsis bewahren: Lob kann auch eine verdeckte Form der Bestechung sein ...

Unbotmäßige Dienstnehmer, die Mitarbeitervertreter sind, erfahren es als Abstrafung, wenn Bestätigungen ausbleiben, Kriteleien an der Tagesordnung sind.

Das verunsichert, macht auf Dauer mürbe und führt zu tatsächlichen Fehlern bei der Arbeit. Die Unsicherheit hat so zugenommen, dass der anfangs nur behauptete Zustand *(»Ihre Arbeitsergebnisse sind unzureichend. Sie kümmern sich wohl zu sehr um Arbeitsrecht?!«)* tatsächlich eintritt und der Vorgesetzte dann noch behaupten kann: *»Sehen Sie, ich habe es ja immer gesagt!«*

Bloßstellung

Es gehört zu den subtilen Techniken der Erniedrigung, einen Mitarbeiter vor Kolleginnen und Kollegen bloßzustellen:

- Er wird öffentlich gerügt.
- Die Qualifikation für den Arbeitsplatz abgestritten.
- Es wird Druck gemacht.

Manche Vorgesetzte machen sich einen »Spaß« daraus, vor der Kollegenschaft zu demonstrieren, dass sie im kirchlichen Arbeitsrecht bewanderter sind als die Mitarbeitervertretung oder dass erhobene Forderungen längst erfüllt wurden (freilich ohne davon die MAV in Kenntnis zu setzen).

Das Ziel solcher Techniken ist es, das Gegenüber herabzusetzen, lächerlich zu machen und fachlich zu »enthaupten«.

Dienstgeber haben dabei nahezu immer größere Chancen, bei der Mitarbeiterschaft Gehör zu finden. Autoritätsfixierung und der Wunsch nach Zuwendung verstellen den Blick für das demonstrierte Spiel.

Mobbing

Mobbing ist ein Sammelbegriff für unterschiedliche Formen der ungerechtfertigten Kritik, persönlichen Erniedrigung und subversiver Verdrängung vom angestammten Arbeitsplatz. Maßnahmen und Auswirkungen von Mobbing sind unterschiedlich. Vereinzelte Dienstgeber ziehen alle Register eines entwickelten Mobbings: Sie verzichten auf Zuwendung, stellen bloß, kritisieren massiv und ungerechtfertigt in der Öffentlichkeit, setzen Gerüchte in die Welt und hetzen die Kollegenschaft auf.

Kontrolle

Kontrolle über Arbeitsabläufe und Zusammenarbeit gehört zu den ersten Aufgaben von Leitung. Arbeit, die nicht kontrolliert wird (Vorgabe und Leistung wird nicht miteinander verglichen), verflacht, löst sich in Routine auf und ist – zumindest nach einem bestimmten Zeitablauf – unzulänglich, fehlerhaft oder sogar kontraproduktiv.

Kontrollmechanismen können aber auch für Einschüchterung und Verunsicherung sorgen. Der Kontrollierte verliert den Überblick über Ziel und Zielerreichung, wird von Transparenzen ausgeschlossen und ganz allein der Außensteuerung unterworfen.

Gute Kontrolle (»Controlling«) stellt vorab Informationen über alle Maßgaben und Mechanismen zur Verfügung, stimmt mit den Betroffenen ab, entwickelt gemeinsam Zielvorgaben und den Weg der Zielerreichung.

Schlechte Kontrolle bezieht sich ausschließlich auf Formales: Zeitrahmen unabhängig von Zielerfordernissen, Art der Erfüllung ohne Berücksichtigung der jeweiligen Inhaltlichkeit, Äußerlichkeit ohne fachliche Angemessenheit. Dienstgeber, die Mitarbeitervertretungen kontrollieren, beziehen sich meistens auf die formale Seite der MAV-Arbeit, da sie auf die Inhalte kaum Einfluss nehmen können. Sie kontrollieren das scheinbare Messbare (»Brauchen Sie wirklich zwei Stunden für die MAV-Sitzung? Herr M. muss in einer Stunde wieder an seinem Arbeitsplatz sein!«)

Drohung

Drohungen haben als Sanktion oft eine größere Wirkung als die Verwirklichung des Angedrohten. Menschen können nur schlecht mit Ungewissheiten, mit Undurchschaubarem, Angedeutetem leben. Es setzt Phantasien frei, die oft weit über die Konsequenzen gehen, die in der Drohung tatsächlich angesprochen sind.

Drohungen wirken verunsichernd, führen dazu, zwanghaft abzuwägen, ob der geplante Schritt ein Schritt hin auf das Angedrohte ist.

Wenn einem Mitglied der Mitarbeitervertretung mit der Versetzung aus betrieblichen Gründen gedroht wird, so hat dies meistens Einfluss auf sein Handeln. Er weicht zurück – oder er verhärtet sich, setzt sich noch intensiver für das Angezielte ein und übersieht dabei, dass sein Handeln nicht strategisch bedingt, sondern letztendlich eine Trotzreaktion auf die Drohung des Dienstgebers ist.

Die Drohung mit einer Entlassung in der Zukunft kann rational zwar mit Hinweis auf § 19 MAVO abgewehrt werden, beschert den Betroffenen aber unbewusste Korrekturhaltungen: Sie werden künftig vielleicht darauf achten, keine Fehler mehr zu machen, keinen Anlass für Abmahnungen oder Unbotmäßigkeiten geben.

Versetzung

Die Mitarbeitervertretungsordnung sieht ein Versetzungsverbot vor – allerdings nur von einer zur anderen Einrichtung. Innerhalb einer Einrichtung ist es dem Dienstgeber unbenommen, ein Mitglied der MAV auf einen anderen Arbeitsplatz umzusetzen (s. o.). Diese Lücke in der MAVO – zumindest hätte hier ein Mitwirkungsrecht eingefügt werden müssen – führt dazu, dass die Umsetzung ein Sanktionsinstrument sein kann.

Welcher Mitarbeitervertreter lässt sich schon gern aus angestammten und funktionierenden Arbeitsbeziehungen herausreißen, in neue Zusammenhänge bringen und dies mit der Vermutung, dass es sich um eine Bestrafungs- oder Entsolidarisierungsaktion des Dienstgebers handelt.

Versagung der Höhergruppierung

Unabhängig von arbeitsrechtlichen Vorschriften können MAV-Mitglieder in die Situation geraten, dass Dienstgeber versuchen, ihnen eine Höhergruppierung zu verweigern bzw. diese anderen Kollegen oder Kolleginnen zuzusprechen.

▸ **Beispiel**

Im Krankenhaus F versuchte die Klinikleiter dem Pfleger P den Bewährungsaufstieg mit dem Hinweis zu verweigern, durch seine mehrjährige hälftige Freistellung für die Mitarbeitervertretung habe P sich nicht im erforderlichen Maß bewähren können.

Unabhängig davon, ob eine solch fragwürdige Argumentation haltbar ist und vor dem Arbeitsgericht Bestand hätte, erfüllt sie ihr Ziel. Sie schüchtert engagierte und profilierte Mitglieder der MAV ein.

Der eigene Geldbeutel ist ein empfindlicher Körperteil.

Zeugnis

Wird ein Arbeitsverhältnis beendet, so ist die letzte mögliche Sanktion des Dienstgebers ein Zeugnis, dass negativ Einfluss nimmt auf den weiteren Berufsweg. Für viele Kolleginnen und Kollegen ist diese Befürchtung, neben der möglichen Kündigung nach Ablauf der Schutzfristen, eine der stärksten Verunsicherungen.

Formuliert ein Dienstgeber in das Zeugnis *»Herr G. hat sich immer sehr für die Interessen seiner Kollegen und Kolleginnen eingesetzt«*, sollten dem erfahrenen Zeugnisleser alle Ohren klingeln. Das kann so gemeint wie geschrieben sein, wird aber meistens anders gelesen: *»Herr G. ist ein Querulant, der sich ständig alle aufwiegelt und seinen Chefs das Leben schwer gemacht hat.«*

Damit kein falscher Eindruck entsteht: Dienstgebervertreter sind nur ab und zu neurotische Fürsten, die sich permanent von ihren Untertanen bedroht fühlen. Die Mehrheit wissen das partnerschaftliche Miteinander, das spannungsfreie Mitwirken der Mitarbeitervertretung und das entspannte Verhandeln zu schätzen.

Hier einige Beispiele für Wertungen, die dem Gebot der „wohlwollenden Ausdrucksweise (Verpflichtung durch die Rechtsprechung) äußerlich entsprechen, aber in der Sache für Betroffene vernichtend sind:

Arbeitete (stets) äußerst präzise	Unflexibler pedantischer Typ
Hat sich bei uns engagiert für die Interessen der Belegschaft eingesetzt	Betriebsratstätigkeit
Zeigte für die Belange der Belegschaft Einfühlungsvermögen	War ständig auf der Suche nach Erfolg beim anderen Geschlecht
Bei unseren Geschäftspartnern war er beliebt	(Große oder verfrühte) Kompromissbereitschaft bei Verhandlungen
Unsere besten Wünsche begleiten ihn. Wir wünschen ihm alles (erdenklich) Gute, vor allem Gesundheit	Erleichterung, den Mitarbeiter los geworden zu sein
Für die geleistete Arbeit bedanken wir uns ganz außerordentlich	Fehlende Leistungsbereitschaft, Faulheit
Für den weiteren beruflichen Weg in einem anderen Unternehmen wünschen wir ihm viel Erfolg	Ironisch: Erleichterung über das Ausscheiden
Wir wünschen ihm, dass er (auch) künftig auf seinem beruflichen Weg viel Erfolg haben wird	Abhängig vom übrigen Tenor des Zeugnisses. Wenn positiv ggf. Lob, sonst Hinweis auf Erfolglosigkeit
Erledigte alle Arbeiten mit großem Interesse und Fleiß	Eifer ohne Können und Erfolg
Bemühte sich, den Anforderungen gerecht zu werden	Vernichtend: Hat auf der ganzen Linie versagt
War stets mit Interesse bei der Sache	Arbeit war unbrauchbar
Zeigte Verständnis für seine Aufgaben	Hat keine Anforderung erfüllt
Ging neue Aufgaben mutig an	Hat im Ergebnis versagt
Erledigte die Aufgaben, die wir ihm übertrugen, zu unserer Zufriedenheit	Zeigte keinerlei Eigeninitiative
Setzte sich ein, soweit seine Möglichkeiten es zuließen	Indiskutable Leistungen

Mit seinen Leistungen waren wir insgesamt zufrieden	Unzufriedenheit mit einer Vielzahl von Einzelleistungen
Entsprach den Erwartungen	Schlechte Leistungen
Zeigte sich den Belastungen gewachsen	Wenig belastbar
Bestach durch Pünktlichkeit	Saß nur seine Arbeitszeit ab
Eignete sich das notwendige Wissen an	War an seiner Arbeit gänzlich uninteressiert
War ein beliebter Vorgesetzter	Hatte weder Autorität noch Durchsetzungsvermögen
Koordinierte die Arbeit und gab klare Anweisungen	Außer Selbstverständlichkeiten nichts Löbliches zu finden
Umfangreiche Bildung und ausgeprägte rhetorische Fähigkeiten machten ihn zu einem gesuchten Gesprächspartner	Neigung zu Schwatzsucht. Kummerkasten für private Probleme während der Arbeitszeit
Verhalten gegenüber Mitarbeitern war stets einwandfrei	Da eine Aussage zum Verhalten gegenüber Vorgesetzten fehlt, gab es in diesem Bereich Probleme
Hat alle Aufgaben pflichtbewusst erledigt	Bürokrat ohne Kreativität und Eigeninitiative
Ist immer gut mit seinen Vorgesetzten ausgekommen	Unauffälliger Mitarbeiter ohne Profil und eigene Meinung
War eloquent und wusste sich gut zu verkaufen	Wichtigtuerisch und penetrant geschwätzig, egozentrisch bis rücksichtslos
Mit seiner Geselligkeit trug er maßgeblich zur Verbesserung des Betriebsklimas bei	Animateur, der Kollegen häufig und betriebsstörend zum gemeinsamen Alkoholgenuss einlud

Zeugnisformulierungen müssen im Kontext gelesen werden. Je konkreter die Bewertungen ausfallen, desto weniger läuft man in die Falle verdeckter Bewertungen. Allerdings sollte man nicht hinter jeder Formulierung eine versteckte Kritik vermuten. Wie gesagt: es kommt auf den Kontext an

Für die knallharten Mitwirkungsbeziehungen folgen hier zwölf Regeln der Reaktion.

Zwölf Schutzregeln für Mitarbeitervertretungen

■ **Pflegen Sie regelmäßige Kontakte mit ihrem Dienstgebervertreter.**

Machen Sie aus Ihren Kontakten Routinen: regelmäßig, verbindliche Arbeitsabläufe, Zeitrahmen.

■ **Lassen Sie sich am Anfang oder am Ende eines jeden Kontaktes mit dem Dienstgebervertreter ein paar Minuten Zeit und tauschen Sie sich aus über die Art der Kooperation.**

Worüber hat sich die Mitarbeitervertretung beim Dienstgeber geärgert, worüber hat sie sich gefreut? Was ärgerte den Dienstgeber, was freute ihn. Überlegen Sie was im persönlichen Umgang besser gemacht werden könnte.

■ **Wenn Sie sich von Ihrem Dienstgeber in der Arbeit bedroht fühlen: Äußern Sie es.**

Vielleicht stellen Sie bald fest, dass Sie einer Fehlwahrnehmung aufgesessen sind. Vielleicht muss der Dienstgeber zur Kenntnis nehmen, dass manche seiner Flapsigkeiten ernster genommen werden, als sie gemeint waren.

■ **Loben Sie Ihren Dienstgeber.**

Es gibt keine Vorgesetzten, die nur Mist machen! Alle Menschen sind auf Zuwendung angewiesen. Loben Sie aber nur, wenn Sie es ehrlich meinen. Gefühlsäußerungen eignen sich nicht für taktische Spielereien.

■ **Äußern Sie immer dann Vertrauen in die Handlungsweise Ihres Dienstgebers, wenn Sie ihm tatsächlich vertrauen.**

Viele Dienstgebervertreter warten auch auf Sicherheitsbekundungen aus der Mitarbeiterschaft.

■ **Nehmen Sie sich in jeder Mitarbeitervertretungssitzung Zeit und tauschen Sie sich über Ihre Gefühle aus.**

Wer hatte Angst vor wem, wem sind Dienstgeberäußerungen, die bedrohlich klangen, zu Ohren gekommen? Überlegen Sie gemeinsam, wie sie damit umgehen wollen. Solidarität kann man nicht allein leben.

■ **Scheuen Sie sich nicht, in kritischen Situationen, Drohungen des Dienstgebers (intern) öffentlich zu machen.**

Öffentlichkeit ist immer ein guter Schutz. Geben Sie aber vorher Gelegenheit, ausgestoßene Drohungen gegebenenfalls zu revidieren oder zurückzunehmen. Sie sollten niemanden mit seinem »ersten Zorn« bloßstellen.

■ **Nutzen Sie jede Gelegenheit, um Sanktionen des Dienstgebers zu protokollieren.**

Im besten Fall bestätigt er dies durch eine Unterschrift (sehr selten). Sauber Protokolliertes, eventuell sogar von anderen Kollegen Wahrgenommenes, hat Beweiswert, wenn Verstöße gegen den § 18 Abs. 1 festgestellt werden.

■ **Seien Sie sensibel für Drohungen oder drohende Untertöne.**

Führen Sie Ihre Wahrnehmung sofort ins Gespräch ein, um eine Klärung zu erreichen.

■ **Informieren Sie den Träger.**

Wenn in Ihrer Einrichtung mit Drohungen Geschäftspolitik betrieben wird, verlangen Sie ein Gespräch mit dem Dienstgebervertreter. Werden und bleiben Sie dabei so konkret wie möglich.

■ **Lassen Sie niemanden mit Sanktionsdrohungen allein.**

Bekunden Sie (öffentlich) Ihre Solidarität. Scheuen Sie sich im Extremfall nicht, als ganze Mitarbeitervertretung zurückzutreten und so ein Signal zu setzen.

■ **Wenn Sie in einer Einrichtung für die Mitarbeitervertretung kandidieren wollen und wissen, dass Ihr Chef ein Hardliner ist: Lassen Sie sich vor Bekanntwerden der Kandidatur ein Zwischenzeugnis geben.**

Darauf haben Sie ein Anrecht. So sichern Sie sich ab, wenn nach einigen Monaten Ihrer Arbeit Ihre Arbeitsleistung »plötzlich« schlechter wird.

Mut

Mitarbeitervertretungen, die in spannungsreichen Einrichtungen ihren Aufgaben nachkommen, haben eine schwere Aufgabe. Sie müssen die Kollegen und Kolleginnen vor Unrecht schützen, sich selbst vor Drohungen bzw. Sanktionen bewahren und dazu beitragen, dass sich eine ohnehin schon eskalierte Situation nicht weiter zuspitzt.

Es gehört zu den großen Missverständnissen und Fehldeutungen, dass derjenige am besten durchs Leben kommt, der sich unauffällig verhält. Der beste Selbstschutz ist, zu den eigenen Rechten auch öffentlich zu stehen, sie angemessen zu vertreten und sich nicht durch Drohgebärden einschüchtern zu lassen.

Mut ist auch eine Frage des Kalküls: Er kostet weniger Kraft als Feigheit.

Das Letzte ...

Ehrenamtliche Tätigkeiten, also auch die Mitwirkung in der Mitarbeitervertretung, darf weder direkt noch indirekt im Zeugnis erwähnt werden. Rechtlich unklar ist, ob der Hinweis auf die Mitarbeitervertretungstätigkeit überhaupt zulässig ist. Wenn Sie selbst auf die Erwähnung Wert legen – z. B., weil es beim nächsten Arbeitgeber von Nutzen sein könnte – bitten Sie Ihren Dienstgeber um eine Extra-Bescheinigung. Sie können dann von Fall zu Fall entscheiden, ob Sie diese bei Bewerbungen vorlegen wollen.

§ 19 Kündigungsschutz

(1) Einem Mitglied der Mitarbeitervertretung kann nur gekündigt werden, wenn ein Grund für eine außerordentliche Kündigung vorliegt. Abweichend von Satz 1 kann in den Fällen des Artikels 5 Abs. 3 bis 5 der Grundordnung des kirchlichen Dienstes im Rahmen kirchlicher Arbeitsverhältnisse auch eine ordentliche Kündigung ausgesprochen werden. Die Sätze 1 und 2 gelten ebenfalls innerhalb eines Jahres nach Beendigung der Amtszeit, es sei denn, die Mitgliedschaft ist nach § 13 c Nr. 2, 3 oder 5 erloschen.

(2) Nach Ablauf der Probezeit darf einem Mitglied des Wahlausschusses vom Zeitpunkt einer Bestellung an, einer Wahlbewerberin oder einem Wahlbewerber vom Zeitpunkt der Aufstellung des Wahlvorschlages an, jeweils bis sechs Monate nach Bekanntgabe des Wahlergebnisses nur gekündigt werden, wenn ein Grund für eine außerordentliche Kündigung vorliegt. Für die ordentliche Kündigung gilt Abs. 1 Satz 2 entsprechend.

(3) Die ordentliche Kündigung eines Mitglieds der Mitarbeitervertretung, eines Mitglieds des Wahlausschusses oder einer Wahlbewerberin oder eines Wahlbewerbers ist auch zulässig, wenn eine Einrichtung geschlossen wird, frühestens jedoch zum Zeitpunkt der Schließung der Einrichtung, es sei denn, dass die Kündigung zu einem früheren Zeitpunkt durch zwingende betriebliche Erfordernisse bedingt ist. Wird nur ein Teil der Einrichtung geschlossen, so sind die in Satz 1 genannten Mitarbeiterinnen und Mitarbeiter in einen anderen Teil der Einrichtung zu übernehmen. Ist dies aus betrieblichen Gründen nicht möglich, gilt Satz 1.

Beginn des Kündigungsschutzes

Der Schutz vor einer ordentlichen Kündigung gehört zu den Grundpfeilern der betrieblichen Interessenvertretung. Die MAVO macht da keine Ausnahme. Wer sich für die Interessen von Kolleginnen und Kollegen engagiert, soll und muss vor der schwersten Sanktion, die einem Arbeitgeber zur Verfügung steht, geschützt sein, damit er seine Tätigkeit unbefangen ausüben kann.

Kandidaten

Der Kündigungsschutz beginnt nicht erst mit der Amtszeit der MAV, sondern nach Abs. 2 schon mit der Bestellung zum Kandidaten. Das geschieht aus gutem Grund. Denn mögliche Repressalien wegen eines MAV-Engagements können schon bei der Kandidatur einsetzen bzw. Mitarbeiter/innen zur Rücknahme ihrer Kandidatur veranlassen.

Wenn die Kandidatin/der Kandidat nicht in die MAV gewählt wird, also – bei mindestens einer Stimme, die auch ihre/seine eigene sein kann – nur Ersatzmitglied wird oder überhaupt nicht gewählt wird, bleibt es beim reinen Kandidatenschutz.

Mitglieder des Wahlausschusses

Geschützt werden auch die Mitglieder des Wahlausschusses. Sie haben eine weitreichende Entscheidungskompetenz, indem sie über das aktive und passive Wahlrecht entscheiden und das gesamte Wahlverfahren eigenverantwortlich durchführen. Mögliche Konflikte mit der Leitung kann es auch in diesem Verhältnis geben. Eine positive Entscheidung des Ausschusses über das Wahlrecht kann in Einzelfällen durchaus auch wirtschaftliche Konsequenzen für die Einrichtung haben.

Für beide Gruppen Kandidaten/Kandidatinnen und Wahlausschuss, endet der Kündigungsschutz 6 Monate nach der Wahl.

Ende des Schutzes

Für Mitarbeitervertreter – auch nachgerückte – endet der Kündigungsschutz ein Jahr nach Ende der Amtszeit. Ausnahmen macht die MAVO im Falle

- des Beschlusses des Kirchlichen Arbeitsgerichts über den Verlust der Wählbarkeit,
- bei (freiwilligen) Niederlegung des Amtes durch einen einzelnen Mitarbeitervertreter und
- bei Feststellung einer Verletzung der Amtspflichten durch das Kirchliche Arbeitsgericht.

In diesen Fällen endet der Kündigungsschutz sofort.

In allen anderen Fällen endet der Kündigungsschutz eines ehemaligen Mitarbeitervertreters ein Jahr nach Ende der Amtszeit.

Nur Schutz vor ordentlicher Kündigung

Für die in die MAV Gewählten oder die später Nachgerückten (aber erst ab dem Zeitpunkt des Nachrückens) besteht während der gesamten Amtszeit Schutz vor einer *ordentlichen Kündigung*. Eine ordentliche Kündigung ist nichts anderes als eine einseitige Willenserklärung zur Beendigung eines Dienstverhältnisses unter Einhaltung der »tariflichen« bzw. gesetzlichen Kündigungsfrist.

Das heißt: Der Dienstgeber darf ein Mitglied des Wahlausschusses, einem Kandidatin/Kandidaten innerhalb der 6-Monats-Frist oder ein Mitglied der MAV nur dann während der Schutzfristen kündigen, wenn eine außerordentliche (fristlose) Kündigung möglich ist.

Fristlose Kündigung

Eine fristlose Kündigung, die praktisch nur in Form einer verhaltensbedingten Kündigung vorkommt, setzt voraus, dass

- der Mitarbeiterin/dem Mitarbeiter ein so schwerwiegender Verstoß gegen wichtige Pflichten aus dem Arbeitsverhältnis zur Last fällt, dass für den Dienstgeber nicht nur die Fortsetzung des Dienstverhältnisses, sondern
- auch die Weiterbeschäftigung bis zum Ablauf der Kündigungsfrist unzumutbar ist.

Aus dieser Definition wird klar, dass es sich um ganz schwerwiegende Verfehlungen, die den Grad einer Straftat erreichen, handeln muss.

Für alle anderen Sachverhalte, also alle Formen von betriebsbedingten Kündigungen und ordentlichen verhaltensbedingten Kündigungen genießt das MAV-Mitglied im Grundsatz Kündigungsschutz.

Ausnahme Grundordnung

Eine Besonderheit des kirchlichen Dienstes liegt in der Geltung der Grundordnung zum kirchlichen Dienst im Rahmen kirchlicher Arbeitsverhältnisse. Die Grundordnung, die in allen Bistümern der Bundesrepublik als bischöfliches Gesetz inhaltsgleich in Kraft gesetzt wurde[21], formuliert besondere Gründe, die mit der Frage der Loyalität der Mitarbeiterinnen und Mitarbeiter zur Kirche allgemein und zu dem Ansehen ihrer Einrichtung in der (Kirchen-)Öffentlichkeit im Zusammenhang stehen.

Dem Erlass dieser Grundordnung (im Anhang zur AVR und in Anlage zu allen Arbeitsvertragsordnungen in den Bistümern abgedruckt) ging die Forderung des Bundesverfassungsgerichts nach einer gesetzlichen Regelung der besonderen Pflichten kirchlicher Mitarbeiter durch ein Urteil aus dem Jahre 1985 voraus. Der Kirche wurde zuerkannt, dass sie in den mit ihren Mitarbeiter/innen begründeten Dienstverhältnissen besondere Anforderungen kirchenspezifischer Art stellen kann, bei deren Verletzung im Extremfall auch die Kündigung zulässig sein kann.

Der Text der hier in Bezug genommenen Regelung lautet:

Auszug aus der Grundordnung zum kirchlichen Dienst

Art. 5 Abs. 2–5

2. Für eine Kündigung aus kirchenspezifischen Gründen sieht die Kirche insbesondere folgende Loyalitätsverstöße als schwerwiegend an:
    – Verletzungen der gemäß Art. 3 und 4 von einer Mitarbeiterin oder einem Mitarbeiter zu erfüllenden Obliegenheiten, insbesondere

---

21 Siehe beiliegende CD-ROM unter KAGO und Datenschutz

Kirchenaustritt, öffentliches Eintreten gegen tragende Grundsätze der katholischen Kirche (z. B. hinsichtlich der Abtreibung) und schwerwiegende persönliche sittliche Verfehlungen,

– Abschluß einer nach dem Glaubensverständnis und der Rechtsordnung der Kirche ungültigen Ehe,

– Handlungen, die kirchenrechtlich als eindeutige Distanzierung von der katholischen Kirche anzusehen sind, vor allem Abfall vom Glauben (Apostasie oder Häresie gemäß c. 1364 § 1 i. V. mit c. 751 CIC), Verunehrung der heiligen Eucharistie (c. 1367 CIC), öffentliche Gotteslästerung und Hervorrufen von Hass und Verachtung gegen Religion und Kirche (c. 1369 CIC), Straftaten gegen die kirchlichen Autoritäten und die Freiheit der Kirche (insbesondere gemäß den cc. 1373, 1374 CIC).

3. Ein nach Abs. 2 generell als Kündigungsgrund in Betracht kommendes Verhalten schließt die Möglichkeit einer Weiterbeschäftigung aus, wenn es begangen wird
von pastoral, katechetisch oder leitend tätigen Mitarbeiterinnen und Mitarbeitern oder Mitarbeiterinnen und Mitarbeitern, die aufgrund einer Missio canonica tätig sind. Von einer Kündigung kann ausnahmsweise abgesehen werden, wenn schwerwiegende Gründe des Einzelfalls dies als unangemessen erscheinen lassen.

4. Wird eine Weiterbeschäftigung nicht bereits nach Abs. 3 ausgeschlossen, so hängt im übrigen die Möglichkeit einer Weiterbeschäftigung von den Einzelfallumständen ab, insbesondere vom Ausmaß einer Gefährdung der Glaubwürdigkeit von Kirche und kirchlicher Einrichtung, von der Belastung der kirchlichen Dienstgemeinschaft, der Art der Einrichtung, dem Charakter der übertragenen Aufgabe, deren Nähe zum kirchlichen Verkündigungsauftrag, von der Stellung der Mitarbeiterin oder des Mitarbeiters in der Einrichtung sowie von der Art und dem Gewicht der Obliegenheitsverletzung. Dabei ist auch zu berücksichtigen, ob eine Mitarbeiterin oder ein Mitarbeiter die Lehre der Kirche bekämpft oder sie anerkennt, aber im konkreten Fall versagt.

5. Mitarbeiterinnen oder Mitarbeiter, die aus der katholischen Kirche austreten, können nicht weiterbeschäftigt werden.
Im Falle des Abschlusses einer nach dem Glaubensverständnis und der Rechtsordnung der Kirche ungültigen Ehe scheidet eine Weiterbeschäftigung jedenfalls dann aus, wenn sie unter öffentliches Ärgernis erregenden oder die Glaubwürdigkeit der Kirche beeinträchtigenden Umständen geschlossen wird (z. B. nach böswilligem Verlassen von Ehepartner und Kindern).

Besondere Berufsgruppen

Praktisch relevant sind diese besonderen Regelungen nach der Grundordnung nur für die Mitglieder einer MAV, die

- pastoral,
- katechetisch,
- leitend tätig sind oder
- die sogenannte missio (den bischöflichen Sendungsauftrag zur Verkündigung des Evangeliums) benötigen.

Denn diese Mitarbeiter/innen haben durch ihre Tätigkeit eine so große Nähe zum Heilsauftrag der Kirche, dass jede Form von Distanzierung die Glaubwürdigkeit der kirchlichen Einrichtung erschüttern kann.

Kirchenaustritt

Für alle anderen Mitarbeitervertreter/innen gilt: Die Heranziehung der Grundordnung spielt als möglicher Kündigungsgrund eine Rolle im Falle

- des Kirchenaustritts, und auch nur dann, wenn das MAV-Mitglied der katholischen Kirche angehört. Austritte aus anderen christlichen Kirchen ohne gleichzeitigen Eintritt in die katholische Kirche werfen zwar auch die Frage nach der Loyalität auf, sind aber in der Grundordnung nicht ausdrücklich berücksichtigt.

oder

- bei der Wiederverheiratung Geschiedener. Denn die katholische Glaubenslehre geht von der Unauflöslichkeit der Ehe aus und betrachtet deshalb eine zweite Eheschließung – auch wenn sie nur standesamtlich geschieht– als ungültig.

Hinzu kommen muss aber in diesem Falle, dass die Gesamtumstände bei der Wiederverheiratung so sein müssen, dass öffentliches Ärgernis erregt oder die Glaubwürdigkeit der Kirche beeinträchtigt wird. Kann man die Frage der Beeinträchtigung der Glaubwürdigkeit noch einigermaßen zuverlassig klären, indem man die Auswirkungen der Wiederverheiratung an den Glaubensaussagen der Kirche misst, erscheint die Bindung an die Erregung öffentlichen Ärgernisses kaum überprüfbar. Im Einzelfall wird die Zulässigkeit dann davon abhängen können, ob Mitglieder der jeweiligen Kirchengemeinde von den Umständen Kenntnis bekommen und wie in der Kirchenöffentlichkeit darauf reagiert wird.

In diesen Punkten schützt das Amt als Mitarbeitervertreter also nicht.

Keine relevanten Verstöße

In der Praxis gelegentlich nachgefragt, aber keine Verstöße, die zur Kündigung eines MAV-Mitglieds nach Art. 5 der Grundordnung berechtigen, sind

- nichteheliches Zusammenleben, wenn eine Eheschließung möglich ist und grundsätzlich nicht ausgeschlossen wird,
- der Kirchenaustritt des Ehepartners,
- unregelmäßige oder fehlende Teilnahme katholischer Mitarbeiter/innen am Gemeindeleben, insbesondere regelmäßige Teilnahme am Sonntagsgottesdienst.

Ausnahme Schließung

Eine ordentliche Kündigung gegenüber Mitarbeitervertreter/innen ist aber auch möglich, wenn die Einrichtung geschlossen wird. Eine Schließung ist die endgültige, nicht nur vorübergehende und vollständige Aufgabe eines Betriebes. Man wird prüfen müssen, ob dieser Wille tatsächlich hinter der beabsichtigten betrieblichen Maßnahme steht oder der Umfang der Tätigkeit wegen Bauarbeiten nur eingeschränkt wird bzw. die Einrichtung an anderem Orte nach kurzer Unterbrechung weitergeführt werden soll. In solchen Fällen käme eine Schließung natürlich nicht in Betracht.

Abzugrenzen ist die Schließung auch von der Betriebsübernahme nach § 613 a BGB.[22] Bei einer Betriebsübernahme geht die Einrichtung durch Rechtsgeschäft auf einen neuen Träger über. Die Rechtslage ist in diesem Fall so, dass alle Arbeitsverträge vom Erwerber übernommen werden müssen. Für den Bestand einer MAV ist der reine Betriebsübergang im übrigen auch ohne Bedeutung, solange der Erwerber/Übernehmer der Einrichtung die Grundordnung zum kirchlichen Dienst anwendet.

Liegt aber tatsächlich eine Schließung der Einrichtung vor, bleibt natürlich auch für eine Weiterbeschäftigung der Mitglieder der MAV kein Raum. Sie üben bis zur vollständigen Beendigung aller anderen Arbeitsverhältnisse ein Restmandat aus, bleiben also mit den zuletzt zu kündigenden Arbeitnehmern in der Einrichtung oder anders ausgedrückt: Für die Mitglieder der MAV gilt die gleiche Kündigungsfrist wie für die am längsten in der Einrichtung beschäftigten anderen Mitarbeiter/innen.

Teilschließung

Wird die Einrichtung nur teilweise geschlossen (gleich bedeutend: »Einschränkung« der Einrichtung oder »Schließung eines wesentlichen Teils einer Einrichtung«, vgl. § 29 Abs. 1 Zif. 17 und § 36 Abs. 1 Zif. 11 MAVO), also es werden

- entweder ein eigenständiger Teil-Betriebszweck vollständig aufgegeben (Altenheim stellt angegliedertes »Betreutes Wohnen« oder »ambulante Pflege« ein) oder
- eine erhebliche Anzahl von Mitarbeiter/innen gleichzeitig entlassen.

---

22 Siehe unter § 13 e (S. 142 f.).

Hier ist die Regelung für die betroffenen Mitarbeitervertreter/innen komplizierter. Das MAV-Mitglied hat dann den Anspruch auf Umsetzung in einen
nicht betroffenen Bereich.

Die Frage ist aber, ob die betriebliche Möglichkeit dazu besteht. Der
Dienstgeber hat jedenfalls nicht die Pflicht, einen anderen Arbeitsplatz
durch Kündigung für das MAV-Mitglied freizumachen. Im Einzelfall wird er
unter Heranziehung von sozialen Kriterien durch eine Abwägung entscheiden müssen, welchem Mitarbeiter unter besonderer Berücksichtigung des
§ 19 MAVO am ehesten eine Kündigung zumutbar ist.

Wenn die Mitarbeitervertreterin/der Mitarbeitervertreter dabei schlechter
abschneidet, wäre auch bei einer Teilschließung die ordentliche Kündigung
ausnahmsweise erlaubt.

Angst

Der Umgang mit Angst gehört zu den großen Problemen in der Arbeitswelt.
Ängstliche Mitarbeiter und Mitarbeiterinnen sind unproduktiver, überange-
passt und trauen ihrer eigenen Kreativität nicht mehr. Sie vermögen selten
Innovationen zu entwickeln, verbieten sich konstruktive Kritik und legen
mit anderen ängstlichen Kolleginnen und Kollegen einen »depressiven Teppich«.

Am Arbeitsplatz

Einrichtungen, in denen sich Angst verbreitet hat oder in denen Angst verbreitet wurde, wirken oft gedrückt (»*Bloß nicht auffallen . . .«), verhuscht
(»Ich mache hier nur schnell meine Arbeit, dann bin ich wieder weg . . .«),
manchmal zynisch (»Die machen mit uns, was sie wollen . . .«) oder resi-
gniert (»Ich würde ja gern, aber man lässt mich nicht . . .«*).

Angst ist immer ein Warnsymptom. Sie zeigt an, dass das System nicht rei-
bungslos funktioniert, das es kränkelt oder bedroht ist.

Viele Chefs der Generation, deren Dienst in diesen Jahren zu Ende geht,
hielten und halten Angst für ein probates Mittel der Mitarbeiterführung. In
einer patriarchalisch organisierten Einrichtung verschafft die Produktion von
Ängstlichkeit den immer und allseits erwarteten Abstand und Respekt.

Wer heute versucht, mit Bedrohungen, Einschüchterungen und Inszenierun-
gen von Schreckvisionen Mitarbeiter und Mitarbeiterinnen zu motivieren,
hat die letzten zwanzig Jahre verschlafen.

Angst als Signal

Angst ist ein Warnsignal, das aus tatsächlich vorhandenen Ursachen und individueller Lebensgeschichte entsteht. Eine kirchliche Einrichtung, die kurz vor der Schließung steht, bekommt es mit der Angst zu tun – sowohl das System selbst als auch die einzelnen Mitarbeiter und Mitarbeiterinnen.

Angst, wenn sie entstanden ist, muss angenommen werden. Wer versucht, sie zu unterdrücken oder zu ignorieren, wird sie an anderer Stelle als neues, »verkleidetes« Symptom wieder erleben (als Konkurrenzkampf, Leistungsüberforderung oder Klientenmissachtung).

Angst in Mitarbeitervertretungen

Mitarbeitervertreter und Mitarbeitervertreterinnen haben es oft mit Angst zu tun: mit der der Kolleginnen und Kollegen und der mit der eigenen.

Mit den §§ 18 und 19 der MAVO ist intendiert, Angst zu reduzieren. Niemand soll sich mit dem Gefühl der Bedrohung für andere Mitarbeiterinnen und Mitarbeiter einsetzen müssen.

Mitarbeitervertretungen haben häufig mit angstbesetzten Situationen zu tun: Dienstgeber erscheinen übermächtig und einschüchternd, Kollegen meckern, unmittelbare Vorgesetzte kritisieren permanent das Engagement.

Angst wird durch Verunsicherung ausgelöst. Wenn die Basis des eigenen Handelns nicht mehr als sicher erlebt wird, geraten auch Überzeugungen und Handlungsmuster ins Schwanken.

Was tun?

Wenn Mitarbeitervertretungen Angst erleben, können sie ...

■ **... miteinander das Gespräch suchen.**

Manfred bekommt immer Herzklopfen, wenn am Ende des Flurs der Chef erscheint und ihn zu sich heranwinkt. Manfred ist in der MAV und hat schon mehrfach Streit mit dem Chef angefangen. Äußerlich war er ruhig, innerlich brodelte es.

Manfred äußert seine Angst in einer Mitarbeitervertretung und ist erstaunt, wie viele andere auch das »Grummeln« im Magen bekommen.

■ **... wahrnehmen, wie andere die Situation erleben.**

Die MAV-Vorsitzende Petra wagt nicht, ihre Chefin um etwas Geduld zu bitten, wenn diese vor dem vereinbarten Zeitpunkt im MAV-Raum erscheint.

Die Kolleginnen und Kollegen dagegen haben kein Problem damit und sagen: »Dann unterbrechen wir die Sitzung einfach ...«

■ **... feststellen, ob es objektive Gründe für die Angst gibt.**

Fritz hat Angst um seinen Arbeitsplatz. Immer wieder ist die Rede davon, dass seine Abteilung geschlossen wird. Dann steht er als Vater einer großen Familie auf der Straße.

Fritz will deswegen unbedingt wieder in die nächste MAV gewählt werden. Die MAV startet eine offizielle Anfrage und eruiert beim Dienstgeber, was an den Bedrohungsgerüchten richtig ist und was Gerücht ist.

■ **... nachdenken über Schutzmöglichkeiten.**

Hanna will sich nicht für die gekündigte Kollegin einsetzen. »Dann bin ich die nächste ...«

Gemeinsam liest die Mitarbeitervertretung die Schutzbestimmungen des § 19 und diskutiert die Entlassung, die aus persönlichen Gründen erfolgen soll.

■ **... sich zur eigenen Ängstlichkeit stellen.**

Martin ist schon seit Jahren Vorsitzender der MAV und hat viele Erfahrung mit Konflikten. Dennoch ist jeder Konflikt, den er eingehen muss, angstbesetzt. Es kommt ihm wie ein Berg vor, den er bewältigen muss. Hat er ihn bewältigt, geht er gestärkt in die nächste Krise.

Den neuen Mitarbeitervertreter/innen hat er von seinen Erfahrungen erzählt.

Angst als Antrieb

Angst kann Antrieb sein, neue Erfahrungen zu machen, den eigenen Mut zu erspüren.

Angst ist als Urerfahrung nicht etwas, was am Arbeitsplatz entsteht, sondern hat Geschichte in der eigenen Kindheit. Deswegen gehen Menschen mit derselben Situation unterschiedlich um: Was für den einen bedrohlich wirkt, ist für die andere eher eine »sportliche« Herausforderung.

Angst vor Kündigung hat im Arbeitsalltag als konkrete Bedrohung für die meisten Mitarbeitervertreter/innen (noch) wenig Bedeutung. Hier gibt es überprüfbaren Schutz.

Die »kleineren Ängste« dagegen schüchtern ein. Dem muss man sich stellen.

Angstschwellen

Eine funktionierende Mitarbeitervertretung versucht, wenn sie erste Erfahrungen miteinander gemacht hat, herauszufinden, was sie sich als Ganze und den einzelnen Kolleginnen und Kollegen zumuten kann, wie hoch die jeweiligen Angstschwellen sind.

- **Wer fühlt sich persönlich geeignet, diesen Konflikt zu forcieren?**
- **Wer möchte lieber im Hintergrund bleiben?**
- **Wo steht die Gruppe als Ganze, wo wird ein Einzelner nach vorn geschickt?**

Wir sprechen davon, dass Angst bewältigt werden muss. In Wirklichkeit überwältigt Angst uns und es ist die Kunst des (Arbeits-)lebens, diese Angst anzunehmen, zu integrieren und mit ihr »erwachsen« umzugehen.

Wer permanent innerlich größer erscheinen will, als er tatsächlich ist, bricht.

Das Letzte ...

Wer die MAV-Arbeit als persönlichen Kündigungsschutz missversteht, aber die damit gewonnenen Freiheiten nicht im Sinne der Mitarbeiterschaft nutzt, disqualifiziert sich selber. Mitarbeiter und Mitarbeiterinnen sollten sich nicht scheuen, ein solches Verhalten öffentlich zu machen.

§ 20 Schweigepflicht

Die Mitglieder der Mitarbeitervertretung haben über dienstliche Angelegenheiten oder Tatsachen, die ihnen aufgrund ihrer Zugehörigkeit zur Mitarbeitervertretung bekannt geworden sind und Verschwiegenheit erfordern, Stillschweigen zu bewahren. Das gilt auch für die Zeit nach Ausscheiden aus der Mitarbeitervertretung. Eine Verletzung der Schweigepflicht stellt in der Regel eine grobe Pflichtverletzung im Sinne des § 13 c Nr. 5 dar.

Schweigepflicht grundsätzlich

Alle im kirchlichen Dienst bestehenden Arbeitsvertragsordnungen, die sich mehr oder weniger an das Tarifwerk des öffentlichen Dienstes anlehnen, kennen eine kollektiv vereinbarte und für die einzelnen Mitarbeiterin/den einzelnen Mitarbeiter geltende Schweigepflicht für Sachverhalte, die ihnen aufgrund ihrer dienstlichen Tätigkeit bekannt werden. Dies entspricht im übrigen auch der als Treuepflicht bezeichneten Nebenpflicht jedes Mitarbeiters aus einem Arbeitsverhältnis. Damit sind alle Fälle, in denen es um die Weitergabe interner Informationen an die Öffentlichkeit außerhalb der Einrichtung geht, schon geklärt.

Nur ein wichtiger Hinweis: Der Rechtsträger (fast nie mit der Leitung der Einrichtung identisch) ist natürlich in diesem Sinne keine Öffentlichkeit. Gegenüber ihm gilt auch keine Schweigepflicht. Wenn eine solche von der Leitung eingefordert werden sollte, müsste man diese eher als untauglichen Versuch der Anstiftung zu Kumpanei verstehen.

Spezielle Schweigepflicht

Die Schweigepflicht nach § 20 MAVO ist spezieller. Die MAVO unterstellt, dass die Mitglieder der MAV weitere, vertrauliche, nicht für alle Mitarbeiter/innen oder umgekehrt für die Leitung bestimmte Informationen erhalten. Denn wo »vertrauensvolle Zusammenarbeit« (§ 26 Abs. 1) mit dem Dienstgeber hergestellt werden soll, da werden manchmal auch Informationen gegeben, die bei entsprechender Weitergabe der Einrichtung oder der Leitung schaden können. Und wo Mitarbeitervertreter/innen sich engagiert für die Interessen der Belegschaft einsetzen sollen, gilt im Verhältnis zu den Kolleginnen und Kollegen natürlich das Gleiche.

Welche Informationen sind von einer Weitergabe ausgeschlossen?

Informationen aus der Mitarbeiterschaft

Zunächst kann die MAV natürlich Informationen von Kolleginnen und Kollegen erhalten, die nach § 20 nicht weiterzugeben sind. Ob das der Fall ist, wäre relativ leicht dadurch festzustellen, in dem die Betroffenen fragt, ob die Weitergabe erlaubt ist. Also zum Beispiel bei Beschwerden jeglicher Art (insbesondere zur Vergütung). Soll die MAV

- nur gegenüber dem Beschwerdeführer Stellung nehmen,
- die Beschwerde anonym an die Leitung weitergeben oder
- kann ein offenes Gespräch mit dem Leiter geführt werden?

Es empfiehlt sich, in dieser Beziehung immer sehr vorsichtig zu sein, weil die MAV gerade gegenüber ihren Wählerinnen und Wählern sehr schnell Vertrauen zerstören und sich die Basis entziehen kann. Also: lieber einmal zuviel nachfragen als zu leichtfertig von dem Einverständnis der oder des Betroffenen ausgehen.

Informationen des Dienstgebers

Auch gegenüber dem Dienstgeber gilt der Grundsatz: Das Thema direkt ansprechen und den Grad von Vertraulichkeit klären. Das Problem hat allerdings in dieser Richtung eine andere Bedeutung. Denn die meisten, auch für die anderen Mitarbeiter/innen wichtigen Informationen kommen von der Leitung oder direkt vom Dienstgeber. Dabei haben Personen, die Führungsaufgaben wahrnehmen immer die Tendenz zu übertriebener Geheimnistuerei, sei es um Leitungsmuster nicht durchschaubar zu machen, negative Reaktionen hinauszuzögern, vollendete Tatsachen zu schaffen oder auch – was verständlich wäre –Verhandlungen mit anderen Vertragspartnern nicht zu stören.

Bei manchen dieser Sachverhalte wird die Leitung bei direkter Nachfrage eine besondere Vertraulichkeit einfordern, die MAV anderer Meinung sein. In solchen Fällen wird die Angelegenheit für die MAV schwierig. Sie muss abwägen, wodurch mehr Schaden für die Mitarbeiter/innen und Mitarbeiter bzw. für die Einrichtung entstehen kann: Durch Weitergabe der Informationen oder durch Schweigen.

▸ **Beispiel**

Wenn die Leitung zum Beispiel wegen einer Übernahme des Altenheims verhandelt und mit der MAV verschiedene Varianten der Übernahme des Personals bespricht, wäre es natürlich Aufgabe der MAV über die Tatsache der Verhandlungen und ihre Zielrichtung zu informieren. Verletzung der Schweigepflicht wäre es aber, wenn die MAV konkrete Personalberatungen öffentlich machen würde oder bei offener Verhandlungssituation die Vertragstexte herausgeben würde.

Die Schweigepflicht findet stets ihre Grenze in der Wahrnehmung berechtigter Interessen. Die MAV sollte deshalb im Einzelfall immer anhand ihres Aufgabenkataloges in § 26 prüfen, ob sie mit ihrem Schweigen eine Pflicht verletzt, die sich aus ihrem Amt ergibt.

Da die Abwägung oft sehr schwierig ist, sollte sie auch versuchen, Rechtsauskünfte einzuholen.

Art der Information

Von der Schweigepflicht einer MAV grundsätzlich nicht betroffen sind Tatsachen, die man nicht in seiner Eigenschaft als Mitglied der MAV erfährt, also zum Beispiel über seine Funktion am Arbeitsplatz (als Sachbearbeiter in der Buchhaltung, Betriebsarzt oder Mitarbeiter an der Rezeption) oder als normaler Mitarbeiter aus allgemein zugänglichen Quellen im Betrieb. Doch greift hier unter Umständen bereits die Schweigepflicht, die jeder Arbeitnehmer aufgrund seines Dienst- oder Arbeitsvertrages hat. Denn arbeitsvertraglich schuldet jeder Mitarbeiter dem Betrieb, in dem er tätig ist, loyales Verhalten. Das wäre im Einzelfall gesondert zu prüfen.

Selbstverständlich scheiden aus der Schweigepflicht der MAV auch solche Tatsachen aus, die bereits offenkundig sind, in der Zeitung stehen oder allgemeiner Gesprächsinhalt sind.

Es bleiben also nur die Dinge übrig, die ein MAV-Mitglied speziell aufgrund des Amtes als Mitarbeitervertreter erfahren hat. Dabei muss es sich nicht unbedingt um Betriebs- oder Geschäftsgeheimnisse im eigentlichen Sinn (z. B. Kundenlisten, Kalkulationen oder Patente) handeln. Es reicht bereits aus, dass der Dritte (meist Dienstgeber oder Mitarbeiter/in) ein berechtigtes und erkennbares Interesse an der Vertraulichkeit einer Information hat. (z. B. Lohnlisten, Aktenvermerke, interne Protokolle oder Beratungsinhalte mit Mitarbeiter/innen)

Personenkreis

Weiter stellt sich die Frage, ob solche Informationen an Dritte weitergegeben werden können. Zunächst wäre zu fragen, wer in diesem Sinne Dritter ist? Sicher sind dies nicht die Vertreter des Rechtsträgers einer Einrichtung (Vorstand, Aufsichtsrat, Gesellschafter), auch nicht die Kolleginnen und Kollegen in der MAV und andere Personen, die zur Vertraulichkeit kraft Amtes oder durch ihre Funktion verpflichtet sind, wie der Berater in der Arbeitsgemeinschaft der MAVen, ein zur Beratung beigezogener Rechtsanwalt oder ein Wirtschaftsprüfer. Diesen Personen gegenüber kann grundsätzlich keine Schweigepflicht bestehen, denn sie gehören kraft Funktion oder Amtes selbst in gesteigertem Maße zu den zur Geheimhaltung Verpflichteten. Alle anderen Personen wären jedoch Dritte, bezüglich denen grundsätzlich eine Schweigepflicht vorliegen könnte.

Weitergabebefugnis

Auch wenn die Art oder der Inhalt der Information auf ein Geheimnis im materiellen Sinn hindeutet und die Weitergabe an Dritte beabsichtigt ist, liegt nicht immer eine Verletzung der Schweigepflicht vor.

Denn zwischen Recht oder Verpflichtung zu Informationsweitergabe und dem Verbot, dies zu tun, liegt oft nur ein schmaler Grad. In jedem Einzelfall muss die MAV eine Güterabwägung vornehmen.

Für die Weitergabe und Informationsverwertung können sprechen:

a) Die Wahrnehmung eigener Mitwirkungsrechte nach der MAVO,
b) das Eintreten für eine gerechte und der Billigkeit entsprechende Behandlung von Mitarbeiter/innen(§ 26 Abs.1+2 MAVO, § 35 Abs.1+2 MVG, auch die Wahrnehmung von Aufgaben nach § 26 Abs. 3 MAVO bzw. § 35 Abs. 3 MVG,
c) oder die Durchsetzung von Einrichtungszielen im Sinne der Präambel zur MAVO bzw. zum MVG.

Gegen die Weitergabe und Informationsverwertung können sprechen:

a) Eine Beeinträchtigung oder Verletzung von privaten Interessen oder von Privatgeheimnissen von Mitarbeiter/innen,
b) eine erhebliche Störung des Betriebsfriedens oder,
c) ein finanzieller oder ideeller Schaden oder Nachteil für die Einrichtung.

In jedem Einzelfall ist das Für und Wider gegeneinander abzuwägen.

Einzelfälle

In der Theorie klingt eine solche Güterabwägung einfach, in der Praxis ist sie natürlich viel schwieriger. Hier einige Einzelfälle mit Lösungsvorschlägen:

■ Weitergabe kompletter Lohn- und Gehaltslisten im Rahmen einer Mitarbeiterversammlung zur Info über Personalkosten (Schweigepflicht)
■ Veröffentlichung einzelner Geschäftsdaten zur Darlegung der betrieblichen Situation in einer Mitarbeiterversammlung (Schweigepflicht)
■ Meldung von Verstößen gegen Arbeitsschutzgesetze an die zuständigen Aufsichtsbehörden (Schweigepflicht)
■ Weitergabe von Mobbingfällen mit Nennung der Betroffenen an den Dienstgeber (Schweigepflicht)
■ Mitteilung des Abstimmungsergebnisses bei einem Beschluss der MAV an einzelne Mitarbeiter/innen (Schweigepflicht)
■ Information über Verhalten der MAV an Betroffene bei Beteiligung wegen Kündigung (Schweigepflicht)
■ Information über Kündigungsgründe an Betroffenen bei Kündigung während der Probezeit (Schweigepflicht)

Folgen der Verletzung der Schweigepflicht

In den meisten Fällen ist die Konsequenz aus einer Verletzung der Schweigepflicht einer MAV lapidar und tritt sehr schnell ein: Die MAV wird von weiteren Informationen ausgeschlossen. Der Dienstgeber hält sich bedeckt oder die Mitarbeiter/innen vertrauen sich lieber jemandem außerhalb der Einrichtung an, wenn sie einen Rat haben wollen. Nur in wenigen Ausnahmefällen wird auf Antrag von Betroffenen (Dienstgeber oder Mitarbeiter/innen) das kirchliche Arbeitsgericht über die Amtsenthebung eines Mitarbeitervertreters entscheiden. (§ 13 Abs. 3 Ziffer 6 MAVO bzw. § 17 MGV)

Dazu noch ein Tipp: Was diese Sanktionen betrifft, sind die Mitglieder einer MAV eigentlich immer auf der sicheren Seite, wenn sie in schwierigen Fällen einen Berater aus der AG-MAV, der DiAG oder einen Rechtsanwalt befragen. Selbst wenn der -möglichst schriftlich eingeholte- Rat im Ergebnis nicht richtig sein sollte, kann der Vorwurf einer Verletzung der Amtspflicht als Mitarbeitervertreter ausgeräumt werden. Denn wer sich auf die Auskunft eines in der MAVO/im MVG kundigen Menschen verlassen hat, handelt vielleicht objektiv rechtswidrig, aber nicht schuldhaft. Und bei einem unverschuldeten Irrtum kann ein kirchliches Arbeitsgericht keine Amtsenthebung verfügen.

... Schweigen Gold? – Verschwiegenheit heißt nicht schweigen

Das Verständnis von Mitarbeitervertretungsarbeit pendelt zwischen zwei Polen. **Der erste Pol**: MAV-Arbeit wird verstanden als politische Interessenvertretung. Individuelle Rechte, die aus dem Arbeitsvertrag entspringen, sollen nur insoweit geschützt werden, wie sie auch die kollektiven Interessen der Mitarbeiterschaft berühren. Der Arbeitsplatz soll abgesichert werden, die Entwicklung der Institution durch eine qualitative Beteiligung aller voran getrieben, politisch sensible Fragen – z. B. des Datenschutzes – sensibel behandelt werden.

Immer mehr Mitarbeitervertretungen fühlen sich fürs Gesamt, für die Dienstgemeinschaft, mitverantwortlich und wollen sich nicht auf die Wahrnehmung einzelner Aufgaben beschränken. Sie nehmen die »gemeinsam getragene Verantwortung« (Präambel) umfassend ernst und lassen sich nicht auf geteilte Spielwiesen verbannen.

Der zweite Pol: MAV-Arbeit wird verstanden als individuelle Interessenvertretung, die eingebunden ist in die kollektiven Rechte der Mitarbeiterschaft einer Einrichtung. Im Gegensatz zur ausschließlich arbeitsvertraglichen Beratung und Begleitung durch Rechtsbeistände binden Mitarbeitervertretung Individualrechtliches und Kollektivrechtliches mit Blick auf die Dienstgemeinschaft zusammen. Das Wohl einzelner, die Solidarität mit ihnen, wird gesichert im Rahmen des Wohles aller Mitarbeitenden.

Das Gebot der Schweigepflicht im § 20 spiegelt diese Pole (Der Begriff der „dienstlichen Angelegenheit" ist weit interpretierbar) und muss in diesem Spannungsfeld jeweils praxisorientiert interpretiert werden.

Schweigepflicht darf nicht dazu führen, dass Mitarbeitervertretungen in ihren Handlungsfähigkeiten begrenzt werden. Die Schweigepflicht dient ausschließlich dazu, Rechte einzelner zu schützen oder Schaden von der Einrichtung zu wenden.

Dienstgeber hantieren gern mit der Schweigepflicht. Sie verweisen an allen möglichen und unmöglichen Stellen auf dieses Gebot. Mitarbeitervertretungen werden durch solche deutlichen oder versteckten Hinweise oft verunsichert. Im folgenden sollen Funktionen und Aspekte der Forderung nach Verschwiegenheit untersucht werden.

Erforderliche Verschwiegenheit

Werden in der Mitarbeitervertretung persönliche Angelegenheiten verhandelt, so gilt das Erfordernis nahezu uneingeschränkt. Lediglich Betroffene können die MAV von dieser Schweigepflicht entbinden. Verletzen MAVen die Schweigepflicht bei persönlichen Angelegenheiten, verspielen sie leichtfertig bei allen Mitarbeitern und Mitarbeiterinnen ihren Vertrauenskredit– zu Recht. Niemand würde sich in seinen eigenen Angelegenheiten ratsuchend an die Vertreter oder Vertreterinnen wenden, wenn befürchtet werden müsste, dass die gegebenen Informationen auf dem offenen Markt gehandelt würden.

Auch Angelegenheiten der Dienststelle erfordern häufig Verschwiegenheit. Dies gilt vor allen Dingen dann, wenn der Dienstgeber über Maßnahmen informiert, die noch im Planungsstadium sind, die unverbindlichen Charakter haben oder zum strategischen Geschäft gehören. Qualifizierte Dienstgeber binden MAVen frühzeitig in noch unentwickelte Angelegenheiten ein, um Stimmungen zu erforschen, Ratschläge zu erhalten oder die Durchsetzbarkeit zu prüfen. Wer in einem solchen Stadium gezielt die Vertraulichkeit verletzt, wird künftig nur über Formales oder gesetzlich Notwendiges informiert werden. *oder Amtsenthebung* ✓

Schmeichelei

Informationen werden häufig als »Schmiermittel« missbraucht. Sie sollen dem Gegenüber das Gefühl von Bedeutung geben, in dem andere von der Information ausgeschlossen sind. Getreu dem Motto »Wissen ist Macht«, werden Beteiligungen vorgegaukelt, um zufrieden zu stellen, durch Schmeichelei wohlgefällig zu machen. Eine tatsächliche oder vermeintliche Gefahr, die vom Gegenüber ausgehen könnte, soll gebannt werden.

Informationen spalten

Viele Dienstgeber versuchen Mitarbeiter, Mitarbeitergruppen oder die Mitarbeitervertretung dadurch zu spalten und zu schwächen, dass sie Informationen unter dem Siegel der Verschwiegenheit gezielt verteilen. So wird in ein System, in dem alle mit gleichen Rechten agieren, Ungleichheit implementiert. Die Informierten verfügen über Wissen, dass sie nicht verwenden dürfen. Handlungsunsicherheit ist die Folge.

Bündnisse

Informationen sollen Bündnisse herstellen.

Der Vorsitzende der MAV wird über bevorstehende strategische Entscheidungen informiert mit der Auflage, niemand in der MAV darüber zu informieren. Auch andere Leitende wüssten noch nicht Bescheid.

So werden strategische Bündnisse geschmiedet. Potentielle Gegner werden früh eingebunden und unter Umständen mit Informationen gefüttert, die ihnen in der konkreten Vertretungsarbeit nichts oder wenig nützen, aber die Loyalität gegenüber den Mitarbeitern brüchig macht. Manche Dienstgebervertreter informieren z. B. MAV-Vorsitzende allerdings, um Vertrauen zu fördern und die Beteiligung zu erhöhen. Hier ist anhand des Einzelfalls zu prüfen, welchen Sinn eine hohe Kooperationsbereitschaft für die Mitarbeiterschaft macht.

Macht

Informationsmitteilung ist immer auch Machtdemonstration. Wird die Information unter das Verschwiegenheitsgebot gestellt, verstärkt sich diese Demonstration. Mitarbeitervertretungen können empfänglich für solche Signale sein, da sie während des Informationsmoments auf einer Stufe mit dem Dienstgeber stehen – scheinbar oder tatsächlich. Sie könnten dem Schein erliegen, an dieser Macht teilzuhaben, weil sie als Vertraute erscheinen.

Manchmal ist es besser nichts zu wissen und dadurch handlungsfrei zu sein, als alles zu wissen und in die Strategie der Macht eingebunden zu werden.

Fraktionierung

Informationsvermittlung unter dem Verschwiegenheitsgebot kann in Mitarbeitervertretungen zu Fraktionierungen führen. Die einen wissen etwas, was die anderen nicht wissen dürfen. Diese Informationsvorsprünge schaffen Misstrauen und deklassieren die Unwissenden.

Wissen ohne Konsequenz

Nicht immer muss Wissen eine Konsequenz haben. Manches Wissen führt (lediglich) zu einem besseren Verständnis größerer Zusammenhänge, handelnder Personen oder fremd wirkender Ereignisse.

Mitarbeitervertretungswissen hat meistens Konsequenzen. Diese sind individuell spürbar und benötigen in der Regel keine (interne) Öffentlichkeit. Mitarbeitervertretungen, die ihre Aufgaben auch und vor allen Dingen politisch verstehen, müssen hingegen intern-öffentlich agieren. Sie leben von der Offenheit. Die Strategie der Mitwirkung ist in der Regel durch Öffentlichkeit bestimmt.

Umgang mit dem Verschwiegenheitsgebot

- **Mitarbeitervertretungen dürfen sich nicht spalten lassen. Verzichten Sie auf Informationen, wenn Ihnen diese nur persönlich gemacht werden sollen.**
- **Wird Verschwiegenheit nachträglich gefordert, verweigern Sie diese gegebenenfalls.**
- **Verlangen Sie Erklärungen für die geforderte Verschwiegenheit, wenn Sie Ihnen aus der Natur der Sache nicht verständlich erscheint.**
- **Führen Sie Protokolle und protokollieren Sie auch die Gründe, die für die Schweigepflicht angeführt werden. Lassen Sie solche Protokolle gegebenenfalls gegenzeichnen.**
- **Teilen Sie dem Dienstgeber (oder dem Mitarbeiter) vor der internen Veröffentlichung mit, dass Sie die Schweigepflicht nicht erfüllen wollen und können.**
- **Wenn Sie ein Verschwiegenheitsagreement eingegangen sind: Halten Sie es. Wenn Sie aber meinen, es brechen zu müssen, informieren sie vorher den Partner und diskutieren mit ihm Ihre Gründe.**
- **Werben Sie für Öffentlichkeit. Dienstgemeinschaft entwickelt sich nicht im Verborgenen.**
- **Gehen Sie immer sensibel mit persönlichen Daten um – auch in vertraulichen Gesprächen.**
- **Und das Wichtigste am Schluss: Differenzieren Sie zwischen allgemeiner und interner Öffentlichkeit.**

Vieles, was außerhalb der Einrichtung unbenannt bleiben soll, darf innerhalb der Einrichtung als Information kursieren.

Alle Mitarbeiter und Mitarbeiterinnen haben in ihrem Arbeitsvertrag unterzeichnet, dass sie interne Angelegenheiten nicht nach außen tragen. Manchmal ist Schweigen Gold. Oft aber Falschgeld.

| **Vier Jahre: Schweigen? –** |
| **Transparenz jenseits der Schweigepflicht** |

Mitarbeitervertretungen haben eine Amtszeit von vier Jahren. Viele Kolleginnen und Kollegen hören während dieser Zeit nichts mehr von ihren Interessenvertretern und Interessenvertreterinnen – außer auf den Mitarbeiterversammlungen.

Scheinbar tauchen die Mitarbeitervertretungen ab, sind im Bewusstsein der Mitarbeiterschaft nicht mehr präsent.

Eine noch so gute Arbeit verpufft mittelfristig, wenn sie nicht ein- und angebunden wird an alle Mitarbeiter und Mitarbeiterinnen.

Sie sind die Basis der Arbeit und als Basis haben sie einen permanenten Anspruch auf

- **Information,**
- **kritische Rückmeldung an die MAV,**
- **Beteiligung im Rahmen der rechtlichen Möglichkeiten.**

Die folgenden Beispiele sollen Hinweise auf Möglichkeiten zur Verbesserung des Informationsflusses jenseits der Schweigepflicht geben.

Schwarzes Brett

In der Einrichtung wird an stark frequentierten Stellen ein oder mehrere Schwarze Bretter ausgehängt. Dort werden Informationen der MAV mitgeteilt. Wichtig: die Aushänge sind ständig auf Aktualität, Kürze und Lesbarkeit zu überprüfen.

Informationsblatt

In großen Einrichtungen wird regelmäßig ein Informationsblatt der MAV verteilt. Je kürzer und knapper, je konkreter und interessanter die Informationen, desto eher wird das Blatt wirklich gelesen werden.

E-Mail/Newsletter

Fangen Sie an, diese Kommunikationsinstrumente in Ihre Arbeit einzubauen. E-mails an die Arbeitsplätze geschickt, können Informationsblätter ergänzen, irgendwann vielleicht überflüssig machen.

Im Rahmen einer eigenen homepage wird die Arbeit präsentiert.

Links zu interessanten Partnern (DiAG, Berufsverbände, Gewerkschaften) ergänzen den Service.

Arbeitsplatzbesuche

Mitarbeitervertreter und Mitarbeitervertreterinnen sollten in regelmäßigen Abständen Kolleginnen und Kollegen an ihren Arbeitsplätzen aufsuchen und das Gespräch suchen.

Um in Kontakt zu kommen, ist es hilfreich, den Besuch mit einem Anliegen zu koppeln: die Einladung zur nächsten Mitarbeiterversammlung wird überreicht, eine arbeitsrechtliche Broschüre mitgebracht, gute Wünsche zum Jahresanfang ausgesprochen.

Fragestunden

Die MAV kann regelmäßig stattfindende Fragestunden für die Mitarbeiterschaft einrichten.

Beispiele: Jurist informiert zum Thema »Arbeitszeit«, Versicherungsältester zum Thema »Altersversorgung«, Bildungsreferent zum Thema »Bildungsurlaub«. Solche Fragestunden könnten während einer Mitarbeiterversammlung oder aber im – falls vorhanden – Büro der MAV zu einer öffentlich bekannt gegebenen Zeit angeboten werden. Sinnvoll ist es, wenn der Gesprächspartner während dieser Zeit auch telefonisch erreichbar wäre.

Solche Fragestunden können auch willkommener Anlass sein, über Arbeitsplatzprobleme ins Gespräch zu kommen.

Briefkasten

Die MAV hängt an geeigneter Stelle einen eigenen Briefkasten für Fragen, Probleme, Anregungen auf – eine Art »Kummerkasten«.

Befragungen

Mitarbeitervertretungen haben immer wieder mit dem Phänomen zu tun, dass sie die Mitarbeiterschaft während einer Versammlung um Meinungsäußerungen zu einem bestimmten Thema befragt haben, aber die Rückmeldungen unzureichend waren. Nur wenige Kollegen und Kolleginnen trauen sich, in der Öffentlichkeit zu ihren eigenen Meinungen zu stehen bzw. diese zu äußern.

Die MAV muss Brücken bauen. Eine solche Brücke kann die schriftliche oder mündliche (protokollierte) Befragung sein. So werden Stimmungen eingefangen und die MAV bekommt Hinweise auf Handlungsmöglichkeiten (In bestimmten Fällen bietet sich die Anonymisierung an).

Wenn die Mitarbeiter und Mitarbeiterinnen jeweils einverstanden sind, können schriftliche Rückmeldungen z. B. im Informationsblatt veröffentlicht werden.

Vorbereitung einer Mitarbeiterversammlung

Wenn möglich, sollte die Mitarbeiterschaft vor der Versammlung am Arbeitsplatz besucht werden. Die MAV informiert über den Ablauf, erläutert – wenn notwendig – die einzelnen Tagesordnungspunkte und fragt die Kolleginnen und Kollegen, ob sie ein Thema für die Tagesordnung oder den Punkt »Verschiedenes« vorschlagen wollen.

Gesprächsgruppen während der Mitarbeiterversammlung

Die Rederoutine vieler Mitarbeiterversammlungen kann dadurch durchbrochen werden, dass zu einem einzelnen Thema nicht allgemein um »Diskussionsbeiträge« gebeten wird, sondern das die Versammlung sich für einen kurzen Zeitraum in Gesprächsgruppen auflöst (die im Versammlungsraum stattfinden). Zu jeder Gesprächsgruppe gesellt sich ein Mitarbeitervertreter/in und versucht, Positionen und Meinungen einzufangen, die anschließend dem Plenum vorgestellt werden. Dies Verfahren mindert wirkungsvoll Redeängste.

Rechenschaft ablegen

Mitarbeitervertretungen legen zu selten Rechenschaft über ihre Arbeit ab. Sie versäumen die notwendige Herstellung von Transparenz. Es reicht nicht, einmal jährlich die Ergebnisse der Arbeit mehr oder weniger konkret darzustellen oder am Ende der Amtsperiode auf Verdienste zu verweisen.

MAVen sollten sich angewöhnen, in kürzeren zeitlichen Abständen über ihre Arbeit und die Ergebnisse zu berichten. Zwar macht man sich dadurch kritisierbarer, gleichzeitig aber wird die Unterstützung der MAV-Arbeit steigen: Die Mitarbeiterschaft ist beteiligt.

Präsenz

Es ist oft eine merkwürdige Diskrepanz zwischen dem Anspruch »Dienstgemeinschaft« und der Präsenz der Mitarbeitervertretung innerhalb und außerhalb ihrer jeweiligen Einrichtungen feststellbar.

Die MAV repräsentiert die Einrichtung, sie steht für die Mitarbeiterschaft – mehr als der Dienstgeber bzw. dessen Vertreter. Die MAV sollte deshalb bei offiziellen Anlässen immer eine angemessene Rolle spielen. Mancher Dienstgebervertreter spielt virtuos auf der Klaviatur öffentlichen Auftretens. Mitarbeitervertretungen sollten sich davon nicht einschüchtern lassen, sondern die ihnen angemessene Rolle übernehmen.

Kandidatenarbeitskreis

Die nicht gewählten Kandidaten einer Mitarbeitervertretung (die sogenannten Ersatzkandidaten) sind, mehr noch als andere Mitarbeiter/innen, in die
Arbeit einzubeziehen und um Rat zu fragen.

Nicht Gewählte sind die »natürliche Reserve« einer Mitarbeitervertretung.
Dadurch, dass sie kandidierten, haben sie deutlich gemacht, dass sie ein
deutlicheres Interesse an der MAV-Arbeit haben als andere.

Die MAV sollte vorsichtig – denn sie sind als MAV-Mitglieder nicht gewählt
worden – über deren Einbindung nachdenken:

Die Ersatzmitglieder könnten zu regelmäßigen Gesprächsrunden eingeladen werden, die MAV kann sie auf Fortbildungen (Vorsicht: kein Rechtsanspruch) aufmerksam machen.

Eine Mitarbeitervertretung muss immer auch an die eigene Nachfolge denken – selbst, wenn dadurch potentielle Gegenkandidaten herangezogen
werden. Über die genannten Beispiele hinaus kann zum Beispiel auch so
Kontakt und Transparenz verbessert werden: Außerhalb der Arbeitszeit wird
in einer nahen Kneipe ein Stammtisch organisiert. Mindestens ein MAV-
Mitglied nimmt daran teil. Oder: Die Mitarbeitervertretung lädt zu einer
gemeinsamen Abendwanderung ein. Oder: Die gesamte Einrichtung, eine
Abteilung oder eine Gruppe von Mitarbeitern meldet sich auf Anregung der
MAV gemeinsam zu einer Fortbildung (Bildungsurlaub) an.

Mitarbeitervertretungsarbeit bedarf der Vertraulichkeit – oft, aber nicht
immer. Arbeitsbedingungen und deren Veränderung hingegen bedürfen der
Öffentlichkeit.

Mitarbeitervertretungen leben nicht von unnötigen Vertraulichkeiten, sondern vom gebotenen kontinuierlichen Kontakt.

Das Letzte ...

Nicht jeder, der schweigt, denkt sich etwas dabei.

W. Mitsch

§ 21 Einberufung der Mitarbeiterversammlung

(1) Die Mitarbeiterversammlung (§ 4) ist nicht öffentlich. Sie wird von der oder dem Vorsitzenden der Mitarbeitervertretung einberufen und geleitet. Die Einladung hat unter Angabe der Tagesordnung mindestens eine Woche vor dem Termin durch Aushang oder in sonst geeigneter Weise, die den Mitarbeiterinnen und Mitarbeitern die Möglichkeit der Kenntnisnahme gibt, zu erfolgen.

(2) Die Mitarbeiterversammlung hat mindestens einmal im Jahr stattzufinden. Auf ihr hat die oder der Vorsitzende der Mitarbeitervertretung einen Tätigkeitsbericht zu erstatten.

(3) Auf Verlangen von einem Drittel der wahlberechtigten Mitarbeiterinnen und Mitarbeiter hat die oder der Vorsitzende der Mitarbeitervertretung die Mitarbeiterversammlung unter Angabe der Tagesordnung innerhalb von zwei Wochen einzuberufen. Das gleiche gilt, wenn der Dienstgeber aus besonderem Grunde die Einberufung verlangt. In diesem Fall ist in der Tagesordnung der Grund anzugeben. An dieser Versammlung nimmt der Dienstgeber teil.

(4) Notwendige Fahrtkosten für jährlich höchstens zwei Mitarbeiterversammlungen sowie für die auf Verlangen des Dienstgebers einberufene Mitarbeiterversammlung (Abs. 3) werden von dem Dienstgeber nach den bei ihm geltenden Regelungen erstattet.

Nötige Formalien

Die oder der Vorsitzende der Mitarbeitervertretung hat keine Privilegien gegenüber den anderen Mitgliedern. Allerdings hat er einige besondere Aufgaben. Eine ganz wesentliche Aufgabe nimmt sie oder er im Zusammenhang mit der Mitarbeiterversammlung wahr. Zu ihr ist durch die Vorsitzende oder den Vorsitzenden mit einer Frist von einer Woche einzuladen. Dabei ist der Termin und die Tagesordnung bekanntzumachen.

In der Regel wird die Einladung damit wohl schriftlich erfolgen, obwohl die MAVO diese Form nicht ausdrücklich vorschreibt. In kleinen Einrichtungen mit überschaubarer Tagesordnung ist eine Bekanntmachung auch mündlich denkbar.

Eine Pflichtveranstaltung pro Jahr

Es gehört zu den Pflichten der Mitarbeitervertretung, einmal pro Jahr eine Mitarbeiterversammlung durchzuführen und dabei einen Tätigkeitsbericht zu erstatten. Gegen diese Pflicht wird leider oft verstoßen. Wenn die Mitarbeiter/innen nicht besonders motiviert werden oder in der Einrichtung nichts Außergewöhnliches passiert ist, ist die Motivation zur Teilnahme an einer solchen Veranstaltung gering. Verzichten Mitarbeitervertretungen auf die Durchführung der jährlichen Mitarbeiterversammlung, verstoßen sie aber nicht nur gegen zwingendes Recht, sie laufen auch Gefahr, die »Bodenhaftung« zu verlieren und dürfen sich nicht wundern, wenn ihre Arbeit in der Einrichtung nicht oder nicht richtig wahrgenommen wird.

Versammlung auf Antrag des Dienstgebers

Aus besonderem Anlass kann auch der Dienstgeber die Einberufung einer Mitarbeiterversammlung verlangen. Damit hat er zwar die Möglichkeit, persönlich ander Versammlungteil zu nehmen, was sonst nur auf Einladung der MAV möglich ist, er muss sich allerdings der Sitzungsleitung durch die oder den Vorsitzenden der MAV »fügen«. Daher wird die Leitung oder der Dienstgeber eher eine eigene Versammlung der Mitarbeiter/innen einberufen, die dann nicht den Formalien der MAVO unterliegt. Hat der Dienstgeber den Antrag auf Durchführung der Mitarbeiterversammlung gestellt, ist er verpflichtet, Fahrtkosten für die zu der betreffenden Zeit nicht im Dienst befindlichen Mitarbeiter/innen zu übernehmen.

Versammlung auf Antrag der Mitarbeiter

Auch auf besonderen Antrag der Mitarbeiter/innen hat die MAV eine Mitarbeiterversammlung einzuberufen. Die MAVO schreibt ein eine Mindestanzahl von einem Drittel der Wahlberechtigten vor, die sich für einen solchen Antragaussprechen müssten. Kommt es dazu, muss die amtierende MAV sich ernste Gedanken über ihre Zukunft im Amt machen. Denn sie wird sich überlegen müssen, warum sie den Anlass zur Mitarbeiterversammlung nicht aus eigener Initiative aufgegriffen und umgesetzt hat. Sie hat dann offenbar das Gespür für Stimmungen in der Mitarbeiterschaft oder sogar das Vertrauen der Mitarbeiter/innen verloren.

Besondere Fristen

Für die auf Antrag des Dienstgebers oder eines Drittels der Mitarbeiter/innen ein zu berufene Mitarbeiterversammlung gilt eine weitere Frist von zwei Wochen. Da die Ladungsfrist auch für diese Form einer Mitarbeiterversammlung eine Woche beträgt, muss ab dem Eingang des Antrags spätestens binnen 3 Wochen eine Mitarbeiterversammlung stattfinden. Die Mitarbeitervertretung sollte die Tagesordnung für eine solche Veranstaltung sehr knapp halten und nach Möglichkeit sogar auf den besonderen Anlass des Antrags beschränken.

---

33 und mehr Vorschläge, Mitarbeiterversammlungen anders zu gestalten

---

Auf der jährlich stattfindenden Mitarbeiterversammlung muss die Mitarbeitervertretung den Tätigkeitsbericht erstatten. In der Öde dieser Berichte erstickt so manche Versammlung.

Organisierte Langeweile

Manche Mitarbeitervertretungen agieren wie lebenslang berufene Vereinsvorsitzende: träge, umständlich, phantasielos. Darauf bedacht, möglichst nicht aufzufallen, möglichst nicht anzuecken wird Schulterklopfen immer dann gern entgegengenommen, wenn es vom Dienstvorgesetzten kommt. Kritische Mitarbeiter und Mitarbeiterinnen werden zu »Nörglern« degradiert, und am Ende eines Mitarbeitervertretungsjahres werden die Erfolge von Kegelabenden oder Betriebsausflügen gewürdigt.

Mitarbeiterversammlungen, die von solchen Mitarbeitervertretungen vorbereitet werden, sollen in möglichst gewohnten und geordneten Bahnen vonstatten gehen: Der Begrüßung folgt ein Rechenschaftsbericht, dem die Aussprache, dann der Punkt Verschiedenes. Am Ende ein Aufatmen: »Das haben wir mal wieder hinter uns gebracht.«

Zu oft werden Mitarbeiterversammlungen als notwendiges Übel betrachtet, das die Routine unterbricht oder stören könnte.

Mitarbeiterversammlungen aber haben wichtige Aufgaben. Hier können ...

- **Meinungen eingeholt,**
- **Kritiken eingefordert,**
- **Vorschläge gemacht,**
- **Mobilisierungen für gemeinsame Interessen betrieben,**
- **Kontakte hergestellt,**
- **Begegnungen mit Kollegen ermöglicht,**
- **und viele Ideen verwirklicht werden.**

Die Mitarbeitervertretung sollte sich nicht scheuen, auch misslungene Wege darzustellen und, soweit dies möglich ist, die Gründe dafür zu benennen. Mitwirkung oft Misslingen gutgemeinter Ansätze. Mitarbeitervertretungen dürfen sich nicht scheuen, dies transparent zu machen.

Aber auch das Gelungene muss gewürdigt werden, damit erkennbar wird, dass sich das Engagement für die Dienstgemeinschaft lohnt und der Einsatz für die Interessen von Mitarbeiterinnen und Mitarbeitern nicht immer vergebens ist. Der Tätigkeitsbericht sollte, sofern er länger ist, den Mitarbeitern schriftlich vorliegen. Mündlich müssen dann nur noch die zentral wichtigen Fragen benannt werden, die dann münden in Diskussion und lebendige Gespräche.

33 Vorschläge

Im Folgenden sind weitere 33 Vorschläge zu lesen, die Mitarbeiterversammlungen unterhaltsamer, interessanter, vergnüglicher, informativer, effektiver oder gehaltvoller machen. Die Vorschläge wurden während eines Seminars für Mitarbeitervertreter und -vertreterinnen erarbeitet. Manches hat sich bewährt, anderes ist neu. Die Ideen sollen weitergedacht, kombiniert oder ergänzt werden. Sie sollen ermutigen, gewohnte Bahnen schrittweise zu verlassen.

■ **Persönliche Einladung**

Die Einladung zur Mitarbeiterversammlung wird von einem MAV-Mitglied überbracht, gleichzeitig wird gefragt, ob die Kollegin oder der Kollege teilnehmen wird.

■ **Individuelle Einladung**

Die schriftliche Einladung wird mit einem persönlich gehaltenen, handschriftlichen Gruß ergänzt.

■ **Ortswechsel**

Die Mitarbeiterversammlung findet nicht in der Dienststelle, sondern an einem anderen Ort statt, der besonders geeignet ist. Wenn es die Inhalte erlauben: Die Mitarbeiterversammlung findet unter freiem Himmel statt und hat eher den Charakter einer Gartenparty.

■ **Mithilfe**

Möglichst viele Mitarbeiter/innen werden gebeten, die Versammlung vorbereitend mitzugestalten. Möglichkeiten: Übernahme kleiner Hilfsdienste (Raum stellen, Kaffee kochen, Plakate aufhängen), Leitung kleiner Gesprächsgruppen, Betreuung eines Schriftstandes o. ä.).

■ **Musik**

Die eintreffenden Mitarbeiter werden nicht durch die übliche Standardrede des Vorsitzenden begrüßt, sondern durch ein kleines Konzert.

■ **Namensschilder**

In größeren Einrichtungen werden an der Eingangstür Namensschilder verteilt (Kreppband).

■ **Begrüßung**

Es wird zu einem genauen Zeitpunkt eingeladen. Die ersten 10 Minuten allerdings werden in Form eines Stehempfanges gestaltet: kleine Getränke werden gereicht, Namensschilder verteilt, Möglichkeiten des Kontaktaufnehmens geschaffen. Alle Eintreffenden werden per Handschlag begrüßt.

■ **Pausen**

Während der Mitarbeiterversammlung wird dafür gesorgt, dass Pausen eingehalten werden. Minisnacks und Getränke werden gereicht.

■ **Meinungsplakate**

Vor Beginn der Mitarbeiterversammlung werden im Raum große Plakate aufgehängt. Auf diesen Plakaten werden Erfolge und Misserfolge der Mitarbeitervertretung dargestellt mit der Bitte an die Mitarbeiter/innen, diese schriftlich zu kommentieren.

■ **Gute Fee**

Mitten in den Raum wird eine große Stellwand/Litfasssäule gestellt. Jeder eintreffende Mitarbeiterin und jeder Mitarbeiter erhält drei Zettel: »Wenn es eine gute Fee gäbe, die in dieser Einrichtung drei Wünsche erfüllen kann: Welche wären das?« Die Wünsche werden an die Wand gepinnt und können u. U. Material für die Mitarbeiterversammlung oder für die Weiterarbeit der Mitarbeitervertretung liefern.

■ **Öffentliche Meinung**

Ein Mitglied der Mitarbeitervertretung interviewt während des Eintreffens der Mitarbeiterschaft mit einem (drahtlosen) Mikrofon zu anstehenden Fragen der Mitarbeiterversammlung. Die Interviews werden sofort per Lautsprecher in den Raum übertragen.

■ **Zettelwirtschaft**

Schon *vor* der Mitarbeiterversammlung erhält jeder einen Zettel mit der Bitte, sich zu einem Thema zu äußern.

■ **Ein Thema**

Die Mitarbeiterversammlung hat nur ein Thema. Darauf konzentrieren sich alle Bemühungen und Methoden. Eventuell wird ein Referent eingeladen.

■ **Zettelabfrage**

Die Mitarbeitervertretung bittet in den Pausen, dass sich die Mitarbeiter zu einzelnen Punkten des Tätigkeitsberichtes auf Zetteln äußern. Diese werden dann geordnet, ausgehängt und bilden wiederum Diskussionsmaterial während der Fortführung der Mitarbeiterversammlung.

■ **Murmelgruppen**

Lange Referate sollten vermieden werden. Tätigkeitsberichte können durch kleine »Murmelgruppen« unterbrochen werden. Der Vorsitzende bittet um spontane Rückmeldungen.

■ **Arbeitsgruppen im Raum**

Es werden kleine Arbeitsgruppen im Raum gebildet, die von jeweils einem MAV-Mitglied geleitet werden.

■ **Pro und contra**

Zu einem Tagesordnungspunkt wird eine »Pro und Contra-Diskussion« (je zwei Anwälte auf einer Seite) vorbereitet. Denkbar ist eine institutionalisierte »Gegenrede« zum Tätigkeitsbericht der MAV.

■ **Moderationswechsel**

Zwar muss der Vorsitzende die Mitarbeiterversammlung leiten, gleichwohl dürfte es unproblematisch sein, wenn er die Aufgabe der Leitung zeitweise auf eine andere Kollegin oder Kollegen überträgt.

■ **Kreise**

Die Sitzordnung für eine Mitarbeiterversammlung wird bewusst geändert. Kreis: Die Stühle werden im Kreis oder in mehrere konzentrische Kreise gestellt.

Halbkreise: Zwei ineinander greifende Halbkreise werden gebildet. Im Zentrum der Halbkreise steht oder sitzt der Versammlungsleiter.

■ **Heißer Stuhl**

Während der Mitarbeiterversammlung darf nur derjenige reden, der einen extra dafür reservierten Stuhl besetzt. Variation: »Heiße Stuhlreihe«: Miteinander diskutieren dürfen nur diejenigen, die die entsprechenden Stühle besetzen. Zeitlimits verhindern Dauerredner (diese Methode eignet sich besonders für größere Mitarbeiterversammlungen).

■ **Arena**

Wie in einer großen Arena sitzen die Mitarbeiter/innen zusammen, während der Gesprächsleiter (wenn nötig mit drahtlosem Mikrofon) die Versammlung moderiert. Er sollte dabei immer in Kontakt zu den Mitarbeiterinnen und Mitarbeitern sein. Er darf nicht auf seinem Stuhl sitzen bleiben, sondern bewegt sich in der Arena (nicht wie ein Tiger, sondern mehr wie ein Dompteur . . .).

■ **Hufeisenform**

Sie eignet sich für mittelgroße Einrichtungen besonders. Am offenen Ende steht oder sitzt der Versammlungsleiter und moderiert die Diskussion.

■ **Ein Satz**

Zu Beginn der Mitarbeiterversammlung wird jeder Mitarbeiter/in aufgefordert, einen Satz zur Mitarbeitervertretungsarbeit zu sagen: nicht mehr und nicht weniger.

■ **Rechenschaftsbericht**

Der Rechenschaftsbericht wird nur schriftlich gegeben, und der Versammlungsleiter bittet um Rückfragen. Die MAV enthält sich ausdrücklich aller weiteren Kommentierungen und Erklärungen – es sei denn, sie wird von der Mitarbeiterversammlung dazu aufgefordert.

■ **Videofilm**

Die Mitarbeiterversammlung wird videografiert. Das Ergebnis wird zu einem kleinen Film zusammengeschnitten und während der nächsten Mitarbeiterversammlung einleitend vorgeführt.

■ **Videodokumentation**

Zu dem Thema der Mitarbeiterversammlung werden in den verschiedenen Abteilungen, Stationen etc. der Einrichtung Interviews gemacht, die an entsprechender Stelle in die Mitarbeiterversammlung eingespielt werden.

■ **Fotowand**

Die Arbeit der Einrichtung wird mit Fotos dokumentiert und auf einer Fotowand während der Mitarbeiterversammlung ausgestellt.

■ **Mitarbeiterwandzeitung**

Während der Mitarbeiterversammlung wird für einen bestimmten Zeitraum Möglichkeit gegeben, Meinungen schriftlich zu fixieren und Entscheidungsvorschläge zu machen. Diese werden auf große Plakate geschrieben und im Raum aufgehängt.

■ **Dienstgebervertreter hinauskomplimentieren**

Dienstgebervertreter sind manchmal gern, manchmal ungern gesehene Gäste der Mitarbeiterversammlung. Außer im Falle des § 21 Abs. 3 MAVO gibt es kein grundsätzliches Recht des Dienstgebervertreters, an der Mitarbeiterversammlung teilzunehmen. Die MAV sollte sich schon vor der Mitarbeiterversammlung überlegen, wie in hartnäckigen Fällen der Dienstgebervertreter hinauskomplimentiert werden kann: durch Begleitung an die Tür, freundliche öffentliche Aufforderung, besonders geschickte Planung der Tagesordnung.

■ **Transparenz von Teilversammlungen**

In vielen Einrichtungen ist es notwendig, Teilversammlungen abzuhalten. Die Mitarbeitervertretung hat dafür zu sorgen, dass die Beratungsmöglichkeiten dieser Teilversammlung gleichen Bedingungen unterliegen. Der Tagungsablauf muss ähnlich sein. Ergebnisse der vorausgehenden Teilversammlung sollten mitgeteilt werden: durch Plakate, Wandzeitung, Videofilm o. ä.

■ **Gags**

Mehr Lockerheit täte vielen kirchlichen Einrichtungen gut.

Die folgenden Vorschläge für Mitarbeiterversammlungen sind nicht alle ernst gemeint: Megaphon für den Versammlungsleiter. Prämien für die besten Vorschläge zur Lösung eines Problems (Entscheidung durch Lautstärke des Klopfens). Der Tätigkeitsbericht wird als Karikaturenfolge vorgestellt. Ein Beschlussvorschlag wird in Versform gemacht. Eine Einschätzung der derzeitigen Arbeit wird durch Pantomime vorgestellt. Während der gesamten Mitarbeiterversammlung wird eine Meckerecke eingerichtet, in die all diejenigen gehen können, deren Meinung nicht ausreichend berücksichtigt wurde. Jeder Mitarbeiter wird aufgefordert, ein Babyfoto von sich mitzubringen. Diese werden auf einer großen Stellwand ausgestellt. Die Kolleginnen und Kollegen müssen Identifikationsversuche machen. Erfolge und Misserfolge der MAV werden akustisch (z. B. durch einen Trompetenbläser während des Tätigkeitsberichtes) untermalt. Die Mitarbeitervertreter verkleiden sich als Saalordner. Ein Mitglied der Mitarbeitervertretung verkleidet sich als Reporter und interviewt die Mitarbeiterschaft. Zu spät Kommende werden aufgefordert, innerhalb der ersten 15 Minuten zur Strafe Arbeiterkampflieder, ab der 16. Minute Kirchenlieder zu singen. Die Sitzplätze werden zugelost, jeder 10. Teilnehmer erhält einen kleinen Preis.

■ **Mitbringsel**

Jeder, der an der Mitarbeiterversammlung teilgenommen hat, erhält ein kleines Mitbringsel: eine interessante Broschüre, ein Informationsblatt mit wichtigen Hinweisen der MAV, ein Bonbon etc.

■ **Kurzinformation**

Die wichtigsten Ergebnisse werden in kurzer, knapper Form (möglichst nicht mehr als eine DIN-A-4-Seite) sehr schnell nach der Mitarbeiterversammlung veröffentlicht und allen zur Kenntnis gebracht. Diese Kurzinformation ersetzt nicht das Protokoll!

Gags allein reichen nicht

Gute Methoden der Versammlungsstrukturierung kompensieren nicht fehlende Inhalte. Eine Mitarbeiterversammlung, die sonst nichts zu bieten hat, kann weder durch intelligente noch durch gagige Tagesordnungspunkte die Mitarbeiterschaft überzeugen. Wer aber gute Inhalte vertritt und diese durch schlechte Versammlungen »versteckt«, gräbt sich schnell die eigene Mitwirkungsgrube.

Das Letzte ...

Dienstgeber nehmen gern an Mitarbeiterversammlungen teil. Ihre Motive sind unterschiedlich: Kontrolle, Kontakt oder Kooperation. Vor jeder Mitarbeiterversammlung sollte mit dem Dienstgeber geklärt sein, wann seine Anwesenheit erwünscht oder erforderlich ist – und wann nicht.

§ 22 Aufgaben und Verfahren der Mitarbeiterversammlung

(1) Die Mitarbeiterversammlung befasst sich mit allen Angelegenheiten, die zur Zuständigkeit der Mitarbeitervertretung gehören. In diesem Rahmen ist die Mitarbeitervertretung der Mitarbeiterversammlung berichtspflichtig. Sie kann der Mitarbeitervertretung Anträge unterbreiten und zu den Beschlüssen der Mitarbeitervertretung Stellung nehmen.

(2) Spricht mindestens die Hälfte der wahlberechtigten Mitarbeiterinnen und Mitarbeiter in einer Mitarbeiterversammlung der Mitarbeitervertretung das Misstrauen aus, so findet eine Neuwahl statt (§ 13 Abs. 3 Nr. 5).

(3) Jede ordnungsgemäß einberufene Mitarbeiterversammlung ist ohne Rücksicht auf die Zahl der erschienenen Mitglieder beschlussfähig. Die Beschlüsse bedürfen der einfachen Mehrheit aller anwesenden Mitarbeiterinnen und Mitarbeiter. Anträge der Mitarbeiterversammlung gelten bei Stimmengleichheit als abgelehnt.

(4) Anträge und Beschlüsse sind in einer Niederschrift festzuhalten und von der oder dem Vorsitzenden und der Schriftführerin oder dem Schriftführer der Mitarbeitervertretung zu unterzeichnen. Der Niederschrift soll eine Anwesenheitsliste beigefügt werden. Bei Teilversammlungen (§ 4 Satz 2) und im Falle des Abs. 2 ist eine Anwesenheitsliste beizufügen.

§ 22 a Sonderregelungen für gemeinsame Mitarbeitervertretungen nach § 1 b

(1) Die dem Dienstgeber gegenüber der Mitarbeitervertretung nach dieser Ordnung obliegenden Pflichten obliegen bei der gemeinsamen Mitarbeitervertretung den betroffenen Dienstgebern gemeinschaftlich. Dies gilt auch für die Einberufung der Mitarbeiterversammlung zur Vorbereitung der Wahl einer gemeinsamen Mitarbeitervertretung (§ 10) sowie die Führung des gemeinsamen Gesprächs nach § 39 Abs. 1 Satz 1. Die Informationspflicht des Dienstgebers nach § 27 Abs. 1, § 27 a und die Verpflichtungen aus den Beteiligungsrechten nach §§ 29 bis 37 sind auf die jeweils eigenen Mitarbeiterinnen und Mitarbeiter beschränkt. Die betroffenen Dienstgeber können sich gegenseitig ermächtigen, die Aufgaben füreinander wahrzunehmen.

(2) Die §§ 7 Absätze 1 und 2, 8 Abs. 1 und 13 c Ziffer 4 finden mit der Maßgabe Anwendung, dass der Wechsel einer Mitarbeiterin oder eines Mitarbeiters zu einem kirchlichen Dienstgeber innerhalb des Zuständigkeitsbereichs der Mitarbeitervertretung nicht den Verlust des Wahlrechts, der Wählbarkeit oder der Mitgliedschaft in der Mitarbeitervertretung zur Folge hat.

(3) Für die Wahl der gemeinsamen Mitarbeitervertretung gelten die §§ 9 bis 11 c, soweit das Wahlverfahren nicht durch besondere diözesane Verordnung geregelt wird.

(4) Die Mitarbeiterversammlung ist die Versammlung aller Mitarbeiterinnen und Mitarbeiter der Einrichtungen, für die eine gemeinsame Mitarbeitervertretung gemäß § 1 b gebildet ist.

Verhältnis MAV zur Mitarbeiterversammlung

Das Verhältnis zwischen der Mitarbeitervertretung und der Versammlung der Mitarbeiter/innen ist vergleichbar mit der Beziehung zwischen einer Vereinsversammlung und dem Vorstand. Die Mitarbeiterversammlung kann die MAV kontrollieren und ggf. sogar im Zuständigkeitsbereich der MAV eigene Beschlüsse grundsätzlicher Art fassen. Nur die besonderen Rechte des Abschnittes V sind der MAV vorbehalten.

Die MAV unterliegt einer umfassenden Berichtspflicht gegenüber der Mitarbeiterversammlung. Dabei hat sie allerdings die Schweigepflicht nach § 20 zu beachten. Sie darf im Detail berichten, wo weder berechtigte Interessen einzelner Mitarbeiter/innen noch solche der Leitung unzulässig beeinträchtigt werden können. Das ist zu gewährleisten, indem ggf. Sachverhalte ohne Namensnennung und weitere Einzelheiten mitgeteilt werden.

Trotzdem sollte man versuchen, die Aktivitäten der MAV möglichst deutlich wiederzugeben. Die Mitgliederversammlung sollte die Möglichkeit haben, sich ein umfassendes Bild von der Arbeit der Mitarbeitervertretung zu machen.

Misstrauensvotum

Die Versammlung kann der MAV das Vertrauen entziehen, sie also durch einen mehrheitlichen Beschluss aus dem Amt weisen. Der Beschluss ist nur wirksam, wenn die Abstimmung über diesen Punkt in der Einladung zur Mitarbeiterversammlung ausdrücklich aufgeführt ist und sich in der Versammlung nicht nur die Mehrheit der Anwesenden, sondern über die Hälfte aller **wahlberechtigten** Mitarbeiter/innen gegen die MAV entscheidet. Um das feststellen zu können, muss die oder der Vorsitzende der MAV schon in Vorbereitung der Versammlung eine genaue Prüfung der Anzahl der Wahlberechtigten anhand einer aktuellen Mitarbeiterliste vornehmen. Die Anzahl der für das Misstrauensvotum erforderlichen Stimmen sollte unbedingt schon vor Beginn der Abstimmung bei der MAV bekannt sein.

Im Falle eines erfolgreichen Misstrauensvotums muss eine Neuwahl stattfinden. Bis zur Wahl der neuen MAV ist die Einrichtung dann ohne Vertretung der Mitarbeiter/innen. Es gibt kein Übergangs- oder Restmandat.

Man sollte daher stets auch im Auge haben, dass der Dienstgeber in der Zeit bis zur Konstituierung der neu gewählten MAV alle Beteiligungsverfahren ohne MAV durchführen kann.

Beschlüsse der Mitarbeiterversammlung

Sonstige Beschlüsse der Mitarbeiterversammlung bedürfen (nur) der Mehrheit der anwesenden Mitarbeiter/innen. Inhaltlich wird es sich dabei in den meisten Fällen um Aufträge und Voten zur Umsetzung von Vorhaben an die MAV handeln. Eine gute Beteiligung an der Mitarbeiterversammlung ist Voraussetzung dafür, dass solche Voten auch eine deutliche Aussagekraft über die Meinung in der Mitarbeiterschaft haben.

Protokollpflicht und Anwesenheitsliste

Für alle Mitarbeiterversammlungen besteht Protokollpflicht. Formell trifft diese die Schriftführerin/den Schriftführer zusammen mit der oder dem Vorsitzenden der MAV. Die Pflicht kann und sollte allerdings auch delegiert werden. Für die Protokolle gilt die schon in § 14 gegebene Empfehlung: Weniger ist oft mehr oder das Wesentliche knapp und übersichtlich dargestellt, erfüllt den Zweck der Protokollierung am ehesten. Nur Beschlussanträge müssen wörtlich und mit konkretem Abstimmungsergebnis dargestellt werden. Eine Anwesenheitsliste gehört ebenfalls zu den notwendigen Formalien. Sie lässt sich leicht erstellen, indem sie zu Beginn der Veranstaltung zur eigenen Eintragung ausgelegt oder herumgereicht wird.

Besonderheiten für „Gemeinsame Mitarbeitervertretungen" nach § 22 a

Da es in den unter § 1 a genannten Konstellationen einer „gemeinsamen MAV" auch mehrere Dienstgeber geben kann, sind alle Verpflichtungen aus der MAVO –also neben der Pflicht zur Durchführung des mindestens jährlich stattfindenden Gesprächs mit der MAV auch die Pflicht zur Initiative zur Einberufung einer Mitarbeiterversammlung- von diesen Dienstgebern gemeinsam wahrzunehmen.

Letzteres erscheint zunächst problematisch, da die Bildung einer gemeinsamen Mitarbeitervertretung nach § 1 b immer nur freiwillig und auch von der Initiative der betroffenen MAVen bzw. Mitarbeiter/innen abhängig ist. Die Pflicht des Dienstgebers, für die Bildung einer (gemeinsamen) MAV nach § 1 b zu sorgen, ist daher wohl davon abhängig zu machen, dass der Dienstgeber eine Befragung der betroffenen Mitarbeiter durchgeführt hat und die Idee einer möglichen Konstruktion der Vertretung über mehrere Einrichtungen hinaus ernsthaft bei den Mitarbeiter/innen besteht. Entscheidet sich aber ein Teil der Mitarbeiter/innen, die eine eigene MAV bilden könnten, doch noch gegen die Konstruktion einer gemeinsamen Mitarbeitervertretung, scheidet eine erfolgreiche Initiative des Dienstgebers in Richtung auf die Bildung einer gemeinsamen Mitarbeitervertretung aus.

Sonstige Sonderregelungen für „Gemeinsame Mitarbeitervertretungen"

Etwas unsystematisch regelt der Ordnungsgeber im § 22 a auch die Verantwortlichkeiten der Dienstgeber von „Gemeinsamen Mitarbeitervertretungen für Beteiligungsverfahren". Es gilt der Grundsatz: Der jeweilige Dienstgeber informiert, hört an und beteiligt gegenüber der MAV immer nur im Hinblick auf seine eigenen Mitarbeiter/innen. Allerdings besteht –und das dürfte der Regelfall werden- das Recht zur Ermächtigung eines Dienstgebervertreters, der für alle entsprechend gegenüber der MAV handelt.

Findet ein Wechsel des Dienstgebers durch Mitarbeiter innerhalb des Verbundes statt, so bleibt das **mitarbeitervertretungsrechtlich** (aber nicht arbeitsrechtlich) ohne Konsequenzen. Das Wahlverfahren für eine „Gemeinsame Mitarbeitervertretung" läuft wie ein „normales" Wahlverfahren ab. Es besteht ebenfalls die Möglichkeit bzw. Verpflichtung, im „Vereinfachten Wahlverfahren" zu wählen, wenn die dafür festgelegte Anzahl der Mitarbeiter nicht überschritten wird.

Formale Regeln der Versammlungs- und Sitzungsleitung

Vorsitzende von Mitarbeitervertretungen leiten deren Sitzungen und stehen üblicherweise auch den Mitarbeiterversammlungen vor. Je größer die Gremien sind, desto notwendiger ist eine juristisch unanfechtbare Leitung, die die Aufgaben des jeweiligen Organs im Blick behält und die Rechte der Teilnehmenden bzw. der Vertreter berücksichtigt.

Dabei helfen Regeln, die sich über viele Jahre herausgebildet haben und mittlerweile bei der Leitung von Mitgliederversammlungen, Parlamenten, Vereinen oder auch Mitarbeiterversammlungen üblich sind. Diese Regeln finden ihre Grenzen in der Mitarbeitervertretungsordnung.

Manche größere Mitarbeitervertretungen haben eigens Geschäftsordnungen beschlossen, in denen diese Verfahrensweisen festgelegt wurden.

Sitzungseröffnung

Der oder die MAV-Vorsitzende eröffnet die Sitzung oder die Mitarbeiterversammlung offiziell und macht damit deutlich, dass von nun an »rechtserheblich« gehandelt wird.

Tagesordnung

Der Vorsitzende gibt die Tagesordnung bekannt, stellt die Beschlussfähigkeit fest (siehe § 14 Abs. 5 oder § 22 Abs. 3 MAVO) und ergänzt die Tagesordnung, wenn die Anwesenden dies wünschen. Gegebenenfalls wird auch die Reihenfolge der Tagesordnungspunkte neu festgelegt.

Sinnvoll ist es, in dieser Phase eine Zeiteinteilung vorzunehmen, damit für die einzelnen Beratungspunkte Zeit bleibt und nicht am Ende gekürzt werden muss, weil am Anfang zu langatmig diskutiert wurde.

Redezeitbeschränkung

In großen Versammlungen ist es notwendig, eine Redezeitbeschränkung einzuführen, um Freunden des »Filibusterns«, des Endlosredens, das Temperament zu begrenzen.

Grundsätzlich gilt, dass der oder die Vorsitzende einer Versammlung das Recht hat, Wortmeldungen zeitlich wie auch inhaltlich (wenn jemand nicht mehr zur Sache spricht) zu begrenzen.

Hausrecht

Wir sind der Meinung, dass der Vorsitz in der Mitarbeiterversammlung das Recht gibt, über Zutritt und Anwesenheit zu entscheiden. Dieser Entscheidung ist auch der Dienstgebervertreter unterworfen.

Könnte er sich durch sein Hausrecht darüber hinwegsetzen, würde er in die Kompetenz des Versammmlungsleiters eingreifen und diese aushöhlen. Die Kommentare zur MAVO umgehen dieses Problem, indem sie Dienstgeber und MAV-Vorsitzender/Vorsitzendem eine gemeinsame Ausübung des Hausrechtes zubilligen, soweit es die Mitarbeiterversammlung betrifft.[23]

Rednerliste

Der Vorsitzende registriert den Eingang der Wortmeldungen und führt eine Rednerliste. Hierbei assistieren unter Umständen andere Versammlungsleiter bzw. Leiterinnen. Es kann sinnvoll und üblich sein, die Wortmeldungen nach sachlichen Gesichtspunkten zusammenzustellen, um eine stringente Diskussion zu ermöglichen. Es gehört ebenfalls zu den Rechten des Vorsitzenden, Wortmeldungen außer der Reihe zuzulassen, wenn ihm dies inhaltlich notwendig erscheint. Dass er sich dabei unparteiisch zu verhalten hat, versteht sich von selbst.

---

23 Bleistein/Thiel Rz. 3 zu § 21; Frey/Coutelle/Beyer Rz 10 zu § 21

Wechsel der Sitzungsleitung

Der Vorsitzende selbst sollte in der Regel an inhaltlichen Auseinandersetzungen nicht teilnehmen oder deutlich machen, wenn er nicht in seiner Rolle als Versammlungsleiter zur Tagesordnung spricht. Gegebenenfalls ist sogar an einen Wechsel der Sitzungsleitung zu denken. Ob dies strikter Grundsatz ist, hängt immer auch von der Größe der Versammlung ab.

Antrag zur Geschäftsordnung

Der Versammlungsleiter entscheidet auch darüber, ob ein während der Diskussion gestellter Antrag zur Geschäftsordnung vorrangig behandelt wird. Geschäftsordnungsanträge können z. B. sein: Redezeitbegrenzung, Tagesordnungsänderung, Sitzungsunterbrechung, Schluss der Rednerliste, Schluss der Debatte, Verweisung des Verhandlungsgegenstandes in eine andere Sitzung. Wer zur Geschäftsordnung spricht, erhält das Wort außerhalb der Reihe. Üblich ist es, Wortmeldungen zur Geschäftsordnung durch die Erhebung beider Arme zu signalisieren.

Zur Geschäftsordnung selbst wird in der Regel eine Gegenrede aus der Versammlung zugelassen. Der Vorsitzende lässt die Anträge zur Abstimmung, die aus der Teilnehmerrunde kommen, zu und trägt dafür Sorge, dass alle Anwesenden sie so verstanden haben, dass sie zu einem Urteil kommen können. Er hat die Reihenfolge festzulegen.

Gleichzeitigkeit verschiedener Antragstellungen

Bei Gleichzeitigkeit verschiedener Antragstellungen ist von folgenden Grundsätzen auszugehen:

- Geschäftsordnungsanträge gehen stets den Sachanträgen vor.
  Wenn mehrere Anträge zum gleichen Gegenstand vorliegen, soll zuerst über den weitest gehenden Antrag abgestimmt werden, das ist der, der die anderen Anträge überflüssig machen würde.

▸ **Beispiele**

Zwei Anträge stehen zur Debatte. »*Der Betriebsausflug soll abgeschafft werden*« *oder* »*Es soll nur ein halbtägiger Betriebsausflug stattfinden*«. Der erste Antrag ist der weitergehende.

Hauptanträge gehen Hilfsanträgen vor: »*Der Betriebsausflug soll in diesem Jahr nicht stattfinden*« (Hauptantrag) »*Statt des Betriebsausfluges soll eine Wanderung durchgeführt werden*« (Hilfsantrag).

Ansonsten entscheidet der Vorsitzende, in welcher Reihenfolge Anträge zur Abstimmung gestellt werden. Der Zeitpunkt der Antragstellung kann leitendes Kriterium sein.

Der Vorsitzende entscheidet auch darüber, ob der gestellte Antrag in einem sachlichen Zusammenhang zum Tagesordnungspunkt steht.

Beschlussanträge

Beschlussanträge von grundsätzlicher Bedeutung sollten in Einladungen bekannt gegeben werden, damit die Teilnehmenden sich vorab ein Urteil bilden und dies in die Debatte einbringen können. Unabhängig davon können Dringlichkeits- oder Initiativanträge gestellt werden.

Formen der Abstimmung

Die Mitarbeitervertretungsordnung selbst sicht keine formalen Regelungen für die Behandlungen von Anträgen vor.

Übliche Formen der Abstimmung sind

die Akklamation: durch Augenschein stellt der vorsitzende Versammlungsleiter die offensichtlich allgemeine Zustimmung fest,

die offene Abstimmung,

die geheime Abstimmung (bei Wahlen im Rahmen der Mitarbeitervertretungsordnung zwingend) und

die namentliche Abstimmung (in der Regel nur üblich im Rahmen parlamentarischer Abstimmungen).

Abstimmungsergebnis

Zur Gültigkeit eines Beschlusses muss der Vorsitzende das Abstimmungsergebnis bekannt geben. Bei Wahlen geht diese Pflicht über auf den Wahlausschuss (§ 11 Abs. 7 MAVO).

Protokollierung

Der Vorsitzende hat dafür Sorge zu tragen, dass es zu einer ordnungsgemäßen Protokollierung einer Sitzung bzw. Versammlung kommt. Dazu gehört im Regelfall auch die Teilnehmerliste.

Formalien dienen in der Regel dazu, rechtliche Bestimmungen auf angemessene Weise und unter geordneten Bedingungen wirksam werden zu lassen. Formalien helfen, die Rechte der Beteiligten gleichmäßig zu sichern.

Jeder, der mit Gremien in unterschiedlichen Arbeitsfeldern zu tun hat, weiß aber auch, dass formale Vorschriften Spontaneitäten hindern und die Tendenz haben, sich soweit in den Vordergrund zu schieben, dass die inhaltlichen Fragen unbedeutender werden.

Ein guter Vorsitzender oder eine gute Vorsitzende wird sich darum bemühen, ein ausgewogenes Verhältnis von formaler Korrektheit, inhaltlicher Priorität und kommunikationsfördernder Spontaneität zu erreichen.

Versammlungen und Sitzungen leiten – jenseits der formalen Regeln

Ob eine Sitzung positive Ergebnisse zeitigt, ob eine Versammlung mehr Zufriedenheit als Frustration auslöst, das hängt wesentlich von der geschickten Leitung ab.

Einige Anregungen sollen Anhaltspunkte für den Leiter oder die Leiterin geben. In welchem Maße sie zutreffen oder angewandt werden können, hängt ab von den

- Umständen,
- der Teilnehmerzahl,
- den Themen und
- der Person des Sitzungsleiters oder der Versammlungsleiterin.

- **Leiter oder Leiterin eröffnet.**

Er stellt die Themen vor, fragt nach weiteren Themen, ergänzt, streicht. Themen werden priorisiert und mit Ca.-Zeitvorgaben versehen.

- **Der Leiter schlägt Regeln für den Verlauf vor.**

Gegebenenfalls verständigt man sich auf die oben dargestellten formalen Regeln.

- **Der Leiter achtet auf die Einhaltung der Regeln.**

Er tut dies freundlich, aber bestimmt. Regelverletzungen werden nur ausnahmsweise zugelassen: Ausnahmen bestätigen die Regel.

- **Der Leiter registriert die Wortmeldungen.**

Er macht durch eine Geste (z. B. Kopfnicken) deutlich, dass Handzeichen wahrgenommen wurde. Verlängert sich die Rednerliste, benennt er ab und zu die Namen, die er in Reihenfolge verzeichnet hat.

- **Der Leiter versucht, passiv wirkende Gesprächsteilnehmer und Teilnehmerinnen einzubeziehen.**

Deren Wortmeldungen werden besonders aufmerksam angenommen. Gegebenenfalls spricht er sie unmittelbar an und bittet um ein Urteil, Meinung oder Gegendarstellung.

- **Der Leiter versucht Ausschweifungen zum Thema zu begrenzen.**

Dies gelingt oft durch freundliches Nachfragen, Bitte um Konkretisierung oder steuerndes Unterbrechen (*»Können wir uns zunächst nur auf diesen Sachverhalt beziehen?«*).

■ **Leiter helfen.**

Leiter sind vor allen Dingen für diejenigen wichtig, die unerfahren oder ungeschickt formulieren. Er kann »Nachformulierungen« anbieten (»*Haben Sie damit gemeint, dass . . .*«).

■ **Leiter können während der Diskussionen strukturieren, indem sie . . .**

. . . geäußerte Standpunkte wiederholen oder in ihren Gegensätzlichkeiten pointieren.

. . . Zusammenfassungen versuchen.

. . . darstellen, was Konsens ist und nicht mehr diskutiert werden muss . . . offene Fragen und Ungeklärtes deutlich benennen.

. . . mögliche Annäherungen formulieren.

. . . den Dissens benennen, wenn Annäherungen nicht möglich erschienen.

Hilfen dabei sind Visualisierungen, klare Diskussionspausen (»*Ich will das Diskutierte zunächst so zusammenfassen . . .*«) und in besonderen Fällen die körperliche Artikulation (»*Alle, die die Position von Herrn X vertreten in die linke Raumecke, die anderen in die rechte. Wer unentschieden ist bleibt sitzen und teilt nach Möglichkeiten seine Gedanken mit.*«)

■ **Die Aufgabe des Leiters ist es nicht, Bewertungen vorzunehmen.**

Allerdings kann er auf Widersprüche, Ungereimtheiten oder offensichtliche Unwahrheiten hinweisen.

■ **Aufgabe von Leiter und Leiterin ist es, das Gespräch zu runden.**

Benannt wird das Geklärte, Abgesprochene, ausgesprochen das Offengebliebene. Ergebnisse sollten immer gesichert werden: Wer macht was, wann und gibt Rückmeldung an wen bis zu welchem Zeitpunkt?

Sitzungs- und Versammlungsleitung sollten die sach- und kommunikationserfahreneren Kolleginnen und Kollegen übernehmen. In solche Aufgaben kann man hineinwachsen – durch Assistenz oder partielle Übernahme der Leitung (zum Beispiel für einen Tagesordnungspunkt).

Das Letzte . . .

Manchmal gilt auch für Mitarbeiterversammlungen: Warum sachlich, wenn es auch persönlich geht.

§ 23 Sondervertretung

(1) Mitarbeiterinnen und Mitarbeiter, die von ihrem Dienstgeber einer Einrichtung eines anderen kirchlichen oder nichtkirchlichen Rechtsträgers zugeordnet worden sind, bilden eine oder mehrere Sondervertretungen.

(2) Die Sondervertretung wirkt mit bei Maßnahmen, die vom Dienstgeber getroffen werden. Bei Zuordnung zu einem kirchlichen Rechtsträger ist im übrigen die Mitarbeitervertretung der Einrichtung zuständig.

(3) Das Nähere, einschließlich der Einzelheiten des Wahlverfahrens, wird in Sonderbestimmungen geregelt.

Diözesane Abweichungen

Die (Erz-)bistümer Augsburg, Bamberg, Berlin, Eichstätt, Erfurt, Fulda, Hamburg, Hildesheim, Mainz, Osnabrück, Passau, Regensburg, Rottenburg-Stuttgart, Speyer und Trier (dort §§ 47–52) haben besondere Regelungen.

Sondervertretung

Diese Mitarbeitervertretung ist eine zusätzliche und besondere Form der Mitarbeitervertretung. Kennzeichnend für die Möglichkeit der Bildung einer Sonder-Mitarbeitervertretung ist, dass betroffene Mitarbeiterinnen oder Mitarbeiter zentral angestellt, aber dezentral beschäftigt werden. Sie haben also mit zwei verschiedenen Stellen zu tun, die beide eine Dienstgeberfunktion wahrnehmen.

Das Ordinariat, Generalvikariat, die zentrale Verwaltungsstelle des Bistums oder der Diözesan-Caritasverband bzw. eine andere zentrale Stelle schließt den Arbeitsvertrag ab, weist den Beschäftigten aber dauerhaft eine Tätigkeit in einer Pfarrgemeinde, einer Beratungsstelle, einer Schule oder einer bzw. gleichzeitig mehreren anderen dezentralen Einrichtungen zu.

Die Rahmen-MAVO enthält nur ein (unvollständiges) Muster einer Regelung. Die oben genannten (Erz-)Bistümer haben zur Bildung von Sondervertretungen eigenständige Normierungen, die teilweise sehr umfangreich sind und sich aus den einschlägigen Fundstellen in den kirchlichen Amtsblättern entnehmen lassen (siehe Erläuterungen zu § 55)

Gemeinsamkeiten

Als Gemeinsamkeit lässt sich aber festhalten, dass nur Mitarbeiter/innen einer Berufsgruppe oder eines Aufgabenbereichs Sondervertretungen wählen dürfen. Also zum Beispiel

- Gemeindereferent/innen, Pastoralreferent/innen, katechetische Lehrkräfte (Religionslehrer) oder Pfarrsekretärinnen als eine Berufsgruppe oder
- Mitarbeiter in der Hochschul-, Klinik-, Gefängnis-Seelsorge, in besonderen Beratungsdiensten als Angehörige eines gemeinsamen Aufgabenbereiches,

sofern alle Betroffenen einen gemeinsamen, zentralen Anstellungsträger und mehrere dezentrale Beschäftigungsstellen haben.

Doppelte Zuständigkeit

Die Rechtsfolge ist, dass alle Fragen, die mit dem arbeitsrechtlichen Status der Mitarbeiter/innen zusammenhängen, zum Beispiel die Frage einer Versetzung, der Vergütung, einer Nebenbeschäftigung, der Kündigung usw. mit dem Anstellungsträger, der Zentrale zu regeln sind.

Fragen betriebsorganisatorischer Art, zum Beispiel die Lage der Arbeitszeit oder die Urlaubsgewährung gehören dagegen in den Zuständigkeitsbereich der dezentralen Einrichtung, bei der die Mitarbeiter/innen ihre Arbeitsleistung tatsächlich erbringen, also der Beratungsstelle oder der Pfarrgemeinde.

Doppeltes Mandat

Aus der doppelten Zuständigkeit ergibt sich auch ein doppeltes Mandat. Diese Mitarbeiter/innen nehmen ihr aktives Wahlrecht zweimal wahr. Sie wählen mit bei der Wahl zur MAV in der Beratungsstelle oder Pfarrgemeinde (soweit diese Einrichtung die Mindest-Kriterien nach § 6 Abs. 1 erfüllt) und sie wählen darüber hinaus auch die Sonder-MAV ihrer Berufsgruppe.

Geteilte Kompetenzen

Der Sonder-MAV steht nicht der umfassende Aufgabenkatalog einer »normalen Mitarbeitervertretung«, sondern nur der Ausschnitt von Rechten zur Verfügung, die logischerweise aufgrund der besonderen Konstellation nicht von der MAV der Einrichtung wahrgenommen werden können. Dabei kann man verallgemeinernd und generell für alle diözesanen Regelungen sagen:

- Soweit die Leitung der (dezentralen) Einrichtung, also z. B. der Pfarrgemeinde für Anordnungen zuständig ist, ist die (Einrichtungs-MAV) zu beteiligen. Soweit die Personalabteilung des Anstellungsträgers für Entscheidungen zuständig ist, ist die Sonder-MAV zu beteiligen.

Wahlverfahren

Die besondere Situation der Mitarbeiter/innen, die durch eine Sonder-MAV vertreten werden, bedingt im allgemeinen auch eine besondere Regelung beim Wahlverfahren. Die Wahl durch persönliche Abgabe eines Stimmzettels wie im ordentlichen Wahlverfahren oder gar die Teilnahme an einer Wahlversammlung wie bei vereinfachten Wahlverfahren ist bei räumlich meistens weit von einander getrennten Einrichtungen schwierig. Daher schreiben die meisten diözesanen Regelungen hier ausschließlich die Briefwahl als zulässiges Wahlverfahren vor.

Die Sonder-MAV hat im übrigen dieselben Status-Rechte wie jede andere MAV. Ihr steht die Freistellung, die Übernahme der notwendigen Kosten und natürlich auch der Kündigungsschutz zu. Verpflichteter gegenüber der Sonder-MAV ist stets der Anstellungsträger.

Einzelinteressen gegen Gesamtinteressen – wer braucht Sonderrechte?

So einheitlich sich die katholische Kirche nach außen darstellt, so verworren und gegeneinander laufend sind die Strukturen, die zwar manchmal einer theologischen Logik entsprechen mögen, betriebswirtschaftlich und organisationstheoretisch hingegen eher unprofessionell anmuten.

Auch die Mitarbeitervertretungsordnung spiegelt einen Teil herrschender Wirrnis ab.

Jede Pfarrgemeinde wird innerkirchlich wie ein selbstständiger »Betrieb« behandelt. Sie hat einen »Chef« (der Pfarrer) einen »Vorstand« (der Kirchenvorstand), den »Betriebsrat« (die Mitarbeitervertretungsordnung). Daneben gibt es weitere Gruppen, die planen oder beraten (Pfarrgemeinderäte, Ausschüsse etc.).

Dienstgebervertreter beharren häufig darauf, dass Gemeinde „eigne Betriebe sind", bestehen dennoch auf gewachsene und gepflegte Abhängigkeiten von der Bistumsleitung bis in organisatorische Einzelheiten hinein.Kaum ein Arbeitsvertrag wird ohne das diözesane Plazet gültig. Die Pfarrgemeinde ist abhängig.

Bestimmte Mitarbeitergruppen, die in Gemeinden tätig sind (je nach Struktur der Diözese die Küster, Gemeindereferentinnen oder Pastoralreferenten), werden auf Bistumsebene angestellt und in einer Art unentgeltlicher Arbeitnehmerüberlassung an die Gemeinden ausgeliehen.

Bei der Mitarbeitergruppe der Geistlichen findet in den persönlichen Angelegenheiten keinerlei Mitwirkung statt, oder sie gelten – wenn sie auf Gemeindeebene angestellt wurden – nicht als Mitarbeiterin oder Mitarbeiter im Sinne der MAVO.

In einzelnen bundesdeutschen Diözesen sind zwar die Kindergärten gemeindliche Einrichtungen: Die Erzieherinnen werden vom Kirchenvorstand angestellt (kirchenoberlich genehmigt). Angewandt auf den Arbeitsvertrag wird aber häufig die AVR (außer in Süd/Südwestdeutschland und im Bistum Osnabrück), weil historisch Kindergartenarbeit als »Caritas-Arbeit« definiert wurde. Die Pfarrsekretärin unterfällt dagegen dem Arbeitsvertragswerk der verfassten Kirche, also dem Recht der (Regional-)KODA des Bistums.

Wen wundert es da, dass viele Mitarbeitervertretungen oft nicht »durchblicken«.

Sondervertretungen

Die Mitarbeitervertretungsordnung versucht mit ihren Regelungen des § 23 zumindest teilweise auf die verworrene Situation zu reagieren, überlässt die Entscheidung darüber allerdings ausschließlich dem Dienstgeber – anders als bei der »Gesamtmitarbeitervertetung«. Da muss gemäß § 24 Abs. 1 Einvernehmen hergestellt werden.

Die große Mehrheit der existierenden Sondervertretungen besteht aus MAVs für Gemeinde- bzw. Pastoralreferentinnen. So sinnvoll berufsgruppenspezifische Orientierungen im Mitwirkungsrecht sind, so problematisch sind sie deswegen, weil Gefahr besteht, dass einzelne starke Mitarbeitergruppen die Mitarbeitervertretung zur Lobby eigener Standesinteressen weiterentwickeln.

Die Einheitlichkeit des Dienstes wird gefährdet.

Kooperation

Mitarbeitervertretungen sollten im Sinne der Dienstgemeinschaft dafür Sorge tragen, dass sich nicht unterschiedliche mitwirkungsrechtlich privilegierte Gruppen entwickeln.

- **Die Diözesane Arbeitsgemeinschaft der Mitarbeitvertretungen kann die Sondervertretungen um einen regelmäßigen Arbeitsbericht bitten, der allen anderen Mitarbeitervertretungen in angemessener Form zugänglich gemacht werden wird.**
- **Die Vorsitzenden der Sondervertretungen werden regelmäßig in den Vorstand der Diözesanen Arbeitsgemeinschaft eingeladen, um die Arbeit abzustimmen.**
- **Örtliche Mitarbeitervertretungen können über ihre Erfahrungen mit den Sondervertretungen berichten.**
- **In den Sondervertretungen sollten die Mitglieder immer mal wieder von den Aktivitäten der MAVen vor Ort berichten.**
- **Manchmal ist es sinnvoll, auf zugestandene Rechte freiwillig zu verzichten und diese im Sinne der Vereinheitlichung und Transparenz an die örtlichen Mitarbeitvertretungen »durchzureichen« – vorausgesetzt, der Dienstgeber ist damit einverstanden.**

■ **Der Dienstgeber darf die Sondervertretungen (zum Beispiel die der Gemeindereferentinnen) nicht als Sprechergremium für alle Mitarbeiter und Mitarbeiterinnen (zum Beispiel der Gemeinde) missverstehen.**

Wenn, dann nicht nur eine ...

Wenig Sinn dürfte es machen, wenn alle Mitarbeiter und Mitarbeiterinnen mit dem geschilderten Sonderstatus (§ 23 Absatz 1) ausschließlich einer Sondervertretung zugeordnet werden. Bisherige Erfahrungen weisen darauf hin, dass dies schnell zu Überforderungen führen kann *(Was versteht der Gemeindereferent von spezifischen schulischen Arbeitsfeldern?).*

Zukunftsmusik

Besser als Sondervertretung erscheint ein gestuftes System »Gesamt-MAV, Regional-MAV und Vor-Ort-MAV«. Hier könnten berufsspezifische Fragen integriert werden ohne sie von den üblichen Aufgaben abzukoppeln.

Das Letzte ...

Berufsgruppen oder Verbände können als „Interessenvertretung" fachspezifische Anliegen dem Dienstgeber vortragen. Sie sind keine Sondervertretung, können sich aber autorisiert durch ihre Mitglieder Gehör verschaffen.

z, B. 2KD

§ 24 Gesamtmitarbeitervertretung und erweiterte Gesamtmitarbeitervertretung

(1) Bestehen bei einem Dienstgeber (§ 2) mehrere Mitarbeitervertretungen eines Dienstbereiches, so kann im Einvernehmen zwischen Dienstgeber und allen Mitarbeitervertretungen eine Gesamtmitarbeitervertretung gebildet werden.

(2) Die Mitarbeitervertretungen oder, soweit vorhanden, die Gesamtmitarbeitervertretungen mehrerer Einrichtungen mehrerer Rechtsträger können durch eine gemeinsame Dienstvereinbarung mit allen betroffenen Dienstgebern die Bildung einer erweiterten Gesamtmitarbeitervertretung vereinbaren, soweit dies der wirksamen und zweckmäßigen Interessenvertretung der Mitarbeiterinnen und Mitarbeiter dient. Diese tritt an die Stelle bestehender Gesamtmitarbeitervertretungen.

(3) Jede Mitarbeitervertretung entsendet in die Gesamtmitarbeitervertretung oder erweiterte Gesamtmitarbeitervertretung ein Mitglied. Außerdem wählen die Sprecherinnen oder Sprecher der Jugendlichen und Auszubildenden und die Vertrauensperson der schwerbehinderten Mitarbeiterinnen und Mitarbeiter der beteiligten Mitarbeitervertretungen aus ihrer Mitte je eine Vertreterin oder einen Vertreter und je eine Ersatzvertreterin oder einen Ersatzvertreter in die Gesamtmitarbeitervertretung oder erweiterte Gesamtmitarbeitervertretung. Durch Dienstvereinbarung kann die Mitgliederzahl und Zusammensetzung abweichend geregelt werden.

(4) Die Gesamtmitarbeitervertretung oder erweiterte Gesamtmitarbeitervertretung wirkt bei den Angelegenheiten im Sinne der §§ 26 bis 38 mit, die Mitarbeiterinnen und Mitarbeiter aus dem Zuständigkeitsbereich mehrerer Mitarbeitervertretungenbetreffen. In allen übrigen Angelegenheiten wirkt die Mitarbeitervertretung der Einrichtung mit, unabhängig davon, wer für den Dienstgeber handelt.

(5) Soll eine einmal eingerichtete Gesamtmitarbeitervertretung oder erweiterte Gesamtmitarbeitervertretung aufgelöst werden, so bedarf es dafür der Zustimmung aller betroffenen Mitarbeitervertretungen und Dienstgeber. Für die Gesamtmitarbeitervertretung kann anlässlich des Einvernehmens nach Abs. 1 und für die erweiterte Gesamtmitarbeitervertretung kann durch die zugrundeliegende Dienstvereinbarung eine abweichende Regelung getroffen werden.

(6) Für die Gesamtmitarbeitervertretung und erweiterte Gesamtmitarbeitervertretung gelten im Übrigen die Bestimmungen dieser Ordnung sinngemäß mit Ausnahme des § 15 Abs. 3.

Diözesane Abweichungen

Eigene Regelungen haben die (Erz-) Bistümer: Aachen, Augsburg, Fulda, Hamburg, Hildesheim, Dresden-Meißen, Erfurt, Osnabrück, Trier (§ 53)

Gesamtmitarbeitervertretung

Auch die Gesamtmitarbeitervertretung ist eine zusätzliche, besondere Form der Mitarbeitervertretung.

Im Unterschied zur Sonder-MAV (siehe § 23) besteht zwischen der ordentlichen MAV und dieser Form von Mitarbeitervertretung aber kein Nebeneinander mit unterschiedlichen Kompetenzen, sondern ein Unter-Über-ordnungs-Verhältnis im gleichen Zuständigkeitsbereich.

Anwendungsbereich

Die (einfache) Gesamt-MAV kann in der Regel gebildet werden, wenn mehrere Mitarbeitervertretungen eines bestimmten Dienstbereichs einem einzigen Dienstgeber zugeordnet sind. Große Rechtsträger mit einer Vielzahl von einzelnen Einrichtungen, die jeweils eine eigene Mitarbeitervertretung haben, bilden den Anwendungsbereich des § 24 MAVO.

Nicht alle Mitarbeitervertretungsordnungen in den einzelnen Bistümern sehen die Bildung einer Gesamt-MAV vor. Teilweise ist der § 24 nicht besetzt.

Bildung nur bei völligem Einvernehmen

Die Bildung einer Gesamt-MAV ist nur möglich, wenn sowohl der Dienstgeber als auch alle Mitarbeitervertretungen des betreffenden Dienstbereiches damit einverstanden sind. Schon der Widerspruch einer einzigen MAV würde die Bildung einer Gesamt-MAV verhindern. Eine besondere Wahlordnung besteht nicht. Die einzelnen Mitarbeitervertretungen bestellen – ggf. nach ihrer Größe gestaffelt – eines oder zwei Mitglieder in die Gesamt-MAV.

Zuständigkeit

Durch die Bildung der Gesamt-MAV verliert die einzelne Mitarbeitervertretung einen Teil ihrer Kompetenzen. Diese sind im einzelnen nicht genau beschrieben. Es empfiehlt sich deshalb, den Zuständigkeitsbereich für die Gesamt-MAV schon vor ihrer Bestellung genau und verbindlich festzulegen.

Da der Bildung einer Gesamt-MAV immer ein freiwilliger Entschluss aller Beteiligten zugrunde liegt, ist selbstverständlich auch dieser Punkt einvernehmlich, also durch vertragliche Vereinbarung zu klären. Jede einzelne MAV kann dabei versuchen, ihre Vorstellungen durchzusetzen, was die Bildung einer Gesamt-MAV im Ergebnis nicht einfach macht.

Grundsätzlich wird eine Gesamt-MAV nur für Angelegenheiten zuständig sein, die alle Mitarbeitervertretungen gleichermaßen betreffen. Ob dies der Fall ist, hängt aber weniger von äußeren Faktoren ab, die im Voraus zu bestimmen wären, sondern vielmehr von der Entscheidung des Dienstgebers, der ja für alle Mitarbeitervertretungen zuständig ist und deshalb weitgehend selbst entscheiden kann, ob er eine Regelung in allen Einrichtungen oder nur im Einzelfall umsetzen will.

Daraus ergibt sich, dass die Beteiligungen nach § 34 (Einstellung und Anstellung) und § 35 (Personelle Einzelmaßnahmen) wohl weitgehend für eine Gesamt-MAV zu vernachlässigen sind, während § 29 (Betriebsorganisation) und § 38 (Dienstvereinbarungen in sozialen Angelegenheiten) im Vordergrund der Tätigkeit einer Gesamt-MAV stehen dürften.

Erweiterte Gesamt-Mitarbeitervertretung

Mit der Möglichkeit, auch bei Bestehen **mehrerer Dienstgeber** eine sogenannte „erweiterte" Gesamt-Mitarbeitervertretung zu bilden, hat der MAVO-Gesetzgeber auf die Tendenz vieler kirchlicher Einrichtungen zur Aufspaltung von Einrichtungen und Ausgründung von Teilen einer Einrichtung reagiert. Innerhalb des so neu geschaffenen kirchlichen „Unternehmensverbunds", der zwar formell rechtlich eigenständige Betriebe umfasst, aber wirtschaftlich eng verbunden ist (häufig in Konzernstrukturen mit sogenannten „Trägergesellschaften") sollen typische Rechte einer Gesamt-MAV einheitlich und rationell wahrgenommen werden können. Im Vordergrund steht dabei meistens das Informationsrecht nach § 27 a MAVO (Information in wirtschaftlichen Angelegenheiten), aber auch die Möglichkeit zum Abschluss von Dienstvereinbarungen (z. B. Sozialplan) sowie Fragen der Ordnung und Organisation innerhalb der Einrichtungen.

Dienstvereinbarung zur Klärung der Rechte der Gesamt-MAV

Für die erweiterte Gesamt-MAV ist es eine Voraussetzung, für die einfache Gesamt-MAV sinnvoll, vor Wahl und Konstituierung durch Dienstvereinbarung zwischen allen Beteiligten die Rechte und Möglichkeiten der Gesamt-MAV zu klären.

Sinnvolle Regelungen innerhalb einer solchen Dienstvereinbarung sind insbesondere:

- Abweichungen zur Anzahl der Mitglieder der Gesamt-MAV und zur Zusammensetzung im Sinne von Absatz 3 Satz 3 und
- Abweichungen von der Notwendigkeit der Einstimmigkeit aller beteiligten MAVen und Dienstgeber im Falle einer vorzeitigen Auflösung der (erweiterten) Gesamt-MAV.

Alternativ wäre jede MAV immer nur mit einem Mitglied (ungeachtet der Größenverhältnisse) vertreten und jeder beteiligte Dienstgeber oder jede beteiligte MAV könnte die Auflösung der (erweiterten) Gesamt-MAV mit einem Veto verhindern.

Teile und herrsche?
Die Chancen und Gefahren einer Gesamtmitarbeitervertretung

Gesamtmitarbeitervertretungen sollen Mitarbeiterinteressen bündeln, Mitwirkungsarbeit effizienter gestalten und Arbeitsbedingungen vergleichbar gerechter machen.

Vorteile der Gesamtmitarbeitervertretung

■ **Die Gesamtmitarbeitervertretung sorgt für vergleichbare Arbeitsbedingungen innerhalb eines Dienstbereiches.**

Die Pfarrsekretärin, normalerweise vertreten durch die MAV der Gemeinde, wird mitwirkungsrechtlich gleichgestellt der Sekretärin, die im gemeindlichen Altenpflegeheim tätig ist.

■ **Die Gesamtmitarbeitervertretung sichert Transparenz der Mitwirkungsarbeit**

Die Mitarbeiterinnen des Kindergartens erfahren von den Bestrebungen, die der Dienstgeber für den organisatorisch unabhängigen Hort ins Auge gefasst hat.

■ **Die Gesamtmitarbeitervertretung stärkt die Wahrnehmung von Mitwirkungsrechten**

Statt dass achtzig Mitarbeiter einer Gemeinde durch fünf MAVs vertreten werden, kann die Gesamtmitarbeitervertretung die übergreifenden Rechte aller wahrnehmen und auf das hohe Vertretungspotential verweisen.

■ **Die Gesamtmitarbeitervertretung stärkt die Identifikationskultur eines Dienstbereiches**

»Was haben wir eigentlich mit dem Friedhofsgärtner zu tun?« fragten sich die Erzieherinnen des gemeindlichen Kindergartens. Als die Schlüsselzuweisungen durch das Bistum knapper wurden und erste Überlegungen auftraten, wo Personalkosten zu sparen seien (bei den 400,– EUR-Kräften), vermittelten sich die übergreifenden Interessen von selbst.

Nachteile der Gesamtmitarbeitervertretung

■ **Kirchliche Strukturen sind ohnehin oft schwer zu verstehen. Eine neue wird hinzugefügt.**

»An wen soll ich mich eigentlich wenden?« fragte sich Frau T., die eine Veränderung der Arbeitszeit wünschte.

■ **Den kleineren Einheiten werden Aufgaben zugunsten größerer entzogen. Das führt zur Abgabe von Verantwortung.**

Früher beschäftigte sich die halbe Belegschaft des Altenheimes mit der Frage, wie der Zeitausgleich gerechter zu gestalten sei. Seitdem die Gesamtmitarbeitervertretung diese Aufgabe für alle im Kontakt mit dem Dienstgeber regelt, hat das Engagement deutlich abgenommen.

■ **Der Basiskontakt wird geschwächt.**

Das Besprechungszimmer der Gesamtmitarbeitervertretung befindet sich im Pfarrhaus. Dorthin gehen die Kolleginnen des Kindergartens seltener. Stattdessen rufen sie während der Sprechzeiten an.

■ **Es entwickelt sich eine Bürokratie der Mitwirkung.**

In G. musste Dreiviertel der Arbeit darauf verwandt werden, die Arbeiten der Mitarbeitervertretungen gegen die der Gesamtmitarbeitervertretung abzugrenzen. Außerdem konkurrierte der »große« Vorsitzende mit den »kleinen« Vorsitzenden der MAVs.

Arbeitskreis der Mitarbeitervertretungen

Viele Mitarbeitervertretungen nebeneinander verführen dazu, Mitarbeiterinteressen gegeneinander auszuspielen. Unabhängig davon, ob eine Gesamtmitarbeitervertretung eingerichtet wurde, sollten sich die Mitarbeitervertretungen im Bereich eines Dienstbereiches regelmäßig zu einem Erfahrungs- und Informationsaustausch treffen. Ob dies mit dem Segen des Dienstgebers geschieht (eine ausdrückliche Rechtsgrundlage für eine solche Arbeitsgemeinschaft gibt die MAVO nicht her), über die diözesane Arbeitsgemeinschaft hergestellt werden kann (»Förderung des Informations- und Erfahrungsaustausch«) oder aber – ausnahmsweise! – außerhalb der Arbeitszeiten geschieht, muss vor Ort geprüft werden.

Fazit

Mitarbeitervertretungen müssen sorgfältig abwägen, ob die Einrichtung einer Gesamtmitarbeitervertretung tatsächlich zu einer quantitativen und qualitativen Effektivierung der Mitwirkungsarbeit führt.

Sie sollten diese Prüfung gemeinsam mit dem Dienstgeber vornehmen.Nur wenn er eine solche übergeordnete Struktur anerkennt und für arbeitsfähig hält, besteht die Chance, dass Vorteile die Nachteile überwiegen.

Das Letzte ...

Gesamtmitarbeitervertretungen bergen die Gefahr, mit geringer Kenntnis der konkreten Arbeitsfelder zu agieren. Nur, wenn ein funktionierendes System der Kooperation zwischen Mitarbeitervertretungen und Gesamtmitarbeitervertretung möglich ist und unbürokratisch funktioniert, darf eine solche Struktur etabliert werden.

25 Arbeitsgemeinschaften der Mitarbeitervertretungen

(1) Die Mitarbeitervertretungen im Anwendungsbereich dieser Ordnung bilden die „Diözesane Arbeitsgemeinschaft der Mitarbeitervertretungen im (Erz-)Bistum ...".

(2) Zweck der Arbeitsgemeinschaft ist

1. gegenseitige Information und Erfahrungsaustausch mit den vertretenen Mitarbeitervertretungen,
2. Beratung der Mitarbeitervertretungen in Angelegenheiten des Mitarbeitervertretungsrechtes,
3. Beratung der Mitarbeitervertretungen im Falle des § 38 Abs. 2,
4. Förderung der Anwendung der Mitarbeitervertretungsordnung,
5. Sorge um die Schulung der Mitarbeitervertreterinnen und Mitarbeitervertreter,
6. Erarbeitung von Vorschlägen zur Fortentwicklung der Mitarbeitervertretungsordnung,
7. Erstellung von Beisitzerlisten nach § 44 Abs. 2 Satz 1,
8. Mitwirkung an der Wahl zu einer nach Art. 7 GrO zu bildenden Kommission zur Ordnung des Arbeitsvertragsrechts, soweit eine Ordnung dies vorsieht,
9. Mitwirkung bei der Besetzung der Kirchlichen Arbeitsgerichte nach Maßgabe der Vorschriften der KAGO.

(3) Organe der Arbeitsgemeinschaft sind

– die Mitgliederversammlung
– der Vorstand.

Zusammensetzung der Mitgliederversammlung und Wahl des Vorstandes werden in Sonderbestimmungen geregelt.

(4) Das (Erz-)Bistum trägt im Rahmen der der Arbeitsgemeinschaft im (Erz)Bistumshaushalt zur Wahrnehmung der Aufgaben zur Verfügung gestellten Mittel die notwendigen Kosten einschließlich der Reisekosten entsprechend der für das (Erz-) Bistum geltenden Reisekostenregelung. Für die Teilnahme an der Mitgliederversammlung und für die Tätigkeit des Vorstandes besteht Anspruch auf Arbeitsbefreiung, soweit dies zur ordnungsgemäßen Durchführung der Aufgaben der Arbeitsgemeinschaft erforderlich ist und kein unabwendbares dienstliches oder betriebliches Interesse entgegensteht. § 15 Abs. 4 gilt entsprechend. Regelungen zur Erstattung der Kosten der Freistellung werden in Sonderbestimmungen geregelt.

(5) Die Arbeitsgemeinschaft kann sich mit Arbeitsgemeinschaften anderer (Erz)Diözesen zu einer Bundesarbeitsgemeinschaft der Mitarbeitervertretungen zur Wahrung folgender Aufgaben zusammenschließen:

1. Förderung des Informations- und Erfahrungsaustausches unter ihren Mitgliedern,
2. Erarbeitung von Vorschlägen zur Anwendung des Mitarbeitervertretungsrechts,
3. Erarbeitung von Vorschlägen zur Entwicklung der Rahmenordnung für eine Mitarbeitervertretungsordnung,
4. Kontaktpflege mit der Kommission für Personalwesen des Verbandes der Diözesen Deutschlands,
5. Mitwirkung bei der Besetzung des Kirchlichen Arbeitsgerichtshofes nach Maßgabe der Vorschriften der KAGO.

Das Nähere bestimmt die Vollversammlung des Verbandes der Diözesen Deutschlands.

Diözesane Abweichungen

Mit unterschiedlichen Regelungen weichen von der Rahmen-MAVO ab: (Erz-)bistümer Aachen, Berlin, Dresden-Meißen, Eichstätt, Freiburg, Fulda, Hamburg, Köln, Limburg, Mainz, München-Freising, Münster, Osnabrück, Passau, Regensburg, Rottenburg-Stuttgart, Trier (§ 54), Würzburg

Diözesane Arbeitsgemeinschaften

Arbeitsgemeinschaften der Mitarbeitervertretungen, im Kürzel als DiAG, DiAG-MAV oder AG-MAV bezeichnet, gibt es seit der Rahmenordnung von 1985 in fast allen Diözesen. Sie sind keine Verbände, die aus einer Selbstorganisation der Mitarbeitervertretungen hervorgehen, sondern Dienststellen des Bistums oder des Diözesan-Caritasverbandes, die – soweit sie eine Geschäftsstelle haben – mit hauptamtlichem Personal der Bistums- oder Caritasverwaltung besetzt sind.

In den größeren Bistümern gibt es teilweise jeweils zwei Arbeitsgemeinschaften. Die eine besteht für den Bereich der Verfassten Kirche also überall dort, wo die Kirche als Körperschaft des öffentlichen Rechts organisiert ist. Das sind insbesondere die Einrichtungen des Bistums, der Pfarrverbände, der Kirchenstiftungen, der Gemeinden oder Dekanate. Diese Arbeitsgemeinschaft wird als DiAG-MAV A oder AG-MAV A definiert.

Eine zweite Arbeitsgemeinschaft kann für den Bereich der meistens in einer Vereinsstrukturen organisierten sozial karitativ tätigen Einrichtungen, also der Caritasverbände und deren Gliederungen und der sonstigen kirchlichen Vereine und Verbände gebildet werden. Diese wird als DiAG-MAV B oder AG-MAV B bezeichnet.

Kleinere Bistümer haben nur eine Diözesane Arbeitsgemeinschaft. Sie berücksichtigen in ihren jeweiligen Strukturen, zum Beispiel bei der Bildung von Ausschüssen, Fachkreisen und Arbeitsgruppen die unterschiedliche Zugehörigkeit der verschiedenen Einrichtungen zum verfasst-kirchlichen oder caritativen Bereich.

Organe der Arbeitsgemeinschaft

Für die Arbeitsgemeinschaft handelt die Mitgliederversammlung. Diese setzt sich zusammen aus Delegierten der Mitarbeitervertretungen. In den Bistümern existieren verschiedene Geschäftsordnungen, die die Zusammensetzung und die Delegation zur Mitgliederversammlung im einzelnen regeln. Im allgemeinen hat jede Mitarbeitervertretung eine/n Delegierte/n in die Mitgliederversammlung zu entsenden. Bei größeren Mitarbeitervertretungen können nach einigen Ordnungen auch mehrere Delegierte entsandt werden.

Die Mitgliederversammlung wählt den Vorstand, das wichtigste Organ der Arbeitsgemeinschaft. Dazu kommen Ausschüsse und Arbeits- und Fachgruppen.

Geschäftsstelle

Der Vorstand führt die Geschäfte der Arbeitsgemeinschaft. Seit etwa 20 Jahren bestehen in vielen (Erz-)Bistümern Geschäftsstellen, die den Vorstand bei dieser Arbeit unterstützen. Eine Liste dieser Geschäftsstellen befindet sich im Anhang zu diesem Handbuch.

In den Diözesen Ostdeutschlands und in einigen anderen kleineren Diözesen müssen die DiAGs ohne hauptamtlich besetzte Geschäftsstellen auskommen. Dort, wo mit hauptamtlichen Mitarbeiter/innen ausgestattete Geschäftsstellen existieren, sind sie sehr unterschiedlich besetzt. Neben einer oder mehreren Sekretariatskräften gibt es Geschäftsführer mit und ohne juristische Ausbildung. Auch der Umfang der Beschäftigung der Hauptamtlichen ist sehr unterschiedlich. Einen Überblick gewinnt man auf der Internetseite der Bundesarbeitsgemeinschaft der Mitarbeitervertretungen unter www.bag-mav.de.

Kosten

Die Kosten der Arbeitsgemeinschaften trägt das jeweilige Bistum. Zu diesen Kosten gehört ein Sachhaushalt für alle Bürokosten einschließlich Reisekosten, Aufwand für Veranstaltungen etc.,

- die Freistellung für die Mitglieder des Vorstandes und
- die Personalkosten für die hauptamtlichen Mitarbeiter der Geschäftsstelle.

Die katholische Kirche geht damit einen ungewöhnlichen Weg. Sie finanziert die Interessenvertretung der Mitarbeiter und stellt selbst die Rahmenbedingungen für die Unterstützung der Mitarbeitervertretungen her, indem
sie (eigenes) Personal zur Verfügung stellt. Dies geschieht zwar ausschließlich zur Wahrnehmung der in Abs. 2 aufgeführten Zwecke der Arbeitsgemeinschaft. Es ist aber klar, dass die Bedeutung der DiAG'en deutlich darüber hinaus geht.

Mit der DiAG schaffen die Bistümer eine Bündelung von Interessen der Mitarbeiterschaft auf einer Ebene, die die Bistums- und Caritasleitungen als
Partner fordert. Die DiAG ist damit auch eine Instanz, die als Stachel im
Fleisch der Leitungen ein zumindest kirchenpolitisches Mandat wahrnehmen kann und Leitungen immer wieder an die Diskrepanz zwischen dem
hohen moralischen Anspruch christlicher Soziallehre und der flachen Pra-
xiserinnern kann.

Keine eigenen Rechte der Mitbestimmung

Dabei ist klar: Die DiAG oder AG-MAV hat weder ein offizielles Verhand-
lungsmandat, das sie zum Partner von Bistums- oder Caritasleitungen
macht, noch eigene, originäre Rechte nach der Mitarbeitervertretungsordnung. Dies unterscheidet sie zum Beispiel deutlich von der Gesamt-Mitarbeitervertretung nach § 24. Die DiAG hat nur Dienstleistungen für die
MAVen zu erbringen, nimmt also nicht eigene Rechte wahr, sondern soll die
Mitarbeitervertretungen bei ihrer Arbeit unterstützen. Dazu hat die MAVO
der DiAG im einzelnen folgende besondere Aufgaben zugewiesen:

Informations- und Erfahrungsaustausch

Diesen nimmt die DiAG durch alle Veranstaltungen wahr, die sich für die Mitarbeitervertretungen ihres Zuständigkeitsbereiches anbietet, also durch Mitgliederversammlungen, Tagungen und Foren zu bestimmten Themen des Arbeits-
und Mitwirkungsrechtes, regionale Treffen und Sitzungen der Fachkreise.

Die DiAG hat dabei eine mehrfache Aufgabe. Sie sorgt dafür, dass Mitarbeitervertretungen mit aktuellen Informationen »von Außen« versorgt werden
und gibt selbst Erkenntnisse und Erfahrungen weiter. Das macht sie mit
einer Gewerkschaft vergleichbar. Darüber hinaus gibt sie aber noch die
Gelegenheit sich über die Praxis der Mitbestimmung auszutauschen. Damit
kann sie mehr leisten als zum Beispiel eine Einzelgewerkschaft, die sich
stets nur an ihre organisierten Mitglieder, nicht aber an alle Betriebsräte
oder Personalräte gleichermaßen wenden kann. Gut organisierte Arbeitsgemeinschaften verstehen es, dieses Mehr an Möglichkeiten zu nutzen.

Beratung

Mitarbeitervertretungen brauchen als ehrenamtlich Tätige natürlich Rechtsberatung. Denn im Alltagsgeschäft ihrer Einrichtung gelten sie aus der Sicht der Kolleginnen als »Experten« für alle arbeitsrechtlichen Fragen. Diesen Anspruch können sie nur einigermaßen erfüllen, wenn sie externe Unterstützung haben. Diese Unterstützung können die Mitglieder des Vorstandes durch ihre meist langjährige Erfahrung im Umgang mit der MAVO geben. Häufig fehlt ihnen aber die Zeit und bei komplizierten Fragestellungen auch manchmal die Fachkenntnis.

Wo Geschäftsstellen eingerichtet sind, ist die Beratung deshalb in erster Linie die Domäne der hauptamtlichen Geschäftsführer/innen. Dabei ist eine klare Begrenzung der Beratungsthematik auf Fragen des Mitarbeitervertretungsrechtes (so der Text der MAVO) kaum zu gewährleisten. Selten lässt sich ein Problem, für das Mitarbeitervertretungen eine Rechtsauskunft benötigen, ausschließlich unter Anwendung der MAVO lösen. Verbindungen zum allgemeinen Arbeitsrecht sind meistens nötig, ein Überblick über andere verwandte Rechtsgebiete unverzichtbar.

Es ist deshalb wichtig und unerlässlich, dass Geschäftsstellen zumindest Zugang zu fachlichen Auskünften im Arbeitsrecht haben. Soweit eine Besetzung durch Juristinnen oder Juristen nicht möglich ist, wird das Problem meistens über Honorarverträge mit Rechtsanwälten gelöst.

Beratung in Angelegenheiten nach § 38 Abs. 2

Durch die letzte Novellierung der MAVO ist der DiAG auch die Beratung bei Verhandlung über und Abschluss von Dienstvereinbarungen zu entgeltlichen Angelegenheiten übertragen worden. Will eine MAV von der Möglichkeit des Eingriffs in Vergütungsregelungen (Öffnungsklauseln, gemeinsame Anträge nach § 11 Ordnung der AK oder andere ausdrückliche Delegation durch eine Kommission) Gebrauch machen, kann sie die Beratung der DiAG in Anspruch nehmen.

Es bleibt abzuwarten, ob die DiAGen dieser Aufgabe mit der oben skizzierten Ausstattung gerecht werden können. Da neben juristischer Beratungskompetenz auch betriebswirtschaftliche Kenntnisse erforderlich sein dürften, erscheint diese zusätzliche Aufgabenzuweisung im Moment für die meisten Mitarbeitervertretungen nur auf dem Papier zu stehen. Die weitere Entwicklung ist abzuwarten.

Förderung der MAVO-Anwendung

Die Arbeitsgemeinschaften sollen mit der Aufgabe der Förderung der Anwendung der MAVO eine Art Wächteramt ausüben.

Die Umsetzung der MAVO bleibt nur eine theoretische Forderung, wenn sie nicht von engagierten Mitarbeitervertreter/innen umgesetzt und von den Arbeitsgemeinschaften begleitet wird. Die Arbeitsgemeinschaften haben eine Initialfunktion, sie müssen dafür sorgen, dass in allen MAV-fähigen Einrichtungen Wahlen durchgeführt werden. Diese Aufgabe erfüllen sie insbesondere mit allen Dienstleistungen, die mit der Durchführung des gemeinsamen Wahlzeitraums (vgl. dazu § 13 Abs. 1) verbunden sind, also der Erstellung von Wahlunterlagen und Werbung für die Durchführung der Wahlen.

Durch die Erweiterung der Möglichkeiten zur Bildung von Mitarbeitervertretungen nach § 1 b (gemeinsame MAV) kommen auf die DiAGen auch hier zusätzliche Aufgaben zu. Die DiAG hat den besten Überblick, wo nicht MAV-fähige Einrichtungen durch bestehende MAVen mitvertreten werden können oder wo der Zusammenschluss mehrerer Kleinst-MAVen sinnvoll ist. Anregungen dazu muss die DiAG bereits im Vorfeld des Einheitlichen Wahlzeitraumes geben.

DiAGen nehmen diese Aufgabe auch wahr, indem sie Informationen über Verstöße gegen die MAVO registrieren, ggf. bei der Bistums- oder Caritasleitung intervenieren und die Betroffenen über die Möglichkeit der Anrufung der Schlichtungsstelle informieren.

Sorge um die Schulung

In den meisten Bistümern gibt es Bildungseinrichtungen mit Programmen, die auch die Fortbildungserfordernisse von Mitarbeitervertreter/innen abdecken können. Die MAVO hat davon abgesehen, eine Eigenorganisation der Fortbildung im Sinne von § 16 aufzubauen und sich dafür entschieden, diese Aufgabe den Bildungseinrichtungen zu überlassen. Da aber die Schulung der Mitarbeitervertreter/innen sehr stark praxisorientiert sein muss, also keinem allgemeinen Bildungszweck dienen soll, sind die Arbeitsgemeinschaften als Partner der Bildungseinrichtungen, Experten für die Schulungsbedürfnisse der Mitarbeitervertretungen angesprochen.

In den meisten Bistümern haben die Arbeitsgemeinschaften bei der Gestaltung der Schulungsprogramme ein Recht zur Mitsprache. Teilweise entwickeln sie das Schulungsprogramm selbst. Sie stellen Referenten aus den Geschäftsstellen zur Verfügung und suchen auch über Schulungsveranstaltungen den Kontakt zu den Mitarbeitervertretern und holen sich Rückmeldungen für ihre Arbeit.

Besonders ausgeprägt wird diese Aufgabe durch die DiAG-B im Bistum Rottenburg-Stuttgart wahrgenommen. Sie führt über ihre Geschäftsstelle Schulungen von der Erstellung des Programms über die Organisation der Abläufe bis hin zur Abrechnung der Veranstaltungen in Eigenregie durch.

Vorschläge zur Entwicklung der MAVO

Bei dieser Aufgabe kann es nur um die jeweilige diözesane Anpassung der Rahmen-MAVO oder die Weitergabe entsprechender Anregungen an die Bundesarbeitsgemeinschaft der Mitarbeitervertretungen (siehe Abs. 5) gehen. Die wesentlichen Fortentwicklungen geschehen auf der Basis der Rahmen-MAVO, die von der Deutschen Bischofskonferenz verabschiedet und insoweit mit der BAG-MAV beraten wird. Vorschläge zur diözesanen Fortentwicklung sollten sich im Sinne einer Einheitlichkeit des kirchlichen Arbeitsrechts jeweils an der Rahmen-MAVO orientieren.

Beisitzerlisten für die Einigungsstelle erstellen

Seit der Einführung der Einigungsstellen zur Klärung von Regelungsstreitigkeiten nach der MAVO kommt der DiAG auch insoweit eine besondere Aufgabe zu. Sie erstellt die Listen für die Beisitzer auf der Mitarbeiterseite. (Siehe dazu §§ 40 ff.)

Mitwirkung bei der Wahl zu den arbeitsrechtlichen Kommissionen

Auf einer ähnlichen Ebene liegt die Verantwortung der DiAG bei den Wahlen zu den KODAen und der Arbeitsrechtlichen Kommission des Deutschen Caritasverbandes. Auch hier fördert die DiAG die Bildung der entsprechenden Gremien, indem sie die in den jeweiligen (Wahl-)Ordnungen vorgesehenen Unterstützungshandlungen vornimmt.

Mitwirkung bei der Besetzung der Kirchlichen Arbeitsgerichte

Die DiAG macht Vorschläge für die Besetzung der Kirchlichen Arbeitsgerichte, soweit es die Besitzer der Mitarbeiterseite betrifft. Da die meisten Kirchlichen Arbeitsgerichte eine Zuständigkeit für mehrere Diözesen haben, ist hier immer noch ein besonderes Verfahren der Abstimmung nötig.[24]

Die Bundesarbeitsgemeinschaft

Seit etlichen Jahren haben sich die diözesanen Arbeitsgemeinschaften auch auf Bundesebene organisiert und einen formellen Zusammenschluss als Bundesarbeitsgemeinschaft der Mitarbeitervertretungen (BAG-MAV) gefunden. Erst seit der Novelle der Rahmenordnung in 1997 ist die BAG-MAV offiziell anerkannt und hat einen klar umschriebenen Aufgabenbereich bekommen. Sie hat

---

24 Zur Zuständigkeit der Kirchlichen Arbeitsgerichte vgl. Darstellung auf der beigefügten CD-ROM.

■ wie die DiAG auf der Ebene des Bistums ihrerseits auf Bundesebene den Informations- und Erfahrungsaustausch zwischen den DiAG's zu fördern,

■ Vorschläge zur Anwendung des MAVO-Rechts und zur Entwicklung der Rahmen-MAVO zu machen,

■ den Kontakt mit der Kommission für Personalwesen im Verband der Diözesen Deutschlands, also der Interessengemeinschaft der obersten Leitungsebene, zu pflegen und

■ Anregungen an die Zentral-KODA als gemeinsame arbeitsrechtliche Kommission auf Bundesebene zu geben.

Als neue Aufgabe ist durch das Inkrafttreten der KAGO die Mitwirkung bei der Besetzung der mitarbeiterseitigen Beisitzer beim Kirchlichen Arbeitsgerichtshof, der Revisionsinstanz, gekommen.

Auch die Rolle der BAG-MAV erschöpft sich mit diesen Aufgabenzuweisungen nicht. Als zentrale Interessenvertretungen aller Mitarbeitervertretungen in der katholischen Kirche nimmt die BAG-MAV für sich auch ein (kirchen-)politisches Mandat zu Fragen des Arbeitsrechtes in Anspruch und äußert sich gelegentlich öffentlich in dieser Hinsicht.

▶ **Beispiel**

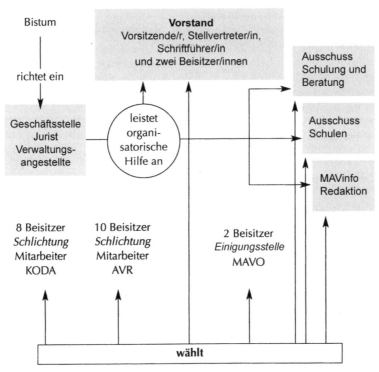

**Diözesane Arbeitsgemeinschaft der
Mitarbeitervertretungen
im Bistum Hildesheim**

Bistum

richtet ein

Geschäftsstelle
Jurist
Verwaltungs-
angestellte

Vorstand
Vorsitzende/r, Stellvertreter/in,
Schriftfuhrer/in
und zwei Beisitzer/innen

Ausschuss
Schulung und
Beratung

leistet
organi-
satorische
Hilfe an

Ausschuss
Schulen

MAVinfo
Redaktion

8 Beisitzer
Schlichtung
Mitarbeiter
KODA

10 Beisitzer
Schlichtung
Mitarbeiter
AVR

2 Beisitzer
Einigungsstelle
MAVO

wählt

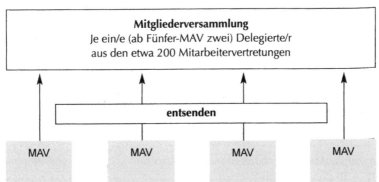

Mitgliederversammlung
Je ein/e (ab Fünfer-MAV zwei) Delegierte/r
aus den etwa 200 Mitarbeitervertretungen

entsenden

MAV   MAV   MAV   MAV

Hilfen und Selbsthilfen – wer kann Mitarbeitervertretungen unterstützen?

Mitarbeitervertretungen bedürfen der Begleitung und Unterstützung. Arbeitsrecht und Rechtsprechung, die Regelungen der KODAen und der Arbeitsrechtlichen Kommission sind für den engagierten Laien unüberschaubar geworden, in ihren Neben- oder Abzweigungen voller juristischer Fallstricke. Selbst die Mitarbeitervertretungsordnung und die dazu entstandene Rechtsprechung bedürfen des virtuosen Lesens und Verstehens, damit die Rechte der Mitarbeiterschaft angemessen wahrgenommen werden können. Die MAVO, eigentlich ein überschaubares Rahmenwerk, ist in ihrer derzeitigen Fassung in manchen Punkten unklar und bedarf sorgfältiger Auslegung. Was tut also die engagierte Mitarbeitervertretung? Sie schaut in Kommentare und stellt fest: hartes Brot. Mitarbeitervertretungsarbeit erfordert oft mühsame »Laienjuristerei«.

Viele Dienstgebervertreter wollen dies nicht wahrhaben (»*Das regeln wir doch so!*« oder »*Muss denn alles in Gesetzestext gegossen werden? Wir haben doch auch früher niemanden hängen lassen ...*«).

Damit Mitarbeiterinnen und Mitarbeiter nicht verzweifeln an ungewohnten Sprachgebilden und nicht resignieren vor dem oft nur scheinbar höheren Kenntnisstand der Dienstgeber, gibt es eine Reihe persönlicher und sachlicher Hilfen, die in Anspruch genommen werden können.

Literatur – darauf wird zum Beispiel im Zusammenhang mit § 17 hingewiesen – oder Ansprechstellen auf Diözesanebene gehören ebenso dazu wie die Bemühungen von MAVen, Selbsthilfe zu organisieren. Sie schließen sich zusammen, tauschen sich aus und unterstützen sich solidarisch.

Im folgenden finden Sie Beispiele und Anregungen.

Diözesane Arbeitsgemeinschaften der Mitarbeitervertretungen

Die Diözesanen Arbeitsgemeinschaften haben sich in den neunziger Jahren etabliert und sind für viele Mitarbeitervertretungen zentrale Anlaufstellen geworden. Hier wird Rat gegeben, Hilfe angeboten, Verknüpfung geschaffen und Kontakt gehalten.

Manche Geschäftsführerin mutierte auch schon zur Telefonseelsorgerin verzweifelter Mitarbeitervertreter.

Diözesane Arbeitsgemeinschaften laufen Gefahr, als allzuständig und allwissend betrachtet zu werden. Sie haben dienende, unterstützende und fördernde Funktionen. Sie können und wollen den Mitarbeitervertretungen vor Ort nicht die Arbeit abnehmen. Geschäftsführerinnen oder Geschäftsführer der Diözesanen Arbeitsgemeinschaften sind oft Jurist/innen. Diese Tatsache verleitet dazu, jede Rechtsfrage telefonisch »abzuladen« und sich nicht selbst zu kümmern.

Eine gute Mitarbeitervertretung versucht, zuerst die juristischen Fragen selbst zu beantworten und in die Praxis einzubinden. Erst wenn dies nicht gelingt, holt sie sich Sach- und Fachverstand von außen.

Außerdem: Gesetzlich ist vorgeschrieben, wer Rechtsberatung anbieten darf. In der Regel sind dies niedergelassene Rechtsanwälte. Eine Mitarbeiterin oder ein Mitarbeiter, deren Rechte aus dem Arbeitsvertrag verletzt wurden, darf nicht vom Juristen der Diözesanen Arbeitsgemeinschaft beraten werden, sondern muss sich an einen Rechtsanwalt oder eine Rechtssekretärin (bei Mitgliedschaft in Gewerkschaft oder z. B. der Katholischen Arbeitnehmerbewegung) wenden.

Natürlich sind die Grenzen zwischen »Tipp« und konkreter »Rechtsberatung« fließend.

Selbstverständlich beraten die Arbeitsgemeinschaften in allen Fragen, die mittelbar oder unmittelbar mit der MAVO zu tun haben.

■ **Faustregel: Diözesane Arbeitsgemeinschaften können Mitarbeitervertretungen beraten, nicht aber einzelne Mitarbeiter und Mitarbeiterinnen.**

Fortbildungen

Die Mitarbeitervertretungen haben nach § 16 Anspruch auf »Schulung«. Solche Schulungen werden in der Regel von Diözesanen Arbeitsgemeinschaften und Bildungshäusern angeboten.

Landauf, landab gibt es immer mehr MAVen mit gesteigertem Selbstbewusstsein. Das hat dazu geführt, dass sich auch die Fortbildungsangebote qualitativ und quantitativ entwickelt haben: Sie sind fundierter, parteilicher und engagierter geworden.

Angebote sind oft ausdifferenziert und unterschieden nach Basis- bzw. Spezialseminaren. Sie behandeln nicht allein juristische Probleme, sondern beziehen z. B. auch strategisch-taktische Fragen mit ein.

Die Stärke dieser Fortbildungsseminare liegt nicht allein im Thema, sondern in der Möglichkeit, mit Engagierten in einen Erfahrungsaustausch (das berühmte »Bier am Abend«) treten zu können.

Zu fragen ist, ob der angeleitete systematische Erfahrungsaustausch, der in Konsequenzen vor Ort einmündet, bei allen Seminaren konsequent eingeplant wird.

Regionale Tagungen

Manche Diözesane Arbeitsgemeinschaften der Mitarbeitervertretungen sind dazu übergegangen, kontinuierlich regional orientierte Fortbildungstage anzubieten: Ein Thema wird in den Mittelpunkt gestellt und bearbeitet. Darüber hinaus bleibt Zeit für Diskussion und Erfahrungsaustausch. Diese Regionaltreffen dauern oft nicht länger als fünf Stunden, finden aber in relativer Regelmäßigkeit statt.

▸ **Beispiel**

Alle Mitarbeitervertretungen der Kindertagesstätten einer Region kommen zusammen, um sich über ein neues Gesetz informieren zu lassen. Gleichzeitig wird überlegt, wie die Interessenvertretung gegenüber dem Träger koordiniert werden kann.

Mitarbeitervertretungen brauchen Zusammenhalt, brauchen das Gefühl, in ihren Arbeitsbereichen und Regionen nicht allein zu sein. Solidarität entwickelt sich dann, wenn man und frau Bewusstsein für die gemeinsame Lage entwickelt und nach angemessenen Wegen der Verbesserung sucht.

Arbeitskreise

Die Strukturen der Diözesanen Arbeitsgemeinschaften sind häufig vertikal orientiert. Anfragen laufen auf die Geschäftsstelle zu und werden von dieser bearbeitet oder unterverteilt. Die horizontale Struktur fehlt und müsste ergänzt werden.

▸ **Beispiel**

Mitarbeitervertretungen der Krankenhäuser schließen sich zu einem Arbeitskreis zusammen, um die leidige Mehr- und Überstundenthematik am Beispiel ihres Arbeitsfeldes zu diskutieren.

Substrukturen, die mit Unterstützung der Diözesanen Arbeitsgemeinschaft geschaffen werden können, tragen zur Vernetzung bei. Wenn in einer Kleinstadt zwei katholische Kindergärten mit eigenen Mitarbeitervertretungen tätig sind und dort kein Erfahrungsaustausch stattfindet, so ist das schlicht kontraproduktiv.

Offen ist die Frage, ob solche Erfahrungsaustausche zu den »Tätigkeiten« der Mitarbeitervertretung gehören.

Die MAVO ist u.E. unklar. Bei strenger Auslegung könnte man sich auf den Rechtsstandpunkt stellen, dass solche Formen des Zusammenwirkens weder zu den Tätigkeiten noch zu den Schulungen gehören. Um Rechtssicherheit auch gegenüber dem jeweiligen Dienstgeber zu schaffen, sollten solche Arbeitskreise von der Diözesanen Arbeitsgemeinschaft eingerichtet werden und daher ihre Legitimation beziehen.

290

Ein anderer Weg: Die Mitarbeitervertretungen laden zu eigenen Sitzungen ein, die dann aber gemeinsam durchgeführt werden.

In der Regel sind solche juristischen Umwege nicht notwendig, da kooperative Dienstgeber die Bedeutung von Vernetzungen einsehen.

Sozialverbände

Sozialverbände wie z. B. die KAB haben eigene Rechtssekretärinnen und Sekretäre. Diese beraten ihre Mitglieder und vertreten sie gegebenenfalls vor Gericht. Mitarbeitervertretungen können deren juristischen Beistand oft auch informell wahrnehmen.

Vereinzelt gibt es Rahmenvereinbarungen: Rechtssekretäre erhalten den Auftrag, Mitarbeitervertretungen einer Region weiterzubilden, zu beraten und bei Rechtsstreitigkeiten zu vertreten.

Rechtssekretäre der Sozialverbände und Gewerkschaften sind arbeitsrechtlich meistens versierter und praxisorientierter als Rechtsanwälte, die ein breites Gesetzesspektrum bewältigen müssen.

Rechtsbeistände

§ 17 der MAVO regelt die Übernahme der Kosten, die einer MAV entstehen. Zu den notwendigen Kosten der Arbeit kann auch die Honorierung eines von außen herangezogenen Rechtsanwaltes gehören. Der Terminus »notwendige Kosten« weist darauf hin, dass ein solcher Rechtsbeistand durch Mitarbeitervertretungen nur in Sondersituationen angemessen ist. Alle anderen zumutbaren Möglichkeiten der Beratung müssen vorher ausgeschöpft, die Sachlage sorgfältig abgewogen worden sein.

Die Mitarbeitervertretung entscheidet selbst und eigenständig, ob sie einen Rechtsanwalt hinzuziehen will. Um Streitigkeiten wegen der Übernahme der Kosten zu vermeiden, sollte in jedem Fall die Beauftragung eines Rechtsanwaltes mit dem Dienstgeber abgesprochen werden.

Die MAVO sieht Regelungen hinsichtlich der Hinzuziehung von Rechtsbeiständen im Verfahren vor der Einigungsstelle vor: Der Vorsitzende entscheidet über die Zulassung.

Gewerkschaften

Die Grundordnung des kirchlichen Dienstes macht Aussagen zum Verhältnis von Dienstgemeinschaft und Gewerkschaften. In diesem Zusammenhang soll unterstrichen werden:

Gewerkschaften beraten ihre Mitglieder und können diesen arbeitsrechtlich beistehen.

Gewerkschaftsmitglieder, die Mitarbeitervertreter sind, könnten sich von ihrer Gewerkschaft auch in MAVO-Angelegenheiten beraten lassen.

Katholische Mitarbeiter und Mitarbeiterinnen sind nur zu einem geringen Prozentsatz in -Gewerkschaften organisiert. So fehlt in arbeitsrechtlichen Fragen der Schutz der Solidargemeinschaft und eine wirksame Lobby zur Weiterentwicklung ihrer Rechte. Geringer Organisationsgrad bedeutet auch, dass die Organisation wenig arbeitsfeldrelevantes Fachwissen besitzt und nur in übergreifenden arbeitsrechtlichen Fragestellungen hilfreich sein kann.

Personalabteilungen

Die Personalabteilungen in Generalvikariaten oder Caritasverbänden sind dienstgeberorientiert. Hier arbeiten meistens arbeitsrechtlich hochkompetente Mitarbeiterinnen und Mitarbeiter, die durchaus zwischen ihrer Parteiengebundenheit und der rechtlich korrekten Würdigung eines Sachverhalts zu unterscheiden wissen.

Mitarbeitervertretungen können sich unter gewissen Umständen auch hier Unterstützung erbitten. Wenn diese Personalabteilungen (z. B. gegenüber Pfarrgemeinden) kirchenaufsichtsrechtliche Funktionen wahrnehmen, so kann man manchmal von unterschiedlichen arbeitsrechtlichen Standpunkten profitieren.

Mögliche Folge: Mitarbeiterinteressen sind leichter durchsetzbar.

Offensive Kommunikationsstrukturen in Diözesanen Arbeitsgemeinschaften

Mitarbeitervertretungen bedürfen eines Netzwerkes der Unterstützung und der Kontakte.

Diözesane Arbeitsgemeinschaften haben die Aufgabe, solche Netzwerke zu initiieren.

Mitarbeitervertretungen sind vielfach defensiv. Sie reagieren, statt zu agieren. Manche MAVen antworten lediglich, statt zu fragen, und handeln nur nach Aufforderung.

Um Beteiligung im kirchlichen Dienst wirksam weiterzuentwickeln, brauchen Mitarbeitervertretungen offensive Kommunikationsstrukturen.

Die Geschäftsstellen der Diözesanen Arbeitsgemeinschaften verstehen sich zunehmend als »Serviceagenturen« und gehen auf Mitarbeitervertretungen zu. Indem sie unterstützen und Dienste offensiv anbieten, motivieren sie Arbeit vor Ort.

■ MAV-Datei

Die Geschäftsstelle der Diözesanen Arbeitsgemeinschaft legt eine MAV-Datei an, in der u. a. verzeichnet ist: Größe der Institution und Zweck,

Namen der Mitarbeitervertreter/innen, Verzeichnis von Seminarbesuchen und Kontakte zur Geschäftsstelle. Diese Datei muss permanent aktualisiert werden.

■ **Bezugsperson**

Alle Mitarbeitervertretungen der Diözese erhalten eine »Bezugsperson«. Das können DiAG-Vorstandsmitglieder, Mitarbeiterinnen bzw. Mitarbeiter der Geschäftsstelle oder erfahrene MAVler sein. Diese Bezugspersonen melden sich bei »ihren Mitarbeitervertretungen« regelmäßig, erkunden Probleme und eruieren Unterstützungswünsche.

■ **Fragebogenaktion**

Pro Jahr wird zu wechselnden Themen eine Fragebogenaktion durchgeführt. Durch frankierte Rückumschläge wird ein guter Rücklauf sichergestellt. Themen solcher Befragungen können sein: Arbeitszufriedenheit, Verhältnis Mitarbeiterschaft/Dienstgeber, Arbeitsplatzsicherheit, Arbeitsplatzgestaltung. Die Ergebnisse werden publiziert und dienen der Diözesanen Arbeitsgemeinschaft als Arbeitsmaterialien.

■ **MAV – weiße Flecke**

Einmal im Jahr kontaktet die Diözesane Arbeitsgemeinschaft solche Institutionen, die keine eigene MAV haben, und erkundigt sich, ob die Vorschriften gemäß § 10 der MAVO eingehalten wurden. Bei dieser Gelegenheit bemüht man sich, aus dem Mitarbeiterkreis Ansprechpartner/innen zu finden.

■ **Rückfragen**

Wenn eine Mitarbeitervertretung weder an Fortbildung noch an Regionaltagungen teilnimmt, sich auch nie in der Geschäftsstelle meldet, sollte Motivforschung betrieben werden. Ein persönlicher Brief oder ein freundlicher Anruf reichen aus, um eine engere Bindung herzustellen.

■ **Zeitung/Newsletter**

Jeder größere Betrieb in Deutschland hat eine Betriebszeitung. Könnte es nicht lohnenswert sein, eine eigene Zeitung zu publizieren, die innerhalb einer Diözese veröffentlicht wird? Sie erscheint zum Beispiel viermal im Jahr und publiziert Wissenswertes für die »Betriebsangehörigen«.

■ **Keine Einzelkämpfe**

Mitarbeitervertretungen bedürfen des Zusammenwirkens über die eigene Institution hinaus. Sie bedürfen der personellen und der sachlichen Hilfe. Sie bedürfen einer Ansprache von außen, damit sie bei ihrer schwierigen Tätigkeit wissen, dass sie nicht allein agieren. Mitarbeitervertretungen dürfen sich nicht einzelkämpferisch erleben.

Sie müssen sich eingebunden wissen in das Gesamt des kirchlichen Dienstes. Statt den ohnehin problematischen Zentralismus der katholischen Kirche im Mitwirkungsbereich fortzusetzen, sollten sich Mitarbeitervertretungen und deren Arbeitsgemeinschaften bemühen, auf horizontaler Ebene
Verknüpfungen zu schaffen, die vertikal ermutigt und verstärkt werden.

Eine Steigerung des Selbstbewusstseins ist gefragt!

Das Letzte ...

Diözesane Arbeitsgemeinschaften sollten Kontakte pflegen: Zu den Kolleginnen und Kollegen in der Evangelischen Kirche, zu den Gewerkschaften,
in den politischen Raum hinein. Sie sind die Vorreiter für kirchliche Mitarbeiter und Mitarbeiterinnen – nicht die diözesanen Bedenkenträger.

*Das ist nicht die Aufgabe
der DiAG*

§ 26 Allgemeine Aufgaben der Mitarbeitervertretung

(1) Der Dienst in der Kirche verpflichtet Dienstgeber und Mitarbeitervertretung in besonderer Weise, vertrauensvoll zusammenzuarbeiten und sich bei der Erfüllung der Aufgaben gegenseitig zu unterstützen. Dienstgeber und Mitarbeitervertretung haben darauf zu achten, dass alle Mitarbeiterinnen und Mitarbeiter nach Recht und Billigkeit behandelt werden. In ihrer Mitverantwortung für die Aufgabe der Einrichtung soll auch die Mitarbeitervertretung bei den Mitarbeiterinnen und Mitarbeitern das Verständnis für den Auftrag der Kirche stärken und für eine gute Zusammenarbeit innerhalb der Dienstgemeinschaft eintreten.

(2) Der Mitarbeitervertretung sind auf Verlangen die zur Durchführung ihrer Aufgaben erforderlichen Unterlagen vorzulegen. Personalakten dürfen nur mit schriftlicher Zustimmung der Mitarbeiterin oder des Mitarbeiters eingesehen werden.

(3) Die Mitarbeitervertretung hat folgende allgemeine Aufgaben:

1. Maßnahmen, die der Einrichtung und den Mitarbeiterinnen und Mitarbeitern dienen, anzuregen,
2. Anregungen und Beschwerden von Mitarbeiterinnen und Mitarbeitern entgegenzunehmen und, falls sie berechtigt erscheinen, vorzutragen und auf ihre Erledigung hinzuwirken,
3. die Eingliederung und berufliche Entwicklung schwerbehinderter und anderer schutzbedürftiger, insbesondere älterer Mitarbeiterinnen und Mitarbeiter zu fördern,
4. die Eingliederung ausländischer Mitarbeiterinnen und Mitarbeiter in die Einrichtung und das Verständnis zwischen ihnen und den anderen Mitarbeiterinnen und Mitarbeitern zu fördern,
5. Maßnahmen zur beruflichen Förderung schwerbehinderter Mitarbeiterinnen und Mitarbeiter anzuregen,
6. mit den Sprecherinnen oder Sprechern der Jugendlichen und der Auszubildenden zur Förderung der Belange der jugendlichen Mitarbeiterinnen und Mitarbeiter und der Auszubildenden zusammenzuarbeiten,
7. sich für die Durchführung der Vorschriften über den Arbeitsschutz, die Unfallverhütung und die Gesundheitsförderung in der Einrichtung einzusetzen,
8. auf frauen- und familienfreundliche Arbeitsbedingungen hinzuwirken,
9. die Mitglieder der Mitarbeiterseite in den Kommissionen zur Behandlung von Beschwerden gegen Leistungsbeurteilungen und zur Kontrolle des Systems der Leistungsfeststellung und -bezahlung zu benennen, soweit dies in einer kirchlichen Arbeitsvertragsordnung vorgesehen ist.

(4) Die Mitarbeitervertretung wirkt an der Wahl zu einer nach Art. 7 GrO zu bildenden Kommission zur Ordnung des Arbeitsvertragsrechts mit, soweit eine Ordnung dies vorsieht.

Vertrauensvolle Zusammenarbeit

Die Forderung nach »vertrauensvoller Zusammenarbeit« zwischen Dienstgeber und Mitarbeitervertretung ist eine Kernaussage der MAVO. Auf alle anderen Regelungen des Abschnittes V der MAVO könnte – überspitzt ausgedrückt – verzichtet werden, wenn es Dienstgeber und Mitarbeitervertretung gelingen würde, ihr Handeln in jeder betrieblichen Situation nach diesem Postulat auszurichten. In den folgenden §§ 27 bis 39 versucht die MAVO lediglich, die vertrauensvolle Zusammenarbeit im Sinne der Ziele der Einrichtung (siehe Präambel) zu konkretisieren und den Beteiligten Hilfestellung dabei zu geben. Denn bei aller theoretischen Gemeinsamkeit der grundsätzlichen Aufgabe einer Einrichtung ist der MAVO doch klar, dass Leitungen und Mitarbeitervertretungen die Einrichtungsziele von verschiedenen Standpunkten aus beobachten müssen und sich daraus zwangsläufig Interessenunterschiede ergeben, die fair ausgetragen werden sollen.

Gegenseitige Unterstützung

Da verwundert es, wenn von den Betriebspartnern auch noch »gegenseitige Unterstützung« verlangt wird. Das bereitet in der Praxis erhebliche Schwierigkeiten.

Der Dienstgeber ist im Grunde kaum oder selten auf die Unterstützung durch die MAV angewiesen. Gelegentlich werden hier Erwartungen formuliert, hinter denen der Wunsch steht, die MAV möge die für Mitarbeiter/innen schmerzhaften Entscheidungen der Leitung vermitteln und um Verständnis werben. Das ist aber immer ein gefährlicher Weg für die MAV. Zu leicht setzt sie sich dem Verdacht der Anpassung und Kapitulation vor der Auseinandersetzung mit dem Dienstgeber aus. Fehlende Unterstützung durch die MAV bereitet Dienstgebern im allgemeinen keine Schwierigkeiten.

Umgekehrt ist das anders. Die Mitarbeitervertretung kann ihre Aufgaben nur dann erfüllen, wenn die Leitung bereit ist, die Basis für die Arbeit der MAV zu schaffen. Das gilt nicht nur für die finanzielle Seite, also die Rahmenbedingungen wie Freistellung und Kostenübernahme, sondern natürlich auch für die Einstellung der Leitung gegenüber der MAV, das Ernstnehmen als Partner. Dienstgeber, die meinen, es reiche aus, wenn den formellen Anforderungen der §§ 29 bis 37 MAVO Genüge getan würde, werden eine nicht zufriedenstellende oder sogar frustrierende Situation in ihrer Einrichtung schaffen.

Unterstützung der MAV muss mehr sein, weil die MAV strukturell der schwächere Partner ist. Wer vertrauensvoll zusammenarbeiten will, muss solche Ungleichgewichte durch besondere Unterstützung ausgleichen.

Behandlung nach Recht und Billigkeit

Die Mitarbeitervertretung hat im Bereich der Personalverwaltung einer Einrichtung eine allgemeine Kontrollfunktion. Natürlich wird jeder Dienstgeber für sich in Anspruch nehmen, dass er bei der Behandlung seiner Mitarbeiter das Recht beachtet und seine Entscheidungen nicht unbillig, also willkürlich oder unangemessen sind. Das Recht umfasst dabei alle in Normen geregelten verbindlichen Verhaltensmaßstäbe, die Billigkeit einen eher moralischen Maßstab, der unterhalb der rein rechtlichen Ebene gilt. Der Billigkeit entspricht alles Handeln, das ein vernünftig und gerecht denkender Zeitgenosse für angemessen hält. Recht und Billigkeit sind objektive Maßstäbe, über die eigentlich nicht diskutiert werden kann. Dass die MAVO die Mitarbeitervertretung dennoch ausdrücklich dazu beauftragt, die Einhaltung zu überwachen, ist ein Bekenntnis zur Notwendigkeit der MAV.

Die Mitarbeitervertretung hat auf die Einhaltung rechtlicher Vorschriften und des Gleichbehandlungsgrundsatzes zu achten. Dieser besagt, dass alle Mitarbeiterinnen und Mitarbeiter bei gleichen sachlichen Voraussetzungen nicht ungleich behandelt werden dürfen. Unterschiedliche Behandlung ist nur da zulässig, wo es einen sachlichen Grund zur Differenzierung gibt. Verstärkt wird dieses Prinzip durch das in 2006 in Kraft getretene Allgemeine Gleichbehandlungsgesetz (AGG), dessen Ziel es ist, Benachteiligungen aus Gründen der Rasse oder wegen der ethnischen Herkunft, des Geschlechts, der Religion oder Weltanschauung, einer Behinderung, des Alters oder der sexuellen Identität zu verhindern oder zu beseitigen. Aber meistens geht es nicht um klar definierbare Ungleichbehandlungen, die sich an den Kriterien des Gesetzes festmachen, sondern um so etwas wie den „Nasenfaktor", also die Ungleichbehandlung, weil jemand dem Dienstgeber schlicht unsympathisch oder zu selbstbewusst ist. Hier soll die MAV für Sachlichkeit und unvoreingenommen gerechte Behandlung eintreten.

Stärkung des Verständnisses für den kirchlichen Auftrag

Die Mitarbeitervertretung ist ein Teil der Einrichtung. Sie soll die Einrichtung und ihre Ziele repräsentieren und kann das nur glaubhaft tun, wenn sie für den (kirchlich orientierten) Zweck der Einrichtung auch gegenüber den Mitarbeiter/innen wirbt. Dieses Werben »nach Innen« erstaunt zwar, ist aber auch eine Konsequenz aus Art. 3 der Grundordnung zum kirchlichen Dienst, wonach prinzipiell Jede/Jeder für einen Dienst in kirchlichen Einrichtungen geeignet ist, wenn er bereit ist, ihre Ziele mitzutragen. Dabei muss der kirchliche Auftrag keineswegs im Widerspruch zu den Interessen der Mitarbeiter/innen stehen. Die meisten treten aus Überzeugung für ihren Arbeitsauftrag ein und viele sind auch außerhalb der Einrichtung für die kirchliche Belange engagiert.

Eintreten für eine gute Zusammenarbeit

Den weiteren Auftrag, etwas für das Klima in der Einrichtung zu tun, kann die MAV nur dann erfüllen, wenn sie in beide Richtungen, also gegenüber dem Dienstgeber genauso wie gegenüber den Mitarbeiter/innen ausgleichend wirkt und selbst ein gutes Beispiel gibt. Sie kann in dieser Hinsicht natürlich auch besonders viel durch ihre Kompetenzen nach § 36 Abs. 1 Zif. 3 (Veranstaltungen für Mitarbeiter/innen) tun.

Pflicht zur Vorlage von Unterlagen

Die zur Erfüllung ihrer Aufgaben erforderlichen Unterlagen sind der Mitarbeitervertretung auf entsprechenden Antrag vorzulegen. Über die Erforderlichkeit muss die MAV selbst entscheiden. Dazu muss sie einen Bezug zur Erfüllung ihrer

- allgemeinen Aufgaben nach § 26 Abs. 3 oder ihrer
- einzeln in den §§ 29 bis 38 aufgeführten Aufgaben

herstellen. Einschränkend wird die Einsicht in die Personalakten der Mitarbeiter von deren schriftlicher Zustimmung abhängig gemacht. Diese Einschränkung muss generell auf alle Informationen ausgedehnt werden, die im Rahmen einer Güterabwägung gegenüber den berechtigten Interessen der Mitarbeitervertretung als schutzwürdig gelten müssen. Dazu gehören also insbesondere auch Unterlagen, die (noch) nicht Bestandteil der Personalakte sind und deren vertrauliche Behandlung vom Willen der Mitarbeiterin/des Mitarbeiters abhängig ist. Als Beispiel sei der Text einer Ermahnung oder Abmahnung und die damit verbundene Korrespondenz genannt.

Allgemeine Aufgaben der MAV

Die allgemeinen Aufgaben der Mitarbeitervertretung kann man in vier Bereiche einteilen:

Betriebsorganisatorische Generalklausel

Anregung von Maßnahmen, die Mitarbeiter/innen *und* der Einrichtung *gleichermaßen* dienen, also eine Art Ideenbörse für Verbesserungsvorschläge zu schaffen. Diese Ziffer ist *die Generalklausel* für das Engagement der MAV in betriebsorganisatorischen Angelegenheiten. Soweit sich die MAV mit irgendwelchen Themen bezüglich betrieblicher Abläufe befasst, kann sie sich auf § 26 Abs. 3 Zif. 1 berufen.

Individualrechtliche Generalklausel

Sich um Anregungen und Beschwerden der Mitarbeiter/innen zu kümmern, ist andererseits *die Generalklausel für* das Eintreten der MAV in Individual-

Angelegenheiten. Jede arbeitsrechtliche Frage, die irgendeine Mitarbeiterin oder einen Mitarbeiter beschäftigt, kann natürlich in eine Beschwerde oder Anregung gegenüber der MAV umgesetzt werden und wird so zu einer mitarbeitervertretungsrechtlichen Angelegenheit. Damit ist die MAV nach dieser Regelung zuständig und kann sogar eine Rechtsauskunft bei der Diözesanen Arbeitsgemeinschaft einholen.

Das weitere (MAVO-)Verfahren hängt davon ab, ob die »Beschwerde« oder »Anregung« berechtigt erscheint. Darunter ist eine zumindest summarische Rechtsprüfung zu verstehen, zu der sich die MAV entsprechender Hilfe bedienen kann.

Entscheidet sich die MAV – im Regelfall durch mehrheitlichen Beschluss – für die Berechtigung der Beschwerde oder Anregung, gibt sie diese in geeigneter Weise an den Dienstgeber weiter und setzt sich für einen erfolgreichen Abschluss der Angelegenheit ein. Anderenfalls informiert die MAV die betreffende Mitarbeiterin/den Mitarbeiter über ihre negative Einschätzung und schließt die Angelegenheit ab.

Die MAV sollte sich dabei immer vor Augen halten, dass sie rechtliche Fragen der Mitarbeiter/innen nicht als Interessenvertreter des Einzelnen, sondern nur im Rahmen ihrer allgemeinen und kollektiv gemeinten Aufgabe einer »Behandlung der Mitarbeiter/innen nach Recht und Billigkeit« zu behandeln hat. (siehe Abs. 1)

Keine verbindlichen Rechtsauskünfte geben

Mitarbeitervertreter sollten bei einer entsprechenden Anfrage immer auf die Möglichkeit einer rechtlichen Beratung durch Anwälte und Rechtssekretäre hinweisen und dafür sorgen, dass keine Rechtsverluste durch Fristversäumnis eintreten. Wird die MAV dann von dem Anwalt oder Rechtsbeistand der Mitarbeiterin oder des Mitarbeiters um Informationen gebeten, hat sie zwischen einseitiger Parteinahme für die Mitarbeiter/in – die nicht zulässig wäre – und ihrer oben genannten Aufgabe, eine gerechte Behandlung aller Mitarbeiter/innen zu fördern, zu entscheiden. Das ist nicht immer ganz einfach und erfordert häufig eine Beratung durch die DiAG.

Förderung von Benachteiligten

Die dritte Gruppe der allgemeinen Aufgaben einer MAV bildet die Wahrnehmung der Interessen benachteiligter Mitarbeitergruppen im Sinne einer Gleichbehandlung. Im Einzelnen sind das die Gruppen

■ der besonders Schutzbedürftigen, insbesondere der älteren Kolleginnen und Kollegen,

■ der ausländischen Mitarbeiter/innen,

■ der Schwerbehinderten,

■ der jugendlichen und auszubildenden Kolleginnen und Kollegen.

Da der Schutz dieser Gruppen schon über das allgemeine Arbeitsrecht und über tarifliche Sonderbestimmungen aufgenommen wird, hat die MAV für die Anwendung dieser Vorschriften zu sorgen und auf eine betriebliche Umsetzung bedacht zu sein.

Einsatz für Unfallschutz und familienfreundliche Arbeitsplätze

Arbeit soll nicht krank machen. Die MAVO erinnert daran, dass die Gesundheit der Mitarbeiter/innen ein hohes Gut ist und nimmt die MAV zu ihrer Erhaltung in die Pflicht. Die Konkretisierung dieser Pflicht erfolgt unter anderem über §§ 36–38, jeweils Abs. 1 Zif. 10, die der MAV eine hohe Kompetenz bei der Gestaltung des Arbeitsschutzes zuordnen.

Arbeit soll nach Möglichkeit auf die persönliche, insbesondere die familiäre Situation besonders der Mitarbeiterinnen Rücksicht nehmen. Deshalb ist auch das Hinwirken auf frauen- und familienfreundliche Arbeitsplätze gefordert. Auch dieser Pflicht wird die MAV nur gerecht, wenn sie die gesetzlichen (Mutterschutz, Beschäftigungsverbote) und die besonderen »kirchentariflichen« Möglichkeiten (Anspruch auf Reduzierung der Arbeitszeit, Sonderurlaub) kennt und konsequent umzusetzen versucht.

Mitglieder für betriebliche Leistungskommissionen benennen

Die MAVO passt sich mit dieser Aufgabenzuweisung dem neuen, dem Öffentlichen Dienst nachgebildeten Arbeitsvertragsrecht der Kirche an, das in mehrfacher Hinsicht Vergütungen von der Leistung eines Mitarbeiters abhängig macht. Zum einen hinsichtlich der sogenannten „Leistungsbezogenen Vergütung" (Prozentsatz der Bruttojahresvergütung) oder der Beschleunigung und Verlängerung von Vergütungsstufen. Um bei Streitigkeiten über solche Entscheidungen innerbetrieblich schlichten zu können, kann eine Leistungskommission etabliert werden, die mitarbeiterseitig durch die MAV zu benennen ist.

Hinweis für die Praxis

Mitarbeitervertretungen sollten sich öfter an den Regelungen des § 26 orientieren, wenn sie vor der Frage stehen, ob sie für einen bestimmten Sachverhalt »zuständig« sind oder nicht. Denn oft bieten die Beteiligungsrechte der §§ 29–38 keine passende Norm. Eine Anknüpfung an die allgemeinen Aufgaben der MAV findet man aber in den allermeisten Fällen.

Darüber hinaus ist die Kenntnis des Katalogs der Allgemeinen Aufgaben zweckmäßig, wenn es um Erhebung von Einwendungen nach § 29 oder die

Verweigerung der Zustimmung nach § 36 geht. (Beispiel: Arbeitszeitänderung führt zur zusätzlichen Belastung von Frauen oder Alleinerziehenden)

Jenseits des Alibis – Anregungen für frauen- und familienfreundliche Arbeitsbedingungen

Als Mitte der Neunziger Jahre die Arbeiten an der dritten Novelle der Mitarbeitervertretungsordnung in die Zielkurve einlief, bestanden die mitwirkenden Mitarbeitervertreter und -vertreterinnen darauf, die Förderungen frauenfreundlicher Arbeitsbedingungen zumindest in den Katalog der sogenannten Allgemeinen Aufgaben aufzunehmen. Die Emanzipation war im Arbeitsrecht auch an den kirchlichen Türen angelangt.

Die Dienstgebervertreter bestanden ihrerseits auf die Ergänzung hinsichtlich der Familienfreundlichkeit. Wurde damals die Themen bestenfalls nebeneinander diskutiert, ist heute allgemein anerkannt, dass es eine enge Beziehung gibt

Immer mehr MAVen und Dienstgebervertreter sehen, wie notwendig die Förderung der Familienfreundlichkeit im Sinne der Vereinbarkeit von Beruf und Familie ist. Männer und Frauen sollen sowohl Familienverantwortung als auch berufliches Engagement tragen können.

Jenseits der Förderung familienfreundlicher Arbeitsbedingungen bleibt allerdings noch sehr viel zu tun, um „frauenfreundliche" Entwicklungen zu fördern: noch immer finden wir wenig Frauen in Leitungs- und Schlüsselpositionen, Frauen arbeiten erheblich mehr Teilzeit als Männer und manche Entwicklung könnte mutiger gestaltet werden. Gerade wegen des Amtsverständnisses in der katholische Kirche ist es notwendig, das Änderbare auch tatsächlich zu ändern.

Die Mitarbeiterinnen und Mitarbeiter der katholischen Kirche haben einen großen Bedarf an frauen- und familienfreundlichen Arbeitsbedingungen.

Im folgenden werden kleine und große Schritte vorgeschlagen. Mitarbeitervertretungen können prüfen, was davon realistisch und in der eigenen Einrichtung realisierbar ist.

Einige dieser Vorschläge wurden von Frauen im Rahmen eines Seminars für Mitarbeitervertretungsarbeit entwickelt.

■ **Die Gleichstellungsbeauftragte**

Die MAVO kennt nur die allgemein formulierte Aufgabe im § 26 und lässt völlig offen, wie das Geforderte umgesetzt werden kann. Es gibt kein speziellen Rechtsanspruch für die Verwirklichung dieser Aufgabe. Eine Struktur ist nicht vorgesehen. Denkbar wäre der Abschluss einer Dienstvereinbarung mit dem Ziel, die Position der Gleichstellungsbeauftragten zu etablieren. Ob dies mit dem 4. Satz des Absatz 1 in § 38 (»Errichtung ... sozialer Einrichtungen«) begründbar ist, ist eher fragwürdig.

Unabhängig von der rechtlichen Basis könnte der Dienstgeber aufgefordert werden, einseitig eine entsprechenden Position einzurichten. Je nach Größe der Einrichtung, wäre dies eine (zunächst) ehrenamtliche Aufgabe. Alle Erfahrungen zeigen, dass ein solcher Aufgabenbereich als Stabsstelle etabliert werden muss, das heißt unmittelbar der Leitung anzugliedern ist. Die Kompetenzen und Aufgaben sind dabei deutlich zu umreißen. Positive und negative Erfahrungen, an denen man sich orientieren kann, liegen mittlerweile in vielen kommunalen Rathäusern vor..

Denkbar ist auch, eine Kollegin aus der MAV mit dieser Aufgabe zu betrauen – am besten, wenn der Dienstgeber sein Einverständnis und seine Kooperationsbereitschaft formuliert hat.

Daraus können nach der Mitarbeitervertretungsordnung keine Sonderrechte erwachsen. Es ist vielmehr der Blickwinkel und Arbeitsschwerpunkt, der hier entwickelt wird.

■ **Der Familienbeauftragte**

So selbstverständlich die Gleichstellungsbeauftragte eine Frau sein sollte, so interessant könnte die Besetzung der Position des Familienbeauftragten mit einem Mann sein. Alles was zur rechtlichen Basis im vorherigen Abschnitt gesagt wurde, gilt auch hier. In erster Linie kommt es darauf an, dass ein Signal gesetzt wird und jemand bereit ist, aus dem spezifischen »Familienblickwinkel« die Arbeitsbedingungen zu betrachten.

Auch der Familienbeauftragte wird es schnell mit viel Kontroversem zu tun bekommen: Die einen möchten besonders frauenfreundliche Arbeitsplätze, damit die Frauen ihrer Doppelbelastung besser nachkommen können. Die anderen wollen vielleicht dafür sorgen, dass genau diese Doppelbelastung nicht eintritt und die Frau besser gleich zuhause bleibt.

Beides kann mit einer solchen Position, ist sie ernst gemeint, nicht angestrebt werden. Familienfreundlichkeit heißt, dass beide Partner ihren Wünschen nach Berufstätigkeit und Familientätigkeit gleichberechtigt nachkommen können. Ernstgenommene Familienbeauftragung ist meistens eine spezifische Form der »Frauenförderung« – und das ist gut so.

■ Die Frauenkonferenz

Mindestens einmal jährlich findet eine Frauenkonferenz statt. Der Dienstgeber lädt möglichst gemeinsam mit der Mitarbeitervertretung zu einem Treffen aller Frauen ein, um über die Arbeitsbedingungen in der Einrichtung zu diskutieren und für Probleme nach Lösung zu suchen.

■ Der Familienstammtisch

Dreimonatlich treffen sich die Verheirateten oder in Partnerschaft Lebenden mit ihren jeweiligen Lebensgefährten, dem Dienstgeber und der Mitarbeitervertretung, um über familienfreundlichere Rahmenbedingungen am Arbeitsplatz nachzudenken.

■ Frauenquoten

Der Dienstgeber verpflichtet sich, auf allen Ebenen bestimmte Frauenquoten anzustreben: Mindestens x % aller Leitungspositionen sollen im Zeitraum von y Jahren durch Frauen besetzt werden. Der Frauenanteil insbesondere in den höheren Vergütungsgruppen wird festgeschrieben. Werden die Quoten nicht erfüllt, benennt der Dienstgeber in einem Förderbericht die Gründe. *Was ist mit Diskriminierung?*

■ Teilzeitbeschäftigte

Mit dem Dienstgeber kann immer wieder geprüft werden, ob nicht mehr Plätze in Teilzeitarbeit angeboten werden können.

■ Job-sharing

Mann und Frau teilen sich gemeinsam einen Arbeitsplatz. Mit diesem Arbeitszeitmodell sind eine Reihe von Problemen und Fragen verbunden, die hier nicht weiter behandelt werden können.

Entschließt sich der Dienstgeber zum Konzept »job-sharing«, so muss er dies offensiv tun, d. h. die notwendigen und angemessenen Rahmenbedingungen herstellen und werben.

■ Berufsrückkehrerinnen

Das Arbeitsamt hält für Frauen, die lange aus dem Arbeitsprozess ausgegliedert waren, eine Reihe unterschiedlicher Hilfen bereit, die nicht nur Vorteile für eine Arbeitsuchende, sondern auch für den Dienstgeber bringen (Arbeitsbeschaffungsmaßnahmen, Eingliederungen für Langzeitarbeitslose, Weiterbildungen, Zuschüsse für Arbeitgeber).

Frauen, die wegen Familientätigkeit lange dem Arbeitsprozess fern waren, können davon profitieren.

Viele Bildungseinrichtungen begleiten durch abgestimmte Angebote vor Ort den Weg zurück in den Beruf.

■ **Weiterbildung für Frauen**

Männer haben eine große Klappe und Frauen sitzen still daneben – nein, so ist es schon lange nicht mehr. Trotzdem muss man zur Kenntnis nehmen, dass in Bildungsveranstaltungen noch immer meistens Männer das Sagen haben. Auch bei »In-house«-Seminaren sollte sich der Dienstgeber nicht scheuen, spezielle Angebote ausschließlich für Frauen zu machen. Das stärkt Solidarität, Selbstbewusstsein und lässt die spezifischen Fähigkeiten von Frauen produktiver zur Geltung kommen.

■ **Kindergarten- und Krippenplätze**

Familien, damit sind immer auch alleinerziehende Mütter oder Väter gemeint, sind auf Kindergarten- und Krippenplätze angewiesen. Der Dienstgeber könnte sich um eine Kontingentregelung mit dem nahen Kindergarten bemühen. Dort ständen immer ausreichend Plätze zur Verfügung – auch für eventuelle Notfälle, wenn ein Kind nur kurzfristig untergebracht werden muss.

■ **Volle Halbtagsschule**

In manchen Bundesländern gibt es Modelle wie die »Volle Halbtagsschule«. Wenn die Unterrichtszeit nicht den ganzen Vormittag ausfüllt, gibt es Freizeitangebote und die Kinder (zumal im Grundschulalter) werden bis zur fest vereinbarten Zeit (zum Beispiel acht bis 13 Uhr) in der Schule betreut. Auf solche Modelle – auch bei Schulen in kirchlicher Trägerschaft – hinzuwirken ist eine politische Aufgabe, für die auch Dienstgebervertreter gewonnen werden können.

■ **Hortplätze**

In großen Einrichtungen könnte ein eigener Hort in Selbstverwaltung eingerichtet werden. Sind genügend Interessenten da, wird ein Profi angestellt. Ist die Gruppe kleiner, erfolgt eine Reihumbetreuung durch die betroffenen, angestellten Eltern.

Natürlich verursacht dies Personalkosten, ist aber für den Arbeitgeber eventuell leichter zu handhaben, wenn die Belastung gleichmäßig verteilt und planerisch geschickt Zeiten des Leerlaufs berücksichtigt werden. Eventuell können auch Praktikanten stundenweise für solche Aufgaben gewonnen werden.

Der Dienstgebervertreter sollte ein Zeichen setzen: Er selbst arbeitet eine Stunde pro Woche im Hort!

■ **Arbeitszeiten**

Sind die Arbeitszeiten der Einrichtung frauen- oder familienfreundlich? Ist ein flexibler Start am Morgen möglich, um individuelle Wünsche und Notwendigkeiten bedienen zu können?

■ **Essen am Arbeitsplatz**

In vielen kirchlichen Einrichtungen wird täglich gekocht (Bildungshäuser, Krankenhäuser etc.). Was spricht dagegen, Familienangehörige zu diesem Mittagstisch zuzulassen und so für den Werktag Entlastung zu schaffen?

■ **Fahrgemeinschaften**   *gibt es das in Hildesheim?*

Die Mitarbeitervertretung startet die Initiative, Fahrgemeinschaften zu gründen, von denen auch Familienangehörige profitieren können. So können sich Schulwege verkürzen, steht unter Umständen der Familien-PKW zuhause statt auf dem Parkplatz des Dienstgebers.

Für die Idee muss geworben werden, jemand als Organisator die Verantwortung übernehmen.

■ **Hol- und Bringdienst**

Für viele Familien besteht das Problem, dass während der Arbeitszeit der Eltern Kinder von der Schule, zum Musikunterricht, zum Training gefahren werden müssen.

Mit Unterstützung der Personalabteilung stellt die MAV fest, ob es einen Bedarf gibt. Mit dem einrichtungseigenen Bus werden nach festgelegtem Fahrplan diese Hol- und Bringdienste erledigt – gegebenenfalls gegen Kostenerstattung und nach tatsächlicher Dringlichkeit.

■ **Job-Ticketts**

In immer mehr Städten und Gemeinden gibt es sogenannte Job-Tickets: verbilligte Monatsfahrkarten, die der Arbeitgeber am Block vom Unternehmen des öffentlichen Nahverkehrs kauft. Es ist zu prüfen, gegebenenfalls zu verhandeln, ob nicht Zusatztickets, die ebenfalls verbilligt sind, für Familienangehörige mitgekauft werden können.

■ **Notfall**

Viele Familien und Frauen können ihren Alltag gut organisieren und tragen die Zusatzbelastungen aus eigener Kraft. Wehe aber, es tritt plötzlich ein Notfall auf: Das Kind wird krank, der Schulunterricht in den ersten zwei Stunden fällt von heute auf morgen aus, der Kindergarten wird wegen schwerer ansteckender Krankheit geschlossen.

Die Mitarbeitervertretung kann mit dem Dienstgeber eine Dienstvereinbarung für solche Fälle abschließen. Darin wird die Möglichkeit einer schnellen Veränderung der täglichen Arbeitszeit festgehalten, die normalerweise notwendigen Zustimmungsregeln außer Kraft gesetzt.

■ Allgemeine Hilfen

Gemeinsam mit dem Dienstgeber sollte die MAV eruieren, welche Unterstützungssysteme für Frauen und Familien vor Ort bestehen und diese in angemessener Weise bekannt machen. Gibt es Babysitterdienste oder Organisationen, die bei den täglichen Alltagsdingen unterstützen, Tagesmütterringe o. ä.?

Entstehen dabei Kosten, könnte für die Einrichtung eine Art begünstigter Sammelvertrag abgeschlossen werden, um so diese zu senken.

■ Der Förderbericht

Auf einer Mitarbeiterversammlung wird vereinbart, dass der Dienstgeber gemeinsam mit der Mitarbeitervertretung auf bestimmte frauen- und familienfreundliche Aktivitäten hinwirkt. Nach etwa einem Jahr wird Bericht erstattet: Was ist aus den Plänen geworden, wie haben die Mitarbeiter reagiert, wo muss nachgearbeitet werden?

■ Frauen in der Mitarbeitervertretung

Frauenfreundliche Arbeitsbedingungen – d. h. auch eine angemessene Repräsentanz in der Mitarbeitervertretung. In der Einrichtung muss immer wieder für entsprechende Kandidaturen geworben werden. Frauen sollten für den Vorsitz der Mitarbeitervertretung kandidieren. Auch Mitarbeitervertretungen haben damit zu tun, dass sich meistens Männer in den Vordergrund schieben (oder von den Frauen geschoben werden).

■ Frauen in der Mitarbeiterversammlung

Mitarbeiterversammlungen sollten auch unter dem Blickwinkel betrachtet werden, ob diese Treffen nicht eher dem Selbstdarstellungsanspruch der Männer genügen, statt dass dort Formen des Miteinanders gefunden werden, die auch

Ungeübten (und das sind häufig eher die Frauen) Möglichkeiten der Äußerungen und der Mitarbeit geben.

Dafür eignen sich kreative Begegnungsformen und Kleingruppenarbeit eher als Saaldispute.

■ Männerkonferenz

Jährlich treffen sich die Männer der Einrichtung zu einer Konferenz (Frauenkonferenz s. o.). Dort können ungeschützt Erfahrungen in der Kooperation geprüft werden, eigene Benachteiligungen – zum Beispiel bei Quotenbeförderungen – thematisiert und Ideen für ein wirkliches solidarisches Miteinander diskutiert werden.

Gleichstellung lebt von Gesten und Fakten

Viele Ideen, die in diesem Kapitel geäußert wurden, können nur Anregungen sein und sollen zum Weiterdenken ermutigen. *(Sicher fällt Ihnen noch mehr ein! Denken Sie auch das Unmögliche!)*

Die kirchliche Arbeitswelt ist wie wenige andere männerdominiert– sowohl in den Leitungsfunktionen, als auch in Entscheidungsfindung und grundsätzlicher Denkart. Daran etwas zu verändern bedeutet das Bohren dicker Bretter. Denken Sie laut und öffentlich, damit das Holz vor den Leitungs- und Kollegenköpfen durchlässiger wird.

Allein schon die Forderung nach einer Gleichstellungsbeauftragten verändert den Blickwinkel auf die eigene Institution. Man und frau sollten sich nicht vom Wortgeklingel um leere Kassen abschrecken lassen.

Längst nicht alles kostet Geld, aber es kostet die Mühsal des Neuen Denkens.

Das Letzte ...

Bitten Sie ihren konkreten Dienstgeber, darzustellen, welche familienfreundlichen Arbeitsbedingungen er meint hergestellt zu haben und machen Sie dann eine Art Leistungsvergleich: Vergleichen Sie mit ähnlichen Dienstgebern oder besonders vorbildlichen Arbeitgebern vor Ort. Machen Sie die Ergebnisse intern öffentlich.

§ 27 Information

(1) Dienstgeber und Mitarbeitervertretung informieren sich gegenseitig über die Angelegenheiten, welche die Dienstgemeinschaft betreffen. Auf Wunsch findet eine Aussprache statt.

(2) Der Dienstgeber informiert die Mitarbeitervertretung insbesondere über

- Stellenausschreibungen
- Änderungen und Ergänzungen des Stellenplanes,
- Behandlung der von der Mitarbeitervertretung vorgetragenen Anregungen und Beschwerden,
- Bewerbungen von schwerbehinderten Menschen und Vermittlungsvorschläge nach § 81 Abs.1 Satz 4 SGB IX,
- Einrichtung von Langzeitkonten und deren Inhalt.

§ 27a Information in wirtschaftlichen Angelegenheiten

(1) Der Dienstgeber einer Einrichtung, in der in der Regel mehr als 50 Mitarbeiterinnen und Mitarbeiter ständig beschäftigt sind und deren Betrieb überwiegend durch Zuwendungen der öffentlichen Hand, aus Leistungs- und Vergütungsvereinbarungen mit Kostenträgern oder Zahlungen sonstiger nicht-kirchlicher Dritter finanziert wird, hat die Mitarbeitervertretung über die wirtschaftlichen Angelegenheiten der Einrichtung rechtzeitig, mindestens aber einmal im Kalenderjahr unter Vorlage der erforderlichen Unterlagen schriftlich zu unterrichten, sowie die sich daraus ergebenden Auswirkungen auf die Personalplanung darzustellen. Die Mitarbeitervertretung kann Anregungen geben. Besteht eine Gesamtmitarbeitervertretung oder erweiterte Gesamtmitarbeitervertretung, so ist diese anstelle der Mitarbeitervertretung zu informieren.

(2) Zu den wirtschaftlichen Angelegenheiten im Sinne dieser Vorschrift gehören insbesondere

1. der allgemeine Rahmen der wirtschaftlichen und finanziellen Lage der Einrichtung;
2. Rationalisierungsvorhaben;
3. die Änderung der Organisation oder des Zwecks einer Einrichtung sowie
4. sonstige Veränderungen und Vorhaben, welche die Interessen der Mitarbeiterinnen

und Mitarbeiter der Einrichtung wesentlich berühren können.

(3) Als erforderliche Unterlagen im Sinne des Abs. 1 sind diejenigen Unterlagen vorzulegen, die ein den tatsächlichen Verhältnissen entspre-

chendes Bild der Einrichtung vermitteln. Sofern für die Einrichtung nach den Vorschriften des Handels- oder Steuerrechts Rechnungs-, Buchführungs- und Aufzeichnungspflichten bestehen, sind dies der Jahresabschluss nach den jeweils maßgeblichen Gliederungsvorschriften sowie der Anhang und, sofern zu erstellen, der Lagebericht; für Einrichtungen einer Körperschaft des öffentlichen Rechts sind dies der auf die Einrichtung bezogene Teil des Verwaltungshaushalts und der Jahresrechnung.

(4) Die Mitarbeitervertretung oder an ihrer Stelle die Gesamtmitarbeitervertretung oder erweiterte Gesamtmitarbeitervertretung können die Bildung eines Ausschusses zur Wahrnehmung der Informationsrechte nach Abs. 1 beschließen. Soweit es zur ordnungsgemäßen Erfüllung der Aufgaben der Mitarbeitervertretung oder des Ausschusses erforderlich ist, hat der Dienstgeber sachkundige Mitarbeiterinnen und Mitarbeiter zur Verfügung zu stellen; er hat hierbei die Vorschläge des Ausschusses oder der Mitarbeitervertretung zu berücksichtigen, soweit einrichtungsbedingte Notwendigkeiten nicht entgegenstehen. Für diese Mitarbeiterinnen und Mitarbeiter gilt § 20 entsprechend.

(5) In Einrichtungen i.S. des Abs. 1 mit in der Regel nicht mehr als 50 ständig beschäftigten Mitarbeiterinnen und Mitarbeitern hat der Dienstgeber mindestens einmal in jedem Kalenderjahr in einer Mitarbeiterversammlung über das Personal- und Sozialwesen der Einrichtung und über die wirtschaftliche Lage und Entwicklung der Einrichtung zu berichten.

(6) Die Informationspflicht besteht nicht, soweit dadurch Betriebs- oder Geschäftsgeheimnisse gefährdet werden.

Diözesane Abweichungen

zusätzlich im Abs.2:   [handschriftlich: welche Bestimmung §§ 27 oder 27a ?]

Erzbistum Freiburg: *Anträge auf Sonderurlaub, Entscheidungen über einen bevorstehenden Betriebsübergang im Sinne von § 613 a BGB oder eine bevorstehende Änderung der Rechtsform des Rechtsträgers*

Bistum Fulda: *Bestellung zum leitenden Mitarbeiter im S. von § 3 Abs. 2 Nr. 3 + 4*

Bistum Limburg: *Umsetzung von Mitarbeiter/innen auf einen anderen Arbeitsplatz und Ausscheiden von Mitarbeiter/innen*

Bistum Rottenburg-*Stuttgart: Einstellung von geringfügig Beschäftigten im Sinne von § 8 Abs.1 Zif. 2 SGB IV innerhalb einer Woche nach der Einstellung*

Allgemeine Information

Obwohl die Information der Mitarbeitervertretung nach der Definition des §
28 noch kein ausdrückliches Beteiligungsrecht der MAV ist, beginnt mit der
rechtzeitigen, umfassenden Information über Angelegenheiten der Dienststelle jede förmliche inhaltliche Zusammenarbeit zwischen Dienstgeber
und MAV.

Dabei ist die generelle, nicht im einzelnen bestimmte Information nach
Abs.1 die eigentlich wichtige Ebene der Zusammenarbeit. Denn hier zeigt
sich, ob die nach § 26 Abs.1 geforderte vertrauensvolle Zusammenarbeit
funktioniert oder nicht. Die Informationspflicht nach dieser Vorschrift, die
im übrigen auch für die MAV gegenüber dem Dienstgeber besteht, reduziert
sich allerdings wesentlich dadurch, dass alle folgenden (echten) Beteiligungsrechte am Anfang ihres Verfahrens immer auch eine Information vorsehen. Anhörung und Mitberatung (§ 29) und Erklärung der Zustimmung
der MAV (§§ 34-36) können nur funktionieren, wenn der Dienstgeber entsprechend informiert hat.

Unternehmerische Entscheidungen

Die Verantwortung für das Schicksal der Einrichtung liegt in erster Linie bei
der Leitung, die vom Rechtsträger bestellt ist. Die MAVO kennt keine unternehmerische Mitbestimmung – unabhängig von der Größe der Einrichtung.
Deshalb ist jede »unternehmerische Entscheidung«, also alles, was Ausgaben und Einnahmen der Einrichtung oder die Personalverwaltung als einen
ganz entscheidenden Bereich der Ausgabenverwaltung betrifft, Angelegenheit der Leitung und deshalb der betrieblichen Mitbestimmung entzogen.
Da diese unternehmerischen, und damit auch gerichtlich nicht überprüfbaren Entscheidungen, zweifelsfrei als Angelegenheiten, die die Dienstgemeinschaft betreffen gelten müssen, unterliegen sie der Informationspflicht.
Das dürfte auch in der Praxis unbestritten bleiben.

Die Meinungen gehen allerdings regelmäßig bei der Frage auseinander, zu
welchem Zeitpunkt eine Information nötig ist und in welchem Umfang sie
zu erfolgen hat. Versucht man diese Frage nach der Vorgabe vertrauensvoller Zusammenarbeit zu beantworten, so muss – auch unter Berücksichtigung betrieblicher Belange – der Dienstgeber die MAV grundsätzlich unmittelbar dann informieren, wenn Entscheidungen klar sind und umgesetzt
werden sollen. Leider wird aber noch nicht einmal diese Mindestforderung
eingehalten. Nicht selten erfahren Mitarbeitervertretungen von betroffenen
Mitarbeiter/innen, Partnern der Einrichtung oder sogar aus der Zeitung von
solchen Entscheidungen: Ein klare Verletzung von § 27 Abs.1, die aber
immer ohne Folgen bleibt, weil nur Verstöße gegen Abs.2 die Anrufung der
Einigungsstelle rechtfertigen.

Davon macht die MAVO nur für ganz wichtige und bedeutende Entschei-
dungen eine Ausnahme: Bei Schließung, Einschränkung und ähnlichen
Maßnahmen besteht das Recht der Anhörung und Mitberatung nach § 29
Abs.1 Zif.17.

Die konkreten Informationspflichten

Absatz 2 führt die besonderen Informationspflichten auf, die ausnahmslos
den Dienstgeber verpflichten. Die ersten beiden Punkte betreffen den
Bereich der Personalverwaltung:

Stellenausschreibungen

Stellenausschreibungen sind Angebote zur Besetzung freier Stellen. Das
kann zum Beispiel durch Veröffentlichung am »Schwarzen Brett« des
Betriebes, in Tageszeitungen oder gegenüber der Arbeitsvermittlung gesche-
hen. Wie eine Stellenausschreibung zu erfolgen hat, zum Beispiel erst nur
intern (Adressaten nur Betriebsangehörige), extern oder nacheinander ist im
Rahmen der Anhörung und Mitberatung nach § 29 Abs.1 Zif.4 zu klären.
Hier geht es um die Tatsache, dass eine Stelle besetzt werden soll und der
Dienstgeber aktiv werden will.

Wie für alle anderen Informationspflichten gilt auch hier: Ausnahmsweise
gleichzeitige, im Sinne der MAVO im Regelfall aber vorherige Information
der MAV ist gefordert.

Stellenplan

Stellenpläne sind Aufzeichnungen über die in einer Einrichtung finanzierten,
genehmigten und damit zu besetzenden Arbeitsplätze (Soll-Stellenplan) und
die tatsächlich aktuell besetzten Arbeitsplätze (Ist-Stellenplan oder Stellenbesetzungsplan). Jeder Stellenplan hat ein anderes Erscheinungsbild. Nur in
Dienstbereichen, in denen nach einem Sollstellenplan Personalkosten bewil-
ligt oder erstattet werden oder Budgetierungen (Haushaltsfestlegungen) stattfinden, sind Stellenpläne untereinander vergleichbar. Einrichtungen mit mehreren hundert Mitarbeiterstellen haben in der Regel immer einen – vorzeigba-
ren – Stellenplan. Bei kleineren Einrichtungen werden Mitarbeitervertretungen häufig mit der Bemerkung abgewiesen, es gäbe keinen Stellenplan, also
könne man auch nicht darüber nach § 27 Abs.2 informieren.

Selbsthilfe

Richtig ist aber, dass jede Einrichtung, wenn Personalplanung betrieben
wird, eine Art Stellenplan haben muss. Wer das in Abrede stellt, gibt zu,
dass er Personalplanung nach dem Zufallsprinzip betreibt. Statt eines langen Streites sollten sich aber Mitarbeitervertretungen in überschaubaren

Einrichtungen zunächst einmal selbst einen Überblick im Sinne eines Stellenbesetzungsplanes verschaffen. Der zweite Schritt wäre dann, vom Dienstgeber zu erfahren, ob der festgestellte Zustand der Planung voll entspricht oder Veränderungen zur Anzahl der Mitarbeiter/innen oder zum Beschäftigungsumfang anstehen.

Änderungen und Ergänzungen

Nach dem Text der MAVO muss nur über »Änderungen und Ergänzungen« informiert werden. Nach der Kommentierung[25] reicht das aber nur aus, wenn der Mitarbeitervertretung ein aktueller oder ständig fortgeschriebener Stellenplan vorliegt. Ansonsten geht der Anspruch auf Vorlage eines kompletten, aktuellen Stellenplanes.[26]

Neben der Information über die bewilligten und tatsächlich besetzten Stellen muss aus dem Stellenplan auch die Struktur der Einrichtung ersichtlich sein. Die MAV muss Informationen über die Bewertung und Zuordnung der Stellen erhalten.

Keine Angaben zur tatsächlichen Eingruppierung

Sie hat allerdings keinen Anspruch auf Information über die tatsächliche Eingruppierung und Vergütung der einzelnen Mitarbeiter/innen. Diese Information kann sie nur unmittelbar von den Betroffenen, mit deren Einwilligung oder bei der Beteiligung in einem Verfahren nach § 35 Abs.1 Zif.1–4 bekommen.

Information über die Behandlung von Anregungen und Beschwerden

Der Dienstgeber hat die MAV über die Behandlung der von ihr eingebrachten Anregungen und Beschwerden von Mitarbeiter/innen (siehe § 26 Abs.3 Zif.2) zu informieren. Da es sich hierbei in der Regel um Individualansprüche handelt, wäre die MAV ohne dieses besondere Informationsrecht von dem weiteren Verlauf der Angelegenheit abgeschnitten. Beispiel: Eine Mitarbeiterin beschwert sich über die Formulierung in einem Zeugnis bei der MAV. Die MAV prüft und hält die Beschwerde für berechtigt. Sie wendet sich an den Dienstgeber und drängt auf Änderung. Der der Dienstgeber ändert die gerügte Formulierung im Einvernehmen mit der Betroffenen, die MAV erfährt aber von ihrem „Erfolg" nichts. Damit die MAV Rückschlüsse für andere Verfahren derselben Art für sich ziehen kann, ist ein förmliches Informationsrecht aber erforderlich.

---

25 Bleistein/Thiel Rz.7 zu § 27
26 Bleistein/Thiel Rz.20 zu § 27

Bewerbungen von schwerbehinderten Menschen

Der Dienstgeber muss zur Verbesserung der Situation schwerbehinderter Arbeitssuchender generell jede Bewerbung und jeden Vermittlungsvorschlag, der durch die Arbeitsagentur an ihn herangetragen wird, der MAV mitteilen. Dadurch soll sichergestellt werden, dass auch in Fällen, in denen es nicht einmal zu einer förmlichen Absage oder zu einem Vorstellungsgespräch kommt, die Tatsache der Bewerbung der MAV bekannt wird. Das ist im Hinblick auf die Verpflichtung jedes Betriebes, ab 20 Mitarbeitern eine/n behinderten Menschen zu beschäftigen, von nicht unerheblicher Bedeutung.

Einrichtung von Langzeitkonten und deren Inhalt

In verschiedenen Arbeitsvertragsordnungen (z.B. Anlage 5c AVR-Caritas) ist die Einrichtung von Langzeitkonten möglich. Das geschieht durch Dienstvereinbarung. Was die MAV im Rahmen der Verhandlung und des Abschlusses dieser Dienstvereinbarungen aber nicht erfährt, ist die Tatsache, ob und in welchem Umfang Mitarbeiter/innen von der Möglichkeit des Ansparens von Zeitguthaben auf diesen Konten Gebrauch machen. Das wird durch dieses neue Informationsrecht sichergestellt. Dadurch gewinnt die MAV die Möglichkeit, sachgerecht über eine Weiterführung oder Neuregelung solcher Dienstvereinbarungen mit dem Dienstgeber verhandeln zu können, der Informationsvorsprung des Dienstgebers wird ausgeglichen.

Information in wirtschaftlichen Angelegenheiten nach § 27a

Soweit es die wirtschaftliche Situation der Einrichtung betrifft, halten sich Leitungen eher bedeckt. § 27a nimmt sie dazu in die Pflicht. Der wirtschaftliche Zustand einer Einrichtung hat wichtige Auswirkungen auf die Personalentwicklung, an der die MAV förmlich zu beteiligen ist. Dienstgeber, die hier einen offensiven Kurs fahren, haben es bei der Umsetzung von Personalentscheidungen unter Umständen leichter. Die MAV fühlt sich ernstgenommen und mitverantwortlich. Leider ist Transparenz in diesem Bereich immer noch die Ausnahme. Die meisten Dienstgeber teilen nur die negativen Aspekte in aller Breite mit, positive Entwicklungen und Möglichkeiten behalten sie für sich, betrachten sie als ihr persönliches Verdienst.

Voraussetzungen das Informationsrecht in wirtschaftlichen Angelegenheiten

Der kirchliche Dienstgeber hat nach MAVO nur unter folgenden Bedingungen die rechtliche Verpflichtung, über wirtschaftliche Angelegenheiten durch Vorlage der entsprechenden Unterlagen (siehe Abs. 3) zu informieren:

1. Die Einrichtung beschäftigt mehr als 50 Mitarbeiter/innen.
2. Die Einrichtung finanziert sich zu mehr als 50% aus nicht-kirchlichen Finanzquellen.

Damit sind alle kleineren Einrichtungen und auch diejenigen, die zwar mehr als 50 Mitarbeiter/innen beschäftigen, aber im wesentlichen durch Kirchensteuermittel finanziert werden, von der Informationspflicht ausgeschlossen. Informationen sind damit aber nicht verboten, sondern können freiwillig bzw. auf § 27 gestützt, trotzdem geliefert werden.

Die Erfahrung zeigt jedoch, dass eher die Tendenz zur Flucht aus der Verpflichtung nach 27a besteht. So versuchen die Träger großer Orden teilweise, eigene Mitarbeitervertretungsordnungen im Widerspruch zu denen des belegenen Bistums durchzusetzen. Diese Ordnungen unterscheiden sich nur in einem Punkt von den diözesanen Mitarbeitervertretungsordnungen: Es fehlt die Regelung des § 27a. Wenn man bedenkt, dass diese Einrichtungen in den meisten Fällen rechtlich zur Erstellung eines förmlichen Jahresabschlusses nach den Vorschriften des HGB verpflichtet sind und damit auch die Verpflichtung zur Veröffentlichung verbunden ist, erscheint dieses Verhalten seltsam.

Inhalt der Information

Grundsätzlich mitteilungspflichtig sind alle Veränderungen und Vorhaben, die die Interessen der Mitarbeiter/innen wesentlich berühren können. (Abs.2 Ziffer 4) Darunter fallen im wesentlichen Rationalisierungsmaßnahmen oder Organisations- und Zweckänderungen, die den Bestand und Umfang der Einrichtung unberührt lassen und Betriebsänderungen, die über innerbetriebliche Veränderungen hinausgehen.

Die genannten Punkte gehören aber zu den außergewöhnlichen Dingen, die in einer Einrichtung passieren können und deshalb nicht unbedingt an der Tagesordnung sind.

Was der Dienstgeber – quasi routinemäßig – einmal pro Jahr mitteilen muss, ist der allgemeine Rahmen der wirtschaftlichen und finanziellen Lage der Einrichtung. Um dieser Forderung nachzukommen, muss er

- in nicht bilanzpflichtigen, kleineren Einrichtungen Unterlagen über Gewinn und Verlust (GuV)
- in mittleren und großen Kapitalgesellschaften der Jahresabschluss mit Bilanz, Anhang und Lagebericht
- in Einrichtungen als Körperschaften des öffentlichen Rechts der Verwaltungshaushalt und die Jahresrechnung

vorlegen.

Begriff der Vorlage

Gestritten wird gelegentlich noch über den Begriff der „Vorlage" der Unterlagen. Dabei ist klar, dass die Informationen durch Einsichtnahme der MAV in die entsprechenden Unterlagen, also schriftlich erfolgen. Gelegentlich wird aber die Meinung vertreten, dass eine Aushändigung der Unterlagen an die MAV nicht in Betracht kommt, bzw. nur eine Einsicht gewährt werden muss. Wenn man das Informationsrecht nach § 27a, das immerhin durch die Europäische Richtlinie zur Arbeitnehmerbeteiligung (RL 2002/14/EG) abgesichert ist, aber ernst nimmt, führt kein Weg an der Aushändigung der Unterlagen vorbei. Denn anders wäre es der MAV überhaupt nicht möglich, so umfangreiche und nur für Fachleute ohne weiteres erfassbare Informationen erfassen und beurteilen zu können. Daher geht die herrschende Meinung auch von einer – zumindest zeitweisen – Aushändigung aus.[27]

Betriebs- und Geschäftsgeheimnisse

Eine Definition dessen, was unter Betriebs- und Geschäftsgeheimnissen zu verstehen ist, ist schwierig. Offenkundige oder einer großen Personenzahl in der Einrichtung bekannte Tatsachen scheiden hier von vornherein aus. Zum einen kommen hier Informationen in Betracht, die Geschäftspartnern der Einrichtung im Falle der Verbreitung Schaden zufügen können. (Schwebende Verhandlungen, Interna aus vertraglichen Details etc.), Des weiteren könnte es sich um Tatsachen und Informationen handeln, die bei Weitergabe der Einrichtung selbst Schaden zufügen können (Wettbewerbssituation, geplantes Verhalten am Markt, sensible Geschäftsvorhaben etc.) Das Bestehen eines „Geheimnisses" muss aber immer auch daran gemessen werden, dass die MAV nach § 20 einer besonderen Schweigepflicht unterliegt. Daher ist ein sehr strenger Maßstab anzulegen.

Kleinere Einrichtungen

Für die „kleinen" Einrichtungen ist nach Abs. 5 nur eine Information über das Personal- und Sozialwesen und über die wirtschaftliche Lage und Entwicklung der Einrichtung im Rahmen einer Mitarbeiterversammlung vorgesehen. Die Konsequenz ist, dass das Informationsrecht an der MAV vorbei zu erfüllen ist und wegen fehlender besonderer Verschwiegenheitspflicht der Teilnehmer an der Mitarbeiterversammlung auch nur eher „weiche Tatsachen" und allgemeinere Informationen zum Gegenstand haben wird.

---

27 Bleistein/Thiel Rz. 24 zu § 27a

Information – das Diagramm[28]

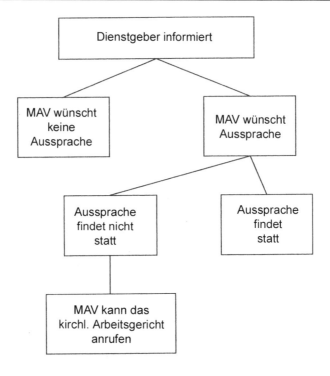

Das Letzte ...

Preisfragen: Kennen Sie eine Angelegenheit, die *nicht* die Dienstgemeinschaft betrifft?

Dieser Paragraf ist der argumentative Schlüssel zu allen Informationen, die
in der Einrichtung zur Verfügung stehen.

---

28 Das »Handbuch« bietet zu allen Beteiligungsrechten Verlaufsdiagramme an.

§ 28 Formen der Beteiligung, Dienstvereinbarung

(1) Die Beteiligung der Mitarbeitervertretung an Entscheidungen des Dienstgebers vollzieht sich im Rahmen der Zuständigkeit der Einrichtung nach den §§ 29 bis 37.

Formen der Beteiligung sind:

– Anhörung und Mitberatung,
– Vorschlagsrecht,
– Zustimmung,
– Antragsrecht.

(2) Dienstvereinbarungen sind im Rahmen des § 38 zulässig.

§ 28a Aufgaben und Beteiligung der Mitarbeitervertretung zum Schutz schwerbehinderter Menschen

(1) Die Mitarbeitervertretung fördert die Eingliederung schwerbehinderter Menschen. Sie achtet darauf, dass die dem Dienstgeber nach §§ 71, 72, 81, 83 und 84 SGB IX obliegenden Verpflichtungen erfüllt werden und wirkt auf die Wahl einer Vertrauensperson der schwerbehinderten Mitarbeiterinnen und Mitarbeiter hin.

(2) Der Dienstgeber trifft mit der Vertrauensperson der schwerbehinderten Mitarbeiterinnen und Mitarbeiter und der Mitarbeitervertretung in Zusammenarbeit mit dem Beauftragten des Dienstgebers gemäß § 98 SGB IX eine verbindliche Integrationsvereinbarung. Auf Verlangen der Vertrauensperson der schwerbehinderten Mitarbeiterinnen und Mitarbeiter wird unter Beteiligung der Mitarbeitervertretung hierüber verhandelt. Ist eine Vertrauensperson der schwerbehinderten Mitarbeiterinnen und Mitarbeiter nicht vorhanden, so steht das Recht, die Aufnahme von Verhandlungen zu verlangen, der Mitarbeitervertretung zu. Der Dienstgeber oder die Vertrauensperson der schwerbehinderten Mitarbeiterinnen und Mitarbeiter können das Integrationsamt einladen, sich an den Verhandlungen über die Integrationsvereinbarung zu beteiligen. Der Agentur für Arbeit und dem Integrationsamt, die für den Sitz des Dienstgebers zuständig sind, wird die Vereinbarung übermittelt. Der Inhalt der Integrationsvereinbarung richtet sich nach § 83 Abs. 2 SGB IX.

(3) Treten ernsthafte Schwierigkeiten in einem Beschäftigungsverhältnis einer schwerbehinderten Mitarbeiterin oder eines schwerbehinderten Mitarbeiters auf, die dieses Beschäftigungsverhältnis gefährden können, sind zunächst unter möglichst frühzeitiger Einschaltung des Beauftragten des Dienstgebers nach § 98 SGB IX, der Vertrauensperson der schwerbehinderten Mitarbeiterinnen und Mitarbeiter und der Mitarbeitervertretung

sowie des Integrationsamtes alle Möglichkeiten und alle zur Verfügung stehenden Hilfen zu erörtern, mit denen die Schwierigkeiten beseitigt werden können und das Beschäftigungsverhältnis möglichst dauerhaft fortgesetzt werden kann.

Beteiligung

Die MAVO definiert den Begriff der »Beteiligung« sehr einschränkend: Nur Verfahren auf

■ Anhörung und Mitberatung und
■ die Zustimmung

als Beteiligungen auf Initiative des Dienstgebers

oder

das Verfahren über das

■ Vorschlagsrecht (Gegenstück zur Anhörung und Mitberatung) und
■ das Antragsrecht (Gegenstück zur Zustimmung)

als Beteiligungen auf Initiative der Mitarbeitervertretung gelten als echte Beteiligung im Sinne der MAVO.

Informationsrechte

Die Informationsrechte in § 27 Abs. 1 und 2 und § 27 a sind den Beteiligungsrechten untergeordnet und sollen diese nur unterstützen.

Anhörung und Mitberatung ohne Vorschlagsrecht § 29

Das Recht auf Anhörung und Mitberatung (auf Initiative des Dienstgebers) ohne ein Vorschlagsrecht der Mitarbeitervertretung besteht in verschiedenen Fragen der Betriebsorganisation.

Diesen Sachverhalten ist gemeinsam, dass die betreffenden Regelungen nicht dem mutmaßlichen kollektiven Interesse der Mitarbeitervertretung entsprechen oder zu dem engeren Bereich der Betriebsführung gehören.

Im Einzelnen handelt es sich im § 29 um die

■ Zif. 4, Festlegung von Richtlinien zur Durchführung des Stellenplans,
■ Zif. 5, Verpflichtung zur Teilnahme/Auswahl der Teilnehmer an Fortbildungen,
■ Zif. 8, Fassung von Musterdienst-/Musterarbeitsverträgen,
■ Zif. 10, Abordnung von mehr als 3 Monaten oder Versetzung von Mitarbeitern im pastoralen Dienst,
■ Zif. 11, Vorzeitige Versetzung in den Ruhestand (Beamte),

- Zif. 12, Entlassung aus Probe-/Widerrufsverhältnis (Beamte) und
- Zif. 17, Schließung, Einschränkung, Verlegung oder Zusammenlegung von Einrichtungen oder wesentlichen Teilen von ihnen
- Zif. 18 Bestellung zur Mitarbeiterin oder zum Mitarbeiter in leitender Stellung gemäß § 3 Abs. 2 Nrn. 3 und 4,
- Zurückweisung von Bewerbungen schwerbehinderter Menschen, wenn die Beschäftigungspflicht noch nicht erfüllt ist
- Regelung nach § 1 a Abs. 2.

Anhörung und Mitberatung bei Kündigungen §§ 30, 30 a und 31

Auf derselben Linie, also zum Bereich ausschließlich vom Dienstgeber veranlasster Maßnahmen, gehören alle Formen von Kündigungen von Mitarbeiter/innen, für die nach der MAVO (nur) ein Beteiligungsrecht in Form der Anhörung und Mitberatung besteht.

Bei Anhörung und Mitberatung erschöpft sich die Beteiligung der Mitarbeitervertretung auf eine vollständige und umfassende Information, die Möglichkeit der Erhebung von Einwendungen gegen die geplante Maßnahme, die Pflicht des Dienstgebers, in diesem Fall ein Einigungsgespräch mit der MAV zu führen, und die Erteilung eines schriftlichen Bescheides im Falle des Scheiterns einer Einigung.

Bei Anhörung und Mitberatung wegen geplanter Kündigungen ist die Information schriftlich zu geben, ein Verstoß hiergegen führt zur Unwirksamkeit der Kündigung. Bei der außerordentlichen Kündigung ist ein Einigungsgespräch nicht vorgeschrieben.

Anhörung und Mitberatung bei gleichzeitigem Vorschlagsrecht §§ 29 und 32

In folgenden Fällen ist neben dem Recht auf Anhörung und Mitberatung auch ein Vorschlagsrecht der Mitarbeitervertretung gegeben:

- Zif. 1, Maßnahmen der innerbetrieblichen Information und Zusammenarbeit (§ 32 Zif. 1),
- Zif. 2, Änderung von Beginn und Ende der täglichen Arbeitszeit und Verteilung auf die einzelnen Wochentage für pastoral und liturgisch tätige Mitarbeiter/innen (§ 32 Zif. 2),
- Zif. 3, Regelung der Ordnung in der Einrichtung (§ 32 Zif. 3),
- Zif. 5, Durchführung beruflicher Ausbildungsmaßnahmen der Einrichtung (§ 32 Zif. 4),
- Zif. 9, Regelung zur Erstattung dienstlicher Auslagen (§ 32 Zif. 5),
- Zif. 7, Einführung von Unterstützungen, Vorschüssen, Darlehen, und entsprechender sozialer Zuwendungen sowie deren Einstellung (§ 32 Zif. 6),

- Zif. 13, Überlassung von Wohnungen, die für Mitarbeiter/innen vorgesehen sind (§ 32 Zif. 7),
- Zif. 14, Grundlegende Änderung von Arbeitsmethoden (§ 32 Zif. 8),
- Zif. 15, Maßnahmen zur Hebung der Arbeitsleistung und zur Erleichterung des Arbeitsablaufes (§ 32 Zif. 9),
- Zif. 16, Festlegung der Gestaltung von Arbeitsplätzen (§ 32 Zif. 10).

Nur Vorschlagsrecht § 32 Zif. 11

Ein ausschließliches Vorschlagsrecht ohne gleichzeitiges Initiativrecht des Dienstgebers besteht bei der Festlegung besonderer Wahlregelungen bei nicht-selbständigen Teilen von Einrichtungen nach § 32 Zif. 11 und bei Maßnahmen zur Beschäftigungssicherung nach Zif. 12. Hier steht die Organisation von Mitarbeiterrechten im Vordergrund.

Nur Zustimmung §§ 34 und 35

Bei Einstellung und Anstellung von Mitarbeiter/innen nach § 34 und bei bestimmten persönlichen Angelegenheiten von Mitarbeiter/innen in § 35, nämlich

- Zif. 1–3, der Eingruppierung, Höher- oder Rückgruppierung,
- Zif. 4, der dauerhaften Übertragung einer höher oder niedriger zu bewertenden Tätigkeit,
- Zif. 5, der Abordnung von mehr als 3 Monaten oder Versetzung,
- Zif. 6, dem Versagen und Widerruf einer Nebentätigkeit,
- Zif. 7, der Weiterbeschäftigung über die Altersgrenze hinaus,
- Zif. 8, dem Hinausschieben des Eintritts in den Ruhestand wegen Erreichens der Altersgrenze,
- Zif. 9, Anordnungen, die die Freiheit der Wahl der Wohnung beschränken, die der Mitarbeiter beziehen muss,
- und nach § 18 Zif. 2, Ablehnung der Weiterbeschäftigung von Auszubildenden, die der Mitarbeitervertretung angehören.

Eingeschränkte Mitbestimmung

Bei Einstellung und Anstellung nach § 34 und bei Maßnahmen des Dienstgebers in personellen Einzelangelegenheiten nach § 35 ist das Mitbestimmungsrecht nur eingeschränkt.

Die Mitarbeitervertretung darf

1. nur eine Rechtsverletzung oder
2. die Störung des Betriebsfriedens (bei § 34) bzw. eine Ungleichbehandlung gegenüber anderen Mitarbeiter/innen (bei § 35) als möglichen Grund für die Verweigerung der Zustimmung benennen. Andere Gründe sind unbeachtlich. Der Dienstgeber könnte sich ohne Anrufung der Einigungsstelle darüber hinwegsetzen.

Zustimmung, Antragsrecht und Dienstvereinbarung §§ 36, 37 und 38

Für die Durchführung der in § 36 aufgeführten Maßnahmen braucht der Dienstgeber schließlich die Zustimmung der MAV (echtes Mitbestimmungsrecht) oder die Ersetzung der Zustimmung durch die Einigungsstelle. Ohne Zustimmung erlassene Entscheidungen sind fehlerhaft, sofern nicht zumindest gleichzeitig ein Verfahren nach § 33 Abs. 5 (Vorläufige Entscheidung im Eilverfahren) eingeleitet wird. In allen Fällen besteht auch ein Antragsrecht der Mitarbeitervertretung. Im Einzelnen geht es um

- Zif. 1, Änderung von Beginn und Ende der täglichen Arbeitszeit einschließlich der Pausen sowie der Verteilung auf die einzelnen Wochentage,
- Zif. 2, Festlegung der Richtlinien zum Urlaubsplan und zur Urlaubsregelung,
- Zif. 3, Planung und Durchführung von Veranstaltungen für Mitarbeiterinnen und Mitarbeiter,
- Zif. 4, Errichtung, Verwaltung und Auflösung sozialer Einrichtungen,
- Zif. 5, Inhalt von Personalfragebogen,
- Zif. 6, Beurteilungsrichtlinien für Mitarbeiterinnen und Mitarbeiter,
- Zif. 7, Richtlinien für die Gewährung von Unterstützungen, Vorschüssen, Darlehen und entsprechenden sozialen Zuwendungen,
- Zif. 8, Durchführung der Ausbildung, soweit nicht durch Rechtsvorschriften oder durch Ausbildungsvertrag geregelt,
- Zif. 9, Einführung und Anwendung technischer Einrichtungen zur Verhaltens- oder Leistungskontrolle,
- Zif. 10, Maßnahmen zur Verhütung von Dienst- und Arbeitsunfällen und sonstigen Gesundheitsbeschädigungen,
- Zif. 11, Maßnahmen zum Ausgleich wegen Schließung oder Einschränkung des Umfangs der Einrichtung
- Zif. 12 Festlegung des Bereitschaftsdienstentgeltes, soweit in einer Arbeitsvertragsordnung (hier insbesondere § 9 Anlage 5 zu den AVR) vorgesehen.

Dienstvereinbarungen möglich

In allen vorgenannten Angelegenheiten der vollen Mitbestimmung gibt die MAVO die Möglichkeit der Regelung durch eine Dienstvereinbarung. Der Abschluss von Dienstvereinbarungen geht über eine bloße Beteiligung hinaus. Hier verhandeln Mitarbeitervertretung und Dienstgeber als Betriebspartner wie über den Abschluss eines »Vertrages«. Jede Seite ist in ihrer Entscheidung frei und kann sich weiteren Verhandlungen entziehen und das Verfahren damit ohne Einschaltung der Einigungsstelle zum Scheitern bringen.

Dienstvereinbarungen sind grundsätzlich nicht erzwingbar. Ist eine Dienstvereinbarung aber wirksam abgeschlossen, kann bei wiederholtem Verstoß gegen ihren Inhalt die Einigungsstelle angerufen werden.

Aufgaben und Beteiligung beim Schutz schwerbehinderter Menschen nach § 28 a

Solange in einer Einrichtung eine Vertrauensperson der Schwerbehinderten nicht gewählt worden ist oder nicht gewählt werden kann (weniger als 5 Schwerbehinderte) nimmt die MAV alle Aufgaben zur Heranführung Schwerbehinderter an einen Arbeitsplatz (§§ 71 und 72) sowie die Integration der Schwerbehinderten in der Einrichtung (§§ 81,83 und 84 SGB IX) wahr.

Integrationsvereinbarung

Verpflichtend ist es für Dienstgeber und MAV, eine sogenannte Integrationsvereinbarung[29] abzuschließen. In dieser Dienstvereinbarung sind nicht nur die Rechte der (anerkannten) Schwerbehinderten zu regeln, sondern auch die (Wieder-) Eingliederung von Langzeiterkrankten und Mitarbeitern, die aufgrund besonderer gesundheitlicher Beeinträchtigungen Unterstützung benötigen.

Warum zur Taube schielen, wenn der Spatz aus der Hand fliegt? Basis-Check: Ungenutzte Rechte der Mitarbeitervertretungen

Viele erinnern sich an die oft zitierte Zusage des Kölner Kardinal Frings, die Kirche würde ein »vorbildliches Mitwirkungsrecht« für ihre Einrichtungen in Kraft setzen. Das habe Adenauer veranlasst, den § 118 des Betriebsverfassungsgesetz auch auf Religionsgemeinschaften anzuwenden und diese weitgehend von den Bestimmungen der betrieblichen Mitbestimmung auszunehmen.

Mitarbeitervertretungen führen immer wieder erregte Diskussionen darüber, wie gering deshalb die Rechte aus der Mitarbeitervertretungsordnung sind. Da werden die Bestimmungen des Betriebsverfassungsgesetz als Beleg herangezogen und Verweise auf die jeweiligen Personalvertretungsgesetze gemacht.

Trotz solcher Klagen werden die Kirchlichen Arbeitsgerichte selten angerufen, obwohl doch Rechte von Mitarbeitervertretungen immer wieder – zum Teil grob – verletzt werden. Vertreterinnen und Vertreter geben darüber in Fortbildungsseminaren beredt Auskunft.

---

29 Siehe Muster-Dienstvereinbarung auf CD-ROM.

Rechte, die man hat, aber nicht nachdrücklich einfordert, nutzen wenig. Im gleichen Atemzug weitere Rechte zu verlangen oder jammernd ihr Fehlen zu beklagen, nährt den Verdacht, dass es nicht um Einfluss, sondern um Erhaltung von Vorurteilen geht: »Wir sind die Unbeachteten. Es hat ja keinen Zweck. Man will die Mitwirkung nicht. Der Dienstgeber missachtet uns.«

Basis-Check

Im folgenden wird ein »Basis-Check« vorgestellt. Mit diesem Check kann geprüft werden, ob die Mitarbeitervertretung die Rechte, die ihr aus den Formen der Beteiligungsmöglichkeiten zukommt, tatsächlich wahrnimmt.

■ **Gegenseitige Unterstützung**

Kann die Mitarbeitervertretung beschreiben, wie sie den Dienstgeber bei seiner Arbeit unterstützt und wie sie von ihm unterstützt wird? Fällt die Antwort auf diese Frage formal aus oder hat sie auch inhaltlich-konkrete Substanz?

■ **Vertrauensvolle Zusammenarbeit**

Gibt es vertrauensvolle Zusammenarbeit mit dem Dienstgeber? Welchen tatsächlichen Ausdruck findet sie: regelmäßige Gespräche, Mitteilung vertraulicher Information, Klarheit in der Kooperation, Ernsthaftigkeit und Ernstnahme?

■ **Erforderliche Unterlagen**

Bittet die MAV regelmäßig um Vorlage der erforderlichen Unterlagen, damit sie ihren Aufgaben nachkommen kann? Verlässt sie sich ausschließlich auf die mündlichen Ausführungen des Dienstgebers? Wie reagiert sie, wenn Akteneinsicht untersagt wird? Ist sie in diesem Fall schon einmal an die Einigungsstelle herangetreten?

■ **Information**

Bittet die Mitarbeitervertretung den Dienstgeber bzw. seinen Vertreter regelmäßig um Informationen über die Angelegenheiten, die die Dienstgemeinschaft betreffen?

Fragt sie um entsprechende Gespräche an?

■ **Dienstgeberinformation**

Fordert die Mitarbeitervertretung Informationen hinsichtlich Stellenausschreibungen und Änderungen und Ergänzungen des Stellenplanes?

Tut die MAV dies regelmäßig? Ist »Information« (im Sinne des § 27 und § 27 a MAVO) ein verbindlicher Tagesordnungspunkt während der Gemeinsamen Sitzungen?

■ **Anregungen und Beschwerden**

Überprüft die MAV, wie der Dienstgebervertreter Anregungen und Beschwerden behandelt hat? Nimmt er diese lediglich zur Kenntnis oder versucht er, Abhilfe zu schaffen?

Hat die MAV Fristen gesetzt und diese selbst eingehalten?

Wann hat die MAV zum letzten Mal Maßnahmen für die Einrichtung oder die Mitarbeiter vorgeschlagen?

Hat sie Mitarbeiterinnen und Mitarbeitern Gelegenheit gegeben, Beschwerden oder Anregungen vorzutragen? Hat sie diese an den Dienstgeber weitergegeben?

■ **Sprecher, Vertrauensperson, Vertrauensmann**

Sind die entsprechenden Positionen in der Einrichtung besetzt? Trägt die MAV dafür Sorge, dass die Möglichkeit zur Wahl besteht?

Trägt die Mitarbeitervertretung dafür Sorge, dass Jugendversammlungen stattfinden?

■ **Schutzbedürftige Mitarbeiter/innen**

Hat sich die MAV darüber orientiert, welche schutzbedürftigen Mitarbeitergruppen in der Einrichtung tätig sind? Wann hat sie zum letzten Mal deren spezifische Interessen angesprochen? Steht sie in gutem Kontakt mit den jeweiligen Beauftragten? Weiß sie, wer in der Personalabteilung für diese Kolleginnen und Kollegen zuständig ist?

■ **Ausländische Mitarbeiter/innen**

Was tut die MAVO, um ausländische Mitarbeiterinnen und Mitarbeiter in die Dienstgemeinschaft zu integrieren? Welche Anregungen hat sie bisher gegeben? Wie haben die Mitarbeiter, wie hat der Dienstgebervertreter oder der Dienstgeber darauf reagiert?

■ **Auszubildende**

Gibt es in der Einrichtung Auszubildende? Ist die Beschäftigung angeregt worden, sind die jungen Erwachsenen entsprechend ihrem Status im Blick der MAV?

■ **Unfallverhütung und Gesundheitsschutz**

Welche Maßnahmen zur Gesundheitsförderung am Arbeitsplatz sind bislang angeregt worden? Welche Maßnahmen zur Unfallverhütung verwirklicht?

■ **Anhörung und Mitberatung**

Geht die Mitarbeitervertretung regelmäßig den Katalog in § 29 Abs. 1 MAVO durch und kontrolliert sie, ob der Dienstgeber zu den entsprechenden Punkten angehört hat?

Ist der vorgeschriebene Verfahrensweg eingehalten worden. Gab es dazu Abweichungen und wenn ja – warum?

■ **Vorschlagsrecht**

Wie oft hat die Mitarbeitervertretung im letzten Jahr von ihrem Recht, Vorschläge zu machen Gebrauch gemacht? Hat die Mitarbeitervertretung bei den Kolleginnen und Kollegen recherchiert, welche Vorschläge sie für die Mitarbeiterschaft vorbringen soll?

Sind die Vorschläge auf dem vorgeschriebenen Verfahrensweg verhandelt worden, wie wurde bei Abweichungen reagiert?

■ **Zustimmungspflicht**

Hat die MAV auf ihre Zustimmungsrechte (das sind die »harten« Rechte der MAVO) bestanden?

■ **Antragsrecht**

Hat die Mitarbeitervertretung von ihrem Antragsrecht Gebrauch gemacht? Hat sie sich an die Mitarbeiterschaft rückgekoppelt?

War und ist sie bereit, zur Durchsetzung ihres Mitwirkungsrechtes die Einigungsstelle anzurufen?

■ **Dienstvereinbarungen**

Sind Überlegungen angestellt worden, zu welchen Fragen in der Einrichtung Dienstvereinbarungen geschlossen werden sollten? Ist die Mitarbeiterschaft in diesen Entscheidungsprozess einbezogen worden?

■ **Gemeinsame Sitzungen und Gespräche**

Finden gemeinsame Sitzungen und Gespräche mit dem Dienstgeber(vertreter) statt? Fordert die Mitarbeitervertretung ihr Recht ein? Wann hat sie zum letzten Mal mit Verweis auf den § 39 ein solches Gespräch verlangt?

■ **Protokolle**

Werden von den Sitzungen der Mitarbeitervertretung Protokolle geschrieben? Werden von den Sitzungen mit dem Dienstgeber(vertreter) und den Gesprächen Protokolle angefertigt und gegengezeichnet?

■ **Klageverfahren**

Traut sich die Mitarbeitervertretung, das Kirchliche Arbeitsgericht anzurufen? Bei welchem Verstoß gegen die Mitarbeitervertretungsordnung ist dies zum letzten Mal geschehen?

Wie wurde die Umsetzung des Urteils kontrolliert?

■ **Kosten der Mitarbeitervertretung**

Nimmt die MAV ihre Rechte wahr? Handelt sie eigenverantwortlich im Rahmen des Notwendigen und veranlasst sie die entsprechenden Anschaffungen. Fordert sie die sachlichen und personellen Hilfen ein, oder behilft sie sich (zum Beispiel in ihrer Freizeit ...).

■ **Freistellungskontingente**

Werden die Freistellungskontingente genutzt? Gibt es klare Vereinbarungen mit dem Dienstgeber über Form und Ersatz bei Freistellungen? Wird bei Veränderungen nachverhandelt?

■ **Wahlen**

Werden die Bestimmungen des Wahlverfahrens unangreifbar eingehalten? Beteiligt sich der Dienstgeber im erforderlichen Maße an den Wahlvorbereitungen?

■ **Transparenz und Öffentlichkeit**

Stellt die Mitarbeitervertretung ihre Arbeit in der (internen) Öffentlichkeit dar und lässt sie sich kontrollieren, um so Anregungen für die weitere Mitwirkungsarbeit zu bekommen?

■ **Mitarbeiterversammlungen**

Finden die vorgeschriebenen Mitarbeiterversammlungen bzw. Teilversammlungen statt? Bemüht sich die MAV um eine motivierende Gesprächs- und Arbeitsatmosphäre (statt sich in formalistischem Kleinkram zu ergehen ...)?

■ **Institutionenübergreifende Kooperation**

Nimmt die MAV die Beratungsangebote der Diözesanen Arbeitsgemeinschaft an und beteiligt sie sich am Erfahrungsaustausch? Arbeiten einzelne Kolleginnen und Kollegen in den angebotenen Arbeitsgruppen oder sogar im Vorstand? Besuchen die Mitarbeitervertreter und -vertreterinnen regelmäßig Schulungen, um ihr Wissen zu erhalten und zu vertiefen?

■ **Regelmäßige Selbstkritik**

Der dargestellte Basis-Check dient einer ersten Orientierung. Er hilft Stark- und Schwachstellen zu finden.

Jede Mitarbeitervertretung sollte sich regelmäßig (einmal jährlich) diesen Fragen stellen. Sie wird so erfahren und wahrnehmen, wie intensiv die MAVO-Rechte angewendet bzw. eingeklagt werden.

Wenn dieser »Spatz« gefangen wurde, kann man die Blicke der »Taube« zuwenden (die ja manchmal Heiliger Geist sein soll).

Das Letzte ...

»Es ist eine ewige Erfahrung, dass jeder Mensch, der Macht in Händen hat, geneigt ist, sie zu missbrauchen. Er geht soweit, bis er Schranken findet.«

Montesquieu

§ 29 Anhörung und Mitberatung

(1) Das Recht der Anhörung und der Mitberatung ist bei folgenden Angelegenheiten gegeben:

1. Maßnahmen innerbetrieblicher Information und Zusammenarbeit,
2. Änderung von Beginn und Ende der täglichen Arbeitszeit einschließlich der Pausen sowie der Verteilung der Arbeitszeit auf die einzelnen Wochentage für Mitarbeiterinnen und Mitarbeiter für pastorale Dienste oder religiöse Unterweisung, die zu ihrer Tätigkeit der ausdrücklichen bischöflichen Sendung oder Beauftragung bedürfen, sowie für Mitarbeiterinnen und Mitarbeiter im liturgischen Dienst,
3. Regelung der Ordnung in der Einrichtung (Haus- und Heimordnungen),
4. Festlegung von Richtlinien zur Durchführung des Stellenplans,
5. Verpflichtung zur Teilnahme oder Auswahl der Teilnehmerinnen oder Teilnehmer an beruflichen Fort- und Weiterbildungsmaßnahmen,
6. Durchführung beruflicher Fort- und Weiterbildungsmaßnahmen, die die Einrichtung für ihre Mitarbeiterinnen und Mitarbeiter anbietet,
7. Einführung von Unterstützungen, Vorschüssen, Darlehen und entsprechenden sozialen Zuwendungen sowie deren Einstellung,
8. Fassung von Musterdienst- und Musterarbeitsverträgen,
9. Regelung zur Erstattung dienstlicher Auslagen,
10. Abordnung von mehr als drei Monaten oder Versetzung an eine andere Einrichtung von Mitarbeiterinnen oder Mitarbeitern für pastorale Dienste oder religiöse Unterweisung, die zu ihrer Tätigkeit der ausdrücklichen bischöflichen Sendung oder Beauftragung bedürfen,
11. vorzeitige Versetzung in den Ruhestand, wenn die Mitarbeiterin oder der Mitarbeiter die Mitwirkung beantragt,
12. Entlassung aus einem Probe- oder Widerrufsverhältnis in Anwendung beamtenrechtlicher Bestimmungen, wenn die Mitarbeiterin oder der Mitarbeiter die Mitwirkung beantragt,
13. Überlassung von Wohnungen, die für Mitarbeiterinnen oder Mitarbeiter vorgesehen sind,
14. grundlegende Änderungen von Arbeitsmethoden,
15. Maßnahmen zur Hebung der Arbeitsleistung und zur Erleichterung des Arbeitsablaufes,
16. Festlegung von Grundsätzen für die Gestaltung von Arbeitsplätzen,
17. Schließung, Einschränkung, Verlegung oder Zusammenlegung von Einrichtungen oder wesentlichen Teilen von ihnen,
18. Bestellung zur Mitarbeiterin oder zum Mitarbeiter in leitender Stellung gemäß § 3 Abs. 2 Nm. 3 und 4.
19. Zurückweisung von Bewerbungen schwerbehinderter Menschen um einen freien Arbeitsplatz, soweit die Beschäftigungspflicht des § 71 Abs. 1 SGB IX noch nicht erfüllt ist,
20. Regelung einer Einrichtung nach § 1a Abs. 2.

(2) In den in Abs. 1 genannten Fällen wird die Mitarbeitervertretung zu der vom Dienstgeber beabsichtigten Maßnahme oder Entscheidung angehört. Diese ist der Mitarbeitervertretung rechtzeitig mitzuteilen.

(3) Erhebt die Mitarbeitervertretung binnen einer Frist von einer Woche keine Einwendungen, so gilt die vorbereitete Maßnahme oder Entscheidung als nicht beanstandet. Auf Antrag der Mitarbeitervertretung kann der Dienstgeber eine Fristverlängerung um eine weitere Woche bewilligen. Erhebt die Mitarbeitervertretung Einwendungen, so werden die Einwendungen in einer gemeinsamen Sitzung von Dienstgeber und Mitarbeitervertretung mit dem Ziel der Verständigung beraten.

(4) Hält die Mitarbeitervertretung auch danach ihre Einwendungen aufrecht und will der Dienstgeber den Einwendungen nicht Rechnung tragen, so teilt er dies der Mitarbeitervertretung schriftlich mit.

(5) Der Dienstgeber kann bei Maßnahmen oder Entscheidungen, die der Anhörung und Mitberatung der Mitarbeitervertretung bedürfen und der Natur der Sache nach keinen Aufschub dulden, bis zur endgültigen Entscheidung vorläufige Regelungen treffen. Die Mitarbeitervertretung ist über die getroffene Regelung unverzüglich zu verständigen.

Der Katalog der Rechte auf Anhörung und Mitberatung erscheint auf den ersten Blick unübersichtlich. Tatsächlich entzieht er sich jeder systematischen Zuordnung und bildet ein Sammelsurium verschiedener Beteiligungsrechte zwischen der einfachen Information und der Mitbestimmung.

Alle aufgeführten Maßnahmen unterliegen dem Direktions- oder Weisungsrecht des Dienstgebers.

Definition

Anhörung und Mitberatung bedeutet inhaltlich, dass die Entscheidung des Dienstgebers nicht durch die Mitarbeitervertretung blockiert werden kann, der Dienstgeber aber bei Widerspruch der MAV Möglichkeiten der Verständigung prüfen und dazu ein formelles Verfahren einhalten muss.

Gegenstände der Anhörung und Mitberatung

Die wichtigsten Tatbestände der Anhörung und Mitberatung sind

- Maßnahmen innerbetrieblicher Information und Zusammenarbeit (Zif. 1),
- Regelung der Ordnung in der Einrichtung (Zif. 3) und
- Fragen der beruflichen Fort- und Weiterbildungsmaßnahmen (Zif. 5 + 6)

Maßnahmen innerbetrieblicher Information nach Zif. 1

Einrichtungen haben ihren Mitarbeiterinnen und Mitarbeitern gegenüber eine Verpflichtung zur Information. Diese betrifft fast alle Bereiche des Betriebes. Personelle Veränderungen, Entwicklung der Einrichtung, besondere Vorhaben und Projekte. Diese Liste ließe sich beliebig fortsetzen.

Über § 29 ist die MAV daran zu beteiligen, *in welcher Form* diese Informationen weitergegeben werden. Zum Beispiel durch entsprechende Veröffentlichung am Schwarzen Brett, eine Betriebszeitung, durch Rundschreiben, über Betriebsversammlungen oder auf anderen Wegen. Es geht also bei der Anhörung und Mitberatung um grundsätzliche Fragen wie zum Beispiel:

- wer darf am Schwarzen Brett Informationen aushängen,
- was darf dort veröffentlicht werden oder
- wie setzt sich die Redaktion einer Betriebszeitung zusammen,
- wie und von wem werden die Artikel erstellt oder
- was wird durch persönliche Rundschreiben bekannt gemacht,
- welcher Verteiler wird dafür gewählt oder
- Einladungsmodalitäten für eine Dienstversammlung (nicht: Mitarbeiterversammlung nach §§ 4, 21, 22).

Es kann also nicht um das einzelne Rundschreiben, die konkrete Veröffentlichung am »Schwarzen Brett« oder dergleichen gehen, sondern immer nur um *grundsätzliche* Fragen zur Art und Weise, nicht zum Inhalt der Information. Die gleichzeitig mit angesprochenen »Maßnahmen der Zusammenarbeit« beziehen sich auf die Mitarbeitervertretung. Hierhin könnte zum Beispiel die grundsätzliche Klärung gehören,

- wie der Informationsaustausch mit der MAV stattfindet,
- wer für die Leitung daran teilnimmt,
- in welchem zeitlichen Turnus solche Treffen durchgeführt werden,
- ob es Möglichkeiten der gemeinsamen Information der Mitarbeiterschaft durch Dienstleistung und MAV geben soll und wie diese gestaltet werden.

Die MAV sollte darauf achten, dass Regelungen zu diesem Punkte zweckmäßig sind, nicht gegen Gesetze, insbesondere den Datenschutz verstoßen und den Interessen der Mitarbeiterschaft dienen.

Ordnung in der Einrichtung nach Zif. 3

Die äußeren Regeln der Zusammenarbeit in einer Einrichtung sind ein weiterer wichtiger Tatbestand der Anhörung und Mitberatung. In Betracht kommen dazu alle Verhaltensmaßregeln, die den Mitarbeiter/innen auferlegt werden. Das können im Einzelnen sein:

- jede Form von Anwesenheits- oder Zugangserfassung
- Regeln für die Telefonbenutzung(beides ggf. auch als Mitbestimmungs-recht nach § 36 Abs. 1 Nr. 9),
- Parkordnungen und -berechtigungen,
- Alkohol- und Rauchverbote,
- Bekleidungsvorschriften,
- Vorschriften über die Benutzung des Mobiliars, der Geräte und der Fahr-zeuge der Einrichtung,
- Zuständigkeit für die Entgegennahme von Krankmeldungen und andere Abmeldungen vom Arbeitsplatz.

Der Dienstgeber hat die MAV zu diesem Tatbestand immerzu beteiligen, wenn er irgendeine bestehende Regelung ändern oder überhaupt Regeln aufstellen will. Häufig passiert dies in der Form einer schriftlichen Haus- oder Benutzungsordnung. In diesem Fall sollte die MAV überlegen, ob sie ggf. zu einzelnen Punkten einen Gegenentwurf entwickelt.

Schwieriger lässt sich die Beteiligung realisieren, wenn der Dienstgeber oder sein Bevollmächtigter mit mündlichen Einzelanweisungen arbeiten. Dann ist es Sache der MAV, daraus einen Beteiligungsvorgang zu machen, dessen Inhalte auch überprüfbar sind, indem der Sachverhalt protokolliert und mit dem Dienstgeber verhandelt wird.

Hier ist die MAV aufgerufen, besonders auf unnötige Reglementierungen und Verstöße gegen den Gleichbehandlungsgrundsatz zu achten. Häufig versuchen Dienstgeber auch, im Rahmen einer »Haus- oder Dienstord-nung« Fragen per Weisungsrecht zur regeln, für die die Arbeitsrechtlichen Kommissionen zuständig sind (z. B. Pflicht zur Vorlage eines ärztlichen Attestes oder Haftung für Schäden) oder die einer einzelvertraglichen Rege-lung bedürfen (Änderung der Tätigkeit lt. Arbeitsvertrag). Solche Maßnah-men sind vom Weisungsrecht des Dienstgebern nicht gedeckt und müssen daher von der MAV (siehe § 26 Abs. 1) beanstandet werden.

Berufliche Fort- und Weiterbildung nach Zif. 5 und 6

Die MAV kann über die genannten Ziffern Einfluss auf die Fort- und Weiter-bildung in einer Einrichtung nehmen. Fort- und Weiterbildung im Sinne der MAVO ist jede Maßnahme, die darauf gerichtet ist, bereits erworbene beruf-liche Kenntnisse zu erhalten, zu erweitern oder veränderten Bedingungen anzupassen. Die MAVO bildet hier noch das antiquierte Verständnis von Personalentwicklung ab. Personalentwicklung ist mittlerweile aber weit mehr als Fort- und Weiterbildung. Eine künftige Novelle wird dies zu berücksichtigen haben.

Die Beteiligung an einer Maßnahme der Ausbildung oder Umschulung ist hier ausdrücklich nicht gemeint. (vgl. insoweit § 36 Zif. 8).

Der Umfang der Beteiligung ist nach den beiden Ziffern unterschiedlich:

Nach Zif. 5 hat die MAV bei jeder Art von Fort- und Weiterbildung über den Teilnehmerkreis mitzuberaten. Dabei kommt es nicht darauf an, ob es sich um eine nur interne, von der Einrichtung durchgeführte (in-house-Schulung) Fortbildung handelt oder die Fortbildung extern angeboten und durchgeführt wird und die Einrichtung lediglich Teilnehmer entsendet, auf den Ablauf aber keinen Einfluss hat.

Die MAV hat darauf zu achten, dass die Auswahl der Teilnehmer nach objektiv nachvollziehbaren Kriterien durchgeführt und das Gebot der Gleichbehandlung beachtet wird.

Nach Zif. 6 hat die MAV bei internen Veranstaltungen noch weitergehende Rechte. Sie darf hier zusätzlich auch noch über die Durchführung, also die Inhalte, den Ablauf der Schulung, die Auswahl des/der Referenten mitberaten.

Neben den oben schon genannten Punkten kann die MAV hier zum Beispiel in die Diskussion einbringen, ob die Inhalte der Veranstaltung den betrieblichen Erfordernissen entsprechen oder kann Einwendungen zum zeitlichen Umfang und der zeitlichen Lage der Fortbildung machen.

Pastorale Dienste nach Zif. 2 und 10

§ 29 enthält ferner zwei Sondervorschriften für Mitarbeiter/innen für pastorale Dienste und religiöse Unterweisung, die zur Ausübung ihrer Tätigkeit der bischöflichen Weisung (sog. »Missio canonica«) bedürfen.

Für diese Mitarbeiter/innen ist hinsichtlich der

- Änderung von Beginn und Ende der täglichen Arbeitszeit, der Lage der Pausen und der Verteilung der Arbeitszeit auf die einzelnen Wochentage (Zif. 2) und der
- Abordnung von mehr als 3 Monaten oder Versetzung nur die Anhörung und Mitberatung der MAV vorgesehen, während für alle anderen Mitarbeiter/innen ein Zustimmungsrecht nach § 36 Abs. 1 Ziffer 1 besteht.

Die Gründe für diese abweichende Behandlung der pastoralen Mitarbeiter/innen liegen in ihrer besonderen Dienststellung. Ausgestattet mit der bischöflichen Lehrbefugnis nehmen sie Aufgaben wahr, die eine besondere Nähe zum Verkündigungsauftrag haben. Die MAVO bewertet diese persönliche Nähe stärker als die kollektiven Aufgaben einer Mitarbeitervertretung. Diese Mitarbeiter/innen sind deshalb bei der Arbeitszeitänderung, der Abordnung und Versetzung und auch bei der Zustimmung zur Einstellung von der Mitbestimmung durch die MAV ausgeschlossen.

Soweit es die beiden hier angesprochenen Punkte betrifft, ist häufig auch eine Sondermitarbeitervertretung nach § 23 MAVO zuständig, weil Pastoralreferentinnen/-referenten, Gemeindereferentinnen/-referenten, katechetische Lehrkräfte oder Religionslehrer in der Regel auf der Ebene des Bistums angestellt und nicht selten zum Dienst in eine andere Einrichtung dauerhaft abgeordnet sind. Diese Sonder-MAV oder die sonst meistens zuständige Mitarbeitervertretung der bischöflichen Verwaltung wird darauf zu achten haben, dass die Lage der Arbeitszeit und die Zuweisung eines anderen Arbeitsplatzes mit den persönlichen Verhältnissen der Betroffenen in Einklang gebracht wird und keine unzumutbaren Härten entstehen. Das kann besonders bei bistumsweiten Versetzungen solcher Mitarbeiter/innen der Fall sein.

Richtlinien zum Stellenplan nach Zif. 4

Der Stellenplan war bereits in § 27 Abs. 2 ein Thema. Während es dort um die Information über seinen Inhalt ging, sind hier Maßnahmen grundsätzlicher Art, die auf den Stellenplan Einfluss haben im Blickfeld. Richtlinien zum Stellenplan könnten zum Beispiel sein:

- die Regelung, dass freiwerdende Stellen mit einer Besetzungssperre von einigen Monaten belegt werden,
- die Regelung, dass Neueinstellungen nur befristet vorgenommen werden,
- die Regelung, dass die in § 26 Abs. 3 Zif. 3–5 aufgeführten Gruppen von Mitarbeiter/innen bei der Stellenbesetzung besonders berücksichtigt werden sollen oder
- die Regelung, dass frei werdende Vollzeitstellen in zwei Teilzeitstellen geändert werden sollen.

Die Mitarbeitervertretung wird bei der Auseinandersetzung in diesem Bereich feststellen, dass sich hinter solchen Richtlinien zum Stellenplan häufig mehr oder weniger phantasievolle Möglichkeiten der Personalkostenersparnis verbergen. Ihre Aufgabe ist es, hier einer übermäßigen Arbeitsverdichtung, Abbau von Stellen und übertriebenem Spareifer entgegenzuwirken. Denn die Einrichtung kann nur gute Leistungen erbringen, wenn sie über ausreichendes und qualifiziertes Personal verfügt.

Einführung und Einstellung von Unterstützungen etc. nach Zif. 7

Unterstützungen, Arbeitgeberdarlehen, Vorschüsse und entsprechende soziale Zuwendungen sind leider in den Einrichtungen nur noch selten zu beantragen. Wenn es sie überhaupt noch gibt, dann meistens nur noch hinter »vorgehaltener Hand« oder bei schon langjährig beschäftigten Mitarbeiter/innen. Der Sparzwang und eine Rechtsprechung, die sich sehr intensiv mit sogenannten »geldwerten Vorteilen«, also verdeckten Lohnzahlungen in Form zinsgünstiger Kredite beschäftigt hat, haben solchen Maßnahmen den Garaus gemacht. Wenn die MAV beteiligt wird, dann wohl häufiger bei Einstellung solcher Leistungen. Die Möglichkeiten, sich damit offensiv auseinander zu setzen, sind eher gering. Da es sich um freiwillige, nicht tariflich geschuldete Leistungen handelt und arbeitsrechtlich kein Rechtsanspruch besteht, kann die MAV bei der Auseinandersetzung im Rahmen der Anhörung und Mitberatung wiederum nur den Gesichtspunkt der Gleichbehandlung und des Vertrauensschutzes (z. B. bei Kündigung von Darlehen) in die Diskussion bringen.

Fassung von Musterdienst- und Musterarbeitsverträgen nach Zif. 8

Dienstgeber handeln üblicherweise nicht bei jeder Neueinstellung ein eigenes, individuell gestaltetes Exemplar eines Arbeits- (für Angestellte) oder Dienstvertrages (für Beamte, im kirchlichen Dienst häufig auch für Angestellte verwendet) aus.Es ist üblich, Angaben zur Tätigkeit, zum Zeitpunkt der Arbeitsaufnahme und zum Dienstort zu machen, womit im Prinzip ein Vertrag bereits geschlossen ist. Alle anderen Regelungen sind im Vordruck des Vertrages bereits vorformuliert.[30] Das heißt aber nicht, dass diese Regelungen unproblematisch und durch Verhandlungen nicht zu beeinflussen wären. Die Mitarbeitervertretung soll auch hier eine Art Wächteramt wahrnehmen und die benutzten Vordrucke unter anderem darauf überprüfen, ob

- alle Regelungen im Einklang mit gesetzlichen Vorschriften und dem kirchlichen »Tarifrecht« stehen,
- die Grundordnung zum kirchlichen Dienst erwähnt ist,
- ausreichende Bezugnahmen auf das KODA-Recht oder die AVR-Caritas aufgeführt sind,
- die besonders aufgeführten Regelungen wie Probezeit, Befristung, Urlaub etc. im Einklang damit stehen
- und nach dem Vordruck eine klare Zuordnung zu einer Vergütungsgruppe verlangt wird.

Etwaige Beanstandungen der MAV in diesem Bereich hängen davon ab, wie gut die Mitarbeitervertreter die arbeitsrechtliche Praxis in ihrer Einrichtung kennen. Einige Kommissionen – wie zum Beispiel die AK-Caritas geben ein offizielles Muster für einen Dienstvertrag vor, was allen Beteiligten das Verfahren erleichtert.

Erstattung dienstlicher Auslagen nach Zif. 9

Dienstliche Auslagen sind finanzielle Aufwendungen, die eine Mitarbeiterin oder ein Mitarbeiter zur Wahrnehmung seiner dienstlichen Aufgaben für die Einrichtung macht. Im Wortsinne »legt« er etwas »aus«, was er wieder zurückbekommt. Wie, wann und nach welchem Verfahren er diese Auslagen erstattet bekommt, kann der Dienstgeber regeln.

---

30 Vgl. beiliegende CD-ROM.

Dabei nimmt den größten Raum die Erstattung von Auslagen für Dienstreisen ein. Das inhaltliche Reisekosten recht (Höhe der Kilometerpauschalen, Tagegeld) unterliegt aber nicht mehr dem Direktionsrecht des Dienstgebers, sondern gehört zum Arbeitsvertragsrecht, für das die Arbeitsrechtlichen Kommissionen zuständig sind.

Deshalb kann der Dienstgeber nur Verfahrensregelungen treffen, also darüber entscheiden, auf welchem Wege die Erstattung erfolgt, ob es entsprechende Antragsformulare gibt, wie diese gestaltet sind usw.

Der Anwendungsbereich ist relativ gering, so dass man auch kaum Empfehlungen für das Verhalten einer MAV geben kann. Der wichtigste Hinweis ist: Der Dienstgeber kann über diese Vorschrift keine Regelungen treffen, die von den Arbeitsrechtlichen Kommissionen bereits abschließend geregelt sind. Das sollte die MAV im Einzelfall prüfen.

Ruhestand und Entlassung nach Ziff. 11 und 12

Die Anhörung und Mitberatung bei vorzeitiger Versetzung in den Ruhestand oder Entlassung aus einem Probe- oder Widerrufsverhältnis spielen nur für Mitarbeitervertretungen eine Rolle, die Beamtinnen oder Beamte zu vertreten haben.

Dabei kommt die vorzeitige Versetzung in den Ruhestand aus personenbedingten (meist gesundheitlichen) oder verhaltensbedingten (vergleichbar mit Kündigungsgründen) in Betracht. Die MAV hat insoweit die Schlüssigkeit der Maßnahme des Dienstgebers zu prüfen und dabei natürlich soziale Erwägungen zugunsten der Mitarbeiterin oder des Mitarbeiters anzustellen.

Die Entlassung nach Zif. 12 betrifft Beamte, die sich in einer Probezeit oder im Beamtenverhältnis auf Widerruf, einer Art Vorbereitungsdienst befinden. In beiden Fällen kommt es nur dann zu einer Beteiligung, wenn die oder der Betroffene die Mitwirkung beantragt. Wie bei Anhörung und Mitberatung nach § 31 ist auch hier die MAV im Regelfall also diejenige, die die Betroffenen vor der offiziellen Mitteilung des Dienstgebers über die beabsichtigte Maßnahme informieren muss, um das Einverständnis zu bekommen. Das ist zumindest in den Fällen problematisch, bei denen es sich einseitige, für die Mitarbeiterin oder den Mitarbeiter negative Maßnahmen handelt.

Überlassung von Wohnungen nach Zif. 13

Dieser Fall der Beteiligung nach § 29 kann nur eintreten, wenn die Einrichtung selbst Eigentümer oder Vermieter von Wohnungen ist, die keine Dienstwohnungen (Bezugspflicht für Arbeitnehmer) sind, sondern Wohnungen, die üblicherweise oder nach einer grundsätzlichen Entscheidung des Trägers Mitarbeiter/innen durch einen normalen Mietvertrag (meist mit Sonder-Kündigung für den Fall der Auflösung des Dienstverhältnisses) überlassen werden. Wo solche

Möglichkeiten bestehen, können beide Seiten davon profitieren. Der Dienstgeber, weil er eine bessere Erreichbarkeit der Mitarbeiterin/des Mitarbeiters hat und sie/ihn besser an die Einrichtung bindet und die Mitarbeiterin/der Mitarbeiter, weil sie/er in der Regel kürzere Wege zum Arbeitsplatz und meistens günstige Mietkonditionen hat.

In der Tendenz müsste demnach eine große Nachfrage nach solchen Wohnungen bestehen. So werden Arbeitgeber, die solche Möglichkeiten haben, in aller Regel förmliche Vergaberichtlinien haben, die nach verschiedenen Kriterien eine Rangfolge für interessierte Mitarbeiter/innen aufstellen. Bei der Entwicklung einer solchen Richtlinie oder bei ihrer Anwendung ist die MAV zu beteiligen.

Maßnahmen, die sich auf Arbeitsplatz oder Arbeitsabläufe beziehen nach Zif. 14, 15 und 16

Eine weitere Gruppe von drei Ziffern des § 29 befasst sich mit Beteiligungstatbeständen in Bezug auf Arbeitsabläufe und Gestaltung des Arbeitsplatzes:

- Eine Änderung von Arbeitsmethoden kann angenommen werden, wenn der Dienstgeber für eine Vielzahl von Mitarbeitern Arbeitsabläufe grundsätzlich ändert und damit zur Erbringung der Dienstleistung (seltener: das Produkt) eine neue Abstimmung in der Organisation erforderlich ist. Damit ist klar: Eine oder auch mehrere Arbeitsanweisungen unabhängig voneinander zu ändern, löst noch kein Beteiligungsrecht nach Zif. 14 aus. Positive Beispiele dagegen wären die Einrichtung eines zentralen Schreibbüros oder dessen Auflösung oder die Einführung eines neuen pädagogischen Konzeptes in Erziehungseinrichtungen mit entsprechenden Auswirkungen.

- Maßnahmen zur Hebung der Arbeitsleistung oder zur Erleichterung des Arbeitsablaufes sind dagegen den meisten geläufig und unter dem Begriff »Rationalisierungsmaßnahmen« bekannt. Meistens bringt man dieses Stichwort in Verbindung mit der Einführung von technischen Einrichtungen, also Maschinen und Computern. Es kann sich aber auch um eine Straffung von Arbeitsprozessen oder die Einbeziehung von (kostengünstigen) Fremdleistungen handeln. Die Möglichkeiten sind vielfältig und nur von ihrem Ergebnis her diesem Beteiligungsrecht zuzuordnen.

- Die Festlegung von Grundsätzen für die Gestaltung von Arbeitsplätzen korrespondiert für die MAV mit dem Recht aus § 36 Abs. 1 Zif. 10, der Verhütung von Unfällen und sonstigen Gesundheitsbeschädigungen. Bei der Gestaltung von Arbeitsplätzen hat die MAV insbesondere darauf zu achten, dass die von der zuständigen Berufsgenossenschaft aufgestellten

Normen (z. B. für Bildschirmarbeitsplätze) eingehalten werden. Inhaltlich kann es bei der Beteiligung nach dieser Ziffer des § 29 aber auch über reinen Gesundheitsschutz hinausgehen. Manche Gestaltungselemente (Großraumbüros, Sonnenschutz etc.) sind in keiner Unfallschutznorm festgeschrieben, für die dort arbeitenden Mitarbeiter/innen aber von großer Bedeutung. Ein Arbeitsplatz sollte nicht nur sicher, sondern auch ansprechend sein und sich motivierend auf die Arbeit auswirken. Auch das hat die MAV zu berücksichtigen. Sie sollte dabei nicht unterlassen, Lokaltermine zu machen und mit den Betroffenen über ihre Wünsche und Vorstellungen zu sprechen.

Betriebsänderungen nach Zif. 17

In dieser Ziffer geht es um die Anhörung und Mitberatung bei den verschiedenen Formen von Betriebsänderungen, die sämtlich bei den Mitarbeiter/innen Ängste auslösen und eher mit Unsicherheit aufgenommen werden. Wie bereits unter § 27 ausgeführt, hat der Dienstgeber im Vorfeld einer Entscheidung schon Informationen an die MAV zu geben. Zum Zeitpunkt einer Beteiligung nach § 29 steht die Entscheidung dann kurzfristig an. Dabei kann es sich im Einzelnen handeln um

- eine Schließung der Einrichtung
  Davon kann nur ausgegangen werden, wenn klar ist, dass der Rechtsträger den Betrieb der Einrichtung dauerhaft aufgeben will, also nicht etwa einen Umbau oder eine Modernisierung plant, so dass der Betrieb nur vorübergehend eingestellt oder reduziert werden muss.
  Hellhörig muss die MAV auch dann werden, wenn das Grundstück, die Einrichtung oder ein anderer Teil der Produktionsmittel an einen Erwerber verkauft werden soll, selbst wenn unklar ist, ob dieser den Betrieb fortsetzen oder wieder aufnehmen will. Es könnte sich um den Fall eines
- Betriebsüberganges nach § 613 a BGB handeln. Dann wäre der Erwerber verpflichtet, auch die Arbeitsverträge weiterzuführen. Eine Kündigung durch den »alten« Rechtsträger wäre unzulässig. Indiz für eine solche Einschätzung ist auch häufig das »Angebot« des neuen Rechtsträgers, (fast) alle Arbeitskräfte zu übernehmen, wenn diese zum Abschluss eines neuen Vertrages bereit sind: Eine einfache Möglichkeit, arbeitsrechtlich alle Probleme auf einen Schlag zu lösen.
- Eine Einschränkung der Einrichtung
  Wann eine Einschränkung der Einrichtung oder nur ein »normaler Arbeitsplatzabbau« vorliegt, beantwortet die MAVO nicht. Der Betrieb muss wesentlich reduziert werden. Es darf sich um keine noch normale Schwankung des Personalbestandes, sondern um eine ungewöhnliche Reduzierung handeln.[31]

---

31 Bleistein/Thiel, Rz. 76 zu § 36, Näheres auch unter § 30 a

■ Verlegung der Einrichtung
Hierunter ist zu verstehen, was man im privaten Sprachgebrauch als Umzug bezeichnen würde. Der Sitz der Einrichtung wird verlegt. Für Mitarbeiterinnen und Mitarbeiter heißt das unter Umständen, dass sie weitere Anfahrtswege in Kauf nehmen müssen, dass insbesondere Teilzeitbeschäftigte überlegen müssen, ob sich der Aufwand für die Fahrt zum Arbeitsplatz noch lohnt. Am Bestand der Arbeitsverträge ändert ein Umzug der Einrichtung jedenfalls zunächst nichts.

■ Zusammenlegung von Einrichtungen
Auch die Fusion von verschiedenen Einrichtungen oder wesentlichen Teilen ist für den Bestand der Arbeitsverträge nicht relevant. Selbst wenn ein neuer Träger die bisherigen Teile aufnimmt oder ein Träger den anderen »schluckt«, ist über § 613 a BGB vorläufig der Bestand und die Weiterführung der Arbeitsverhältnisse gesichert. Dass ganz nebenbei aber mit jeder Fusion oder Zusammenlegung auch ein Rationalisierungseffekt verbunden und langfristig in vielen Bereichen Personalabbau angestrebt wird, versteht sich von selbst.

Wesentliche Teile

■ Betriebsänderungen bezüglich »wesentlicher Teile«
Dieser Fall kann angenommen werden, wenn entweder ein (Teil-) Betriebszweck aufgegeben wird oder mindestens 5 % der Mitarbeiter/innen ihren Arbeitsplatz verlieren sollen.
Ein Beispiel für die Aufgabe eines Betriebszweckes wäre bei einem Altenheim, das neben der klassischen stationären Betreuung auch »Betreutes Wohnen« anbietet, die Aufgabe dieses Bereichs. Anders könnte es sein, wenn in einem Krankenhaus die Küche, das Labor oder der Reinigungsdienst aufgegeben bzw. einem externen Dienstleister im Rahmen eines Werkvertrages übertragen wird. Da die Herstellung von Mahlzeiten, Laboruntersuchungen und die Raumpflege keine eigenständigen, vom Krankenhaus verfolgten Betriebszwecke sind, sondern dem tatsächlichen Zweck der Heilung und stationären Betreuung von Patienten untergeordnet sind, käme es hier auf den Einzelfall an.[32]

Wie reagieren auf Betriebsänderungen?

Viel können Mitarbeitervertretungen nicht tun. Wenn eine unternehmerische Entscheidung getroffen ist, kann man zwar verlangen, dass die Notwendigkeit bestimmter Folgen für Mitarbeiterinnen und Mitarbeiter logisch hergeleitet und begründet wird. Nur dieser Punkt würde auch in einem Gerichtsverfahren geprüft.

---

32 Vgl. dazu § 36 Abs. 1 Ziffer 11

Es steht der MAV frei, alternative Vorschläge einer betrieblichen Reaktion auf bestimmte wirtschaftliche Vorgaben zu machen. Zweifelhaft ist aber, ob eine Leitung darauf positiv reagieren wird, würde sie sich unter Umständen dem Vorwurf aussetzen, keine Stärke gezeigt oder gar die bessere Lösung nicht gesehen zu haben. Es ist leider eine Binsenweisheit, dass Leitungen, die jahrelang wichtige Entscheidungen »verschlafen« haben, sich im Falle von Sanierungsmaßnahmen oft besonders forsch und entschlossen zeigen.

Bestellung zur/zum Leitenden Mitarbeiter/in

Durch die Bestellung zum/zur Leitenden Mitarbeiter/in – Näheres zum Begriff unter § 3 – verliert die MAV das Vertretungsrecht für die entsprechende Person. Das berührt einerseits ihre eigenen Interessen, da die Größe der MAV mindestens bei der Neuwahl an die Anzahl der wahlberechtigten Mitarbeiter/innen gebunden ist. Andererseits schränken sich auch die Schutzrechte der/des Betroffenen ein. Denn die Zustimmung in allen persönlichen Angelegenheiten (§§ 34 und 35) sowie die Beteiligung der MAV im Kündigungsverfahren entfallen. So muss eine MAV bei der Beteiligung nach § 29 Ziffer 18 insbesondere prüfen, ob der Arbeitsplatz wirklich die Kriterien einer leitenden Funktion erfüllt oder die Gefahr besteht, dass der Dienstgeber sich mit der Maßnahme nur mehr Gestaltungsspielraum gegenüber MAV und Mitarbeiter/in sichern will.

Zurückweisung der Bewerbung eines behinderten Menschen

Einrichtungen ab 20 Mitarbeiter/innen haben nach dem SGB IX (Gesetz zum Schutz behinderter Menschen) die Verpflichtung zu Beschäftigung einer Mitarbeiterin/eines Mitarbeiter mit „amtlich bestätigter" Behinderung, also Minderung des Grades der Erwerbsfähigkeit um mindestens 50 %. In größeren Einrichtungen besteht die Verpflichtung, 5 v. H. aller Mitarbeiter in diesem Status zu haben, ansonsten wird eine Ausgleichsabgabe für jeden pflichtwidrig nicht besetzten Platz fällig. Erfüllt der Dienstgeber diese Beschäftigungsquote bereits, entfällt das Beteiligungsrecht.

Hat die Einrichtung aber noch nicht die gesetzlich vorgeschriebene Anzahl behinderter Menschen erreicht, soll das Beteiligungsrecht die Berücksichtigung der behinderten Menschen bei der Stellenbesetzung stärken. Die MAV hätte ansonsten keinen Anspruch gegenüber dem Dienstgeber, irgendwelche Einzelheiten über Bewerber für einen Arbeitsplatz zu bekommen. Durch die Verpflichtung zur Anhörung und Mitberatung kommt der Dienstgeber gegenüber der MAV in einen Begründungszwang,

Regelung des Dienstgebers nach § 1 a Abs. 2

Der Dienstgeber hat ein weitgehendes Gestaltungsrecht, was die Definition des Umfangs einer Einrichtung betrifft. Er kann (einigermaßen selbständig agierende) Teile eines kirchlichen Betriebs als Einrichtung definieren, er kann auch die umgekehrte Entscheidung treffen und diese Teile als eine einheitliche Einrichtung betrachten. In jedem Fall hat die Entscheidung Einfluss auf die Bildung einer Mitarbeitervertretung. Er bestimmt mit dieser Entscheidung, ob es in Zukunft eine oder mehrere MAVen gibt und greift auf diese Weise möglicherweise auch zum Nachteil einer MAV in die bisherige Struktur ein.

Logisch ist, dass der Dienstgeber eine Entscheidung über die Veränderung des Umfangs der Einrichtung als Organisationsmaßnahme nur vor Beginn des Einheitlichen Wahlzeitraumes, also im Hinblick auf die Neuwahl einer MAV treffen kann. Damit muss er das Beteiligungsrecht nach dieser Vorschrift dementsprechend auch immer im Vorfeld von Neuwahlen gewähren.

Nicht hierunter fallen alle Veränderungen der Einrichtungen, die sich unmittelbar aus Betriebsänderungen (Fusion, Aufspaltung, Betriebsübergang) ergeben. Für die Frage, welche Auswirkungen solche Fälle auf den Umfang der Einrichtung haben, sind allgemein-rechtliche Erwägungen anzustellen, die Konsequenzen auf die MAV legt in dem Fall nicht der Dienstgeber fest, sie werden durch die §§ 13 d und e getroffen.

Das Verfahren der Anhörung und Mitberatung

1. Schritt

■ Der Dienstgeber hat die MAV *vor* Umsetzung der geplanten Maßnahme *umfassend*, nicht unbedingt schriftlich zu informieren.

2. Schritt

■ Der Dienstgeber hat deutlich zu machen, dass er eine Stellungnahme (Anhörung) erwartet.
Damit setzt der Dienstgeber eine Wochenfrist in Gang, das heißt: am gleichen Wochentag nach der Aufforderung zur Stellungnahme endet die Frist. Die Wochenfrist kann nicht verkürzt, wohl aber im Einvernehmen mit dem Dienstgeber um eine weitere Woche verlängert werden. Es entspricht der vertrauensvollen Zusammenarbeit, dass die MAV sich unverzüglich, spätestens aber innerhalb einer Woche beim Dienstgeber meldet, wenn sie für ihre Entscheidung weitere Informationen benötigt. Teilweise wird die Auffassung vertreten, dass die Wochenfrist dann neu beginnt.[33]

[handschriftliche Notiz am Rand: nach Eingang bei der MAV]

---

33 Frey/Schmitz-Elsen/Coutelle, Rdnr. 4 zu § 29

3. Schritt

■ Die MAV erhebt entweder Einwendungen gegen die Maßnahme oder sie schweigt.
Beim Schweigen der MAV gilt die Maßnahme nach einer Woche als nicht beanstandet und kann umgesetzt werden. Schweigen entspricht aber nicht unbedingt dem Grundsatz der »vertrauensvollen Zusammenarbeit«. Besser wäre, die MAV äußert sich auch positiv über eine Maßnahme, damit die Wochenfrist ggf. nicht abgewartet werden muss. Wer mündiger Partner sein will, muss auch den Mund aufmachen!

4. Schritt

■ Die MAV hat fristgerecht Einwendungen erhoben. Dann hat der Dienstgeber (keine besondere Frist) zu einem Einigungsgespräch einzuladen. Dieses Einigungsgespräch ist mit dem *Ziel der Verständigung* zu führen. Das heißt: keine der beiden Parteien darf prinzipiell eine Aufgabe ihrer Position ausschließen. Die beiderseitigen Argumente sollten sorgfältig geprüft, Kompromissmöglichkeiten diskutiert werden.

5. Schritt

■ Bleibt das Einigungsgespräch ohne Ergebnis, ist das Verfahren gescheitert. Der Dienstgeber teilt der MAV dann schriftlich seine Entscheidung (mit Begründung) mit.

Eilentscheidungen

Der Dienstgeber kann in Angelegenheiten, die »der Natur der Sache nach« keinen Aufschub dulden, ohne vorherige Durchführung des geschilderten Verfahrens vorläufige Maßnahmen umsetzen.

Damit es sich um Eilentscheidungen im Sinne dieses Ausnahmetatbestandes handelt, darf die Eile aber nicht »hausgemacht« sein.

Das heißt: Der Dienstgeber darf nicht selbst durch eigene Versäumnisse dafür gesorgt haben, dass für die Umsetzung einer Maßnahme z. B. nur noch 2 Tage zur Verfügung stehen. Echte Eilentscheidungen sind nur solche, bei denen der Zeitdruck unvermittelt und von außen auftritt.

▶ **Beispiel**

Die für eine Fortbildung vorgesehenen Personen melden sich am Vortage des Beginns krank.

Oder: Die elektronische Zugangskontrolle versagt und lässt sich kurzfristig nicht reparieren. Es muss wieder auf die alte Stempeluhr zurückgegriffen werden.

Auch wenn der Fall einer Eilentscheidung vorliegt, hat der Dienstgeber die Pflicht, die MAV unmittelbar über die dann nur **vorläufig ergriffene** Maßnahme zu informieren und das Verfahren einzuleiten.

Die MAV hat im Rahmen der Anhörung und Mitberatung nach § 29 nur einen Anspruch auf Einhaltung des vorgenannten Verfahrens. Verstößt der Dienstgeber dagegen, steht der MAV auch schon beim ersten Verstoß der Gang vor das Kirchliche Arbeitsgericht offen. Weitere Konsequenzen, also zum Beispiel die Unwirksamkeit der Maßnahme, ergeben sich aus einer Verfahrensverletzung nicht. Selbst wenn der Dienstgeber die MAV beispielsweise bei der Neufassung einer Hausordnung überhaupt nicht beteiligt hat, bleibt die Maßnahme wirksam und muss von allen Mitarbeiter/innen beachtet werden.

Man könnte sogar darüber streiten, ob die öffentliche Anprangerung dieses Verstoßes durch die MAV zulässig wäre. Denn veröffentlicht die MAV am »Schwarzen Brett« die Tatsache, dass sie übergangen wurde und fordert gar zur Nichtbefolgung auf, würde man ihr das zu Recht als Störung des Betriebsfriedens anlasten.

Anhörung und Mitberatung – das Diagramm

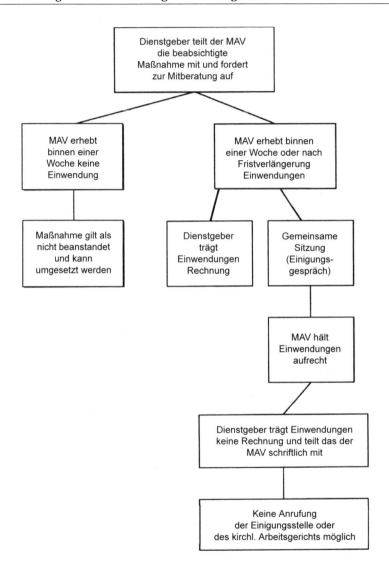

Dienstgeber teilt der MAV die beabsichtigte Maßnahme mit und fordert zur Mitberatung auf

MAV erhebt binnen einer Woche keine Einwendung

MAV erhebt binnen einer Woche oder nach Fristverlängerung Einwendungen

Maßnahme gilt als nicht beanstandet und kann umgesetzt werden

Dienstgeber trägt Einwendungen Rechnung

Gemeinsame Sitzung (Einigungsgespräch)

MAV hält Einwendungen aufrecht

Dienstgeber trägt Einwendungen keine Rechnung und teilt das der MAV schriftlich mit

Keine Anrufung der Einigungsstelle oder des kirchl. Arbeitsgerichts möglich

Das Letzte ...

Auch vermeintliche schwache Rechte können Mitarbeitervertretungen stärken, wenn sie konsequent auf deren Einhaltung achtet und Dienstgebervertretern keine formalen und terminlichen Nachlässigkeiten durchgehen lässt.

§ 30 Anhörung und Mitberatung bei ordentlicher Kündigung

(1) Der Mitarbeitervertretung sind vor jeder ordentlichen Kündigung durch den Dienstgeber schriftlich die Absicht der Kündigung und die Gründe hierfür mitzuteilen. Bestand das Arbeitsverhältnis im Zeitpunkt der Kündigung bereits mindestens sechs Monate, so hat er auch die Gründe der Kündigung darzulegen.

(2) Will die Mitarbeitervertretung gegen die Kündigung Einwendungen geltend machen, so hat sie diese unter Angabe der Gründe dem Dienstgeber spätestens innerhalb einer Woche schriftlich mitzuteilen. Erhebt die Mitarbeitervertretung innerhalb der Frist keine Einwendungen, so gilt die beabsichtigte Kündigung als nicht beanstandet. Erhebt die Mitarbeitervertretung Einwendungen und hält der Dienstgeber an der Kündigungsabsicht fest, so werden die Einwendungen in einer gemeinsamen Sitzung von Dienstgeber und Mitarbeitervertretung mit dem Ziel einer Verständigung beraten. Der Dienstgeber setzt den Termin der gemeinsamen Sitzung fest und lädt hierzu ein.

(3) Als Einwendung kann insbesondere geltend gemacht werden, dass nach Ansicht der Mitarbeitervertretung

1. die Kündigung gegen ein Gesetz, eine Rechtsverordnung, kircheneigene Ordnung oder sonstiges geltendes Recht verstößt,
2. der Dienstgeber bei der Auswahl der zu kündigenden Mitarbeiterin oder des zu kündigenden Mitarbeiters soziale Gesichtspunkte nicht oder nicht ausreichend berücksichtigt hat,
3. die zu kündigende Mitarbeiterin oder der zu kündigende Mitarbeiter an einem anderen Arbeitsplatz in einer Einrichtung desselben Dienstgebers weiter beschäftigt werden kann,
4. die Weiterbeschäftigung der Mitarbeiterin oder des Mitarbeiters nach zumutbaren Umschulungs- oder Fortbildungsmaßnahmen möglich ist oder
5. eine Weiterbeschäftigung der Mitarbeiterin oder des Mitarbeiters unter geänderten Vertragsbedingungen möglich ist und die Mitarbeiterin oder der Mitarbeiter sein Einverständnis hiermit erklärt hat.

Diese Einwendungen bedürfen der Schriftform und der Angabe der konkreten, auf den Einzelfall bezogenen Gründe.

(4) Kündigt der Dienstgeber, obwohl die Mitarbeitervertretung Einwendungen gemäß Abs. 3 Nrn. 1 bis 5 erhoben hat, so hat er der Mitarbeiterin oder dem Mitarbeiter mit der Kündigung eine Abschrift der Einwendungen der Mitarbeitervertretung zuzuleiten.

(5) Eine ohne Einhaltung des Verfahrens nach den Absätzen 1 und 2 ausgesprochene Kündigung ist unwirksam.

§ 30 a Anhörung und Mitberatung bei Massenentlassungen

Beabsichtigt der Dienstgeber, nach § 17 Abs. 1 des Kündigungsschutzgesetzes anzeigepflichtige Entlassungen vorzunehmen, hat er der Mitarbeitervertretung rechtzeitig die zweckdienlichen Auskünfte zu erteilen und sie schriftlich insbesondere zu unterrichten über

1. die Gründe für die geplanten Entlassungen,
2. die Zahl und die Berufsgruppen der zu entlassenden Mitarbeiterinnen und Mitarbeiter,
3. die Zahl und die Berufsgruppen der in der Regel beschäftigten Mitarbeiterinnen und Mitarbeiter,
4. den Zeitraum, in dem die Entlassungen vorgenommen werden sollen,
5. die vorgesehenen Kriterien für die Auswahl der zu entlassenden Mitarbeiterinnen und Mitarbeiter,
6. die für die Berechnung etwaiger Abfindungen vorgesehenen Kriterien.

Dienstgeber und Mitarbeitervertretung haben insbesondere die Möglichkeiten zu beraten, Entlassungen zu vermeiden oder einzuschränken und ihre Folgen zu mildern.

Diözesane Abweichungen

Bistum Fulda: *MAV kann nur berechtigte Einwendungen insoweit erheben, als 1. die Kündigung gegen zwingende Bestimmungen eines Gesetzes, einer Rechtsverordnung oder einer kircheneigenen arbeitsrechtlichen Ordnung verstößt. Der Dienstgeber setzt den Termin zur gemeinsamen Sitzung im Rahmen der Arbeitszeit fest und lädt dazu ein. Nimmt die MAV den Termin nicht wahr, gilt der Antrag auf Beratung als zurückgenommen.*

Schriftform

Das Verfahren auf Anhörung und Mitberatung im Fall einer ordentlichen Kündigung einer Mitarbeiterin/eines Mitarbeiters unterscheidet sich in zwei wichtigen Punkten von dem Verfahren nach § 29:

Verstoß führt zur Unwirksamkeit der Kündigung

- Es besteht für den Dienstgeber (Einleitung des Verfahrens und Mitteilung des Sachverhaltes) und für die MAV (Einwendungen gegen die Kündigung) der Zwang zur Einhaltung der Schriftform.
- Hält sich der Dienstgeber über Information, Einhaltung der Wochenfrist vor Ausspruch der Kündigung, ggf. Durchführung des Einigungsgespräches nicht an das nach den ersten beiden Absätzen vorgeschriebene Verfahren, so ist die Kündigung unwirksam. Das kann nur durch das (staatliche) Arbeitsgericht verbindlich festgestellt werden.

Kündigung während der ersten 6 Monate des Dienstverhältnisses

Die ersten 6 Monate eines Dienstverhältnisses gelten nach den kirchlichen Arbeitsvertragsordnungen als Probezeit. Bis 2003 hatte der Dienstgeber bei Kündigung innerhalb der Probezeit nur die Verpflichtung, die MAV über die Tatsache der Kündigung zu informieren. Jetzt ist die auch in der Probezeit Anhörung und Mitberatung zu gewähren, allerdings mit der Einschränkung, dass der Dienstgeber nicht die Gründe für die Kündigung mitteilen muss.

Das macht die Arbeit der MAV nicht gerade leichter. Sie kann die (zweifellos vorliegenden) Gründe für eine probezeitige Kündigung nur vermuten. Um überhaupt Einwendungen erheben zu können, kann die MAV nur eine Überprüfung der Einhaltung von Förmlichkeiten vornehmen (Bestand noch Probezeit, Kündigungsfrist eingehalten) oder Beanstandungen vornehmen, wo eine Kündigung offensichtlich willkürlich oder unter Inanspruchnahme unzulässiger Erwägungen (z. B. Verstoß gegen das Allgemeine Gleichbehandlungsgesetz) oder unter Gesetzesverstoß (Kündigungsschutz nach Mutterschutzgesetz) beabsichtigt ist.

Sinnvoller und in Bezug auf die „vertrauensvolle Zusammenarbeit" auch möglich wäre die freiwillige Mitteilung der Erwägungen, die den Dienstgeber zur Kündigung veranlassen. Dann hat die MAV allerdings über die Kündigungsgründe Stillschweigen zu bewahren.

Anhörung und Mitberatung

Das Beteiligungsrecht ist vom Verfahrensablauf her dem des § 29 nachgebildet. Das bedeutet unter anderem, dass die MAV eine Kündigung nicht blockieren kann, sondern nur einen Anspruch auf Einhaltung der Verfahrensvorschriften hat.

Eine ordentliche Kündigung ist eine einseitige Willenserklärung, die auf die Beendigung des Arbeitsverhältnisses unter Einhaltung der (gesetzlichen oder nach den Arbeitsvertragsordnungen geregelten) Kündigungsfristen gerichtet ist. Sie kann grundsätzlich von beiden Seiten, also auch durch die Mitarbeiterin/den Mitarbeiter erklärt werden. Anhörung und Mitberatung finden aber nur statt, wenn der Dienstgeber kündigen will. Ansonsten gibt der Dienstgeber die Information über die Kündigungserklärung nur an die MAV weiter.

Die betriebsbedingte Kündigung

Der häufigste Fall einer ordentlichen Kündigung durch den Dienstgeber ist die betriebsbedingte Kündigung. Betriebsbedingt kann gekündigt werden, wenn der Dienstgeber nach seinem Stellenplan einen Personalüberhang hat, der Sollstellenplan also weniger Stellen ausweist als nach dem Stellenbesetzungsplan tatsächlich bestehen. (siehe Erläuterungen zu § 27 Abs. 2) Das klingt zunächst so, als sei es das Ergebnis einer Mathematikaufgabe, die der Dienstgeber nicht beeinflussen könne.

Richtig ist natürlich, dass der er Dienstgeber den Sollstellenplan aufstellt und damit die Möglichkeit hat, Stellen zu streichen oder in ihrem Umfang zu reduzieren und dadurch den Personalüberhang zu provozieren.

Die Gründe für eine Veränderung des Sollstellenplanes und damit für eine betriebsbedingte Kündigung können sein:

- Rückgang der Anzahl Patienten, Klienten, Bewohner, betreuten Personen und damit eine Reduzierung des Geschäftsbetriebes,
- Verknappung der finanziellen Mittel, Zuschüsse, Refinanzierungsbeträge oder der Einnahmen, die nur durch eine Senkung der Personalkosten ausgeglichen werden können,
- Änderung der Betriebsabläufe mit dem Effekt der Rationalisierung (siehe Erläuterungen zu § 29 Abs. 1. Zif. 14 und 15),
- Betriebsänderungen (siehe Erläuterungen zu § 29 Abs. 1 Zif. 17)
- oder einfach eine Entscheidung des Rechtsträgers zum Abbau von Arbeitsplätzen.

Bei der Begründung der Kündigung muss sich die Notwendigkeit einer Kündigung logisch aus einem der vorgenannten Kündigungsgründen ergeben. Die betriebsbedingte Kündigung steht immer unter dem Vorbehalt der Verhältnismäßigkeit. Sie darf daher nur das letzte und einzige Mittel sein, ein betrieblich definiertes Ziel oder eine Vorgabe zu erfüllen.

Der Dienstgeber definiert aber aufgrund seiner unternehmerischen Freiheit (Grundrecht aus Art. 14 GG/Eigentumsgarantie) völlig eigenständig die betriebliche Vorgabe, die zu erreichen ist. Eine Überprüfung der Rechtfertigung oder Billigkeit dieses Kündigungsgrundes findet im allgemeinen nicht statt.

Wenn der Rechtsträger zum Beispiel also entscheidet, dass 10% der Stellen im Pflegebereich eines Altenheimes abgebaut werden müssen, reduziert sich der Streit auf die Frage wie die 10% zu errechnen sind. Ob es wirklich nötig ist, dass es 10% sein müssen oder die Entwicklung der Bewohnerzahlen auch die Bewahrung des Mitarbeiterstandes bzw. nur eine Kürzung um 5% zulässt, entzieht sich dem Einfluss der MAV.

Die MAV sollte diese inhaltliche Auseinandersetzung dennoch führen, muss sich aber darüber im Klaren sein, dass auch ein Arbeitsgericht – außer im Falle der offensichtlichen Willkür – diese unternehmerische Entscheidung respektieren muss und nicht inhaltlich überprüfen kann.

Sozialauswahl

Bestehen in der Einrichtung (zum Begriff: siehe Erläuterungen zu § 2) mindestens soviel Arbeitsplätze, dass in der Addition eventueller Teilzeitplätze mindestens 10 Vollarbeitsplätze als Arbeitszeitvolumen, vorhanden sind, findet das Kündigungsschutzgesetz Anwendung.

Für Mitarbeiter/innen, die bereits vor dem 1.1.2004 bei einem Dienstgeber beschäftigt waren, der damals mehr als 5 Vollarbeitsplätze vorgehalten hat und die jetzt noch dort beschäftigt sind, besteht eine Übergangsregelung: Sie können sich auch dann auf die Anwendbarkeit des Kündigungsschutzgesetzes berufen, wenn der Dienstgeber jetzt unter den 10 Vollarbeitsplätzen liegt.

Die Anzahl der Arbeitsplätze ist so zu errechnen, dass Kolleginnen und Kollegen mit

- bis zu   20 Stunden Wochenarbeitszeit   mit 0,5 und
- bis zu   30 Stunden   mit 0,75, mit
- mehr als   30 Stunden   mit 1,0

Arbeitsplätzen zu berücksichtigen sind.

(§ 23 Abs. 1 Kündigungsschutzgesetz)

Findet das Kündigungsschutzgesetz Anwendung, ist eine Sozialauswahl durchzuführen. Bei der Sozialauswahl sind ausschließlich – die Kriterien

- Dauer der Betriebszugehörigkeit,
- Lebensalter und
- Unterhaltspflichten
- sowie eine mögliche Behinderung

zu berücksichtigen. Weitere Gesichtspunkte wie *alleinige* Unterhaltspflicht für Kinder, Berufskrankheit, ein Arbeitsunfall, schlechte finanzielle Situation des Mitarbeiters oder andere Gesichtspunkte dürfen nicht mit herangezogen werden.

Die Sozialauswahl bezieht sich immer nur auf

- die Mitarbeiter/innen einer Einrichtung (auch wenn der Rechtsträger mehrere Einrichtungen unterhält) und
- nur auf die Gruppe von Mitarbeiterinnen oder Mitarbeiter, die der gleichen Tätigkeit nachgehen.

Das heißt: Jede Einrichtung, die eine MAV hat, kann die Frage der richtigen Sozialauswahl nur auf die bei ihr tätigen Mitarbeiter/innen und insoweit auch nur auf die Gruppe der Erzieherinnen, der Sekretärinnen, der Sachbearbeiter, der Referenten, der Reinigungs- oder Hauswirtschaftskräfte beziehen. Dadurch wird deutlich, dass eine Sozialauswahl nur sehr bedingt möglich ist. Denn nach der Anzahl der vergleichbaren Arbeitsplätze verringern sich die Auswahlmöglichkeiten in der konkreten betrieblichen Situation meistens erheblich.

Die Beurteilung der einzelnen Kriterien der Sozialauswahl legt der Dienstgeber selbst fest. Dabei hat er nach billigem Ermessen zu verfahren, muss also darauf achten, dass unterschiedliche Bewertungen nur nach sachlichen, im voraus allgemein festgelegten Bewertungen vornimmt. Üblicherweise wird zur Erstellung der Sozialauswahl ein Schema entwickelt, wonach jeder betroffenen Mitarbeiterin oder jedem Mitarbeiter jede Unterhaltspflicht, jedes Jahr der Betriebszugehörigkeit und sein Lebensalter eine bestimmte Punktzahl gegeben wird. Aus der Addition der Punkte ergibt sich dann ein wichtiger Anhaltspunkt für eine Gesamtbewertung. Dabei sollte die Anzahl der Punkte für die Unterhaltspflichten am höchsten und für die Betriebszugehörigkeit auch noch höher sein als für das Lebensalter:

- Je Unterhaltspflicht (nach BGB)   5,0 Punkte
- Je Jahr der Betriebszugehörigkeit   1,0 Punkte
- Je Lebensjahr ab Alter 35   0,5 Punkte.

Wenn der Dienstgeber so eine Gesamtpunktzahl errechnet hat, kann und muss er unter Gesamtwürdigung aller weiterer Umstände eine Entscheidung über die Person oder die Personen treffen, denen eine Kündigung am ehesten zumutbar ist.

Sämtliche Überlegungen, die er zur Sozialauswahl angestellt hat, hat er der MAV schriftlich mit Einleitung des Verfahrens nach § 30 mitzuteilen.

Auswahlkriterien und Namenslisten

Ob Mitarbeitervertretungen auch die Festlegung auf bestimmte Bewertungen im Rahmen der Sozialauswahl mit dem Dienstgeber vereinbaren kann (§ 1 Abs. 4 Kündigungsschutzgesetz) oder sogar zur Festlegung einer Namensliste der zu kündigenden Mitarbeiter/innen berechtigt ist, ist höchst umstritten. Da das sich Gesetz insoweit ausdrücklich auf Tarifverträge und Betriebsvereinbarungen bezieht, wird überwiegend davon ausgegangen, dass eine entsprechende Anwendung auf die MAVO ausscheidet.

Ausnahmen von der Sozialauswahl

Der Dienstgeber kann Personen von der Sozialauswahl ausnehmen, wenn „betriebstechnische, wirtschaftliche oder sonstige berechtigte betriebliche Bedürfnisse die Weiterbeschäftigung eines oder mehrerer bestimmter Arbeitnehmer bedingen". (§ 1 Abs. 3 Kündigungsschutzgesetz)

In diesem Zusammenhang werden Mitarbeiter geschützt, die

- über besondere Erfahrungen, Ausbildungen oder Fähigkeiten verfügen, die für die Einrichtung nicht verzichtbar sind oder
- deren Weiterbeschäftigung zur Erhaltung eines ausgewogenen Verhältnisses von Älteren/Jüngeren bzw. Frauen/Männer unbedingt nötig ist.

Verhaltensbedingte Kündigung

Eine ordentliche Kündigung kann auch als verhaltensbedingte Kündigung erklärt werden. Dann hat die Mitarbeiterin oder der Mitarbeiter aus der Sicht des Dienstgebers schuldhaft gegen den Inhalt ihrer/seiner arbeitsrechtlichen Pflichten verstoßen. Hierbei kommen verschiedene Pflichtbereiche in Betracht. Der Verstoß kann liegen

- im **Vertrauensbereich** zum Beispiel durch
  Schwarzarbeit bei Krankmeldung, eigenmächtiger Urlaubsantritt, wiederholtes Zuspätkommen, Ausübung zulässig untersagter Nebentätigkeit, verbotene Benutzung von Betriebseigentum.
- Im **Leistungsbereich** zum Beispiel durch
  Arbeitsverweigerung, Bummelei, bewusste Zurückhaltung der Arbeitskraft, Sabotieren von Arbeitsergebnissen, Erledigung privater Angelegenheiten während der Arbeitszeit, fehlende Kooperationsbereitschaft, fehlerhafte Arbeitsleistungen, Nichteinhaltung wichtiger Termine.
- Im **Verhaltensbereich** zum Beispiel durch:
  Strafbare Handlungen gegen den Arbeitgeber, Beleidigung, Verleumdung, tätliche Angriffe, Betrug, Untreue oder Unterschlagung. unentschuldigtes Fernbleiben von der Arbeit, Alkoholkonsum während der Arbeit, sexuelle Belästigung..

Verhältnismäßigkeit

Stellt der Dienstgeber einen Verstoß der vorgenannten Art fest, so kann er dennoch nicht unmittelbar eine verhaltensbedingte Kündigung aussprechen. Beim Arbeitsvertrag als Dauerschuldverhältnis muss der Dienstgeber das Verhalten in der Regel erst beanstanden und gegenüber der Mitarbeiterin/dem Mitarbeiter in Form einer sogenannten Abmahnung rügen, bevor er als letztes Mittel nach dem Grundsatz der Verhältnismäßigkeit die Kündigung erklären kann.

Abmahnung

Eine Abmahnung ist die eindeutige Ankündigung einer verhaltensbedingten Kündigung des Dienstgebers für den Fall eines wiederholten Verstoßes gegen arbeitsrechtliche Pflichten desselben Bereichs. Sie bedarf nicht unbedingt der Schriftform, kann also bei entsprechender Beweislage, zum Beispiel durch Zeugen, auch mündlich erklärt werden. Eine Abmahnung im Rechtssinne liegt aber nur dann vor, wenn

1. eine konkrete Beschreibung des gerügten Verhaltens mit Angabe von Daten und genauen Fakten,
2. eine zutreffende Bewertung als Verstoß gegen Pflichten aus dem Arbeitsverhältnis
3. und eine eindeutige Ankündigung der Kündigungsabsicht im Wiederholungsfall erklärt wird.

Auch eine Abmahnung muss sich an dem Grundsatz der Verhältnismäßigkeit orientieren. Es ist nicht zulässig, für jede ganz unbedeutende Verfehlung gleich eine Abmahnung auszusprechen. Für gelegentliches Zuspätkommen, einzelne Terminversäumnisse oder ähnliche Vorfälle muss der Dienstgeber erst ermahnen, bevor er förmlich abmahnt.

Eine ausreichende Grundlage für eine Kündigung bildet die Abmahnung nur dann,

- wenn das neue Fehlverhalten dem gleichen Bereich (s. o. Vertrauens-, Verhaltens- und Leistungsbereich) zuzuordnen ist. Sonst ist eine weitere Abmahnung für den anderen Bereich nötig,
- wenn die schon vorhandene Abmahnung im Verhältnis zur Schwere des Vorwurfs noch nicht sehr lange zurückliegt und damit noch nicht gegenstandslos geworden ist, also wenn auf einer Skala von etwa einem bis fünf Jahren zwischen geringstem und schwersten Verstoß ein entsprechender rügeloser Zeitraum abgelaufen ist oder zum Beispiel durch eine Höhergruppierung oder eine andere Anerkennung der Leistung der Mitarbeiterin/des Mitarbeiters dazwischen liegt.

Verdachtskündigung

Soweit die Mitarbeiterin oder der Mitarbeiter die Verfehlung nicht zugibt und die Sachlage nicht eindeutig ist, reicht der begründete Verdacht einer Straftat aus. Der Dienstgeber muss alle ihm zur Verfügung stehenden und zumutbaren Möglichkeiten der Aufklärung ausgeschöpft haben, ohne dass die Mitarbeiterin oder der Mitarbeiter entlastet wird. Unter Umständen ist auch eine fristlose (siehe dazu unten) verhaltensbedingte Kündigung als »Verdachts-Kündigung« gerechtfertigt.

Personenbedingte Kündigung

Als dritte Möglichkeit einer ordentlichen Kündigung ist eine personenbedingte Kündigung denkbar. Hier liefert – wie bei der verhaltensbedingten – die Mitarbeiterin oder der Mitarbeiter den Grund für die einseitige Auflösung des Arbeitsverhältnisses. Im Unterschied zur verhaltensbedingten Kündigung ist der Mitarbeiterin oder dem Mitarbeiter aber kein Schuldvorwurf in arbeitsrechtlicher Hinsicht zu machen. Vielmehr ist es so, dass der Arbeitsvertrag aus einem objektiven Grund, der in der Sphäre der Mitarbeiterin oder des Mitarbeiters liegt, aus Sicht des Dienstgebers nicht fortgesetzt werden kann. Dabei kann es sich handeln um:

- ärztlich attestierte Unmöglichkeit der Vertragserfüllung,
- chronische Alkohol- oder Drogenabhängigkeit, die zumindest vorübergehend zur Arbeitsunfähigkeit führt,
- Verlust der Erlaubnis, die Tätigkeit auszuüben (z. B. Arbeitserlaubnis für Ausländer, Entziehung der Fahrerlaubnis bei Kraftfahrern, Entzug der Approbation für Ärzte etc.),
- Freiheitsbeschränkungen wegen Strafverfolgung (Haftantritt, längere Untersuchungshaft).

Kündigung nach der Grundordnung zum Kirchlichen Dienst

Wie schon oben ausgeführt (siehe unter § 19), ist als Sonderfall in der katholischen Kirche auch eine verhaltensbedingte Kündigung nach den Regelungen der Grundordnung zum kirchlichen Dienst im Rahmen kirchlicher Arbeitsverhältnisse (GO) möglich. Außer im Fall des Austritts einer katholischen Mitarbeiterin/eines katholischen Mitarbeiters aus der katholischen Kirche hat die GO nur noch praktische Relevanz bei der Wiederverheiratung einer/eines katholischen Mitarbeiter/in, die nach staatlichem Recht von ihrer/ihrem früheren Ehegatten/Ehegattin geschieden ist. Während im ersten Fall kaum etwas gegen die Kündigung einzuwenden ist, kommt es in der zweiten Fallgruppe auf die Umstände des Einzelfalls und das Verhalten der Mitarbeiterin/des Mitarbeiters in der nach der GO vorgeschriebenen Aufklärungs- und Beratungsphase an.

Änderungs-Kündigung

Alle vorgenannten Formen von Kündigungen können auch als sogenannte Änderungskündigungen erklärt werden. Eine Änderungskündigung liegt vor, wenn der Dienstgeber das bestehende Arbeitsverhältnis kündigt und der Mitarbeiterin oder dem Mitarbeiter gleichzeitig den Abschluss eines neuen Arbeitsvertrages anbietet. Die darin liegende Änderung kann zum Beispiel bestehen in

- einer Reduzierung der Wochenarbeitszeit,
- Tätigkeitsänderung mit Rückgruppierung oder
- Streichung von freiwillig gewährten Zusatzleistungen (z. B. »betriebliche Übung«).

Die MAV sollte die oder den Betroffenen in solchem Fall darauf hinweisen, dass es möglich ist, den neuen Dienstvertrag unter Vorbehalt anzunehmen und gleichzeitig Kündigungsschutzklage zu erheben. Hat die Klage Erfolg, besteht der alte Arbeitsvertrag weiter. Scheitert die Klage, entfällt der Vorbehalt gegen die Änderung.

Ablauf der Befristung

Der Ablauf der Befristung eines Arbeitsverhältnisses löst bei der MAV keine Ansprüche auf Beteiligung nach dieser Vorschrift aus, da es sich nicht um eine Kündigung handelt.

Vertragsaufhebung

Häufig versuchen Dienstgeber das Risiko eines gerichtlichen Kündigungsschutzverfahrens zu vermeiden, indem sie zunächst versuchen, mit der Mitarbeiterin oder dem Mitarbeiter eine einvernehmliche Vertragsaufhebung zu vereinbaren. Auch an diesem Verfahren ist die MAV nicht zu beteiligen. Die Vertragsaufhebung oder auch der Abschluss eines neuen, geänderten Vertrages macht eine Kündigung oder Änderungskündigung überflüssig und geht inhaltlich an der MAV vorbei. Die MAV ist nur über das Ergebnis, also das Ausscheiden oder die Änderung zu informieren.

Die Massenentlassung nach § 30 a

Soweit der Dienstgeber in größerem Umfang Kündigungen vornehmen will, werden diese Kündigungen gegenüber den Agenturen für Arbeit anzeigepflichtig. Denn die Neu-Arbeitslosigkeit vieler Menschen soll von der Arbeitsverwaltung rechtzeitig aufgefangen werden können, Ausgleichsmaßnahmen und die rechtzeitige Einstellung auf erhöhten Vermittlungsbedarf können so frühzeitig vorgenommen werden.

Die Arbeitsverwaltung hat gegenüber dem Arbeitgeber Anspruch auf Informationen zu den beabsichtigten Entlassungen. Dasselbe Recht hat auch die MAV. Abs. 1 gibt unter den Ziffern 1–6 daher die einzelnen Punkte wieder, über die der Dienstgeber vor Einleitung des Kündigungsverfahrens wie derum **schriftlich** die MAV informieren und ihr Anhörung und Mitberatung zu gewähren hat.

Der Tenor solcher Beratungen muss dabei immer die Prüfung der Möglichkeiten einer Vermeidung von Kündigungen und einer Abmilderung der Folgen nicht vermeidbarer Kündigungen sein.

Der Wortlaut des § 17 schränkt das Mitwirkungsrecht nach der Anzahl der betroffenen Mitarbeiter/innen ein. § 30 a findet nur Anwendung, wenn in:

- Betrieben mit in der Regel mehr als 20 und weniger als 60 Arbeitnehmern mehr als 5 Arbeitnehmer,

■ in Betrieben mit in der Regel mindestens 60 und weniger als 500 Arbeitnehmern 10 vom Hundert der im Betrieb regelmäßig beschäftigten Arbeitnehmer oder aber mehr als 25 Arbeitnehmer,

■ in Betrieben mit in der Regel mindestens 500 Arbeitnehmern mindestens 30 Arbeitnehmer

von den Kündigungen betroffen sind.

Das Verfahren der Beteiligung

Der Dienstgeber hat der MAV schriftlich die Absicht der Kündigung anzuzeigen und die Gründe hierfür mitzuteilen. Im Falle einer betriebsbedingten Kündigung sind der MAV neben der Grundinformation Informationen über den betrieblichen Hintergrund der Kündigung und die vollständigen Unterlagen zur Sozialauswahl vorzulegen.

Bei der verhaltensbedingten Kündigung muss der Dienstgeber umfassend über das der Kündigung zugrunde liegende Fehlverhalten der Mitarbeiterin/ des Mitarbeiters informieren und insbesondere auch frühere Abmahnungen, Beanstandungen und eventuelle Gegendarstellungen der/des Betroffenen der MAV zur Verfügung stellen.

Ist die Informationsbasis aus Sicht der MAV ausreichend, so beginnt mit der Vorlage der Informationen eine Frist von einer Woche, die vom Dienstgeber nicht verkürzt werden kann. Die MAV hat folgende Möglichkeiten zu reagieren:

1. Sie bleibt untätig bzw. kommt in einer dazu einberufenen Sitzung zu dem Ergebnis, keine Einwendungen zu erheben und den Fristablauf abzuwarten. Dann hat der Dienstgeber die Wochenfrist abzuwarten und kann anschließend die Kündigung erklären.

2. Die MAV beschließt in ihrer Sitzung, auf Einwendungen zu verzichten und teilt dem Dienstgeber dies mit.
   Dann hat der Dienstgeber die Möglichkeit, unmittelbar nach Eingang der Erklärung das Kündigungsschreiben zuzustellen.

In diesen beiden Fällen ist das Verfahren abgeschlossen. Trotz des Verhaltens der MAV hat die betroffene Mitarbeiterin/der Mitarbeiter natürlich die Möglichkeit, sich vor dem Arbeitsgericht gegen die Kündigung zu wehren.

3. Die MAV kommt in einer Sitzung zu dem Ergebnis, Einwendungen gegen die Kündigung zu erheben und macht diese schriftlich gegenüber dem Dienstgeber geltend.
   Dann hat der Dienstgeber die Pflicht, die MAV zu einem Einigungsgespräch einzuladen, in dem er mit dem Ziel der Verständigung über die erhobenen Einwendungen und die Berechtigung der Kündigung mit der MAV verhandelt.

Im Einigungsgespräch, das – wie schon unter § 29 ausgeführt – im Prinzip ergebnisoffen zu führen ist – hat die MAV die Möglichkeit, ihre Einwendungen zurückzuziehen. Dann wäre das Verfahren ebenfalls zugunsten des Dienstgebers beendet. Im umgekehrten Fall – der Dienstgeber verzichtet auf die Kündigung – hat die MAV sich durchgesetzt.

Bleiben die Positionen nach dem Gespräch unverändert, wird das Verfahren durch die Kündigung abgeschlossen. Der Dienstgeber hat seinem Kündigungsschreiben eine Kopie der Einwendungen der MAV beizufügen. Die oder der Betroffene kann sich bei ihrer/seiner weiteren Rechtsverfolgung auf den Vortrag der MAV beziehen und ggf. ihren/seinen Anwalt entsprechend informieren.

Die Einwendungen im Einzelnen:

Verstoß gegen geltendes Recht nach Zif. 1

Stellt die MAV einen Verstoß gegen Gesetze oder gegen sonstiges geltendes Recht fest, dürfte die Kündigung bei Anrufung des Arbeitsgericht keinen Bestand haben. Eine solche Einwendung ist deshalb vom Dienstgeber besonders ernst zu nehmen.

In Betracht kommen hierbei insbesondere Verstöße gegen Kündigungsschutzvorschriften, also zum Beispiel die Kündigung unter Verstoß gegen das

- Mutterschutzgesetz
- Schwerbehindertengesetz (hier: keine Einholung der Zustimmung zur Kündigung durch das Integrationsamt)
- Wehrpflicht- oder Zivildienstgesetz
- gegen § 19 MAVO
- gegen die in kirchlichen Arbeitsvertragsordnungen üblichen Vorschriften über die Unkündbarkeit langjährig Beschäftigter (im allgemeinen analog TVöD/TVL: ab 40. Lebensjahr bei mindestens 15 Dienstjahren)

§ 1 Kündigungsschutzgesetz nach Zif. 2

Fällt die Einrichtung in den Anwendungsbereich des Kündigungsschutzgesetzes ist die Kündigung eines Arbeitsverhältnisses nur dann zulässig, wenn soziale Gesichtspunkte ausreichend berücksichtigt wurden. (siehe oben) Persönliche Voraussetzung für eine Anwendung des § 1 Kündigungsschutzgesetzes ist, dass die Mitarbeiterin/der Mitarbeiter seit 6 Monaten beschäftigt ist.

Die MAV muss sich bei der Beschäftigung mit der Frage, ob eine Einwendung nach dieser Ziffer zu erheben ist, mit der Sozialauswahl des Dienstgebers, insbesondere seinen Bewertungen auseinandersetzen. Der Dienstgeber hat bei der Entscheidung einen Ermessensspielraum. Seine Entscheidung kann nur auf Willkür und Unsachlichkeit überprüft werden. Die MAV darf aber nicht ihre eigene Einschätzung über die Frage der sozialen Zumutbarkeit einer Kündigung über die des Dienstgebers setzen.

Anderer Arbeitsplatz nach Zif. 3

In einer Einwendung nach dieser Ziffer spiegelt sich die Tatsache wider, dass eine Kündigung immer nur »ultima ratio« (letztes Mittel) sein darf. Hat der Dienstgeber die Möglichkeit der Weiterbeschäftigung, so muss er der Mitarbeiterin oder dem Mitarbeiter diesen anderen Arbeitsplatz zuweisen. Dabei ist aber zu beachten, dass die Zuweisung dieses Arbeitsplatzes nach dem bestehenden Arbeitsvertrag auch möglich sein muss. Es muss sich um einen Arbeitsplatz in einer Einrichtung desselben Dienstgebers handeln. Damit kann eine reine Umsetzung gemeint sein. Das kann aber auch eine Versetzung sein, wenn der Dienstgeber Träger mehrerer Einrichtungen ist und der neue Arbeitsort noch in einer zumutbaren Entfernung zum ursprünglichen liegt.

Die MAV muss dazu genau vortragen, wo und an welchem Arbeitsplatz eine Weiterbeschäftigung möglich wäre. Das wird ihr in der Praxis oft schwerfallen, weil ihr interne Informationen über andere Einrichtungen nicht vorliegen dürften. Sie ist dann auf Auskünfte von Kolleginnen oder Kollegen oder Kenntnis von Stellenausschreibungen angewiesen.

Umschulung und Fortbildung nach Zif. 4

Dieser Einwendung muss die Situation zugrunde liegen, dass in der Einrichtung zwar freie Arbeitsplätze vorhanden sind, diese aber nicht der vorhandenen Ausbildung der oder des zu Kündigenden entsprechen. Dann hat der Dienstgeber – wiederum unter dem Gesichtspunkt der Verhältnismäßigkeit einer Kündigung – die Frage einer Umschulung (Erlernen eines neuen Berufes) oder der Fortbildung (Erweiterung der Kenntnisse oder Fertigkeiten des erlernten Berufes) zu prüfen. Das entscheidende Kriterium bei der Prüfung dieser Einwendung ist die Frage der Zumutbarkeit. Man hat diese Frage danach zu entscheiden, welchen zeitlichen und finanziellen Aufwand die Umschulung oder Fortbildung in Anbetracht der Betriebszugehörigkeit der Mitarbeiterin/des Mitarbeiters verursachen wird. Grenzen der Zumutbarkeit lassen sich abstrakt schlecht definieren.

Als Faustregel sollte gelten: Jede Umschulung oder Fortbildung, die in einem Zeitraum geleistet werden kann, der unwesentlich über die Kündigungsfrist hinausgeht, ist dem Dienstgeber grundsätzlich zumutbar.

Geänderte Vertragsbedingungen nach Zif. 5

Die Möglichkeit einer Vertragsänderung ist die schwächste Einwendung, die die MAV einer Kündigung entgegensetzen kann. Der Dienstgeber kann sich in vielen Fällen auf seine unternehmerische Freiheit berufen und alle Bemühungen der MAV zu einer Vertragsänderung unterlaufen. Die Berufung auf eine solche Einwendung setzt außerdem voraus, dass die MAV Verhandlungen mit der oder dem Betroffenen führt und das bereits zu einem Zeitpunkt, zu dem diese oder dieser noch nichts Offizielles von der Kündigungsabsicht des Dienstgebers weiß.

Inhaltlich bedeutet die Erhebung dieser Einwendung im Prinzip nicht anderes als die Aussage der MAV, dass die Mitarbeiterin oder der Mitarbeiter zum Beispiel mit einer Reduzierung der Wochenarbeitszeit oder einer Tätigkeitsänderung mit Rückgruppierung einverstanden ist und eine Kündigung wegen der Bereitschaft zum Abschluss eines neuen, den betrieblichen Anforderungen des Dienstgebers entsprechenden Arbeitsvertrages nicht nötig ist.

Anhörung und Mitberatung bei ordentlicher Kündigung nach Ablauf der Probezeit – das Diagramm

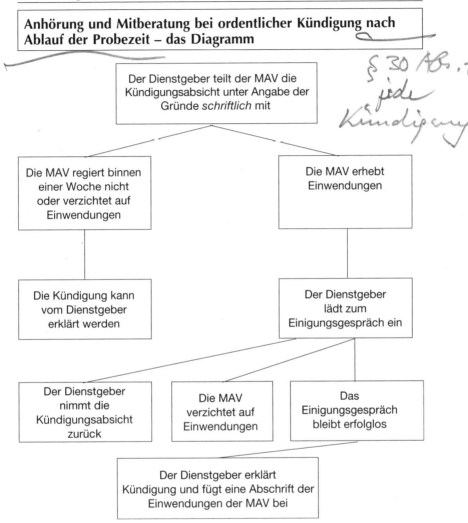

§ 30 Abs. 1:
jede
Kündigung

Der Dienstgeber teilt der MAV die Kündigungsabsicht unter Angabe der Gründe *schriftlich* mit

Die MAV regiert binnen einer Woche nicht oder verzichtet auf Einwendungen

Die MAV erhebt Einwendungen

Die Kündigung kann vom Dienstgeber erklärt werden

Der Dienstgeber lädt zum Einigungsgespräch ein

Der Dienstgeber nimmt die Kündigungsabsicht zurück

Die MAV verzichtet auf Einwendungen

Das Einigungsgespräch bleibt erfolglos

Der Dienstgeber erklärt Kündigung und fügt eine Abschrift der Einwendungen der MAV bei

Krise Kündigung

Kaum ein Ereignis greift massiver ins Leben von Menschen ein als die Kündigung. Kündigung ist die Drohung mit dem sozialen Tod, der tatsächliche oder scheinbare Ausschluss vom gesellschaftlichen Leben und kann existentielle Krise bedeuten.

Auch wenn in den letzten Jahren aufgrund des wirtschaftlichen Wandels, der Globalisierung von Arbeitsmärkten und Kapitalflüssen, viele Denker einen Bedeutungswandel der Arbeit beschrieben oder gefordert haben, immer stärker die unbezahlte Arbeit (»Bürgerarbeit«) als zweites Standbein des gesellschaftlich Notwendigen beschrieben haben, wird es auch auf absehbare Zeit dabei bleiben: Arbeit konstituiert maßgeblich Bewusstseinsstände, ist erstes Element der Imageprägung, gibt Sinn, ist Schlüssel und Tür in die gesellschaftliche Gemeinschaft.

Arbeitslosigkeit hat ihren Schrecken nicht verloren – trotz der relativ befriedigenden Absicherung zumindest derjenigen, die für kürzere Zeit ohne Arbeit sind. Arbeitslosigkeit – und da nützt auch kein wohlmeinendes Schönreden – ist in vielen gesellschaftlichen Schichten immer noch ein Makel. Die vermeintlich soziale Hängematte, in der angeblich so viele schaukeln, ist Stigma, nicht Vergnügen.

Entstandene Arbeitslosigkeit, vor allen Dingen Langzeitarbeitslosigkeit, ist der Einstieg in kleine und große Krisen. Sie führt zu sozialen und psychischen Verletzungen: Nicht mehr gebraucht zu werden ist das, was Menschen wohl am wenigsten ertragen können.

Meistens steht am Beginn der Arbeitslosigkeit die ordentliche Kündigung – sei sie personen- oder betriebsbedingt.

Kündigungen schaden der Einrichtung

Kündigungen, die ausgesprochen werden, sind immer Ausdruck von Krise oder krisenhaftem Verhalten.

Sie machen deutlich, dass ...

... Fehlentscheidungen getroffen wurden.

Ein Arbeitnehmer ist eingestellt worden, ohne dass er die notwendigen Voraussetzungen für seine Arbeit mitgebracht hatte. Jetzt musste ihm gekündigt werden.

... Leistungsanforderungen sich erhöhen oder deutlich unterstrichen werden. *Der Dienstgeber macht öffentlich, dass das, was die Kollegin an Leistung erbrachte, nicht ausreichte. Hier ist plötzlich ein für alle deutlich erkennbarer Maßstab gesetzt worden.*

... Auswahlkriterien deutlich werden.

Ist die Kündigung betriebsbedingt, wird plötzlich vermutbar, wer als nächster »seine Papiere« erhalten könnte.

... Verunsicherung wächst.

Reicht mein Verhalten aus, ist meine Leistung ausreichend. Wie viel Fehlverhalten kann ich mir leisten?

... Konkurrenzdruck entsteht.

Ich grenze mich ab gegenüber dem Kollegen, mache deutlich, dass ich qualifizierter bin, fange an mich »einzuschmeicheln«.

Die Folge von Kündigungen sind Verunsicherungen, die das Klima einer Einrichtung verändern. Deswegen sind Kündigungen auch für Arbeitgeber problematisch. Sie müssen mit einer Krise umgehen, müssen gegebenenfalls (sei es in der ganzen Einrichtung oder nur in einer Abteilung) Verunsicherungen abbauen, Vertrauen aufbauen und die Situation stabilisieren.

Individuelle Konsequenzen einer Kündigung

Jede Mitarbeitervertretung, die sich mit Kündigungen auseinander zu setzen hat, muss im Blick behalten, welche Bedeutung die Kündigung grundsätzlich und im einzelnen für den Mitarbeiter oder die Mitarbeiterin hat.

Kolleginnen und Kollegen

Wird jemandem außerordentlich gekündigt, weil zum Beispiel ein massives individuelles Fehlverhalten vorliegt, so werden innerhalb weniger Stunden soziale Kontakte, die vielleicht über Monate oder Jahre Bestand hatten, abgeschnitten.

Untersuchungen zeigen, dass die meisten und oft wichtigsten sozialen Kontakte durch und während der Arbeit stattfinden. Diese Begegnungsmöglichkeit wird quasi gewaltsam genommen.

Wer sich auf einen längeren Vorlauf (Kündigungsfrist) einrichten kann, wird die letzten Monate unter den Kolleginnen und Kollegen mit einem subjektiv erlebten Stigma arbeiten. Er oder sie gehört nicht mehr dazu, arbeitet nur noch auf Abruf. Alles Reden, Argumentieren und Entschuldigen (*»Frau K., es liegt ja nicht an Ihnen. Wir mussten aus finanziellen Gründen ihre Stelle streichen.«*) entlastet nicht vom Gefühl, versagt zu haben.

Die Beteuerungen, auch nach Ablauf des Arbeitsvertrages weiter Kontakt zu halten, sind oft gut gemeint, werden aber selten verwirklicht.

Freunde

Gekündigten müssen ihren Freunden und Nachbarn erklären, warum sie ihren Arbeitsplatz verloren haben, tagsüber plötzlich soviel Zeit haben, zu Hause sind. Viele Menschen versuchen dies durch Geschäftigkeiten oder Beibehalten geregelter Zeiten zu überdecken oder vertuschen.

Sie gehören nicht mehr zum Heer jener, die Gesellschaft durch Arbeit mitgestalten.

Dieser Makel haftet in kurzer Zeit an.

Familie

Alles, was sich vielleicht über Jahre im Ablauf einer Familie entwickelt und zurecht organisiert hat, wird durch eine Kündigung erschüttert *(Vater ist zuhause und fängt an, den Haushalt zu organisieren – so, wie er es vorher mit seinem Schreibtisch getan hat)*. Neue Selbstbilder entstehen, andere werden in Frage gestellt. Der Betroffene will und muss eine neue Balance finden.

Umfeld

Die Bank räumt plötzlich keinen Dispo-Kredit mehr ein. Bedauernd hebt der Filialleiter die Hände *(»Seitdem Ihr Geld vom Arbeitsamt kommt ...«)*. Regelmäßig muss sich der Arbeitslose bei der Agentur für Arbeit, zunächst vielleicht in der Hoffnung, dass er wirklich vermittelbar ist.

Arbeitssuche

Wer sich nicht abfinden will mit der »sozialen Hängematte« begibt sich auf Arbeitssuche. Je nach eigener Qualifikation versucht man, im bisherigen Beruf wieder einen Job zu bekommen, muss aber häufig einsehen, dass die Ansprüche abgesenkt werden müssen. Eine weitere Infragestellung und die Verschärfung von Krise und Selbstzweifeln beginnt.

Jobs

Arbeitslosigkeit hat oft diese nicht zu unterschätzende fatale Wirkung: Geld, bislang das Äquivalent für geleistete Arbeit und damit Anerkennung, bekommt eine größere Bedeutung – wegen des Mangels. Nur Geld verspricht die Anerkennung, die die dauerarbeitenden Kollegen und Kolleginnen weiterhin erhalten.

Er engagiert sich für Geld, nicht für gute Worte.

Darin mag der Grund liegen, warum Arbeitslose sich seltener als andere sozial engagieren.

Weil dieser Mechanismus so prekär ist, muss die Gesellschaft funktionierende Anerkennungsmechanismen für freiwillig geleistete Bürgerarbeit bereitstellen.

Kirche

Arbeitslosigkeit kommt in Kirchen bzw. Kirchengemeinden meistens nur in wohlmeinenden Papieren vor. Dass es hier und da einige Arbeitsloseninitiativen oder soziale Firmen gibt, unterstreicht das Dilemma der »Bürgerkirche« eher, als dass es das Gegenteil der gemachten Behauptung wäre.

Aufgaben der Mitarbeitervertretung

Erst in der Krise bewährt sich die Dienstgemeinschaft. Wie eine Mitarbeitervertretung mit einer ausgesprochenen Kündigung umgeht, ist auch Visitenkarte für ihr übriges Verhalten.

- **Nimmt sie die Interessen des Gekündigten wahr, ohne sich vereinnahmen zu lassen?**
- **Verhandelt sie angemessen mit dem Dienstgeber ohne das Vorgegebene kritiklos nachzuvollziehen?**
- **Denkt sie in größeren Zusammenhängen? Vermag sie die Bedeutung der Kündigung für die Kooperation aller zu erkennen?**

Mitarbeitervertretungen werden oft als letzte Chance begriffen, wenn Kolleginnen und Kollegen gekündigt wird. Das ist eine hohe Anforderung.

Die Kündigung wird mitgeteilt

Die Mitarbeitervertretung muss gerade im Kündigungsfall peinlich genau prüfen, ob der Dienstgeber die Vorschriften der MAVO beachtet hat. Wurden Fristen und Formen eingehalten, reichen die genannten Gründe aus, um eine Prüfung des Sachverhaltes vorzunehmen? Sind dem Dienstgeber Nachbesserungen, Erklärungen oder Unterlagen abzuverlangen, damit auf Einwendungen verzichtet werden kann?

Fristen

Liegen die erforderlichen Unterlagen vor, muss die MAV Sorge dafür tragen, dass die vorgegebenen Fristen (zum Beispiel eine Woche bei ordentlicher Kündigung) eingehalten werden kann. Gegebenenfalls kann mit dem Dienstgeber eine Fristverlängerung vereinbart werden.

Kontakt mit Gekündigtem

Sobald ein Kündigungsbegehren der Mitarbeitervertretung vorliegt, sollte mit dem oder der Betroffenen Kontakt aufgenommen werden.

Kontaktaufnahme, wenn sie nicht vom Betroffenen selbst erfolgt ist, gehört zu den pikanten Situationen der MAV-Arbeit: Problematisches oder Peinliches muss angesprochen werden, ein Sachverhalt möglichst genau besprochen, Fehlverhalten ausgebreitet und auf Kündigungsfähigkeit hin geprüft werden.

Ärger, Wut, Frustration und Schmerzen müssen ausgehalten werden. Im Gespräch mit dem Betroffen ist zu klären:

- Soll sich die Mitarbeitervertretung intensiver mit der Kündigung beschäftigen oder es bei den Handlungsvorschriften der MAVO belassen? Die MAV sollte sich gegebenenfalls förmlich eine Art Mandat geben lassen.
- Zu besprechen ist, mit wem die MAV über die Kündigungsgründe reden darf (alle Kollegen, einzelne Kollegen, Vorgesetzte, gegebenenfalls Kunden oder Klienten, die zum Beispiel die Kündigung ausgelöst haben, eventuell Polizei – wenn der Kündigungsgrund strafwürdig ist, Rechtsanwalt). Sensibel muss ausgelotet werden, welche Bedeutung die Kündigung für den Betroffenen hat. Wie ist die individuelle Situation (Qualifikation, Alter, Arbeitsmarkt vor Ort)?

Wie ist die soziale Situation? Welche Chancen einer Wiederbeschäftigung gibt es? Wie reagiert der Betroffene? Sind – soweit erkennbar – die sozialen Kontakte so, dass er aufgefangen wird. Muss er mit der Situation allein fertig werden?

- Wie wird sich die finanzielle Situation verändern? Kommt es zu existentiellen Bedrohungen (weil zum Beispiel Hypothekenraten nicht mehr gezahlt werden können)?
- Wie wird das gesellschaftliche Umfeld reagieren. Ist der Betroffene stark genug, mit der »Kränkung« umgehen zu können? Wird er in der Lage sein, sich Hilfe und Rat holen zu können.

Mit Kündigungsverfahren sind Mitarbeitervertretungen oft überfordert. Sie können an den Ausgangssituationen wenig ändern, betriebliche Dimensionen übersteigen den Einflusshorizont.

Viele Anregungen, die hier genannt werden, gehören sicher nicht zum engeren Aufgabenkreis einer Mitarbeitervertretung. Dennoch – zumal in der Kirche – müssen die bewirkten Einschnitte in den Lebenslauf mitbedacht werden. Kündigungsmanagement darf nicht »Ex und hopp« bedeuten, sondern muss den Blick dafür weiten, was nach dem Verlust des Arbeitsplatzes steht.

Hilfen, die eine Mitarbeitervertretung anbieten kann

- **Hat der Betroffene die Gründe der Kündigung wirklich verstanden?**
  Oft müssen Schreiben von Personalabteilungen »übersetzt« werden. Nicht jeder weiß zwischen »einvernehmlicher Auflösung« und »Kündigung« eines Arbeitsvertrages zu unterscheiden.
- **Sind die Konsequenzen klar?**
  Wann wird der letzte Arbeitstag sein? Gibt es noch Anteile von Urlaubs- oder Weihnachtsgeld?

■ **Will sich der Betroffene wehren?**
Wenn der Schlichtungs- und Klageweg beschritten werden soll, kann die MAV tatsächliche und inhaltliche Begleitung anbieten oder auf Hilfen außerhalb der Einrichtung hinweisen.

■ **Was ist der nächste Schritt?**
Wie und wann ist das Arbeitsamt anzusprechen? Sind andere soziale _Agen-_ Sicherungen möglich? _tur_

■ **Hat der Betroffene Erfahrung in Bewerbungen?**
Braucht er Unterstützung? Kann Kontakt zu einer Beratungsstelle vermittelt werden?

■ **Welche Erwartungen werden an das Zeugnis gestellt?**
Wenn das Zeugnis vorliegt, sollte gemeinsam mit dem Betroffenen geprüft werden, ob die Aussagen korrekt sind, ob sie vielleicht dazu führen, dass der Arbeitsmarkt für immer verschlossen bleibt.

■ **Gibt es Stützungsmöglichkeiten?**
Mitarbeitervertretungen sind meistens auch außerhalb der Einrichtungen Engagierte. Sie haben Wissen und Kontakte. Das kann im Sinne der Gekündigten genutzt werden, um Übergänge zu erleichtern.

Gespräche in der Institution

Sowohl der Dienstgeber als auch die Mitarbeitervertretung sind auf Verschwiegenheit in den persönlichen Dingen verpflichtet. Ausgesprochene Kündigungen sind ein Nährboden für Gerüchte.

Kolleginnen und Kollegen, die keine Informationen erhalten dürfen, werden sich selbst welche zurechtbasteln und dadurch Unruhe in die Institution tragen.

Die Mitarbeitervertretung sollte gemeinsam mit dem Dienstgeber für die mögliche Transparenz des Vorgangs sorgen.

Manchmal ist es hilfreich, auf Mitarbeiterversammlungen oder Teilversammlungen offen über Kündigungsgründe zu informieren, vorausgesetzt, der Gekündigte hat zugestimmt und der Dienstgeber ist einverstanden.

Aus den Augen, aus dem Sinn?

Noch während der Übergangsphase sollte nach begleitenden Wegen gesucht werden.

Kann ein neuer Job angeboten werden? Ist eine Umschulung angebracht? Muss ein Bewerbungstraining absolviert werden? Ist ein Outplacement-Berater zu beteiligen, der den Übergang mitgestaltet und den Weg in ein neues Beschäftigungsverhältnis bahnt?

Gemeinsam mit dem Dienstgeber können Überlegungen angestellt werden, wie begleitender Kontakt gehalten werden kann (Hier sind die Möglichkeiten unterschiedlich: Wenn jemand aus betrieblichen Gründen die Institution verlassen muss, dürfte die Auseinandersetzung eine andere emotionale Qualität haben, als wenn jemand aus personenbezogenen Gründen geht): Einladung zum Betriebsausflug, zur Weihnachtsfeier, sechs Monate nach dem Ausscheiden ein Gespräch über die Situation, Begleitkontakt – der Personalsachbearbeiter ruft regelmäßig beim Ausgeschiedenen an und bietet vermittelnde Dienste an.

Was angemessen ist und angenommen wird, muss in der jeweiligen Situation entschieden werden.

Die Krise bewältigen

Jede Kündigung bedeutet für den Betroffenen Krise. Gerade kirchliche Arbeitgeber sind aufgerufen, bei Ende des Arbeitsverhältnisses an der Wende in einen neuen Lebensabschnitt mitzuwirken.

Kündigungen werden für einen konkreten Job, von einem konkreten Arbeitgeber ausgesprochen. Sie beziehen sich auf konkrete Vorkommnisse und Fehlverhalten in einem konkreten Kontext. Derselbe Mensch reagiert in anderen Arbeitszusammenhängen vielleicht konstruktiver, kann sein Leistungsverhalten besser zur Geltung bringen, ist verträglicher oder kreativer.

Arbeit bedeutet immer Arbeit in sozialen Kontexten. Nicht jeder Zusammenhang ist für jeden Menschen gleich gut und nicht jeder Arbeitgeber kann mit jedem Arbeitnehmenden angemessen umgehen. Menschen sind keine Maschinen.

Kirchliche Arbeitgeber und Mitarbeitervertretungen müssen die Übergänge begleiten. Diese Begleitung ist zugleich ein Signal an die Verbliebenen: wir bemühen uns auch schweren Situationen um einen fairen und verständigen Umgang.

Das Letzte ...

Outplacement – ein Wort, das in den letzten Jahren häufiger zu hören ist. Mitarbeitern wird nicht einfach gekündigt, sondern sie werden sozusagen »hinausbegleitet«. Spezielle Berater oder Firmen bieten Bewerbungstrainings an, gehen gemeinsam mit den Betroffenen auf Jobsuche, werten Stellenausschreibungen an.

»Outplacement« kann Thema einer Dienstvereinbarung werden, wenn Einrichtungen in näherer Zukunft aus betrieblichen Gründen Kündigungen vornehmen (müssen).

§ 31 Anhörung und Mitberatung bei außerordentlicher Kündigung

(1) Der Mitarbeitervertretung ist vor einer außerordentlichen Kündigung nach Ablauf der Probezeit durch den Dienstgeber schriftlich die Absicht der Kündigung mitzuteilen.

(2) Will die Mitarbeitervertretung gegen die Kündigung Einwendungen geltend machen, so braucht sie das Einverständnis der oder des Betroffenen. Sie hat ihre Einwendungen unter Angabe der Gründe dem Dienstgeber innerhalb von drei Arbeitstagen schriftlich mitzuteilen.

Diese Frist kann vom Dienstgeber auf 48 Stunden verkürzt werden. Erhebt die Mitarbeitervertretung innerhalb der Frist keine Einwendungen, so gilt die beabsichtigte Kündigung als nicht beanstandet. Erhebt die Mitarbeitervertretung Einwendungen, so entscheidet der Dienstgeber über den Ausspruch der außerordentlichen Kündigung.

(3) Eine ohne Einhaltung des Verfahrens nach den Absätzen 1 und 2 ausgesprochene Kündigung ist unwirksam.

Diözesane Abweichungen

(Erz)Bistümer Freiburg, Berlin, Magdeburg und Osnabrück: *Die Gründe für die Kündigung sind mitzuteilen, wenn der betreffende Mitarbeiter die Beteiligung beantragt/mit der Mitteilung einverstanden ist.*

Definition

Eine außerordentliche Kündigung ist eine einseitige Willenserklärung, die auf sofortige Beendigung des Arbeitsverhältnisses gerichtet ist und mit dem Zugang an den Empfänger wirksam wird. Das Vertragsverhältnis wird sofort mit Zugang der Kündigung aufgelöst, es endet am Tage des Zugangs der Kündigung.

Das für diesen Fall vorgesehene Beteiligungsverfahren nach der MAVO ist – wie im Rahmen des § 30 – eine besondere Form der Anhörung und Mitberatung, die dadurch gekennzeichnet ist, dass

- Dienstgeber und MAV die Schriftform einhalten müssen und
- der Verstoß gegen die Verfahrensvorschriften nach Abs. 1 und 2 zur Unwirksamkeit der Kündigung führt, die allerdings nur durch das Arbeitsgericht festgestellt werden kann.

Die Möglichkeiten der MAV sind gegenüber der ordentlichen Kündigung eingeschränkt.

Kündigungsgründe

Eine außerordentliche Kündigung ist im Regelfall immer auch eine verhaltensbedingte Kündigung. Als Gründe kommen die bei der (ordentlichen) verhaltensbedingten Kündigung unter § 30 genannten Sachverhalte in Betracht.

Der Unterschied zur einer ordentlichen Kündigung besteht darin, dass der Vorfall so erheblich sein muss, dass er die Fortsetzung des Arbeitsverhältnisses bis zum Ablauf der Kündigungsfrist nach objektivem Maßstab für den Dienstgeber unzumutbar erscheint. Anders ausgedrückt: Eine fristlose Kündigung ist dann gerechtfertigt, wenn jeder vernünftige Mensch eine weitere, auch nur vorübergehende Zusammenarbeit mit der oder dem Betroffenen auch in Anbetracht der ihrer oder seiner persönlichen Situation berechtigterweise ablehnen würde.

Abwägung

Aus dieser Formulierung wird deutlich, dass bei der fristlosen oder außerordentlichen Kündigung in besonderem Maße das Verhältnismäßigkeitsprinzip zu beachten ist. Zugunsten der oder des Betroffenen ist zu berücksichtigen, dass diese Form der Kündigung unmittelbar zum Verlust der wirtschaftlichen Grundlage für die Arbeitnehmerin oder den Arbeitnehmer führt. Deshalb sind bei der Abwägung der Entscheidung zugunsten der oder des Betroffenen immer auch die Kriterien zu beachten, die wir schon bei der sozialen Auswahl im Rahmen der betriebsbedingten Kündigung aufgeführt haben, also die Dauer der Betriebszugehörigkeit, das Lebensalter und bestehende Unterhaltspflichten.

Diese Kriterien dienen hier aber nicht zur Entscheidung über den Ausspruch der Kündigung, sondern nur zur Entscheidung über die Frage, ob nicht statt einer fristlosen eine ordentliche Kündigung ausgesprochen werden muss. Gegenüber der sozialen Situation der Mitarbeiterin/des Mitarbeiters muss die Zumutbarkeit der Fortsetzung des Arbeitsverhältnisses bis zum Ablauf der Kündigungsfrist für den Dienstgeber abgewogen werden. Hier kommt es darauf an, ob die Leitungspersonen unmittelbar mit der oder dem Betroffenen zusammenarbeiten müssen, der Betriebsfriede oder die Autorität der Leitungspersonen durch die weitere Beschäftigung erheblich gestört werden.

Fristlose Kündigung mit sozialer Auslauffrist

Ist die fristlose Kündigung zwar gerechtfertigt, führt sie aber unter Berücksichtigung der vorgenannten Umstände zu einer erheblichen persönlichen Härte für den Mitarbeiter und die ihm gegenüber Unterhaltsberechtigten, sollte immer eine soziale Auslauffrist (meistens die für eine ordentliche Kündigung geltende Kündigungsfrist) vom Dienstgeber gewährt werden. Der rechtliche Unterschied besteht darin, dass der Dienstgeber keiner weiteren Beschäftigungspflicht nachkommen muss und gegenüber der ordentlichen Kündigung ein deutlicher Makel bleibt, der sich auch in einer späteren Sperrfrist für den Bezug von Arbeitslosengeld ausdrücken dürfte.

Kündigungserklärungsfrist

Eine fristlose Kündigung kann nur innerhalb von 14 Tagen nach Kenntnis des Kündigungsgrundes erklärt werden (§ 626 Abs. 2 BGB). Für den Dienstgeber ist Eile geboten. Für die Beteiligung der MAV, eine eventuelle Einschaltung des Integrationsamtes (beibehinderten Menschen), für eine genaue Aufklärung des Sachverhaltes und eine rechtliche Beratung zur Rechtmäßigkeit der Kündigung muss Zeit eingeplant werden. Der Dienstgeber muss innerhalb der genannten Frist den Zugang der Kündigung beim Empfänger, also entweder persönlich gegenüber der oder dem Anwesenden Betroffenen durch Übergabe der Kündigung oder durch Zugang in seiner Wohnung oder an seinem sonstigen Aufenthaltsort sicherstellen. Gelingt das nicht, ist nur noch eine ordentliche Kündigung möglich.

Kündigungsschutz

Auch bei einer fristlosen Kündigung gelten die Vorschriften über den Kündigungsschutzes für Schwangere und Mitarbeiter/innen in Elternzeit. Will der Dienstgeber dennoch kündigen, ist die Zustimmung der obersten Landesbehörde für Arbeitsschutz erforderlich.

Für die anderen genannten Gruppen, also insbesondere

- Mitarbeiter/innen mit tariflichem Kündigungsschutz
- Mitglieder der Mitarbeitervertretung
- Frauen im Anwendungsbereich des Mutterschutzgesetzes
- Wehr- und Ersatzdienstleistende

ist die fristlose Kündigung bei Vorliegen eines entsprechenden Grundes ohne weiteres möglich. Der Kündigungsschutz entfällt in diesem Fall.

Das Verfahren

Das Beteiligungsverfahren beginnt wie im § 30 mit der schriftlichen Information der Mitarbeitervertretung.

Im Unterschied zu der ordentlichen Kündigung informiert der Dienstgeber die MAV aber nicht über Gründe und Hintergründe, sondern teilt ihr schlicht seine Absicht mit, die fristlose Kündigung erklären zu wollen. Dann muss die MAV aktiv werden. Ob die Mitarbeitervertretung mit Betroffenen Kontakt aufnimmt, muss sie selbst klären. Hält die MAV es für realistisch, den Dienstgeber an der Kündigung hindern zu können, sollte sie allein agieren. Bei Unklarheit des Sachverhaltes und dringend erforderlicher Stellungnahme des/der Betroffenen, wäre es besser, Kontakt herzustellen.

Betroffene einschalten

Die oder der Betroffene weiß zwar in aller Regel, dass es einen ernsten Konflikt mit der Leitung gibt. Oft erfährt sie oder er aber erst durch die Kontaktaufnahme der MAV, dass eine fristlose Kündigung beabsichtigt ist. Viele sind dann nicht bereit, Außenstehende in den Sachverhalt einzuweihen. Das muss die MAV respektieren, so dass sie eventuell zunächst ohne jegliche Informationen bleibt.

Wünscht die oder der Betroffene ein Engagement der MAV, so ist der Sachverhalt genau zu klären. Die MAV muss berücksichtigen, dass sich die oder der Betroffene in einer Konfliktsituation befindet. Sie muss daher kritisch und sehr sachlich an die mitgeteilten Informationen herangehen. Soweit sie die Möglichkeit hat, sollte sie bei einer fristlosen Kündigung immer eine Rechtsauskunft einholen, die ihr die Stellungnahme erleichtert. Einen Katalog möglicher Einwendungen gegen die Kündigung kennt § 31 nicht. Geradezu klassische Einwendungen sind:

- Die Unangemessenheit oder Unverhältnismäßigkeit der fristlosen Kündigung (siehe oben), also der Einwand, das Fehlverhalten der Mitarbeiterin oder des Mitarbeiters sei durch eine Abmahnung oder sogar nur durch eine Ermahnung ausreichend sanktioniert. Eventuell reiche auch eine ordentliche Kündigung aus.
- Der vom Dienstgeber zugrunde gelegte Sachverhalt entspreche nicht der Wahrheit oder sei zumindest in wesentlichen Punkten nicht zutreffend.

Oder Einwendungen formeller Art:

- Die Frist des § 626 Abs. 2 BGB (14 Tage zwischen Vorfall und Kündigungszugang) sei überschritten.
- Es bestehe Kündigungsschutz.
- Die erforderlichen Genehmigungen durch das Integrationsamt oder die Gewerbeaufsicht lägen nicht vor.

Frist für die Einwendungen

Wegen der kurzen Frist des § 626 Abs. 2 BGB und der Notwendigkeit, schnell zu handeln, braucht der Dienstgeber der MAV zur Erhebung von Einwendungen nur eine Frist von 3 *Arbeitstagen* zu gewähren. Arbeitstage sind Kalendertage, an denen üblicherweise in der Einrichtung gearbeitet werden muss. Ob dabei Samstage und Sonntage mitzuzählen sind, hängt davon ab, ob kontinuierlicher Dienst auch am Wochenende üblich ist.

Der Dienstgeber kann die Frist sogar auf 48 Stunden verkürzen. Das hat er der MAV in seiner schriftlichen Information mitzuteilen.

Ob er eine Fristverkürzung vornimmt, hat er nach pflichtgemäßem Ermessen zu entscheiden. Er kann dies insbesondere dann tun, wenn wegen der Ermittlung des Sachverhaltes soviel Zeit vergangen ist, dass die Einhaltung der 14-Tages-Frist schwierig wird oder damit zu rechnen ist, dass die Zustellung des Kündigungsschreibens an die oder den Betroffenen überdurchschnittlich schwierig oder langwierig sein wird. Die 48-Stunden-Frist führt dazu, dass Einwendungen nicht jeweils zu Geschäftsschluss auf dem Schreibtisch des Dienstgebers landen müssen, sondern spätestens am dritten, auf die Information des Dienstgebers folgenden Tag und zwar exakt zu der Tageszeit, zu der die MAV informiert worden ist.

Das Verfahren

Die Mitarbeitervertretung hat im weiteren wenig Möglichkeiten, sich in dem Verfahren nach § 31 zu engagieren.

1. Hat sie den Sachverhalt so weit als möglich geklärt, muss sie darüber entscheiden, ob sie Einwendungen erheben will.
2. Hat sie sich gegen die Erhebung von Einwendungen entschieden, kann sie dies dem Dienstgeber unmittelbar mitteilen und sofort erklären, dass sie keine Stellungnahme abgeben will. Dann kann der Dienstgeber die beabsichtigte Kündigung sofort erklären.
3. Entscheidet sich die MAV für die Erhebung von Einwendungen, so teilt sie diese dem Dienstgeber mit Begründung *schriftlich* mit. Der Dienstgeber hat – im Unterschied zur Beteiligung bei der ordentlichen Kündigung – keine Verpflichtung, die Berechtigung der Einwendungen oder die Rechtmäßigkeit der Kündigung in einer gemeinsamen Sitzung mit der MAV zu beraten.
4. Wie auch im Verfahren nach § 30 gilt generell: Die MAV kann ihre Entscheidung bis kurz vor Ablauf der Frist zurückhalten, wenn sie für die oder den Betroffenen Zeit gewinnen will.

Im Verfahren nach § 31 entscheidet der Dienstgeber allein über den Ausspruch der Kündigung.

Anhörung und Mitberatung bei außerordentlicher Kündigung nach Ablauf der Probezeit – das Diagramm

```
                    ┌─────────────────────┐
                    │  Dienstgeber teilt der MAV │
                    │  die Absicht der Kündigung │
                    │  schriftlich mit           │
                    └─────────────────────┘
                      ╱                  ╲
        ┌──────────────────┐    ┌──────────────────────┐
        │ MAV erhebt binnen │    │ MAV erhebt binnen drei │
        │ drei Arbeitstagen │    │ Arbeitstagen keine     │
        │ keine             │    │ Einwendungen und weist │
        │ Einwendungen      │    │ Einverständnis nach    │
        └──────────────────┘    └──────────────────────┘
                │                          │
        ┌──────────────────┐    ┌──────────────────────┐
        │ Kündigung gilt   │    │ Dienstgeber          │
        │ als nicht        │    │ entscheidet über die │
        │ beanstandet      │    │ Kündigung            │
        └──────────────────┘    └──────────────────────┘
                                           │
                                ┌──────────────────────┐
                                │ Keine Anrufung der   │
                                │ Einigungsstelle oder des │
                                │ kirchl. Arbeitsgerichts │
                                │ möglich              │
                                └──────────────────────┘
```

Hilfsweise ordentliche Kündigung

Rechtlich beratene Dienstgeber erklären mit der fristlosen gleichzeitig – „hilfsweise" wie die Juristen sagen – auch eine ordentliche Kündigung desselben Arbeitsverhältnisses. Sie tun das aus taktischen Gründen. Denn wenn die fristlose Kündigung ohne Erfolg bleiben sollte, sind die Fristen für eine ordentliche Kündigung bereits durch die gleichzeitige Erklärung in Gang gesetzt. Es kommt zu keiner Zeitverzögerung. Eine Entscheidung kann dann auch im gleichen Kündigungsschutzverfahren ergehen.

Für die MAV bedeutet das: Es sind beide Verfahren, also auch das nach § 30 durchzuführen. Der Dienstgeber kann zunächst fristlos kündigen und nach Ablauf der Wochenfrist die ordentliche Kündigung »hinterherschicken«. Tut er es nicht, muss er der MAV generell die längere Frist von einer Woche für die Erhebung von Einwendungen nach § 30 zubilligen.

Das Letzte ...

Außerordentliche Kündigungen sind delikat – für alle Beteiligten. Umsicht, schnelle Reaktion, Vertraulichkeit und Entscheidungsfreude – das und noch mehr wird einer Mitarbeitervertretung abverlangt.

§ 32 Vorschlagsrecht

(1) Die Mitarbeitervertretung hat in folgenden Angelegenheiten ein Vorschlagsrecht:

1. Maßnahmen innerbetrieblicher Information und Zusammenarbeit,
2. Änderung von Beginn und Ende der täglichen Arbeitszeit einschließlich der Pausen sowie der Verteilung der Arbeitszeit auf die einzelnen Wochentage für Mitarbeiterinnen und Mitarbeiter für pastorale Dienste oder religiöse Unterweisung, die zu ihrer Tätigkeit der ausdrücklichen bischöflichen Sendung oder Beauftragung bedürfen, sowie für Mitarbeiterinnen und Mitarbeiter im liturgischen Dienst,
3. Regelung der Ordnung in der Einrichtung (Haus- und Heimordnungen),
4. Durchführung beruflicher Fort- und Weiterbildungsmaßnahmen, die die Einrichtung für ihre Mitarbeiterinnen und Mitarbeiter anbietet,
5. Regelung zur Erstattung dienstlicher Auslagen,
6. Einführung von Unterstützungen, Vorschüssen, Darlehen und entsprechenden sozialen Zuwendungen und deren Einstellung,
7. Überlassung von Wohnungen, die für Mitarbeiterinnen und Mitarbeiter vorgesehen sind,
8. grundlegende Änderungen von Arbeitsmethoden,
9. Maßnahmen zur Hebung der Arbeitsleistung und zur Erleichterung des Arbeitsablaufes,
10. Festlegung von Grundsätzen für die Gestaltung von Arbeitsplätzen,
11. Regelungen gemäß § 6 Abs. 3,
12. Sicherung der Beschäftigung, insbesondere eine flexible Gestaltung der Arbeitszeit, die Förderung von Teilzeitarbeit und Altersteilzeit, neue Formen der Arbeitsorganisation, Änderungen der Arbeitsverfahren und Arbeitsabläufe, die Qualifizierung der Mitarbeiterinnen und Mitarbeiter, Alternativen zur Ausgliederung von Arbeit oder ihrer Vergabe an andere Unternehmen.

(2) Will der Dienstgeber einem Vorschlag der Mitarbeitervertretung im Sinne des Abs. 1 nicht entsprechen, so ist die Angelegenheit in einer gemeinsamen Sitzung von Dienstgeber und Mitarbeitervertretung mit dem Ziel der Einigung zu beraten. Kommt es nicht zu einer Einigung, so teilt der Dienstgeber die Ablehnung des Vorschlages der Mitarbeitervertretung schriftlich mit.

Zusammenhang zwischen § 29 und § 32

Das Vorschlagsrecht ist Gegenstück zur Anhörung und Mitberatung seitens des Dienstgebers. Die MAVO hat gut die Hälfte der Tatbestände aus dem

Katalog des § 29 entnommen und sie zum Gegenstand eines möglichen Vorschlagsrechtes für die MAV gemacht. Dabei sind folgende Beteiligungsrechte des § 29 *nicht* berücksichtigt worden:

- Richtlinien zur Durchführung des Stellenplanes,
- Berufliche Fort- und Weiterbildung außerhalb der Einrichtung,
- Fassung von Musterdienstverträgen,
- Abordnung und Versetzung für Mitarbeiter/innen in pastoralen Diensten, Entlassung aus dem Probe- oder Widerrufsverhältnis und vorzeitige Versetzung in den Ruhestand für Beamte,
- Schließung, Einschränkung, Verlegung und Zusammenlegung von Einrichtungen und
- die Bestellung leitender Mitarbeiter/innen, Zurückweisung der Bewerbung behinderter Menschen und Festlegung des Umfangs der Einrichtung.

Diesen Tatbeständen ist gemeinsam, dass sie vorrangig Sachverhalte betreffen, deren Regelung nicht im Interesse der Mitarbeitervertretung liegt oder die im engeren Sinne Leitungsaufgaben sind.

In den vorgenannten Punkten besteht also kein Handlungsgleichgewicht zwischen Mitarbeitervertretung und Dienstgeber.

In den anderen, in durch den § 32 tatsächlich aufgeführten Fällen wird der MAV die Möglichkeit verschafft, entweder selbst Initiative zu entwickeln oder sogar auf eine Beteiligung über die Anhörung und Mitberatung durch das Vorschlagsrecht zu reagieren.

Dabei ist deutlich hervorzuheben, dass die MAV über das Vorschlagsrecht keine Maßnahmen gegen den Willen des Dienstgebers durchsetzen kann. Wie bei den Rechten auf Anhörung und Mitberatung gilt auch hier: Die MAV hat nur den Anspruch auf die Einhaltung eines bestimmten Verfahrens, kann nur verlangen, dass der Dienstgeber sich mit ihrer Initiative befasst, zur Erörterung von Einwendungen/Gegenvorschlägen bereit ist und die Gründe seiner Entscheidung mitteilt.

Vorschlagsrecht als Reaktion auf Anhörung und Mitberatung

Die besondere Bedeutung des Vorschlagsrechtes liegt darin, dass die MAV in vielen Angelegenheiten der Anhörung und Mitberatung nicht allein darauf angewiesen ist, Einwendungen zu erheben, also nur zu Modifizierungen oder Veränderungen von Details in der Lage ist, sondern eigenständig ganz andere Überlegungen anstellen kann, wie der vom Dienstgeber angestrebte Zweck seiner Maßnahme zu erreichen ist.

▶ **Beispiel**

Der Dienstgeber will erreichen, dass zur Verbesserung der innerbetrieblichen Information Kopien der Krankmeldungen an alle Abteilungsleitungen verteilt werden (Regelung der Ordnung in der Einrichtung in § 29 Abs.1 und in § 32 Abs. 1 jeweils Zif. 3). Die MAV beanstandet diese Maßnahme, indem sie einwendet, der Verwaltungsaufwand sei viel zu hoch und es bestünden Bedenken aus Gründen des Datenschutzes. Statt nun den Verteiler weiter zu modifizieren oder Teile der Krankmeldung vor der Verteilung unkenntlich zu machen (z. B. Name des behandelnden Arztes), leitet die MAV ihrerseits ein Verfahren nach § 32 ein.

Sie schlägt vor, zur Verbesserung des Informationsaustausches eine Liste am »Schwarzen Brett« auszuhängen, in die der für die Personalverwaltung verantwortliche Mitarbeiter jeweils den Namen der oder des Erkrankten und die voraussichtliche Dauer der Arbeitsunfähigkeit einträgt.

Der Vorteil des selbst initiierten Verfahrens liegt darin, dass der Dienstgeber über § 32 dann verpflichtet ist, sich mit dem Vorschlag der MAV zu befassen und ggf. auch eine – begründete – Ablehnung schriftlich zu erklären. Die MAV kann so eigene Ideen einbringen.

Vorschlagsrecht als Initiativrecht

Andererseits steht es der MAV natürlich frei, nicht nur zu reagieren, sondern über Mitgliederversammlungen, Einzelgespräche, MAV-Sitzungen oder Anregungen und Beschwerden von Mitarbeiter/innen Ideen für eine eigene Initiative über das Vorschlagsrecht zu entwickeln. Zweckmäßigerweise läuft das im einzelnen so ab, dass die MAV über eine Initiative berät, ein grundsätzliches Votum trifft und einzelne beauftragt, den Vorschlag detailliert schriftlich zu fixieren. Darüber wird nochmals abgestimmt, bevor der Vorschlag an den Dienstgeber weitergeleitet wird.

Schriftform

Die Schriftform ist für Vorschläge nach § 32 zwar durch die MAVO nicht vorgegeben, sie ist aber trotzdem zu empfehlen. Da ein förmliches Verfahren nach der MAVO eingeleitet werden soll, kommt es für die Reaktion des Dienstgebers und die inhaltliche Bearbeitung darauf an, wann und zu welchem Sachverhalt die MAV etwas vorgeschlagen hat. In der MAV könnten verschiedene Vorstellungen existieren, der Dienstgeber könnte Vorschläge der MAV bei mündlicher Weitergabe missverstehen. Nur die Schriftform gibt Sicherheit über Zielrichtung und Umfang der vorgeschlagenen Maßnahme.

Die wichtigsten Sachverhalte

Die in der Praxis wichtigsten Tatbestände des Vorschlagsrechtes sind – wie auch bei der Anhörung und Mitberatung nach § 29:

- Maßnahmen innerbetrieblicher Information und Zusammenarbeit (Zif. 1) Regelung der Ordnung in der Einrichtung (Zif. 3) und
- Fort- und Weiterbildungsmaßnahmen (Zif. 4).

Was mit diesen Sachverhalten gemeint ist, wurde zum § 29 schon genauer dargestellt. Das wesentliche hier noch einmal in Kürze:

Gesamtbetriebliche Organisation

Zif. 1

Die MAV hat oft eine andere Auffassung als der Dienstgeber, wie personelle Veränderungen, Entwicklung der Einrichtung, besondere Vorhaben und Projekte oder andere wichtige Informationen an die Mitarbeiter/innen gebracht werden könnten. Während sich der Dienstgeber nach seinem eigenen Rollenverständnis häufig eher für die Zurückhaltung von Informationen oder eine Weitergabe nur an einen kleinen Kreis von Mitarbeiter/innen seines Vertrauens entscheidet, ist die MAV tendenziell im allgemeinen an einer großen Transparenz und Offenheit interessiert. Daraus ergeben sich auch unterschiedliche Ansätze für die Frage, wie betriebliche Informationen weitergegeben werden und die Zusammenarbeit mit der MAV gestaltet werden soll.

Das Vorschlagsrecht gibt der MAV die Möglichkeit, selbst über vernünftige Verfahren nachzudenken und diese anzuregen und nicht nur auf den Dienstgeber reagieren zu müssen.

Zif. 3

Vorschläge der MAV im Hinblick auf die Ordnung in der Einrichtung dürften in der Praxis häufiger vorkommen. Dies betrifft zum Beispiel folgende Sachverhalte:

- jede Form von Anwesenheits- oder Zugangserfassung,
- Regeln für die Telefonbenutzung,
- Parkordnungen und -berechtigungen,
- Alkohol- und Rauchverbote,
- Bekleidungsvorschriften,
- Vorschriften über die Benutzung des Mobiliars, der Geräte und der Fahrzeuge der Einrichtung,
- Zuständigkeit für die Entgegennahme von Krankmeldungen.

Erfahrungsgemäß bewegen sich in diesem Bereich auch viele Wünsche und Erwartungen der Mitarbeiter/innen an die MAV. Die Qualität der Arbeit einer MAV wird oft danach beurteilt, was sie in diesen Bereichen für die Mitarbeiterschaft erreichen kann. Gäbe es hier das Vorschlagsrecht nicht, sondern nur Anhörung und Mitberatung durch den Dienstgeber, müsste die MAV immer warten, bis der Dienstgeber einen Handlungsbedarf sieht. Erst dann könnte sie sich inhaltlich mit seinen Vorgaben auseinandersetzen.

Zif. 4

Betriebsinterne Fortbildungsmaßnahmen sind ebenfalls ein wichtiges Handlungsfeld für die MAV im Rahmen des Vorschlagsrechtes. In den letzten Jahren waren alle Formen von Zertifizierungsprozessen ein Thema. Heute rückt zunehmend wieder die fachliche Fortbildung in den Vordergrund. Die MAV sollte sich in Ausübung dieses Mitwirkungsrechtes bei anderen Einrichtungen oder den Referenten über Inhalte, Ablauf und Kosten informieren und dem Dienstgeber dann einen ganz konkreten Vorschlag für eine entsprechende Veranstaltung machen.

Maßnahmen, die sich auf Arbeitsplatz oder Arbeitsabläufe beziehen

Zif. 8, 9 und 10

Wenn sich Mitarbeitervertretungen Gedanken über grundlegende Änderungen von Arbeitsmethoden, Rationalisierungsmaßnahmen oder die Festlegung von Grundsätzen zur Arbeitsplatzgestaltung machen, deutet das im allgemeinen auf ein gutes Klima zwischen MAV und Dienstgeber hin. Wenn in der Einrichtung keine vertrauensvolle Zusammenarbeit herrscht, sollte man mit diesen Instrumenten sehr vorsichtig sein.

Zumindest die beiden ersten Sachverhalte können dazu führen, dass Arbeitsplätze verloren gehen. Das ist für Mitarbeitervertretungen ein »heißes Eisen«. Bevor eine MAV von den Möglichkeiten des Vorschlagsrechtes zu Zif. 8 und 9 Gebrauch macht, muss sie sehr genau prüfen, wie man in der Mitarbeiterschaft darüber denkt und ob es dringende betriebliche Gründe gibt, die die

MAV zu ihrem Verhalten veranlassen. Ansonsten sollte die MAV das Feld hier lieber dem Dienstgeber überlassen.

Diese Warnung gilt nicht für Maßnahmen zur (bloßen) Erleichterung von Arbeitsabläufen und die Grundsätze für die Arbeitsplatzgestaltung. Solche Maßnahmen bringen den Mitarbeiter/innen ausschließlich Nutzen und müssen deshalb nicht kritisch hinterfragt werden.

Maßnahmen zur Beschäftigungssicherung

Im möglichen Zusammenhang zu Maßnahmen des Dienstgebers nach § 29 Abs. 1 Ziffer 17 (Betriebsänderungen) kann die MAV Maßnahmen zur Beschäftigungssicherung vorschlagen. Sie soll alle Möglichkeiten in Betracht ziehen, die den Bestand von Arbeitsplätzen in der Einrichtung in irgendeiner Form sicher können. Vor dem Abbau von Arbeitsplätzen soll sie namentlich

■ Arbeitszeitmodelle mit Einsparungspotential durch höhere Flexibilität des Mitarbeitereinsatzes
■ alle Formen von Teilzeit
■ Alternativen zu Arbeitsplatzabbau und Ausgliederung

prüfen und in Form des Vorschlagsrechtes in eine Diskussion mit dem Dienstgeber einsteigen.

Sonstige Tabestände

Zif. 2

Die Arbeitszeitänderung für pastorale, liturgisch oder in der religiösen Unterweisung tätige Mitarbeiter/innen nach dieser Ziffer wird selten Gegenstand von Auseinandersetzungen sein. Das hängt mit der Konstellation zusammen, dass die betroffenen Mitarbeiter/innen häufig einer Sondervertretung nach § 23 angehören. Sie werden in dem Bereich der Arbeitszeitänderung aber nicht durch die Sonder-MAV, sondern durch die örtliche MAV vertreten. Dort sind sie in einer Außenseiterrolle. Soweit ihre Arbeitszeit parallel mit der Arbeitszeit der anderen Mitarbeiter/innen verändert werden muss, ergibt sich die ungewöhnliche Situation, dass die örtliche MAV für die pastoral- und liturgisch Tätigen nur das Vorschlagsrecht, für die anderen aber ein Antragsrecht hat.

Zif. 5

Wenn der Tatbestand der Regelung zur Erstattung dienstlicher Auslagen als solcher auch geringe Bedeutung hat, kommt ihm als Vorschlagsrecht für die MAV doch mehr Gewicht zu als in Form der Anhörung und Mitberatung auf Initiative des Dienstgebers. Wer etwas für die Einrichtung ausgelegt hat, ist an den Modalitäten der Erstattung stärker interessiert als der Dienstgeber. Die Mitarbeiterseite wird also im allgemeinen konkretere Vorstellungen darüber entwickeln, wie eine Erstattung abzulaufen hat.

Wie schon unter § 29 dargestellt, kann sich aber auch die MAV nicht über verbindliche Regelungen der Arbeitsvertragsordnungen hinwegsetzen. Das heißt zum Beispiel: Sie kann zwar im Rahmen des Vorschlagsrechtes ein Formular für die Reisekostenabrechnung entwerfen und über § 32 zur dienstlichen Einführung vorschlagen. Ob der Mitarbeiter aber das Wahlrecht zwischen Privat-PKW und öffentlichen Verkehrsmitteln hat, bestimmt sich nach der Reisekostenordnung, die für das Arbeitsverhältnis vereinbart ist.

Zif. 6

Soziale Zuwendungen (Unterstützungen, Vorschüsse, Darlehen), soweit sie ausschließlich aus der Kasse des Dienstgebers kommen, sind aus unterschiedlichen Gründen nicht mehr aktuell.

Deshalb dürfte ein Vorschlagsrecht zur Einführung solcher Leistungen meistens im Sande verlaufen. Trotzdem steht es einer kirchlichen Einrichtung gut an, wenn soziale Leistungen an die Mitarbeiterinnen und Mitarbeiter kein Tabu sind. Eine Lösung: Modelle, die auf der Solidarität der Mitarbeiterschaft aufbauen. Dort werden Fonds eingerichtet, die der Dienstgeber dann durch einen betrieblichen Zuschuss aufstockt. Auf diese Art könnte die Einrichtung in besonderen Lebenssituationen soziale Leistungen erbringen, die allen Mitarbeiterinnen zugute kämen. Die MAV könnte mit einem solchen Vorstoß auch in finanziell nicht so gut ausgestatteten Einrichtungen Erfolg haben.

Zif. 7

Als Vermieter erfährt der Dienstgeber in aller Regel zuerst, ob eine Wohnung frei wird, die an eine Mitarbeiterin oder einen Mitarbeiter vergeben werden kann. Eigentlich könnte sich die MAV deshalb darauf beschränken, ihre Interessen im Rahmen der Anhörung und Mitberatung nach § 29 Abs. 1 Zif. 13 wahrzunehmen. Damit kann sie aber nur Einwendungen gegen die vom Dienstgeber vorgesehene Person erheben. Will sie selbst eine andere Mitarbeiterin oder einen Mitarbeiter ins Spiel bringen, ist sie auf das Vorschlagsrecht angewiesen. Zur Begründung hat sie – wie in allen Tatbeständen nach § 32 – Überlegungen anzustellen, die ihren Vorschlag sinnvoll, angemessen und zweckmäßig erscheinen lassen.

Zif. 11

Zusätzlich zu den in § 29 schon aufgeführten Tatbeständen enthält § 32 noch ein Vorschlagsrecht für die Regelung der Zusammensetzung einer MAV in Einrichtungen mit unselbständigen Zweigstellen im Sinne von § 6 Abs. 3. (Vorgaben für die Zusammensetzung solcher Mitarbeitervertretungen).

Wenn beispielsweise ein Verband eine Vielzahl von Beratungsstellen, Einrichtungen der Jugendhilfe, Kindertagesstätten und andere Dienststellen unterhält, die einer gemeinsamen Verwaltung und Leitung unterstehen, kann er alle Dienststellen in einer gemeinsamen Einrichtung im Sinne der MAVO vereinigen (siehe § 1 a Abs. 2). Um die Wahrung der Interessen der kleineren Einrichtungsteile im Sinne eines Minderheitsschutzes sicherzustellen, kann der Dienstgeber Einfluss auf die Zusammensetzung der MAV nehmen. Er kann dann bestimmen, dass – entsprechend der Mehrheitsverhältnisse in der Mitarbeiterschaft – mindestens eine Kandidatin aus einer Kindertagesstätte einen Sitz in der MAV haben muss. Es wird dann diejenige Kandidatin berücksichtigt, die von den Kandidaten aus Kindertagesstätten – nicht im Verhältnis zu allen Kandidatinnen und Kandidaten – die meisten Stimmen hat.

Bei Initiative des Dienstgebers ist eine solche Regelung zustimmungspflichtig. Bei Initiative der MAV besteht über § 32 ein Vorschlagsrecht. Das ist eigentlich systemwidrig. Denn einem Zustimmungsrecht steht in der MAVO normalerweise das Antragsrecht (echte Mitbestimmung) der MAV gegenüber. Hier geht es aber um einen besonderen Tatbestand. Zwar wird in die Zusammensetzung der MAV durch Dienstgeberentscheidung eingegriffen, andererseits ist aber auch das Organisationsrecht des Dienstgebers betroffen. Er muss insofern die Letztentscheidung behalten.

Dieses Vorschlagsrecht kann die MAV nur im Hinblick auf eine Neuwahl der MAV wahrnehmen. Sie sollte dann auch rechtzeitig handeln, so dass die durch das Wahlverfahren gesetzten Fristen noch eingehalten werden können.

Das Verfahren

1. Die Mitarbeitervertretung fasst einen grundsätzlichen Beschluss im Sinne eines Vorschlages nach einer Zif. des § 32. Der Vorschlag wird möglichst schriftlich fixiert und durch die MAV akzeptiert.
2. Die MAV legt diesen Vorschlag in schriftlicher Form dem Dienstgeber vor oder erläutert einen mündlich gemachten Vorschlag.
   Damit setzt die MAV im Unterschied zu den anderen zuvor genannten Verfahren keine Frist in Gang.
3. Der Dienstgeber akzeptiert den Vorschlag und setzt ihn um oder der Dienstgeber ist mit dem Vorschlag (in der vorgelegten Form) nicht einverstanden.
4. Der Dienstgeber lädt die MAV im letztgenannten Fall zu einer gemeinsamen Sitzung ein, in der mit dem Ziel der Verständigung verhandelt wird. Die beiderseitigen Argumente sollen sorgfältig geprüft, Kompromissmöglichkeiten diskutiert werden.
   Kommt es zu einer Einigung durch Rücknahme des Vorschlages oder Annahme nach Veränderung, ist das Verfahren beendet.
5. Bleibt das Einigungsgespräch ohne Ergebnis, ist das Verfahren gescheitert. Der Dienstgeber teilt der MAV dann schriftlich seine Entscheidung (mit Begründung) mit.

Auch im Verfahren des Vorschlagsrechtes hat die MAV nur einen Anspruch auf Einhaltung des vorgenannten Verfahrens.

Verstößt der Dienstgeber dagegen, steht der MAV der Gang zum Kirchlichen Arbeitsgericht offen. Durch eine Klage kann die MAV aber keine Entscheidung in der Sache, sondern nur die MAVO-konforme Beschäftigung des Dienstgebers mit dem Vorschlag erreichen.

Weitere Konsequenzen ergeben sich nicht. Selbst wenn der Dienstgeber einen Vorschlag der MAV mit völlig unqualifizierten Äußerungen zurückweist und eine bestehende Notwendigkeit zum Handeln ignoriert, kann die MAV nichts weiter unternehmen. Inhaltlich ist sie also in diesem Verfahren besonders auf den »guten Willen« des Dienstgebers angewiesen.

Vorschlagsrecht – das Diagramm

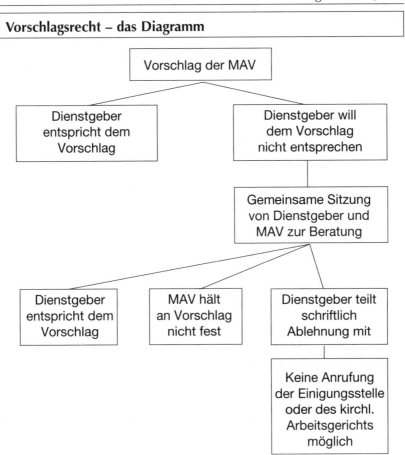

Das Letzte ...

Dienstgebervertreter, die nicht mit der MAV zusammenarbeiten oder dies nur unzureichend tun, können mit dem Prozedere des Vorschlagsrechtes ins Gespräch gezwungen werden. Wer sich permanent mit Vorschlägen der MAV zur »Erleichterung des Arbeitsablaufes« auseinandersetzen muss, wird wahrscheinlich bereit sein, gewisse Mindeststandards der Kooperation einzuhalten. Das Vorschlagsrecht kann auch als Kampfform genutzt werden.

§ 33 Zustimmung

(1) In den Angelegenheiten der §§ 34 bis 36 sowie des § 18 Absätze 2 und 4 kann der Dienstgeber die von ihm beabsichtigte Maßnahme oder Entscheidung nur mit Zustimmung der Mitarbeitervertretung treffen.

(2) Der Dienstgeber unterrichtet die Mitarbeitervertretung von der beabsichtigten Maßnahme oder Entscheidung und beantragt ihre Zustimmung. Die Zustimmung gilt als erteilt, wenn die Mitarbeitervertretung nicht binnen einer Woche nach Eingang des Antrages bei ihr Einwendungen erhebt. Auf Antrag der Mitarbeitervertretung kann der Dienstgeber die Frist um eine weitere Woche verlängern. Wenn Entscheidungen nach Ansicht des Dienstgebers eilbedüftig sind, so kann er die Frist auf drei Tage, bei Anstellungen und Einstellungen auch bis zu 24 Stunden unter Angabe der Gründe verkürzen.

(3) Erhebt die Mitarbeitervertretung Einwendungen, so haben Dienstgeber und Mitarbeitervertretung mit dem Ziel der Einigung zu verhandeln, falls nicht der Dienstgeber von der beabsichtigten Maßnahme oder Entscheidung Abstand nimmt. Der Dienstgeber setzt den Termin für die Verhandlung fest und lädt dazu ein. Die Mitarbeitervertretung erklärt innerhalb von drei Tagen nach Abschluss der Verhandlung, ob sie die Zustimmung erteilt oder verweigert. Äußert sie sich innerhalb dieser Frist nicht, gilt die Zustimmung als erteilt.

(4) Hat die Mitarbeitervertretung die Zustimmung verweigert, so kann der Dienstgeber gemäß § 41 Abs. 1 Nr. 6 die Einigungsstelle anrufen.

(5) Der Dienstgeber kann in Angelegenheiten der §§ 34 bis 36, die der Natur der Sache nach keinen Aufschub dulden, bis zur endgültigen Entscheidung vorläufige Regelungen treffen. Er hat unverzüglich der Mitarbeitervertretung die vorläufige Regelung mitzuteilen und zu begründen und das Verfahren nach den Absätzen 2 bis 4 einzuleiten oder fortzusetzen.

Gemeinsame Verfahrensregelungen zur Zustimmung

Mit dem § 33 beginnt im Abschnitt V der MAVO die Regelung der eigentlichen Mitbestimmung. Während die Bestimmungen über die Beteiligung der MAV, also die §§ 29, 30, 31 und 32, jeweils innerhalb eines ihrer Absätze die Durchführung des Verfahrens geregelt haben, gibt es für die Zustimmungsrechte nach den §§ 34, 35 und 36 einen eigenen Paragrafen, der ausschließlich das Verfahren darstellt, eben diesen § 33.

Er ist für alle vorgenannten Zustimmungsrechte einschließlich der Zustimmung zur Abordnung oder Versetzung von Mitgliedern der MAV oder bei Nichtweiterbeschäftigung von Vertretern der Jugendlichen und Auszubildenden (§ 18 Abs. 2 und 4) anzuwenden.

Echte Mitbestimmung

Der Dienstgeber ist bei diesen Maßnahmen auf die Zustimmung der Mitarbeitervertretung angewiesen. Die MAV hat ein echtes Veto-Recht. Der Dienstgeber kann sich nicht mit der Einhaltung eines Verfahrens begnügen und letztlich doch allein entscheiden wie bei den Mitwirkungsrechten. Er braucht die Zustimmung der MAV.

Fiktion der Zustimmung

Die Zustimmung gilt aber als erteilt, wenn

■ die MAV nach dem Antrag des Dienstgebers eine Woche untätig verstreichen lässt bzw.

■ im Falle des § 34 oder § 35 die Zustimmung aus anderen als im § 34 oder 35 Abs. 2 genannten Gründen verweigert.

Dann kann der Dienstgeber die Maßnahme auch ohne eine ausdrückliche Zustimmung umsetzen.

Die Einigungsstelle

Gelingt es ihm nicht, die Zustimmung zu bekommen bzw. verweigert die MAV fristgerecht aus erheblichen Gründen die Zustimmung, bleibt dem Dienstgeber nur der Gang zur Einigungssstelle. Diese hat die Möglichkeit, anstelle der MAV zuzustimmen, wenn die Verweigerung der Zustimmung zwar rechtlich erheblich, aber rechtswidrig oder fehlerhaft ist.

Das Verfahren

1. Der Dienstgeber leitet das Zustimmungsverfahren dadurch ein, dass er
   ■ die MAV informiert und
   ■ *die Zustimmung beantragt.*
   Die Information muss vollständig sein und die MAV in die Lage versetzen, ohne weiteres über den Sachverhalt entscheiden zu können. Meistens stellen Mitarbeitervertretungen erst in der Phase der Beratung einer Angelegenheit fest, dass die Information nicht vollständig ist. Dann müssen sie sofort reagieren und nachfragen. Bei komplexen Sachverhalten gilt: Fristen beginnen erst dann zu laufen, wenn die Information vollständig ist.
   Der zweite Punkt wird leider häufig übersehen: Der Dienstgeber informiert zwar und fragt ganz allgemein danach, wie die Einstellung der MAV zu einer Arbeitszeitänderung, einer Höhergruppierung oder einer anderen zustimmungspflichtigen Maßnahme ist. Die MAV berät die Frage und kommt eine geraume Zeit nicht zu einem eindeutigen Ergebnis. Es wird diskutiert, recherchiert und beraten. Wenn die MAV sich

dann eine Meinung gebildet hat und dem Dienstgeber widersprechen will, weil sie die Arbeitszeitänderung für unangemessen hält oder bei der Höhergruppierung Probleme mit der Arbeitsvertragsordnung sieht, erklärt der Dienstgeber, die Wochenfrist sei abgelaufen, die Zustimmung gelte als erteilt. (Abs. 2 S. 1)

Dann stellt sich die Frage: Hat der Dienstgeber ausdrücklich erklärt, er fordere die MAV zur Erklärung über die Zustimmung auf oder ließ sich zumindest aus seinem Verhalten eindeutig entnehmen, dass er von der MAV die Erklärung des Einverständnisses mit der geplanten Maßnahme erwarte.

Diese Frage ist im Einzelfall sehr schwierig zu entscheiden. Oft hängt aber sehr viel von diesem Detail ab.

Form

Es ist deshalb zu empfehlen, für alle Zustimmungsverfahren die Schriftform zu wählen. Sie gibt beiden Seiten Handlungssicherheit, indem sie den Inhalt der beabsichtigten Maßnahme klar umschreibt und Unsicherheiten wie die vorgenannte nicht aufkommen lässt.

Fristverlängerung

Um eine ausreichende Beratung der Angelegenheit durch die MAV zu ermöglichen, kann die Frist zur Entscheidung über die Zustimmung auf Antrag der MAV vom Dienstgeber um eine Woche verlängert werden. Wer also nicht genau dokumentiert hat, für welche Maßnahme der Dienstgeber bis wann die Zustimmung erwartet, kommt mit einer Verlängerung (wann genau läuft die Verlängerung ab?) endgültig durcheinander.

»Der Dienstgeber *kann* verlängern« bedeutet: Die MAV hat keinen unbedingten Anspruch auf eine Fristverlängerung. Der Dienstgeber ist aber bei einem entsprechenden Antrag verpflichtet, die Möglichkeit der Fristverlängerung anhand der Begründung der MAV und in Abwägung der betrieblichen Notwendigkeiten gewissenhaft zu prüfen. Macht die MAV also geltend, dass wegen Urlaubs/Krankheit von Mitgliedern der MAV eine ausführliche Beratung und Beschlussfassung nicht innerhalb einer Woche möglich sei und gibt es keine besondere Eilbedürftigkeit für die Maßnahme, würde der Dienstgeber ermessensfehlerhaft handeln, wenn er die Verlängerung ablehnt.

Das Problem wird sich aber häufig schon deshalb nicht in der Schärfe für die MAV stellen, weil sie immer die Möglichkeit hätte, ihre Zustimmung zu verweigern, falls der Dienstgeber die Fristverlängerung ablehnt. Sie kann deshalb Druck ausüben und vom Dienstgeber eine wohlwollende Prüfung erwarten.

Die MAV sollte darauf achten, dass der Antrag auf Fristverlängerung rechtzeitig, also möglichst nicht erst am Tage nach Fristablauf, gestellt wird. Die – positive – Entscheidung des Dienstgebers sollte auch schriftlich fixiert oder durch einen Zeugen beweisbar sein. Sonst riskiert man, dass die Zustimmung durch Fristablauf als erteilt unterstellt wird.

Fristverkürzung

Bei der Fristverkürzung hat der Dienstgeber einen weitaus größeren Ermessensspielraum. Er kann die Frist bereits dann auf 3 Tage oder – bei Anstellungen und Einstellungen – sogar 24 Stunden verkürzen, wenn diese Entscheidungen *nach Ansicht des Dienstgebers* eilbedürftig sind. Die Prüfung erfolgt also nicht nach einem objektiven Maßstab, nicht aufgrund einer Interessenabwägung, sondern ausschließlich nach der subjektiven Einschätzung des Dienstgebers. Er hat lediglich die Verpflichtung, seine Gründe für die Verkürzung zu benennen.

Es ist davon auszugehen, dass eine Zustimmung auch dann als erteilt gilt, wenn die – verkürzte – Frist abgelaufen ist, obwohl diese Fiktion sich nach dem Wortlaut des Abs. 2 nur auf die Wochenfrist bezieht.

Das Beweisproblem stellt sich bei der Fristverkürzung umgekehrt. In der Regel dürfte der Dienstgeber ein größeres Interesse daran haben, die Verkürzung im Streitfalle auch beweisen zu können. Deshalb wird er in diesem Fall die Schriftform wählen.

2. Die Mitarbeitervertretung hat nach der Einleitung des Verfahrens durch den Dienstgeber über die Erhebung von Einwendungen oder die Erteilung der Zustimmung zu entscheiden. Wie in allen Beschlussverfahren entscheidet sie durch einfache Mehrheit ihrer Mitglieder.

Soweit Mitglieder der MAV in eigenen Angelegenheiten durch die Entscheidung betroffen werden, sind sie von der Beratung und Entscheidung ausgeschlossen. Das kann namentlich bei Beteiligung in persönlichen Angelegenheiten nach § 35 vorkommen. Wie schon oben ausgeführt, gilt ein Antrag nur dann als angenommen, wenn die Mehrheit der Mitglieder der MAV mit JA stimmt.

Wenn der Antrag gestellt wird, die Zustimmung zu erteilen und in einer fünfköpfigen MAV zwei mit Ja und zwei Mitglieder bei einer Enthaltung mit Nein stimmen, ist der Antrag abgelehnt. Die MAV kann die Zustimmung nicht erteilen.

Lautet der Antrag, die Zustimmung unter Erhebung von Einwendungen zu verweigern und es kommt zum gleichen Abstimmungsergebnis, so gilt auch dieser Antrag als abgelehnt.

Die Erhebung von Einwendungen ist nur bei §§ 34 und 35, also bei der eingeschränkten Mitbestimmung, erforderlich. Bei § 36 und § 18 Abs. 2 und 4 kann sich die MAV auch auf die Verweigerung der Zustimmung beschränken.

Falls sich auch in weiteren Beratungen keine Mehrheit ergibt, ist die MAV blockiert und kann dann nichts unternehmen. Sie kann dem

Dienstgeber erklären, dass sie keine Stellungnahme abgeben wird und damit schon signalisieren, dass der Dienstgeber die Maßnahme nach Wochenfrist umsetzen kann oder sie kann keine Erklärung abgeben.

3. Wenn die MAV keine Erklärung abgegeben hat, kann der Dienstgeber die Maßnahme umsetzen.

Erklärt die MAV die Verweigerung der Zustimmung und erhebt sie in den Verfahren nach den §§ 34 und 35 beachtliche Einwendungen (solche die im Abs. 2 genannt sind), dann hat der Dienstgeber zwei Möglichkeiten: Er kann ohne weitere Verhandlung auf die Durchführung der Maßnahme verzichten oder mit der MAV mit dem Ziel der Einigung verhandeln.

Wann er das Einigungsgespräch zu terminieren hat, legt die MAVO hier ebenso wenig fest wie bei den Beteiligungsverfahren nach §§ 29-32. Bei Initiativrechten des Dienstgebers ist das unproblematisch, weil er derjenige ist, der an einer baldigen Umsetzung der Maßnahme interessiert ist. Während er bei der Anhörung und Mitberatung davon ausgehen kann, dass er sich letztlich durchsetzt und deshalb im allgemeinen mit dem Termin für das Einigungsgespräch sehr schnell ist, kann er sich beim Vorschlagsrecht nach § 32 (Initiative der MAV) Zeit lassen.

Beim Zustimmungsverfahren nach diesem Paragraphen kann es sogar passieren, dass er sich sehr viel Zeit lässt und ein nahtloser Übergang zum Verzicht auf die Maßnahme stattfindet. Der Dienstgeber ist gezwungen, die MAV im Einigungsgespräch zu überzeugen, seine Maßnahme nach den Vorstellungen der MAV zu modifizieren oder die Einigungsstelle wegen der Ersetzung der Zustimmung anzurufen. Das ist im allgemeinen eine schwierige Ausgangssituation.

4. Im Idealfall erfüllt das Einigungsgespräch den von der MAVO angestrebten Zweck: Es wird von beiden Seiten ernsthaft und unter kritischer Prüfung der eigenen Position mit dem Ziel der Einigung verhandelt und es wird unter Umständen ein Kompromiss erreicht.

Gefährlich für die MAV: Auch weiteres Schweigen gilt als Zustimmung

Ist das nicht der Fall und die Positionen bleiben unverändert, hat die MAV noch einmal die Möglichkeit einer Bedenkzeit. Sie hat entsprechend der ursprünglichen Wochenfrist eine weitere 3-Tage-Frist, innerhalb der sie sich über die Erteilung der Zustimmung *äußern muss*. Tut sie nichts, gilt die Zustimmung wiederum als erteilt. Nur wenn sie nochmals – auch angesichts des Einigungsgespräches – ihre Zustimmung verweigert, ist der Verzicht auf die Maßnahme oder der Gang zur Einigungsstelle durch den Dienstgeber erforderlich.

Eilentscheidungen

Das Verfahren nach § 33 ist sehr förmlich ausgestaltet und kann viel Zeit in Anspruch nehmen. Andererseits gibt es betriebliche Entscheidungen, die kurzfristig getroffen werden müssen, um Schaden von der Einrichtung abzuwenden. Dies sind vornehmlich Entscheidungen nach § 36 MAVO, etwa:

■ Arbeitszeitänderungen in Form von Mehrarbeit wegen kurzfristigen, nicht planbarem Ausfall mehrerer Mitarbeiter/innen (§ 36 Abs. 1 Zif. 1)
■ Festlegung einer Urlaubssperre aus den gleichen Gründen (§ 36 Abs. 1 Zif. 2)
■ Schließung eines Pausenraumes wegen baulicher Gefahren (§ 36 Abs. 1 Zif. 3).

Äußere, nicht zu beeinflussende Umstände

Voraussetzung für die Zulässigkeit einer solchen Entscheidung ist das Vorliegen einer Angelegenheit, die *der Natur der Sache nach* keinen Aufschub duldet. Ausgangspunkt müssen also jeweils »höhere Gewalt«, Zufall oder äußere Umstände sein, auf die der Dienstgeber in der konkreten Situation keinen Einfluss nehmen konnte.

Eindeutig nicht von dieser Ausnahme gedeckt sind alle Gründe, die auf ein Fehlverhalten der Leitung selbst zurückzuführen sind, also zeitliche Versäumnisse, mangelhafte Planung oder Schlamperei. Dann ist den Verantwortlichen zuzumuten, auch noch die Zeit für eine ordentliche Beteiligung der MAV zu investieren.

Besonderes weiteres Verfahren

Wenn die Tatbestandsvoraussetzungen für eine Eilentscheidung vorliegen,

kann der Dienstgeber *vorläufige Regelungen* treffen. Das heißt, er darf ohne vorherige Beteiligung der MAV alles das tun, was zur Abwendung von Schaden für die Einrichtung unbedingt erforderlich ist. In den oben genannten Beispielen also

■ eine Überstundenregelung für *die nächsten Tage*
■ eine *vorläufige* Urlaubssperre
■ eine Schließung des Pausenraumes *bis zur Beseitigung* der Gefahren.

Gleichzeitig hat er die MAV über seine vorläufigen Regelungen zu informieren, die Gründe darzustellen und das ordentliche Verfahren nach § 33 einzuleiten. Abs. 5 ersetzt also kein ordentliches Zustimmungsverfahren, sondern lässt dem Dienstgeber nur die Möglichkeit, vor Einleitung oder Abschluss des Verfahrens schon im Sinne der beabsichtigten Maßnahme zu handeln.

Zustimmung – das Diagramm

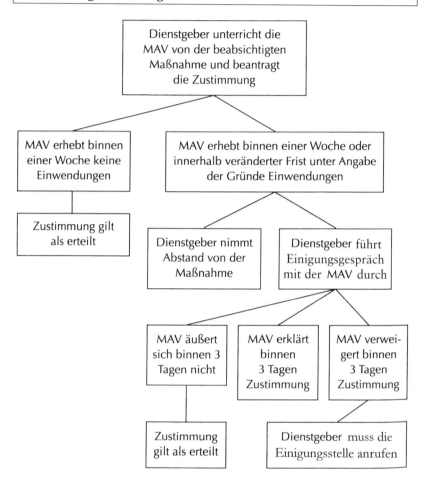

Das Letzte ...

Es gibt nur wenig Sachverhalte, die von der »Natur der Sache« keinen Aufschub dulden: Brandgefahr, Explosionsgefahr, Gefahr für Leib und Leben. Die Latte ist hochgelegt und wenn Dienstgeber darunter herkriechen wollen, sollte man ihnen dies z. B. mit Hilfe der Schlichtung verweigern.

§ 34 Zustimmung bei Einstellung und Anstellung

(1) Die Einstellung und Anstellung von Mitarbeiterinnen und Mitarbeitern bedarf der Zustimmung der Mitarbeitervertretung, es sei denn, dass die Tätigkeit geringfügig im Sinne von § 8 Abs. 1 Nr. 2 SGB IV ist oder es sich um Mitarbeiterinnen und Mitarbeiter für pastorale Dienste oder religiöse Unterweisung handelt, die zur ihrer Tätigkeit der ausdrücklichen bischöflichen Sendung oder Beauftragung bedürfen.

(2) Die Mitarbeitervertretung kann die Zustimmung nur verweigern, wenn

1. die Maßnahme gegen ein Gesetz, eine Rechtsverordnung, kircheneigene Ordnungen oder sonstiges geltendes Recht verstößt oder
2. durch bestimmte Tatsachen der Verdacht begründet wird, dass die Bewerberin oder der Bewerber durch ihr oder sein Verhalten den Arbeitsfrieden in der Einrichtung in einer Weise stören wird, die insgesamt für die Einrichtung unzuträglich ist.

(3) Bei Einstellungs- oder Anstellungsverfahren ist die Mitarbeitervertretung für ihre Mitwirkung über die Person der oder des Einzustellenden zu unterrichten. Der Mitarbeitervertretung ist auf Verlangen im Einzelfall Einsicht in die Bewerbungsunterlagen der oder des Einzustellenden zu gewähren.

Anstellung

Die Kirchen haben bekanntlich die Möglichkeit, sich in Körperschaften des öffentlichen Rechts zu organisieren und damit auch Beamtenverhältnisse zu begründen. Der Status des Kirchenbeamten richtet sich weitgehend nach den öffentlich-rechtlichen Vorschriften des jeweiligen Bundeslandes, in dem die Diözese liegt. Unter einer »Anstellung« versteht man die Begründung eines Beamtenverhältnisses. Beamte gelten im Sinne der MAVO als Mitarbeiter/innen. Deshalb ist grundsätzlich auch bei Begründung ihres beamtenrechtlichen Dienstverhältnisses die Zustimmung der MAV erforderlich.

Einstellung

Bei der Aufnahme eines Arbeitsverhältnisses, das in den Regelungen der Arbeitsvertragsordnungen ebenfalls als Dienstverhältnis bezeichnet wird benutzt man den Begriff der »Einstellung«.

Neueinstellung

Eine Einstellung ist meistens auch die Neueinstellung einer Mitarbeiterin/ eines Mitarbeiters. Für die Neueinstellung hat der Dienstgeber nach § 14

Abs. 1 des Teilzeit- und Befristungsgesetzes grundsätzlich die Möglichkeit einer auf bis zu zwei Jahren befristeten Einstellung. In der Praxis vieler Einstellenden hat sich diese Möglichkeit inzwischen als Standard verbreitet.

Übernahme von Auszubildenden

Ebenfalls als Einstellung gelten die Aufnahme eines Ausbildungsverhältnisses und die Übernahme eines schon im Betrieb beschäftigten Auszubildenden nach Ausbildungsabschluss in ein reguläres Dienstverhältnis.

Verlängerung einer Befristung

Auch die (weitere) Verlängerung eines befristeten Dienstverhältnisses löst das Mitbestimmungsrecht nach dieser Vorschrift aus.[34] Dasselbe gilt für die Beschäftigung einer/eines in der Vollzeitbeschäftigung nach dem Gesetz zum Erziehungsgeld und zur Elternzeit (Bundeserziehungsgeldgesetz, BErzGG) beurlaubten Mitarbeiterin oder Mitarbeiters auf der Basis einer Teilzeitzeitbeschäftigung.

Keine Mitbestimmung bei der Auswahl

Das Zustimmungsrecht bezieht sich allerdings nicht auf die Auswahl der Bewerberin oder des Bewerbers. Hierin steckt die eigentliche, wesentliche Personalentscheidung des Dienstgebers, an der die MAV aber gerade nicht zu beteiligen ist.

Freiwillige Mehrbeteiligung

In einigen Einrichtungen geht man hier deutlich über das von der MAVO vorgesehene Recht hinweg. Überall dort, wo es darauf ankommt, dass eine neue Mitarbeiterin oder ein neuer Mitarbeiter in ein Team aufgenommen werden muss und ein hohes Maß an Zusammenarbeit zum Erfolg der Arbeit notwendig ist, zum Beispiel im Erziehungsbereich, werden Mitarbeitervertretungen oft auch an der Bewerberauswahl beteiligt. Das ist zwar grundsätzlich zu begrüßen, erfordert aber auch von den Beteiligten ein klares Rollenbewusstsein.

Die MAV muss sich im Vorstellungsgespräch zurückhalten können, darf nicht die Rolle des Entscheidungsträgers übernehmen, wenn sie nicht die Akzeptanz neuer Mitarbeiter/innen riskieren will. Der Dienstgeber oder die Leitung muss sich ihrer Verantwortung für eine Personalentscheidung bewusst sein und darf nicht der Versuchung unterliegen, sich zurückzuziehen und einen »Sündenbock« für falsche Entscheidungen zu suchen.

---

34 Bleistein/Thiel, Rz. 13 zu § 34

Das Mitbestimmungsrecht bezieht sich nur auf die Person, die der Dienstgeber oder die Leitung aufgrund ihrer eigenen Entscheidung für die zu besetzende Stelle ausgesucht hat. Die MAV trifft keine Personalentscheidung und ist nicht an der Auswahl der Bewerber beteiligt, sondern nimmt nur eine Kontrollfunktion wahr.

Ausnahmen

Das Zustimmungsrecht gilt nicht für Mitarbeiter/innen für pastorale oder liturgische Dienste und für religiöse Unterweisung, wo die Rechte der MAV – wie auch schon aus den §§ 29 und 32 erkennbar – deutlich eingeschränkt sind.

Desweiteren ist die MAV für die Aushilfskräfte, also diejenigen, die nur für höchstens 50 Tage im Jahr eingestellt werden, von der Mitbestimmung bei der Einstellung ausgeschlossen. Diese Gruppe besteht meistens aus Schülern, Studenten, Hausfrauen oder Rentnern, die nicht dauerhaft, sondern nur für Saisonaufgaben eingestellt werden.

Keine Ausnahme von der Mitbestimmung besteht für die sogenannten »geringfügig Beschäftigten«, also Mitarbeiter/innen, die als Teilzeitbeschäftigte bis zu 400 Euro im Monat verdienen. Auch diese sind als Gruppe in den Anwendungsbereich des § 34 aufgenommen.

Gründe zur Zustimmungsverweigerung

Das Zustimmungsrecht nach § 34 gibt der MAV nur die Möglichkeit der eingeschränkten Mitbestimmung. Sie kann die Zustimmung zur Anstellung oder Einstellung nur dann verweigern, wenn diese entweder

- gegen geltendes Recht verstößt oder
- der durch Tatsachen begründete Verdacht der Störung des Arbeitsfriedens besteht.

Unbeachtliche Einwendungen

Alle anderen, nicht auf diesen Sachverhalten beruhenden Einwendungen, insbesondere Wertschätzungen, Bedenken persönlicher Art, Zweifel an der Eignung des Bewerbers, negative Beurteilungen und ähnliches sind unbeachtlich und können deshalb vom Dienstgeber übergangen werden. Das hat dann zur Folge, dass eine Einwendung als nicht erhoben gilt und die Zustimmung nach Ablauf der Wochenfrist fingiert werden kann.

Einwendungen nach Abs. 2 Zif. 1

Als Grundlage für Einwendungen im Sinne eines Gesetzesverstoßes kommen in Betracht:

- Einstellung eines nicht behinderten Menschen ohne Prüfung der Eignung des Arbeitsplatzes für Behinderte bei Verpflichtung des Dienstgebers nach dem Schwerbehindertengesetz (§ 71 Abs. 1 SGB IX),
- unzulässige Beschäftigung während der Elternzeit,
- Verbot der Beschäftigung von Jugendlichen oder Schwangeren an bestimmten Arbeitsplätzen oder im Schichtbetrieb,
- Verbot der Beschäftigung von Nicht-EG-Ausländern ohne Arbeitserlaubnis,
- Verstoß gegen kircheneigene Regelungen in Statuten für bestimmte Berufsgruppen oder in der Grundordnung zum kirchlichen Dienst (z. B. besondere Anforderungen an erzieherisch oder leitend Tätige),
- Verstoß gegen Berufsverbote, bei Entziehung von besonderen Erlaubnissen, die für die Ausübung des Dienstes erforderlich sind,
- Verstoß gegen den Gleichbehandlungsgrundsatz/Benachteiligung gleichqualifizierter Bewerber/innen wegen ihres Geschlechtes oder andere Regelungen nach dem Allgemeinen Gleichbehandlungsgesetz (AGG),
- unzulässige Befristung wegen des Fehlens eines »sachlichen Grundes« nach § 14 Abs. 1 oder wegen Nichtbestehens einer Neueinstellung im Sinne von § 14 Abs. 2 des Teilzeit- und Befristungsgesetzes.

Keine zulässige Einwendung im Sinne dieser Ziffer ist der behauptete Verstoß gegen die einschlägigen Eingruppierungsregelungen nach der jeweiligen Arbeitsvertragordnung. Dafür sieht die MAVO in § 35 Abs. 1 Zif. 1 ein besonderes Zustimmungsrecht vor.

Einwendung nach Abs. 2 Zif. 2

Mit der Behauptung, die Bewerberin oder der Bewerber werde den Arbeitsfrieden in der Einrichtung in erheblicher Weise stören, wird die MAV sehr selten Erfolg haben. Beachtlich wäre diese Einwendung nur dann, wenn die MAV bereits Erkenntnisse und Informationen über das Verhalten der Bewerberin oder des Bewerbers in anderen Einrichtungen hätte und dazu Tatsachen – nicht nur Gerüchte – vortragenkönnte. Es müsste sich also um einen »ortsbekannten Störenfried« handeln, den der Dienstgeber einstellen will.

Keine Einwendung im Sinne dieses Absatzes ist möglich, wenn die Störung nicht *durch die Person* des Einzustellenden eintritt, sondern durch die Tatsache der Besetzung dieses Arbeitsplatzes.

Das ist in der Praxis ein wesentlich öfter vorkommender Fall. Denn oft besteht bei Mitarbeiter/innen, die bereits beschäftigt sind, die Befürchtung, dass eine Neueinstellung den langfristigen Bestand des eigenen Arbeitsplatzes gefährden könnte. Genauso kann es vorkommen, dass der Arbeitsfrieden durch eine Neueinstellung gestört wird, weil viele fürchten, durch einen neuen, qualifizierteren Mitarbeiter aus ihrem angestammten Arbeitsfeld herausgedrängt zu werden. Auch das ist selbstverständlich nicht der Fall einer Einwendung nach Zif. 2.

Würde man trotzdem als MAV entsprechend argumentieren, würde dies zur Unbeachtlichkeit führen und den Weg für die Entscheidung des Dienstgebers ohne weiteres freimachen.

Besondere Information bei Einstellung

Der Dienstgeber muss der MAV alle Informationen geben, die sie in die Lage versetzen, sich mit einer geplanten Maßnahme inhaltlich auseinander zu setzen, um zu einer begründeten und ausgewogenen Entscheidung zu kommen. Der Text des § 34 wiederholt diesen Grundsatz noch einmal besonders, da beim Einstellungsverfahren in zweierlei Hinsicht eine Information erforderlich ist:

■ Die MAV muss genau über die betriebliche Situation informiert sein, die zu der Einstellung führt. Sie sollte unbedingt im aktuellen Stellenplan nachvollziehen können, inwieweit die Einstellung erforderlich ist, ob und aus welchen Gründen eine Befristung in Frage kommt, welche Funktion die Bewerberin/der Bewerber in der Einrichtung übernehmen soll, zu genau welchem Zeitpunkt die Stelle mit welchem Umfang an Wochenstunden zu besetzen ist. Das ergibt sich bereits aus dem Grundsatz in § 26 Abs. 1 S. 1, wonach der Dienstgeber die MAV bei der Erfüllung ihrer Aufgaben zu unterstützen hat.

Antrag auf Einsicht in die Bewerbungsunterlagen

■ Nicht in Bezug auf alle Bewerber/innen, aber für die vom Dienstgeber zur Einstellung vorgesehene Person kann die MAV auch die Vorlage der Bewerbungsunterlagen verlangen.
Datenschutzrechtliche Bedenken können schon deshalb nicht bestehen, weil die MAV als Teil der Einrichtung handelt und deshalb prinzipiell auch alle Informationen erhalten kann, die den Leitungspersonen gegeben werden.

■ Darüber hinaus benötigt die MAV t an persönlichen Informationen über die Bewerberin oder den Bewerber unter anderem: Ob im Einzelfall eine besondere äußere Loyalität (Kirchenzugehörigkeit) verlangt wird und ob die Bewerberin/der Bewerber diese Voraussetzungen erfüllt, ob Anerkennung einer Schwerbehinderung vorliegt oder die Bewerberin/der Bewerber einer anderen Gruppe von Mitarbeiter/innen angehört, für die § 26 Abs. 3 besondere Aufgaben der MAV konstatiert.
Weitere persönliche Informationen sind in dem grundsätzlich gleichzeitig anlaufenden Verfahren zur Zustimmung zur Eingruppierung mitzuteilen. Obwohl dieses Verfahren gesondert zu sehen ist, sollte der Dienstgeber die entsprechenden Mitteilungen gleichzeitig machen.

Einzelantrag

Der Text schließt aus, dass die MAV quasi einen Sammelantrag für alle gegenwärtigen und zukünftigen Verfahren stellt. »Im Einzelfall« heißt: Der Dienstgeber muss für jedes Einstellungsverfahren neu prüfen können, ob die Einsicht in Bewerbungsunterlagen dem pflichtgemäßen Interesse der MAV entspricht. Das wird zwar kaum abzulehnen sein, weil die MAV eine Fülle von Gründen für die Einsicht geltend machen kann. Andererseits erleichtert der Dienstgeber sich auch die Arbeit, wenn er die weiterzugebenden Informationen nicht aus den Unterlagen heraussuchen muss, sondern das der MAV überlassen kann.

Einsicht gewähren

Bei sehr zurückhaltender Auslegung des Begriffes »Einsicht gewähren«, könnte man meinen, dass der Dienstgeber der MAV die Unterlagen nur zeigen müsste. Um zu einer sachgerechten Erfüllung ihrer Aufgabe zu kommen, kann es aber gerade bei größeren Mitarbeitervertretungen unbedingt erforderlich sein, Ablichtungen herzustellen, damit mehrere Personen in Ruhe eine Entscheidung vorbereiten können. Die Übergabe von Kopien ist deshalb zulässig. Wenn das geschieht, haben Dienstgeber und MAV aber unbedingt darauf zu achten, dass die Kopien nach Erfüllung des Zwecks der Beteiligung unverzüglich vernichtet oder dem Bewerber ausgehändigt werden.

Formblätter benutzen

Sinnvoll ist die Benutzung von Formblättern. Mag man diesen zunächst auch beiderseits zuerst mit Vorbehalten begegnen und die Befürchtung haben, dass unnötige Bürokratie eingeführt wird, liegt der Nutzen andererseits darin, dass man eine Erinnerungshilfe hat und die Information vollständiger und schneller gegeben werden kann, weil sich Nachfragen erübrigen.

Wir schlagen ein solches Formblatt vor, wobei natürlich klar ist, dass nicht in jedem Verfahren alle dort vorgegebenen Felder unbedingt ausgefüllt werden müssen. Die Texte befinden sich unter dem Ordner „Arbeitshilfen/ Formblätter auf der beigefügten Cd-Rom.

Das Letzte ...

»Grundsätzlich empfehlen wir Männern und Frauen in Einstellungsgesprächen, auf die Frage nach einer eventuellen Schwangerschaft mit >Nein< zu antworten.«

C. Wemheuer

§ 35 Zustimmung bei sonstigen persönlichen Angelegenheiten

(1) Die Entscheidung des Dienstgebers bedarf in folgenden persönlichen Angelegenheiten von Mitarbeiterinnen und Mitarbeitern der Zustimmung der Mitarbeitervertretung:

1. Eingruppierung von Mitarbeiterinnen und Mitarbeitern,
2. Höhergruppierung oder Beförderung von Mitarbeiterinnen und Mitarbeitern,
3. Rückgruppierung von Mitarbeiterinnen und Mitarbeitern,
4. nicht nur vorübergehende Übertragung einer höher oder niedriger zu bewertenden Tätigkeit,
5. Abordnung von mehr als drei Monaten oder Versetzung an eine andere Einrichtung, es sei denn, dass es sich um Mitarbeiterinnen oder Mitarbeiter für pastorale Dienste oder religiöse Unterweisung handelt, die zu ihrer Tätigkeit der ausdrücklichen bischöflichen Sendung oder Beauftragung bedürfen,
6. Versagen und Widerruf der Genehmigung einer Nebentätigkeit,
7. Weiterbeschäftigung über die Altersgrenze hinaus,
8. Hinausschiebung des Eintritts in den Ruhestand wegen Erreichens der Altersgrenze,
9. Anordnungen, welche die Freiheit in der Wahl der Wohnung beschränken mit Ausnahme der Dienstwohnung, die die Mitarbeiterin oder der Mitarbeiter kraft Amtes beziehen muss,
10. Auswahl der Ärztin oder des Arztes zur Beurteilung der Leistungsfähigkeit der Mitarbeiterin oder des Mitarbeiters, sofern nicht die Betriebsärztin/der Betriebsarzt beauftragt werden soll, soweit eine kirchliche Arbeitsvertragsordnung dies vorsieht.

(2) Die Mitarbeitervertretung kann die Zustimmung nur verweigern, wenn

1. die Maßnahme gegen ein Gesetz, eine Rechtsverordnung, kircheneigene Ordnungen, eine Dienstvereinbarung oder sonstiges geltendes Recht verstößt,
2. der durch bestimmte Tatsachen begründete Verdacht besteht, dass durch die Maßnahme die Mitarbeiterin oder der Mitarbeiter ohne sachliche Gründe bevorzugt oder benachteiligt werden soll.

Eingeschränkte Mitbestimmung

Auch das Zustimmungsrecht nach § 35 betrifft Fälle der eingeschränkten Mitbestimmung. Die MAV kann nicht aus jedem von ihr für maßgeblich gehaltenen Grund die Zustimmung verweigern, sondern nur unter den in Abs. 2 vorgesehenen Voraussetzungen.

Arbeitsrechtliche Fragestellungen

Wie schon im Rahmen des § 34, der ebenfalls nur ein eingeschränktes Mitbestimmungsrecht betrifft, haben alle in diesem Paragraphen genannten Sachverhalte zwei verschiedene Ebenen:

■ Die individual-arbeitsrechtliche Ebene, die nur zwischen der jeweiligen Mitarbeiterin/dem Mitarbeiter zu klären ist, für die die MAV aber häufig als Ratgeber fungiert und

■ die mitbestimmungsrechtliche Ebene, auf der es vordergründig nicht um Ansprüche der oder des Einzelnen, sondern um kollektive Ordnungsprinzipien, letztlich um die Regelungs-Kultur in der Einrichtung geht.

Diese beiden Ebenen sind oft nicht voneinander zu trennen. So ist beispielsweise durch die unzulässige Versagung einer Nebentätigkeit (Abs. 1 Zif. 6) nicht nur das Recht der Mitarbeiterin/des Mitarbeiters nach den einschlägigen Regelungen der Arbeitsvertragsordnungen beeinträchtigt, sondern auch ein Recht der MAV, die Anspruch auf eine grundsätzliche Beurteilung der Vereinbarkeit von Nebenbeschäftigung und dienstlichem Auftrag hat.

Arbeitsrechtliche Schlichtung

Eine deutliche Trennung ist aber erforderlich, wenn es zum Konflikt über arbeitsrechtliche Fragen kommt, die als Nebeneffekt auch den Inhalt von Mitbestimmungsrechten berühren.

Im oben genannten Beispiel kann die Mitarbeiterin/der Mitarbeiter vor die in jedem Bistum eingerichtete Schlichtungsstelle für Streitigkeiten aus Arbeitsverhältnissen gehen. Diese Schlichtungsstelle, die getrennt nach den Anwendungsbereichen der jeweiligen Arbeitsvertragsordnungen (entweder AVR-Caritas oder Regional-/Bistums-KODA[35]-Recht) eingerichtet ist, ist nicht mit der Einigungsstelle nach § 40 MAVO zu verwechseln. Während die Einigungsstelle im Verhältnis zwischen MAV und Dienstgeber verbindlich entscheidet, gibt die Schlichtungsstelle im Streit zwischen Mitarbeiter und Dienstgeber nur eine Stellungnahme zur arbeitsrechtlichen Würdigung des Problems ab und versucht auf eine gütliche Einigung hinzuwirken. Das letzte Wort hat in diesem Fall aber immer das **staatliche Arbeitsgericht.**

MAVO-Einigungsstelle

Wenn allerdings mit der Entscheidung des Dienstgebers – wie zum Beispiel im Falle einer Rückgruppierung eines Mitarbeiters – gleichzeitig auch das Mitbestimmungsrecht der MAV beeinträchtigt ist (Verstößt der Dienstgeber gegen die AVR und kann die MAV daher die Zustimmung verweigern?), kann die MAV vor die Einigungsstelle nach MAVO ziehen und dort

---

35 **KODA** steht für **K**ommission zur **O**rdnung des **k**irchlichen **A**rbeitsrechts.

- einen Einigungsvorschlag erhalten,
- bei Scheitern einer einvernehmlichen Lösung auch die rechtsverbindliche Entscheidung der Schlichtungsstelle erhalten, gegen die
- dann kein Rechtsweg mehr eröffnet ist.

Da der Zugang der MAV zur Einigungsstelle einfacher und kostengünstiger ist als derjenige der Mitarbeiter/in zum Arbeitsgericht, sollte die MAV, die durch die MAVO vor unzulässiger Benachteiligung geschützt ist, in einem solchen Fall auch um der Sache willen immer für für die Mitarbeiterin/den Mitarbeiter streiten und ihre Möglichkeiten nach der MAVO ausnutzen.

Initiativrecht des Dienstgebers

Die Mitbestimmung bei persönlichen Angelegenheiten nach § 35 ist ausschließlich als Initiativrecht des Dienstgebers ausgestaltet. Das ist ein Nachteil für die Arbeit der MAV. Sie kann Anregungen und Beschwerden von Mitarbeiter/innen (vgl. § 26 Abs. 3 Zif. 2) insbesondere zu Fragen der Eingruppierung nach § 35 nicht nachgehen, sondern muss sie im Rahmen des § 26 über eine Aussprache mit dem Dienstgeber in ein Gespräch bringen. Ist der Dienstgeber nicht bereit, im Sinne von § 35 tätig zu werden, fehlt der MAV im Unterschied zu den in § 36 aufgeführten Tatbeständen ein eigenes Recht, den Dienstgeber zur Aktivität zu zwingen. Es bleibt dann nur der Hinweis an die/den Mitarbeiter/in auf Einleitung eines arbeitsrechtlichen Schlichtungsverfahrens (siehe oben).

Beteiligungstatbestände im Einzelnen

Bei allen Tatbeständen nach § 35 geht es entweder um Fragen der richtigen Eingruppierung oder anderer wichtiger Statusfragen aus dem Dienstverhältnis, die im Rahmen von Gleichbehandlung für die MAV von besonderem Interesse sind.

Arbeitsrechtliche Kenntnisse gefragt

Für eine MAV ist es deshalb unverzichtbar, über Grundkenntnisse im Arbeitsrecht zu verfügen. Während man sich für das Verständnis des Verfahrens nach der MAVO noch vieles durch die Praxis aneignen kann, kommt man bei der eingeschränkten Mitbestimmung nach § 34 und § 35 ohne arbeitsrechtliche Grundkenntnisse nicht mehr weiter. Eine MAV kann sich zwar über die Diözesanen Arbeitsgemeinschaften informieren, wird aber das Erkennen eines Problems und den Ansatz zu dessen Lösung zunächst selbst finden müssen. Schulung und aktuelle Texte der einschlägigen Gesetze im Arbeitsrecht sind für die Mitbestimmung in diesem Bereich eine Grundvoraussetzung.

Eingruppierung nach Zif. 1

Unter Eingruppierung versteht man die Zuordnung der Tätigkeit einer Mitarbeiterin oder eines Mitarbeiters zu einer bestimmten Vergütungsgruppe der AVR[36] oder einer Vergütungsordnung nach dem KODA-Recht.

In beiden Fällen handelt es sich um kircheneigene Rechtsnormen, die von der Rechtsprechung wie die Inhalte von Tarifverträgen behandelt werden. Nach Art. 7 der Grundordnung zum kirchlichen Dienst (siehe oben unter den Erläuterungen zur Präambel) kommen solche Rechtsnormen zustande durch Beschlüsse von paritätisch besetzten Kommissionen, die bundesweit (so AVR) oder für den Bereich eines oder mehrerer Bistümer (Bistums- oder Regional-KODA) gebildet werden. Welches »Tarifrecht« für das jeweilige Arbeitsverhältnis gilt, ergibt sich zuverlässig immer nur durch einen Blick in den Arbeitsvertrag, in dem eine sogenannte Einbeziehungsklausel den Verweis auf AVR oder KODA-Ordnung enthält.

Alle kirchlichen Arbeitsvertragsordnungen lehnen sich mehr oder weniger deutlich an das Tarifrecht des Öffentlichen Dienstes an und haben daher auch die meisten Grundsätze zur Ermittlung der Vergütung übernommen. Für die richtige Eingruppierung einer Mitarbeiterin/eines Mitarbeiters gilt: Die tatsächlich und überwiegend (mit einem Anteil von mindestens 50 % der Gesamttätigkeit) ausgeübte Tätigkeit gibt die Zugehörigkeit zu einer Vergütungsgruppe vor und bestimmt damit die Höhe der Vergütung. In diese Vergütungsgruppe ist die Mitarbeiterin/der Mitarbeiter eingruppiert, ohne dass es einer weiteren Entscheidung des Dienstgebers oder einer besonderen vertraglichen Vereinbarung bedarf. (sogenannte »Eingruppierungsautomatik«)

Die erste Entscheidung zur Eingruppierung treffen die Vertragsparteien allerdings im Arbeitsvertrag. Dort ist zunächst festzulegen, in welchem Berufsbereich die Mitarbeiterin/der Mitarbeiter in der Einrichtung arbeiten soll, also zum Beispiel als Hilfskraft, Pfleger, medizinische Fachkraft, Arzt oder leitender Arzt. Diese Zuordnung kann auch die Eingruppierungsautomatik nicht aufheben. Sie gibt nur eine Orientierung innerhalb des durch den Arbeitsvertrag genannten Bereiches. Denn für jede der vorgenannten Berufsbezeichnungen kommen je nach

- besonderer Qualifikation,
- dem Grad der Verantwortung,
- der Schwierigkeit der Tätigkeit und
- der Leitungsaufgaben.

unterschiedliche Vergütungsgruppen in Betracht. In den Arbeitsvertragsordnungen wird versucht, eine Beschreibung sämtlicher denkbarer Tätigkeiten vorzunehmen. Diese sind in verschiedene Vergütungsgruppen eingeteilt.

---

36 **AVR** steht für **A**rbeits**v**ertrags**r**ichtlinien des Deutschen Caritasverbandes.

Alle Mitarbeiter/innen, die Tätigkeiten derselben Vergütungsgruppe ausüben, erhalten im Prinzip dieselbe Grundvergütung. Innerhalb der Vergütungsgruppen erfolgt eine weitere Unterteilung in verschiedene Ziffern. Jede
einzelne Ziffer beschreibt eine ganz konkrete Tätigkeit und gibt damit vor,
welche Voraussetzungen zum Erhalt der Vergütungsgruppe erforderlich sind
und wie sich die Vergütung weiter gestaltet.

Möglichkeiten der MAV

Die Mitarbeitervertretung prüft nach § 35 Abs. 1 Zif. 1, ob der Dienstgeber
im Rahmen der vorgenannten Vorgaben die richtige Eingruppierung für eine
Mitarbeiterin/einen Mitarbeiter gewählt hat. Dazu muss der Dienstgeber der
MAV alle Kriterien nennen, die für die Eingruppierung ausschlaggebend
sind. Das sind im Einzelnen:

- genaue Informationen zur Stellenbeschreibung und
- Angaben über die Berufsausbildung, Zusatzqualifikationen, frühere
  Tätigkeit an einem vergleichbaren Arbeitsplatz der Mitarbeiterin/des Mit-
  arbeiters.

Wer hier oberflächlich arbeitet, muss zumindest nach einigen Jahren mit
Beschwerden der Betroffenen rechnen. Unbedingt erforderlich ist es, dass
Dienstgeber und MAV zu einer Übereinstimmung in der Frage kommen, in
welche Vergütungsgruppe die Mitarbeiterin/der Mitarbeiter gehört und welche Ziffer dieser Vergütungsgruppe die konkrete Tätigkeit beschreibt. Nur
wenn dieser weitere Punkt festgelegt ist, kann man als MAV guten Gewis-
sens seine Zustimmung zur Eingruppierung geben.

Einwendung der MAV

Fazit: Bei der Eingruppierung kommt als mögliche Einwendung ein Verstoß
gegen die Vergütungsregelungen in den Arbeitsvertragsordnungen in
Betracht. Der Dienstgeber muss die nach AVR oder KODA-Recht vorgesehene Eingruppierung und die daraus resultierende Vergütung als Mindest-
standard umsetzen. Tut er das nicht, verstößt er gegen kirchliches Recht und
eröffnet der MAV die Einwendung nach § 35 Abs. 2 Zif. 1.

Er kann über die vorgeschriebene Vergütungsgruppe hinausgehen. Wählt er
diesen Weg, so ist für die MAV die Frage der Bevorzugung ohne sachlichen
Grund im Sinne von § 35 Abs. 2. Zif. 2 ins Auge zu fassen. Gewährt er einer
Mitarbeiterin/einem Mitarbeiter »nur« die nach der jeweiligen Arbeitsvertragsordnung vorgesehene Vergütungsgruppe, obwohl alle anderen Mitar-
beiter/innen an vergleichbaren Arbeitsplätzen mehr erhalten, setzt er sich
nach der gleichen Regelung unter Umständen dem Einwand der Benachteiligung aus.

Verweigerungen der Zustimmung, die sich auf einen Rechtsverstoß oder die Behauptung einer Ungleichbehandlung stützen lassen, sind erhebliche Einwendungen, mit denen der Dienstgeber nach der Vorgabe des § 33 umzugehen hat.

Höhergruppierung nach Zif. 2

Die Höhergruppierung geschieht während eines bestehenden Dienstverhältnisses, sie ist eine besondere Art der Eingruppierung. Die Mitarbeiterin/der Mitarbeiter erreicht eine Vergütungsgruppe, die über seiner bisherigen Eingruppierung liegt. Grund für dafür ist eine Veränderung oder ein Wechsel des Arbeitsplatzes, der zu einer Höherbewertung der Tätigkeit führt.

Das kann geschehen durch

- Hinzukommen neuer Aufgaben am alten Arbeitsplatz, die zu einer Höherbewertung der Tätigkeit führen oder
- durch Zuweisung eines neuen Arbeitsplatzes mit oder ohne Veränderung des Arbeitsvertrages.

Der Grundsatz der Eingruppierungsautomatik besagt auch in diesem Fall, dass die durch den Dienstgeber veranlasste oder ausdrücklich gebilligte nach dem Vergütungssystem relevante Veränderung der Anforderungen am Arbeitsplatz der Anspruch auf eine entsprechende Höhergruppierung entsteht.

Wenn also beispielsweise der Verwaltungsmitarbeiterin mit »gründlichen Fachkenntnissen und vielseitigem Aufgabengebiet« zu mehr als 25 % selbständige Leistungen übertragen werden, die Krankenschwester die Leitung einer Station übernimmt oder die Kindertagesstätte um zwei Gruppen erweitert wird, kann allein dieser Umstand ohne eine Vertragsänderung den Anspruch auf Höhergruppierung auslösen. Auch hier entspricht die Einleitung des entsprechenden Verfahrens der Fürsorgepflicht des Dienstgebers. Dennoch ist es empfehlenswert, wenn auch die oder der Betroffene oder die MAV informiert sind und einen entsprechenden Hinweis an den Dienstgeber geben können.

Will der Dienstgeber von sich aus keine Höhergruppierung vornehmen, bleibt nur ein förmlicher Antrag der Mitarbeiterin/des Mitarbeiters, bei Erfolglosigkeit der Gang zur arbeitsrechtlichen Schlichtungsstelle und – soweit das erfolglos bleibt – schließlich sogar zum staatlichen Arbeitsgericht.

Einwendungen der MAV

Gegen eine vom Dienstgeber beabsichtigte Höhergruppierung Einwendungen zu erheben, ist für eine Mitarbeitervertretung immer problematisch.

Da die Arbeitsvertragsordnungen als Festschreibung von Mindestbedingungen zu verstehen sind, kann der Dienstgeber natürlich freiwillig über eine Eingruppierung zugunsten der Mitarbeiterin/des Mitarbeiters hinausgehen. Das wäre kein Rechtsverstoß, da die Maßnahme zugunsten des Mitarbeiters wirkt.

Eine mögliche Einwendung der MAV wäre allerdings diejenige nach Abs. 2 Zif. 2. Wenn eine Mitarbeiterin/ein Mitarbeiter mehr bekommt als ihr/ihm eigentlich zusteht, könnte das entweder als ungerechtfertigte Vorteil gegenüber den anderen oder – indirekt – als Benachteiligung anderer gesehen werden, die die höhereEingruppierungerhalten. Der springende Punkt ist, ob es sachliche Gründe für eine solche Ungleichbehandlung gibt. Unterstellt man, dass das Vergütungssystem gerecht ist und auch außergewöhnliche Sachverhalte in seinen Tatbestandsvoraussetzungen berücksichtigt, kann es eigentlich keinen Grund für eine nicht vorgesehene Höhergruppierung geben.

Dienstgeber kommen gelegentlich auf die Idee statt einer – von dem MAV hiernach zu beanstandenden – Höhergruppierung eine persönliche oder ein Stellenzulage zu geben. Da dies im Sinne der MAVO keine Höhergruppierung ist, liegt darin eine zulässige Umgehung des Zustimmungserfordernisses, allerdings auch mit Nachteilen für den Status der/des Betroffenen (Widerruf der Zulage möglich).

Rückgruppierung nach Zif. 3

Der »Fahrstuhl-Effekt« der Eingruppierungsautomatik kann allerdings auch für die Mitarbeiterin/den Mitarbeiter negative Auswirkungen haben. Was sich durch Veränderung des Arbeitsplatzes automatisch verbessert, kann sich auch durch Umstrukturierungen, neue Organisationsformen und Veränderung von Stellenbeschreibungen zu Lasten der Betroffenen verändern.

Wenn also ein Teil der »selbständigen Leistungen« der Sekretärin dem Abteilungsleiter zugewiesen wird, die Ebene der Stationsleitungen abgebaut wird oder die Kindertagesstätte um zwei Gruppen verkleinert werden muss, kann das auch unmittelbare Konsequenzen für die Vergütung der betroffenen Mitarbeiter/innen haben. Mit der gleichen Logik, die in Zif. 2 zur Höhergruppierung geführt hatte, muss der Dienstgeber dann prüfen, ob eine Rückgruppierung vorzunehmen ist und gegenüber der MAV ein entsprechendes Verfahren einleiten.

Einwendungen

Seine Grenze findet das ein solches Vorhaben des Dienstgebers in den Regelungen des Arbeitsvertrages, der die Tätigkeit der Mitarbeiterin/des Mitarbeiters über die reine Berufsbezeichnung hinaus regeln kann, indem jemand »als Chefsekretärin«, »Krankenschwester in der Funktion als Stationsleitung« oder »Leiter/in« mit einer bestimmten ausdrücklichen Funktionsbeschreibung eingestellt wird. Dann wäre es von vornherein nur zulässig, eine Rückgruppierung auf die erste Vergütungsgruppe vorzunehmen, die dieser Beschreibung entspricht.

Gibt es eine entsprechende, besondere Vereinbarung im Arbeitsvertrag nicht, ist die Mitarbeiterin also beispielsweise nur als Verwaltungskraft, Krankenschwester oder Leitung einer Kindertagesstätte eingestellt worden, ist dennoch zu prüfen ob, sich eine Rückgruppierung aus dem Gesichtspunkt der »Besitzstandswahrung« verbietet.

Es entspricht gefestigter Rechtsprechung, dass sich der Inhalt von Arbeitsverträgen stillschweigend erweitern kann, wenn über einen erheblichen Zeitraum beide Parteien des Arbeitsverhältnisses eine Veränderung der Inhalte vorgenommen haben und ein Vertrauen dahingehend geschaffen worden ist, dass diese Veränderung auch in Zukunft erhalten bleiben soll. Die Rechtsprechung geht für solche Konsequenzen im allgemeinen von einem Zeitraum von 3 bis 4 Jahren aus. Wenn man objektiv davon ausgehen kann, der Inhalt des Arbeitsverhältnisses solle entsprechend erweitert werden und die Parteien dies über einen solchen Zeitraum hinaus getan haben, verbietet sich eine einfache Rückgruppierung. Der Dienstgeber hätte nur noch die Möglichkeit einer Änderungskündigung.

Rückgruppierung bei Änderungskündigung

Ist eine Änderungskündigung wirksam erklärt worden (zur Definition siehe oben Erläuterungen zu § 30), ist die Konsequenz einer Rückgruppierung gegeben. Der Besitzstand ist zerstört, die MAV kann aus Gründen nach Abs. 2 Zif. 1 jedenfalls keine Einwendungen mehr erheben.

Ungleichbehandlung

Die Einwendung der ungerechtfertigten Benachteiligung kommt bei dieser Ziffer dann zum Tragen, wenn der Dienstgeber die Absicht hat, willkürlich über die Möglichkeit der Rückgruppierung zu entscheiden, er beispielsweise sehr großzügig mit dem Grundsatz der Wahrung des Besitzstandes gegenüber den meisten Mitarbeiter/innen umgeht, einzelne aber unbedingt zurückgruppiert haben will, ohne dass sich eine andere Bewertung ergibt.

Ausübung einer höher oder niedriger zu bewertenden Tätigkeit nach Zif. 4

Der Begriff der »nicht nur vorübergehenden Übertragung einer höher oder niedriger zu bewertenden Tätigkeit« gibt häufig zu Missverständnissen Anlass. Gemeint ist damit weder die endgültige Zuweisung eines anderen

Arbeitplatzes noch nach dem eindeutigen Wortlaut um eine nur kurzfristig oder vertretungsweise ausgeübte Tätigkeit.

Offenbar sollten die Fälle erfasst werden, in denen eine Mitarbeiterin/ein Mitarbeiter wegen Krankheit oder sonstiger Abwesenheit auf längere, nicht genau feststellbare Dauer vertreten werden muss oder eine Aufgabe zugewiesen werden soll, bei der nicht klar ist, ob diese auf Dauer so bestehen wird.

Der Tatbestand betrifft auch nicht die Eingruppierung, also eine mit der Zuweisung der Stelle verbundene Höher- oder Rückgruppierung. Unter »Bewertung« im Sinne dieser Ziffer ist nicht die Bewertung durch die Vergütungsordnung, sondern eine Bewertung nach der Organisationsstruktur des Dienstgebers gemeint. Es geht also lediglich darum, dass jemandem in Abänderung ihres/seines bisherigen Status eine nach der Organisationsstruktur des Dienstgebers wichtigere oder unwichtigere Aufgabe übertragen wird, ohne dass dies mit einer Veränderung der Eingruppierung verbunden wäre.

Einwendungen

Nach dieser Definition ist klar, dass als Einwendung der MAV nur Abs. 2 Zif. 2, also die Frage der Gleichbehandlung zu prüfen ist. Die Stellenzuweisung nimmt der Dienstgeber aufgrund seiner Organisationsgewalt und im Rahmen des arbeitsrechtlichen Direktionsrechtes nach billigem Ermessen wahr, ohne durch Rechtsvorschriften gebunden zu sein.

Es besteht bei solchen Entscheidungen aber immer die Gefahr der ungerechtfertigten Reglementierung oder umgekehrt der Verschaffung besonderer Vorteile, so dass die MAV im Vergleich mit den anderen Mitarbeiter/innen darauf zu achten hat, dass solche Entscheidungen eine durch den Einzelfall getragene, sachliche Rechtfertigung haben.

Abordnung und Versetzung nach Zif. 5

Durch Abordnung und Versetzung von Mitarbeiter/innen (zur Definition siehe Erläuterungen zu § 18) kann erheblich in deren Status eingegriffen werden. Das berücksichtigen die Arbeitsvertragsordnungen, indem sie den Dienstgeber verpflichten, bei einer solchen Maßnahme die Mitarbeiterinteressen besonders zu berücksichtigen und das Verhältnismäßigkeitsprinzip zu beachten. So ist die Versetzung einer Mitarbeiterin/eines Mitarbeiters an einen anderen Ort nur zumutbar, wenn der Aufwand im Verhältnis zu dem erzielten Einkommen und der Qualifikation in einem vertretbaren Verhältnis steht. Bei Teilzeitbeschäftigung und familiären Verpflichtungen der Mitarbeiterin/des Mitarbeiters sind die Möglichkeiten des Dienstgebers enger, als wenn der Mitarbeiter vollzeitbeschäftigt, hoch qualifiziert und ledig ist.

Bei einer Abordnung, die erst als mitbestimmungspflichtig gilt, wenn ihre Dauer 3 Monate übersteigt, ist die Frage der Zumutbarkeit etwas großzügiger zu behandeln. Der neue Arbeitsplatz wird der Mitarbeiterin/dem Mitarbeiter mit allen möglichen, negativen Konsequenzen nicht auf Dauer, sondern nur für eine befristete Zeit zugewiesen.

Einwendungen

Hält sich der Dienstgeber nicht an das Verhältnismäßigkeitsprinzip, kann die MAV den Einwand des Rechtsverstoßes erheben. Auch durch die Rechtsprechung entwickelte Konkretisierungen entwickeln den Charakter einer Rechtsnorm.

Der Einwand der Ungleichbehandlung kann erhoben werden, wenn der Dienstgeber *willkürlich* einzelne mit einer solchen Maßnahme überzieht, andere aber verschont. Er lässt sich aber in der Praxis schwierig begründen. Denn Versetzung und Abordnung sind eigentlich immer Einzelmaßnahmen, die als solche die Mitarbeiter/innen zwangsläufig ungleichmäßig belasten.

Liturgisch, pastoral und zur religiösen Unterweisung Tätige

Für Pastoralreferent/innen, Gemeindereferent/innen, Küster, Organisten und Religionslehrer/innen, gilt für die Abordnung und Versetzung kein Zustimmungs-, sondern nur das Anhörungs- und Mitberatungsrecht nach § 29. (vgl. dort Abs. 1 Zif. 10)

Versagen und Widerruf einer Nebentätigkeit nach Zif. 6

Nebentätigkeiten, also die Beschäftigung als Arbeitnehmer oder die selbständige auf Erwerb ausgerichtete Tätigkeit neben dem Arbeitsverhältnis beim Dienstgeber, sind nach den Regelungen der Arbeitsvertragsordnungen anzeige-, aber nicht mehr genehmigungspflichtig. In der Formulierung hinkt die MAVO dieser Entwicklung deshalb hinterher. Zeigt also eine Mitarbeiterin/ein Mitarbeiter eine Nebentätigkeit beim Dienstgeber an und hat der Dienstgeber keine Gründe, ein Verbot auszusprechen, erfährt die MAV von dem ganzen Vorgang nichts. *Beamten recht gilt u. a. auch*

Erst wenn der Dienstgeber eine angezeigte Tätigkeit untersagen will, muss er ein Verfahren nach § 35 einleiten und die Zustimmung der MAV beantragen. Versagungsgründe könnten zum Beispiel sein:

■ Mit der Nebentätigkeit würde die Mitarbeiterin/der Mitarbeiter der Einrichtung Wettbewerb machen oder die berechtigten Interessen der Einrichtung verletzen (Beispiel: Altenpflegerin beteiligt sich an Gesellschaft zur Ambulanten Pflege).

Zustimmung bei sonstigen persönlichen Angelegenheiten § 35

- Die Ausübung der Nebentätigkeit würde den Mitarbeiter z. B. wegen Überschreitung der vom Arbeitszeitgesetz vorgeschriebenen Höchst-Arbeitszeiten oder wegen Unterschreitung der Mindest-Ruhezeiten überfordern (Vollzeitbeschäftigter will täglich noch 4 Stunden nach Feierabend arbeiten).

- Durch die Ausübung der Tätigkeit könnte das Ansehen der Einrichtung in der Öffentlichkeit Schaden nehmen (Leitender Mitarbeiter will eine Stelle als Kellner annehmen).

Die zweite Alternative (Widerruf einer Genehmigung) muss entsprechend der geänderten Rechtslage so verstanden werden, dass dem Dienstgeber eine Nebentätigkeit angezeigt wurde, er zunächst keine Gründe für eine Versagung gesehen hat, diese sich aber später gezeigt haben. Also: Der Wettbewerb entsteht erst durch Verlagerung der geschäftlichen Aktivitäten, die Dauer der Arbeit nach Feierabend nimmt zu oder das Lokal gerät in Verruf.

Einwendungen

Wie in den anderen Fällen können sich die Einwendungen der MAV auf die Missachtung von Rechten der Mitarbeiter/innen, hier des Rechts auf freie Berufsausübung (Art. 12 GG) oder auf Ungleichbehandlung gegenüber anderen Mitarbeiter/innen beziehen.

Beschäftigung über die Altersgrenze hinaus nach Zif. 7

Die Arbeitsvertragsordnungen verlangen bei einer Beschäftigung von Mitarbeiter/innen nach Erreichen des Lebensalters für die abzugsfreie Altersrente den Abschluss eines neuen, dann nur noch befristeten Arbeitsvertrages. Da es sich dabei um eine Einstellung im Sinne des § 34 handelt, nimmt die MAV schon im Rahmen dieser Vorschrift ein Zustimmungsrecht wahr. Über diese Ziffer des § 35 hat sie zusätzlich die Möglichkeit, eine etwaige Ungleichbehandlung, die nicht Gegenstand der Prüfung des § 34 ist, feststellen zu können.

Beamtenrechtliche Regelungen nach den Zif. 8 und 9

Das Zustimmungsrecht für die Hinausschiebung des Eintritts in den Ruhestand wegen Erreichens der Altersgrenze ist die beamtenrechtliche Version der Vorziffer. Da beide Maßnahmen von der Initiative der/des Betroffenen abhängen, kann die MAV zwar einen (sehr unwahrscheinlichen) Rechtsverstoß prüfen, zu einer Ungleichbehandlung oder Benachteiligung kann sie aber nur bei Vergleichbarkeit mit anderen, vom Dienstgeber abweichend entschiedenen Fällen kommen, wozu sie auf besondere Informationen (früherer Mitarbeiter/innen) angewiesen wäre. Die Anordnungen zur Beschränkung der Wohnungsfreiheit kommen in entsprechender Anwendung des

§ 74 Abs. 2 Bundesbeamtengesetz (Beamter muss aus dienstlichen Gründen in der Nähe der Behörde wohnen) nur bei Kirchenbeamten in Betracht und haben kaum eine Bedeutung.

Die letzten Ziffern des § 35 betreffen sämtlich Beamtenverhältnisse. Sie haben deshalb in der Praxis einer MAV keine allzu große Bedeutung.

Das Letzte ...

Wenn Leitende, die keine Mitarbeiter im Sinne der MAVO sind, über die Altersgrenze hinaus weiterbeschäftigt werden sollen, kann die MAV nur widersprechen, wenn damit z. B. gegen eine kircheneigene Ordnung oder eine Dienstvereinbarung verstoßen wird.

§ 36 Zustimmung bei Angelegenheiten der Dienststelle

(1) Die Entscheidung bei folgenden Angelegenheiten der Dienststelle bedarf der Zustimmung der Mitarbeitervertretung, soweit nicht eine kirchliche Arbeitsvertragsordnung oder sonstige Rechtsnorm Anwendung findet:

1. Änderung von Beginn und Ende der täglichen Arbeitszeit einschließlich der Pausen sowie der Verteilung der Arbeitszeit auf die einzelnen Wochentage,
2. Festlegung der Richtlinien zum Urlaubsplan und zur Urlaubsregelung,
3. Planung und Durchführung von Veranstaltungen für die Mitarbeiterinnen und Mitarbeiter,
4. Errichtung, Verwaltung und Auflösung sozialer Einrichtungen,
5. Inhalt von Personalfragebogen für Mitarbeiterinnen und Mitarbeiter,
6. Beurteilungsrichtlinien für Mitarbeiterinnen und Mitarbeiter,
7. Richtlinien für die Gewährung von Unterstützungen, Vorschüssen, Darlehen und entsprechenden sozialen Zuwendungen,
8. Durchführung der Ausbildung, soweit nicht durch Rechtsnormen oder durch Ausbildungsvertrag geregelt,
9. Einführung und Anwendung technischer Einrichtungen, die dazu bestimmt sind, das Verhalten oder die Leistung der Mitarbeiterinnen und Mitarbeiter zu überwachen,
10. Maßnahmen zur Verhütung von Dienst- und Arbeitsunfällen und sonstigen Gesundheitsschädigungen,
11. Maßnahmen zum Ausgleich und zur Milderung von wesentlichen wirtschaftlichen Nachteilen für die Mitarbeiterinnen und Mitarbeiter wegen Schließung, Einschränkung, Verlegung oder Zusammenlegung von Einrichtungen oder wesentlichen Teilen von ihnen,
12. Festlegung des Bereitschaftsdienstentgeltes, soweit eine kirchliche Arbeitsvertragsordnung dies vorsieht.

(2) Abs. 1 Nr. 1 findet keine Anwendung auf Mitarbeiterinnen und Mitarbeiter für pastorale Dienste oder religiöse Unterweisung, die zu ihrer Tätigkeit der ausdrücklichen bischöflichen Sendung oder Beauftragung bedürfen, sowie auf Mitarbeiterinnen und Mitarbeiter im liturgischen Dienst.

(3) Muss für eine Einrichtung oder für einen Teil der Einrichtung die tägliche Arbeitszeit gemäß Abs. 1 Nr. 1 nach Erfordernissen, die die Einrichtung nicht voraussehen kann, unregelmäßig oder kurzfristig festgesetzt werden, ist die Beteiligung der Mitarbeitervertretung auf die Grundsätze für die Aufstellung der Dienstpläne, insbesondere für die Anordnung von Arbeitsbereitschaft, Mehrarbeit und Überstunden beschränkt.

Diözesane Abweichungen

(Erz-) Bistümer Augsburg, Eichstätt, München und Freising, Passau, Regens burg, und Würzburg: *zu Zif. 1 nur die längerfristige Änderung von Beginn und Ende der Arbeitszeit ist zustimmungspflichtig.*

Volle inhaltliche Mitbestimmung

Mit dem § 36 beginnt der Bereich der vollen Mitbestimmung der Mitarbeitervertretung. Die hier genannten Maßnahmen können nur mit dem ausdrücklichen Einverständnis der MAV durchgesetzt werden. Bei der Erhebung von Einwendungen und bei der Verweigerung der Zustimmung ist die MAV nicht auf bestimmte Behauptungen beschränkt. Sie kann also nicht nur die Rechtmäßigkeit, sondern auch die Zweckmäßigkeit einer Regelung beurteilen und die Maßnahme mit dieser Begründung ablehnen.

Vorbehalt der gesetzlichen oder tariflichen Regelung

Die Mitwirkung der Mitarbeitervertretung kommt nur in Betracht, wenn die Maßnahme nicht bereits durch eine Arbeitsvertragsordnung oder eine gesetzliche Regelung festgelegt ist.

Diese Formulierung darf nicht zu dem Schluss führen, dass alle Sachverhalte, die grundsätzlich in Gesetzen oder Ordnungen geregelt sind, die Beteiligung der MAV bereits ausschließen. Dann liefe dieses Mitwirkungsrecht ins Leere, denn es gibt kaum einen Bereich, der ungeregelt ist. Nur wenn solche Regelungen unmittelbar anwendbar sind, also auch der Dienstgeber nicht den geringsten Entscheidungsspielraum hat, greift § 36 nicht.

▶ **Beispiele**

Beispiel 1: Der Dienstgeber muss nach den einschlägigen landesrechtlichen Regelungen für den öffentlichen Bereich seiner Einrichtung zwar ein Rauchverbot verhängen. Welches genau dieser Bereich ist, welche Ausnahmen existieren und wie er im Rahmen seiner Fürsorgepflicht für die weiterhin rauchenden Mitarbeiter für menschenwürdige Möglichkeiten des Rauchens in Pausen sorgt, unterliegt der Mitbestimmung nach § 36 Abs. 1 Ziffer 10.

Beispiel 2: Der Dienstgeber kann nach den Arbeitsvertragsordnungen Überstunden anordnen, wenn diese Maßnahme betrieblich erforderlich ist. Ob die genannten Tatbestandsvoraussetzungen vorliegen, wann und durch wen die Überstunden zu leisten sind, ist im Einzelfall nicht festgelegt, muss betriebsbezogen geklärt werden und bedarf der Zustimmung der MAV nach § 36 Abs. 1 Ziffer 1.

Beispiel 3: Will der Dienstgeber anordnen, dass der Jahresurlaub im laufenden Kalenderjahr zu nehmen ist und nur ausnahmsweise bis zum 30.4. des Folgejahres angetreten werden kann, handelt es sich um keinen zustimmungspflichtigen Sachverhalt, weil exakt diese Festlegung in den Arbeitsvertragsordnungen verbindlich getroffen ist.

Die einzelnen Sachverhalte der Mitbestimmung

Allen Mitbestimmungstatbeständen ist gemeinsam, dass sie Angelegenheiten betreffen, die Auswirkungen auf das soziale Gefüge in einer Einrichtung haben und die im Grundsatz nicht arbeits- oder tarifrechtlich bestimmt sind, sondern über das Direktionsrecht der Leitung geregelt werden.

Arbeitszeitänderung nach Zif. 1

Der wichtigste Tatbestand der Mitbestimmung im Rahmen dieser Vorschrift ist das Zustimmungsrecht zur Arbeitszeitänderung. Die Bestimmung der Lage der Arbeitszeit gehört zu den Entscheidungen, die der Dienstgeber meistens nach betrieblichen Erfordernissen treffen kann, ohne auf einzelvertragliche Regelungen Rücksicht nehmen zu müssen. In den Arbeitsverträgen wird üblicherweise nur die Anzahl der Arbeitsstunden pro Woche geregelt, eine Festlegung der Arbeitszeit auf bestimmte Wochentage oder den Beginn und das Ende der Arbeitszeit sehen die Verträge nur bei besonderer ausdrücklicher Zusatz-Vereinbarung vor.

Die Zustimmung der MAV ist zu beantragen, wenn der Dienstgeber die Lage der Arbeitszeit oder der Pausen durch eine kollektive Maßnahme ändern will. Nicht davon erfasst sind die Fälle, in denen die Arbeitszeitänderung auf den Wunsch einer Mitarbeiterin oder eines Mitarbeiters erfolgt. Hier liegt keine »Entscheidung des Dienstgebers« im Sinne einer kollektiv ausgerichteten Maßnahme.

Andererseits besteht die Notwendigkeit der Zustimmung, wenn der Ausgangspunkt für die Arbeitszeitänderung nicht der Wunsch einer einzelnen Mitarbeiterin/eines einzelnen Mitarbeiters ist, sondern die Änderung vom Dienstgeber ausgeht, auch wenn sie nur eine einzelne Mitarbeiterin/einen einzelnen Mitarbeiter betrifft. Das ist denkbar, wenn in bestimmten Bereichen einer Einrichtung nur eine Mitarbeiterin oder ein Mitarbeiter tätig ist, also beispielsweise für die einzige Reinigungskraft einer kleinen Kindertagesstätte oder die Pfarrsekretärin. Würde man ein Zustimmungsrecht in solchen Fällen verneinen, könnten Dienstgeber die Mitbestimmung der MAV unterlaufen, indem sie die Arbeitszeitänderung »in Raten«, also immer nur für Einzelne nacheinander anordnen könnten.

Schicht- oder Dienstpläne

Eine besonders große Rolle spielt dieser Tatbestand in Einrichtungen, in denen nach einem Schicht- oder Dienstplan gearbeitet werden muss, der eine ständige Veränderung vorsieht. Im Prinzip müsste dann jeder einzelne Schichtplan zustimmungspflichtig sein, weil er zwangsläufig Veränderungen des Beginns und des Endes der täglichen Arbeitszeit für alle Betroffenen enthält. Die MAVO sieht in diesem Fall aber eine Sonderregelung vor. Nach § 36 Abs. 3 sind in solchen Einrichtungen nur die Grundsätze für die Erstellung von Dienstplänen zustimmungspflichtig. Wenn der Dienstgeber Änderungen durchsetzen will bei der Punkten wie:

- Wieviel Tage vor Inkrafttreten muss ein Dienstplan bekannt gemacht werden
- wer darf Änderungen am Dienstplan vornehmen
- in welcher Form wird der Dienstplan bekannt gemacht
- wann dürfen durch wen Überstunden angeordnet werden
- Änderung der Lage der Arbeitsschichten und der Pausen.

ist die MAV zu beteiligen. Veränderungen zur Dienstpflicht einzelner Mitarbeiter/innen und dergleichen, die sich routinemäßig ergeben, sind vom Zustimmungsrecht in solchen Einrichtungen nicht erfasst.

Anordnung von Mehrstunden oder Überstunden

Die Mitarbeitervertretung hat keinen rechtlich gesicherten Einfluss auf die Personalplanung in einer Einrichtung. Das wird häufig von Mitarbeiter/innen beklagt, die unter sogenannter »Arbeitsverdichtung«, also immer mehr Arbeit für immer weniger Mitarbeiter/innen, leiden. Vakante Stellen werden nicht besetzt, statt dessen versuchen viele Dienstgeber mit dem vorhandenen Personal durchzukommen. Das führt dazu, dass häufig Überstunden angeordnet werden müssen Mit Ausnahme der Einrichtungen nach § 36 Abs. 3 liegt in jeder Anordnung von Überstunden eine zustimmungspflichtige Arbeitszeitänderung, für die der Dienstgeber die Zustimmung der MAV braucht. Aus dem Verfahrensablauf (siehe § 33) ist aber schon deutlich, dass es sich hierbei nur um längerfristig planbare Mehr- oder Überstunden handeln kann, denn sonst wäre eine ordnungsgemäße Beteiligung der MAV (Wochenfrist für Zustimmung) nicht sicherzustellen.

Zustimmungsrecht taktisch einsetzen

In großen Einrichtungen kann die MAV diese Situation nutzen, um den Dienstgeber mit der Forderung nach Neueinstellungen und der Erhöhung von vertraglich vereinbarten Arbeitsstunden für das vorhandene Personal zu konfrontieren. Die Verbindung mit einer solchen Forderung ist erscheint legitim. Denn die Notwendigkeit der Anordnung von Überstunden ergibt sich oft aus einer viel zu »dünnen Personaldecke«. Mitarbeitervertretungen sollten nicht generell in diesem Bereich pokern, sondern die Situation zu einer Diskussion über den Personalbedarf nutzen, indem sie sich Daten und Fakten beschaffen über

- einen aktuellen Stellenplan,
- eine Liste der Überstundenkonten der Mitarbeiter/innen,
- Informationen über Fehlzeiten der Mitarbeiter/innen.

Nach einer Bewertung dieser Umstände kann die MAV dann zu dem Ergebnis kommen, dass eine voreilige Zustimmung die Sorglosigkeit des Dienstgebers fördern würde und zu Lasten von Mitarbeiter/innen geht, die schon sehr viele Überstunden geleistet haben. Denkbar wäre dann, mit dem Dienstgeber Verabredungen über die Art des Abbaus von Überstunden zu treffen und der Anordnung der Arbeitszeitänderungen unter diesem Vorbehalt zuzustimmen.

Pastoral, liturgisch und in der religiösen Unterweisung Tätige

Wie schon in § 34 und 35 sind Mitarbeiter/innen aus dem Bereich der pastoralen und liturgischen Dienste sowie der religiösen Unterweisung von der Mitbestimmung bei einer Arbeitszeitänderung ausgenommen. Für sie gilt nur das Recht auf Anhörung und Mitberatung nach § 29 Abs. 1 Zif. 2.

Richtlinien zum Urlaubsplan und zur Urlaubsregelung nach Zif. 2

Das Recht auf Erholungsurlaub ist ein individuelles Recht jeder einzelnen Mitarbeiterin/jedes einzelnen Mitarbeiters. Die Mitarbeitervertretung ist nur für die grundsätzliche Abstimmung der persönlichen Interessen und der betrieblichen Belange zuständig. Daher ist sie immer dann zu beteiligen, wenn der Dienstgeber grundsätzliche Festlegungen zum

- Urlaubsplan = Lage des Erholungsurlaubs, Betriebsurlaub und Urlaubssperre oder zur
- Urlaubsregelung = Verfahren der Beantragung und Gewährung des Erholungsurlaubs

machen will.

Urlaubsplan

Der Dienstgeber wird zum erstgenannten Bereich das Interesse haben, möglichst früh, schon vor Beginn des eigentlichen Urlaubsjahres eine Übersicht über die Personalausstattung, die Abwesenheit von Mitarbeiter/innen zu haben, um durch interne Vertretungen oder kurzfristige Aushilfen den Dienstbetrieb sicherstellen zu können. Erfahrungsgemäß ballen sich die Urlaubswünsche der Mitarbeiter/innen zu bestimmten Jahreszeiten (Schulferien, Winterurlaub) und rund um bestimmte gesetzliche Feiertage (Weihnachten/Jahreswechsel oder sogenannte »Brückentage«-Tage zwischen gesetzlichen Feiertagen und arbeitsfreiem Wochenende). Andererseits fällt in vielen Einrichtungen, die keinen vollkontinuierlichen Betrieb (»Rund um die Uhr«) erforderlich machen oder eine nicht von bestimmten Anforderungen abhängige Planung ermöglichen, auch in den üblichen Urlaubszeiten weniger Arbeit an.

Die MAV sollte anhand des Stellenplanes, eventuell mit einer Übersicht über den Anfall von Mehr- und Überstunden und aufgrund der Erfahrungen der letzten Jahre darauf achten, dass eine realistische Planung stattfindet.

Urlaubssperre

Zu beteiligen ist sie im Rahmen des § 36 an der Festlegung einer Urlaubssperre, also der Entscheidung des Dienstgebers, dass in bestimmten Zeiten Urlaub grundsätzlich nicht gewährt wird, zum Beispiel zwischen Weihnachten und Neujahr, an Brückentagen oder zu anderen Zeiten, in denen mit personell knapper Ausstattung zu rechnen ist. Ausnahmen müssen möglich bleiben. Wenn also eine Mitarbeiterin/ein Mitarbeiter wegen besonderer persönlicher Anlässe einen oder einige Tage Urlaub nehmen muss (z. B. auch weil eine Freistellung nach den Arbeitsvertragsordnungen nicht möglich ist), muss der Dienstgeber sich trotz der Urlaubssperre auf eine Ausnahme einlassen.

Betriebsferien

Ein weiterer Fall sind die sogenannten Betriebsferien, also der umgekehrte Fall: Alle Mitarbeiter/innen sollen in einer festgelegten Zeit einen wesentlichen Teil ihres gesamten Erholungsurlaubs nehmen. Das mag betrieblich sinnvoll sein, weil die Bewohner, Patienten oder betreute Personen ebenfalls in dieser Zeit keine Nachfrage nach den Leistungen der Einrichtung haben, wie zum Beispiel in der Kindertagesstätte während der Schulferien. Bei einer solchen Festlegung muss der Dienstgeber aber darauf achten, dass den Mitarbeiter/innen noch ein nicht unerheblicher Teil ihres Urlaubs zur freien Verfügung bleibt. Erholungsurlaub ist nach den Arbeitsvertragordnungen nur auf Antrag zu gewähren und kann nicht ausschließlich nach betrieblichen Anforderungen durch den Dienstgeber »verordnet« werden. Wird der gesamte Urlaub durch Betriebsferien belegt, ist unter Umständen der vom Gesetz geforderte „Erholungszweck des Urlaubs" nicht sichergestellt.

Planung und Durchführung von Veranstaltungen für Mitarbeiter/innen nach Zif. 3

Bei den Veranstaltungen, die die Einrichtung für ihre Mitarbeiterinnen und Mitarbeiter anbietet, haben die Mitarbeitervertretungen ein sehr umfassendes Mitbestimmungsrecht. Nicht allein an der Auswahl der in Betracht kommenden Veranstaltungen, sondern auch an der organisatorischen Abwicklung sind sie maßgeblich beteiligt. Hier sind der Dienstgeber oder die Leitung vollkommen auf das Einvernehmen mit der MAV angewiesen. Das bedeutet nicht, dass die MAV eine beliebige Anzahl von Veranstaltungen durchführen und den Dienstgeber zu einer bezahlten Freistellung von Mitarbeiter/innen zwingen könnte.

Ob es grundsätzlich solche Veranstaltungen gibt, ob der Dienstgeber und wenn ja in welcher Höhe er sich an den Kosten beteiligt, ist nach den Kriterien des Arbeitsrechts zu entscheiden. Die Frage ist hier, ob ein Anspruch der einzelnen Mitarbeiterin/des Mitarbeiters besteht. Eine ausdrückliche Regelung dazu wird es in der Regel nicht geben. Grundlage könnte allenfalls ein Gewohnheitsrecht, insbesondere die sogenannte »betriebliche Übung« sein. Wenn der Dienstgeber beispielsweise über einen Zeitraum von mehreren Jahren unter Arbeitsfreistellung einen Betriebsausflug finanziert hat, ist im Zweifel anzunehmen, dass er insoweit unter rechtlicher Bindung auch in der Zukunft entsprechend verfahren will. Wenn er dazu (nicht mehr) bereit ist, hat er im Prinzip gegenüber allen Mitarbeiter/innen eine Änderungskündigung zu erklären. Das ist zwar umständlich, lässt sich aber unter Berufung auf betriebliche Gründe eigentlich unproblematisch umsetzen.

An diesem Beispiel wird deutlich: Ohne einen entsprechenden finanziellen Rahmen, den der Dienstgeber zu schaffen hat, geht dieses Mitbestimmungsrecht ins Leere. Veranstaltungen wie

- Weihnachts- und sonstige Betriebsfeste,
- Jubiläumsveranstaltungen oder
- Betriebsausflüge

lassen sich zwar auch über Beiträge der Mitarbeiter/innen zumindest mitfinanzieren. Eine Veranstaltung mit der Teilnahme der meisten Kolleginnen oder Kollegen ist aber nur dann sicherzustellen, wenn eine Arbeitsfreistellung (bei Lohnfortzahlung bzw. unter Anrechnung auf die Arbeitszeit) erfolgt. Diese Entscheidung liegt aber ausschließlich beim Dienstgeber.

Errichtung, Verwaltung und Auflösung sozialer Einrichtungen nach Zif. 4

Für alle sozialen, also für die Gesundheit, Hygiene, den Unfallschutz und andere persönlichen Bedürfnisse der Mitarbeiter/innen nötigen gemeinschaftlichen Dinge in der Einrichtung haben die Mitarbeitervertretungen ein weitgehendes Recht auf Mitbestimmung. »Soziale Einrichtungen« in diesem Sinne sind zum Beispiel:

- Pausenräume
- Raucherraum
- Toiletten
- Dusch- und Umkleideräume
- Behandlungsräume für Erste Hilfe
- Parkplätze für Behinderte
- Kantinen, Speiseräume und Verkaufsstellen/Kiosk
- das MAV-Büro
- Telefon für Privatgespräche (soweit über das Diensttelefon untersagt).

Ob solche Einrichtungen überhaupt vorgehalten werden müssen, hängt von der Art der Einrichtung und der Anzahl der Mitarbeiter/innen ab. Soweit gesetzliche Verpflichtungen für den Dienstgeber bestehen, sind diese im wesentlichen in der Betriebsstättenverordnung geregelt. Eine wichtige Größe bildet dabei die Zahl von 20 Mitarbeiter/innen. Unterhalb dieser Marge sind zum Beispiel für Männer und Frauen getrennte Toiletten eine freiwillige Einrichtung, Pausenräume nicht vorgeschrieben.

Die MAV hat in allen Phasen der Veränderung solcher »Einrichtungen« ein Zustimmungsrecht.

- bei der Errichtung, also der erstmaligen oder veränderten »In-Betriebnahme«,
- bei der Verwaltung, also jeder Maßnahme, die auf die Benutzung bezogen ist, wie zum Beispiel Regelungen der Benutzung (wesentliche Preisänderungen in Kantinen und an Verkaufsstellen, Preis- und Benutzungsänderungen für Telefone)
- und bei der Schließung oder Abschaffung solcher Einrichtungen, die in der Regel mit besonderen Nachteilen für die Mitarbeiter/innen verbunden ist.

Inhalt von Personalfragebögen nach Zif. 5

Ein Personalfragebogen ist ein Formular zur Erfassung wichtiger persönlicher Daten der Mitarbeiter/innen, der üblicherweise vor der Aufnahme eines Dienstverhältnisses entweder mündlich abgefragt wird oder schriftlich von der oder dem Einzustellenden ausgefüllt werden muss. Neben unproblematischen Daten wie dem Namen, der Anschrift, Telefon und Familienverhältnissen enthalten solche Fragebögen oft auch Fragen nach dem privaten und persönlichen Umfeld von Mitarbeiter/innen. Solche Fragen können zur Verletzung von Grundrechten führen. Der Schutz der freien Entfaltung der Persönlichkeit, der Meinungs- und Religionsfreiheit, der Vereinigungsfreiheit oder der Gleichbehandlung von Männern und Frauen kann durch verschiedene Fragen beeinträchtigt werden.

Grundsätzlich gilt:

- Der Dienstgeber darf alle Fragen stellen, die im Rahmen seiner Fürsorgepflicht zur ordnungsgemäßen Begründung und Durchführung des Dienstverhältnisses unbedingt erforderlich sind. Die Mitarbeiter/innen haben diese Fragen wahrheitsgemäß zu beantworten. Wahrheitswidrige Behauptungen können unter Umständen zur Anfechtung des Arbeitsvertrages wegen arglistiger Täuschung führen.
- Der Dienstgeber darf keine Fragen stellen, die eine unzulässige Beeinträchtigung von Grundrechten darstellen oder für die Begründung und Durchführung des Dienstverhältnisses nicht erforderlich sind. Die Mitarbeiter/innen können die Beantwortung verweigern oder – falls die Verweigerung der Antwort zu Rückschlüssen führen kann – sogar zu solchen Fragen falsche Angaben machen.

Das Mitbestimmungsrecht der MAV soll solche unsicheren Situationen für Stellenbewerber durch die Beteiligung bei der Erstellung dieser Fragebögen von vornherein verhindern. Die MAV soll Personalfragebögen schon vor ihrer Einführung prüfen und die Zustimmung für unzulässige Fragen verweigern. Um solche würde es sich grundsätzlich handeln, wenn der Dienstgeber Angaben verlangt über

- das Bestehen einer Schwangerschaft,
  Ausnahme: wenn nach der Art des Arbeitsplatzes für werdende Mütter ein Beschäftigungsverbot bestünde (§§ 3 und 4 Mutterschutzgesetz) oder entsprechend § 8 Schicht-, Nacht- oder Feiertagsarbeit erforderlich ist,
- die Zugehörigkeit zu einer Partei, einer Gewerkschaft oder einem Berufsverband,
- eine frühere Tätigkeit für den Betriebsrat,
- Vorstrafen,
  Ausnahme: Frage nach Vermögensdelikten bei besonderer Vertrauensstellung oder Übertragung von Vermögensinteressen,
- Zugehörigkeit zu Vereinen, insbesondere auch die Ausübung gesundheitsgefährdender Sportarten oder anderer Freizeitbeschäftigungen.

Zulässig sind dagegen Fragen nach

- der Religionszugehörigkeit (die sich ohnehin aus der Lohnsteuerkarte ergibt), aber auch nach einem früherem Kirchenaustritt, weil die Grundordnung zum kirchlichen Dienst (Art. 4) ein Eintreten der Mitarbeiter/innen für die kirchlich orientierten Ziele der Einrichtung verlangt oder
- der Anerkennung als Schwerbehinderte/r, weil sich daraus für den Dienstgeber (siehe §§ 9 bis 11 Schwerbehindertengesetz) die Möglichkeit zur Einsparung der Pflichtabgabe, aber auch die Pflicht zur Rücksichtnahme bei der Gestaltung des Arbeitsplatzes ergibt.

Beurteilungsrichtlinien für Mitarbeiterinnen und Mitarbeiter nach Zif. 6

Die Beurteilung einer Mitarbeiterin/eines Mitarbeiters ist Sache des Dienstgebers, unterstützt durch den jeweiligen Vorgesetzten. Die MAV hat nicht bei der eigentlichen Beurteilung mitzubestimmen, sondern bei der Frage, wie die Beurteilung durchgeführt wird. Hilfsmittel dafür sind im allgemeinen Formblätter, die Kriterien der Beurteilung erfassen, also die üblichen Merkmale wie

- Qualität des Arbeitsergebnisses und Zuverlässigkeit,
- Arbeitstempo und -sorgfalt,
- fachliche Qualifikation,
- Belastbarkeit,
- Arbeitsbereitschaft,
- Pflichtbewusstsein,
- allgemeines Verhalten.

Darüber hinaus kann an Arbeitsplätzen, die selbständige Leistungen und schriftliche Kommunikation erfordern, erfasst werden:

- Selbständigkeit,
- berufliches Interesse,
- Auffassungsgabe,
- Urteilsfähigkeit,
- Ausdrucksfähigkeit

und an Arbeitsplätzen mit Koordinationsaufgaben ferner

- Organisationsvermögen,
- Verhandlungsgeschick,

und eventuell

- Eignung als Vorgesetzter.

Zu den einzelnen Kriterien ist bei der Beurteilung dann jeweils eine Aussage zu der individuellen Leistung der Mitarbeiterin/des Mitarbeiters zu machen, die sich an der aus Schulzeugnissen bekannten Einteilung in die Notenscala zwischen »sehr gut« und »ungenügend« orientieren kann. Durchgesetzt hat sich ein Punktesystem, das es ermöglicht, zu einer Gesamtaussage über die Leistung der Mitarbeiterin/des Mitarbeiters zu kommen, die auch eine Vergleichbarkeit mit Anderen erlaubt.

Gerade hier liegt aber auch die Gefahr solcher Beurteilungen: Mitarbeiter/innen werden auf eine Punktzahl reduziert, die konkrete Leistung wird nicht mehr sichtbar, es können Ungerechtigkeiten entstehen.

Beurteilungen werden im Wesentlichen erforderlich bei

- Ende der Probezeit,
- Zuweisung einer höherwertigen Tätigkeit,
- Erstellung eines Zeugnisses oder Zwischenzeugnisses.

Richtlinien für soziale Zuwendungen nach Zif. 7

Soziale Zuwendungen sind geldwerte Leistungen, die an Mitarbeiter/innen aufgrund ihrer Betriebszugehörigkeit zu besonders günstigen Bedingungen erbracht werden.

Nicht erfasst werden alle Leistungen, die der Dienstgeber aufgrund vertraglicher Verpflichtungen, sei es laut Arbeitsvertragsordnung, Arbeitsvertrag, unter Umständen sogar »betrieblicher Übung« erbringt. Im Unterschied zu solchen Leistungen, auf die ein Rechtsanspruch besteht, geht es hier um freiwillige Leistungen, die im Ermessen des Dienstgebers liegen. Es kann sich dabei um Zuschüsse zum Ausgleich besonderer persönlicher Belastungen, Mietzuschüsse, Vorschüsse auf das Arbeitsentgelt, zinsgünstige Darlehen, eventuell auch Baudarlehen und ähnliche Vergünstigungen handeln.

Da kein Rechtsanspruch auf solche Leistungen besteht, ist die Zuständigkeit der MAV auch nur auf die »Richtlinien für die Gewährung« beschränkt. Diese Richtlinien sind unterschiedlich ausgestaltet. Sie können sich aus einem einfachen Rundschreiben des Dienstgebers, einer Erklärung auf einer Dienstversammlung oder in schriftlich fixierter Form wiederfinden. Die MAV hat sich darum zu kümmern, dass eine Gleichbehandlung der Mitarbeiter/innen bei der Verteilung sichergestellt wird. Ob der Dienstgeber soziale Zuwendungen einführt oder abschafft, ist allein seine Sache.

Durchführung der Ausbildung nach Zif. 8

Dieses Mitbestimmungsrecht hat kaum eine praktische Bedeutung. Es beschränkt sich zunächst nur auf solche (Berufs-) Ausbildungsmaßnahmen, die einrichtungsintern durchgeführt werden. Damit kommt es ohnehin nur für große Einrichtungen mit eigenen Auszubildenden in Betracht. Ferner besteht die Einschränkung, dass alle durch Rechtsvorschriften oder den Ausbildungsvertrag vorgeschriebenen Maßnahmen nicht erfasst werden. Damit bleibt nur ein sehr kleiner Bereich kirchenspezifischer, zusätzlich zur vorgeschriebenen Ausbildung möglicher Angebote.

Technische Einrichtungen nach Zif. 9

Die Einführung und Anwendung technischer Einrichtungen ist ein immer wichtig werdender Bereich der Mitbestimmung. Nach dem Wortlaut der Vorschrift sind nur solche technischen Einrichtungen erfasst, die *»dazu* *bestimmt sind,* das Verhalten oder die Leistung der Mitarbeiter/innen zu überwachen«. Durch mehrere Gerichtsurteile zu den entsprechenden Regelungen im Bundespersonalvertretungsgesetz und im Betriebsverfassungsgesetz ist aber klargestellt, dass es für das Mitbestimmungsrecht nicht auf die Zielrichtung (zur Überwachung), sondern nur auf die *objektive Eignung* ankommt.[37]

▸ **Beispiel**

Ein System der Telefonerfassung, das den internen Teilnehmer, die Gesprächsdauer, und eine verkürzte Rufnummer aufzeichnet ist danach eigentlich nicht zur Kontrolle der Anwesenheit der Mitarbeiterin/des Mitarbeiters installiert, sondern soll nur Detailangaben über das Entstehen der Telefonkosten machen.

Trotzdem ist klar, dass man anhand solcher Daten ein Verhaltensprofil (Anwesenheit, Dauer der Telefonate, Aktivitätskurve) der betreffenden Mitarbeiter/innen erstellen könnte. Das reicht zur Begründung des Mitbestimmungsrechtes aus.

An weiteren Beispielen für eine technische Einrichtung im Sinne dieser Ziffer wären denkbar

- alle Geräte, die akustische oder optische Aufzeichnungen am Arbeitsplatz vornehmen,
- Zeiterfassungs- und Zugangskontrollsysteme, die unmittelbar mit einem System der Elektronischen Datenverarbeitung verbunden sind,
- Geräte zur Leistungserfassung, die die Grundlage für die Abrechnung medizinischer oder pflegerischer Leistungen in ein EDV-System eingeben.

Nicht unter diese Ziffer fallen dagegen alle Formen von Datenerfassung oder Leistungs- und Verhaltenskontrolle, die durch andere Mitarbeiter ggf. auch unter Verwendung technischer Geräte vorgenommen werden. Das ist zum Beispiel auch der Fall bei den sogenannten »Stechuhren«. Die hier erfassten Daten (Betreten/Verlassen der Einrichtung) dienen Mitarbeitern in Verwaltung und Buchhaltung nur als Grundlage für eine Übertragung anderer personenbezogener Dateien. Die Datenerhebung und Verarbeitung erfolgt also nicht automatisch, sondern andere Mitarbeiter/innen verarbeiten die Daten »von Hand«, damit kontrolliert.

Einführung

Die MAV ist bereits vor der Einführung der technischen Einrichtung zu beteiligen. Sie muss möglicherweise auch an einer Auswahlentscheidung beteiligt werden. Denn wenn es – wie meistens – um die Einführung eines EDV-Pro-

---

37 Bleistein/Thiel, Rz. 60 zu § 36 mit weiteren Nachweisen zur Rechtsprechung

grammes nebst dazugehöriger Hardware geht, spielt die Akzeptanz seitens der Mitarbeiterschaft eine sehr große Rolle. Hier kann die MAV Ängste abbauen, indem sie sich möglichst unmittelbar informiert. Außerdem kennen die Mitglieder der MAV die betrieblichen Abläufe oft genauer als der Dienstgeber. Die MAV sollte daher auch als Ratgeber akzeptiert werden.

Bei einer Beteiligung in diesem Bereich ist es besonders wichtig, dass die MAV sich technisch sachkundig macht. Das kann geschehen durch Einbeziehung in Informationsveranstaltungen der Anbieter. Die MAV sollte früh deutlich machen, dass eine Zustimmung nur dann zu erreichen ist, wenn der Dienstgeber die MAV dabei unterstützt, sich gut zu informieren. Eine weitere Möglichkeit wäre eine (produktunabhängige) Schulung, an der die MAV teilnehmen kann. Sollte sie dennoch unsicher sein, ob sie die Zustimmung zur Einführung der technischen Einrichtung geben kann, ist zu überlegen, ob die Zustimmung zunächst befristet für eine Erprobungsphase erklärt wird. Das gäbe die Möglichkeit, Erfahrungen zu sammeln, setzt aber auch voraus, dass der Dienstgeber in den Verhandlungen Optionen für einen Rücktritt oder eine Veränderung offen hält.

Anwendung

Die Mitbestimmung bei der Anwendung betrifft die Fragen des laufenden Betriebes. Wie bei der Einführung besteht auch hier das Problem, alle Auswirkungen nicht im Rahmen eines Mitbestimmungsverfahrens innerhalb kurzer Zeit zu überblicken. Man kann etwas Wichtiges übersehen oder muss auf Erfahrungen reagieren können. Ist eine Befristung vereinbart, kann man nachbessern.

Im übrigen empfiehlt sich gerade bei der Anwendung einer technischen Einrichtung der Abschluss einer Dienstvereinbarung anstelle der Durchführung des Zustimmungsrechtes, das hier zu stark auf eine Einzelentscheidung abstellt.

Maßnahmen zur Verhütung Gesundheitsbeschädigungen nach Zif. 10

Die wichtigsten Entscheidungen für eine MAV in diesem Bereich betreffen die Zustimmung zur Bestellung der nach dem Arbeitssicherheitsgesetz (ASIG) ab 20 Beschäftigte vorgeschriebenen

- Fachkräfte für Arbeitssicherheit oder – der nach Art und Größe der Einrichtung obligatorischen –
- Bestellung eines Sicherheitsbeauftragten,
- oder eines Betriebsarztes.

Im Übrigen ist die MAV immer dann zustimmungsberechtigt, wenn eine Maßnahme nicht in Art und Umfang ausdrücklich durch eine Rechtsvorschrift vorgeschrieben ist. Dann besteht für den Dienstgeber ein Ermessensspielraum und damit für die MAV auch die Möglichkeit, eine abweichende Entscheidung oder eine andere Ausgestaltung der Maßnahme zu fordern. Bei allen freiwilligen, über die gesetzlichen Vorschriften hinausgehenden Maßnahmen und überall dort, wo mehrere verschiedene Maßnahmen zur Umsetzung der rechtlichen Vorgabe in Betracht kommen, ist die MAV zu beteiligen.

Maßnahmen zum Ausgleich von Härten durch Betriebsänderungen nach Zif. 11

Das Thema »Betriebsänderungen«, also Schließung, Einschränkung, Verlegung oder Zusammenlegung von Einrichtungen oder wesentlichen Teilen von ihnen, war bereits unter § 29 Abs. 1 Zif. 17 aufgeführt. Im Unterschied zur Beteiligung bei der Entscheidung selbst, die über die Anhörung und Mitberatung eher schwach ausfällt, besteht bei der Entscheidung über soziale Maßnahmen, die aus der Betriebsänderung resultieren, ein Recht auf Mitbestimmung. Damit dieses Recht zum Tragen kommt, müsste der Dienstgeber in einer entsprechenden Situation selbst die Initiative zur Gewährung solcher Leistungen wie

- Umzugskosten und Fahrtkosten,
- Überbrückungszahlungen,
- Übergangsgelder,
- Abfindungen etc.

ergreifen. Das ist aber die Ausnahme. Namentlich im Falle einer Schließung oder Teilschließung suchen Dienstgebervertreter erfahrungsgemäß eher nach individuellen Lösungen. Sie führen Gespräche mit den Betroffenen und bemühen sich vorrangig um eine einvernehmliche, auf den Einzelfall bezogene Regelung. Das mag aus ihrer Sicht verständlich sein.

Die MAV sollte von ihrem Rollenverständnis her den Weg gehen, möglichst zu einer kollektiven, also für alle Betroffenen geltenden Lösung zu kommen. Denn der Nachteil von Einzelvereinbarungen liegt auf der Hand: Mitarbeiter/innen, die mehr Verhandlungsgeschick haben, selbstbewusster auftreten können, ihre Stellung im Betrieb nutzen können, kommen zu Verhandlungsergebnissen, die im objektiven Vergleich mit den anderen Betroffenen überdurchschnittlich günstig ausfallen. Andere Mitarbeiter/innen, meistens solche aus dem hauswirtschaftlichen und technischen Bereich bleiben dabei leider »auf der Strecke«.

Die MAV kann im Rahmen des § 36 aber nur abwarten, welche »Angebote« der Dienstgeber macht. In der Praxis wird es selten vorkommen, dass beispielsweise ein Sozialplan oder andere Einzelmaßnahmen auf Initiative des Dienstgebers und unter Zustimmung der MAV zustande kommen.

In diesem Bereich kann über das Antragsrecht nach § 37 oder eine Dienstvereinbarung nach § 38 eher eine Lösung erreichbar sein.

Festlegung des Bereitschaftsdienstentgeltes

Mit der Anpassung der Arbeitsvertragsordnungen an die Regelungen der EU-Richtlinie 93/104 (Bereitschaftsdienst gilt als Arbeitszeit) ist den MAVen die Aufgabe zugekommen, die Höhe des Bereitschaftsdienstentgeltes zusammen mit dem Dienstgeber festzulegen. Dieses Entgelt ist üblicherweise in verschiedene Stufen aufgeteilt, die sich nach der jeweiligen Belastung am Arbeitsplatz ergeben. Die MAV muss sich in diesem Zusammenhang kundig machen durch Kontaktaufnahme mit den betroffenen Mitarbeiter/innen und sollte ohne eine ausreichende Dokumentation der Einsatzzeiten über einen längeren Zeitraum keine Entscheidung treffen.

Das Letzte ...

Auch die Möglichkeit des Einzelnachweises bei Telefonabrechnungen dient der Überwachung von Leistung oder Verhalten der Mitarbeiter und Mitarbeiterinnen. Die MAV hat sorgfältig zu prüfen: Steht der denkbare Gewinn für den Dienstgeber in einem angemessenen Verhältnis zur möglicherweise entstehenden Beschädigung des Vertrauens und der schrittweisen Entwicklung zu einer Permanentüberwachung. Was auf den ersten Blick logisch erscheint (»Niemand soll auf Kosten des Dienstgebers privat telefonieren«) könnte zu einem Bumerang des Misstrauens und der Demotivation werden.

§ 37 Antragsrecht

(1) Die Mitarbeitervertretung hat in folgenden Angelegenheiten ein Antragsrecht, soweit nicht eine kirchliche Arbeitsvertragsordnung oder sonstige Rechtsnorm Anwendung findet:

1. Änderung von Beginn und Ende der täglichen Arbeitszeit einschließlich der Pausen sowie der Verteilung der Arbeitszeit auf die einzelnen Wochentage,
2. Festlegung der Richtlinien zum Urlaubsplan und zur Urlaubsregelung,
3. Planung und Durchführung von Veranstaltungen für die Mitarbeiterinnen und Mitarbeiter,
4. Errichtung, Verwaltung und Auflösung sozialer Einrichtungen,
5. Inhalt von Personalfragebogen für Mitarbeiterinnen und Mitarbeiter,
6. Beurteilungsrichtlinien für Mitarbeiterinnen und Mitarbeiter,
7. Richtlinien für die Gewährung von Unterstützungen, Vorschüssen, Darlehen und entsprechenden sozialen Zuwendungen,
8. Durchführung der Ausbildung, soweit nicht durch Rechtsnormen oder durch Ausbildungsvertrag geregelt,
9. Einführung und Anwendung technischer Einrichtungen, die dazu bestimmt sind, das Verhalten oder die Leistung der Mitarbeiterinnen und Mitarbeiter zu überwachen,
10. Maßnahmen zur Verhütung von Dienst- und Arbeitsunfällen und sonstigen Gesundheitsschädigungen,
11. Maßnahmen zum Ausgleich und zur Milderung von wesentlichen wirtschaftlichen Nachteilen für die Mitarbeiterinnen und Mitarbeiter wegen Schließung, Einschränkung, Verlegung oder Zusammenlegung von Einrichtungen oder wesentlichen Teilen von ihnen,
12. Festlegung des Bereitschaftsdienstentgeltes, soweit eine kirchliche Arbeitsvertragsordnung dies vorsieht.

(2) § 36 Absätze 2 und 3 gelten entsprechend.

(3) Will der Dienstgeber einem Antrag der Mitarbeitervertretung im Sinne des Abs. 1 nicht entsprechen, so teilt er ihr dies schriftlich mit. Die Angelegenheit ist danach in einer gemeinsamen Sitzung von Dienstgeber und Mitarbeitervertretung zu beraten. Kommt es nicht zu einer Einigung, so kann die Mitarbeitervertretung die Einigungsstelle anrufen.

Diözesane Abweichungen

(Erz)Bistümer wie unter § 36: *Nur längerfristige Arbeitszeitänderungen lösen das Antragsrecht aus.*

Bistum Fulda: Einigungsstelle *kann »missbräuchliche Anträge oder Initiativen oder solche, die im Haushaltsplan nicht vorgesehene finanzielle Ausgaben zur Folge haben«, von der Verhandlung ausschließen.*

Initiativrecht der MAV

Das Antragsrecht der MAV umfasst dieselben Tatbestände, die unter dem Zustimmungsrecht nach § 36 aufgeführt sind. Nicht nur der Dienstgeber, sondern auch die MAV kann in diesen Angelegenheiten aktiv werden.

Wie bei § 32, wo die MAV auf betriebsorganisatorische Fragen reagieren kann, die der Dienstgeber entweder überhaupt nicht oder nicht im Sinne der MAV in Angriff nimmt, gibt der § 37 ihr die Möglichkeit, dies auch bei (sozialen) Angelegenheiten der Dienststelle zu tun.

Durchsetzbarer Rechtsanspruch

Das Antragsrecht gibt der MAV ein Instrument echter Mitbestimmung. Im Unterschied zum Vorschlagsrecht nach § 32 kann die MAV auch bei ablehnender Haltung des Dienstgebers Regelungen – notfalls über die Einigungsstelle – durchsetzen.

Wenn die angestrebte Regelung aber mehr als nur ein Einzelproblem betrifft, sollte die MAV immer zunächst den Versuch unternehmen, zu der jeweiligen Thematik zum Abschluss einer Dienstvereinbarung zu kommen. Verweigert der Dienstgeber Verhandlungen oder bricht er diese ab, sind die wichtigsten Fragen über das Antragsrecht zu verfolgen.

Für die Wahrnehmung des Antragsrechtes gilt allgemein:

- Der Sachverhalt muss über gute Recherche genau eruiert werden.
- Die Rechtslage sollte geklärt sein, denn auch für das Antragsrecht gilt: Arbeitsvertragsordnungen oder sonstige kirchliche gesetzliche Regelungen gehen vor und müssen beachtet werden.
- Eine Mehrheit der Mitarbeiter/innen sollte hinter dem Antrag stehen. Die MAV muss einen Beschluss zur Antragstellung fassen.
- Der Antrag sollte schriftlich formuliert sein und detaillierte Angaben über die betriebliche Umsetzung enthalten.

Über die Wahrnehmung des Antragsrechts kann die MAV beweisen, dass sie mehr tut als nur auf Maßnahmen des Dienstgebers zu reagieren. Eine MAV, die noch nie einen Antrag nach § 37 gestellt hat, hat entweder einen sehr umsichtigen Dienstgeber, der auf kleinste Veränderungen in der Einrichtung sofort im Sinne der Mitarbeiterschaft reagiert oder ist sich der Möglichkeiten, die das Antragsrecht bietet, nicht bewusst.

Arbeitszeitänderung nach Zif. 1

Die Änderung der Lage der Arbeitszeit oder der Pausen ist im Regelfall die Domäne des Dienstgebervertreters. Für ihn wird in erster Linie die Erfüllung der betrieblichen Belange im Vordergrund stehen.

Wenn es darum geht, betriebliche Erfordernisse mit persönlichen Wünschen der Mitarbeiter/innen in Einklang zu bringen, kann die MAV über das Antragsrecht dafür sorgen, dass mehr Arbeitszufriedenheit entsteht. Ihr gegenüber sind die Mitarbeiter/innen eher bereit, Wünsche und Vorstellungen vorzutragen und/oder über persönliche, familiäre Anforderungen zu berichten. Stellt die MAV fest, dass Änderungen der Lage der Arbeitszeit dazu führen könnten, Interessen von Teilen der Mitarbeiterschaft besser zur Geltung zu bringen, ohne dass der Dienstbetrieb negativ beeinträchtigt wird, wäre das ein Thema für dieses Antragsrecht.

Das Arbeitszeitgesetz und die Regelungen der Arbeitsvertragsordnung zur Arbeitszeit sollten bei der Formulierung des Antrags unbedingt herangezogen werden.

Ausnahmen zu Zif. 1

Wie im § 36 gelten auch beim Antragsrecht wieder die Ausnahmen für

- Mitarbeiter/innen, die liturgisch, pastoral und zur religiösen Unterweisung tätig sind, also kein Antragsrecht für diese Mitarbeitergruppen nach Zif. 1 (Arbeitzeitänderung) und
- die Teile von Einrichtungen, für die Arbeitszeitänderungen nicht planbar sind. Auch das Antragsrecht beschränkt sich hier auf Grundsätze zur Aufstellung von Dienstplänen

Die Gegenstände des Antragsrechts sind – wie beim Zustimmungsrecht – im Einzelnen:

Urlaubsplan und Urlaubsregelung nach Zif. 2

Dienstgebervertreter meinen oft, betriebliche Regelungen zu diesem Thema seien nicht erforderlich, weil alle Fragen schon über das Arbeitsvertragsrecht geklärt seien. Dass diese Annahme nicht richtig ist, ergibt sich aus den Erläuterungen zu § 36 Abs. 1 Zif. 2. Häufig entsteht Streit darüber, wer bei der Urlaubsplanung in den Schulferien den Vorrang hat, wann Urlaubsanträge als verbindlich genehmigt gelten können oder ob Mitarbeiter/innen an eine Urlaubssperre oder an Betriebsferien gebunden sind.

Alle diese Fragen müssen zwischen den Einrichtungspartnern geklärt werden und machen unter Umständen vielfältige Absprachen und Regelungen erforderlich. Diese Thematik ist deshalb besser in einer Dienstvereinbarung aufgehoben (siehe dazu: Erläuterungen zu § 38 Abs. 1 Zif. 2).

Planung und Durchführung von Veranstaltungen nach Zif. 3

Dieses Recht haben die meisten Mitarbeitervertretungen wahrscheinlich schon wahrgenommen, ohne sich der Begründung über § 37 bewusst zu sein. Im Regelfall gibt der Dienstgebervertreter der MAV bei der Planung und Organisation von betrieblichen Veranstaltungen (Betriebsfesten, Ausflügen, etc.) »freie Hand«. Das entspricht dann einer Regelungsabrede, so dass das Verfahren durch Antragstellung und Zustimmung des Dienstgebers bereits positiv abgeschlossen ist. Gibt es aber zum Beispiel Probleme mit dem finanziellen Zuschuss oder der Arbeitsfreistellung, muss die MAV das Verfahren förmlich durchführen.

Im Unterschied zur vorherigen Ziffer lohnen sich in aller Regel Dienstvereinbarungen zur Durchführung von Veranstaltungen nicht. Ablauf, Organisation und Rahmenbedingungen unterliegen ständigen Veränderungen, denen durch einen konkreten Antrag am besten Rechnung getragen werden kann.

Soziale Einrichtungen nach Zif. 4

Einrichtungen in diesem Sinne, also Toiletten-, Pausen- und Speiseräume und Küchen kosten Geld. Deshalb wird in vielen Einrichtungen in diesem Bereich kein sehr hoher Standard angeboten. Dem Antragsrecht kommt eine besondere Bedeutung zu. Die MAV hat nicht nur bei der Verwaltung ein Mitbestimmungsrecht, sondern kann auch bei der *Errichtung* solcher Einrichtungen der Dienststelle mitbestimmen. Das gibt ihr zum Beispiel die Möglichkeit über das Antragsrecht die Einrichtung einer Verkaufsstelle/einer Kantine zu verlangen. Die Mitbestimmung bei der Verwaltung bedeutet im Rahmen des Antragsrechtes: Die MAV kann zum Beispiel:

- Auf eine Veränderung der Öffnungszeiten oder des Angebotes dieser Einrichtungen Einfluss zu nehmen
- oder auf die Preisgestaltung einwirken.

Inhalt von Personalfragebögen nach Zif. 5

Wie in den Erläuterungen unter § 36 schon ausgeführt, muss die MAV sich vor Aktivitäten in dieser Richtung erst einmal informieren, ob regelmäßig ein Muster eines Fragebogens Verwendung findet. Statt auf die vom Dienstgeber hier meistens übersehene Beteiligung zu warten, sollte die MAV dann das vorhandene Muster nach Maßgabe der obigen Ausführungen (verbotene Fragen, nicht erforderliche Fragen) durchsehen und einen geänderten Entwurf über ihr Antragsrecht zur Umsetzung bringen.

Beurteilungsrichtlinien nach Zif. 6

Hier einen umfassenden eigenen Antrag zu stellen, wird ebenso wie bei der Vorziffer nicht sinnvoll sein. Das stärkere Interesse an Regelungen in diesem Bereich hat der Dienstgeber. Es kann aber durchaus geboten sein, die Existenz solcher Beurteilungsrichtlinien festzustellen und die vorhandenen Maßstäbe einer kritischen, nicht nur rechtlichen Überprüfung zu unterziehen.

Den Schlüssel zum Anspruch auf Veränderungen bietet dann das Antragsrecht, über das der Dienstgeber gezwungen werden kann, sich konstruktiv mit den Vorstellungen der MAV auseinander zu setzen.

Soziale Zuwendungen nach Zif. 7

Diese Thematik hat als Antragsrecht keine wesentliche Bedeutung, denn der Dienstgeber hat die Möglichkeit »soziale Zuwendungen« einzuführen oder abzuschaffen.

Das Antragsrecht kann sich auch nur auf Verfahrensfragen beziehen: Zum Beispiel eine Änderung der Anspruchsvoraussetzungen für Betriebsdarlehen oder eine Unterstützungsleistung. Wenn die MAV Ernst macht und über das Antragsrecht etwas verändern will, hätte der Dienstgeber theoretisch die Möglichkeit, mit der Einstellung der Leistungen zu drohen. Diese Entscheidung könnte er dann ohne Beteiligung der MAV umsetzen.

Durchführung der Ausbildung nach Zif. 8

Wie schon in den Erläuterungen zu § 36 dargestellt, kommt diesem Sachverhalt der Mitbestimmung kaum eine Bedeutung zu, weder als Zustimmungs- noch als Antragsrecht. Die Inhalte von Ausbildungen sind weitgehend in Gesetzen und anderen Normen geregelt. Es bestehen kaum Handlungsspielräume. Einem Initiativrecht der MAV steht zusätzlich entgegen, dass der Dienstgeber die betrieblichen Anforderungen vorgibt und damit auch den Rahmen für einen Ausbildungsbedarf setzt.

Technische Einrichtungen nach Zif. 9

Trotz der generell großen Bedeutung dieses Sachverhaltes stellt die *Einführung* technischer Einrichtungen in der Praxis keinen Gegenstand für ein Antragsrecht dar. Welche MAV wird sich schon dadurch profilieren wollen, dass sie beim Dienstgeber ein Instrument der Überwachung der Mitarbeiter/innen durchgesetzt hat.

Die *Anwendung* von technischen Einrichtungen mit Kontroll- oder Überwachungsfunktion kann in diesem Zusammenhang schon öfter eine Rolle spielen. Immer dann wenn die MAV bei der (früheren) Zustimmung zur Einführung einen wichtigen Punkt übersehen hat oder sich Veränderungen der Verhältnisse ergeben haben, kann über diese Ziffer »nachgebessert« werden.

▸ **Beispiel**

Seit der Einführung eines EDV-Programmes haben sich wesentliche Veränderungen ergeben. Das Programm kann jetzt umfangreiche Statistiken erstellen, die es bei der Einführung noch nicht gab. Die MAV will ein besonderes Informationsrecht durchsetzen.

Maßnahmen zur Verhütung von Unfällen nach Zif. 10

Mit diesem Antragsrecht können alle Mitarbeitervertretungen etwas anfangen, die mit offenen Augen durch die Einrichtung gehen und Hinweise/ Beschwerden von Mitarbeiter/innen prüfen und ernst nehmen. Die Erhaltung der Gesundheit der Mitarbeiter/innen hat natürlich einen sehr hohen Stellenwert. Entsprechend ist dafür nicht nur der Dienstgeber im Rahmen seiner Fürsorgepflicht, sondern auch die MAV kraft gesetzlichen Auftrags (§ 26 Abs. 3) verantwortlich.

Wo ein Arbeitsschutzausschuss (zur Definition siehe § 11 ArbeitssicherheitsGesetz) gebildet ist, bringen die Mitglieder der MAV aus der Arbeit in diesem Ausschuss in der Regel Anregungen für neue Maßnahmen in die MAV ein. Ansonsten empfiehlt es sich, bei größeren Einrichtungen einzelne aus der MAV zu Fortbildungen zu schicken, die von den Berufsgenossenschaften angeboten werden. So erhält die MAV Informationen und Anregungen zur Wahrnehmung des Antragsrechtes in diesem Bereich.

Ausgleichsmaßnahmen bei Betriebsänderungen nach Zif. 11

Das klassische Instrument des Interessenausgleiches bei Schließung und sonstiger betrieblicher Veränderung, die zu Nachteilen für Mitarbeiter/innen führt, ist der Sozialplan.

Wie schon ausgeführt (siehe Erläuterungen zu § 36), werden Sozialpläne oder andere kollektive Regelungen seitens des Dienstgebers eher die Ausnahme sein. Die Wahrnehmung des Antragsrechtes nach dieser Ziffer hat deshalb eine große und wichtige Bedeutung. Ein Sozialplan, also eine freiwillige Dienstvereinbarung, lässt sich durch die MAV nur über dieses Antragsrecht erzwingen, wenn der Dienstgeber über § 36 nichts anbietet und er zu einer Vereinbarung im Sinne von § 38 nicht ohne weiteres oder nur zu seinen Bedingungen bereit ist.

Weit mehr als bei den anderen Ziffern kommt es hier darauf an, dass die MAV den Antrag (Entwurf eines Sozialplans oder anderer Ausgleichsmaßnahmen) genau diskutiert, schriftlich vorbereitet und über das Antragsrecht einbringt. Am Ende eines solchen Verfahrens, das natürlich über Verhandlungen, ein Einigungsgespräch bis hin zur Verhandlung vor der Einigungsstelle geführt werden kann, wird in der Regel eine Dienstvereinbarung stehen. Diese lässt sich aber nur über das Antragsrecht erreichen. Das Antragsrecht ist deshalb ein ganz wichtiges Mittel zum Erreichen eines Sozialplans oder anderer Ausgleichsmaßnahmen.

Das Verfahren

1. Die Mitarbeitervertretung stellt beim Dienstgeber einen – möglichst schriftlich abgefassten – Antrag mit dem Ziel, eine bestimmte Maßnahme des Dienstgebers zu erreichen.
2. Der Dienstgeber macht deutlich, dass er dem Antrag zustimmt. Dann ist die Maßnahme umzusetzen. Das Verfahren ist abgeschlossen oder der Dienstgeber will den Antrag nicht umsetzen. Dann hat er der MAV dies *schriftlich* unter Angabe der Gründe mitzuteilen. Gleichzeitig hat der Dienstgeber eine gemeinsame Sitzung zur Beratung der Angelegenheit anzuberaumen.
   Problem: Es laufen keine Fristen. Die MAV sollte grundsätzlich nicht länger als einen Monat warten. Wenn bis dahin trotz einer Erinnerung nichts geschieht, sollte die Einigungsstelle angerufen werden. Die MAV riskiert sonst, dass das Antragsrecht ignoriert wird oder die Einigungsstelle einen späteren Antrag als unzulässig zurückweist.
3. Das Einigungsgespräch führt dazu, dass
   ■ die MAV ihren Antrag zurücknimmt,
   ■ sie ihn in Absprache mit dem Dienstgeber verändert
   ■ der Dienstgeber den Antrag annimmt oder
   ■ eine Dienstvereinbarung zum Gegenstand des Antrags abgeschlossen wird.
   In allen Fällen ist das Verfahren beendet.
4. Die MAV kann die Angelegenheit weiterführen, indem sie – wiederum möglichst binnen eines Monats – die Einigungsstelle anruft. Diese entscheidet dann verbindlich über den Antrag.

Antragsverfahren – das Diagramm

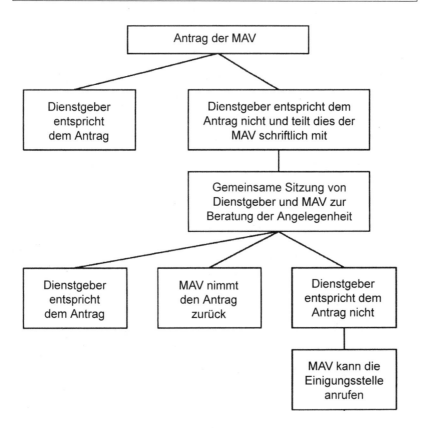

Das Letzte ...

Einigung verlangt die Mitarbeitervertretungsordnung – nicht Desinteresse oder Abbürstung.

§ 38 Dienstvereinbarungen

(1) Dienstvereinbarungen sind in folgenden Angelegenheiten zulässig:

1. Arbeitsentgelte und sonstige Arbeitsbedingungen, die in Rechtsnormen, insbesondere in kirchlichen Arbeitsvertragsordnungen geregelt sind oder üblicherweise geregelt werden, wenn eine Rechtsnorm den Abschluss ergänzender Dienstvereinbarungen ausdrücklich zulässt,
2. Änderung von Beginn und Ende der täglichen Arbeitszeit einschließlich der Pausen sowie der Verteilung der Arbeitszeit auf die einzelnen Wochentage; § 36 Absatz 2 gilt entsprechend,
3. Festlegung der Richtlinien zum Urlaubsplan und zur Urlaubsregelung,
4. Planung und Durchführung von Veranstaltungen für die Mitarbeiterinnen und Mitarbeiter,
5. Errichtung, Verwaltung und Auflösung sozialer Einrichtungen,
6. Inhalt von Personalfragebogen für Mitarbeiterinnen und Mitarbeiter,
7. Beurteilungsrichtlinien für Mitarbeiterinnen und Mitarbeiter,
8. Richtlinien für die Gewährung von Unterstützungen, Vorschüssen, Darlehen und entsprechenden sozialen Zuwendungen,
9. Durchführung der Ausbildung, soweit nicht durch Rechtsnormen oder durch Ausbildungsvertrag geregelt,
10. Durchführung der Qualifizierung der Mitarbeiterinnen und Mitarbeiter,
11. Einführung und Anwendung technischer Einrichtungen, die dazu bestimmt sind, das Verhalten oder die Leistung der Mitarbeiterinnen und Mitarbeiter zu überwachen,
12. Maßnahmen zur Verhütung von Dienst- und Arbeitsunfällen und sonstigen Gesundheitsschädigungen,
13. Maßnahmen zum Ausgleich und zur Milderung von wesentlichen wirtschaftlichen Nachteilen für die Mitarbeiterinnen und Mitarbeiter wegen Schließung, Einschränkung, Verlegung oder Zusammenlegung von Einrichtungen oder wesentlichen Teilen von ihnen,
14. Festsetzungen nach § 1 b und § 24 Abs. 2 und 3,
15. Verlängerungen des Übergangsmandats nach § 13 d Abs. 1 Satz 4.

(2) Zur Verhandlung und zum Abschluss solcher Dienstvereinbarungen im Sinne des Abs. 1 Nr. 1 kann die Mitarbeitervertretung Vertreter der Diözesanen Arbeitsgemeinschaft der Mitarbeitervertretungen oder Vertreter einer in der Einrichtung vertretenen Koalition im Sinne des Art. 6 GrO beratend hinzuziehen. Die Aufnahme von Verhandlungen ist der Diözesanen Arbeitsgemeinschaft oder einer in der Einrichtung vertretenen Koalition durch die Mitarbeitervertretung anzuzeigen.

(3) Dienstvereinbarungen dürfen Rechtsnormen, insbesondere kirchlichen Arbeitsvertragsordnungen, nicht widersprechen. Bestehende Dienst-

vereinbarungen werden mit Inkrafttreten einer Rechtsnorm gemäß Satz 1 unwirksam.

(3a) Dienstvereinbarungen gelten unmittelbar und zwingend. Werden Mitarbeiterinnen oder Mitarbeitern durch die Dienstvereinbarung Rechte eingeräumt, so ist ein Verzicht auf sie nur mit Zustimmung der Mitarbeitervertretung zulässig.

(4) Dienstvereinbarungen werden durch Dienstgeber und Mitarbeitervertretung gemeinsam beschlossen, sind schriftlich niederzulegen, von beiden Seiten zu unterzeichnen und in geeigneter Weise bekanntzumachen. Dienstvereinbarungen können von beiden Seiten mit einer Frist von drei Monaten zum Monatsende schriftlich gekündigt werden.

(5) Im Falle der Kündigung wirkt die Dienstvereinbarung in den Angelegenheiten des Abs. 1 Nr. 2 bis 13 nach. In Dienstvereinbarungen nach Abs. 1 Nr. 1 kann festgelegt werden, ob und in welchem Umfang darin begründete Rechte der Mitarbeiterinnen und Mitarbeiter bei Außerkrafttreten der Dienstvereinbarung fortgelten sollen. Eine darüber hinausgehende Nachwirkung ist ausgeschlossen.

Diözesane Abweichungen

(Erz)bistümer Augsburg, Eichstätt, München und Freising, Passau, Regensburg und Würzburg: *In Abs. 1 Zif. 1 nur bei »Längerfristiger Änderung von Beginn und Ende der Arbeitszeit«.*

Bistum Rottenburg-Stuttgart: *Weitere Zif. 12 in Abs. 1 für Verfahrensregelungen wie Richtlinien für Stellenausschreibungen und -besetzungen sowie Veränderungen der Eingruppierung*

Bistum Mainz: *Vorlagepflicht für Dienstvereinbarungen gegenüber dem Ordinariat bzw. dem Diözesan-Caritasverband*

Bistum Fulda: *Sozialpläne nach Abs. 1 Zif. 11 haben keine Nachwirkung im Sinne von Abs. 5 bei kleinen Einrichtungen im Falle einer Existensgefährdung.*

Königsweg für die Mitbestimmung

Gradmesser für die Qualität der Zusammenarbeit in einer Einrichtung ist unter anderem, ob und in welchem Umfang Dienstgeber und MAV in der Lage sind, Dienstvereinbarungen abzuschließen.

Neben der neuen Art von Dienstvereinbarungen zu Arbeitsbedingungen (Abs. 1 Ziffer 1) tauchen alle Tatbestände, die im § 36 und § 37 aufgeführt sind, im § 38 Abs. 1 wieder auf und werden damit statt eines Initiativrechts von Dienstgeber oder MAV auch Thema für den Abschluss einer Dienstvereinbarung (im BetrVerfG: Betriebsvereinbarung), einem Vertrag zwischen den Betriebspartnern. Verträge sind davon gekennzeichnet, dass sie Kompromisse in Kauf nehmen, auf gegenseitige Interessen Rücksicht genommen werden muss. Daher funktionieren Dienstvereinbarungen nur dort, wo der grundsätzliche Wille zum Interessenausgleich, zur Einigung besteht. Zusätzlich werden Regelungen zum Umfang von Einrichtungen, zur Frage der Mitvertretung und zum Übergangsmandat in den Katalog der Dienstvereinbarungen aufgenommen.

Formalien der Dienstvereinbarung

In Absatz 4 sind die Formalien für den Abschluss einer Dienstvereinbarung festgelegt. Die MAVO verlangt relativ selten die Schriftform. Hier ist sie vorgeschrieben. Über Dienstvereinbarungen soll nicht ein Einzelfall geregelt werden, sondern es sollen Verhaltensnormen für eine unbestimmte Anzahl von künftigen Einzelfällen festgelegt werden. Damit man handeln kann, ist ein sicherer Zugang und eine genaue Beschreibung unverzichtbar. Eine Dienstvereinbarung liegt nur dann vor, wenn die Urkunde auch mit diesem Begriff überschrieben ist und die Unterschrift des Dienstgebers und der MAV vorhanden ist. Andere Schriftstücke, zum Beispiel solche, die nur vom Dienstgeber unterzeichnet sind oder ohne eine Unterschrift irgendwelche Regelungen enthalten, sind keine Dienstvereinbarungen im Sinne von § 38. Es wäre allenfalls zu prüfen, ob es sich dabei um Regelungsabreden handelt. Betreffen sie Sachverhalte nach Abs. 1, wäre eine solche Abrede aber jederzeit durch neue Initiativen nach § 36 oder § 37 wieder zu beseitigen.

Kündigung und Befristung

Da Dienstvereinbarungen eine hohe Verbindlichkeit zukommt, müssen beide Betriebspartner überlegen, ob sie die Bindung durch die Dienstvereinbarung wollen. Auch im Fall einer Kündigung der Dienstvereinbarung, die mit einer Frist von 3 Monaten zulässig ist, besteht noch eine Nachwirkung. Das bedeutet: Die kollektive Verbindlichkeit zwischen den Betriebspartnern entfällt zwar, aber die arbeitsrechtlichen Auswirkungen können nur durch den Abschluss einer neuen Dienstvereinbarung beseitigt werden.

▸ **Beispiel**

Beispiel: Eine Dienstvereinbarung nach Abs. 1 Zif. 2 sieht vor, dass der Urlaubsantrag als genehmigt gilt, wenn der Dienstgeber ihm nicht binnen 4 Wochen ab Zugang widerspricht. Diese Dienstvereinbarung wird gekündigt. Mitarbeiter/innen können sich auch bei Urlaubsanträgen, die nach Wirksamkeit der Kündigung gestellt werden, weiterhin auf die Einhaltung der Frist berufen. Das gilt solange, bis eine neue Dienstvereinbarung geschlossen ist, die diesen Punkt ändert.

Bei Dienstvereinbarungen, die auf Gebieten abgeschlossen werden, die für beide Seiten noch von wenig Erfahrungen vorliegen, wäre deshalb daran zu denken, dass man von vornherein eine Befristung der Laufzeit vereinbart. Dann kann man nach einer »Probezeit« ohne Druck neu verhandeln und nach Möglichkeit Erfahrungen bei der Neuregelung berücksichtigen.

Die Dienstvereinbarungen im Einzelnen

Dienstvereinbarungen nach Zif. 1

Durch § 38 Abs. 1 Ziffer 1 besteht für Mitarbeitervertretungen die Möglichkeit, in Vergütungsangelegenheiten durch eine Dienstvereinbarung tätig zu werden. Die Möglichkeiten, die inzwischen in die MAVO in diesem Bereich eingeführt sind, sind gravierend und in ihrer grundsätzlichen Bedeutung hoch einzuschätzen. Denn mindestens bis 1999 gab es eine klare Aufgabenzuweisung innerhalb der Beteiligungsgremien im kirchlichen Dienst der Katholischen Kirche:

Die Arbeitsrechtlichen Kommissionen (also: »Tarifpartner«) waren zuständig für die Gestaltung des Inhaltes von Arbeitsverhältnissen. Die Mitarbeitervertretungen (also: »Betriebspartner«) waren zuständig für betriebsorganisatorische Fragen, die betriebliche Mitbestimmung außerhalb des individualarbeitsrechtlichen Bereichs.

Seit Jahren läuft aber eine Entwicklung im außerkirchlichen Bereich, die die inzwischen eingetretenen Veränderungen vorgegeben hat. Zunehmend war festzustellen, dass arbeitsrechtliche Kompetenzen, also insbesondere die Lohn- und Gehaltsfindung immer stärker auf die betriebliche Ebene verlagert worden sind. Von einer Auflösung des Flächentarifvertrages war die Rede. Immer stärker wurde die Tendenz, von einheitlichen tariflichen Vorgaben aus betrieblichen Gründen zu Lasten von Mitarbeiter/innen, aber zum Erhalt von Arbeitsplätzen abzuweichen. Viele Betriebe bzw. Einrichtungen im kirchlichen Bereich gingen den Weg, sich über rechtliche Barrieren hinwegzusetzen und im Einvernehmen mit den Mitarbeitervertretungen Rahmenvereinbarungen zu treffen, die dann auf der Ebene des Arbeitsvertrages mit den einzelnen Mitarbeiter/innen umgesetzt wurden.

Vorrang der Rechtsnormen

Alle diese Entwicklungen hatten zur Voraussetzung, dass der § 38 – wie inzwischen geschehen – geändert wird.

Soweit Mitarbeitervertretungen Öffnungsklauseln für Dienstvereinbarungen zur Regelung des Entgelts nutzen, dürfen sie inhaltlich nicht von den sonstigen Rechtsnormen aus dem Arbeitsvertragsrecht abweichen. Ihre Kompetenz ist auf den genauen Wortlaut der Öffnung beschränkt. Jede Änderung der Entscheidung der Kommission beseitigt dann auch die Wirkung der Regelung in einer Dienstvereinbarung.

Den entgeltlichen Regelungen kommt im Zusammenhang mit der Reform des Tarifvertragsrechts im Öffentlichen Dienst und in der Folge der Anpassung der Arbeitsvertragsregelungen der Katholischen Kirche und der Anlehnung an TVöD und TVL eine besondere Bedeutung zu.

Kompetenzen für die sogenannte „leistungsbezogene Vergütung" und für die Einflussnahme auf Beschleunigung oder Verlängerung des Durchlaufs von Vergütungsstufen werden auf die Einrichtungsebene verlagert und so in die Kompetenz von Mitarbeitervertretungen gegeben.

Nachwirkung

Besonders geregelt ist für Dienstvereinbarungen in entgeltlichen Angelegenheiten nach Ziffer 1 auch die sogenannte Nachwirkung. Dienstvereinbarungen sollen eine ausdrückliche Regelung darüber enthalten, was im Falle einer Kündigung mit den Rechten und Ansprüchen der Mitarbeiter/innen geschehen soll. Da die bislang bekannten Dienstvereinbarungen in diesem Bereich sämtlich wegen einer Befristung der Rechtsgrundlage (der Öffnungsklausel) praktisch auch ein »Verfalldatum« haben, ist die Bedeutung einer solchen Regelung im Moment noch nicht sehr groß. Die Betriebspartner sollten diesen Punkt aber im Auge behalten.

Wie reagieren Mitarbeitervertretungen auf Öffnungsklauseln?

Die Öffnung für Dienstvereinbarungen zu Gehaltsfragen hat Vor-und Nachteile. Für die Öffnungsklauseln spricht, dass besser und genauer auf die konkrete betriebliche Situation reagiert werden kann. Die Absicherung von Arbeitsplätzen lässt sich wirksamer und genau auf die betriebliche Situation bezogen durchsetzen.

Es sind aber auch Befürchtungen zu benennen: So ist den meisten Mitarbeitervertretungen nicht klar, wie man eine faire und ausgewogene Verhandlungssituation auf betrieblicher Ebene herstellen kann. Noch weniger als die Arbeitsrechtlichen Kommissionen sehen sich die Mitarbeitervertretungen in der Lage, mit dem notwendigen Zeiteinsatz, dem »know-how« und der erforderlichen Verhandlungsstärke in Auseinandersetzungen mit dem Dienstgeber zu gehen.

Eine Änderung der MAVO im § 38 zur Schließung einer rechtlichen Lücke ist nicht ausreichend. Parallel dazu muss eine Verbesserung der Informationsrechte der MAV in wirtschaftlicher und betrieblicher Hinsicht eingeleitet werden. Denn ein verantwortungsbewusster Umgang mit Vergütungsfragen setzt voraus, dass die Mitarbeitervertretungen auch einen kontinuierlichen

Zugang zu betriebswirtschaftlichen Daten und Informationen über die Ertragslage ihrer

Einrichtung haben. Aufgefangen werden diese Bedenken zum Teil durch die Möglichkeit, die Unterstützung der Diözesanen Arbeitsgemeinschaften bei Abschluss und Beratung über solche Dienstvereinbarungen in Anspruch zu nehmen. Sieht man sich aber die derzeit teilweise immer noch schlechte Ausstattung der DiAGen an, muss eher bezweifelt werden, ob hier eine wirksame Unterstützung erwartet werden kann.

Lage der Arbeitszeit nach Zif. 2

Die meisten Dienstvereinbarungen befassen sich mit der Lage der Arbeitszeit. Vereinbarung von Gleitzeit, bestimmten Schichtmodellen und einer damit oft verbundenen Veränderung des Berechnungszeitraums für die wöchentliche Arbeitszeit existieren in vielen Einrichtungen.

In jüngerer Zeit sind Arbeitszeitregelungen dazugekommen, die ein Ansparen mit späterem, konzentriertem Freizeitausgleich (sogenannte »Sabbath-Modelle« bzw. andere Arbeizszeitmodelle) oder die Einführung von Arbeitszeitkonten vorsehen. Beispiele für entsprechende Dienstvereinbarungen befinden sich auf der beigefügten CD-ROM.

Urlaubsplan und Urlaubsregelung nach Zif. 3

Auch zum Urlaubsplan und zur Urlaubsgewährung wird häufig von der Möglichkeit zum Abschluss von Dienstvereinbarungen Gebrauch gemacht. Die Festlegung von Betriebsurlaub oder das Verhängen einer Urlaubssperre sind bekanntlich nur unter Beteiligung der MAV möglich.

Sinnvoll ist darüber hinaus auch eine Einbeziehung der MAV in weitere Verfahrensregeln bei der Urlaubsgewährung (Antragsfrist, Entscheidung, Verbindlichkeit etc.).

Siehe Muster-Dienstvereinbarungen auf der CD-ROM.

Durchführung von Veranstaltungen für Mitarbeiter/innen nach Zif. 4

Regelungen zu diesem Punkt sind selten in Dienstvereinbarungen festgelegt. Einziger praktischer Anwendungsfall könnte eine Vereinbarung über die Höhe der finanziellen Beteiligung des Dienstgebers an den Kosten für Feierlichkeiten, Betriebsausflüge und ähnliche Veranstaltungen sein. Ansonsten laufen solche Sachverhalte über das Zustimmungsrecht oder das Antragsrecht der MAV nach § 37 MAVO ab.

Errichtung, Verwaltung und Auflösung sozialer Einrichtungen nach Zif. 5

Einzelheiten über das Betreiben einer Kantine oder eines eigenen Kiosks der Einrichtung sind dagegen schon eher in Dienstvereinbarungen zu finden. Grundsätzliche Fragen wie Öffnungszeiten, Preisgestaltung und Angebotsumfang eignen sich durchaus für eine verbindliche Regelung über den Einzelfall hinaus. Einen besonderen Formulierungsvorschlag bereitzustellen, ist aber nicht sinnvoll. Die Sachverhalte, die unter diesem Stichwort zu regeln sind, unterscheiden sich sehr stark voneinander und enthalten auch eher einfache Regelungen.

Personalfragebogen und Beurteilungsrichtlinien nach Zif. 6 und 7

Weniger oft kommt eine Dienstvereinbarung bei solchen Vorlagen in Betracht. Soweit Vordrucke oder Muster existieren, werden sich MAV'en weniger aktiv an deren Gestaltung beteiligen, sondern sich eher auf eine kritische Überprüfung im Rahmen des § 36 MAVO konzentrieren. Im übrigen wird es ausreichen, sich auf ein bestimmtes Formular zu einigen. Eine Dienstvereinbarung zu dieser Thematik ist nur in ganz besonderen Fällen erforderlich.

Richtlinien für soziale Zuwendungen nach Zif. 8

Anders verhält es sich mit einer Dienstvereinbarung nach dieser Ziffer. Richtlinien sollten üblicherweise ausführlich Regeln geben, die nach immer dem gleichen Schema fallbezogen eingesetzt werden. Damit ist zur Vermeidung von willkürlichem Verfahren die Schriftform erforderlich und die Beteiligung der MAV an der inhaltlichen Ausgestaltung dringend geboten. Es bietet sich also der Abschluss einer Dienstvereinbarung an.

Da es sich im Grundsatz um freiwillige Leistungen des Dienstgebers handelt, dürfte der Abschluss einer Dienstvereinbarung im Prinzip auch ohne weiteres möglich sein.

Durchführung von Ausbildung nach Zif. 9

Wie schon unter § 36 und § 37 ausgeführt, hat dieser Sachverhalt eine geringe Bedeutung. In Form einer Dienstvereinbarung wird er kaum geregelt werden.

Durchführung der Qualifizierung der Mitarbeiterinnen und Mitarbeiter nach Zif. 10

Als neuer Tatbestand für den Abschluss einer Dienstvereinbarung ist die Aufgabe für MAVen hinzugekommen, Rahmenbedingungen für eine fachliche (Weiter-) Qualifizierung der Mitarbeiter/innen mit dem Dienstgeber zu vereinbaren. Dabei ist von der Erkenntnis auszugehen, dass einfache Fort- oder Weiterbildung in einem sich ständig verändernden beruflichen Umfeld zu kurz greift und kollektive Regelungen auch für einen permanenten und systematischen beruflichen Entwicklungsprozess erforderlich sind. Dienstgeber und MAV könnenRegelungentreffen über

- Gleichbehandlung von Mitarbeiter/innen beim Zugang zu Qualifizierungsmaßnahmen,
- Freistellung und Kostenübernahme,
- Konsequenzen aus der erfolgreichen Qualifizierung für den beruflichen Werdegang und
- Regularien für ein vorzeitiges (innerhalb von 3 Jahren nach Abschluss der Maßnahme) Ausscheiden der Mitarbeiterin/des Mitarbeiters.

Dienstvereinbarungen zur Einführung technischer Einrichtungen nach Zif. 11

Durch moderne Telefonanlagen, elektronische Zugangskontrollen und Arbeitszeiterfassungsgeräte, sowie die weit- oder weitergehende Einführung der elektronischen Datenverarbeitung sind Dienstvereinbarungen zu diesem Sachverhalt von ganz erheblicher Bedeutung. Meistens ist ein sehr komplexer Sachverhalt zu regeln. Die Alternative der Umsetzung solcher Maßnahmen im Zustimmungsverfahren oder Antragsverfahren stellt sich dann meistens nicht. Denn beide Seiten haben ein starkes Interesse an Detailregelungen, die sich einseitig über eine formelle Beteiligung weniger gut erreichen lassen. Dennoch ist es häufig so, dass am Anfang des Prozesses zum Abschluss einer Dienstvereinbarung hier meistens der Antrag auf Zustimmung durch den Dienstgeber steht und man erst über die Beschäftigung mit diesem Antrag zu eigenen Positionen kommt.

Maßnahmen des Arbeitsschutzes nach Zif. 12

Der Abschluss von Dienstvereinbarungen zum Arbeitsschutz und zur Unfallverhütung dürfte die Ausnahme sein. Sicher lässt sich die Benutzung gefährlicher Maschinen oder das Verhalten an einem entsprechenden Arbeitsplatz besser durch umfassende Regelungen in Form einer Dienstvereinbarung festhalten. Das hat allerdings wenig Nutzen, wenn die Betroffenen über den Inhalt der Dienstvereinbarung nicht informiert sind. Man kann natürlich auch die Durchführung von Maßnahmen zum Gesundheitsschutz (Vorsorgeuntersuchungen, Sicherheitsvorrichtungen an Arbeitsplätzen etc.) durch eine Dienstvereinbarung regeln. Im allgemeinen sind die Sachverhalte aber nicht so kompliziert, dass man hier nicht über das Zustimmungs- oder Antragsrecht vorgehen könnte.

Ausgleichsmaßnahmen bei Betriebsänderungen nach Zif. 13

Gegenstand einer solchen Dienstvereinbarung ist im wesentlichen der sogenannte »Sozialplan«. Dort werden besondere Rechte der Mitarbeitervertretung/besondere Pflichten des Dienstgebers für den Fall von Betriebsänderungen getroffen (alle in der Zif. 11 genannten Maßnahmen, die ggf. zu Nachteilen für Mitarbeiter/innen führen können). Daneben geht es natürlich auch um ein bestimmtes Verfahren bei personellen Maßnahmen bis hin zu finanziellen Leistungen für die betroffenen Mitarbeiter/innen.

Diese Leistungen bilden aber im Unterschied zu Dienstvereinbarungen nach Abs. 2 (dort verbindlich) nur *Möglichkeiten,* die Mitarbeiter/innen in Anspruch nehmen können. Der Sozialplan bindet nur einseitig den Rechtsträger. Wenn Mitarbeiter/innen sich auf Regelungen im Sozialplan berufen, sind sie zu gewähren.

Verfolgen Mitarbeiter/innen aber in sonstiger Form vor dem Arbeitsgericht ihr Recht, sind sie durch den Sozialplan nicht festgelegt und können durchaus auch mehr oder andere Ansprüche durchsetzen. Es gilt jeweils die für die Mitarbeiterin/den Mitarbeiter günstigere Regelung.

Ein Musterentwurf für einen Sozialplan befindet sich auf der beigefügten CD-ROM.

Die Mitarbeiterschaft als Vertragspartner

Die Mitarbeitervertretungsordnung ist ein kirchliches Gesetz. Hier werden werden die »Spielregeln« der Mitwirkung beschrieben und festgelegt. Eine besondere »Spielregel« ist der § 38. Dienstgeber und Mitarbeitervertretung treffen als Vertragspartner aufeinander. Gestaltungsräume werden gefüllt und durch Unterzeichnung rechtskräftig.

Verträge dokumentieren, dass Vertragspartner gleiche oder ähnliche Interessen haben. Beständen diese nicht, gäbe es zumindest für eine Partei keinen Abschlussgrund.

win-win

Die Verträge sind die besten, von denen beide Seiten etwas haben.

Verträge sollen die Kooperation erleichtern und Handlungssicherheit geben. Nicht in jedem Einzelfall muss neu verhandelt werden, nicht jeder potentielle Konflikt neu durchdacht werden.

Der gemeinsame Handlungsvorrat ist festgelegt oder wird definiert. Die Gegenseite wird kalkulierbarer.

Wer Dienstvereinbarungen abschließt hat allerdings nicht die Möglichkeit bei Einzelfallentscheidungen, die Zustimmung erfordern, Druck auf den Dienstgeber auszuüben.

▶ **Beispiel**

Besteht eine Dienstvereinbarung über den täglichen Beginn und das Ende der Arbeitszeit, so handelt der Dienstgeber in diesem Rahmen, ohne jeweils mit der MAV Rücksprache nehmen zu müssen. Will die Kollegin F oder die Abteilung X eine andere zeitliche Regelung, so sind die entsprechenden Handlungsmöglichkeiten nach § 37 eingeschränkt.

Umgekehrt gilt diese Handlungseinschränkung auch für den Dienstgeber. Allerdings haben Dienstgeber immer die Tendenz, allgemeinverbindliche Regelungen zu treffen (so ist die Einrichtung einfacher zu leiten). Mitarbeitervertretungen hingegen müssen auch individuelle Interessen im Blick behalten. Das erwarten die Kolleginnen und Kollegen. Dienstvereinbarungen sind tendenziell eher für den Dienstgeber von Vorteil.

Dienstvereinbarungen binden alle Mitarbeitenden – Ausnahmen sind möglich und müssen vereinbart werden. Wegen dieser Wirkung sollte sich die MAV um breite Zustimmung durch die Mitarbeiterschaft bemühen und sie am Entscheidungsprozess beteiligen.

Anhand des Falles »Beginn und Ende der täglichen Arbeitszeit« wird im Folgenden dargestellt, was eine Mitarbeitervertretung unternehmen kann, um möglichst alle Kolleginnen und Kollegen an Vorbereitung, Beschluss und Wirksamwerden zu beteiligen.

▶ **Beispiel**

*Der **Dienstgeberverteter schlägt** der Mitarbeitervertretung einer Kindertagesstätte eine **Dienstvereinbarung zu 38 (1) 2 (Bezug ist – glaube ich falsch – habe keine aktuelle MAVO zur Hand) vor** und unterbreitet einen Vorschlag: Künftig soll die Arbeitszeit statt um 8.00 Uhr schon um 7.00 beginnen und am Nachmittag zur bisherigen Zeit enden. In der letzten Stunde sollen alle verbliebenen Kinder zusammen beaufsichtigt werden.*

Der Dienstgeber bittet um ein Gespräch und kündigt an, einen unterschriftsreifen Text mitzubringen. Die Angelegenheit sei wegen der Konkurrenzsituation eilbedürftig.

*Die **MAV** bespricht den Vorschlag und lädt zu einem gemeinsamen Gespräch mit der Bemerkung ein, dass offene Fragen diskutiert werden müssten und alle Mitarbeiter/innen an dem Diskussionprozess beteiligt werden sollten. Die **Sitzung** kommt zustande. Der Dienstgeber verzichtet darauf, einen konkreten Text vorzulegen und fragt nach den Bedenken. Gleichzeitig bittet er um Verschwiegenheit in der Angelegenheit, um keine Unruhe »über ungelegte Eier« aufkommen zu lassen.*

Die Vorsitzende sagt die Verschwiegenheit vorläufig zu, bemerkt aber, dass ohne Vorabinformation der Mitarbeiterschaft keine Dienstvereinbarung zustande kommen könne. Sie bietet dem Dienstgeber gleichzeitig an, auf einer Mitarbeiterversammlung zu informieren.

Am Ende des Gespräches steht die Übereinkunft, dass baldmöglichst eine Versammlung einberufen wird, der Dienstgebervertreter seine Vorstellungen präsentiert und anschließend ein Diskussionsprozess initiiert wird.

*Zur Mitarbeiterversammlung wird **eingeladen** mit dem Hinweis auf das Hauptthema.*

*Alle Mitarbeiterinnen und Mitarbeiter nehmen an der **Mitarbeiterversammlung** teil. Der Dienstgebervertreter informiert über seinen Vorschlag. Der Vorsitzende bittet um Verständnisfragen. Anschließend wird der Dienstgebervertreter gebeten, die Versammlung zu verlassen.*

Nach einer kurzen Diskussion über Pro und Contra des Vorschlages, werden kleine Arbeitsgruppen gebildet, die den Auftrag haben, für jeden die individuellen Konsequenzen des Vorschlages zu untersuchen.

Nach 30 Minuten werden Vorteile und Nachteile zusammengetragen. Die MAV wird beauftragt, abweichende Regelungen für Teilzeitbeschäftigte und Mütter mit schulpflichtigen Kindern einzuarbeiten. Desweiteren wird das Modell einer gleitenden Arbeitszeit ins Gespräch gebracht.

*Die MAV nimmt **Kontakt** mit anderen Kindertagesstätten auf und fragt nach deren Erfahrungen.*

Die MAV informiert den Dienstgebervertreter über ihre Kontakte und lotet Kompromisslinien aus. Gemeinsam wird ein Modell gleitender Arbeitszeit entwickelt, das auch Interessen von Müttern mit schulpflichtigen Kindern berücksichtigt.

*Nach **grundsätzlicher Einigung** erklärt sich der Dienstgebervertreter bereit, der MAV einen Textvorschlag für die Dienstvereinbarung vorzulegen. Die MAV informiert, dass dem Juristen der Diözesanen Arbeitsgemeinschaft der Mitarbeitervertretungen der Text zur Prüfung vorgelegt wird.*

*Der Jurist erhebt **Bedenken** gegen einzelne Formulierungen, die die MAV dem Dienstgebervertreter mitteilt. Nach einem weiteren kurzen Gespräch wird der Vertragstext vorgelegt und unterschrieben. Vereinbart wird zunächst eine Geltungsdauer von 6 Monaten. Erst dann solle eine längerfristige Vereinbarung erfolgen.*

*Ca. vier Monate nach Wirksamwerden befragt die MAV alle Mitarbeitenden nach ihren **Erfahrungen.** Da die Resonanz gut ist, wird zwei Monate später eine auf drei Jahre befristete Vereinbarung getroffen. Nach Ablauf dieser Befristung tritt – kommt keine neue Dienstvereinbarung zustande – die frühere Arbeitszeitregelung wieder in Kraft.*

*Im **Terminbuch** der MAV wird vermerkt, dass nach ca. zwei Jahren eine Überprüfung der Dienstvereinbarung vorgenommen werden soll – gegebenenfalls um eine neue Vereinbarung anzustreben.*

Kooperationsverbesserung

Dienstvereinbarungen sind – nicht nur wegen ihrer inhaltlichen Wirkung – ein gutes Instrument, die Kooperation zwischen Dienstgebern und Mitarbeiterschaft zu verbessern. Gemeinsam macht man sich Gedanken über die Ausgestaltung von Arbeitsbedingungen und tut dies, ohne dass eine Seite unter Druck gerät oder erpressbar wird.

Das Letzte ...

Zuviel Vertrauen ist häufig eine Dummheit, zuviel Misstrauen ist immer ein Unglück.

J. Nestroy

§ 39 Gemeinsame Sitzungen und Gespräche

(1) Dienstgeber und Mitarbeitervertretung kommen mindestens einmal jährlich zu einer gemeinsamen Sitzung zusammen. Eine gemeinsame Sitzung findet ferner dann statt, wenn Dienstgeber oder Mitarbeitervertretung dies aus besonderem Grund wünschen. Zur gemeinsamen Sitzung lädt der Dienstgeber unter Angabe des Grundes und nach vorheriger einvernehmlicher Terminabstimmung mit der Mitarbeitervertretung ein. Die Tagesordnung und das Besprechungsergebnis sind in einer Niederschrift festzuhalten, die vom Dienstgeber und von der oder dem Vorsitzenden der Mitarbeitervertretung zu unterzeichnen ist.

Dienstgeber und Mitarbeitervertretung erhalten eine Ausfertigung der Niederschrift.

(2) Außer zu den gemeinsamen Sitzungen sollen Dienstgeber und Mitarbeitervertretung regelmäßig zu Gesprächen über allgemeine Fragen des Dienstbetriebes und der Dienstgemeinschaft sowie zum Austausch von Anregungen und Erfahrungen zusammentreffen.

Jahresgespräch

Mindestens einmal im Jahr müssen sich Dienstgeber und Mitarbeitervertretung zu einer gemeinsamen Sitzung zusammenfinden. Diese gemeinsame Sitzung ist eine besondere Veranstaltung. Sie muss unabhängig von

- Einigungsgesprächen nach den §§ 29, 32 oder 33 oder
- routinemäßigen Gesprächen nach § 26 oder § 27,
- sonstigen Verhandlungen zum Abschluss von Dienstvereinbarungen
- oder regelmäßigen Gesprächen nach § 39 Abs. 2

stattfinden.

In einer gemeinsamen Sitzung im Sinne von § 39 geht es um grundsätzliche Fragen der Zusammenarbeit zwischen Dienstgeber und MAV oder um wichtige Statusfragen der MAV. Letztere könnten beispielsweise die Frage der Freistellung oder grundsätzliche Klärungen zur Kostenübernahme für die MAV-Tätigkeit, die Einrichtung eines MAV-Büros, Festlegungen zum Umfang der Schulungen der MAV oder die Vorbereitung einer wichtigen Mitarbeiterversammlung unter Beteiligung des Dienstgebers sein.

Dementsprechend waren solche gemeinsamen Sitzungen nach früherer Regelung der MAVO auch unbedingt vom obersten Dienstgebervertreter persönlich, also nicht nur vom Einrichtungs- oder dem zuständigen Abteilungsleiter wahrzunehmen. Nach der letzten Novellierung der Mitarbeitervertretungsordnung und einer entsprechenden Änderung in § 2 (siehe Erläuterungen zu § 2) kann sich der Dienstgeber auch bei einer gemeinsamen Sitzung durch den Einrichtungsleiter oder einen anderen leitenden Mitarbeiter vertreten lassen. Das ist aus der Sicht der Mitarbeitervertretungen bedauerlich, da eine besondere Gesprächsebene außerhalb des Tagesgeschäftes damit fehlt und Kritik an den Einrichtungsleitern nicht mehr direkt angebracht werden kann. Ungeachtet eines Rechtsanspruchs sollte die Mitarbeitervertretung immer die persönliche Teilnahme des eigentlichen Chefs für das »Jahresgespräch« fordern.

Einladung

Die Einladung erfolgt jeweils durch den Dienstgeber. Dieser muss ohne besondere Veranlassung die Initiative ergreifen. Soll mehr als ein Gespräch stattfinden, ist entweder durch den Dienstgeber oder die MAV aus besonderem Anlass die Forderung nach einer gemeinsamen Sitzung zu erheben.

Formalien

Die besondere Bedeutung des gemeinsamen Gespräches drückt sich dadurch aus, dass die MAVO eine ganze Reihe von Formvorschriften macht. So sind

- mit der Einladung der Grund für das Gespräch und
- eine Tagesordnung anzugeben. Es ist
- ein beiderseitig zu unterzeichnendes Protokoll anzufertigen, von dem
- beide Seiten eine Abschrift erhalten.

Damit wird deutlich, dass es sich nicht um ein alltägliches Gespräch handeln kann. Die MAV sollte bemüht sein, das Protokoll zu entwerfen und dies möglichst nicht dem Dienstgebervertreter überlassen.

Sonstige Gespräche über allgemeine Fragen

Diese Formalien gelten nicht für Gespräche nach Abs. 2. Ganz im Gegenteil: Gespräche über allgemeine Fragen der Dienstgemeinschaft sollten ohne umständliche Formalien, eine Einladung und weitere Pflichten der Teilnehmer stattfinden. Sie dienen der Förderung der »vertrauensvollen Zusammenarbeit« und zeichnen sich gerade dadurch aus, dass sich die Betriebspartner spontan über alles austauschen können, was die Einrichtung betrifft.

Die MAV sollte deshalb solche »regelmäßigen« Gespräche auch gleich nach Beginn ihrer Amtszeit fest mit dem Dienstgeber einplanen. Es ist ratsam, wie bei der Vereinbarung von Terminen für MAV-Sitzungen, eine Regelmäßigkeit festzulegen, die unabhängig von bestimmten Kalendertagen ist. (Siehe folgende Hinweise)

Die kleinen Tricks im Gespräch – Machtsicherung durch Kommunikation

---

Die Mitarbeitervertretungsordnung ist ein kirchliches Gesetz. Ihre Aussagen sind (meistens) klar und für Dienstgeber bzw. Mitarbeiterschaft verbindlich. Bedürfen Paragraphen der Interpretation, so gibt es dafür Kommentare, Handbücher, Einigungssssprüche, Arbeitsgerichtsurteile oder Artikel in Fachzeitschriften. Soweit alles klar! Alles klar?

Recht bedarf der Durchsetzung. Dies ist so lange kein Problem, wie die beteiligten Parteien ein gemeinsames rationales Ziel vor Augen haben und ein Interesse an sachorientierten Konflikten. Wie überall menschelt es auch im Verhältnis zwischen Dienstgebervertretern und Mitarbeitervertretung. Es mischen sich Sachorientierungen mit individuellen Interessen, persönliche Vorbehalte mit Solidaritäten und Unkenntnis mit Halbwahrheiten zu oft schwierigen Problemlagen, die die Auseinandersetzungsmöglichkeit und Auseinandersetzungsfähigkeit behindern.

Das Verhältnis zwischen Dienstgebervertretern (Vorgesetzten) und Mitarbeitervertretungen ist auf drei unterschiedlichen Ebenen bestimmbar:

1. auf der Funktionalebene,
2. auf der Personalebene,
3. auf der Individualebene.

Je nach Fähigkeit, Reife und Reflektionsvermögen schiebt sich mal die eine, mal die andere Ebene in den Vordergrund und bestimmt die sachorientierte Konfliktfähigkeit.

Die Funktionalebene

Zwar geht das »Konzept Dienstgemeinschaft« von einer grundsätzlich identischen Interessenlage aller im kirchlichen Dienst beschäftigten Mitarbeiterinnen und Mitarbeiter aus. Gleichwohl wird auch bei diesem »versöhnenden« Ansatz unterstellt, dass Dienstgeber eine andere Aufgabe haben als Mitarbeitervertretungen. Verkürzt gesprochen: Dienstgeber müssen das Einrichtungsziel verwirklichen, Mitarbeitervertretungen die Interessen einzelner oder aller Mitarbeiter in die Waagschale werfen. Hier entstehen u. U. Widersprüche, die gelöst werden müssen. Nicht immer kann das Ziel einer Einrichtung den individuellen Zielen des Mitarbeiters dienen, und nicht immer sind die individuellen Ziele des Mitarbeiters den Zielen der Einrichtung förderlich. Es gehört zu den originären Aufgaben der Dienstgeber und Mitarbeitervertretungen, hier zu streiten, um zu einer sachorientierten Synthese zu kommen. Mitarbeitervertretungen sollten sich immer vor Augen halten: Qualifizierte Vorgesetzte müssen aus ihrer Funktion heraus oft andere Positionen einnehmen als dies den Mitarbeiterinteressen dienlich ist. Dies hat nichts mit bösem Willen oder Uneinsichtigkeit, sondern mit ihrer Aufgabe zu tun. Erst wenn Mitarbeitervertretungen bereit sind, diese Funktion zu akzeptieren, sind sie in der Lage, ihrerseits parteilich zu handeln und zu versuchen, ihre »Funktionslogik« durchzusetzen. Dies nämlich ist originär Aufgabe von Interessenvertretung.

Die Synthese zweier widerstreitender Positionen (die »Bereitschaft zu gemeinsam getragener Verantwortung und vertrauensvoller Zusammenarbeit« wie es in der Präambel heißt) ist das Ziel.

Ziel ist nicht die Machtdurchsetzung des Einen oder der Anderen.

Die Personalebene

Mitarbeitervertretungen sind gewählt und haben für vier Jahre von der Mitarbeiterschaft eine Aufgabe zugewiesen bekommen. Dienstgebervertreter sind bestellt. Zu ihren Aufgaben, die per Arbeitsvertrag festgelegt sind, gehört das Gespräch, die Auseinandersetzung mit der Interessenvertretung der Mitarbeiterschaft. Während der Dienstgeber in der Regel ein ungebrochenes Selbstbild (»Ich bin der zuständige Vorgesetzte«) hat, schlagen in der Brust eines Mitarbeitervertreters oder einer Mitarbeitervertreterin immer zwei Herzen: das des Mitarbeiters, der eine klar umrissene Aufgabe per Arbeitsvertrag zugewiesen bekommen hat, und das des Mitarbeitervertreters, der die Interessen der Mitarbeiterschaft verfolgt.

Im Verhältnis zum Vorgesetzten befindet er sich sowohl in einem Untergebenenverhältnis, als auch auf der Ebene gleichberechtigter Partnerschaft:

Die Mitarbeitervertretung ist ein Organ, das dem Dienstgebervertreter nicht unterworfen ist, sondern im Rahmen der geltenden Gesetze gleichberechtigt gegenübersteht. Hier begegnen sich beide Seiten auf der gleichbrechtigten Funktionalebene.

In der Person des einzelnen Mitarbeitervertreters kommt es zu Brüchigkeiten: Wenn er dem Dienstgebervertreter, mit dem er verhandelt, gegenübersitzt, so sitzt er auch seinem Vorgesetzten, der ihm Anweisungen geben kann, gegenüber. Dieses Spannungsverhältnis kann zu Irritationen, Schwächungen und Verunsicherungen führen.

Es bedarf einer guten Reflexion und eines geordneten inneren und äußeren Handlungskonzeptes, um damit angemessen umgehen zu können. Denn: Zu verführerisch ist es für den Dienstgeber, auf der Klaviatur unterschiedlicher Ebenen zu spielen, um Mitarbeitervertretungen zu verunsichern oder einzuschüchtern. Auch Mitarbeitervertretungen hingegen verfallen oft dieser Doppelgesichtigkeit und sind nicht mehr in der Lage, klar zu trennen. Projektionsflächen bieten sich an für Phantasien, Mutmaßungen und Ängste.

Die Individualebene

Folie aller Kommunikationsprozesse sind menschliche Grunderfahrungen, die auf unterschiedliche Weise in Arbeitsprozessen immer wieder reproduziert werden. Der Kommunikationswissenschaftler Eric Berne hat schon früh erkannt, dass vieles, was sich im Kontakt zwischen Menschen abspielt, sogenannte Spiele sind, die sich wiederholen und die verstanden werden müssen, wenn gelungene und misslungene Formen der Kommunikation untersucht werden. Berne unterscheidet den

- Eltern-Ich-Zustand,
- Erwachsenen-Ich-Zustand,
- Kindheits-Ich-Zustand.

All unsere Kommunikationsformen können im Prinzip auf diese einfachen Grundmuster zurückgeführt werden. Reden (und handeln) wir als Erwachsene Erwachsenen gegenüber oder als »Kind« Erwachsenen gegenüber oder als Erwachsene »Kindern« gegenüber?

▸ **Beispiel**

Ein Dienstgebervertreter, der zum Vorsitzenden der Mitarbeitervertretung sagt: »Wie oft muss ich Ihnen noch erklären, dass ...«, spricht wie mancher Vater zu seinem Sohn.

Eine Mitarbeitervertreterin, die zum Dienstgeber sagt: »Bitte seien Sie so gut ...« redet meistens aus der Position des Kindheits-Ich.

Dienstgebervertreter und Mitarbeitervertretungen, die gemeinsam einen Sachverhalt beschreiben, ihre Lösungsvorschläge vorlegen, miteinander vergleichen und versuchen, zu einem Kompromiss zu kommen, handeln in der Regel als Erwachsene miteinander. Mitarbeitervertretungen unterwerfen sich oft den falschen »Spielregeln« der Dienstgeber. Sie schlüpfen in Kindheitsrollen und reflektieren zu wenig, dass sie Partner sind – im Rahmen der gegebenen Gesetze gleichberechtigt. Sie sind nicht Abhängige.

Dienstgeber spielen das Spiel der Eltern weiter. Ja, sie definieren sich oft selbst als treusorgende Patriarchen, und die Arbeitsrechtshistorie der Kirche unterstützt solche Selbstbilder.

Frauen

Zu dieser permanent vorhandenen Problematik stößt noch eine weitere, die sich auf manchmal unangenehme Weise mit den Problemlagen von Mitarbeitervertretungen verschränkt: Die Situation der Frau in der katholischen Kirche.

Frauen sind zweifach Unterworfene, ausgeschlossen von vielen Ämtern und oft von wichtigen (Leitungs)positionen. Als Mitarbeitervertreterinnen werden sie so doppelt den patriarchalischen Logiken ausgesetzt. Vielleicht liegt hierin der Grund, warum Frauen quantitativ insbesondere in MAV-Funktionen unterrepräsentiert sind.

Damit die »Spiele der Erwachsenen« nicht zu ausdauernd gespielt werden und zu Fallen der Interessenvertretung werden, bedarf es einer guten Vorbereitung und Reflexion der Kommunikation zwischen Dienstgebervertretern und Mitarbeitervertretungen.

Auf welcher Ebene findet das Gespräch statt?

Mitarbeitervertretungen müssen Fragen und Probleme bewältigen, die mit unterschiedlichen Partnerinnen und Partnern einer Einrichtung gelöst werden. Mitarbeitervertretungen müssen differenzieren:

- Welches Problem ist auf welcher Ebene verbindlich zu besprechen oder zu lösen?
- Wer hat Entscheidungskompetenz?

In Gesprächsvorbereitungen muss die Mitarbeitervertretung darauf achten, die Kompetenzträger weder zu unterlaufen noch zu übergehen. Gespräche gelingen dann, wenn die Kompetenz des Gegenübers wahr- und ernstgenommen wird. Die MAV muss sicher sein, auf der angemessenen Gesprächsebene zu verhandeln.

Entscheidungsbefugnis und Beteiligungsrechte

Für die Mitarbeitervertretung muss unzweifelhaft erkennbar sein, dass die Entscheidung des Gegenübers in der Einrichtung auch »das letzte Wort« ist. Wenn dies nicht gegeben ist, verhandelt sie mit dem falschen Gesprächspartner. Ein Einrichtungsleiter, der sich nicht festlegen will und immer die Rückversicherung vom Dienstgeber braucht, macht deutlich, dass er nicht der richtige Gesprächspartner ist. Leitende Angestellte sind nur dann Partner einer Mitarbeitervertretung, wenn sie nicht als Briefträger ihrer Vorgesetzten fungieren.

Es gehört (auch) zur Selbstachtung von Mitarbeitervertretungen, die jeweils richtige Kompetenz einzufordern. Die Idee der Dienstgemeinschaft geht davon aus, dass dem »Organ« Mitarbeitervertretung das zur gesetzlichen Vertretung berufene »Organ« des Dienstgebers gegenübersteht.

Deswegen handelt es sich beim § 39 MAVO um ein »starkes Recht«, das leider von Mitarbeitervertretungen nur selten genutzt wird.

Gesprächsvorbereitung

Mitarbeitervertretungen sollten auf die Vorbereitung von Gesprächen ausreichend Zeit verwenden:

- Welche Themen will die Mitarbeitervertretung behandeln, welche Themen wird das Gegenüber ansprechen?
- Wie wird die Mitarbeitervertretung vom Gegenüber wahrgenommen?
- Wie schätzt die MAV den Gesprächspartner ein?

Leitfragen für die Vorbereitung

- **Was ist der strategisch günstigste Zeitpunkt für das Gespräch?**
- **Weiß der Partner, was die Mitarbeitervertretung will? (Klare Information vorher, kein Überfallgespräch.) Wer ist informierter über die Thematik: der Dienstgeber oder die MAV?**
- **Was ist das Ziel des Gespräches?**
- **Gibt es Teilziele?**
- **Erwartet die Mitarbeitervertretung Streit, will sie Streit?**
- **Wie schätzt der Dienstgeber/vertreter die Kompetenz der MAV ein?**
- **Was will die Mitarbeitervertretung mindestens erreichen?**
- **Welche Einwände muss die Mitarbeitervertretung erwarten, welche Vorurteile?**
- **Wie steht die Mitarbeitervertretung persönlich zum Gesprächspartner (offen/heimlich)? Gibt es Vorbehalte? Sind diese sachlich oder unsachlich begründet?**
- **Welches Interesse hat der Dienstgebervertreter am Gespräch, welche Ziele, Erwartungen und Wünsche hat der Dienstgebervertreter?**
- **Mit welchen Argumenten muss die Mitarbeitervertretung rechnen?**
- **Wie wird die Gesprächssituation sein (Zeit, Sitzordnung, Leitung)?**
- **Wenn das Ziel nicht erreicht wird: Hat die Mitarbeitervertretung eine Idee, wie der Gesprächsfaden weitergeführt werden kann?**

Das Gespräch

Wenn die Mitarbeitervertretung vorbereitet ist, trifft sie sich ohne Hektik vor dem Gespräch und geht gemeinsam in die entsprechende Sitzung – nicht ohne die Rollen verteilt zu haben:

- **Wer redet für die Mitarbeitervertretung? Wer sorgt dafür, dass das Gespräch zu einem konstruktiven Ergebnis führt?**
- **Wer beobachtet und versucht, festgefahrene Gesprächssituationen aus dieser Position heraus zu korrigieren?**
- **Wer protokolliert und hält das Besprochene für die Nachbereitung fest?**
- **Wer ist der deutlich Fordernde und wer der nachgiebig Verhandelnde? Sollen Rollenwechsel vollzogen werden? Können diese vollzogen werden?**

Der gelingende Verlauf eines Gespräches hängt auch davon ab, wie wohl sich Partner und Partnerin fühlen. Die Mitarbeitervertretung sollte dafür Sorge tragen, dass die Gesprächssituation (Raum, Sitzordnung, etc.) von ihr mitbestimmt werden kann. Ein Dienstgebervertreter, der hinter seinem Schreibtisch sitzen bleibt, während sich die Mitarbeitervertretung davor aufreiht, hat schon deshalb stärkeres Gewicht, weil er immer wieder symbolisch seine Macht demonstriert (durch die Barriere Schreibtisch, durch Telefonate, etc.).

Mitarbeitervertretungen sollten sich nicht scheuen, solche Situationen in ihrem Sinne zu verändern.

Anregungen für das Gespräch

Einleitung

- **Positive Grundeinstellung zum Gespräch**
- **Angemessene Haltung und Erscheinung**
- **Blickkontakt**
- **Bejahende situationsgerechte Begrüßung**
- **Definition des Gesprächsgegenstandes und Andeutung des Gesprächszieles**

Während des Gespräches

- **Gegenüber konkret ansprechen (z. B. mit Namen)**
- **Reaktionen beobachten**
- **Eigenes Gesprächsziel vergegenwärtigen Nicht von Pausen irritieren lassen**
- **Nicht von Störmanövern irritieren lassen**
- **Auch eigene Gruppe einbeziehen – Blickkontakt, Aufgabenverteilung**

Abschluss des Gespräches

- **Den Abschluss bewusst herbeiführen und das Ergebnis konkret festhalten**
- **Auf Abschlusssignale achten**
- **In der Abschlussphase nicht dramatisieren**
- **Schon im Rahmen der Gesprächsvorbereitung eine entsprechende Abschlussfrage formulieren**
- **Nicht zu früh resignieren**
- **Alle Entscheidungen und Beschlüsse eindeutig mündlich oder schriftlich benennen Gesamtentscheidungen in Teilentscheidungen auflösen**

Gelingende Gespräche mit Dienstgebern oder deren Vertreter hängen auch davon ab, wie fair sie geführt werden. Winkelzüge, Tricks oder Ausbremsungen des Gesprächsgegners führen in der Regel nur zu kurzfristigen Erfolgen, langfristig aber zu Nachteilen: Die Mitarbeitervertretung wird nicht mehr ernst genommen.

Gesprächsführung ist dann erfolgreich, wenn sie seriös vorbereitet und durchgeführt wird, wenn sich in dieser Seriosität auch die Kompetenz des Gegenübers offenbart. Eine solche Grundeinstellung hindert nicht, die Winkelzüge des Gegenübers mitzubedenken, sollte aber nie dazu verleiten, sich ähnlich zu verhalten.

Weil Mitarbeiter und Mitarbeiterin als Vertretung Partner, aber als Beschäftigte weisungsgebunden bleiben, erwächst daraus mancher pikante Gesprächsverlauf: Individuelle Kränkungen überlagern sachliche Lösungen, symbolisches Machtgezerre verunmöglicht faire Verläufe, Eifersucht verstellt den Blick für das strukturell Notwendige, und Neid führt in resignative Haltungen.

Gezielte Gesprächsvorbereitung muss dies mitbedenken.

Nachbereitung

Gespräche mit dem Dienstgeber und dessen Vertreter müssen nachgearbeitet werden. Je bedeutsamer das Gespräch war, desto mehr Zeit sollte sich die Mitarbeitervertretung dafür nehmen. Die Leitfragen (siehe oben), die für die Gesprächsvorbereitung formuliert wurden, dienen auch der Gesprächsnachbereitung.

- Die MAV sollte das Gespräch protokollieren bzw. ein Protokoll veranlassen, das dem Partner mit der Bitte um Gegenzeichnung zugeleitet wird.
- Sind Beschlüsse gefasst worden, ist nach angemessener Zeit zu überprüfen, ob sie umgesetzt wurden.

Eskalationen und Deeskalationen

Im Folgenden finden Sie einen Katalog, wie Dienstgebervertreter durch Verhaltens- und Kommunikationsstrategien Einfluss und Macht sichern. Sie spielen dabei auf der Klaviatur der unterschiedlichen Ebenen (Funktional-, Personal-, Individualebene).

Mitarbeitervertretungen sollten diese Muster erkennen können, um Gegenmuster zu entwickeln. Dabei geht es immer wieder um den Abgleich der Gefühlsebenen: Was macht mein Gegenüber, was motiviert ihn? Was löst sein Verhalten aus, wie ist zu reagieren?

Aus der Reflexion heraus können angemessene Muster der Gegenreaktion entwickelt werden.

Eskalationen

»Setzen Sie sich.«

Der Dienstgeber hat die Mitarbeitervertretung zum Gespräch gebeten. Er sitzt hinter seinem Schreibtisch, hat vor sich ausgebreitet die Unterlagen. Vor seinem Schreibtisch hocken auf den Stühlen drei, die sich vorkommen wie bestellt. Die Unterlagen liegen auf den Knien oder rutschen auf den Boden. Der Dienstgebervertreter hat die Sitzordnung so arrangiert, dass deutlich ist: Ich bin der Herr im Haus. Raum und Sitzordnung sind Symbole der Macht.

■ **Gegenmittel: Neutralen Gesprächsort verabreden (z. B. Sitzungszimmer). Vorher da sein und die Sitzordnung mitbestimmen.**

»Können Sie mir mal eben Ihre Zustimmung geben ...«

Der Dienstgebervertreter trifft auf dem Flur eine Mitarbeitervertreterin, stellt kurz eine Personalentscheidung vor und bittet sie als Vorsitzende um Zustimmung. Unabhängig davon, dass dies rechtlich nicht möglich ist, lässt sich die Mitarbeitervertreterin übertölpeln, die Angelegenheit scheint klar zu sein. Der Dienstgeber inszeniert Drucksituationen, täuscht Nebensächliches vor und macht die Zustimmende zur Komplizin, da er später immer behaupten kann, sie habe ihm ja ihre Zustimmung gegeben. Der Zeitpunkt ist ein Druckmittel.

■ **Den Dienstgebervertreter bitten, den Sachverhalt konkret darzulegen und notwendige schriftliche Unterlagen beizubringen, auf die Organpflicht der Mitarbeitervertretung verweisen, ihm gleichzeitig einen Zeitrahmen vorschlagen, in dem seine Anfrage beschieden wird.**

»Gegenwärtig kann ich Ihnen noch keine Auskunft geben.«

Die Mitarbeitervertretungsordnung enthält konkrete Vorschriften. Ein beliebtes Machtmittel ist das Verschleppen, um solchen Vorschriften auszuweichen. In einigen Paragrafen werden konkrete Zeiträume festgelegt, in anderen nicht. Dienstgeber versuchen, unangenehme Entscheidungen vor sich herzuschieben, hoffen darauf, dass Mitarbeitervertretungen auf Dauer ihr Interesse verlieren.

■ **Entscheidungszeitpunkte verlangen und vereinbaren, dies ggf. wiederholt tun und u. U. mit der Einigungsstelle drohen.**

»In welchem Paragrafen finde ich das?«

Eine beliebte Technik ist das Dummstellen. Erfahrene Dienstgebervertreter kennen die Rechtsgrundlagen oft besser als Mitarbeitervertretungen. Sie nutzen dies aus und lassen Argumentationen ins Leere laufen, indem sie die MAV in einem scheinbar klaren Sachverhalt nötigen, Belegquellen zu zitieren.

- **Sich auf solche Argumentationsmuster einstellen, die eigene Position mit entsprechenden Paragraphen unterfüttern und – wenn das Vorgenannte nicht möglich ist – die Richtigkeit der eigenen Aussage unterstreichen und dem Dienstgeber anbieten, dass der Beleg entsprechend nachgereicht wird, ggf. mit einer Expertise eines juristisch versierten Beraters.**

»Und dann wollte ich noch sagen, als ich gestern von der Kuratoriumssitzung kam, begegnete mir Pfarrer L., der, wie Sie ja wissen schon länger krank ist und keiner weiß, ob er noch mal...«

Eine der sanften Methoden, Mitarbeitervertretungsarbeit zu erschweren, ist das Filibustern. Dienstgebervertreter reden und reden und reden und lassen die Mitarbeitervertretung nicht zu Wort kommen. Sie greifen jeden Gesprächspunkt auf, um eigene Geschichten zu erzählen, Eindrücke wiederzugeben und die knappe Zeit auszufüllen, ohne den Sachverhalt zu klären.

- **Gesprächszeiträume konkret festlegen und die Zeiten für die einzelnen Gesprächspunkte benennen. Vorab festlegen, bis zu welchem Zeitpunkt welche Frage geklärt wird und welche Folgen daraus erwachsen, wenn diese Klärung nicht erfolgen konnte (z. B. neues Gespräch, schriftlicher Weg etc.).**

»Den Blödsinn glauben Sie doch selbst nicht.«

Aus der »Elternposition« heraus wird die Mitarbeitervertretung zurechtgewiesen und nicht ernst genommen. Diese eher aggressive Technik führt zu Verunsicherungen und tendenziell zur Zurücknahme eigener Positionen.

- **Wiederholung des eigenen Standpunktes evtl. mit neuer Argumentation oder der sachlichen Feststellung, dass es hier einen Dissens in der Wahrnehmung gibt. Nach Wegen der Klärung suchen, Angebote der Kooperation machen.**

»Sie putschen die Mitarbeiter gegen die Leitung auf.«

Auch die Konfrontation ist eine harte Technik, um Mitarbeitervertretungen einzuschüchtern.

- **Den Dienstgeber bitten, einen Beleg anzuführen, dazu ggf. die Gegenposition benennen. Evtl. den Dienstgebervertreter um ein Beispiel bitten, wie er in einer vergleichbaren Situation mit den Mitarbeitern/innen gesprochen hätte.**

»Immer wenn Sie bei mir aufkreuzen, geht's ums Geld.«

Der Dienstgeber macht eine unzulässige Verallgemeinerung. Er unterstellt unlautere Motive, versucht, die Mitarbeitervertretung in die Defensive zu drängen.

- **Ignorieren des Vorwurfes und bei der Sache bleiben. Ggf. am Ende des Klärungsprozesses darauf zurückkommen und ihn um differenziertere Wahrnehmung bitten bzw. auf die Aufgabenbeschreibung der Mitarbeitervertretungsordnung verweisen.**

»So ein blödes Gewäsch habe ich lange nicht mehr gehört.«

Beleidigungen sollen nicht nur Argumentationen zurückweisen, sondern einschüchtern und letztendlich die Mitarbeitervertretung mundtot machen.

- **Sofort das Gespräch stoppen, den Dienstgeber auf die Beleidigung hinweisen, ihn evtl. zur Entschuldigung auffordern. Ggf. das Gespräch abbrechen mit dem Hinweis, dass man in einer ruhigeren Atmosphäre bereit ist, die Unterredung fortzusetzen.**

»Wissen Sie, als ich noch in Ihrer Position war, da haben wir ...«

Ein bewährtes sanftes Mittel der Korrektur ist die Lebensweisheit, verbunden mit dem Hinweis auf eigene Erfahrungen. Dadurch wird Kompetenz reklamiert und Erfahrungsüberlegenheit signalisiert. Die Mitarbeitervertretung ist kaum in der Lage, dies im Einzelfall zu überprüfen und muss dies auch nicht leisten.

- **Freundlich zuhören und das Gespräch zurückführen in die Gegenwart, sich nicht ablenken lassen durch zeitfremde Einlassung.**

»Sie gefährden den Bestand der Einrichtung.«

Vorwürfe, zumal wenn sie allgemein sind, signalisieren, dass das Gegenüber entweder einschüchtern will oder über keine weiteren Argumente zum anstehenden Sachverhalt verfügt.

- **Weiter am konkreten Sachverhalt arbeiten und argumentieren, ggf. darauf hinweisen, dass zur Einrichtung alle Mitarbeiterinnen und Mitarbeiter gehören, die folglich kein Interesse an einer solchen Gefährdung haben können, den Vorwurf ad absurdum führen.**

»Lassen Sie diese Unterstellung!«

Der Befehlston deutet an, dass das Gegenüber an einer Grenze seiner Kommunikationsfähigkeit angelangt ist und sich aus dieser Defensivposition heraus in eine Offensivhaltung begeben will.

- **Ruhig bleiben, ggf. klären, ob das Gegenüber im Recht ist, Hinweis auf den unzulässigen Ton und das dadurch beschädigte Miteinander.**

»Das stimmt nicht. Ich habe gestern ...«

Behauptungen werden oft mit Gegenbehauptungen gekontert.

■ Diese bekannte Figur in der Kommunikation kann positiv genutzt werden, indem die ihnen zugrunde liegenden Fakten gegeneinander gestellt, miteinander abgewogen und in eine Synthese eingeführt werden. Ziel der Klärung ist eine Klärung der Faktenlage.

»Wenn Sie nicht, dann ...«

Warnungen und Drohungen berühren die Substanz des Miteinanders und gefährden die Gesprächsbasis.

■ Die Gesprächssituation offen machen, auf den Hinweis mit der Wertung »Nötigung« reagieren und ggf. das Gespräch abbrechen. Drohungen und Warnungen bewegen sich qualitativ oft auf der gleichen Ebene wie Beleidigungen.

Deeskalationen

Mitarbeitervertretungen können eskalierende Gespräche und Begegnungen durch einfache Techniken entschärfen und so ihren Teil dazu beitragen, dass Kommunikation gelingt. Einige dieser Techniken sollen im Folgenden skizziert werden.

■ Eingeständnis

»Sicher haben Sie in diesem Zusammenhang recht, die Mitarbeitervertretung hätte Sie eher informieren sollen.«

■ Entschuldigung

»Bitte entschuldigen Sie, dass wir den Termin für die Mitarbeiterversammlung nicht eher absprechen konnten.«

■ An Beziehung erinnern

»Wir haben doch bei der Umsetzung der neuen Arbeitszeitordnung schon sehr gut zusammengearbeitet.«

■ Ausdruck des guten Willens

»Wir sehen Ihre Probleme mit der Sicherung eines ausgewogenen Haushalts und sind unsererseits bereit ...«

■ Loben, anerkennen

»Wir freuen uns darüber, wie konsequent Sie bisher die Mitarbeitervertretungsordnung eingehalten haben.«

■ Konsensäußerungen

»Hinsichtlich der Zusammenlegung der beiden Abteilungen sind wir mit Ihnen einer Meinung.«

■ **Kompromissangebot**

»Ihr Zuschuss zum Betriebsausflug reicht nicht aus, allerdings sehen wir, dass auch unsere Forderung zu hoch war. Wir schlagen vor ...«

■ **Relevanzherabstufung**

»Dieser Konflikt ist es nicht wert, dass wir unser gutes Verhältnis so hart auf die Probe stellen. «

■ **Thema- und Focuswechsel**

»Die Mitarbeitervertretung sieht, dass wir zum gegenwärtigen Zeitpunkt zu keiner Einigung kommen. Wir schlagen vor, dass wir zum nächsten Thema wechseln und auf die ungelöste Frage in drei Monaten zurückkommen.«

■ **Wiederholen, umschreiben, zusammenfassen, klären**

Diese einfachen Techniken führen zu einer klaren Schlusssituation in Gesprächen.

■ **Nachfragen**

»Es gibt Unruhe auf der Station, seit Oberarzt P dort arbeitet. Sehen Sie dies auch so?«

■ **Gefühle ansprechen**

»Für Sie dürfte die derzeitige Situation sehr belastend sein und die finanziellen Entscheidungen kaum zu tragen ...«

Auch in der Kirche wird auf der Klaviatur der Macht gespielt. Tricks betören und stören, sie unterlaufen und blockieren.

Kommunikation sichert Macht oder lockert sie gleichzeitig.

Das Letzte ...

»Über Euren Chefs gibt es noch viel blauen Himmel.«

W. Bartels

§ 40 Bildung der Einigungsstelle – Aufgaben

(1) Für den Bereich der (Erz-)Diözese wird beim (Erz-)Bischöflichen Ordinariat/Generalvikariat in ... eine ständige Einigungsstelle gebildet.*

(2) Für die Einigungsstelle wird eine Geschäftsstelle eingerichtet.

(3) Die Einigungsstelle wirkt in den Fällen des § 45 (Regelungsstreitigkeiten) auf eine Einigung zwischen Dienstgeber und Mitarbeitervertretung hin. Kommt eine Einigung nicht zustande, ersetzt der Spruch der Einigungsstelle die erforderliche Zustimmung der Mitarbeitervertretung (§ 45 Abs. 1) oder tritt an die Stelle einer Einigung zwischen Dienstgeber und Mitarbeitervertretung (§ 45 Abs. 2 und 3).

Durch das Inkrafttreten der Kirchlichen Arbeitsgerichtsordnung (KAGO) im Jahre 2006 ist die arbeitsrechtliche Gerichtsverfassung in der Katholischen Kirche grundlegend neu geordnet worden. Die KAGO (*Text auf der beigefügten CD-ROM*) füllt die in Artikel 10 der Grundordnung zum Kirchlichen Dienst vorgesehene Funktion der Rechtsprechung im Arbeitsrecht neu aus. Dadurch wurde es nötig, die Zuständigkeiten umfassend neu zu regeln.

Vorbemerkung zu Gerichtsbarkeit und Streitschlichtung in der Katholischen Kirche

Konsequenz aus dem Recht der großen christlichen Kirchen, ihre Angelegenheiten selbst zu regeln und nur den allgemeinen Gesetzen unterworfen zu sein, soweit diese dem kirchlichen Auftrag nicht widersprechen, ist die Möglichkeit, interne Streitigkeiten durch eigene Gremien schlichten und entscheiden zu dürfen. Zu diesem Zwecke hat die katholische Kirche für den Bereich des Arbeitsrechts folgende Spruchkörper gebildet:

Kirchliches Arbeitsgericht und Kirchlicher Arbeitsgerichtshof (als Revisionsinstanz) für

- Rechtsstreitigkeiten zwischen Dienstgeber und arbeitsrechtlichen Gremien des „Dritten Weges" bei der Auseinandersetzung über Fragen der MAVO, des KODA-Rechts und des Wahlrechts zu MAV und den Kommissionen

Einigungsstellen in den Bistümern für

- Regelungsstreitigkeiten zwischen Dienstgeber und Mitarbeitervertretungen, die sich aus der Anwendung der MAVO im Bereich der vollen Mitbestimmung oder im Bereich von Statusrechten der MAV ergeben,

---

* Die Bildung einer gemeinsamen Einigungsstelle durch mehrere Diözesen wird nicht ausformuliert, ist jedoch möglich.

Schlichtungsstellen in den Bistümern für

- Rechtsstreitigkeiten aus der Anwendung des Arbeitsvertragsrechts zwischen Dienstgeber und einzelnen Mitarbeiter/innen, sowie

Vermittlungsausschüsse der arbeitsrechtlichen Kommissionen für

- Regelungsstreitigkeiten, die sich aus den Aufgaben zur Schaffung von Rechtsnormen für den Inhalt der Arbeitsverhältnisse und den Statusrechten der Mitglieder dieser Kommissionen ergeben.

Zuständigkeitsübersicht

	MAVO-Bereich	KODA-Bereich	Individual-Bereich
Rechtsstreitigkeit	Kirchliches Arbeitsgericht	Kirchliches Arbeitsgericht	Staatliches Arbeitsgericht
Regelungs-streitigkeit	MAVO-Eini-gungsstelle oder Kirchliches Arbeitsgericht (beschränkte Prüfung)	KODA-Vermitt-lungsausschuss oder Kirchliches Arbeitsgericht (beschränkte Prüfung)	Kirchliche Schlichtungs-stelle

Verbindlichkeit der Entscheidungen

Die Schlichtungsstellen und die Vermittlungsausschüsse können jeweils nur Regelungsvorschläge machen, die von den Verfahrensbeteiligten angenommen oder abgelehnt werden können.

▶ **Beispiel:**

Entscheidet eine Schlichtungsstelle zu der Frage der Eingruppierung eines Mitarbeiters zugunsten des Dienstgebers, kann der Mitarbeiter diese Entscheidung akzeptieren oder aber das staatliche Arbeitsgericht anrufen, dessen Entscheidung dann für beide Seiten verbindlich ist.

Ebenso kann eine KODA oder Arbeitsrechtliche Kommission den Beschluss eines Vermittlungsausschusses annehmen und die Auseinandersetzung damit beenden oder ihn aber ignorieren und sich einer Beschlussfassung enthalten.

Das Kirchliche Arbeitsgericht und die Einigungsstelle treffen dagegen verbindliche Entscheidungen, die zwar einer Rechtskontrolle unterliegen, aber von den Verfahrensbeteiligten umgesetzt und beachtet werden müssen.

▶ **Beispiel:**

Hat das Kirchliche Arbeitsgericht den Dienstgeber zur Vorlage von Informationen über die wirtschaftliche Situation der Einrichtung verurteilt, kann er nur noch den Kirchlichen Arbeitsgerichtshof und zur Überprüfung des Urteils anrufen. Setzt er es im übrigen nicht um, kann die Zwangsvollstreckung gegen ihn betrieben werden.

Hat die Einigungsstelle die von der MAV verweigerte Zustimmung zu einer Arbeitszeitänderung ersetzt, wäre nur noch mit der Behauptung, dass diese Entscheidung unter Rechtsverletzung zustande gekommen ist, wiederum das Kirchliche Arbeitsgericht anzurufen. Im Übrigen hätte die MAV aber keine Möglichkeit mehr, gegen die Maßnahme des Dienstgebers vorzugehen.

Unterscheidung zwischen Rechtsstreitigkeit und Regelungsstreitigkeit

Die Einigungsstelle im Sinne von § 40 hat nach Inkrafttreten der KAGO nur noch die Funktion zur Beilegung von Regelungsstreitigkeiten. Die von der Einigungsstelle wahrgenommene Funktion ist im außerkirchlichen Bereich besonderen, von den Organen der Selbstverwaltung bestellten (nichtstaatlichen) Schiedsgerichten übertragen.

Die Unterscheidung zwischen Rechts- und Regelungstreitigkeiten: Bei Rechtsstreitigkeiten ist unter Anwendung einer Rechtsnorm auf einen bestimmten Sachverhalt im Prinzip nur eine Entscheidung richtig und möglich.

Einen Ermessensspielraum gibt es nicht.

▶ **Beispiele**

Rechtsstreitigkeit: Ob der Dienstgeber die ordentliche Kündigung eines Arbeitsverhältnisses erklären kann, bevor er seine Absicht der MAV schriftlich angezeigt hat, ist eine Rechtsfrage. Die Beantwortung ergibt sich aus § 30 Abs. 1.

Regelungsstreitigkeit: Ob der Dienstgeber dem Antrag der MAV nach § 37 auf Aufhebung einer Urlaubssperre folgt, ist eine Ermessensfrage. Die Antwort lässt sich nur über eine Prüfung der Notwendigkeit und Zweckmäßigkeit der Entscheidung des Dienstgebers finden.

Keine Regelungsstreitigkeit liegt vor, wenn eine Norm der MAVO einen *unbestimmten Rechtsbegriff* benutzt. Dann haben die Rechtsanwender kein Ermessen, sondern die Pflicht, den unbestimmten Rechtsbegriff den Umständen entsprechend auszulegen.

Unbestimmte Rechtsbegriffe

- »im notwendigen Umfang freizustellen« in § 15 Abs. 2,
- »dringende betriebliche Erfordernisse« in § 16 Abs. 1,
- »die notwendigen Kosten der MAV« in § 17 Abs. 1,
- »Angelegenheiten oder Tatsachen, die Verschwiegenheit erfordern« in § 20.

Es gibt Fälle, in denen mit der Entscheidung über eine Rechtsfrage eine Regelungsstreitigkeit verbunden ist.

▸ **Beispiel**

Wie im obigen Beispiel verlangt die MAV die Aufhebung einer Urlaubssperre. Der Dienstgeber bestreitet bereits die Zuständigkeit der MAV für einen solchen Antrag und ist nicht zu einem Einigungsgespräch bereit.

Dann ist die Frage nach der Zuständigkeit eine Rechtsstreitigkeit, die nach der Angemessenheit der Urlaubssperre eine Regelungsstreitigkeit. Insgesamt wird man aber von einer Rechtsstreitigkeit ausgehen können.

Eine formelle Antwort auf die Unterscheidung von Rechts- und Regelungsstreitigkeiten gibt die Zuständigkeitsregelung in § 45. Danach ist ein offenbar abschließender Katalog von Möglichkeiten gebildet, die Einigungsstelle anzurufen. Was bei sonstigen Regelungsstreitigkeiten passiert, lässt die MAVO offen. (z. B. Einzelheiten der Kostenübernahme durch den Dienstgeber nach § 17)   *vgl. § 2 Abs. 2 KAGO*

Diözesane Zuständigkeit

Im Unterschied zu den kirchlichen Arbeitsgerichten, die weitgehend für eine Mehrzahl von Bistümern eingerichtet sind, hat jedes Bistum eine eigene Einigungsstelle. Die Anschrift der Einigungsstelle ist im Regelfall die des Bischöflichen Ordinariats oder Generalvikariats.

Pflicht zum Hinwirken auf Einigung

Da die Einigungsstelle keine Rechtsfragen entscheidet, sondern eine Lösung für die streitige Behandlung eines Sachverhaltes finden soll, der der Mitbestimmung durch die MAV unterliegt, ist das Ziel der Verhandlung nicht in erster Linie die Entscheidung (Spruch der Einigungsstelle), sondern der Einigungsvorschlag, der von den Parteien angenommen wird. Daraus ergibt sich, dass die Einigungsstelle neben der Aufklärung des Sachverhaltes ein intensives Gespräch mit den Betroffenen führen muss, um Interessenlagen aufzuklären und zur Befriedung der Situation beizutragen. Besondere Verfahrensvorschriften kennt die MAVO (anders als vor dem Kirchlichen Arbeitsgericht) nicht. Viel hängt von der Persönlichkeit des Vorsitzenden, der Sachlichkeit der Beisitzer und einem ruhigen, von gegenseitigem Respekt für die unterschiedliche Position getragenen Verhandlungsklima ab.

Spruch und Anrufung des Kirchlichen Arbeitsgerichts

Soweit trotz aller Bemühungen der Einigungsstelle die Parteien zerstritten bleiben und ein Einigungsvorschlag nicht gemacht werden kann oder keine Akzeptanz findet, muss die Einigungsstelle durch Spruch entscheiden. Denn insbesondere bei einem Antrag des Dienstgebers zur Ersetzung der Zustimmung der MAV nach § 36 besteht in der Regel ein Handlungsbedarf, der sonst dauerhaft blockiert werden könnte.

Der Spruch der Einigungsstelle ist für beide Seiten verbindlich. Die Streitfrage kann nicht ein zweites Mal entschieden werden, Dienstgeber und MAV haben der Entscheidung der Einigungsstelle Folge zu leisten. Besonders deutlich wird dies, soweit der Dienstgeber die Ersetzung der Zustimmung der MAV beantragt. Die Einigungsstelle hat hier eine rechtsgestaltende Funktion. Sie tritt mit einem Spruch an die Stelle der MAV und ersetzt deren fehlende Zustimmung. Andererseits kann sie bei einem Antrag der MAV gegen den Willen des Dienstgebers auch Sachverhalte verbindlich regeln.

In einigen Fällen ist auch nach einem Spruch der Einigungsstelle die Anrufung des Kirchlichen Arbeitsgerichts in derselben Angelegenheit möglich. Das betrifft zum Beispiel die Fälle, in denen

- der Dienstgeber sich weigert, dem Spruch der Einigungsstelle Folge zu leisten,
- die Einigungsstelle gegen wesentliche Verfahrensvorschriften (Besetzung, Zuständigkeit usw.) verstoßen hat und eine Partei sich dadurch in ihren Rechten verletzt sieht,
- der Spruch der Einigungsstelle als solcher gegen (kirchliches) Recht verstößt (z. B.: Ersetzung der –nicht möglichen- Zustimmung bei Kündigung eines Mitarbeitervertreters)

Kirchliche Arbeitsgerichte

Die Regelungen über Zuständigkeit und Verfahren vor dem Kirchlichen Arbeitsgericht beinhaltet die KAGO (*siehe CD-ROM*). Alle Rechtsstreitigkeiten zwischen Dienstgeber und MAV sind damit den KAGO-Gerichten zugeordnet. Das ist der wesentliche Teil aller Meinungsverschiedenheiten, die in einer Einrichtung denkbar sind. Folgende Gerichte sind mit dem Inkrafttreten der KAGO gebildet:

Interdiözesane Gerichte in

1. Hamburg

MAV für die (Erz-)Diözesen Berlin, Dresden-Meißen, Erfurt, Görlitz, Hamburg, Hildesheim, Magdeburg, Osnabrück und den oldenburgischen Teil der Diözese Münster;

KODA für die (Regional-)KODAen Nord-Ost, Osnabrück/Vechta (einschließlich des oldenburgischen Teils der Diözese Münster) und Hildesheim

2. Augsburg

MAVO für den Bereich der bayrischen (Erz-)Diözesen

KODA für die bayrische Regional-KODA

3. Mainz

MAVO für die Diözesen Limburg, Mainz, Speyer und Trier

KODA für die KODAen der vorgenannten Diözesen

4. Köln

MAVO für den Bereich der Erzdiözese Köln

KODA für die Regional-KODA NRW

KODA für die verschiedenen Bereichs-KODAen (Kolping, Klausenhof etc.), die im Bereich der Kirchenprovinz Köln ihren Hauptsitz haben.

Diözesane Gerichte in **5. Aachen, 6. Essen, 7. Münster** und **8. Paderborn**, alle ausschließlich zuständig für Rechtsstreitigkeiten aus der MAVO sowie diözesane Gerichte in **9. Fulda, 10. Rottenburg/Stuttgart** und **11. Freiburg** letztere zuständig für Rechtsstreitigkeiten nach MAVO **und** aus dem KODA-Recht.

Das Letzte ...

Es gibt ein Recht des Weiseren, nicht ein Recht des Stärkeren.

J. Joubert

§ 41 Zusammensetzung – Besetzung

(1) Die Einigungsstelle besteht aus

(a) der oder dem Vorsitzenden und der oder dem stellvertretenden Vorsitzenden,

(b) jeweils ...* Beisitzerinnen oder Beisitzern aus den Kreisen der Dienstgeber und der Mitarbeiter, die auf getrennten Listen geführt werden (Listen-Beisitzerinnen und Listen-Beisitzer),

(c) Beisitzerinnen oder Beisitzern, die jeweils für die Durchführung des Verfahrens von der Antragstellerin oder dem Antragsteller und von der Antragsgegnerin oder dem Antragsgegner zu benennen sind (Ad-hoc-Beisitzerinnen und Ad-hoc-Beisitzer).

(2) Die Einigungsstelle tritt zusammen und entscheidet in der Besetzung mit der oder dem Vorsitzenden, je einer Beisitzerin oder einem Beisitzer aus den beiden Beisitzerlisten und je einer oder einem von der Antragstellerin oder dem Antragsteller und der Antragsgegnerin oder dem Antragsgegner benannten Ad-hocBeisitzerinnen und Ad-hoc-Beisitzer. Die Teilnahme der Listen-Beisitzerinnen und Listen-Beisitzer an der mündlichen Verhandlung bestimmt sich nach der alphabetischen Reihenfolge in der jeweiligen Beisitzerliste. Bei Verhinderung einer Listen-Beisitzerin oder eines Listen-Beisitzers tritt an dessen Stelle die Beisitzerin oder der Beisitzer, welche oder welcher der Reihenfolge nach an nächster Stelle steht.

(3) Ist die oder der Vorsitzende an der Ausübung ihres oder seines Amtes gehindert, tritt an ihre oder seine Stelle die oder der stellvertretende Vorsitzende.

Zusammensetzung der Einigungsstelle

Die Einigungsstelle ist paritätisch besetzt. Sie besteht aus der/dem Vorsitzenden und den sogenannten Listen-Beisitzern, die für die Dienstgeberseite vom Generalvikar und für die Mitarbeiterseite vom Vorstand der Diözesanen Arbeitsgemeinschaft der Mitarbeitervertretungen bestellt werden. Die Beisitzer schlagen gemeinsam (im Zweifel also mit einfacher Mehrheit) die/den Vorsitzenden und ihre/seine Stellvertreterin dem Diözesanbischof vor, der letztlich die Ernennung vornimmt.

Die Anzahl der Listen-Beisitzer kann jedes Bistum selbst bestimmen. Bei der Knappheit an Personen, die für dieses Ehrenamt zur Verfügung stehen, wird im allgemeinen von je zwei Beisitzern auf Dienstgeber- und Mitarbei-

---

* Die Zahl der Beisitzerinnen und Beisitzer bleibt der Festlegung durch die Diözesen vorbehalten; es müssen jedoch mindestens jeweils zwei Personen benannt werden.

terseite auszugehen sein. Ansonsten liefe die Regelung zum Wechsel des Listen-Beisitzers in alphabetischer Reihenfolge ins Leere.

Neu eingeführt hat die MAVO die sogenannten „ad hoc"-Beisitzer. Sie vervollständigen das Gremium auf insgesamt mindestens 5 Personen. Jede Partei benennt für die Verhandlung vor der Einigungsstelle noch eine weitere Person ihres Vertrauens, die an der Entscheidung der Einigungsstelle zu beteiligen ist. Diese Person muss die Voraussetzungen der Mitgliedschaft auf der jeweiligen Seite einer Arbeitsrechtlichen Kommission haben. Also der ad-hoc-Beisitzer der Mitarbeiterseite das Wahlrecht zur MAVO, der auf der Dienstgeberseite die Funktion eines Dienstgebervertreters im Sinne von §2. Die Zusammensetzung der Einigungsstelle sieht dann – wie folgt – aus:

```
                    ┌─────────────────────┐
                    │   Vorsitzende/r      │
                    └─────────────────────┘

┌─────────────────────┐         ┌─────────────────────┐
│ Listenbeisitzer/in  │         │ Listenbeisitzer/in  │
│ Dienstnehmerseite   │         │ Dienstgeberseite    │
└─────────────────────┘         └─────────────────────┘

┌─────────────────────┐         ┌─────────────────────┐
│ Ad hoc Beisitzer/in │         │ Ad hoc Beisitzer/in │
│ Dienstnehmerseite   │         │ Dienstgeberseite    │
└─────────────────────┘         └─────────────────────┘
```

Die MAVO geht von der „Rotation" der Listen-Beisitzer aus. Von Sitzung zu Sitzung wechseln die Beisitzer. Dadurch soll sichergestellt werden, dass die zeitliche Belastung des Einzelnen durch dieses Ehrenamt im Rahmen des Zumutbaren bleibt.

Da die ad-hoc-Beisitzer von den Parteien gestellt werden, ist auch hier von einem ständigen Wechsel auszugehen. Die Einigungsstelle wird daher versuchen müssen, Verfahren möglichst im Rahmen eines einzigen Sitzungstages zu Ende zu bringen, um nicht mit unterschiedlichen Besetzungen Neu- und Alt-Verfahren führen zu müssen.

Wenn Vernunft nicht weiterführt – Grundsätze und Anregungen für Konflikte

---

Die Arbeitsbedingungen im kirchlichen Dienst werden von Mitarbeitern und Mitarbeitervertretungen, Dienstgebern und Dienstgebervertretern meistens unterschiedlich erlebt und dargestellt. Insbesondere im Konfliktfall werden von den letzteren Harmoniekonzepte bemüht, während die ersteren gern über geeignete Druckmittel verfügen würden, um tatsächliche oder vermeintliche Rechte durchzusetzen.

Andere Konflikte?

Auch wenn es offiziös vielfach anders erwünscht oder dargestellt wird: Die im kirchlichen Dienst vorhandenen Konflikte unterscheiden sich immer weniger von denen, die wir aus dem öffentlichen Dienst oder der Wirtschaft kennen. Die Verhaltensweisen sind lediglich vorsichtiger, abgedeckter, die Umgangsformen (scheinbar) geschwisterlicher oder milder.

Wer Erfahrungen mit der Durchsetzung von Mitarbeiterinteressen hat, der weiß, dass das Harmoniekonzept des Dritten Weges Leitungsinteresse repräsentiert, mit dem versucht wird, die Niederungen alltäglicher arbeitsvertraglicher Auseinandersetzung zu bewältigen.

Was einstmals Vorbild werden sollte, ist Stückwerk geblieben. Der Weg ist ein unerfülltes Projekt, eine schöne Vision, eine freundliche Vorgabe.

Mitarbeitervertretungen müssen mit dieser Vorgabe leben, auch wenn sie sich manchmal die Druckmittel des Zweiten Weges wünschen.

Wie sehen auf diesem Hintergrund Konfliktmuster und Konfliktmittel aus? Was ist zu tun, wenn das freundliche Sprechen, das Überzeugen und das Verweisen auf gesicherte Rechtspositionen nicht weiterführen?

Interessenunterschiede

Auch dem Mitarbeitervertretungsrecht sind Interessenunterschiede nicht fremd. In der MAVO werden konkrete Regelungsmechanismen vorgeschlagen, die immer dann greifen sollen, wenn Streit droht. Sie drücken sich aus in formalen Vorschriften, in der Aufforderung zur »vertrauensvollen Zusammenarbeit«, in verpflichtenden Gesprächsvorgaben oder in Paragraphen für Einigungsverfahren.

Die Installation kirchlicher Einigungsstellenstellen bzw. kirchlicher Arbeitsgerichte zeigt, dass der Kirchenleitung deutlich geworden ist: Das harmonisierende Konzept des Dritten Weges führt nicht automatisch zur Auflösung aller Konflikte: Sie müssen gemanagt und geklärt werden.

Zwar werden Konfliktfolgen reduzierende Vorgaben in der MAVO und der Kirchlichen Arbeitsgerichtsordnung (KAGO) gemacht; wenn es aber im Rahmen dieses Verfahrens nicht zur angemessenen Einigung oder Klärung kommt greift trotz Sanktionsmöglichkeiten oft noch Recht des Stärkeren.

Wie kann das Recht des Stärkeren beantwortet oder konterkariert werden? Was ist an Spielraum möglich, wenn eine angemessene Einigung nicht zustande gekommen ist, wenn der Kompromiss durch die einseitige Entscheidung ersetzt wurde?

Grundsätze und Konfliktmittel können helfen, solche Auseinandersetzungen einzugehen und durchzustehen.

Kein Konflikt ohne Folgenabschätzung!

Mitarbeitervertretungen, die bereit sind, sich mit dem Dienstgebervertreter in Konfliktsituationen zu streiten, sollten vorher überlegen, welche Folgen ein solcher Konflikt zeitigt. Welchen Einfluss wird er auf das Miteinander haben? Wie wird der Konflikt zurückschlagen in die Mitarbeiterschaft? Führt er zu Klimaveränderungen? Führt er zu Verdeutlichungen? Wird es Konsequenzen geben, die mit dem Konflikt nur am Rande zu tun, aber Bedeutung für die Dienstgemeinschaft haben werden?

Angestrebter Erfolg und Aufwand müssen in einer guten Relation stehen! Lohnt sich der Streit? Ist der Aufwand an materiellen und persönlichen Ressourcen unter Umständen so groß, dass für künftige Auseinandersetzungen weniger Kraft bleibt? Welcher Preis muss für den Erfolg bezahlt werden? Macht es Sinn, so viele emotionale Kräfte zu binden?

Keine Drohung ohne Konsequenz!

In der Mitarbeitervertretungsarbeit werden immer wieder Drohungen ausgestoßen. So soll versucht werden, Dienstgebervertreter unter Druck zu setzen. Natürlich ist es legitim, den Dienstgeber im Konfliktfall auf Konsequenzen seines Verhaltens hinzuweisen, also zu »drohen«. Allerdings wird man schnell mit einem Gegenangriff (»Wollen Sie mich erpressen?«) konfrontiert werden. Wer droht, muss bereit sein, solche Schärfen in die Tat umzusetzen. Es gibt wenig Ereignisse, die einer Mitarbeitervertretung mehr schaden als nicht gezogene Konsequenzen. Mitarbeitervertretungen verlieren, gerade bei starken Dienstgebervertretern, ungeheuer an Glaubwürdigkeit.

■ Verzicht auf Moralin!

Das meist eingesetzte Mittel des Streites in der Kirche ist »Moralin«: der offen oder verdeckt eingesetzte Vorwurf, sich nicht an den hohen Standards und Zielen des kirchlichen Dienstes zu orientieren (»Wir *sind sehr enttäuscht Das hat nichts mit dem Dritten Weg zu tun. Gerade Sie ...«*). Mitarbeitervertretungen sollten im Konfliktfall konkret bleiben. Das Hantieren mit den hehren Vorgaben führt zu Widerwillen oder bestenfalls zu schlechtem Gewissen. Wer versucht, sich moralisch über den Streitpartner zu erheben, wirkt zwar stärker, dürfte aber langfristig schwächer werden: Eigenes Fehlverhalten wird an der moralischen Vorgabe gemessen werden. Außerdem: Ein disqualifizierter Partner ist ein unwilliger Partner.

■ Den Gegner das Gesicht wahren lassen!

Wenn Mitarbeitervertretungen die Chance haben, in einem Konflikt zu siegen, so darf der unterlegene Dienstgebervertreter nicht bloßgestellt werden. Er muss in der Lage bleiben, sein Gesicht zu wahren. Ein bloßgestellter Vorgesetzter, der sich in einem Konflikt beschädigt fühlt, wird künftig ein komplizierter Gegner sein.

Kränkung ist immer eine große Störung im Zusammenarbeiten von Menschen. In jeder Konfliktsituation sollte nach Ansätzen gesucht werden, mit denen der Unterlegene »kleine Siege« zelebrieren kann. Das ist nicht nur taktisches Verhalten, sondern auch menschlich.

■ Brücken planen und Kompromisslinien festlegen!

Bei der Konfliktplanung sollten Mitarbeitervertretungen darüber nachdenken, wie Kompromisse aussehen können. In die Konfliktstrategie müssen »Brücken« eingeplant werden, d. h. Wege, die ein Dienstgeber gehen kann, um sich auf Mitarbeitervertretungen zuzubewegen. Ebenso muss vorher entschieden worden sein, wo es eine Bereitschaft zum Zurückweichen gibt und wo Verhandeln verweigert wird.

■ Niederlagen akzeptieren!

Wenn Mitarbeitervertretungen unterlegen sind, so sollten sie konstatieren, aufgrund welcher rechtlichen oder machtvollen Situation es zum Unterliegen gekommen ist. Dies gehört zum Verarbeiten von Konflikten und stärkt letztendlich eine Mitarbeitervertretung. Aus Niederlagen kann man lernen.

■ Niederlagen müssen Niederlagen genannt werden!

Wenn Mitarbeitervertretungen in einem Konflikt mit dem Dienstgeber unterlegen sind und die Angelegenheit Öffentlichkeit verträgt, so sollte über diese Niederlage offen geredet werden. Viele Mitarbeitervertretungen kaschieren die Niederlage in der Absicht, ihre Handlungsschwäche zu verdecken. Das ist falsch. Eingestandene Niederlagen, die analysiert wurden, haben zweierlei Effekte: Die tatsächlichen Machtverhältnisse werden transparent, die begrenzten Spielräume deutlich. Außerdem mag auf Dauer den Eindruck erwecken, als sei er immer der klügere, der sieggewohntere, der bessere. Nahezu alle Dienstgebervertreter sind bereit, vom großen Kuchen der Überlegenheit abzugeben, solange klar bleibt, dass sie die »Herren im Haus« sind.

■ Konfliktmittel

Streit braucht Mittel – weiche und harte. Konflikte müssen in der Mitarbeitervertretungsarbeit reflektiert eingegangen werden.

■ Transparenz

Oft findet Mitarbeitervertretungsarbeit im Geheimen statt. Nur alle vier Jahre – bei den Wahlen – oder beim jährlichen Rechenschaftsbericht wird deutlich, auf welchen Arbeitsfeldern Mitarbeitervertretungen tätig geworden sind. Dies schadet im Konfliktfall, da die Folge fehlender Zusammenhalt in und Zusammenhang mit der Mitarbeiterschaft ist. Mitarbeitervertretungen müssen sich um hohe Transparenz gerade dann bemühen, wenn Konflikte anstehen. Die Transparenz selbst ist ein Konfliktmittel: Öffentlichkeit nutzt in der Regel immer den Schwächeren. Die Starken versuchen, Konflikte im Stillen zu erledigen, damit sie keine quantitative Gegenwehr befürchten müssen.

■ Fairness

Im kirchlichen Dienst wird, wie überall, unfair gehandelt. Vorteile werden ausgespielt, Tricks angewandt, Schlafmützigkeit ausgenutzt. Wenn man in einer Einrichtung arbeitet, in der viel getrickst wird, kann allein der Faktor Fairness Konfliktmittel werden.

Durch ihr Verhalten macht die Mitarbeitervertretung deutlich, welches Verständnis sie vom Miteinander und von der Mitwirkung hat.

Fairness heißt z. B., Transparenz zu schaffen, Vorteile nicht vorschnell auszunutzen, Person und Sache zu trennen.

Fairness darf nicht mit inhaltlichem Zurückweichen verwechselt werden.

■ Akribisches Einhalten von Formalismen

Die Mitarbeitervertretungsordnung sieht eine Reihe von Formalismen vor, gegen die in der Realität sowohl durch Dienstgeber als auch Mitarbeitervertretungen ständig verstoßen wird. Dies hat oft pragmatische Gründe oder ist Laxheit im Umgang mit einem kirchlichen Gesetz. Manchmal ist es auch schlichte Uninformiertheit.

Wenn Mitarbeitervertretungen mit Dienstgebern in Konflikten zu tun haben, so kann das konsequente Bestehen auf Formalismen, das Einhalten dieser Formalismen bis in die letzte Minute und Vorschrift hinein ein Druckmittel sein. Gerade machtbewusste Dienstgeber sind durch Konsequenz (bis hin zur Ausreizung) in Situationen zu zwingen, an deren Ende schon aus Gründen der Praktikabilität Kompromisse entstehen.

Insbesondere die Fristvorschriften der Mitarbeitervertretungsordnung sind dazu angetan, solche Formen des Druckes aufzubauen.

■ **Einigung**

Ein Verfahren vor der Einigungsstelle ist auch für den Dienstgeber aufwendig und belastend. Mitarbeitervertretungen, die sich für Konflikte stärken und ihre Position sichern wollen, ist zu raten, das Instrument des Einigungsverfahrens offensiv einzusetzen.

Bei Rechtsverstößen ist der Weg zum Kirchlichen Arbeitsgericht geboten.

Wohlgemerkt: Es geht nicht um Pseudokonflikte, sondern um solche, bei denen tatsächlich gegen die Mitarbeitervertretungsordnung verstoßen worden ist.

»Tauschgeschäfte« können entwickelt werden: Schwache Konfliktpositionen werden mit stärkeren aufgewogen.

■ **Dienstaufsichtsbeschwerde**

Viele Mitarbeitervertretungen wissen von Fällen zu berichten, in denen Einigungsstellen entschieden, Dienstgebervertreter sich aber nicht an die Sprüche gehalten haben und wiederholt gegen geltendes kirchliches Recht verstießen. Dagegen ist die Anrufung des Kirchlichen Arbeitsgerichts möglich.

Zwar geht bischöfliche Gesetzgeber geht davon aus, dass in seinen Einrichtungen die von ihm erlassenen Gesetze auch tatsächlich verwirklicht werden. Geschieht dies nachweislich nicht, so kann der verantwortliche Dienstgebervertreter alternativ auch mit einer Dienstaufsichtsbeschwerde überzogen werden: Der Dienstgeber wird dahingehend unterrichtet, dass der Vorgesetzte ein bischöfliches Gesetz missachtet und deshalb gegen seinen Arbeitsvertrag verstoßen habe. Die Mitarbeitervertretung fordert zur Abmahnung auf.

Auch wenn der Dienstgeber nicht wie gewünscht reagiert: Der Konflikt ist auf eine andere Ebene gehoben, und die Einrichtungsleitung muss sich auseinandersetzen und ihre Position kenntlich machen.

Ein solches Konfliktmittel, mehrfach angewandt, dürfte dazu führen, dass künftig Rechte eingehalten und – nach einer Phase des Grolls – Mitarbeitervertretungen als akzeptierte, da »gefährliche Partner« anerkannt werden.

■ **Informelle Beschwerden**

Viele Mitarbeitervertretungen neigen dazu, mit dem Dienstgebervertreter über Konflikte informell zu reden, d. h. nicht die Ordnungswege der Mitarbeitervertretungsordnung einzuhalten, sondern auf kurzem Wege um Lösungen zu bitten. Wenn eine MAV dies tut, muss sie sich darüber im Klaren sein, wie begrenzt das Instrumentarium ist. Zwar mag ein einzelner Konflikt gelöst sein, aber es verfestigt sich ein Grundmuster, das außerhalb der rechtlichen Rahmenbedingungen liegt. Letztendlich führen »Kungelabsprachen« zu einer Schwächung von Mitarbeitervertretungen, da die erkämpften Rechte sozusagen nach dem Prinzip des Feudalsystems (ohne Rechtszwang, aber mit good-will) gewährt werden. Im Einzelfall kann das sinnvoll sein, darf aber nicht durchgehendes Handlungsprinzip werden.

■ **Kompetenzübersprung**

Mitarbeitervertretungen haben oft damit zu tun, dass sie einem fachlich inkompetenten Dienstgebervertreter gegenübersitzen, der Entscheidungen nur überbringt.

Jedermann weiß, dass die Entscheidungen an anderen Stellen fallen.

In Konfliktsituationen muss man den Mut haben, das Gespräch mit denjenigen zu fordern, die tatsächlich die Entscheidungen fällen, und den unmittelbaren Partner überspringen bzw. den Kontakt verweigern. Mitarbeitervertretungen können ihre Rechte nur wahrnehmen, wenn mit den Entscheidern verhandelt werden kann.

■ **Dienst nach Vorschrift**

Dienst nach Vorschrift bedeutet, dass Mitarbeiter und Mitarbeiterinnen nur die Dienste tun, die sie nach dem Arbeitsvertrag schulden. In jeder Einrichtung finden sich Mitarbeiter und Mitarbeiterinnen, die über ihren Arbeitsvertrag hinaus arbeiten.

Durch »Dienst nach Vorschrift« kann einem Dienstgeber deutlich gemacht werden, dass bei Kleinlichkeiten oder starrer Haltung seinerseits auch Mitarbeiter(vertreterinnen) gewillt sind, Rechte lediglich korrekt auszulegen und keine Großzügigkeiten mehr zu gewähren.

Dazu gehört auch die Überprüfung, ob alle arbeitsgesetzlichen Vorschriften eingehalten werden.

■ **Öffentlichkeitsarbeit**

Viele Fakten, die in einer Einrichtung bekannt werden, unterliegen der Vertrauenspflicht, d. h. sie können nicht in die Öffentlichkeit kommuniziert werden. Wenn es aber um Sachverhalte geht, bei denen die Öffentlichkeit ein tendenzielles Informationsinteresse hat, so ist zu überlegen, ob entsprechende Veröffentlichung den Dienstgebervertreter verhandlungsfähiger macht. Vorher ist eine sehr genaue Folgenabschätzung zu machen.

Mancher in die Öffentlichkeit getragene Konflikt wendete sich gegen die Initiatoren. Es traten Verhärtungen ein. Kompromisse wurden nicht mehr gefunden.

Besser dagegen ist es wahrscheinlich, nach einer anderen Form der Öffentlichkeit zu suchen – nämlich:

■ Interne Öffentlichkeit

Weniger heikel ist es, bestimmte Vorgänge in der kircheninternen Öffentlichkeit, also über die eigene Einrichtung hinaus, zu publizieren und so deutlich zu machen, wie Verhaltens- und Vorgehensweisen das Leben und Miteinander in der Einrichtung prägen. Dienstgebervertreter scheuen die interne Kirchenöffentlichkeit, weil damit deutlich wird, dass das interne Harmoniebild brüchig oder falsch ist.

Auch hier muss eine korrekte Folgenabschätzung gemacht werden mit dem Ziel zu prüfen, ob der gewünschte Erfolg in einem vernünftigen Aufwand zu den Auseinandersetzungen steht.

Zu achten ist dabei auf die »Loyalitätsfalle«: Mancher Vorstandsvorsitzende hat, statt die Mitarbeitervertretung zu stützen, sich auf seine »Loyalitätspflichten« besonnen und ohne weitere Würdigung des Sachverhaltes seinem Dienstgebervertreter den Rücken gestärkt.

■ Schwache Rechte

MAV-Rechte formalistisch einzusetzen bedeutet, insbesondere bei den schwachen Rechten auf Mitwirkung zu drängen und sozusagen jeden Schritt, den der Dienstgeber geht, daraufhin zu befragen, ob diese schwachen Rechte (z. B. Informationspflicht gemäß § 27 MAVO) eingehalten worden sind.

So können Streitfälle entwickelt werden, die lästig sind und den Dienstgebervertreter in eine Auseinandersetzung zwingen, an deren Ende das Kompensationsgeschäft steht: Wir verzichten auf die permanente Entwicklung von Streitfällen (obwohl es dafür eine rechtliche Grundlage gäbe), wenn Du bereit bist, in einem uns wichtigen Sachverhalt nachzugeben.

■ Rechtsbeistand

Die Mitarbeitervertretung entscheidet selbst darüber, was die notwendigen sachlichen und personellen Mittel sind. Dies kann unter Umständen auch die Einschaltung eines Rechtsbeistandes sein. Allein der Fakt, dass Begleitung von außerhalb gesucht wird und dadurch eine partielle Öffentlichkeit entstehen könnte, lässt viele Dienstgebervertreter zurückschrecken und Kompromisslinien suchen. Rechtsbeistände müssen nicht Rechtsanwälte sein, sondern können z. B. auch Arbeitsrechtler von Diözesanen Arbeitsgemeinschaften oder Rechtssekretäre sein.

Der Konflikt wird öffentlicher, die alten Kampflinien verändern sich durch das Hinzuziehen äußerer Kompetenz.

■ Streik

Immer wieder und oft gestellt wird die Frage, ob kirchliche Mitarbeiter und Mitarbeiterinnen streiken dürfen. »Natürlich nicht!«, sagen die einen und sind meistens Dienstgebervertreter. »Natürlich doch!«, sagen manche Mitarbeitervertreter.

Letztendlich führen diese Gedankenspiele in die Irre. Solange Mitarbeiter und Mitarbeiterinnen im kirchlichen Dienst dermaßen schwach in Berufsverbänden und Gewerkschaften organisiert sind und deshalb über keine materielle Basis für Streiks verfügen, lohnt es sich nicht, die Auseinandersetzung zu vertiefen.

Aus unterschiedlichen Gründen sind kirchliche Mitarbeiter und Mitarbeiterinnen sehr viel weniger als andere bereit, für ihre Rechte einzustehen und sie kämpfend durchzusetzen. Die Kirchenleitung versucht immer mal wieder, aus dieser Not eine Tugend zu machen. Sie behauptet, der Streik vertrüge sich nicht mit dem Dritten Weg.

Dies mag so sein – aber: Streiks sind noch nie von Arbeitgebern akzeptiert und gebilligt worden. Gestreikt haben immer Arbeitnehmer und Arbeitnehmerinnen! Sie haben sich dieses Recht ohne Genehmigung von oben genommen und möglichst so gestreikt, dass am Ende des Streiks für die einzelnen Mitarbeiter und Mitarbeiterinnen kein Schaden entstehen konnte.

Streik heißt ja gerade die Verweigerung einer aufoktroyierten Haltung, und zwar so, dass dies im Schutz einer größtmöglichen Solidarität steht. Solange keine Streikfähigkeit besteht, sind die Diskussionen über solche vermeintlichen oder tatsächlichen Rechte müßig.

Dies mag man bedauern, wenn es um die Konfliktfähigkeit geht. Allerdings darf man einen positiven Nebeneffekt nicht verkennen. Dadurch, dass Streik und Aussperrung im kirchlichen Dienst nicht praktiziert werden, ist die Friedensfähigkeit relativ gut entwickelt.

Man wird vorsichtig konstatierend sagen dürfen, dass das Prinzip von »hire and fire« den meisten kirchlichen Einrichtungen fremd ist. Hier greift gerade in Krisenzeiten das

■ Harmoniekonzept

Es erzeugt moralischen Druck nicht nur auf Mitarbeiter und Mitarbeiterinnen, sondern auch auf Dienstgeber. Dies ist ein Schatz, an dem viele teilhaben und von dem die relative Sicherheit vieler Arbeitsplätze abhängt.

473

Noch immer haben »Konflikt« und »Kampf« einen negativen Beigeschmack in der Kirche. Mitarbeitervertretungen sollten zuerst nach den Kompromisslinien schauen.

Wenn dieser Weg verbaut wird und die Interessensunterschiede zu groß sind, dann steht der Konflikt an – manchmal hart und ängstigend. Gut vorbedacht und vorbereitet, angemessen durchgeführt und ausgewertet, stärken durchgestandene Auseinandersetzungen die Mitwirkungsarbeit.

Das Letzte ...

»Schlichtung: der kirchliche Hoffnungslauf.«

M. Peters

§ 42 Rechtsstellung der Mitglieder

(1) Die Mitglieder der Einigungsstelle sind unabhängig und nur an Gesetz und Recht gebunden. Sie dürfen in der Übernahme und Ausübung ihres Amtes weder beschränkt, benachteiligt noch bevorzugt werden. Sie unterliegen der Schweigepflicht auch nach dem Ausscheiden aus dem Amt.

(2) Die Tätigkeit der Mitglieder der Einigungsstelle ist ehrenamtlich. Die Mitglieder erhalten Auslagenersatz gemäß den in der (Erz-)Diözese ... jeweils geltenden reisekostenrechtlichen Vorschriften. Der oder dem Vorsitzenden und der oder dem stellvertretenden Vorsitzenden kann eine Aufwandsentschädigung gewährt werden.

(3) Die Beisitzerinnen und Beisitzer werden für die Teilnahme an Sitzungen der Einigungsstelle im notwendigen Umfang von ihrer dienstlichen Tätigkeit freigestellt.

(4) Auf die von der Diözesanen Arbeitsgemeinschaft der Mitarbeitervertretungen bestellten Beisitzerinnen und Beisitzer finden die §§ 18 und 19 entsprechende Anwendung.

Ehrenamt

Um die Unabhängigkeit der Einigungsstelle sicherzustellen, ist die Tätigkeit als Ehrenamt ausgestaltet. Die Bindung an Recht und Gesetzt besteht zwar, gibt den Mitgliedern der Einigungsstelle aber eine weitgehende Ermessensfreiheit insbesondere in Fragen der Ausgestaltung des Verfahrens, weil die MAVO hier kaum Vorgaben macht. Gefragt sind daher Persönlichkeiten, die mit dem Ziel eines erfolgreichen Abschlusses des Verfahrens unparteilich (Vorsitzende/r) oder interessenorientiert, aber sachlich (Beisitzer) und mit Verständnis für die Anliegen der jeweils anderen Seite arbeiten.

Schweigepflicht

Vor der Einigungsstelle erfahren Beteiligte einiges über das „Innenleben" einer Einrichtung. Wahrung der Vertraulichkeit ist daher ein wichtiges Anliegen. Besonders die ad-hoc-Beisitzer sind hier gefordert. Denn sie werden unter Umständen nur für ein einziges Verfahren tätig und fühlen sich nicht wie die anderen Beteiligten mit der Institution Einigungsstelle verbunden. Vorsitzende und Listen-Beisitzer sollten darauf achten, dass diese Personen zu Beginn des Verfahrens auf die Schweigepflicht besonders hingewiesen werden.

Kosten

Die Kosten des Verfahrens fallen dem Bistum zur Last. Das betrifft nicht die Kosten, die eine Partei für die Beauftragung eines Beistandes aufzuwenden hat, sondern die Kosten für Auslagenersatz an die/den Vorsitzende/n und die Freistellung der Beisitzer.

Freistellung

Da die MAVO bei der Frage der Freistellung nicht zwischen den Listen- und den ad-hoc Beisitzern differenziert, haben beide Gruppen einen Anspruch auf Freistellung im notwendigen Umfang. Im Zweifel müsste das Bistum unter Nachweis der aufgewendeten Zeit den Einrichtungen, die Beisitzer unter Fortzahlung der Vergütung bereitgestellt haben, die dadurch ausgefallene Arbeitsleistung ersetzen. In der Praxis dürfte das aber eher selten vorkommen.

Benachteiligung und Kündigungsschutz

Wer einem Entscheidungsgremium wie der Einigungsstelle angehört, macht sich durch seine Tätigkeit eventuell nicht nur Freunde. Der MAVO-Gesetzgeber stellt die Beisitzer der Mitarbeiterseite unter denselben Schutz wie Mitarbeitervertreter, was aber nur dann eine besondere Bedeutung hat, wenn der Beisitzer kein Mitarbeitervertreter ist. Die Beisitzer der Dienstgeberseite werden nicht geschützt. Bleibt zu hoffen, dass diese Disparität ihre Entscheidungsfreiheit nicht negativ beeinträchtigt.

Recht haben heißt nicht Recht bekommen ...

Viele Mitarbeitervertretungen scheuen den Konflikt. Sie fürchten Folgekrisen, wenn sie ihre Rechte vor der Einigungsstelle oder gar dem Kirchlichen Arbeitsgericht durchsetzen. Sie haben keine Erfahrung mit Streitroutinen, sind geprägt von kirchlichen Verhaltensmustern der Harmonie. Darin mögen die Gründe liegen, warum es noch immer relativ wenig Verfahren angesichts hohen Konfliktpotentials in kirchlichen Einrichtungen gibt.

Die Dynamik von Konflikten lehrt: Offensives Streitverhalten, das sich konstruktiv orientiert, Sachliches statt Persönliches in den Vordergrund stellt, führt in der Regel zur Befriedung. Die Verwaltung von Ängstlichkeiten, Dauerverzagtheit oder permanentes Taktieren hingegen bindet Konfliktpotential auf destruktive Weise.

Einigungsstellen agieren in vielen Verfahrensfragen wie Gerichte. Dennoch bleiben sie Gremien, die »schlichten« sollen. Ihr erklärtes Ziel ist die Klärung der Verhältnisse.

Je mehr von dieser Möglichkeit im kirchlichen Dienst Gebrauch gemacht wird, desto stärker konturiert sich das Arbeitsrecht.

Für Mitarbeitervertretungen ist wichtig zu wissen, dass die große Mehrzahl der abgewickelten Einigungsverfahren zugunsten der Mitarbeitervertretungen ausgegangen sind. Die Ergebnisse rechtfertigen keine Verzagtheit. In Fachzeitschriften tauchen in den letzten Jahren vermehrt Urteile der Kirchlichen Arbeitsgerichte auf. Es entwickelt sich so eine juristische Literatur, die speziell für den kirchlichen Dienst Bedeutung gewinnt. Einigungsverfahren sind zwar nicht öffentlich, auch ihre Ergebnisse dürfen aber veröffentlicht werden – vorausgesetzt sie sind entsprechend anonymisiert worden. So wie sich bei den (Kirchlichen) Arbeitsgerichten Richterrecht etabliert hat bzw. wird, wird auch »Einigungsstellenrecht« eine immer größere Bedeutung im gewinnen.

Leider ist nicht zu erwarten, dass in naher Zukunft Einigungssprüche auch vollstreckt werden können. Die MAV sollte in solchen Fällen prüfen, ob das Kirchliche Arbeitsgericht wegen der Missachtung dieser Sprüche angerufen werden kann. Dort gibt es dann eine (kirchenkonforme) Art der Zwangsvollstreckung.

▸ **Beispiel**

Der Personalchef des Krankenhauses L. hat bei einer Anstellung die erforderlichen Unterlagen nicht vorgelegt. Er weigert sich auch nach einem entsprechenden Schlichtungsbeschluss mit der Begründung, er müsse Persönlichkeitsrechte der Bewerberin schützen.

Da dieses Verfahren vor das Kirchliche Arbeitsgericht gehört (Rechtsverletzung) ist auch die Umsetzung der Entscheidung bis hin zur Verhängung eines Bußgeldes möglich.

▸ **Beispiel**

Kinderheimleiter D. weigerte sich, bei der Erstellung der neuen Heimordnung die MAV zu beteiligen. Dies sei in seiner Einrichtung Direktionsrecht, habe etwas mit fachlich-pädagogischer Konsequenz zu tun und folglich keine Frage der Mitwirkung. Die Mitarbeitervertretung war anderer Meinung. Sie erhob Klage. Von dem Kirchlichen Arbeitsgericht aufgefordert, reagierte D. nicht, nahm keine Stellung. Der Ladung zur mündlichen Verhandlung folgte er nicht. Das Gericht konnte durch Versäumnisurteil gegen den Leiter entscheiden und auf Antrag der MAV Vollstreckungsmaßnahmen einleiten.

Dienstgeberverstöße

Obwohl sich durch diese Vollstreckungsmöglichkeit eine qualitative Weiterentwicklung des Kirchlichen Arbeitsrechts ergeben hat, bleibt dennoch folgendes festzuhalten: Ein Dienstgebervertreter, der ein Urteil ignoriert, verstößt

1. gegen seine Fürsorgepflicht als Vorgesetzter,
2. gegen seine Pflicht, Mitarbeiterrechte zu schulden,
3. gegen die Arbeitsverträge aller Mitarbeitenden der Einrichtung,
4. gegen seinen eigenen Arbeitsvertrag.

Sanktionsmöglichkeiten des Dienstgebers

Dienstgeber können ihre Vertreter so sanktionieren:

1. Sie können anweisen, etwas zu tun oder zu lassen.
2. Sie können abmahnen.
3. Sie können entlassen.

Mitarbeitervertretungen können:

■ **Veröffentlichen**

Schlichtungssprüche werden in der Regel nicht von der Einigungsstelle zur Veröffentlichung freigegeben. Fachpublikationen (z. B. die ZMV) sind angewiesen auf entsprechende Zulieferungen.

Anonymisiert (Namen, Anschriften etc. werden geschwärzt) kann die MAV den das Urteil oder den Schlichtungsspruch an die Redaktion senden. Publiziert die Diözesane Arbeitsgemeinschaft ein Periodikum, sollte der Spruch – zumindest in Leitsätzen, d. h. der Kern wird in ein paar Zeilen dargestellt – veröffentlicht werden.

■ **Intern veröffentlichen**

Innerhalb der Einrichtung ist das Urteil oder der Spruch bekannt zu machen. Das ist möglich durch Aushang am Schwarzen Brett oder im Rahmen einer Mitarbeiterversammlung.

Darüber hinaus sollte mit dem Dienstgebervertreter, der unterlegen ist, vereinbart werden, wie der Spruch dem Dienstgeber zur Kenntnis gebracht werden kann.

■ **Angemessene Fristen**

Wenn im Urteil oder Spruch selbst keine Fristen für die Umsetzung genannt wurden, sollte die Mitarbeitervertretung eine Absprache über das weitere Procedere anstreben. Fristen zu vereinbaren ist immer dann sinnvoll, wenn schlechte Erfahrungen mit Versprechungen gemacht wurden. Konkrete Zeitpunkte signalisieren Handlungsnotwendigkeiten.

■ **Frist mit Konsequenzdrohung**

Wird die Umsetzung des Urteils oder des Einigungsspruches verschleppt, kann eine erneute Frist gesetzt werden – dies aber nur mit dem Bemerken, dass bei weiterer Nichtbeachtung die Einigungsstelle (wenn möglich) wiederum befasst oder der Dienstgeber informiert wird.

■ **Beschwerde**

Ist erkennbar, dass der Dienstgebervertreter nicht entsprechend handelt, wendet sich die Mitarbeitervertretung an die nächste Instanz – zum Beispiel den Rechtsträger – und bittet um Tätigwerden.

■ **Verschärfte Beschwerde**

Reagiert der Rechtsträger nicht, muss auf den Gesetzesbruch aufmerksam gemacht werden.

Einigungsstellenerfahrungen

Von Zeit zu Zeit sollten Einigungsstellen und Gerichte mit dem zuständigen Bischof das Gespräch suchen, um über Einigungserfahrungen bzw. Klageerfahrungen und deren Umsetzung zu sprechen.

Einigungsstellen können die Umsetzung ihrer Sprüche formalrechtlich nicht überprüfen. Das »Nachfragen« dürfte zulässig sein.

Das Letzte ...

Das Recht des Stärkeren ist das stärkste Unrecht.

M. von Ebner-Eschenbach

§ 43 Berufungsvoraussetzungen

(1) Die Mitglieder der Einigungsstelle müssen der katholischen Kirche angehören, dürfen in der Ausübung der allen Kirchenmitgliedern zustehenden Rechte nicht behindert sein und müssen die Gewähr dafür bieten, jederzeit für das kirchliche Gemeinwohl einzutreten. Wer als Vorsitzende/r oder beisitzende/r Richter/in eines kirchlichen Gerichts für Arbeitssachen tätig ist, darf nicht gleichzeitig der Einigungsstelle angehören.

(2) Die oder der Vorsitzende und die oder der stellvertretende Vorsitzende sollen im Arbeitsrecht oder Personalwesen erfahrene Personen sein und dürfen innerhalb des Geltungsbereichs dieser Ordnung keinen kirchlichen Beruf ausüben.

(3) Zur Listen-Beisitzerin oder zum Listen-Beisitzer aus den Kreisen der Dienstgeber und zur oder zum vom Dienstgeber benannten Ad-hoc-Beisitzerin oder Ad-hocBeisitzer kann bestellt werden, wer gemäß § 3 Abs. 2 Nummern 1 bis 5 nicht als Mitarbeiterin oder Mitarbeiter gilt. Zur Listen-Beisitzerin oder zum Listen-Beisitzer aus den Kreisen der Mitarbeiter und zur oder zum von der Mitarbeitervertretung benannten Ad-hoc-Beisitzerin oder Ad-hoc-Beisitzer kann bestellt werden, wer gemäß § 8 die Voraussetzungen für die Wählbarkeit in die Mitarbeitervertretung erfüllt und im Dienst eines kirchlichen Anstellungsträgers im Geltungsbereich dieser Ordnung steht.

(4) Mitarbeiterinnen und Mitarbeiter, die im Personalwesen tätig sind oder mit der Rechtsberatung der Mitarbeitervertretungen betraut sind, können nicht zur Listen-Beisitzerin oder zum Listen-Beisitzer bestellt werden.

(5) Die Amtszeit der Mitglieder der Einigungsstelle beträgt fünf Jahre.

Kirchenzugehörigkeit

Für die Tätigkeit in der Einigungsstelle muss man der katholischen Kirche angehören und darf nicht aufgrund von schwerwiegenden Verstößen gegen das Kirchenrecht von seinen Gliedschaftrechten ausgeschlossen sein. Während der erste Teil durch einfache Feststellung zu klären ist, bedarf es für die Überprüfung des Ausschlusses von den Gliedschaftsrechten schon weitergehender Ermittlungen, die im Regelfall aber nicht angestellt werden. Noch schwieriger wäre die Frage zu klären, ob insbesondere ein ad-hoc-Beisitzer, für den alle diese Voraussetzungen ja auch gelten, jederzeit für das kirchliche Gemeinwohl einzutreten bereit ist.

Anforderungen an die Person der/des Vorsitzenden

Während Vorsitzende von Kirchlichen Arbeitsgerichten (auch ehem. Schlichtungsstellen) die Befähigung zum Richteramt nach staatlichem Recht haben mussten, ist das für den Vorsitz in Einigungsstellen jetzt nicht mehr erforderlich. Damit hat der Gesetzgeber ein deutliches Signal in Richtung Streitschlichtung statt Rechtsanwendung gesetzt, die Suche nach einer geeigneten Persönlichkeit, die alle Voraussetzungen des Absatzes 1 erfüllt, jedoch keinen kirchlichen Beruf ausübt, wohl aber über Erfahrungen im Arbeitsrecht verfügt, jedoch nicht leicht gemacht. Das Profil passt auf ehemalige Richter, Verwaltungsbeamte und pensionierte Rechtsanwälte.

Befangenheit von Beisitzern

Bei den Beisitzern ist zunächst »Gegnerfreiheit« gefordert. Wer also auf Dienstgeberseite tätig werden will, darf kein Mitarbeiter im Sinne der MAVO sein, wer auf der Beisitzerseite der Dienstnehmerseite steht, wiederum die Voraussetzungen für eine Wählbarkeit in die MAV erfüllen.

Eine Befangenheit durch berufliche Befassung mit Fragen des Arbeitsrechtes führt ebenfalls zum Ausschluss vom Amt in der Einigungsstelle. Wer in Personalabteilungen als Dienstgeber oder Mitarbeiter arbeitet, kann schließlich auch kein Listen-Beisitzer sein.

Das Letzte ...

Ich habe hier bloß ein Amt und keine Meinung ...

F. Schiller

§ 44 Berufung der Mitglieder

(1) Die oder der Vorsitzende und die oder der stellvertretende Vorsitzende werden aufgrund eines Vorschlags der Listen-Beisitzerinnen und Listen-Beisitzer vom Diözesanbischof ernannt. Die Abgabe eines Vorschlags bedarf einer Zweidrittelmehrheit der Listen-Beisitzerinnen und Listen-Beisitzer. Kommt ein Vorschlag innerhalb einer vom Diözesanbischof gesetzten Frist nicht zustande, ernennt der Diözesanbischof die Vorsitzende oder den Vorsitzenden und die stellvertretende Vorsitzende oder den stellvertretenden Vorsitzenden nach vorheriger Anhörung des Domkapitels als Konsultorenkollegium und/der des Diözesanvermögensverwaltungsrates und des Vorstandes der diözesanen Arbeitsgemeinschaft der Mitarbeitervertretungen. Sind zum Ende der Amtszeit die oder der neue Vorsitzende und die oder der stellvertretende Vorsitzende noch nicht ernannt, führen die oder der bisherige Vorsitzende und deren Stellvertreterin oder Stellvertreter die Geschäfte bis zur Ernennung der Nachfolgerinnen und Nachfolger weiter.

(2) Die Bestellung der Listen-Beisitzerinnen und Listen-Beisitzer erfolgt aufgrund von jeweils vom Generalvikar sowie dem Vorstand/den Vorständen der diözesanen Arbeitsgemeinschaft/en der Mitarbeitervertretungen zu erstellenden Beisitzerlisten, in denen die Namen in alphabetischer Reihenfolge geführt werden. Bei der Aufstellung der Liste der Beisitzerinnen und Beisitzer aus den Kreisen der Dienstgeber werden Personen aus Einrichtungen der Caritas, die vom zuständigen Diözesancaritasverband benannt werden, angemessen berücksichtigt.

(3) Das Amt eines Mitglieds der Einigungsstelle endet vor Ablauf der Amtszeit

(a) mit dem Rücktritt

(b) mit der Feststellung des Wegfalls der Berufungsvoraussetzungen durch den Diözesanbischof.

(4) Bei vorzeitigem Ausscheiden des Vorsitzenden oder des stellvertretenden Vorsitzenden ernennt der Diözesanbischof die Nachfolgerin oder den Nachfolger für die Dauer der verbleibenden Amtszeit. Bei vorzeitigem Ausscheiden einer Listen-Beisitzerin oder eines Listen-Beisitzers haben der Generalvikar bzw. der Vorstand der diözesanen Arbeitsgemeinschaft der Mitarbeitervertretungen die Beisitzerliste für die Dauer der verbleibenden Amtszeit zu ergänzen.

Wahl und Ernennung der/des Vorsitzenden

Da die Einigungsstelle als kirchliches Gericht gilt, ist für die Berufung des Vorsitzenden durch den Diözesanbischof erforderlich. Die Ernennung hat allerdings eher formellen Charakter. Denn die Auswahl der Person erfolgt durch die Beisitzer. Diese wiederum werden auf der fachlich zuständigen Ebene vom Generalvikar für die Dienstgeber- und die Arbeitsgemeinschaft der Mitarbeitervertretungen für die Mitarbeiterseite bestellt.

Amtszeit und vorzeitiges Ausscheiden

Die Amtszeit läuft mit der Amtszeit der Mitarbeitervertretungen nicht parallel. Während die MAVen für jeweils 4 Jahre gewählt sind, muss die Einigungsstelle alle 5 Jahre neu bestellt werden. Für Ergänzungen oder den Ersatz ausscheidender Personen

- ist im Falle des/der (stellvertretenden) Vorsitzenden der Diözesanbischof
- im Falle der (Listen-)Beisitzer der Mitarbeiterseite die Diözesane Arbeitsgemeinschaft der Mitarbeitervertretungen und
- im Falle der (Listen-)Beisitzer der Dienstgeberseite der Generalvikar zuständig.

Die Wahl einer/eines Vorsitzenden findet nur zu Beginn der Amtszeit statt.

§ 45 Zuständigkeit

(1) Auf Antrag des Dienstgebers findet das Verfahren vor der Einigungsstelle in folgenden Fällen statt:*

1. bei Streitigkeiten über Änderung von Beginn und Ende der täglichen Arbeitszeit einschließlich der Pausen sowie der Verteilung der Arbeitszeit auf die einzelnen Wochentage (§ 36 Abs. 1 Nr. 1),
2. bei Streitigkeiten über Festlegung der Richtlinien zum Urlaubsplan und zur Urlaubsregelung (§ 36 Abs. 1 Nr. 2),
3. bei Streitigkeiten über Planung und Durchführung von Veranstaltungen für die Mitarbeiterinnen und Mitarbeiter (§ 36 Abs. 1 Nr. 3),
4. bei Streitigkeiten über Errichtung, Verwaltung und Auflösung sozialer Einrichtungen (§ 36 Abs. 1 Nr. 4),
5. bei Streitigkeiten über Inhalt von Personalfragebogen für Mitarbeiterinnen und Mitarbeiter (§ 36 Abs. 1 Nr. 5);
6. bei Streitigkeiten über Beurteilungsrichtlinien für Mitarbeiterinnen und Mitarbeiter (§ 36 Abs. 1 Nr. 6),
7. bei Streitigkeiten über Richtlinien für die Gewährung von Unterstützungen, Vorschüssen, Darlehen und entsprechenden sozialen Zuwendungen (§ 36 Abs. 1 Nr. 7),
8. bei Streitigkeiten über die Durchführung der Ausbildung, soweit nicht durch Rechtsvorschriften oder durch Ausbildungsvertrag geregelt (§ 36 Abs. 1 Nr. 8),
9. bei Streitigkeiten über Einführung und Anwendung technischer Einrichtungen, die dazu bestimmt sind, das Verhalten oder die Leistung der Mitarbeiterinnen und Mitarbeiter zu überwachen (§ 36 Abs. 1 Nr. 9),
10. bei Streitigkeiten über Maßnahmen zu Verhütung von Dienst- und Arbeitsunfällen und sonstigen Gesundheitsschädigungen (§ 36 Abs. 1 Nr. 10),
11. bei Streitigkeiten über Maßnahmen zum Ausgleich und zur Milderung von wesentlichen wirtschaftlichen Nachteilen für die Mitarbeiterinnen und Mitarbeiter wegen Schließung, Einschränkung, Verlegung oder Zusammenlegung von Einrichtungen oder wesentlichen Teilen von ihnen (§ 36 Abs. 1 Nr. 11).

(2) Darüber hinaus findet auf Antrag des Dienstgebers das Verfahren vor der Einigungsstelle bei Streitigkeiten über die Versetzung oder Abordnung eines Mitglieds der Mitarbeitervertretung (§ 18 Abs. 2) statt.

(3) Auf Antrag der Mitarbeitervertretung findet das Verfahren vor der Einigungsstelle in folgenden Fällen statt:

---

* Das Nähere regelt das diözesane Recht.

1. bei Streitigkeiten über die Freistellung eines Mitglieds der Mitarbeiter-vertretung (§ 15 Abs. 5),
2. bei Streitigkeiten im Falle der Ablehnung von Anträgen der Mitarbei-tervertretung (§ 37 Abs. 3).

Zuständigkeit der Einigungsstelle für Dienstgeberanträge

Die MAVO kennt einen klar umrissenen Katalog von Sachverhalten, für die die Einigungsstelle zuständig ist. In erster Linie sind das Verfahren, die auf Betreiben des Dienstgebers geführt werden, denn alle Sachverhalte im Absatz 1 sind dem Zustimmungsrecht nach § 36 entnommen.

▸ **Beispiel**

Der Dienstgeber beantragt die Zustimmung zu einer Arbeitszeitänderung. Die MAV verweigert die Zustimmung unter Hinweis auf eine Benachteiligung von Frauen und Familien (vgl. § 26 Abs. 3). Das Einigungsgespräch bleibt ohne Ergebnis. Die MAV widerspricht der geplanten Maßnahme binnen drei Tagen nach dem Gespräch nochmals ausdrücklich. Der Dienstgeber ist in der Umsetzung blockiert. Sein einziger Ausweg ist die Anrufung der Einigungsstelle mit dem Antrag, die fehlende Zustimmung zu ersetzen.

In diesem für die Einigungsstelle typischen Streitverfahren geht es nicht um die richtige Anwendung des Rechts, sondern um die Frage, ob die Entscheidung des Dienstgebers angemessen ist und die Bedenken der MAV ausreichend berücksichtigt werden oder ob der Dienstgeber Alternativen zu der beantragten Maßnahme hat, die den von der MAV vorgetragenen Belangen besser gerecht werden.

Diese Verfahren, die eine Ermessensentscheidung betreffen, dürfen nicht mit der Entscheidung über die Auslegung des Textes der MAVO (Was sind „Technische Einrichtungen im Sinne von § 36 Abs. 1 Ziffer 9") verwechselt werden. Für solche Entscheidungen wäre das Kirchliche Arbeitsgericht zuständig, weil es um Fragen der Rechtsauslegung geht, bei denen nicht mehrere alternative Möglichkeiten denkbar sind, sondern nur ein Ergebnis richtig sein kann.

Sonderfall Versetzung und Abordnung

Die Einigungsstelle hat die gleiche Funktion, wenn es um die Zustimmung zu Versetzung und Abordnung eines Mitarbeitervertreters geht. Auch hier wird sie auf Antrag des Dienstgebers fällig und ersetzt ggf. die Zustimmung der (Rest-) MAV. Zu prüfen hat sie in diesem Fall die Frage, ob die Maß-nahme unabhängig vom Status des Mitarbeitervertreters erfolgt oder ob eine Benachteiligung anzunehmen wäre.

Zuständigkeit für der Einigungsstelle für Anträge von MAVen

Nach § 45 Abs. 3 Ziffer 2 hat die MAV ebenfalls die Möglichkeit, die Einigungsstelle bei Ablehnung eines Antrages nach § 37 anzurufen. Dabei handelt es sich um die selben Sachverhalte, die auch dem Dienstgeber den Zugang ermöglichen.

Beispiel: Die MAV beantragt die Abschaffung des sogenannten „geteilten Dienstes" (Mitarbeiter müssen zweimal am Tag mit Unterbrechung den Dienst antreten), schlägt eine alternative Dienstplanung vor und beruft sich auf eine dadurch verbesserte Umsetzung des Arbeitsschutzes. Der Dienstgeber lehnt den Antrag ab und bleibt auch im Einigungsgespräch bei seiner Haltung. Die MAV will das so nicht hinnehmen.

Die MAV kann in diesem Fall als Antragstellerin vor der Einigungsstelle auftreten. Sie wird es wahrscheinlich schwerer haben, die Mitglieder des Gremiums von der Notwendigkeit einer Entscheidung in ihrem Sinne zu überzeugen. Denn mit einem möglichen Spruch würde sich die Einigungsstelle in eine konkrete Frage der Betriebsorganisation einmischen, was die Leitungskompetenz des Dienstgeber(vertreter)s deutlich erschüttern dürfte. Man wird daher davon ausgehen können, dass nur dann eine streitige Entscheidung zugunsten der MAV fällt, wenn der Dienstgeber anderenfalls gegen Recht verstoßen würde.

Sonderfall Freistellung

Auch für die Antragstellung der MAV gibt es über den Katalog der Mitbestimmungsrechte hinaus einen Sonderfall, den die Einigungsstelle zu behandeln hat: Die Einzelheiten der Freistellung von Mitarbeitervertretern. Dabei hat die Einigungsstelle die Brücke zu schlagen von den Begrifflichkeiten der MAVO (Freistellung „im notwendigen Umfang", Bestehen „einrichtungsbedingter Gründe" für MAV-Tätigkeit außerhalb der Arbeitszeit) zur tatsächlichen Anwendung dieser Vorgaben in der Praxis. Sie muss also zum Beispiel klären, was „notwendig" in Bezug auf die konkrete Situation einer MAV bedeutet oder ob bei einer MAV eines Altenheimes „einrichtungsbedingte Gründe" für abendliche MAV-Sitzungen sprechen.

Das Letzte . . .

Die Frage nach der Zuständigkeit ist eine deutsche Frage. Hier kommt die Zuständigkeit immer vor der Frage.

M. Immerkehr

§ 46 Verfahren

(1) Der Antrag ist schriftlich in doppelter Ausführung über die Geschäftsstelle an den Vorsitzenden zu richten. Er soll die Antragstellerin oder den Antragsteller, die Antragsgegnerin oder den Antragsgegner und den Streitgegenstand bezeichnen und eine Begründung enthalten. Die oder der Vorsitzende bereitet die Verhandlung der Einigungsstelle vor, übersendet den Antrag an die Antragsgegnerin oder den Antragsgegner und bestimmt eine Frist zur schriftlichen Erwiderung. Die Antragserwiderung übermittelt er an die Antragstellerin oder den Antragsteller und bestimmt einen Termin, bis zu dem abschließend schriftsätzlich vorzutragen ist.

(2) Sieht die oder der Vorsitzende nach Eingang der Antragserwiderung aufgrund der Aktenlage eine Möglichkeit der Einigung, unterbreitet sie oder er schriftlich einen begründeten Einigungsvorschlag. Erfolgt eine Einigung, beurkundet die oder der Vorsitzende diese und übersendet den Beteiligten eine Abschrift.

(3) Erfolgt keine Einigung, bestimmt die oder der Vorsitzende einen Termin zur mündlichen Verhandlung vor der Einigungsstelle. Sie oder er kann Antragstellerin oder Antragsteller und Antragsgegnerin oder Antragsgegner eine Frist zur Äußerung setzen. Die oder der Vorsitzende veranlasst unter Einhaltung einer angemessenen Ladungsfrist die Ladung der Beteiligten und die Benennung der Ad-hocBeisitzerinnen und Ad-hoc-Beisitzer durch die Beteiligten.

(4) Die Verhandlung vor der Einigungsstelle ist nicht öffentlich. Die oder der Vorsitzende leitet die Verhandlung. Sie oder er führt in den Sach- und Streitgegenstand ein. Die Einigungsstelle erörtert mit den Beteiligten das gesamte Streitverhältnis und gibt ihnen Gelegenheit zur Stellungnahme. Im Falle der Nichteinigung stellen die Beteiligten die wechselseitigen Anträge. Über die mündliche Verhandlung ist ein Protokoll zu fertigen.

Vorbereitung des Verfahrens vor der Einigungsstelle oder eines Klageverfahrens vor dem Kirchlichen Arbeitsgericht

§ 46 passt nur für E-Stelle

1. Einigungsstelle

Da in den meisten Fällen der Dienstgeber als Antragsteller vor der Einigungsstelle agiert, ist die Vorbereitung der MAV häufig auf eine Auseinandersetzung mit einer Antragsschrift des Dienstgebers reduziert. Dazu sollte die MAV sind intensiv mit der Argumentation in der Antragsschrift auseinandersetzen, von der beabsichtigten Entscheidung betroffene Mitarbeiter/innen anhören und weitere Sachverhaltsaufklärung betreiben.

► **Beispiel**

Wenn der Dienstgeber die Ersetzung der Zustimmung zur Einführung des Wechselschicht-Dienstes beantragt, muss die MAV mit den von der Veränderung betroffenen Mitarbeiter/innen sprechen, die Dienstpläne einsehen und überprüfen und ggf. auch den Betriebsarzt wegen möglicher gesundheitlicher Beeinträchtigungen zu Rate ziehen. Nur so kann sie inhaltlich Bedenken und Einwendungen fundiert geltend machen.

Die Mitarbeitervertretung muss sich rechtzeitig darum kümmern, einen ad-hoc-Beisitzer zu benennen, der sie in dem Verfahren vor der Einigungsstelle begleitet. Das sollte in keinem Fall ein/e Mitarbeiter/in aus der eigenen Einrichtung sein, sondern jemand, der gegenüber dem Dienstgeber unvoreingenommen auftreten kann. Im Zweifel ist die Diözesane Arbeitsgemeinschaft um Vorschläge anzufragen.

2. Allgemein für Einigungsstelle und Klageverfahren

Will die MAV einen eigenen Antrag vor der Einigungsstelle stellen (bei Antragsverfahren nach § 37 oder Streitigkeiten wegen der Einzelheiten einer Freistellung) oder eine Klage vor dem Kirchlichen Arbeitsgericht erheben wollen, sollte sie grundsätzlich prüfen, ob es sich um eine Rechtsstreitigkeit handelt (dann Kirchliches Arbeitsgericht) oder ein Verfahren nach § 45 Abs. 3 (dann Einigungsstelle) beabsichtigt ist. Alle Möglichkeiten der innerbetrieblichen Einigung sollten vorher ausgeschöpft sein. Es sollte mindestens eine schriftliche Aufforderung an den Dienstgeber vorliegen, die eine Frist enthält und in der die Anrufung der Einigungsstelle oder des Arbeitsgerichts im Falle des Fristablaufes angedroht ist. Diese Frist muss vor Antragstellung bzw. Klageerhebung abgelaufen sein.

Die MAV muss vor Stellung des Antrags den Sachverhalt mit Daten und Beweismitteln noch einmal genau klären und entsprechende Unterlagen zusammenstellen. Gespräche mit Personen, die als Zeugen in Betracht kommen, sind sinnvoll. Schließlich ist in vielen Fällen auch die Einholung einer Rechtsauskunft oder die Einschaltung der Diözesanen Arbeitsgemeinschaft zu empfehlen.

Wenn alles soweit vorbereitet ist, muss die MAV einen Beschluss über die Anrufung der Einigungsstelle oder des Arbeitsgerichts fassen, den Text entwerfen und mit allen Mitgliedern der MAV abstimmen.

Anschließend wird der Text in dreifacher Ausfertigung (Durchschrift bleibt bei der MAV, 2 Exemplare an die Schlichtungsstelle) geschrieben und von der oder dem Vorsitzenden unterschrieben, bevor er abgeschickt wird.

Denkbar, aber nicht notwendig ist es, dem Dienstgeber vorab schon den Entwurf des Antrages oder der Klage zukommen zu lassen.

Am Beispiel eines Klageverfahrens wegen der Vorlage eines Stellenplanes nach § 27 Abs. 2 könnte der Text folgendermaßen aussehen:

▸ **Beispiel**

Altenheim
des Caritasverbandes Musterstadt
Domgasse 1
10001 Musterstadt
– Die Mitarbeitervertretung –
Kirchliches Arbeitsgericht
Kirchplatz 1
10001 Musterstadt

Klage

der Mitarbeitervertretung im Altenheim des CV Musterstadt, vertreten durch die Vorsitzende, Frau Hannelore Mutig Domgasse 1, 10001 Musterstadt

– Klägerin – gegen

den Caritasverband Musterstadt e. V, vertreten durch den Vorstand, dieser vertreten durch den Leiter des Altenheimes, Herrn Dr. Fürst, Domgasse 1, 10001 Musterstadt,

– Beklagten–

wegen Vorlage des Stellenplanes nach § 27 Abs. 2 MAVO.

Es wird beantragt;

den Beklagten zu verurteilen, der Mitarbeitervertretung einen Stellenplan vorzulegen, aus dem sich die Einzelheiten der Personalplanung und die tatsächliche Stellenbesetzung bezüglich des Altenheimes des CV Musterstadt ergeben.

Begründung:

Der Beklagte hat die Mitarbeitervertretung am 1.7. darüber informiert, dass auf 3 Pflegestationen ein Arbeitsplatz langfristig eingespart oder durch einen Zivildienstleistenden besetzt werden soll.

Beweis: Schreiben vom 1.7.

Die Klägerin hat den Beklagten daraufhin aufgefordert, ihr einen vollständigen Stellenplan vorzulegen, da ihr eine Übersicht über die gesamte Personalsituation fehle und sie deshalb zum Beispiel nicht feststellen könne, ob die Zivildienstleistenden aus anderen Arbeitsbereichen abkömmlich seien.

> *Beweis: Schreiben vom 10.7.*
>
> *Der Beklagte hat sich darauf berufen, dass ein Stellenplan in der von der MAV geforderten Form nicht existiere. Eine entsprechende Erstellung sei auch nicht möglich, da die Personalplanung ständig den finanziellen Gegebenheiten angepasst werden müsse.*
>
> *Beweis: Protokoll der Sitzung vom 17.7.*
>
> *Eine weitere Aufforderung der Klägerin vom 18.7., in der eine Frist für die Vorlage bis zum 31.7. gesetzt worden ist, hat der Antragsgegner unbeantwortet gelassen. Nach der Kommentierung zur Rahmen-MAVO in Bleistein/Thiel Rdnr. 7 zu § 27 ist eine ausschließliche Unterrichtung nur über Änderungen und Ergänzungen des Stellenplanes, ohne dass die MAV diese Informationen in den Gesamtzusammenhang eines Stellenplanes bringen kann, nicht ausreichend.*
>
> *Der Beklagte kann sich nach Auffassung der MAV auch nicht darauf zurückziehen, dass ein Stellenplan nicht existiere. Aus dem Inhalt seiner Mitteilung ergibt sich, dass er für die Einrichtung eine bestimmte Personalplanung zugrunde legt. In welcher Form diese Planung erfolgt, ist für den Informationsanspruch nach § 327 ohne Bedeutung.*
>
> *Hannelore Mutig*

Soweit die MAV keine Klage erhebt, sondern einen Antrag vor der Einigungsstelle stellt, ist sie nicht Klägerin, sondern Antragstellerin und der Dienstgeber nicht Beklagter, sondern Antragsgegner.

Weiteres Verfahren

Der Vorsitzende des Kirchlichen Arbeitsgerichts prüft nach Eingang des Klage deren Zulässigkeit, also die generelle Frage, ob eine Klage dieser Art überhaupt möglich ist.

Ob die Klage begründet ist, prüft er nur summarisch. Nur ganz offensichtlich unbegründete Klagen weist er zurück.

Derselbe Vorgang findet im Falle des Antrags vor der Einigungsstelle dort durch den Vorsitzenden statt.

Dann wird der Gegenseite den Antrag bzw. die Klage zugestellt und eine Stellungnahme angefordert. Liegt ihm diese Stellungnahme vor, prüft er, ob zur Vorbereitung einer Verhandlung noch eine weitere Aufklärung des Sachverhaltes erforderlich ist. Gegebenenfalls fordert er dazu auf.

Dann lädt er zu einer mündlichen Verhandlung über die Klage bzw. den Antrag ein. Von diesem Stadium des Verfahrens an sind dann auch die Beisitzer beteiligt.

In der Verhandlung, zu der auf Antrag auch Beistände (meistens Rechtsanwälte) zugelassen werden können, wird dann der Sachverhalt noch einmal mündlich vorgetragen. Eventuell werden auch Beweise erhoben wie Anhörung von Zeugen, Einsicht in Urkunden, Ortsbesichtigungen etc. Nach Abschluss der Beweisaufnahme berät sich die das Arbeitsgericht bzw. die Einigungsstelle. Während im Klageverfahren dann ein Urteil ergeht, macht der Vorsitzende der Einigungsstelle erst noch einen Einigungsvorschlag, bevor er ggf. einen sogenannten „Spruch" erlässt. Diesen Vorschlag, der auf einer rechtlichen Würdigung beruht, können die Parteien sofort annehmen oder sich nach einer Bedenkzeit schriftlich dazu äußern. Wird der Vorschlag angenommen, ist das Verfahren beendet.

Im Klageverfahren erfolgt immer ein Urteil, falls die Klage nicht zurückgenommen oder der Anspruch nicht durch den Beklagten anerkannt wird.

Keine Zuständigkeit für individualrechtliche Streitigkeiten

Zur Klarstellung sollte noch einmal deutlich darauf hingewiesen werden, wofür weder Einigungsstelle noch Kirchliches Arbeitsgericht zuständig ist:

- Für alle Streitigkeiten zwischen Dienstgeber und Mitarbeiter/innen wegen Einzelansprüchen aus dem Arbeitsverhältnis. Kirchliches Arbeitsgericht und Einigungsstelle haben also nichts zu tun mit der Frage, ob
- eine Mitarbeiterin die zutreffende Vergütung erhält,
- eine Abmahnung berechtigt ist,
- der Inhalt eines Arbeitszeugnisses geändert werden muss oder
- die Kündigung eines Arbeitsverhältnisses rechtmäßig ist.

Verfahren – das Diagramm

[handschriftliche Notiz:] Keine Klage! Bei Einigungsstelle

MAV oder Dienstgeber formulieren Klage oder Antrag und reichen diese/n ein

Der Vorsitzende prüft die Zulässigkeit und die Frage, ob die Klage/der Antrag nach dem Vortrag des Antragstellers begründet wäre

Er weist unzulässige oder offensichtlich unbegründete Klagen/Anträge zurück

Der Vorsitzende stellt die Klage-/Antragsschrift der Gegenseite zu und fordert zur Stellungnahme auf

Die Stellungsnahme schickt der Vorsitzende an den Beklagten/Antragsgegner

Das Gericht/Die Einigungsstelle tritt zusammen und erörtert die Rechtslage, macht einen Einigungsvorschlag

Der Vorsitzende lädt zur mündlichen Verhandlung ein und entscheidet über die Zulassung von Beiständen, Zeugenladung etc.

Die Einigungsstelle macht nach der Beratung einen Einigungsvorschlag

Vorschlag wird abgelehnt

Die Parteien nehmen Einigungsvorschlag

Das Gericht/Die Einigungsstelle entscheidet durch Urteil/Beschluss

Das Letzte

In manchen Schlichtungs oder Einigungsstellen haben sich Praktiken eingebürgert, die den eigentlichen Intentionen widersprechen.

Der Vorsitzende macht eine Art »Vorschlichtung«, indem er in offensichtlichen Fällen des Verstoßes die fehlerhaft handelnde Partei über den mutmaßlichen Spruch informiert und auffordert, im vorliegenden Fall oder künftig nach der MAVO zu verfahren.

Eine solche Vorschlichtung wird zwar dem Einzelfall gerecht, ist aber politisch (und wohl auch juristisch) zweifelhaft. Vorsitzende setzen sich dem Vorwurf der Mauschelei aus. Beide Effekte können nicht erwünscht sein.

Die betroffene Mitarbeitervertretung sollte genau prüfen, ob sie mit einem solchen Verfahren einverstanden sein kann. Gerade das formal korrekte Verfahren hat einen hohen (Erziehungs)wert und trägt dazu bei, auch in anderen Fällen nach Gesetz und Ordnung ohne Abstriche zu verfahren.

§ 47 Einigungsspruch

(1) Kommt eine Einigung in der mündlichen Verhandlung zustande, wird dies beurkundet und den Beteiligten eine Abschrift der Urkunden übersandt.

(2) Kommt eine Einigung der Beteiligten nicht zustande, so entscheidet die Einigungsstelle durch Spruch. Der Spruch der Einigungsstelle ergeht unter angemessener Berücksichtigung der Belange der Einrichtung des Dienstgebers sowie der betroffenen Mitarbeiter nach billigem Ermessen. Der Spruch ist schriftlich abzufassen.

(3) Der Spruch der Einigungsstelle ersetzt die nicht zustande gekommene Einigung zwischen Dienstgeber und Mitarbeitervertretung beziehungsweise Gesamtmitarbeitervertretung.

Der Spruch bindet die Beteiligten. Der Dienstgeber kann durch den Spruch nur insoweit gebunden werden, als für die Maßnahmen finanzielle Deckung in seinen Haushalts-, Wirtschafts- und Finanzierungsplänen ausgewiesen ist.

(4) Rechtliche Mängel des Spruchs oder des Verfahrens der Einigungsstelle können durch den Dienstgeber oder die Mitarbeitervertretung beim Kirchlichen Arbeitsgericht geltend gemacht werden; die Überschreitung der Grenzen des Ermessens kann nur binnen einer Frist von zwei Wochen nach Zugang des Spruchs beim Kirchlichen Arbeitsgericht geltend gemacht werden.

Beruft sich der Dienstgeber im Fall des Absatzes 3 Satz 3 auf die fehlende finanzielle Deckung, können dieser Einwand sowie rechtliche Mängel des Spruchs oder des Verfahrens vor der Einigungsstelle nur innerhalb einer Frist von vier Wochen nach Zugang des Spruchs geltend gemacht werden.

(5) Das Verfahren vor der Einigungsstelle ist kostenfrei. Die durch Tätigwerden der Einigungsstelle entstehenden Kosten trägt die (Erz-)Diözese ...

Jeder Verfahrensbeteiligte trägt seine Auslagen selbst; der Mitarbeitervertretung werden gemäß § 17 Abs. 1 die notwendigen Auslagen erstattet.

Protokoll oder Spruch der Einigungsstelle

Ziel des Verfahrens ist eine Einigung der Beteiligten. Darauf ist das Bemühen der Einigungsstelle auszurichten. Eine rechtliche Erörterung und Prognose einer ansonsten zu erwartenden Entscheidung wird dennoch nötig sein. Auf andere Art wird die Einigungsstelle kaum Bewegung in die Positionen von Antragsteller und -gegner bekommen.

Gleichgültig, auf welche Art die Verhandlung endet, das Ergebnis ist immer schriftlich festzuhalten: durch Protokoll oder Schlichtungsspruch.

Vorbehalt der finanziellen Deckung

Ersetzt die Einigungsstelle die fehlende Zustimmung der MAV, löst dies keine besonderen, vom Dienstgeber nicht mehr beeinflussbaren Kosten aus. Wenn jedoch eine Entscheidung zu Lasten des Dienstgebers ergeht, kann das anders sein. Für diesen Fall kann der Einwand der fehlenden finanziellen Deckung für die Umsetzung eines Spruches vom Dienstgeber geltend gemacht werden. Die MAV muss nach einem Spruch umgehend fest stellen, ob der Dienstgeber mit Hinweis auf die finanzielle Lage die Umsetzung verweigert.

Kontrollinstanz Kirchliches Arbeitsgericht

Für den letztgenannten Fall und für den Fall, dass der Schlichtungsspruch unter Verstoß gegen Rechtsvorschriften zustande gekommen ist (Klagefrist 4 Wochen) bzw. ein Ermessenspielraum rechtswidrig überschritten wurde (Klagefrist 2 Wochen), ist die Anrufung des Kirchlichen Arbeitsgerichts möglich. Damit ist eine umfassende Rechtskontrolle sichergestellt.

Verfahrenskosten und Auslagenerstattung

Die Frage der Auslagenerstattung spielt für die Mitarbeitervertretungen, die sich eines Beistandes oder Bevollmächtigten bedient haben, eine besondere Rolle. Denn grundsätzlich ist das Verfahren für die Beteiligten zwar kostenfrei. Die Auslagen (z. B. Gebühren eines Rechtsanwalts) werden davon aber nicht erfasst. Hier wäre nur die Entscheidung denkbar, dass diese vom Dienstgeber getragen werden müssen. (vgl. § 17)

Das Letzte ...

Keine Einigung darf so ausgelegt sein, dass die gegnerische Partei ihr Gesicht verlieren könnte. Die Bloßstellung ist ein Kampf- aber kein Einigungsmittel.

§ 48 Wahl und Anzahl der Sprecherinnen und Sprecher der Jugendlichen und der Auszubildenden

In Einrichtungen, bei denen Mitarbeitervertretungen gebildet sind und denen in der Regel mindestens fünf Mitarbeiterinnen oder Mitarbeiter

- unter 18 Jahren (Jugendliche) oder
- zu ihrer Berufsausbildung Beschäftigte und die das 25. Lebensjahr noch nicht vollendet haben (Auszubildende),

angehören, werden von diesen Sprecherinnen und Sprechern der Jugendlichen und der Auszubildenden gewählt. Als Sprecherinnen und Sprecher können Mitarbeiterinnen und Mitarbeiter vom vollendeten 16. Lebensjahr bis zum vollendeten 26. Lebensjahr gewählt werden.

Es werden gewählt

- eine Sprecherin oder ein Sprecher bei fünf bis zehn Jugendlichen und Auszubildenden
  sowie
- drei Sprecherinnen oder Sprecher bei mehr als zehn Jugendlichen und Auszubildenden.

Unselbstständige Vertretung

Jugendliche und Auszubildende haben in kirchlichen Einrichtungen keine eigenständige Vertretung. Sie können nur »Sprecher/innen« wählen, wenn in einer Einrichtung eine Mitarbeitervertretung besteht. Damit in Zusammenhang steht die allgemeine Aufgabe der MAV nach § 26 Abs. 3 Zif. 6, wonach die MAV verpflichtet ist, mit den Sprecher/innen zur »Förderung ihrer Belange« zusammenzuarbeiten. Die Vertretung ist also Teil der Aufgabe der MAV, die Sprecher/innen sollen die MAV bei dieser Aufgabe unterstützen, nicht umgekehrt.

Eine weitere, oft nicht zu erreichende Voraussetzung ist die »regelmäßige« Beschäftigung von mindestens 5 Jugendlichen und Auszubildenden. Diese Vorgabe ist erfüllt, wenn 5 Ausbildungsplätze vorhanden sind, die von jungen Leuten unter 25 Jahren besetzt sind. Weitere Jugendliche, also Personen unter 18 Jahren, die nicht in einem Ausbildungsverhältnis stehen, können hinzugezählt werden. »In der Regel« gehören die Jugendlichen oder Auszubildenden der Einrichtung auch dann an, wenn sie zur Zeit – etwa wegen Zivil- oder Wehrdienst – vorübergehend freigestellt sind. Es kommt also nicht auf die tatsächliche Beschäftigung am Wahltag, sondern auf das Bestehen eines Ausbildungs- oder Beschäftigungsverhältnisses (bei Jugendlichen) an.

Wahlverfahren

Angaben zum Wahlverfahren macht die MAVO nicht. Die einzige Aussage über das aktive Wahlrecht findet sich in § 7 Abs. 3, wonach die Auszubildenden ihr Wahlrecht nur in der Einrichtung ausüben können, von der sie eingestellt worden sind. Auszubildende haben, wenn sie das 18. Lebensjahr vollendet haben, ein doppeltes Wahlrecht: zur Mitarbeitervertretung und zur Wahl des Sprechers der Jugendlichen und Auszubildenden. Jugendliche haben nur Letzteres.

Ebenso wenig ist das passive Wahlrecht geregelt. Es ist lediglich zur Wählbarkeit ein Lebensalter zwischen 16 und 25 (vor Vollendung des 26. Lebensjahres) erforderlich.

Die Durchführung der Wahl sollte die Mitarbeitervertretung als ihre Aufgabe ansehen. Sie sollte die Wahlberechtigten feststellen, zu einer Wahlversammlung einladen und die Durchführung der Wahl organisieren.

Schutz der Sprecher/innen

Für die Sprecher/innen fehlt auch eine den §§ 18 und 19 entsprechende Regelung zum Schutz vor Benachteiligung. Nur § 18 Abs. 4 schützt die Sprecher wie ein Mitglied der MAV vor Benachteiligung bei der Übernahme in ein Beschäftigungsverhältnis, indem er die Ablehnung eines Vertrages von der Zustimmung der MAV abhängig macht.

Anzahl der Sprecher

Die Abstufung der Anzahl der zu wählenden Sprecher/innen ist recht einfach.

Eine Sprecherin/ein Sprecher bei bis zu 10 Jugendlichen und Auszubildenden, drei Sprecher/innen bei mehr als 10 Wahlberechtigten.

Das Letzte ...

Junge Kolleginnen und Kollegen sind Seismografen. Sie »zeichnen« die Störungen der Dienstgemeinschaft auf.

§ 49 Versammlung der Jugendlichen und Auszubildenden

(1) Die Sprecherinnen und Sprecher der Jugendlichen und Auszubildenden können vor oder nach einer Mitarbeiterversammlung im Einvernehmen mit der Mitarbeitervertretung eine Versammlung der Jugendlichen und Auszubildenden einberufen. Im Einvernehmen mit der Mitarbeitervertretung und dem Dienstgeber kann die Versammlung der Jugendlichen und Auszubildenden auch zu einem anderen Zeitpunkt einberufen werden. Der Dienstgeber ist zu diesen Versammlungen unter Mitteilung der Tagesordnung einzuladen. Er ist berechtigt, in der Versammlung zu sprechen. § 2 Abs. 2 Satz 2 findet Anwendung. An den Versammlungen kann die oder der Vorsitzende der Mitarbeitervertretung oder ein beauftragtes Mitglied der Mitarbeitervertretung teilnehmen. Die Versammlung der Jugendlichen und Auszubildenden befasst sich mit Angelegenheiten, die zur Zuständigkeit der Mitarbeitervertretung gehören, soweit sie Jugendliche und Auszubildende betreffen.

(2) § 21 Abs. 4 gilt entsprechend.

Versammlung

Die Jugendlichen und Auszubildenden haben keine Möglichkeit, selbständig eine Versammlung einzuberufen. Sie sind auch insoweit an die in der Einrichtung stattfindende Mitarbeiterversammlung gebunden, an der sie als Mitarbeiter der Einrichtung natürlich teilnehmen können. Um den Aufwand gering zu halten, können sie nur vor oder nach der Mitarbeiterversammlung eine eigene Versammlung durchführen. Das ist der Regelfall. Denn als »Berater der MAV« haben sich die Sprecher auch an deren Veranstaltungen zu orientieren. Sie haben dann den Vorteil, sich wegen dieser Versammlung nur mit der MAV ins Benehmen setzen zu müssen.

Anwesenheit des Dienstgebers

Will der Sprecher oder wollen die Sprecher zu einem anderen Zeitpunkt die Jugendlichen und Auszubildenden zu einer Versammlung einladen, müssen sie dazu das Einvernehmen mit der MAV herstellen und auch noch den Dienstgeber einladen, der selbst, durch seinen Vertreter oder einen leitenden Angestellten auf der Versammlung ein Rederecht hat.

Themen der Versammlung

Die Versammlung kann sich mit allen Themen befassen, für die die MAV zuständig ist. Auch daran zeigt sich die Abhängigkeit der Interessenvertretung von der MAV. Eine Beschäftigung mit diesen Themen ist nur dann sinnvoll, wenn davon Jugendliche oder Auszubildende besonders betroffen sind.

Fazit: Die Versammlung der Jugendlichen und Auszubildenden hat kaum eine praktische Bedeutung. Ihre Anliegen sind – auf Initiative des Sprechers – besser in einer MAV-Sitzung aufgehoben.

§ 50 Amtszeit der Sprecherinnen und Sprecher der Jugendlichen und Auszubildenden

Die Amtszeit der Sprecherinnen und Sprecher der Jugendlichen und der Auszubildenden beträgt zwei Jahre. Die Sprecherinnen und Sprecher der Jugendlichen und der Auszubildenden bleiben im Amt, auch wenn sie während der Amtszeit das 26. Lebensjahr vollendet haben.

§ 51 Mitwirkung der Sprecherinnen und Sprecher der Jugendlichen und Auszubildenden

(1) Die Sprecherinnen und Sprecher der Jugendlichen und der Auszubildenden nehmen an den Sitzungen der Mitarbeitervertretung teil. Sie haben, soweit Angelegenheiten der Jugendlichen und Auszubildenden beraten werden,

1. das Recht, vor und während der Sitzungen der Mitarbeitervertretung Anträge zu stellen. Auf ihren Antrag hat die oder der Vorsitzende der Mitarbeitervertretung eine Sitzung in angemessener Frist einzuberufen und den Gegenstand, dessen Beratung beantragt wird, auf die Tagesordnung zu setzen,
2. Stimmrecht,
3. das Recht, zu Besprechungen mit dem Dienstgeber eine Sprecherin oder einen Sprecher der Jugendlichen und Auszubildenden zu entsenden.

(2) Für eine Sprecherin oder einen Sprecher der Jugendlichen und der Auszubildenden gelten im übrigen die anwendbaren Bestimmungen der §§ 7 bis 20 sinngemäß. Die gleichzeitige Kandidatur für das Amt einer Sprecherin oder eines Sprechers der Jugendlichen und Auszubildenden und das Amt der Mitarbeitervertreterin oder des Mitarbeitervertreters ist ausgeschlossen.

Amtszeit

Mit der gegenüber den Mitarbeitervertretungen verkürzten Amtszeit von 2 Jahren wird der Tatsache Rechnung getragen, dass die durchschnittliche Ausbildungsdauer bei 3 Jahren liegt und es durch die Festlegung des Wahltages weitere Verschiebungen gibt, die die tatsächliche Möglichkeit zur Ausübung des Amtes für die Sprecher der Jugendlichen und Auszubildenden einschränken.

Gewählt werden können die Sprecher erst, wenn die MAV gebildet ist.

Da das Amt der Sprecherin/des Sprechers von dem Bestehen einer Mitarbeitervertretung abhängig ist, führt die vorzeitige Auflösung einer MAV oder ein Auslaufen der Amtszeit nach § 13 a nicht zur Beendigung des Amtes. Eine Ausübung ist aber faktisch nicht mehr möglich.

Bei persönlichen Veränderungen, also der Vollendung des 26. Lebensjahres bei Jugendlichen oder dem Erreichen des Ausbildungsabschlusses bleiben die Sprecher prinzipiell im Amt. Sie können allerdings nicht wiedergewählt werden.

Mitwirkungsrechte der Sprecher

Eigene Mitwirkungsrechte gegenüber dem Dienstgeber haben die Sprecher/innen nicht. Sie können nur durch die MAV handeln. Im Verhältnis zur Mitarbeitervertretung sind ihre Beteiligungsrechte definiert und zwar durch

- Teilnahmerecht an jeder MAV-Sitzung,
- Möglichkeit einen Antrag auf Einberufung einer Sitzung zu stellen und
- das Antrags- und Stimmrecht für alle Beschlüsse, die die MAV zu Angelegenheiten der Jugendlichen und Auszubildenden fasst.

Das sind solche Angelegenheiten, die »überwiegend« Jugendliche und Auszubildende betreffen. Diese Begrenzung der Kompetenz ergibt sich aus den allgemeinen Aufgaben der Sprecher. Würde man es als ausreichend ansehen, dass überhaupt Jugendliche und Auszubildende betroffen sind, hätte der Sprecher in den meisten Angelegenheiten ein Stimmrecht. Die Mehrheitsverhältnisse in der MAV würden durch die Sprecher ungerechtfertigt verändert.

- Hinzu kommt das Recht der Teilnahme an Sitzungen, die die MAV mit dem Dienstgeber durchführt. Damit sind alle Sitzungen gemeint, also solche nach § 39 ebenso wie eine Aussprache nach § 27 Absatz 1 Satz 2, Einigungsgespräche zu einzelnen Beteiligungsverfahren oder alle anderen Zusammenkünfte..

Sonstige Statusrechte

Absatz 2 enthält eine für den Status der Sprecher/innen sehr wichtige Verweisungsnorm, nämlich die »sinngemäße« Anwendung der »anwendbaren« Vorschriften des Abschnittes II der MAVO. Das dürfte im wesentlichen

- das aktive und das passive Wahlrecht, allerdings mit dem Wegfall einer 6-Monaten Betriebszugehörigkeit,
- das Wahlverfahren, hier wohl entsprechende Anwendung des vereinfachten Wahlverfahrens,
- der Freistellung und Kostenübernahme durch den Dienstgeber
- und der Schweigepflicht

betreffen. Leider ist diese Bestimmung sehr unklar. Bei der Rechtsanwendung wird man im Einzelfall nach einer entsprechenden Regelung für eine Mitarbeitervertretung suchen müssen und die entsprechende Anwendung unter Berücksichtigung der besonderen Situation der Sprecher/innen zu prüfen haben.

Jugendinteressen organisieren

Junge Kolleginnen und Kollegen

Junge Kolleginnen und Kollegen, die als Auszubildende, Anzulernende oder Zivildienstleistende *(siehe § 53)* ihren Arbeitsplatz antreten, landen meistens auf der unteren Stufe der internen Hierarchien.

Sie können wenig oder nichts bieten, das die »Familie« veranlassen würde, sie sofort aufrücken zu lassen. Ihnen wird zunächst ein standardisierter Platz angeboten: Sie müssen lernen, die Einrichtung zu erkunden, werden für ungeliebte oder langweilige Aufgaben eingesetzt und als »Rangniedere« tendenziell wenig beachtet. Unreflektiert wird all das an den Neuen wiederholt, was man selbst durchlebt und häufig genug durchlitten hat.

Diese scheinbar ewigen Mechanismen sind nur dann wirkungsvoll zu durchbrechen, wenn innerhalb der Organisationsleitung ein angemessenes Personalmanagement stattfindet, das Kompetenz und die jeweiligen Entwicklungschancen in den Blick nimmt.

Geschieht dies nicht, werden keine neue Ideen geäußert und das staunende Wundern: »Warum *machen Sie das so?*« bleibt ungenutzt.

Formen und Foren

Die Mitarbeitervertretung kann, gegebenenfalls gemeinsam mit Sprecher und Sprecherinnen, Foren und Formen der Mitwirkung schaffen, die besonders Jugendliche der Einrichtung in den Blick nehmen oder auf deren Interessen zugeschnitten sind.

Ziele solcher Arbeit sind:

- Junge Kolleginnen und Kollegen bei ihrem Weg in die Arbeitswelt nicht allein lassen,
- die Instrumentarien der Mitwirkung verstehbar und transparent machen und
- von den Ideen und Wünschen der »Neuen« innerhalb der Einrichtung profitieren.

■ Guten Tag

Wenn es die Arbeitsabläufe zulassen, sollten neue Kolleginnen und Kollegen am ersten Tag auch durch Mitarbeitervertreter oder Jugendsprecher/in (in folgenden ist nur noch von »Vertreter« die Rede) begrüßt werden – vielleicht mit einer Blume in der Hand oder einem Müsli-Riegel (»*Damit Du die ersten Stunden hier gut überstehst...«*). Erste Begegnungen teilen viel mit über die Kultur des Miteinanders in der Einrichtung. Neue reagieren stark auf solche Gesten: Sie fühlen sich angenommen und beachtet.

■ Einführung

Neue Kolleginnen und Kollegen – zumal wenn sie zum ersten Mal eine Arbeitsstelle inne haben – müssen auf ihre Tätigkeit vorbereitet werden. Sie bedürfen der Einführung und der Begleitung. Dies gehört zu den Fürsorgepflichten des Dienstgebers. Gleichwohl sollten sich Mitarbeitervertreter dieser Aufgabe widmen.

Neue Mitarbeitende werden zum Beispiel eine Woche, nachdem sie ihre Tätigkeit aufgenommen haben, am Arbeitsplatz besucht. Der Vertreter stellt sich – wenn dies noch nicht geschehen war – vor, hat vielleicht sogar eine kleine Informationsschrift über die Aufgaben von Mitarbeitervertretung und Jugendsprecher/innen dabei und erkundigt sich nach den ersten Arbeitserfahrungen.

Wenn man sich in eine neue Umgebung einpassen muss, versteht man viele Zusammenhänge nicht. Deshalb sollte man Neue nicht mit zu vielen Ratschlägen und Informationen überschütten – lieber für später einen zweiten Besuch ankündigen!

Bei dieser Gelegenheit können Einladungen zu betriebsinternen Aktivitäten wie Kegeln, Stammtisch oder gemeinsames Kaffee-Trinken ausgesprochen werden.

■ Einführungsveranstaltung

In größeren Einrichtungen werden für neue Mitarbeiter und Mitarbeiterinnen Informations- und Begrüßungsveranstaltungen gemacht. Die Vertreter sollten hier präsent sein, um deutlich zu machen, dass es Formen der Mitwirkung und Beteiligung in der Einrichtung gibt.

■ Mentoren

In den ersten Wochen sollten sich Mentoren für junge Kolleginnen und Kollegen zuständig fühlen. Wenn diese Mentoren auch Erfahrung mit Mitarbeitervertretungen haben oder ihnen sogar angehören – um so besser.

■ **Jugendkonferenz** 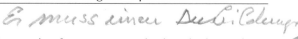 *Er muss einer der b. Colungs*

Mit dem Dienstgeber sollte regelmäßig ein Gespräch über die besonderen
Angelegenheiten von Jugendlichen und Auszubildenden geführt werden.
Auch Chefs verlieren in der Alltagsroutine oft den Blick dafür, was einer
bestimmten Mitarbeitergruppe nottut.

An der Jugendkonferenz können – je nach Größe der Einrichtung – alle
Jugendlichen und Auszubildenden teilnehmen oder nur deren Sprecherinnen und Sprecher. Auf jeden Fall sollten Mitarbeitervertreterinnen oder Vertreter dabei sein.

Achtung: Wenn nur fünf Jugendliche in der Einrichtung tätig sind, so wäre
es kontraproduktiv, wenn an einer solchen Konferenz zehn gestandene
Damen und Herren aus Chefetage und Mitarbeitervertretung teilnähmen.

■ **Jugendbeauftragte**

Sind in der Einrichtung keine Sprecher oder Sprecherinnen gewählt worden,
kann die Mitarbeitervertretung das »Amt« des Jugendbeauftragten einrichten. Ihm oder ihr obliegt es im Rahmen der Mitarbeitervertretungsarbeit, die
Angelegenheiten Jugendlicher besonders im Blick zu behalten und den
Kontakt zu den jungen Kolleginnen und Kollegen zu pflegen.

■ **Sprechstunde**

Für Jugendliche können Vertreterinnen und Vertreter eine eigene Sprechstunde einrichten.

■ **Beispiel geben**

Ist in der Einrichtung keine Sprecherin oder kein Sprecher, können Vertreter
aus anderen Einrichtungen eingeladen werden, die von ihren Erfahrungen
berichten und so Hinweise geben, welche Funktion und Bedeutung die
Ämter der Sprecher und Sprecherinnen haben.

■ **Schriftliche Informationen**

Für Jugendliche und Auszubildende sollten in leicht verständlicher Sprache
Basisinformationen über die MAV-Arbeit vorgehalten werden. In der Regel
ist mit einer solchen Aufgabe die einzelne MAV überfordert.

Eine übergreifende Arbeitsgruppe – angesiedelt bei der Diözesanen Arbeitsgemeinschaft der Mitarbeitervertretung – kann das Projekt realisieren.

■ **Stammtisch**

Ein eigenes Begegnungsangebot für junge Mitarbeitende – zum Beispiel ein
Stammtisch außerhalb der Arbeitszeit, ein Jugendraum oder eine gemeinsame Unternehmung am Abend – fördert die Integration.

■ **Fortbildung**

Interne und externe Fortbildungen für Auszubildende (und junge Erwachsene) anzubieten, war früher in vielen Einrichtungen die Regel. Heute wird gespart, obwohl gemeinsame Fortbildungen sich positiv auf die Dynamik eines Ausbildungsjahres auswirken.

■ **Erfahrungskonferenz**

Regelmäßig sollten Jugendliche (und alle neuen Kolleginnen und Kollegen, die innerhalb des letzten Jahres angestellt wurden) zu einer Erfahrungskonferenz eingeladen werden. Hier werden, gut moderiert von einem Außenstehenden, alle bisherigen Erfahrungen zusammengetragen, nach Entwicklungsmöglichkeiten gesucht und die Ergebnisse sowohl dem Dienstgebervertreter als auch der Mitarbeitervertretung vorgelegt.

Sprecher und Sprecherin

Jugendliche und Auszubildende können unter den oben genannten Voraussetzungen Sprecher oder Sprecherinnen wählen, Zivildienstleistende einen Vertrauensmann. Diese haben keine Sonderrechte aber die Aufgabe, die eigene Altersgruppe im Blick zu behalten. Dabei soll die Mitarbeitervertretung unterstützen.

Eine verantwortungsvolle Mitarbeitervertretung, die die Arbeit von Sprechern und Sprecherinnen fördern und begleiten will, muss gemeinsam überlegen ...

■ **... welche Aufgaben sind zu bewältigen?**

■ **... wie können diese Aufgaben in kleine, für alle verstehbare und zu bewältigende Teilschritte untergliedert werden?**

■ **... wer begleitet die Sprecher, ist Mentor, bietet – vorausgesetzt sie wird gewünscht – Hilfestellung an?**

Aktivitätsphasen der neuen Generation Engagierter werden von den konkreten Aufgaben bestimmt, die zu bewältigen sind. Das, was oft als unstetes Engagement erscheint, ist in Wirklichkeit die Reaktion auf interessierende oder desinteressierende Themen.

Es gehört zur Kunst der Begleitung durch die MAV, die Themen zu finden, die interessieren.

Sprecher und Sprecherinnen unterstützen

Was kann man tun, um Sprecher und Sprecherinnen von Jugendlichen bzw. den Vertrauensmann während der Amtszeit zu begleiten?

■ **Paten anbieten**

Für jeden Sprecher wird ein Pate aus der Mitarbeitervertretung benannt bzw. vereinbart.

■ **Projekte entwickeln**

Gemeinsam mit der MAV werden kleine, überschaubare Mitwirkungsprojekte realisiert.

■ **Öffentlichkeit herstellen**

Den Sprechern wird Öffentlichkeit angeboten – während der Mitarbeiterversammlung oder zu anderen Anlässen.

■ **Präsenz einräumen**

Jugendsprechern wird in der Öffentlichkeit die gleiche Aufmerksamkeit wie dem Dienstgebervertreter oder dem Vorsitzenden der MAV zuteil.

■ **Transparenz ermöglichen**

Immer wieder wird geduldig die Arbeit der Mitarbeitervertretung erläutert. Zusammenarbeit kann angeboten, darf aber nie aufgedrängt werden.

Das Letzte ...

Keine enge Auslegung: Nahezu alle Angelegenheiten der Dienstgemeinschaft sind auch Angelegenheiten der Jugendlichen und Auszubildenden.

§ 52 Mitwirkung der Vertrauensperson der schwerbehinderten Mitarbeiterinnen und Mitarbeiter

(1) Die entsprechend den Vorschriften des Sozialgesetzbuches IX gewählte Vertrauensperson der schwerbehinderten Mitarbeiterinnen und Mitarbeiter nimmt an den Sitzungen der Mitarbeitervertretung teil. Die Vertrauensperson hat, soweit Angelegenheiten der Schwerbehinderten beraten werden,

1. das Recht, vor und während der Sitzungen der Mitarbeitervertretung Anträge zu stellen. Auf ihren Antrag hat die oder der Vorsitzende der Mitarbeitervertretung eine Sitzung in angemessener Frist einzuberufen und den Gegenstand, dessen Beratung beantragt wird, auf die Tagesordnung zu setzen,
2. Stimmrecht,
3. das Recht, an Besprechungen bei dem Dienstgeber teilzunehmen.

(2) Der Dienstgeber hat die Vertrauensperson der schwerbehinderten Mitarbeiterinnen und Mitarbeiter in allen Angelegenheiten, die einen einzelnen oder die schwerbehinderten Menschen als Gruppe berühren, unverzüglich und umfassend zu unterrichten und vor einer Entscheidung anzuhören; er hat ihr die getroffene Entscheidung unverzüglich mitzuteilen. Ist dies bei einem Beschluss der Mitarbeitervertretung nicht geschehen oder erachtet die Vertrauensperson der schwerbehinderten Mitarbeiterinnen und Mitarbeiter einen Beschluss der Mitarbeitervertretung als eine erhebliche Beeinträchtigung wichtiger Interessen schwerbehinderter Menschen, wird auf ihren Antrag der Beschluss für die Dauer von einer Woche vom Zeitpunkt der Beschlussfassung ausgesetzt. Durch die Aussetzung wird eine Frist nicht verlängert.

(3) Die Vertrauensperson der schwerbehinderten Mitarbeiterinnen und Mitarbeiter hat das Recht, mindestens einmal im Jahr eine Versammlung der schwerbehinderten Mitarbeiter und Mitarbeiterinnen in der Dienststelle durchzuführen. Die für die Mitarbeiterversammlung geltenden Vorschriften der §§ 21, 22 gelten entsprechend.

(4) Die Räume und der Geschäftsbedarf, die der Dienstgeber der Mitarbeitervertretung für deren Sitzungen, Sprechstunden und laufenden Geschäftsbedarf zur Verfügung stellt, stehen für die gleichen Zwecke auch der Vertrauensperson der schwerbehinderten Mitarbeiterinnen und Mitarbeiter zur Verfügung, soweit hierfür nicht eigene Räume und sachliche Mittel zur Verfügung gestellt werden.

(5) Für die Vertrauensperson der schwerbehinderten Mitarbeiterinnen und Mitarbeiter gelten die §§ 15 bis 20 entsprechend.

Wahl zum Amt der Vertrauensperson

Ob und wie eine Vertrauensperson der Schwerbehinderten zu wählen ist, richtet sich nicht nach der MAVO, sondern nach den Vorschriften des Sozialgesetzbuches IX, das insoweit als »allgemeines Gesetz« auch für kirchliche Einrichtungen gilt. Die MAVO wiederholt nur die einschlägigen Regelungen aus dem Gesetz:

Fünf schwerbehinderte Menschen müssen »nicht nur vorübergehend« = regelmäßig in der Einrichtung beschäftigt sein.

Auch die Vertrauensperson der behinderten Menschen hat keine eigenen Mitwirkungsrechte gegenüber dem Dienstgeber. Sie handelt wie die Sprecher der Jugendlichen und Auszubildenden nur durch die MAV. Hier bestehen ähnliche Rechte:

■ Ein Teilnahmerecht an jeder MAV-Sitzung und
■ die Möglichkeit einen Antrag auf Einberufung einer Sitzung zu stellen,
■ das Antrags- und Stimmrecht für alle Beschlüsse, die die MAV zu Angelegenheiten der behinderten Menschen fasst.

Damit diese Voraussetzung erfüllt ist, muss der Beratungs- und Beschlussgegenstand in besonderer Weise behinderte Menschen betreffen. Die generelle Beachtung und der Einsatz für die Belange der Behinderten gehört bereits nach § 26 Abs. 3 Zif. 3 und 5 zu den allgemeinen Aufgaben der Mitarbeitervertretung. Sie sind nicht nur in die Zuständigkeit der Vertrauensperson gegeben.

Entsprechende Anwendung anderer Vorschriften

Für die Vertrauensperson – mehr als eine Person kann auch bei mehr als fünf Schwerbehinderten nicht gewählt werden – gelten nicht alle Vorschriften des Abschnittes II der MAVO, sondern in entsprechender Anwendung die Regelungen hinsichtlich

■ Ehrenamt,
■ Schulung,
■ Kosten,
■ Benachteiligungsschutz,
■ und Schweigepflicht.

Im Übrigen sind die Regelungen des SGB IX zu beachten. Die Grundzüge werden im Folgenden dargestellt.

Behinderte Menschen im Arbeitsleben – worauf eine Mitarbeitervertretung achten sollte

Privilegierte Vertretungen

Die Mitarbeitervertretungsordnung privilegiert ausdrücklich drei Gruppen und stattet sie mit Vertretungsprivilegien aus.

Für die *Jugendlichen und Auszubildenden* wird dies in den § 48 ff. MAVO getan und das Institut der Sprecher und Sprecherinnen begründet. Die *Zivildienstleistenden* werden nach § 53 a durch ihren Vertrauensmann bei der MAV vertreten. Weiter sieht die MAVO vor, dass sich Zivildienstleistende gegebenenfalls direkt an die MAV wenden können, wenn sie dort nicht durch ihren Vertrauensmann vertreten sind.

Damit durchbricht die Ordnung ihre eigenen Zuständigkeitsdefinitionen aus dem Abschnitt I – mit gutem Grund!

Neben den Jugendlichen bzw. Auszubildenden und den Zivildienstleistenden privilegiert die Mitarbeitervertretungsordnung eine weitere Gruppe: die *behinderten Mitarbeiter/innen*. Für sie gelten besondere Bestimmungen, die zum einen der Förderung und zum anderen dem Schutz dienen.

Die historischen Quellen der Privilegierung von behinderten Menschen im Arbeitsleben liegen in der Fürsorge um die Kriegsverletzten des 1. Weltkrieges. Darüber hinaus war man der Meinung gewesen, Menschen, die an ihrem Arbeitsplatz zu schwerem Schaden gekommen waren, entsprechend zu schützen. Erst 1974 wurden in diesen Personenkreis auch diejenigen einbezogen, die aufgrund einer anders entstandenen Behinderung in der Ausübung der Erwerbstätigkeit beschränkt sind.

Die Vertrauensperson

Bei den behinderten Menschen ist eine »Vertrauensperson« vorgesehen, deren Wahl mit bestimmten Mindestanzahlen der Beschäftigten zusammenhängen (es müssen fünf nicht nur vorübergehend Beschäftigte sein).

Die Mitarbeitervertretungsordnung hat mit den Regelungen zur Vertrauensperson die Bestimmungen des Betriebsverfassungsgesetzes angeglichen übernommen. Die Mitarbeitervertretung muss demnach in allen Angelegenheiten von behinderten Menschen die Vertrauensperson hinzuziehen. Grenzziehungen, was denn nun als entsprechende Angelegenheiten zu betrachten ist, sind oft schwer zu tätigen. Hier empfiehlt sich eine großzügige Auslegung. Viele MAVen sind in größeren Einrichtungen mittlerweile dazu übergegangen, die Vertrauensperson grundsätzlich zu allen Sitzungen einzuladen und so Transparenz über die Bemühungen herzustellen.

Die Vertrauensperson ist in den genannten Angelegenheiten faktisch einem Mitarbeitervertreter oder eine Mitarbeitervertreterin gleichgestellt:

- sie berät mit,
- kann Anträge stellen,
- hat Stimmrecht,
- darf an den Sitzungen mit dem Dienstgeber teilnehmen.

Die Mitarbeitervertretung muss sich der behinderten Menschen besonders dann annehmen, wenn weniger als fünf Betroffene im Betrieb tätig sind und so die Wahl einer Vertrauensperson nicht möglich ist.

Dies gilt um so mehr für den Fall, das der Dienstgeber die gesetzliche Mindestquote der Beschäftigung nicht erfüllt oder erfüllen will.

Im Folgenden werden Merkpunkte für die Mitarbeitervertretung aufgelistet.

Sie sollen als Prüfkatalog dienen, um sich über die Verwirklichung der Fürsorgepflicht und Rechte der behinderten Menschen in der eigenen Einrichtung ein Bild machen zu können. Diese Merkpunkte ergeben sich vor allen Dingen aus den Bestimmungen des SGB IX.

Einstellungspflicht

Der Dienstgeber hat die gesetzliche Pflicht, behinderte Menschen einzustellen. Die gegenwärtige Einstellungsqote beträgt 5 v.H bei mindestens 20 Arbeitsplätzen

- **Mit Hinweis auf diese gesetzliche Verpflichtung kann die MAV den Dienstgeber bitten, Einsicht in das Verzeichnis der beschäftigten Behinderten zu gewähren. Dieses Recht ergibt sich aus dem § 26 Abs. 2 MAVO.**

Gleichgestellte

Schwerbehinderten gleichgestellt werden können Mitarbeiter und Mitarbeiterinnen, die unter dem Grad von 50 % der körperlichen Behinderung (Schwellenwert für die Schwerbehinderung) liegen, aber mit mindestens 30% anerkannt worden sind. Diese Mitarbeiterinnen und Mitarbeiter können auf die erforderliche Einstellungsquote angerechnet werden, genießen auch die Rechte – mit Ausnahme des Zusatzurlaubes.

- **Zur Prüfung des Sachverhaltes kann die MAV auch hier Einblick in die entsprechenden Unterlagen erbitten. Besonderes Augenmerk ist darauf zu richten, ob die vorliegende Behinderung – und dies ist eigentlich Voraussetzung für die Gleichstellung – tatsächlich ein Hindernis ist, um »normal« mit anderen Arbeitsuchenden auf dem Arbeitsmarkt zu konkurrieren.**

Ausgleichsabgabe

Erfüllt der Dienstgeber die Einstellungsquote nicht, so muss er beim zuständigen Integrationsamt eine Ausgleichabgabe entrichten.

Viele Arbeit- und Dienstgeber kaufen sich mit dieser Abgabe frei. So ist auch erklärlich, dass zur Zeit über ein Drittel aller Arbeitgeber die Einstellungsquote nicht erfüllen. Sie zahlen lieber.

Wenn dies auch für den jeweiligen kirchlichen bzw. Caritas-Arbeitgeber zutrifft, stellt sich die Frage nach der Ernsthaftigkeit eigener Leitbilder und Kriterien!

■ **Wenn es der Dienstgeber vorzieht, eine Ausgleichsabgabe zu zahlen, sollte die MAV prüfen, ob dafür betrieblich gerechtfertigte Gründe vorliegen. Wenn sie den Eindruck gewinnt, dass dies nicht der Fall ist, sollte sie immer wieder ihre Finger in diese Wunde legen. Wichtig: Der Dienstgeber muss Schwerbehinderte bei Einstellungen nicht bevorzugen, darf es aber gegebenenfalls.**

Besonders Betroffene

Das Gesetz sieht vor, dass Arbeitgeber besonders von der Behinderung Betroffene bei ihrer Quote berücksichtigen müssen: in der Suche nach Erwerbsarbeit durch die Behinderung erheblich Eingeschränkte (dies könnte zum Beispiel ein Rollstuhlfahrer sein), ältere Mitarbeiter oder Mitarbeiterinnen (Frauen, die schwerbehindert und über 50 sind, können am Arbeitsmarkt nahezu nicht mehr vermittelt werden) oder bei der Einstellung von **Auszubildenden.**

■ **Auch hier hat die MAV die Pflicht, im besonderen Maße auf den Dienstgeber einzuwirken und auf die soziale Verpflichtung zu verweisen.**

Eigenverantwortung

Der Dienstgeber muss die gesetzlichen Bestimmungen unaufgefordert erfüllen und einstellen bzw. gegebenenfalls die entsprechende Ausgleichsabgabe entrichten.

■ **Auch wenn Kontrollen durch das zuständige Integrationsamt stattfinden, sollte hier die MAV ihrer Verpflichtung »nach Recht und Billigkeit« zu handeln, besonders nachkommen. Dazu gehört gegebenfalls auch, die Zustimmung zu einer Einstellung zu verweigern, weil gegen geltendes Recht verstoßen wurde.**

Eigenes Verzeichnis

Der Dienstgeber ist verpflichtet, ein eigenes Verzeichnis der bei ihm Beschäftigten Mitarbeiter und Mitarbeiterinnen mit Schwerbehinderung zu erstellen und muss dies gegebenenfalls vorlegen.

- **Daraus ergibt sich eine Zugriffs- und Kontrollmöglichkeit durch die MAV.**

Fähigkeiten und Kenntnisse der Schwerbehinderten

Der Dienstgeber kann Schwerbehinderte nicht beliebig einsetzen bzw. einstellen. Er muss deren spezifischen Kenntnisse und Fähigkeiten berücksichtigen und dem Mitarbeiter bzw. der Mitarbeiterin die Möglichkeit geben, diese einzusetzen und auch weiterzuentwickeln. Dadurch soll gewährleistet werden, das Dienstgeber keine Alibi-Einstellungen vornehmen, sondern sehr genau prüfen, wie die Qualifikationen des Behinderten zum Arbeitsplatz bzw. Stellenprofil passen.

Mitarbeitervertretungen sollten Sorge dafür tragen, dass im Vordergrund die Qualifikation und nicht die Schwerbehinderung steht. Dies ist auch eine Frage der Achtung bzw. Selbstachtung. Schwerbehinderte sind vollwertige Kolleginnen und Kollegen. Sie benötigen keine Schonung hinsichtlich der Fähigkeiten und Kenntnisse – nur hinsichtlich der vorliegenden Behinderung.

Fortbildung

Zur besonderen Beschäftigungspflicht des Dienstgebers zählt die Ermöglichung von Fortbildungen, damit Schwerbehinderte auch höher bewertete Tätigkeiten erreichen können. Der Dienstgeber soll Schwerbehinderte bei Maßnahmen der beruflichen Bildung besonders berücksichtigen, damit es zu einem angemessenen Ausgleich der Handicaps kommen kann.

- **Fortbildungsbudgets, Personalentwicklungspläne und Konzepte inner- bzw. außerbetrieblicher Fortbildungen sind daraufhin zu überprüfen, ob hier die besonderen Verpflichtungen Behinderten gegenüber eingehalten worden sind.**

Keine Bevorzugung

An anderer Stelle wurde es schon betont. Schwerbehinderung führt nicht zu automatischer Privilegierung, sondern nur dazu, Handicaps soweit wie möglich zu kompensieren.

- **Bei Einstellungen und Anstellungen kann die MAV darauf dringen, dass die Wahl auf einen Nichtbehinderten fällt, wenn dessen Qualifikation für die ausgeschriebene Position höher ist. Merke: Es geht nicht um falsches Mitleid.**

Unfallgefahr

Um Gefährdungen, die sich aus der Behinderung ergeben, auszuschließen, ist hier der Dienstgeber zu besonderer Fürsorge angehalten.

Er muss zum Beispiel technische Arbeitshilfen zur Verfügung stellen, die der Kollegin oder dem Kollegen Arbeitsabläufe erleichtern.

- **Die Mitarbeitervertretung kann dazu Vorschläge machen und ist gegebenenfalls über Anhörung und Mitberatung (§ 29 Abs. 1 Ziffer 16) zu beteiligen.**

Freistellung von Mehrarbeit

Im Gegensatz zu anderen Mitarbeitern und Mitarbeiterinnen kann der Schwerbehinderte jegliche Form der Mehrarbeit verweigern. Allerdings ist er verpflichtet, frühzeitig eine entsprechende Freistellung – ohne Angabe der Gründe – beim Dienstgeber zu verlangen, damit dieser seine Arbeitsplanung entsprechend orientieren kann.

- **In dieser Bestimmung kann der Keim eines Konfliktes liegen. Andere Kolleginnen und Kollegen vermögen solche »Bevorzugungen« nicht immer einzusehen. Hier sind manchmal Vermittlungsleistungen der Mitarbeitervertretung vonnöten – am besten bevor ein solcher Konfliktfall auftreten kann (frühzeitige Bekanntgabe und Begründung).**

Zusatzurlaub

Den Schwerbehinderten – nicht den Gleichgestellten – steht ein jährlicher bezahlter Zusatzurlaub von fünf Tagen zu.

- **Die MAV kann im Rahmen der Urlaubsplanung der Einrichtung prüfen, ob diese Bestimmung eingehalten wurde. Es handelt sich hierbei um »Erholungsurlaub«, der nach den selben gesetzlichen Bestimmungen abgegolten werden muss.**

Arbeitsentgelt

Der Schwerbehinderte unterfällt hinsichtlich des Tarifes denselben Bestimmungen wie nicht behinderte Mitarbeiter und Mitarbeiterinnen.

■ **Ausgenommen sind solche Kollegen und Kolleginnen, die mit einer schweren Behinderung nicht ausschließlich aus Gründen der Erwerbsarbeit, sondern zur Eingliederung in den Arbeitsprozess (zum Beispiel bei beschützenden Werkstätten) beschäftigt werden, ohne im arbeitsrechtlichen Sinn beschäftigt zu werden.**

Ordentliche und außerordentliche Kündigung

Nach einem besonderen Verfahren muss vor Kündigungen die Zustimmung des zuständigen Integrationsamtes eingeholt werden.

■ **Kündigt ein Dienstgeber und legt er der Mitarbeitervertreter nicht die entsprechende Zustimmung des Integrationsamtes vor, so muss die MAV die Zustimmung verweigern oder nur mit dem Vorbehalt geben, dass diese Zustimmung vor Wirksamwerden eingeholt wird.**

Integrationsamt

Hinsichtlich der Beschäftigung von Schwerbehinderten bzw. Gleichgestellten hat das Integrationsamt weitreichende Kompetenzen.

Die Ämter sind länderunterschiedlich angegliedert, benannt und können die Mitarbeitervertretung hinsichtlich der Rechte von Schwerbehinderten beraten.

■ **Wenn sich Mitarbeitervertretungen unmittelbar an das Integrationsamt wenden, empfiehlt sich in der Regel eine vorherige Information des Dienstgebers, um Irritationen zu vermeiden.**

Vernachlässigtes Thema?

Man kann den Eindruck gewinnen, als wenn nicht nur Dienstgeber sondern auch Mitarbeitervertretungen die Schwerbehinderten »vergessen«. Zieht man die Größe dieser Gruppe in Betracht, so ist das manchmal mehr als nachlässig. Hier werden Pflichten verletzt.

Das Letzte ...

Wie bei den Jugendsprecher/innen oder dem Vertrauensmann der Zivildienstleistenden (§ 53) gilt auch hier: Rechte nicht eng auslegen. Gerade Schwerbehinderte sind von vielen Vorgängen innerhalb einer Einrichtung zumindest mittelbar betroffen. Sind z. B. »Beginn und Ende der täglichen Arbeitszeit« oder »Maßnahmen zur Verhütung von Dienst- und Arbeitsunfällen« nicht Vorgänge, die sich unmittelbar insbesondere für Schwerbehinderte auswirken!?

§ 53 Rechte des Vertrauensmannes der Zivildienstleistenden

(1) Der Vertrauensmann der Zivildienstleistenden kann an den Sitzungen der Mitarbeitervertretung beratend teilnehmen, wenn Angelegenheiten behandelt werden, die auch die Zivildienstleistenden betreffen.

(2) Ist ein Vertrauensmann nicht gewählt, so können sich die Zivildienstleistenden an die Mitarbeitervertretung wenden. Sie hat auf die Berücksichtigung der Anliegen, falls sie berechtigt erscheinen, beim Dienstgeber hinzuwirken.

Statusunterschiede

Der Vertrauensmann der Zivildienstleistenden hat einen deutlich unterschiedlichen Status gegenüber den anderen besonderen Interessenvertretern. Er ist zwar in der Einrichtung beschäftigt, unterliegt insoweit auch den Anweisungen der Leitung zur Diensterfüllung, Arbeitszeit, Arbeitsschutz etc. Er hat aber keinen Arbeitsvertrag mit der Einrichtung, sondern ist aufgrund eines Gestellungsvertrages beschäftigt. Dadurch sind seine Kompetenzen weit geringer als bei den anderen Interessenvertretern.

Wahl

Die Wahl des Vertrauensmannes richtet sich nach § 2 des Zivildienstvertrauensmanngesetzes, wonach

ab 5 Zivildienstleistenden einer Einrichtung 1 Vertrauensmann

ab 21 Zivildienstleistenden einer Einrichtung 1 Vertrauensmann und 2 Stellvertreter gewählt werden dürfen. Die Organisation der Wahl liegt bei den Zivildienststellen, nicht bei der Einrichtung.

Aufgaben und Kompetenzen

Dass der Vertrauensmann an den Sitzungen der MAV teilnehmen »kann«, wenn Angelegenheiten beraten werden, die Zivildienstleistende betreffen, ist gegenüber den Regelungen in § 43 a und § 46 deutlich abgeschwächt. Da der Vertrauensmann kein Mitarbeiter im Sinne der MAVO ist, ist er nicht zwangsläufig bei der Einladung zur MAV Sitzung zu berücksichtigen, sondern nur in besonderen Fällen nach Entscheidung der MAV hinzuzuziehen.

Die Mitarbeitervertretung einer Einrichtung, die 5 oder mehr Zivildienstleistende »beschäftigt«, sollte den Vertrauensmann aber immer auf ihrer Einladungsliste haben. Insbesondere bei betriebsorganisatorischen Fragen sind die Zivildienstleistenden in der Regel betroffen. Nur Angelegenheiten, bei denen besondere Rücksicht auf die Interessen der dauerhaft in der Einrichtung Beschäftigten genommen werden muss, gehen den Vertrauensmann nichts an.

Zuständigkeit der MAV für Zivildienstleistende

Wenn ein Vertrauensmann nicht gewählt ist, hat die MAV auch die Interessen dieser Gruppe mitzuvertreten. Das erscheint selbstverständlich, ist es aber aus den oben genannten Gründen nicht. Die Zivildienstleistenden sind formell.

Die Rechte des Vertrauensmannes der Zivildienstleistenden keine Beschäftigten der Einrichtung, die Berücksichtigung ihrer besonderen Interessen ist nicht in § 26 Abs. 3 bei den allgemeinen Aufgaben der MAV festgeschrieben. Absatz 2 entspricht insoweit der Generalklausel »Anregungen und Beschwerden von Mitarbeitern« in § 26 Abs. 3 Zif. 2.

§ 54 (Geltung der Ordnung für Schulen und Hochschulen)

(1) Die Ordnung gilt auch für die Schulen und Hochschulen im Anwendungsbereich des § 1.*

(2) Bei Hochschulen finden die für die Einstellung und Anstellung sowie die Eingruppierung geltenden Vorschriften keine Anwendung, soweit es sich um hauptberuflich Lehrende handelt, die in einem förmlichen Berufungsverfahren berufen werden.

(3) Lehrbeauftragte an Hochschulen sind keine Mitarbeiterinnen oder Mitarbeiter im Sinne dieser Ordnung.

Ausnahmen vom Anwendungsbereich der MAVO

Absatz 1 drückt eine Selbstverständlichkeit aus: Wenn Schulen Einrichtungen im Sinne von § 1 MAVO sind, gilt für sie auch die Mitarbeitervertretungsordnung. In § 47 geht es aber um die Ausnahmen vom Geltungsbereich. Diese Ausnahmen betreffen nicht die Einrichtungen selbst, sondern die dort beschäftigten Mitarbeiter/innen.

Bei Schulen

■ die Mitarbeiter/innen – Beamte oder Angestellte eines Bundeslandes, die an den kirchlichen Dienstgeber »ausgeliehen« oder abgeordnet sind. Für diese kann der (staatliche) Dienstgeber Sonderregelungen schaffen, die sie dann der Zuständigkeit von Personalräten an ihrer Stammschule zuordnen.

Bei Hochschulen

■ das lehrende Personal (Dozenten), soweit es um die Einstellung (Angestellte) oder Anstellung (Beamte) geht
■ und die Lehrbeauftragten (Professoren), die von allen Regelungen ausgenommen sind, weil ihnen der Status der Mitarbeiterin/des Mitarbeiters im Sinne der MAVO abgesprochen wird.

Die vorgenannten Gruppen von Beschäftigten gelten nicht als Mitarbeiter/innen im Sinne der MAVO.

---

* Für Mitarbeiterinnen und Mitarbeiter an Schulen, die im Dienste eines Bundeslandes stehen, können Sonderregelungen getroffen werden.

Allgemeine Schulverwirrung oder: Permanentes Sonderrecht?

An keiner Gruppe von Mitarbeitern und Mitarbeiterinnen wird so deutlich, wie unklar und verwaschen kirchliches Arbeitsrecht im Kontext arbeitsrechtlicher Bestimmungen, Beamtengesetze, Länderrechte und kirchlicher Hilfskonstruktionen (Sondervermögen, Stiftungen, Bekenntnisschulen, Privatschulen) wirkt. Kollegen und Kolleginnen an kirchlichen Schulen und Hochschulen sind zunächst kirchliche Kolleginnen und Kollegen. Und dennoch sind sie oft weit weg von den Regelungen, die zum Beispiel in KODAen beschlossen wurden. Hier wimmelt es von Ausnahmeregelungen, die insbesondere Lehrer und Lehrerinnen treffen.

Auch die Rahmenordnung der MAVO verzeichnet in einer Fußnote, dass für Mitarbeiter und Mitarbeiterinnen, die im Dienst eines Bundeslandes stehen (und zum Beispiel über einen Gestellungsvertrag in einer kirchlichen Schule oder Hochschule tätig sind), Sonderregelungen getroffen werden können. Diese Sonderregelungen erlässt gegebenenfalls der kirchliche Gesetzgeber, also der zuständige Diözesanbischof.

Das Wichtigste

- An Schulen und Hochschulen in kirchlicher Trägerschaft sind Mitarbeitervertretungen zu bilden.
- Die Rechte der Mitarbeitervertretungsordnung gelten für die Kolleginnen und Kollegen, die dort wirken, uneingeschränkt – es sei denn, der Diözesanbischof hat von seinem »Fußnotenrecht« Gebrauch gemacht.
- Lediglich hinsichtlich Einstellung, Anstellung und Eingruppierung finden die Bestimmungen der MAVO keine Anwendung, wenn es sich um hauptberuflich Lehrende handelt, die in einem förmlichen Berufungsverfahren berufen werden.
- Lehrbeauftragte, die meistens über einen Honorarvertrag entlohnt werden, gelten nicht als Mitarbeiterin oder Mitarbeiter im Sinne der MAVO.

Die Problematik für Mitarbeitervertreter und -vertreterinnen liegt weniger in der Geltung der MAVO, sondern mehr darin, dass man weitere Rechtsverhältnisse (Beamte, Kirchenbeamte, Angestellte, Angestellte mit Gestellungsverträgen usw.) beachten muss. Die Vielzahl arbeitsrechtlicher und beamtenrechtlicher Regelungen kann schnell überfordern.

Einige Anregungen, die die Mitwirkungsarbeit an Schulen und Hochschulen stützen und verbessern können:

■ Mitarbeitervertretung bilden

Viele Lehrer und Lehrerinnen denken auch im kirchlichen Dienst eher in staatlichen Strukturen.

Bei Bildung einer Mitarbeitervertretung sollte Basisinformation betrieben werden: Welche Rechte hat die MAV, welche hat sie im Vergleich zum Personalrat nicht. Wie wirkt sich die kirchliche Sondersituation mit den unterschiedlichen Arbeits- und Dienstverträgen aus.

■ **Arbeitsverträge sichten**

Die Mitarbeitervertretung sollte alle Spielarten von Arbeitsverträgen, die an der Schule oder Hochschule abgeschlossen wurden, sichten. Sie prüft, welche Sonderrechte und Bestimmungen beherrscht werden müssen, welche Tarifwerke Grundlage sind.

Ein Art »Stolpersteinkatalog« kann Orientierung dafür geben, was im Mitwirkungsrecht zu beachten ist, wenn Rechte aus dem individuellen Arbeitsvertrag verletzt werden.

■ **Einvernehmen**

Mit dem Dienstgebervertreter sollte in einem ausführlichen, protokollierten Gespräch festgelegt werden, welche Schritte in welchem Fall gegangen werden. Was passiert, wenn zum Beispiel ein Angestellter nach kirchlichem Recht höhergruppiert wird, während der abgeordnete Kollege Beamte weiterhin die gleiche Besoldung erhält? Wie wird damit intern umgegangen, welche Transparenzen will man herstellen?

■ **Kooperation**

Es empfiehlt sich, auf Diözesanebene ein Arbeitsausschuss all der Mitarbeitervertretungen einzurichten, die an Schulen und (gegebenenfalls gesondert) Hochschulen existieren. Hier können Informationen ausgetauscht und praxisnahe Schulungen vorbereitet werden.

■ **Fortbildung**

Jede Diözesane Arbeitsgemeinschaft muss dafür Sorge tragen, dass spezielle Schulungen für MAVs an Schulen angeboten werden.

■ **Arbeitsausschuss Kirchliches Arbeitsrecht**

Mit Kolleginnen und Kollegen der KODA sollten Mitarbeitervertreter und Mitarbeitervertreterinnen einen ständigen Arbeitsausschuss bilden, um die Konsequenzen der Weiterentwicklung kirchlichen Arbeitsrechtes für die Kollegialität an den Schulen bzw. Hochschulen zu prüfen.

■ **Dienstgeberkooperation**

Der Arbeitsausschuss muss in enger Kooperation mit diözesanen Dienstgebervertretern stehen, um möglichst frühzeitig Konfliktpunkte und Irritationen zu erkennen.

Permanentes Sonderrecht gibt es für die lehrenden Kolleginnen und Kollegen nicht. Aber eine allgemeine Schulverwirrung sollten Mitarbeitervertretungen auch nicht zulassen.

Das Letzte ...

Bei den ganzen Diskussionen um die arbeitsrechtlich schwierige Situation an Schulen in kirchlicher Trägerschaft wird oft vernachlässigt, dass dort nicht nur Pädagogen sondern auch Sekretärinnen, Hausmeister, Verwaltungsleute oder Assistenten tätig sind. Sie unterfallen der MAVO uneingeschränkt.

Zu schnell geraten deren Fragen und Probleme in den unbeachteten Hintergrund.

§ 55 (Schlussbestimmungen)

Durch anderweitige Regelungen oder Vereinbarung kann das Mitarbeitervertretungsrecht nicht abweichend von dieser Ordnung geregelt werden.

Zwingender Charakter der MAVO?

Eine Umgehung der Regelungen der MAVO soll durch diese gesetzliche Norm ausgeschlossen werden. Das klingt zunächst einmal gut und scheint Sicherheit zu verleihen.

Dabei ist aber zu bedenken:

1. Der kirchliche Gesetzgeber (Orts- oder Diözesanbischof) erlässt die MAVO für den Bereich seines Bistums. Er kann von den Vorgaben der Rahmen-MAVO in einem für die Rechte der MAV günstigeren oder auch ungünstigerem Sinn abweichen. Er kann als Gesetzgeber auch eine bestehende MAVO nachträglich »verschlechtern«.
   Das wird klar, wenn man sich vor Augen hält, dass es insgesamt annähernd 20 verschiedene Mitarbeitervertretungsordnungen in Deutschland gibt und kaum ein Bistum sich genau an den Text dieser Rahmenordnung hält.
2. Der Bischof hat keine Gesetzgebungsgewalt über die »sonstigen« Rechtsträger nach § 1 Abs. 2 MAVO. Ihnen gegenüber gilt der verabschiedete Text zunächst nur als qualifizierte Empfehlung. Sie sind nur »gehalten«, die MAVO zu übernehmen. Nach der Anzahl der kirchlichen Einrichtungen und erst recht nach der Zahl der dort beschäftigten Mitarbeiter/innen liegt dort aber oft der Schwerpunkt der Beschäftigungsverhältnisse.

Also: Wer sich als katholische Einrichtung bezeichnet, hat für seine Mitarbeiter/innen die Grundordnung zum kirchlichen Dienst zu übernehmen.

Wer die Grundordnung übernimmt, muss seine betriebliche Mitbestimmung nach dem Mitarbeitervertretungsrecht organisieren (Art. 8).

Der zuständige Bischof oder die zuständigen Bischöfe (bei mehr- oder überdiözesanen Einrichtungen) haben für das Bistum eine Mitarbeitervertretungsordnung als Gesetz verabschiedet, an die die Einrichtung dann gebunden ist. Kollektive Regelungen unterhalb der Ebene des kirchlichen Gesetzes, also durch Arbeitsvertragsordnungen, Dienstvereinbarungen oder Arbeitsverträge, die der MAVO widersprechen, verstoßen gegen ein bischöfliches Gesetz und sind damit unzulässig.

Allein bei der praktischen Anwendung haben die Betriebspartner natürlich Spielräume, die sie im Sinne der vertrauensvollen Zusammenarbeit und einer Erhöhung der Kompetenz der Mitarbeitervertretungen auch nutzen sollten.

Das Letzte ...

Im Klartext: Kein gottähnlicher Dienstgeber kann sich über dieses kirchliche Gesetz erheben.

§ 56 (Inkrafttreten)

(1) Vorstehende Ordnung gilt ab ... Gleichzeitig treten die Mitarbeitervertretungsordnung vom 10. Mai 1986 sowie die Änderung vom 1. Dezember 1994 außer Kraft.

(2) Beim Inkrafttreten bestehende Mitarbeitervertretungen bleiben für die Dauer ihrer Amtszeit bestehen. Sie führen ihre Tätigkeit weiter nach Maßgabe der Bestimmungen in den Abschnitten III, IV, V und VI.

Veröffentlichungen

Als kirchliches Gesetz braucht die Mitarbeitervertretungsordnung die Inkraftsetzung durch den jeweiligen Diözesanbischof. Die Einzelnachweise sind in Bleistein/Thiel Rz. 5 zur Präambel der MAVO nachzulesen.

Das Entscheidende am Ende – Sackgasse und Entwicklung

Unter den Schlussbestimmungen der Mitarbeitervertretungsordnung findet man das Wichtigste: die Unterschrift des zuständigen Diözesanbischofs. »Von ihm, mit ihm und durch ihn« ist nicht nur liturgische Formel, sondern zeigt, auf die Mitarbeitervertretungsordnung angewandt, über welche Machtfülle der Diözesanbischof verfügt.

Von ihm ...

Generationen von Kirchenrechtlern haben schon darüber nachgedacht. Mitarbeitervertreter in unterschiedlichen Gremien Konstruktionen ersonnen, Kirchenführer souveräne Abwehrschlachten geführt: Kirchliches Arbeitsrecht wird durch den jeweiligen Diözesanbischof gesetzt. Nach geltendem CIC ist dies gegenwärtig nicht anders denkbar.

Jede Abweichung vom Selbstentscheidungsanspruch geschieht freiwillig:

Der Diözesanbischof müsste keine MAVO erlassen, könnte auf die Kommissionen, die Arbeitsrecht in ausgeklügelsten Abstimmungsverfahren entwickeln, verzichten. Ja, selbst geltendes, durch ihn in Kraft gesetztes Recht, könnte er schon am nächsten Tag kassieren.

Leitung in der Kirche hat (auch) feudale Strukturen. Dies zu leugnen oder zu ignorieren, wäre fahrlässig und würde viele Hoffnungen in die Irre führen.

Die starke Stellung des Diözesanbischofs bei Erlass kirchlicher (Arbeits)gesetze, schwächt ihn gleichzeitig, wenn es um die Vereinheitlichung geht. Jeder der deutschen Bischöfe kann die MAVO nach eigenem Gusto verändern, kann Abreden vernachlässigen und Übereinkünfte mit seinen Kollegen in der Bischofskonferenz in den Wind schlagen. Das System ist »kleinstaaterisch«. Es gestattet keine großen Würfe, sondern „patchworks" Liberales an Reaktionäres, Beispielhaftes an alte Kamellen – je nachdem wie die Statthalter der Diözesanbischöfe instruiert und verhandelt haben.

Mit ihm ...

zuständig ist die Geweralisk

Wer kirchliches Arbeitsrecht in der eigenen Diözese weiterentwickeln will, braucht das Ohr des Bischofs. Viele Haltungen, die sich im mittleren Management der Kirche manifestiert hatten und die neueren Entwicklungen in Personalführung und Organisationsentwicklung Hohn sprachen, waren Reflexe auf die starke Stellung des kirchlichen Gesetzgebers. Die innere Haltung eigener Machtvollkommenheit setzte sich fort bei Dienstgebern und deren Vertreter. Nicht unbedeutende Reste dieser Haltungen sind heute noch in kirchlichen Einrichtungen erkennbar.

Mitarbeitervertretungen stellen fest, dass die Hardliner häufig weniger in der obersten Führungsetage sitzen sondern darunter. Verstöße gegen die Mitarbeitervertretungsordnung werden dann gegen den erklärten Wunsch und Willen von Diözesanleitungen begangen.

Diese gesetzbrechenden Reflexe im mittleren Management müssen dem Diözesanbischof zu Ohren kommen. Der geht in der Regel vom Funktionieren dessen aus, was er angeordnet hat.

Durch ihn ...

Mitarbeitervertretungen haben mit sich selbst, mit dem eigenen Dienstgebervertreter oder den eigenen Kolleginnen und Kollegen zu tun. Die übergeordnete hierarchische Ebene wird aus dem Blick verloren.

Die Diözesane Arbeitsgemeinschaft der Mitarbeitervertretungen hat die Aufgabe, gemeinsame Interessen zu bündeln. Sie hat den ausdrücklichen Auftrag, »Vorschläge zur Fortentwicklung der Mitarbeitervertretungsordnung« zu entwickeln (§ 25 Abs. 2 Ziffer 5). Tatsächliche Änderung geschieht aber nur durch den Diözesanbischof.

Entscheidungscontrolling – Vorschläge für Rückmeldungen an die Diözesanleitung

■ Kontakt

Regelmäßig müssen Kontaktgespräche zwischen der Diözesanleitung und der Diözesanen Arbeitsgemeinschaft stattfinden. Dabei ist darauf zu achten, dass neben dem Bischof und dem Generalvikar diejenigen auf Dienstgeberseite am Gespräch teilnehmen, die Arbeitsrecht faktisch händeln, entwickeln oder beschränken.

■ Mitgliederversammlung

Auf jeder Mitgliederversammlung der Diözesanen Arbeitsgemeinschaft sollte ein Tagesordnungspunkt eingerichtet werden, zu dem die Diözesanleitung eingeladen wird. Hier können Entwicklungen und Fehlentwicklungen dargestellt werden.

Wichtig: Die Kolleginnen und Kollegen müssen ermuntert und ermutigt werden, dies so konkret wie nötig und möglich zu tun. Hilfreich kann es sein, zu einem Thema Erfahrungen darzustellen, z. B.: »Umgang mit Schlichtungssprüchen«, »Praxis der Freistellung« oder »Frauenfreundliche Arbeitsbedingungen«.

■ Weißbuch

Zweijährlich kann ein Weißbuch (intern) veröffentlicht werden, in dem Fehlentwicklungen dargestellt und einzelne drastische Fälle des Missbrauchs oder des Verstoßes gegen die Mitarbeitervertretungsordnung auflistet werden. Diese Darstellungen können anonymisiert sein mit dem Hinweis, dass bei Wunsch eine Entschlüsselung erfolgt.

■ MAVO-Entwicklung

Eine Projektgruppe sammelt Anregungen für die MAVO-Entwicklung und stellt diese gebündelt dem Diözesanbischof zur Verfügung.

■ Einzelfälle

Verstoßen Dienstgebervertreter permanent gegen die MAVO, so sollte man sich nicht scheuen, dem Diözesanbischof (und seinem alter ego, dem Generalvikar) symptomatische Einzelfälle zu unterbreiten. Nur so kann deutlich gemacht werden, dass zwischen Gesetzeserlass und Umsetzung manchmal unzumutbare Spannen liegen.

■ Kampagne

Jährlich wird die »Zitrone« für den diözesanweit ignorantesten Dienstgebervertreter und die »Schokolade« für den vorbildlichsten Einrichtungsleiter vergeben. Das sichert (interne) Aufmerksamkeit.

Transparenz und Vertrauen

Der kirchliche Gesetzgeber muss regelmäßig über Fehlentwicklungen informiert werden. Das stützt die Umsetzung konkreter Ansprüche. Wenn sich Fehlentwicklungen häufen sind dies erste Anzeichen für die Notwendigkeit einer Novellierung. Insbesondere die Diözesanen Arbeitsgemeinschaften sind in der Pflicht, entsprechende Transparenzinstrumentarien zu entwickeln und zur Verfügung zu stellen.

Aber: Gesetze werden in der Kirche nicht unter öffentlichem Druck verändert, sondern nur durch Einsicht in die Notwendigkeiten.

Interne und externe Öffentlichkeitsarbeit ist klug zu planen und so zu dosieren, dass die Wirkung nicht toxisch ist.

Eine erst mal vergiftete Atmosphäre muss später mühsam gereinigt werden.

Das Letzte ...

»Wenn man alle Gesetze studieren sollte, so hätte man gar keine Zeit, sie zu übertreten.«

Nein, kein Dienstgebervertreter, sondern Goethe

Aus der juristischen Fachsprache

hat zu...
ist zu gewähren...
sind mitzuteilen...

Diese Formulierung bedeutet in einem juristischen Text immer, dass jemand einen einklagbaren Anspruch auf die Leistung eines anderen hat und dass es keine Ermessensentscheidung geben kann.

§ 10 Abs. 1, § 16 Abs. 1, § 30 Abs. 1 § 34 Abs. 3

unverzüglich

Ohne schuldhaftes Zögern, oft mit einer (stillschweigenden Frist von 14 Tagen verbunden).

§ 12 Abs. 2, § 29 Abs. 5

soll ...

bedeutet, dass ein Ermessen besteht. Eine Ablehnung des Anspruchs oder der Verpflichtung aber verlangt eine Begründung.

§ 14 Abs. 1 S. 2, § 9 Abs. 6

kann ...

bedeutet, dass ein weitgehendes Ermessen besteht. Bei Ablehnung der Maßnahme hat der Anspruchsteller noch nicht einmal einen Anspruch auf eine Begründung.

§ 15 Abs. 3, § 24 Abs. 1

in der Regel oder regelmäßig

Von Ausnahmefällen abgesehen läuft ein bestimmtes Verfahren oder eine bestimmte Praxis üblicherweise so ab.

§ 15 Abs. 4

erforderliche Kenntnisse

Sind Rechtskenntnisse und andere durch Wissensvermittlung erreichbare Informationen, die unter Berücksichtigung der betrieblichen Situation zur ordnungsgemäßen Ausübung des Amtes einer Mitarbeitervertretung nach objektiven Maßstäben von einer Amtsinhaberin/einem Amtsinhaber erwartet werden können.

unabwendbares dienstliches oder betriebliches Interesse/dringende dienstliche oder betriebliche Erfordernisse

Für einen ordnungsgemäßen Ablauf des Dienstes unbedingt erforderliche, zwingende Vorgabe, die auch unter Abwägung beiderseitiger Interessen nicht anders entschieden werden kann und keine Handlungsalternativen zulässt.

§ 16 Abs. 1, § 25 Abs. 4

notwendige Kosten

Notwendige Kosten sind solche, die die Mitarbeitervertretung bei verständiger Würdigung ihres Auftrages unter Beachtung des Grundsatzes der sparsamen Haushaltsführung für angemessen und erforderlich hält.

§ 17 Abs. 1

erforderliche Unterlagen

Unterlagen, die zur Erfüllung der Aufgaben einer Mitarbeitervertretung auch unter Beachtung und Abwägung mit betrieblichen und dienstlichen Interessen unverzichtbar sind.

§ 26 Abs. 2

Grundsätze/Richtlinien

Sind Regeln, die für bestimmte betriebliche Situationen Verhaltensmaßstäbe setzen und es so ermöglichen, für eine unbestimmte Anzahl von Einzelfällen zu gleichartigen und tendenziell gerechten Einzelfallentscheidungen zu kommen.

§ 29 Abs. 1 Zif. 4, Zif. 14, Zif. 16, § 32 Zif. 8, Zif. 10, §§ 36, 37 und 38 Abs. 1

Zif. 2 und 6, § 36 Abs. 3

der Natur der Sache nach keinen Aufschub dulden

Angelegenheiten, die ohne Einflussnahme durch ein Handeln oder Unterlassen des Dienstgebers grundsätzlich zur Vermeidung nicht unerheblicher Nachteile ein sofortiges Handeln erfordern.

§ 33 Abs. 5

insbesondere

Neben weiteren, hier nicht genannten Gründen kommen besonders die im folgenden aufgeführten Gründe in Betracht

Arbeitsfrieden stören

Der »Arbeitsfrieden« bzw. »Betriebsfriede« (oft auch in Kommentierungen erwähnt) ist ein Zustand, der es erlaubt, Auseinandersetzungen und Interessenkonflikte in einer Einrichtung oder einem Betrieb unter Akzeptanz unterschiedlicher Interessen in einer Atmosphäre der Sachlichkeit in geordneten Bahnen auszutragen.

§ 34 Abs. 2

sachliche Gründe

Gründe, die unabhängig von der Person oder einer Einzelentscheidung nach objektiven Maßstäben zu einer gerechtfertigten Entscheidung führen.

§ 35 Abs. 2

Geschäftsstellen und Rechtsberatungsstellen der Diözesanen Arbeitsgemeinschaften der Mitarbeitervertretungen*

Aktuelle Adressen und E-Mail auch unter www.bag-mav.de/DiAGen
(Stand November 2007)

Bistum Aachen
Eupener Str. 134, 52066 Aachen, Tel. 02 41/9 66 22 28

Bistum Augsburg
DiAG A Frohnhof 4, 86152 Augsburg, Tel. 0821/3152-279
DiAG B, Klosterhof 2, 86513 Ursberg, Tel. 06281/922047

Bistum Bamberg
Kleberstr.28, 96047 Bamberg, Tel. 0951/868852

Erzbistum Berlin
Tölzer Str. 25, 14199 Berlin, Tel. 0 30/75 44 71 53

Bistum Dresden-Meißen
Biedermannstr. 84, 04277 Leipzig, Tel. 0341/3959-172

Bistum Eichstätt
DiAG A Leonrodplatz 4, 85072 Eichstätt, Tel. 08421/50555
DiAG B, Frühlingsstr. 15, 85055 Ingolstadt, Tel. 08421/9550-811

Bistum Erfurt
Wilhelm-Külz-Str. 33, 99014 Erfurt, Tel. 03561/6729-130

Bistum Essen
Virchowstraße 122, 45886 Gelsenkirchen, Tel. 0209/172-3141

Erzbistum Freiburg
DiAG A und B Carl-Kistner-Str. 51, 79115 Freiburg,
Tel. **DiAG A** 07 61/45 75 42 20
Tel. **DiAG B** 07 61/45 75 42 21

Bistum Fulda
Neuenberger Str. 3-5, 36041 Fulda, Tel. 0661/8398-111

---

* Bei den nicht aufgeführten Bistümern ist entweder keine Geschäftsstelle vorhanden oder die Anschrift der Geschäftsstelle entspricht dem Dienstsitz des jeweiligen Vorsitzenden. Sie ist über die Generalvikariate bzw. Ordinariate in Erfahrung zu bringen.

Bistum Görlitz
Adolph-Kolping-Str. 15, 03046 Cottbus, Tel. 0355/38065-17

Erzbistum Hamburg
Danziger Str. 62, 20099 Hamburg, Tel. 0 40/24877-373

Bistum Hildesheim
Domhof 10, 31134 Hildesheim Tel. 0 51 21/40 22 70

Erzbistum Köln
Gilbachstr. 17-21, 50672 Köln, 02 21/16 42-7400

Bistum Limburg
Roßmarkt 4, 65549 Limburg, Tel. 0 64 31/295-527 oder 436

Bistum Mainz
Pfaffengasse 4, 55116 Mainz, Tel. 0 61 31/253-591

Bistum Münster
Annaberg 40, 45721 Haltern am See, Tel. 02364/505549

DiAG München
DiAG A Schrammerstr. 3, 80333 München, Tel.089/21371746
DiAG B Hirtenstr. 4, 80335 München, Tel.089/55169496

Bistum Osnabrück
Domhof 2, 49074 Osnabrück, Tel. 05 41/31 83 90

Erzbistum Paderborn
Domplatz 3, 33098 Paderborn, Tel. 05251/125 1409

Bistum Passau
DiAG A Residenzplatz 8, 94032 Passau, Tel. 0851/303-472
DiAG B, Steinweg 8, 94032 Passau, Tel. 0851/3836623

Bistum Regensburg
DiAG A Niedermünstergasse 1, 93047 Regensburg, Tel 0941/597-1055
DiAG B Eustachius-Kugler-Str. 2, 93189 Reichenbach, Tel. 09464/10161

Bistum Rottenburg-Stuttgart
DiAG A Jahnstr. 32, 70597 Stuttgart-Degerloch Tel. 0711/9791-140
DiAG B Konradistr. 1, 89601 Schelklingen Tel. 07394/93350

Adressen

Bistum Speyer
Postfach 210623, 67006 Ludwigshafen, Tel. 0621/5172-25

Bistum Trier
DiAG A + B Friedrich-Wilhelm-Str.32, 54290 Trier, Tel. 0651/43660

Bistum Würzburg
DiAG A Kürschnerhof 2, 97070 Würzburg, Tel. 0931/38665-710
DiAG B Franzikanergasse 3, 97070 Würzburg, Tel. 0931/38666671

Bundesarbeitsgemeinschaft der Mitarbeitervertretungen
Postfach 25, 77949 Ettenheim, Tel. 0 78 22/95 60

Verwandte Literatur

Arbeitsgesetze – Beck-Texte im dtv, München 2007

Wolfgang **Bartels:** Diverse Beiträge aus der »ZMV-Die Mitarbeitervertretung« 2002-2007 (Bezugsanschrift: Ketteler Verlag GmbH Köln, Bernhard-Letterhauser-Straße 26, 50670 Köln)

Wolfgang, **Becker-Freyseng:** Arbeitsplatz Caritas – Survival-Handbuch für Caritas-Mitarbeiter(innen) Lambertus-Verlag, Freiburg 2006

Norbert **Beyer,** Heinz-Gert **Papenheim:** Arbeitsrecht der Caritas, Loseblattsammlung, Freiburg 2006

Franz-Josef **Bleistein,** Adolf **Thiel:** Kommentar zur Rahmenordnung für eine Mitarbeitervertretungsordnung (MAVO), Neuwied 2006

Bundesministerium für Arbeit und Soziales (Hrsg): Übersicht über das Arbeitsrecht/Arbeitsschutzrecht, Nürnberg 2008

Bundesministerium für Arbeit und Soziales (Hrsg): Übersicht über das Sozialrecht, Nürnberg 2007

Carl **Creifelds** (Hrsg.): Rechtswörterbuch, München 2007

Hans-Günther **Frey**/Norbert **Beyer**Josef/Reinhold **Coutelle:** Kommentar zur Rahmenordnung für eine Mitarbeitervertretungsordnung, Loseblattsammlung, Freiburg 2006

Michael **Kittner:** Dienst- und Sozialordnung, Ausgewählte und eingeleitete Gesetzestexte, Frankfurt 2006

Peter-Paul **König:** Deeskalationszüge und -techniken (Unveröffentlichtes Arbeitspapier, Goslar 1996)

Sieghart **Ott:** Vereine gründen und erfolgreich führen, München 2006

Heinz-Gert **Papenheim:** Arbeitsvertrags- und Arbeitsschutzrecht, Frechen 1998

Reinhard **Richardi:** Arbeitsrecht in der Kirche, München 2003

Hans Georg **Ruhe:** Diverse Beiträge aus der »ZMV-Die Mitarbeitervertretung« 1994-2000 (Bezugsanschrift: Ketteler Verlag GmbH Köln, Bernhard-Letterhauser-Straße 26, 50670 Köln)

Günter, **Schaub:** Arbeitsrechts-Handbuch: Systematische Darstellung und Nachschlagewerk für die Praxis, München 2007

Christian **Schoof:** Betriebsratspraxis von A bis Z, Köln 2007

Hans H., **Wohlgemuth:** Datenschutzrecht. Eine Einführung mit praktischen Fällen, Neuwied 2005

ZMV-Die Mitarbeitervertretung (Bezugsanschrift: Ketteler Verlag GmbH Köln, Bernhard-Letterhauser-Straße 26, 50670 Köln)